Wie kommt Wissenschaft zu Wissen?

Herausgegeben von Prof. Dr. Theo Hug

Band 3

Einführung in die Methodologie der Sozial- und Kulturwissenschaften

Schneider Verlag Hohengehren GmbH

Umschlaggestaltung:

Wolfgang H. Ariwald, BDG, 59519 Möhnesee

Gedruckt mit Unterstützung
der Stiftung PROPTER HOMINES (Liechtenstein)
des Bundesministeriums für Bildung, Wissenschaft und Kultur (bm:bwk), Wien
dem Amt der Vorarlberger Landesregierung, Bregenz

Gedruckt auf umweltfreundlichem Papier (chlor- und säurefrei hergestellt).

Die Deutsche Bibliothek – CIP-Einheitsaufnahme

Wie kommt Wissenschaft zu Wissen? [Elektronische Ressource] /
hrsg. von Theo Hug. –
Baltmannsweiler : Schneider-Verl. Hohengehren, 2001
   ISBN 3-89676-412-8
   ISBN 3-89676-410-1

Wie kommt Wissenschaft zu Wissen? / hrsg. von Theo Hug. –
Baltmannsweiler : Schneider-Verl. Hohengehren, 2001
   ISBN 3-89676-411-X
   ISBN 3-89676-410-1

Bd. 3. Einführung in die Methodologie der Sozial- und Kulturwissen-
      schaften. – 2001
   ISBN 3-89676-415-2

Theo Hug

Editorial zur Reihe „Wie kommt Wissenschaft zu Wissen?"

Im Übergang zum 21. Jahrhundert wird zunehmend deutlich, dass sich mit den technologischen, den sozio-kulturellen, den ökonomischen und den politischen Veränderungen auch die Lage des Wissens gewandelt hat. Die wissenschaftlichen Institutionen sind mit diesen Dynamiken eng verknüpft. Einerseits ermöglichen sie diese Veränderungsprozesse und tragen sowohl zur Problemverursachung als auch zur Problembewältigung bei. Andererseits verändern sie sich dabei auch selbst und mit ihnen die Weisen, wie wissenschaftliches Wissen hervorgebracht, diskutiert, organisiert, kritisiert, verbreitet und tradiert wird. Vor allem die Sozial- und Kulturwissenschaften stehen heute in einem vielfältigen Spannungsfeld zwischen Tradition und Innovation, Stabilität und Reform, Fragmentierung und Systematisierung, Integration und Differenzierung. Dies zeigen die zahlreichen Abhandlungen zur Identitäts- und Profilbildung, die disziplinübergreifenden Bemühungen und nicht zuletzt die Beiträge der vorliegenden Bände.

Die Leitfrage 'Wie kommt Wissenschaft zu Wissen?' geht nicht von einer vorgefertigten Wissensordnung aus, in der alle Teilbereiche von legitimierten SprecherInnen ihren Platz zugewiesen bekommen. Wissenschaft wird hier weniger als statisches Gebilde, sondern vielmehr als pulsierender Diskurszusammenhang aufgefasst. Dabei bietet die Integration der Informations- und Kommunikationsangebote mittels Buchreihe, CD-ROM und Internetdiensten vielfältige Möglichkeiten des Erwerbs von einschlägigen Kompetenzen im Hinblick auf wissenschaftliche Arbeitsweisen, Methoden, Paradigmen, Konzeptionen und Anwendungsformen.

Mit anderen Einführungs- und Nachschlagewerken hat die vorliegende Reihe gemeinsam, dass sie für die Erstbeschäftigung geeignet sein und inhaltliche Orientierung ermöglichen will. Entsprechend bekommen übersichtliche Gestaltung, verständliche Sprache und paradigmatische Offenheit großes Gewicht.

Die Reihe 'Wie kommt Wissenschaft zu Wissen?' geht in mancher Hinsicht aber auch über bekannte Nachschlagewerke hinaus. Sie rückt durch die thematischen Akzentuierungen der vier Bände das gesamte Spektrum der Wie-Fragen ins Blickfeld:

I.   Einführung in das wissenschaftliche Arbeiten

II. Einführung in die Forschungsmethodik und Forschungspraxis

III. Einführung in die Methodologie der Sozial- und Kulturwissenschaften

IV. Einführung in die Wissenschaftstheorie und Wissenschaftsforschung

Die Basiskompetenzen, die mit diesen Themenbereichen verknüpft sind, zählen zur Propädeutik verschiedener Wissenschaftsdisziplinen. Deshalb können die Reihe, die buchkompatible CD-ROM und die entsprechenden Internetangebote in den Curricula unterschiedlicher Bildungseinrichtungen und Studienfächer eingesetzt werden.

Dazu zählen insbesondere

- geistes-, kultur-, sozial- und wirtschaftswissenschaftliche Studienfächer an Universitäten, Hochschulen, Fachhochschulen, Pädagogischen Akademien und Sozialakademien,
- Oberstufen an Gymnasien und Allgemeinbildenden Höheren Schulen,
- sowie unterschiedliche Fort- und Weiterbildungseinrichtungen.

Die Reihe zeichnet sich des weiteren dadurch aus, dass sie neben der *inhaltlichen Vernetzung* die *mediale* in den Vordergrund rückt. Einerseits plädiert sie für ein sinnvolles Zusammenspiel von Offline- und Online-Medien, sodass die medialen Besonderheiten und die entsprechenden Formen des Lehrens und Lernens kultiviert werden können; andererseits verknüpft sie Begriffe, Texte, Indizierungen, Visualisierungen, Übungsaufgaben und Materialien durch hypermedial strukturierte Metainformationen. Diese ermöglichen Orientierung und Übersicht in der pluralen Wissenschaftslandschaft sowie in den Prozessen der Wissensorganisation und -aneignung. So wird die Medialität des Wissens, die in den Theorie-Diskussionen neuerdings bedeutsam geworden ist, wenigstens ansatzweise erfahrbar gemacht.

Hand in Hand damit geht der Versuch zur Vernetzung *wissenschaftlicher* und *hochschuldidaktischer Ansprüche*. Die einseitige Konzentration auf die Perfektionierung wissenschaftlicher Standards erweist sich häufig dann als problematisch, wenn AnfängerInnen gangbare Wege in die Welt der Wissenschaft finden sollen. Die verschiedenen Materialien und didaktischen Anregungen, die auf der CD-ROM und in den Internetangeboten enthalten sind, können hier kreative Spielräume eröffnen und zu einer Bündelung theoretischer, forschungsmethodischer und didaktischer Kompetenzen beitragen.

Auch im Hinblick auf *personelle* und *institutionelle Kooperationen* lassen sich Vernetzungen herstellen, denn die digitalen Informations- und Kommunikationsmittel bieten vielfältige Möglichkeiten des gedeihlichen Gebens und Nehmens für Lehrende und Studierende aus diversen Ländern und Regionen. Die netzbasierten Teile des Projekts 'Wie kommt Wissenschaft zu Wissen?' (s. http://wiwiwi.uibk.ac.at und http://bases.uibk.ac.at/fowi/) verstehen sich gleichsam als ein Knotenpunkt im Netz der Netze, in dem sich einschlägige Kompetenzen und qualitätsvolle Informationsangebote verdichten. Das bedeutet die Vernetzung von Kompetenzen und Ressourcen und damit erweiterte Chancen des Kompetenzerwerbs für alle Beteiligten.

Die Kernbereiche der Kompetenzen, um die es hier geht, bestehen insbesondere in der

- Entwicklung forschungspraktischer Fertigkeiten (Formalia, Recherchevarianten, Datenbanken, usw.),
- Schreibfähigkeit (Texterstellung, Rechtschreibung, sprachlicher Ausdruck, Kreativität und Strukturierung) und Medienkompetenz,
- Fähigkeit zum reflektierten Umgang mit Quellen, Datenlagen und Materialien,
- Fähigkeit zur Entwicklung und Bearbeitung wissenschaftlicher Fragestellungen,
- Fähigkeit zur kritischen Analyse und Deutung von Argumentationen, Bildern, Zeichen, Strukturen, Symbolen, Daten, Texten, Diskursen, usw.,
- Fähigkeit zur kritischen Beurteilung empirischer und theoretischer Untersuchungsergebnisse,

- Fähigkeit zur kreativen und gegenstandsangemessenen Anwendung von Erhebungs- und Auswertungsverfahren,
- Kenntnis methodologischer Grundprobleme, Argumentationsweisen und Begründungsformen,
- Kenntnis von Grundfragen der Wissenschaftsgeschichte und der wissenschaftlichen Theoriebildung,
- Fähigkeit zur Unterscheidung verschiedener Forschungsansätze, Wissenschaftsauffassungen und wissenschaftskritischer Betrachtungsweisen,
- Fähigkeit zur eigenständigen Durchführung von Studien und Forschungsprojekten,
- Fähigkeit zur Präsentation wissenschaftlicher Prozesse und Ergebnisse.

Die Liste ließe sich zwanglos fortsetzen und ausdifferenzieren. Dazu wie auch zum Erwerb dieser Kompetenzen auf möglichst breiter Basis mögen die Beiträge der Reihe und die Angebote auf den CD-ROMs und in den netzbasierten Projektteilen dienlich sein.

An dieser Stelle bleibt noch allen zu danken, die zum Gelingen des gesamten Projekts beigetragen haben: den Autorinnen und Autoren für ihre Mitwirkung, Ideen und konzeptionellen Anregungen; den ProjektmitarbeiterInnen, allen voran den Koordinatorinnen Mag. Angela Woldrich und Nicole Bickel für ihre geduldigen Kommunikationsleistungen, die Newsletter-Agenden und die konsequente Datenarchivierung; Dr. Klaus Niedermair, der das Hypernetzdesign und die Metadatenstruktur entwickelt hat und zusammen mit MMag. Johannes Humer für Korrektur-, Indizierungs- und Layoutarbeiten verantwortlich war; Dr. Siegfried Winkler für die mediendidaktischen Arbeiten und Gerhard Gassler für die Programmiertätigkeiten, die CD-ROM-Entwicklung und die medientechnische Unterstützung; Mag. Karoline Bitschnau, Mag. Dr. Eva Fleischer und Mag. Angela Ibelshäuser für die Erstellung und Erprobung des Evaluationskonzepts; Rainer W. Schneider und Ulrich Schneider, die für die verlegerische Betreuung und die Verbreitung der Reihe sorgen, und last but not least der Stiftung PROPTER HOMINES (Liechtenstein), ohne deren unbürokratische Projektförderung weder die Bücher noch die CD-ROMs hätten erscheinen können.

Weitere Hinweise und Aktualisierungen finden Sie unter http://wiwiwi.uibk.ac.at.

Innsbruck, im Jänner 2001 Theo Hug

Inhaltsverzeichnis

Inter- und transdisziplinäre Perspektiven

Grundfragen und Probleme

Johann August Schülein

Alltagsbewusstsein und soziologische Theoriebildung[1]

1.   Wirklichkeit und Interpretation

Tom Sawyers Meisterstück

Wer „Tom Sawyer" gelesen hat, wird sich an das zweite Kapitel erinnern.[2] Tom kam nach einer Auseinandersetzung mit einem anderen Jungen mit zerrissenen Kleidern nach Haus. Als Tante Polly „sah, in welchem Zustand sich seine Kleidung befand, gewann ihr Beschluss, seinen freien Samstag in einen Tag der Gefangenschaft bei Zwangsarbeit zu verwandeln, eiserne Festigkeit". Sie verdonnerte Tom dazu, den Zaun zu streichen; eine Arbeit, die Tom mit äußerstem Missmut aufnahm. Da kam Jim, Pollys Sklave, auf dem Weg zum Wasserholen. „Bis dahin war es in Toms Augen immer eine scheußliche Arbeit gewesen, Wasser an die Gemeindepumpe zu holen, jetzt aber kam es ihn nicht so vor. Er dachte daran, dass es ständig an der Pumpe ja Gesellschaft gab. Dort warteten ständig Jungen und Mädchen, Neger und Mulatten, bis sie an der Reihe waren, ruhten sich währenddessen aus, tauschten Spielsachen miteinander, zankten sich, prügelten sich und tollten herum. Er dachte auch daran, dass Jim, obgleich die Pumpe nur hundertfünfzig Yard entfernt stand, nie vor einer Stunde mit dem Eimer Wasser zurückkehrte, und selbst dann musste ihn gewöhnlich jemand holen gehen." Unter diesem Vorzeichen erschien ihm ein Tausch mit Jim sinnvoll. Aber Jim schüttelt den Kopf: „Geht nicht, Master Tom. Die alte Missis, die hat gesagt, ich soll Wasser holen gehn und nicht stehnbleiben und mit niemand keine Dummheiten nicht machen, hat erklärt, sie nimmt an, Master Tom würde mich beauftragen, ich soll Zaun streichen, und sie hat gesagt, ich soll weitergehn und mich um meine eigenen Angelegenheiten kümmern, um das Streichen würd sie sich kümmern." Tom gibt nicht auf: „'Ach, scher dich doch nicht um das, was sie gesagt hat, Jim. So redet sie doch immer. Gib mir mal den Eimer. Ich bleib´ keine Minute weg. Sie wird´s doch nicht merken.' 'Oh, ich trau´ mich nicht, Master Tom. Die alte Missis, die nimmt mich bestimmt und reißt mir den Kopf ab. Das macht sie, ganz sicher.' ‚Die! Die haut doch nie jemand, bumst einen ein bisschen mit dem Fingerhut auf den Kopf, und wen stört das, möcht´ ich wissen? Sie schimpft ja schrecklich, aber Schimpfen tut nicht weh, wenigstens nicht, wenn sie nicht weint. Jim, ich geb´ dir eine Murmel. Eine weiße Glaskugel geb´ ich dir!' Jim wurde schwankend. ‚Eine weiße Glaskugel, Jim, und die läuft scharf!'" Jim kann nicht widerstehen, aber der Handel kam doch nicht zustande: „Er setzte den Eimer ab und nahm die weiße Glaskugel. In der nächsten Minute flog er mit dem Eimer und einem prickelnden Hintern die Straße hinunter; Tom strich, was das Zeug hielt und Tante Polly zog sich, einen Pantoffel in der Hand und Triumph im Blick, vom Felde zurück."

---

[1] Dieser Text ist hervorgegangen aus Arbeitsunterlagen für Einführungsveranstaltungen an der Wirtschaftsuniversität Wien. Das daraus entstandene Arbeitsbuch heißt Soziologische Theorie. Eine Einführung für „Amateure" (Schülein/Brunner 1994).

[2] Vermutlich nicht nur daran. Das ganze Buch ist nicht nur spannend, es ist auch eine Fundgrube für scharfsinnige Beobachtungen und Beschreibungen von sozialen und psychischen Prozessen.

Dieser Versuch von Tom, der Fronarbeit zu entkommen, scheiterte also. Seine große Stunde kam jedoch später, als einer seiner Freunde, voller Lust am Leben und an einem prächtigen Apfel kauend, vorbeikam und eigentlich vorhatte, sich etwas an Toms Elend zu weiden. „,Heda! Du steckst in der Patsche, was?' Keine Antwort. Mit dem Auge des Künstlers begutachtete Tom seinen letzten Strich; dann fuhr sein Pinsel noch einmal mit leichtem Schwung darüber hinweg, und er begutachtete das Ergebnis von neuem. Ben bezog neben ihm Stellung. Beim Anblick des Apfels lief Tom das Wasser im Munde zusammen, er blieb jedoch bei seiner Arbeit. Da sagte Ben: ,Hallo, alter Junge; musst arbeiten, was?' Tom fuhr jäh herum und sagte: ,Ach, du bists, Ben. Ich hab dich gar nicht bemerkt.' ,Ich geh´ schwimmen, hörst du? Würdest du nicht auch lieber mitkommen? Aber natürlich, du möchtest lieber schuften, nicht wahr?' Tom betrachtete den Jungen ein Weilchen und fragte dann: ,Was nennst du denn Arbeit?' ,Na, ist das vielleicht keine Arbeit?' Tom machte sich wieder ans Tünchen und meinte gleichgültig: ,Na, vielleicht, vielleicht auch nicht. Ich weiß nur eins: Tom Sawyer gefällt´s.' ,Ach, geh doch, du willst mir doch nicht etwa einreden, dass es dir Spaß macht?' Der Pinsel fuhr weiter. ,Ob´s mir Spaß macht? Na, ich wüsste nicht, weshalb es mir keinen Spaß machen sollte. Bekommt ein Junge vielleicht jeden Tag einen Zaun zu streichen?' Das ließ die Sache in neuem Licht erscheinen. Ben hörte auf, an seinem Apfel zu knabbern. Tom schwang seinen Pinsel mit behutsamer Eleganz hin und her – trat dann zurück, um die Wirkung festzustellen – setzte hier und da noch einen Tupfer hinzu – kritisierte die Wirkung von neuem, während Ben jede seiner Bewegungen beobachtete und ihn die Sache immer mehr interessierte, immer stärker fesselte. Nach einer Weile sagte er: ,Du, Tom, lass mich auch mal ein bisschen streichen.'"

Die Geschichte endet schließlich damit, dass alle Jungen des Dorfs sich darum reißen, streichen zu dürfen und Tom als Preis für die Erlaubnis viele Schätze einhandeln kann und sogar Tante Polly seinen großen Fleiß loben musste. Für Tom also ein Erfolg auf ganzer Linie. Unabhängig davon, wie realistisch Mark Twains Beschreibung ist – es steht zu befürchten, dass nur in Ausnahmesituationen ein solcher durchschlagender Erfolg zu erzielen ist –, enthält sie einige wichtige Hinweise auf das komplizierte Verhältnis von sozialer Wirklichkeit und der Art und Weise, wie wir sie erleben bzw. interpretieren. „*Wirklichkeit*" ist nicht einfach *gegeben*, sondern wird von uns mit Hilfe der uns zur Verfügung stehenden Möglichkeiten in jeweils spezifischer Weise interpretiert. Und sowohl das, was interpretiert wird, als auch die Interpretation selbst ist (Moment der) Wirklichkeit.

Dabei ist dieses Interpretieren keinesfalls ein bloßes Notieren der selbstverständlich bereit liegenden „Merkmale" der Situation. Wir *gehen* bereits mit *bestimmten Vorstellungen* an eine Situation *heran* und lassen sie dadurch zu einer *bestimmten Situation werden*. Und die Ergebnisse dieser Interpretationen müssen nicht identisch sein. Ben kommt um die Ecke, sieht Tom mit dem Pinsel am Zaun und denkt sich gleich, da Samstag ist, dass Tom zur Fronarbeit verdonnert wurde. Diese seine Einschätzung teilt er Tom auch mit, aber der teilt sie nicht. Stattdessen gibt Tom durch sein Verhalten, durch inbrünstiges, voll konzentriertes Streichen und seine Äußerungen zu verstehen, dass er seine Arbeit anders sieht: nämlich als künstlerisch wertvolle, höchst anspruchsvolle Tätigkeit. Er leugnet nicht, dass es sich um Arbeit handelt, aber er nimmt nicht die Haltung ein, die einem Fronarbeiter zukommt, und stellt den Wert der Arbeit so dar, dass es als eine Ehre erscheint, sie durchzuführen. Er weiß natürlich am besten, dass es sich tatsächlich um Fronarbeit handelt, aber er bemüht sich, die Verhältnisse anders darzustellen – mit Erfolg. Ben wird von Toms Interpretation so beeindruckt, dass er innerlich eine Umdefinition vornimmt und sich anders verhält (so, wie Tom sich das gewünscht hatte).

Beim ersten Mal hatte Tom mit seinen Versuchen, die Wirklichkeit anders zu interpretieren, weniger Erfolg. Jim wusste, dass Tante Pollys Drohungen ernst zu nehmen sind. Tom kannte jedoch auch die Hitparade der Statussymbole und wusste daher, wo Jims schwacher Punkt war. Tante Polly wusste ihrerseits, dass Tom imstande war, Jim trotz eindringlicher Ermahnungen zu verführen. Daran wiederum hatte Tom nicht gedacht. (Falls Jim daran gedacht haben sollte, war dieses Wissen durch die Glaskugel geblendet). Aber es fiel ihm eine andere Möglichkeit ein, auf die Tante Polly nicht gefasst war: Sie kam nicht auf die Idee, dass Tom eine Horde von „Hilfskräften" anheuern würde.

1.1 Soziales Gebrauchsdenken: das Alltagsbewusstsein

Interpretationen hängen in ihren Möglichkeiten von der Lebenssituation ab: Jede(r) weiß (mehr oder weniger gut) Bescheid in seiner Lebenswelt. Jim „weiß", dass Tante Polly gefährlich ist; er hat es hinreichend erlebt und kennt sie zur Genüge. Tom „weiß", dass Jim einer weißen Glaskugel nicht widerstehen kann. Und Polly „weiß", dass Tom versuchen würde, Jim zu bestechen. Dieses Wissen ist nicht intellektueller, sondern lebenspraktischer Art: *nicht logisch* begründet und hinterfragt, *aber praktisch* deshalb nicht weniger wahr bzw. gut. Dieses lebenspraktische Wissen hat jede(r) von seiner Welt: Die Bereiche, in denen man tagtäglich lebt, kennt man gut (d.h. weiß, was man tun muss, um zurecht zu kommen); von ihnen hat man ein „Bild", welches alle möglichen (und unmöglichen) Ereignisse einordnet und interpretiert. Die Bereiche, die nur gelegentlich lebenspraktisch bedeutsam werden, sind weniger gut bekannt und entsprechend generalisiert bzw. vage sind die Interpretationen, mit denen man operiert. Die Bereiche, zu denen man keinen Kontakt hat, können auch nur aus zweiter Hand bzw. auf die Weise bedacht werden, die die eigene Lebenswelt nahe legt.

Dass dieses Wissen „*Gebrauchswissen*" ist, hängt auch damit zusammen, dass es in engem Zusammenhang steht mit dem Prozess der *lebenspraktischen Entscheidungen* und *Zielfindungen*, die im Alltag unentwegt nötig sind. Ohne sie ist soziale Wirklichkeit „sinnlos". Wir sind ständig damit beschäftigt, Situation(en) danach einzuschätzen, was sie für uns bedeuten, was wir in ihnen wollen. Wir konstatieren also nicht einfach: „Tom muss als Strafarbeit am Samstag den Zaun streichen", sondern stellen dies mit Schadenfreude, Mitleid, Gleichgültigkeit oder sonstigen Gefühlen fest. Und je nachdem, wie dies Gefühl aussieht, werden Konsequenzen für das Handeln gezogen. Diese Einschätzung hängt vor allem mit dem *Erleben der eigenen Situation* zusammen. Tom ist kaum angetan von der Aussicht, den Zaun streichen zu müssen. Da erscheint ihm sogar noch das bis dato verachtete Wasserholen als attraktive Tätigkeit und er gibt sich äußerste Mühe, sie dem Sklaven abzuschwätzen.

Das „Gebrauchswissen" ist dabei nichts anderes als der (mehr oder weniger bewusste) Effekt von *Lebenserfahrung*: Man hat praktisch gelernt, wie man mit Situationen umgeht, hat sich gemerkt, was passiert und kann Situationen, die auftauchen, mehr oder weniger genau einschätzen. Allerdings gibt es erhebliche Unterschiede im Erfahrungsvermögen und ungleiche Verteilung von „Wissensmöglichkeiten". Jim und Ben sind die Bauern in dem Spiel, Tom und Tante Polly dagegen versierte Sozialspieler. Es handelt sich dabei um lebensgeschichtlich erworbene Differenzen, hinter denen jedoch soziale Strukturen stehen: Jim hat als Sklave wenig Zugang zu Wissen und noch weniger Möglichkeiten, durch soziale Praxis Fähigkeiten und Kenntnisse zu entwickeln. Tante Polly und Tom sind kampferprobt und verfügen entsprechend über viel Wissen und Strategien. Wie kommt es, dass es Sklaven, Tanten und Neffen mit sehr unterschiedlichen Möglichkeiten und Kompetenzen des Sozialverhaltens gibt? Worauf basieren diese Fähigkeiten und wieso sind sie möglich/nötig? Um diese Fragen zu beantworten, ist ein kurzer Blick auf die Rahmenbedingungen nötig.

2.   Interaktion und Kommunikation

2.1   Evolution und Kommunikation

Leben heißt: Es gibt lebendige Subjekte, die eigenständig und aktiv sind. Sie treten in selbstgesteuerten Kontakt mit ihrer Umgebung, mit anderen Lebewesen; gleichen und fremden. Man liebt sich und frisst sich, man kooperiert und konkurriert. Leben ist stets: Zusammen-Leben. Und Zusammen-Leben heißt: Es gibt einen permanenten Interaktionsprozess; eine Verkettung von sozialen Situationen, in denen die beteiligten Subjekte (gemeinsam, aber nicht unbedingt konsent) Ziele verfolgen und Zwecke erfüllen.

Wie funktioniert Interaktion? Interaktion bedeutet, dass verschiedene Subjekte, ausgerüstet mit Verhaltensalternativen, situationsspezifische Verhaltensstrategien entwickeln/auswählen und sie realisieren, wobei sie sich auf die Besonderheiten/Reaktionen der anderen einstellen. In seiner einfachsten Form ist dies wechselseitige (mechanische) Veränderung: Durch praktischen Einfluss wird beim Gegenüber ein bestimmtes Verhalten abgerufen. Bereits auf diesem Niveau stellen sich jedoch zwei Probleme, die die Möglichkeiten dieses Modus begrenzen: Zum einen müssen die Subjekte handlungsfähig sein, d.h. über einen internen Prozess der Verarbeitung von Wirklichkeit verfügen; zum anderen ist die Möglichkeit der Beeinflussung durch unmittelbaren Kontakt erheblich begrenzt.

Sowohl die interne Verarbeitung von Wirklichkeit als auch die Überbrückung von Distanzen bzw. die Vermittlung von komplexeren Einflüssen erfordert Kommunikation: die Möglichkeit, den Umgang mit einem Thema mit Hilfe eines Mediums anderen mitzuteilen bzw. zu verstehen. Insofern ist Kommunikation ein zentraler Bestandteil jeder differenzierter Interaktion: Sie erweitert die Möglichkeiten von Interaktion und erlaubt eine situative, aber auch eine die zeitliche und räumliche Grenzen von Interaktion überschreitende Koordination und Steuerung. Ein wesentliches Medium der Kommunikation, derer sich fast alle Lebewesen bedienen, bietet die Chemie: Von Anfang an experimentierte die Natur mit Möglichkeiten, Molekülen eine bestimmte Bedeutung zuzuweisen und auf diese Weise intra- und intersubjektive Prozesse zu steuern – mit großem Erfolg. Auf diese Weise ließen sich auch komplexe innere Abläufe, aber auch das Zusammenspiel verschiedener Subjekte erfolgreich erzeugen und zuverlässig garantieren. Im Laufe der Evolution entstanden auf dieser Basis wahre „Meisterwerke" der Verhaltenssteuerung und Interaktion.

So perfekt dieses System funktioniert, es hat seine Grenzen. Gerade weil es perfekt funktioniert, ist der Spielraum für differenzierte subjektive Verarbeitung von Wirklichkeit und für Interaktionen, die über festgefügte Abläufe hinausgehen, gering. Als die Natur anfing, Lebewesen hervorzubringen, die weniger durch hochspezialisierte Angepasstheit an ein bestimmtes ökologisches Milieu als vielmehr durch eigenaktives (Zusammen-)Handeln überleben, konnte dies Prinzip keine Verwendung mehr finden. Diese Lebewesen müssen erfolgreich aus vielen Möglichkeiten die richtige aussuchen – und das muss praktisch gelernt werden. Lernen setzt aber voraus, dass es eine interne Instanz gibt, die nicht nur definierte Signale in definierte Aktionen umsetzt, sondern offene Gegebenheiten interpretiert, übersetzt und passende Formen des Umgangs auswählt. Dies konnte nicht mehr auf der Basis von chemischen Substanzen realisiert werden. Deswegen entstand im Zuge der Entwicklung von Gattungen mit einem höheren Maß an „Individualisierung" ihrer Subjekte ein neues Kommunikationssystem, welches auf zwei Innovationen basierte:

- einerseits auf der Entwicklung subjektiver Reflexionszentren, die Wirklichkeit in intern verarbeitbare Vorstellungen übersetzen und damit operieren kann;
- auf der anderen Seite ein Kommunikationsmedium, welches geeignet ist, abstrakte Wirklichkeitsrepräsentationen zu übermitteln.

Das Gehirn ist die organische Grundlage eines kognitiven Systems, welches Wirklichkeit in symbolische Repräsentanzen übersetzen kann. Es ermöglicht interne und externe Kommunikation mit Hilfe symbolisierter (also nicht unmittelbarer) Wirklichkeit. Dadurch ist es möglich, mit Wirklichkeit umzugehen, ohne dass dies praktisch passieren muss: Es ist „Probehandeln" möglich, es kann abstrahiert werden von (Teilen der) konkreten Wirklichkeit, es kann etwas vorgestellt werden, was (noch) nicht existiert. Kurz: Symbolvermittelte Reflexion weitet den Spielraum des Umgangs mit Wirklichkeit wesentlich aus und öffnet den Horizont für subjektive Eigenaktivitäten.

Dazu reicht chemisch codierte Kommunikation nicht aus. Daher wird zunächst der Körper zum Medium. George Herbert Mead (1968) nannte die damit verfügbaren Ausdrucksformen „Gesten"; ihr syntaktisches Potential ist noch gering, wenn auch ihre semantische Deutlichkeit kaum zu wünschen übrig lässt. Watzlawick spricht in diesem Zusammenhang von analoger Kommunikation, die (körperliches) Erleben bildlich „darstellen", symbolisieren und so vermitteln kann. Tierische Kommunikation ist (soweit sie über chemisch vermittelte hinausgeht) fast ausschließlich analog. Auf dieser Basis konnte sich eine Sozialstruktur entwickeln, die Arbeitsteilung wie soziale Organisation in ihrer einfachsten Form (soziale Hierarchie, Regelung der Zugehörigkeit, Anfänge von Arbeitsteilung) selbständig stabilisieren konnte. Auch erste Ansätze zu nicht determinierten Beziehungen können sich ergeben – Zuneigungen und Abneigungen, die nicht funktional in die Hierarchie eingebunden sind.

Damit sind jedoch bereits die Grenzen erreicht. Die Kommunikation ist nicht abstrakt genug, um eine wirklich eigenständige und eigendynamische Kommunikation zu ermöglichen. Erst „vokale Gesten" (Mead), Äußerungen, die Wirklichkeit codiert repräsentieren (und nicht unmittelbar zum Ausdruck bringen), sind imstande, den Schritt in eine symbolische Wirklichkeit konsequent zu vollziehen. Denn erst durch die sprachliche Codierung von Wirklichkeit lässt sich über sie reflektieren: Sie kann „zum Thema" gemacht werden – und zwar auf (fast) jede Weise. Vergangenheit, Gegenwart, Zukunft, Abstraktes und Konkretes, Mögliches und Wirkliches, Erwünschtes und Unerwünschtes: Alles das lässt sich jetzt erst oder jetzt systematisch zum Ausdruck bringen. Mit anderen Worten: Durch Sprache wird individuelles Denken und ein System von gemeinschaftlichen Gedanken und Vorstellungen möglich. Das heißt aber auch: Jedes Individuum muss imstande sein, mit Symbolen selbständig operieren zu können. Vorstellungen müssen entwickelt, gespeichert, aktualisiert, überprüft, korrigiert, kombiniert usw. werden können. Dazu bedarf es eines operativen Zentrums, in dem dies möglich ist.

Daher können Subjekte erst durch das Zusammenspiel von Sprache und Gehirn selbständige kognitive Bilder von Wirklichkeit (im doppelten Sinn: sie interpretieren sie und entwerfen alternative Modelle) und sich in ihrem Handeln daran orientieren. Aus Verhalten wird *Handlung*, eine (mehr oder weniger) intendierte Aktivität, die auf individuellen Vorstellungen (von existierender und wünschenswerter Wirklichkeit) basiert. Und im Zusammenspiel von Handlungen, durch Inter-Aktion, gewinnen Vorstellungen subjektunabhängige Bedeutungen und Formen; verobjektivieren sich als kollektive Vorstellungswelten, an denen sich dann das Individuum orientieren kann und muss.

Damit erweitert und verändert sich der Interaktionsprozess qualitativ. Aktivitäten können jetzt signalisiert werden; müssen also nicht vollständig durchgeführt werden. Auf Ereignisse kann hingewiesen werden. Auf diese Weise konnten sich Beziehungen und Interpretationen symbolisch verselbständigen. Im Symbolsystem kann Wirklichkeit gespiegelt und bearbeitet werden, zugleich entstehen definitive Vorstellungen und Einstellungen, die für alle Mitglieder der Gemeinschaft verbindlich und orientierend sind. Auf diese Weise wirken sie formierend auf die praktische Interaktion und ermöglichen Interaktionsformen: typische Abläufe, die nicht genetisch bedingt sind, sondern aus der Situation der Lebensgemeinschaft und deren Weltverständnis stammen (und darauf abgestimmt sind). Diese vorgefundenen, geltenden Regeln treten als Handlungs- und Interpretationsgewohnheiten den (subjektiven) Subjekten gegenüber, bilden den Horizont, innerhalb dessen sie ihre eigenen Orientierungen entwickeln und den sie durch ihre Handlungen und Interpretationen wiederum bestätigen, kritisieren, weiterentwickeln. So entsteht im Austausch von Handlungen/Interpretationen und ihren Effekten eine *eigenständige soziale Wirklichkeit*.

Seine volle Konsequenz hat diese Dynamik von Individualisierung und Sozialstruktur erst mit der Entstehung der Gattung homo sapiens entwickelt. Wir sind zwar nicht aus Biologie und Evolution „ausgestiegen", aber unsere Lebensweise hat dazu geführt, dass eine neue Zeit-Form entstanden ist: *Geschichte*. Geschichte ist die Entwicklungsdimension von Gesellschaften. Jede Gesellschaft hat eine eigene Biografie, die geprägt wird von den Resultaten der Aktivitäten jeder Generation, aus denen sich die jeweiligen Bedingungen für weitere Entwicklungen erst ergeben. Damit wird aber auch in jeder Generation Bewusstsein weiterentwickelt; jede individuelle Weltinterpretation, jeder individuelle Umgang mit Welt ist gewissermaßen das Pendant von Mutation und Selektion – was wesentlich schneller geht, aber auch widersprüchlicher und komplexer ist. Dieser akkumulative, sich selbst steuernde Prozess bringt deshalb zwangsläufig ein Maß an Differenzierung mit sich, welches den Rahmen der Evolution sprengt: Jedes Individuum ist anders, jede Gesellschaft ist verschieden. Wenn man so will: Das „Experimentieren" mit Individuum und Sozialstruktur ist nicht auf den „Umweg" über die Gene angewiesen, hat ein wesentlich höheres Tempo und erzeugt lauter Singularitäten, deren Zusammenspiel wiederum ein neues, Subjektivität steigerndes Milieu erzeugt.

Auf diesem Hintergrund wird deutlich, woher die Möglichkeit und die Notwendigkeit von individuellem Bewusstsein stammt. Das soziale Milieu verlangt die Fähigkeit zur Selbststeuerung und zur Selbsteinschätzung, zur Anpassung an das (und zur Auseinandersetzung mit dem), was vorhanden ist. Ein „nicht festgelegtes" Lebewesen in einer sowohl offenen als auch „synthetischen" Welt kann nicht mit definitiv festgelegten Verhaltensprogrammen operieren. Zwischen handelndem Subjekt und sozialer Welt muss Reflexion möglich sein und stattfinden – von beiden Seiten. Die soziale Welt formiert subjektives Bewusstsein, welches sich diese Welt eigenständig aneignet. Dazu bedarf es entsprechender Orientierungsmöglichkeiten und eines Typs von Bewusstsein, welches auf flexible Weise diese Leistung kontinuierlich erbringt. Diesen stetigen Bewusstseinsfluss, der Subjekt und Welt in Verbindung hält, soll der Begriff „Alltagsbewusstsein" bezeichnen.

3.   Alltagsbewusstsein und Theorie

3.1   Möglichkeiten und Grenzen des Alltagsbewusstseins

Individuelles Bewusstsein – „bewusstes Sein" – und entwickelte soziale Struktur sind zwei Seiten derselben Medaille: Die Herauslösung aus engen und hochpräzisen biologischen Determinationen und die Abhängigkeit von sozialen Leistungen verlangen und ermöglichen einen eigenständigen psychischen Reflexionsprozess, der Interaktionsformen und soziale Symbolsysteme erzeugt und voraussetzt.

Damit fangen jedoch auch Probleme an, die auf den bisherigen Niveaus von Evolution unbekannt waren. Aus dem Zusammenspiel von Mutation und Selektion ergibt sich, wie erwähnt, ein genetisch verankertes System von passenden Verhaltensweisen (inklusive der dazugehörigen Kommunikations- und Wahrnehmungsleistungen). Dieser Zusammenhang ist nicht nur sicher im Ablauf, er ist zudem ökologisch balanciert, d.h. er passt genau. Ein Wurm kann sich nicht irren. Entweder er ist erfolgreich oder nicht – am fehlenden Wissen und Fehlinterpretationen liegt es nicht. Der Grund: Sowohl sein kognitives Potential als auch seine Welt sind stabil.

Genau dies gilt für den Menschen nicht mehr: Sein kognitives Potential ist ebenso wie seine Welt instabil. Bewusstsein (als Sonderfall von kognitiven Systemen) muss über viele riskante Entwicklungsstufen erst entstehen und kann an jedem Punkt beeinträchtigt, gestört, deformiert werden. Außerdem ist es im Dauerbetrieb keineswegs „sicher": Wir irren uns, täuschen uns. Und das teils unabsichtlich, teils absichtlich, teils individuell, teils gegenseitig. Wir können zwar mit rein logischen Symbolsystemen arbeiten und auf diese Weise Objektwissen gewinnen, aber dies setzt besondere Bedingungen voraus und ist nicht in jeder Hinsicht beliebig möglich. Gerade die Subjekt- und Sozialabhängigkeit macht Bewusstsein zu einem komplexen und unsicheren Prozess.

Gleichzeitig ist die Welt unsicher, weil sie immer und überall anders ist und sich ständig auf nicht vorhersehbare Weise ändert. Eine solche Welt ist begrifflich nicht genau zu fassen; sie entzieht sich einer definitiven symbolischen Reproduktion. Das heißt auch: Ein „objektives" Bild von sozialer Wirklichkeit wäre selbst dann nicht möglich, wenn unser Bewusstsein stabil wäre. Das kognitive Gesamtbild schwankt zwischen unverbindlichen Allgemeinheiten und partikularen Besonderheiten.

Es gibt also nichts umsonst auf dieser Welt: Wir erkaufen unsere Möglichkeiten mit den Risiken des Scheiterns, der Verzerrung, der Pathologie. Aber für unser alltägliches Handeln ist dies nicht notwendig ein Problem. Denn unser Alltagsbewusstsein muss auch gar nicht objektiv angemessen sein, sondern es muss uns Handlungsfähigkeit ermöglichen. Gebraucht wird praktisches Orientierungswissen.

Unsere Handlungen werden daher gesteuert von einem Verbund von situations- und kontextbezogenen Vorstellungen; dem „Alltagsbewusstsein".[3] Alltagsbewusstsein ist ein Begriff für die Art und Weise, wie wir im täglichen Leben unsere Welt verstehen und auf sie reagieren. Es umfasst „Erleben", „Wissen", „Interpretation", schließt also alle möglichen (und unmöglichen) Modi ein, mit denen Bewusstsein arbeitet. Und es schließt alle Zustände ein, die Bewusstsein im Laufe eines Tages, im Laufe einer Biografie erlebt und entwickelt. Alltagsbewusstsein stellt sich auf den ersten Blick dar als eine Ansammlung von Vorstellungen, mit deren Hilfe wir die unablässige Folge von Situationen, als die sich der Alltag vollzieht, ordnen und einstufen. Durch Lebenserfahrung verfügen wir dann über eine Vorstellung von (und eine Beziehung zu) Pommes frites, Kleiderordnungen, Atomkraftwerken... – Es liegt auf der Hand, dass diese (Masse von) Vorstellungen nicht immer sonderlich differenziert und treffend sind. Ob die Pommes ernährungsphysiologisch bedenklich sind oder nicht, wie sie hergestellt und verarbeitet werden, wissen wir selten; warum man in dieser Saison wieder leicht und locker, blau und pink trägt, auch nicht, wie Atomkraftwerke funktionieren und was hinter den Mauern alles so vor sich geht, ebenfalls nicht: Nicht alle Informationen sind zugänglich, für viele Dimensionen der Wirklichkeit fehlt das nötige Wissen und Können – und manches wollen wir überhaupt nicht zur Kenntnis nehmen. Trotzdem entwickeln wir jene Vorstellungen, und zwar aus lebenspraktischen Gründen: *Wir müssen in allen Situationen handlungsfähig sein und das heißt: Wir müssen die Gegebenheiten interpretieren und einschätzen.*

Der Begriff „Alltagsbewusstsein" bezeichnet jedoch nicht nur die Resultate dieser Art, Wirklichkeit zu verarbeiten – also „*Alltagstheorien*" –, sondern auch die Art und Weise selbst: die Mechanismen, mit denen sie zu einem Bild überarbeitet wird. Es handelt sich dabei um lebensgeschichtlich erworbene Methoden, deren Spektrum von analytischer Präzision bis zu paranoider Verzerrung reicht. Welche der Möglichkeiten,

---

[3] Der Begriff „Alltagsbewusstsein" wird auf sehr unterschiedliche Weise verwendet. Systematisch entwickelt wurde er zunächst in der „phänomenologischen" Soziologie (z.B. Schütz 1974). Hier geht es vor allem um die Hervorhebungsleistung, durch die eine an sich ungeordnete und unübersichtliche Welt geordnet wird. Dagegen werden in der Perspektive einer „kritischen" Soziologie (z.B. Leithäuser 1975) stärker die Abhängigkeit von externen Bedingungen und die negativen Folgen der Funktionsweise (z.B. Selbsttäuschung, falsche Vorstellungen etc.) betont. In diesem Zusammenhang sind beide Aspekte wichtig.

über die wir verfügen, Verwendung findet, hängt weitgehend von unserer jeweiligen „Tagesform" ab: davon, was wir in einer bestimmten Situation und aufgrund bestimmter psychosozialer Umstände mit Wirklichkeit anfangen können und wollen.

Die besondere Leistung des Alltagsbewusstseins liegt also darin, dem Einzelnen zu erlauben, situativ handlungsfähig zu sein, was dazu gebraucht wird, sind pragmatische Konzepte. Die simultane Konzeptualisierung der Wirklichkeit und die Aktualisierung der relevanten Einschätzungen ist die Bedingung dafür, in Situationen wissen zu können, was man tun will, soll, kann. Das Alltagsbewusstsein ist damit das Medium, die *Vermittlung von innerem Erleben und Außenwelt*; es „übersetzt" und hält in Verbindung. Dazu muss es naturgemäß die Wirklichkeit auf die eigene Identität ausrichten: Alltagsbewusstsein ist „egozentrisch", weil und wo es dafür sorgt, dass Identität und Situation erhalten bleiben.

Kurz: Unser Alltagsbewusstsein besitzt zugleich in erheblichem Umfang *soziale Kenntnisse* und praktiziert *parteilichen Umgang mit Wirklichkeit*. Es arbeitet mit „alltagstheoretischen Konzepten", die selektives und partikulares Denken und Erleben in systematisierte Vorstellungen fassen und dabei bzw. damit Wirklichkeit erfassen und zugänglich werden lassen.

Das Besondere daran: Dieses Bewusstsein ist in Richtung auf objektives Weltverständnis steigerungsfähig. Es ist zur Entwicklung und Erhaltung von objektspezifischen Wissensbeständen fähig und kann mit deren Hilfe die materielle und soziale Wirklichkeit erfassen und entwickeln. Dies hat u. a. zur Folge, dass Bewusstsein auf verschiedenen Niveaus arbeiten kann (und muss) – und dass es verschiedene Niveaus von Wissensbeständen gibt.

3.2   Wissenschaftliche Theorie und Alltagserfahrung

Max Weber hat in seiner Begründung einer sinnverstehenden Soziologie diesen Zusammenhang als zweistufigen Prozess beschrieben: „Verstehen kann heißen: 1. das *aktuelle* Verstehen des gemeinten Sinnes einer Handlung (einschließlich einer Äußerung). Wir „verstehen" z.B. aktuell den Sinn des Satzes 2 x 2 = 4... Verstehen kann aber auch heißen: 2. *erklärendes* Verstehen. Wir „verstehen" motivationsmäßig, welchen Sinn derjenige, der den Satz 2 x 2 = 4 ausspricht, oder niedergeschrieben hat, damit verband, wenn wir ihn mit (einem) uns verständlichen Sinnzusammenhang (einbetten)." (Weber 1966, 5)

Weber sieht also das Verstehen eingebettet in das Verstehen des Kontextes. Auf diesen Zusammenhang übertragen heißt dies: Auch das Alltagsbewusstsein muss über interpretierende Modi verfügen, muss Zusammenhänge nachvollziehen und herstellen. Auch hier gilt jedoch: Diese Interpretationen müssen subjekt- und situationsbezogen passen, was nicht notwendig heißt, dass sie objektiv richtig und angemessen sind. Auch Interpretationen auf dem Niveau des Alltagsbewusstseins sind parteilich und perspektivisch vereinseitigt. Aber es sind bereits analytische Rekonstruktionen. Was Weber mit „erklärendem Verstehen" bezeichnet, ist der *Doppelcharakter von Interpretationen im Alltagsbewusstsein*: Sie sind einerseits dessen Funktionsprinzipien verpflichtet, andererseits haben sie den Status einer logischen Erklärung des Geschehens. Insofern sind sie gewissermaßen das „missing link" zwischen reinen Orientierungsleistungen und *Theorie*.

Denn Theorie unterscheidet sich von Alltags-Interpretationen in der Systematik der Begründung und in der Herauslösung aus den Funktionsprinzipien. Es geht nicht darum, dass ein(e) Handelnde(r) in einer Situation zu einem Verständnis kommt, welches (trotz oder gerade wegen seiner Beschränktheit) unmittelbar Handeln ermöglicht, sondern um eine möglichst weitgehende *Korrektheit des Objektverständnisses*. Theorie heißt daher:

- Erkenntnis „um ihrer selbst willen", d.h. nicht (unmittelbar) praxis- bzw. interessensgebundene Reflexion, sowie
- Systeme von Aussagen über eine Ordnung der Wirklichkeit, die deren Logik erfassen, sodass Explikation und Prognose möglich sind.

In unserer Gesellschaft ist die wichtigste Instanz der Erzeugung und Überprüfung von Theorien die Wissenschaft. Sie dient – ihrem Selbstverständnis nach, aber nicht immer auch real – ausschließlich der Entwicklung und Kontrolle objektiver Erkenntnis.

Wissenschaftliche Erkenntnis hat typischerweise eine „nomothetische" Gestalt, d.h. wird in Form von gesetzmäßigen Zusammenhängen dargestellt. Darin drückt sich zunächst das Prinzip einer subjektunabhängigen, situationsunabhängigen, eindeutigen Erkenntnis in nicht-alltäglicher Sprache aus. Dem entspricht die Prämisse, dass Wirklichkeit ein gesetzmäßiger, in formalen Regeln abbildbarer Prozess ist. Sind Erkenntnisse jedoch formuliert, kann jede(r) (im Rahmen der gesellschaftlichen Zugänglichkeit und Nutzungschancen) sie für entsprechend definierte Zwecke anwenden. Solche Nutzungschancen sind festgelegt durch die Objektlogik: durch das, was die objektive Wirklichkeit vorgibt, und können nur in der Art der Ausführung variieren (so wie sich Automotoren in der Ausführung, aber nicht im Prinzip unterscheiden).

Dieses Wissen ist jedoch typischerweise beschränkt. Die Formulierung in Form von Gesetzmäßigkeiten bezieht sich im Allgemeinen auf *partikular und isolierbare Einzelheiten*. Bestimmte Zusammenhänge werden isoliert und für sich behandelt. Das daraus resultierende Wissen erfasst die entsprechenden Teilbereiche systematisch und erlaubt deren Nutzung zum Aufbau künstlicher Welten, ist aber *nur begrenzt fähig, den realen Prozess der empirischen Wirklichkeit zu erfassen*. Die herkömmlichen Naturwissenschaften haben viel erreicht im Verständnis von Einzelheiten der Natur, erweisen sich jedoch unmittelbar wenig geeignet, das spontane Zusammenspiel, die wechselseitige Beeinflussung der Bestandteile eines natürlichen Zusammenhangs zu erfassen.

Die sogenannte „Chaos-Theorie" folgt dieser Einsicht. Sie geht davon aus, dass die Interferenz, das natürliche Zusammenspiel der vielen verschiedenen Momente, unvermeidlich den Rahmen linearer theoretischer Modelle sprengt. Es ist vor allem das Moment der Rückkoppelung, welches Unberechenbarkeit – was nicht heißt: Unstrukturiertheit – zur Folge hat. Ob die Katze die Maus fängt, hängt davon ab, ob sie mit dem vorletzten Sprung sich in eine Situation begibt, in der der letzte erfolgreich sein kann – und ob die Maus mit ihrem vorletzten Schritt sich in eine Situation begibt, aus der sie mit dem letzten nicht mehr fliehen kann. Beides hängt vom spontanen Zusammenspiel vieler Faktoren ab und ist nicht vorhersagbar; erst recht kann man nicht wissen, welche Alternative in der nächsten Situation bestehen wird, weil man nicht wissen kann, was dies für eine Situation sein wird. Wo die möglichen Entwicklungsalternativen vom Ergebnis des letzten Schrittes abhängen, geraten wir kognitiv an Grenzen: Weder „chaotische" Ereignisse noch unvorhersehbare Ereignisse sind für uns kalkulierbar.

Es gibt also Grenzen exakter nomothetischer Theorie auch in den Naturwissenschaften. Dies setzt jedoch das Verhältnis von Theorie und Gegenstand nicht außer Kraft: Es werden zwar systematische Grenzen der Vorhersagbarkeit erreicht; es gilt jedoch auch hier das Prinzip exakter Zuordnung und Abgrenzung.

3.3 Sozialwissenschaftliche Theorie und soziale Wirklichkeit

In den meisten genannten Punkten unterscheiden sich Natur- und Sozialwissenschaften zunächst nicht. Denn auch in den Sozialwissenschaften geht es wie bei jeder Wissenschaft nicht unmittelbar darum, praktisch etwas zu erreichen (auch wenn praktische Fragen meist den Ausgangspunkt von Forschung bilden), sondern darum, zu begreifen.

Es ist jedoch ein Unterschied, ob man sich mit natürlicher oder sozialer Wirklichkeit beschäftigt. Ein Stein ist (für uns) etwas anderes als beispielsweise ein „peinlicher Vorfall". Ersterer ist Teil einer uns gänzlich fremden und prinzipiell „unerkennbaren", aber rekonstruierbaren Wirklichkeit. Sie existiert unabhängig und unveränderbar von uns. Sie besitzt in unserem lebensweltlichen Horizont Konstanz; wir können davon ausgehen, dass Steine auch noch im Jahr 3000 mit der Geschwindigkeit $g/2t^2$ zur Erde fallen und schon 3000 vor unserer Zeitrechnung sich nicht anders „verhalten" haben. Dagegen ist „Peinlichkeit" ein soziales Phänomen, welches es möglicherweise unter anderen Umständen nicht gab, geben wird und in verschiedenen Gesellschaften auch unterschiedlich definiert, erlebt, verarbeitet wird. Was als „peinlich" betrachtet wird, ist sicher nicht willkürlich, aber sicher auch nicht – im Sinne unveränderbarer „Natur" – definiert und festgelegt. Das bedeutet auch, dass es nicht nur in der Definition von „Peinlichkeit", sondern auch in der sozialen Dynamik viele Möglichkeiten gibt. Ein und dasselbe Ereignis wird nicht immer gleich erlebt/definiert: Ein Betrunkener in einem Nachtlokal ist etwas anderes als im Supermarkt oder auf dem Opernball. „Peinlichkeit" setzt nicht nur ein bestimmtes, sozial geprägtes Empfinden von Beteiligten, sondern auch eine Situation voraus, die durch den Betrunkenen in ihrem Ablauf empfindlich gestört wird: Es ist die Situation, die Peinlichkeit erzeugt.

Auch die situative „Verarbeitung" ist potentiell verschieden: Man kann Peinlichkeiten ignorieren, nachsichtig belächeln, verachtungsvoll auf die Schuldigen herabblicken, sie aggressiv ausgrenzen (woraus sich jeweils sehr verschiedene Weiterungen ergeben). Keine der Reaktionen ist sozial und individuell zufällig. Aber sie ergeben sich erst „vor Ort", im Zusammenspiel der jeweiligen Bedingungen, wobei unser praktisches Handeln und, damit eng verbunden, unsere Bedürfnisse, Interessen, Vorstellungen von entscheidender Bedeutung sind. Wir sind nicht nur (direkt und indirekt) die Erzeuger (wie die „Opfer") solcher Phänomene; wir betrachten sie mit praktischen Interessen und (damit) unter normativen Vorzeichen – und sehen sie daher auch sehr verschieden.

Das Problem liegt jedoch nicht nur in der Verschiedenheit von Perspektiven; die Wirklichkeit selbst ist aus einer unendlichen Vielzahl von verschiedenen Situationen „zusammengesetzt", d.h. es gibt zwar typische Strukturen, aber keine Isomorphie; jede Familie entsteht, entwickelt sich anders. Das Besondere an Familien ist mit dem, was man zuverlässig an Allgemeinem sagen kann, (noch) nicht erfasst und auch nicht daraus allein ableitbar. Es kann, muss aber nicht Streit zwischen Eltern und Kindern geben. Und wenn es Streit gibt, dann kann er ganz verschiedene Formen annehmen und zu unterschiedlichen, vielleicht völlig neuen „Ergebnissen" führen. Für jede Theorie heißt das, dass sie nicht nur imstande sein muss, die Systematik möglicher Ereignisse und Entwicklungen erfassen und erklären zu können. Sie muss zusätzlich imstande sein, ihr Paradigma zur Situation hin zu öffnen, jeweils das Besondere zu erfassen. Dies verlangt einen Übersetzungsprozess ins Konkrete, der die jeweiligen spezifischen Formen der abstrakten Strukturen erfasst. Die „Theorie der Familie" muss also übersetzbar sein in die ganz besondere Situation bestimmter Familien, einer bestimmten Familie; d.h. sie muss anschlussfähig sein an die situative Konstellation und deren Eigendynamik (die nicht identisch ist mit der allgemeinen Dynamik von Familienstrukturen) nachvollziehen können.

Das Problem geht jedoch noch weiter: Möglicherweise lassen sich die Methoden der „Übersetzung" von Familienstruktur in Familienwirklichkeit und umgekehrt begrifflich standardisieren. Damit ist jedoch dieser Modus jedoch noch lange nicht (in dieser Form) auf Schulen, Betriebe, informelle Gruppen, Religionsgemeinschaften usw. übertragbar – in jedem Zusammenhang stellt sich die Frage des Zusammenhangs und der Vermittlung auf besondere Weise und muss entsprechend neu durchgespielt werden. Mit einem Wort: *Das Problem des theoretischen Begreifens und der praktischen Anwendung von Theorie stellt sich jedes Mal aufs Neue und muss in jedem Zusammenhang neu gelöst werden.* Man kann nicht mit Formeln arbeiten, die sich auf alle Themen anwenden lassen, sondern muss gewissermaßen eine persönliche, besondere „Formel" jeweils selbst entwickeln – und mit denen sich auseinandersetzen, die andere zum Thema benutzen.

3.4   Theorie und Alltagsbewusstsein

Kurz: Die Entwicklung sozialwissenschaftlicher Theorie ist aus zwei Gründen besonders schwierig. Zum einen hat sie ein Thema zum Gegenstand, das sich aus den genannten Gründen einer linearen und monologischen Analyse und Bearbeitung entzieht, das sich deshalb auch nicht in einem denotativen (eindeutig abbildenden) Symbolsystem wiedergeben lässt. Zum anderen sind Theorie und Gegenstand untrennbar verbunden, bedingen und beeinflussen sich (auf jeweils verschiedene Weise) gegenseitig und sind Teil eines komplexen und widersprüchlichen Prozesses. Das hat für das Verhältnis von Alltagsbewusstsein und Theorie erhebliche Folgen.

Da ist zunächst das Problem der Überschneidung und Konkurrenz. Während das Alltagsbewusstsein zu den Gegenständen und Methoden naturwissenschaftlicher Theorie nur begrenzt Kontakt hat, sodass sich nur minimale Überschneidungen ergeben, ist zumindest die thematische „Schnittmenge" von Alltagsbewusstsein und Sozialwissenschaften qualitativ bedeutsam: Wir sind – zumindest in unserem Lebenshorizont – an vielem interessiert, was auch die Sozialwissenschaften (theoretisch) beschäftigt. Und dies jedoch nicht „neutral", sondern, wie skizziert, egozentrisch, d.h. ganz anders als theoretisch. Wir wollen zwar (auch) wissen, wie was funktioniert, aber es geht vorrangig um die Aufrechterhaltung unserer Handlungsfähigkeit, um die Balance unserer Identität. Und dazu ist nicht immer (nur) „objektives" Wissen, sondern häufig partikulares Wissen und feste Überzeugung wichtig. Genau dies versucht sozialwissenschaftliche Theorie in dieser Unmittelbarkeit zu vermeiden.

Daraus ergibt sich notwendig eine besondere Art von Konkurrenz zwischen Alltagsbewusstsein und sozialwissenschaftlicher Theorie – und zwar auf doppelte Weise: innerhalb der (und zwischen den) Theorien, weil und wo sie von Menschen entwickelt und angewendet werden (die von sich selbst und ihrer sozialen Situation nicht beliebig abstrahieren können) und zwischen der Welt der Theorie und dem gesellschaftlichen Alltagsbewusstsein, welches notwendig mit den Verfahren und Befunden der Sozialwissenschaften nicht einverstanden ist oder nichts anfangen kann. Dem Alltagsbewusstsein ist oft die Art des Wissens, welches angeboten wird, fremd. Eine sozialwissenschaftliche Theorie beispielsweise über Jugendkriminalität ist weit entfernt von den Selbstverständlichkeiten und Vorstellungen, mit denen im Alltag operiert wird, sodass sie dort als unverständlich, weit weg, als unverständlich erlebt wird. Da ist von „altersspezifischen Kriminalitätsbelastungsziffern", vom „Verhältnis von Delinquenz und Statusstrukturen", von „Anomie", „differentieller Assoziation", von „primärer" und „sekundärer" Devianz, von Etikettierung usw. die Rede, wenn es darum geht, dass Jugendliche im Supermarkt klauen. Auseinandersetzungen im Alltag über ein solches Thema pflegen sich eher an normativen Einschätzungen und praktischen Regulierungen (von Supermarktbesitzern, Jugendlichen, Eltern jeweils verschieden) zu orientieren. Ob es sich um primäre oder sekundäre Devianz handelt, spielt dabei keine besondere Rolle und ist als Information kaum verwendbar, möglicherweise sogar störend. Nämlich dann, wenn es die erforderliche Sicherheit im Handeln irritiert (wenn man davon überzeugt ist, dass nur harte Strafen weiterhelfen, interessiert man sich nicht für strukturelle Bedingungen und Differenzen) oder wenn es als gefährlich für die eigenen Grundüberzeugungen erlebt wird. In diesem Fall muss mit heftigem Widerspruch, um nicht zu sagen: Widerstand gerechnet werden. Das heißt: Der sozialwissenschaftlichen Theorie wird Zuständigkeit, Relevanz, Angemessenheit abgesprochen, es wird unter Umständen sogar ihre Richtigkeit in Frage gestellt.

Dies kann einer naturwissenschaftlichen Theorie – momentan – kaum passieren: dass vom Standpunkt des Alltagsbewusstseins ihre Legitimität und Korrektheit kritisiert wird. Seit sich die Naturwissenschaften von der Bevormundung durch Religion, Philosophie und Politik gelöst haben, sind sie intern unabhängig und unumstritten. Es gibt sehr wohl erhebliche Unterschiede bezüglich der Richtung, in die geforscht werden soll und bezüglich der Verwendung der Ergebnisse (und hier mischen sich Politik, Wirtschaft und Öffentlichkeit erheblich ein). Aber niemand käme auf die Idee, die Korrektheit einer chemischen Formel zu bestreiten, wenn sie intern akzeptiert ist. Genau damit aber müssen Sozialwissenschaften immer rechnen: Nicht nur, dass ihre Ergebnisse intern umstritten sind, sie werden auch extern nicht ohne weiteres akzeptiert, weil und wo sie dem common sense und/oder spezifischen Interessen nicht entsprechen.

Von daher muss sozialwissenschaftliche Theorie eine Art Mehrfrontenkrieg führen: mit einem widerborstigen Gegenstand, der sich nicht eindeutig und abschließend begrifflich fassen lässt; mit Schwierigkeiten der Stabilisierung eines komplizierten Diskurses; mit Wissensbeständen und -formen, die ihr zugleich sehr nahe stehen und fremd sind. Vertrackt daran ist nicht nur, dass es keine Apriori-Gewissheit darüber gibt, wer „Recht hat" – ein differenzierteres Alltagsbewusstsein ist einer bornierten sozialwissenschaftlichen Theorie vielleicht nicht methodisch, aber inhaltlich mit hoher Wahrscheinlichkeit überlegen. Vertrackt ist auch, dass dieser „Krieg" zugleich Kooperation erforderlich macht. Denn nach allem, was gesagt wurde, ist klar, dass sozialwissenschaftliche Theorie nicht einfach eine eigene Welt für sich, getrennt von der Wirklichkeit, in der sie lebt, aufbauen kann, sondern sich aus dieser Welt heraus entwickeln und zu ihr Kontakt halten muss. Der lebenspraktische Bezug zur „Peinlichkeit" wird nicht aufgegeben, wenn das Thema theoretisch behandelt wird. Er bleibt die Grundlage der Beschäftigung. Sozialwissenschaftliche Theorie kann sich also nicht so „selbständig" machen, wie dies naturwissenschaftlichen Theorien möglich ist, weil sie quasi mit einer anderen Welt und mit ganz anderen Methoden arbeiten.

Nun ist es gerade die spezifische Leistung von Theorie, dass sie nicht in dem Zirkel von Erleben, Wahrnehmung und Interpretation, der für das Alltagsbewusstsein typisch ist, „hängen bleibt", sondern dessen Beschränkungen überwindet (und dabei auf dessen Leistungen verzichtet). Sowohl dieses Heraustreten als auch eine „Rückübersetzung" der auf diese Weise gewonnenen Erkenntnisse ist jedoch kein konfliktfreier, automatischer Prozess, sondern verlangt eine spezifische „Transformationsarbeit". Während die Erkenntnisse der Naturwissenschaften im Alltag als Technik mit bestimmten Nutzungsmöglichkeiten und -regeln erscheinen, ist dies bei sozialwissenschaftlichen Interpretationen anders.

Das objektive „Wissen" vom Typ „Menschen haben Vorurteile" kollidiert beispielsweise mit dem eigenen Selbstbild – wer hat schon gerne Vorurteile? Gewissheiten etwa der Art „Beamte sind spießig", „Deutsche sind gründlich", „Studenten sind faul" hält man selbst schlicht für wahr (oder unwahr, was hier dasselbe bedeutet). Hier bedarf es erst eines entsprechenden Verarbeitungs- und Integrationsprozesses. Kaum jemand trennt sich gern von seinen liebgewonnenen Selbstverständlichkeiten, auch wenn sie als Vorurteile identifiziert werden. Häufig „wehrt" sich das Alltagsbewusstsein gegen die Zumutungen der Reflexion – und dies meist erfolgreich: Vorurteile sind gegen bloße „Aufklärung" resistent. Und zwar vor allem, weil für das Alltagsbewusstsein der „Tausch" von objektivem Wissen gegen Vorurteile nicht attraktiv ist, weil dies zunächst eine Reihe von Unsicherheiten mit sich bringt. Erst wenn es gelingt, interaktiv wie individuell ein Arrangement zu entwickeln, die Funktionsprinzipien des Alltagsbewusstseins mit denen der sozialwissenschaftlichen Theorie zu vermitteln, hat letztere die Chance, sich von der Dominanz des ersteren zu lösen.

Sozialwissenschaftliche Theorien müssen also im Alltagsbewusstsein angeeignet werden und können nicht einfach als technische Regel „übernommen" werden. Auf der anderen Seite ist sozialwissenschaftliche Theorie auf die „Mitwirkung" des Alltagsbewusstseins angewiesen. Empirisches Wissen, aber auch Theorien sind und bleiben gebunden an die Auseinandersetzung mit der Wirklichkeit und die läuft stets über praktische alltägliche Erfahrung und Verarbeitung. Der Wirklichkeitskontakt ist sowohl Grundlage als auch Korrektiv von sozialwissenschaftlichen Interpretationen. Ohne diesen Bezug bleiben sie mit hoher Wahrscheinlichkeit steril oder münden in reine Selbstgenügsamkeit.

Dieses doppelte Kunststück: *Emanzipation vom Alltagsbewusstsein* bei *gleichzeitiger produktiver Bindung* gelingt der Theorie und denen, die sich mit ihr beschäftigen, selten vollständig und kaum spontan. Das macht einen längeren Übergangsprozess erforderlich. Anders als die Umsetzung naturwissenschaftlichen Wissens, welches überholte Vorstellungen ersetzt oder einfach neue Horizonte eröffnet und dazu letztlich nur ein entsprechend aufnahmefähiges kognitives System voraussetzt, muss sozialwissenschaftliches Wissen sich mit dem Alltagsbewusstsein auseinander setzen und arrangieren; ein Vorgang, der Zeit braucht und nicht ohne Widersprüche und Risiken abläuft. Es muss also erst ein Zugang zu den spezifischen Erfordernissen, Schwierigkeiten und Nöten der Sozialwissenschaften und ein Verständnis für das eigene Wirklichkeitsverständnis sich entwickeln. Wo dies nicht gelingt, bleibt es häufig bei unreflektierter Abgrenzung („was reden die da so geschwollen über Selbstverständlichkeiten") oder ebenso unreflektierter Idealisierung von bestimmten Elementen (etwa, wenn ausschließlich alles aus einem bestimmten Blickwinkel – z.B. nur „systemisch" – betrachtet wird). Beides Mal bleibt das Alltagsbewusstsein offen oder verdeckt dominant.

4. Sozialwissenschaftliche Theorie(n) und soziale Wirklichkeit

4.1 Komplexe Wirklichkeit und theoretische Verarbeitung

Sozialwissenschaftliche Theorie steht vor dem Problem, eine hochgradig heterogene und komplexe Wirklichkeit verarbeiten zu müssen; eine Wirklichkeit, die sich immer ähnlich und verschieden, strukturiert und unstrukturiert, subjektiv und objektiv zugleich darstellt. Deshalb konnte sozialwissenschaftliche Theorie sich auch nicht allein mit dem Modus, über die naturwissenschaftliche Theorie verfügt, behelfen: naturwissenschaftliche Modelle können sich behelfen, indem sie ihren Gegenstand radikal vereinfachen und auf abgrenzbare Einzelheiten reduzieren. Auf diese Weise kann ein differenziertes und zugleich eindeutiges und logisches Modell von Wirklichkeit entstehen. Auch Sozialwissenschaften operieren mit Vereinfachungen, aber hier sind sie riskant. Denn es besteht stets die Gefahr, dass wichtige Aspekte der sozialen Wirklichkeit, in der stets die verschiedenen Momente sich gegenseitig bedingen, beeinflussen, ineinander übergehen, abgespalten und isoliert werden. Diese Probleme sind seit langem bekannt. Seit Beginn der modernen Sozialwissenschaften ist daher immer wieder darüber nachgedacht worden, wie Erkenntnis objektiviert, wie Theorie stabilisiert werden kann. Während manche Autoren versucht haben (und noch versuchen), das Heil darin zu finden, naturwissenschaftlichen Erkenntnisformen möglichst nahe zu kommen, haben andere in immer neuer Weise die Eigenständigkeit sozialwissenschaftlicher Erkenntnis betont und entsprechende methodische und theoretische Konzepte vorgelegt. Wie dies genau aussieht, ist jedoch sehr umstritten und wird höchst unterschiedlich beschrieben bzw. begründet. Daher kann beispielsweise von „der" Soziologie gar nicht gesprochen werden – es gibt eine große Zahl von verschiedenen Ansätzen und Strategien.

In dieser Situation half und hilft genau das weiter, was das Problem ist. Denn die Unvermeidlichkeit verschiedener Reflexionsmethoden bringt (wenn dies gesellschaftlich möglich ist, also nicht durch Restriktionen des Denkens verhindert wird) auch theoretische Vielfalt mit sich. Und theoretische Vielfalt bedeutet ein System von sich meist *streitenden*, insgesamt aber *dadurch* (!) *kooperierenden* Theorien: Es entsteht ein heterogenes Ganzes, in dem verschiedene Perspektiven die Möglichkeit haben, sich zu entwickeln und (miteinander und gegeneinander) ihren partikularen Beitrag zu leisten.

Selbstverständlich handelte es sich dabei nicht um das geplante Tun eines vernünftigen Subjekts. Entsprechend läuft dieser Prozess auch nicht „rational", sondern „chaotisch", mit Irrungen und Wirrungen, Umwegen, Mehrdeutigkeiten und Unsicherheiten. Zu den allgemeinen Problemen, die sich daraus ergeben, dass soziale Wirklichkeit nicht in einem Modell allein hinreichend verstanden werden kann, kommen daher die Schwierigkeiten, die mit dem Schlingerkurs „irrationaler" Entwicklungen verbunden sind. – Trotzdem hat sich das Nebeneinander verschiedener theoretischer Ansätze als sinnvoll erwiesen. Wirklichkeit aus verschiedenen theoretischen Perspektiven zu thematisieren ist quasi eine Art von Strategie, aus der Not eine Tugend zu machen. Dadurch ist es möglich, dass einem vielschichtigen Sachverhalt jeweils verschiedene Seiten abgewonnen werden können. Jedes Modell kann gewissermaßen seine Sicht spezialisieren und ausbauen und auf diese Weise einen spezifischen Blick intensivieren (ohne die vielen anderen möglichen Gesichtspunkte mitthematisieren zu müssen).

Auf diese Weise kann sich ein möglichst vielfältiges Bild der Wirklichkeit entwickeln. Die Nachteile liegen jedoch auf der Hand: Die verschiedenen Theorien entwickeln sich eigensinnig in verschiedene Richtungen; gehen von verschiedenen Prämissen aus und sprechen verschiedene Sprachen. Der Effekt: Sozialwissenschaftliche Theorien bieten auf den ersten Blick das Bild einer wahrhaft babylonischen Sprachverwirrung. Sie benutzen andere Denksysteme, interpretieren denselben Sachverhalt verschieden, scheinen sich zu widersprechen. Dies verwirrt zunächst und ist nur schwer in den Sinnkategorien des Alltagsbewusstseins unterzubringen. Beschäftigen sie sich nicht auf unnötig umständliche Weise mit ganz Selbstverständlichem? Drücken sie nicht kompliziert aus, was auch einfacher geht? Streiten sie sich nicht auf unverständliche Weise dauernd um Dinge, die praktisch völlig uninteressant sind, und auf eine Weise, die völlig unverdaulich ist? Das (Alltags-)Urteil, die Soziologen seien Spinner, scheint sich geradezu aufzudrängen und wird zwar nicht immer direkt so ausgedrückt, aber oft gedacht.

Dazu ist zu sagen, dass dies stimmt und auch nicht stimmt. Sozialwissenschaftler „spinnen" zunächst nicht mehr und nicht weniger als alle Wissenschaftler, die ja Wirklichkeit – im Vergleich zum Alltagsbewusstsein – „exzentrisch" behandeln und bedenken. Der Eindruck des besonderen Spinnens ergibt sich aus der erwähnten Konkurrenz; daraus, dass die Wirklichkeit, mit der sie sich beschäftigen, auch die ist, zu dem sich im Alltagsbewusstsein mehr oder weniger elaborierte Vorstellungen bilden – mit den erwähnten Konsequenzen. Außerdem sind die Legitimationszwänge sozialwissenschaftlicher Theorie dem Alltagsbewusstsein fremd.

Aber das Balancieren mit verschiedenen, sich (scheinbar) widersprechenden Theorien gehört zu den unvermeidlichen Zumutungen sozialwissenschaftlicher Reflexion. Ebenso der Zwang zur *ständigen Neuaneignung*. Dies ist jedoch auch eine Chance: Auf diese Weise sind individuelle, kreative Umgangsweisen nicht nur möglich, sie werden geradezu unumgänglich. „Von allein" arbeitet keine Theorie, verlangt ist persönliche Aktivität und das heißt immer auch: ein individueller Lernprozess (mit all den Zumutungen und Möglichkeiten, die damit verbunden sind).

Zurück zu Tom Sawyer

Nach allem, was gesagt wurde, ist eines klar: Tom Sawyer war in der beschriebenen Situation nicht nur lebenspraktisch klüger, er hatte es wesentlich leichter als Sozialwissenschaftler, die sich mit ihm beschäftigen. Er weiß, was er will und was nicht, kann aus dieser Perspektive die Situation einschätzen, Handlungsstrategien auswählen, ausprobieren und sich zum Schluss genüsslich an seinen Erfolgen laben. – So einfach haben es Sozialwissenschaftler nicht. Sie müssen zunächst auf Distanz zu unmittelbaren praktischen Interessen gehen, also nicht für (oder gegen) Tom Partei ergreifen (und sein Handeln entsprechend gut oder schlecht, clever oder unfair, unverschämt oder legitim finden). Dazu gehört auch, sich klarzumachen, ob und in welcher Weise man sich selbst innerlich beteiligt bzw. sozial beteiligt ist: Identifikationen hängen (auch) davon ab, ob man in einer vergleichbaren Situation ist und welche Beziehungen sich daraus ergeben. Aus traditionell pädagogischer Sicht ist Toms Tun sicher verwerflich (weil er Tante Pollys Strafmaßnahmen unterläuft); aus der Sicht der modernen Pädagogik dagegen hochintelligent (weil er eigenständig Strategien entwickelt, aus einer misslichen Lage herauszukommen). Wer Opfer von pädagogischen Strafmaßnahmen ist, sieht das Geschehen sicher anders als jemand, der Opfer von Techniken der Umdefinition geworden ist. Sozialwissenschaftliche Forschung heißt hier nicht nur, partikulare Positionen aufzugeben, sondern auch, sich klarzumachen, warum man sich mit welchen Positionen wie (positiv, negativ) identifiziert. Und dies nicht nur, um sich davon (ein Stück weit) zu lösen, sondern auch etwas über den „Identifizierungssog", der vom Thema ausgeht, zu erfahren – und um das, was eine wie auch immer geartete Identifizierung (auf verzerrte Weise) verdeutlicht, als Material weiterer Reflexion zu nutzen. Wer sich beispielsweise mit Bob identifiziert, versteht u. U. direkter, wie es passieren kann, dass man sich von einer fremden Situationsdeutung „überzeugen" lässt und hat auf diese Weise einen direkteren Zugang zur Wirkungsweise solcher Strategien.

Es geht also zunächst darum, die Unmittelbarkeit des Alltagsbewusstseins zu überwinden und zu nutzen. Damit fängt die Distanzierung vom jeweiligen Thema jedoch erst an. Denn es geht darum, die Thematik in ihrem Ablauf und ihrer inneren Logik zu rekonstruieren und in Zusammenhang mit ähnlichen Situationen zu bringen. Eine solche Rekonstruktion ist aufwendig und überschreitet das Interesse desjenigen, der (nur) praktisch beteiligt ist, erheblich. Tom selbst wäre sehr wahrscheinlich von einer ausführlichen Analyse seines Tuns und Lassens gelangweilt. Es handelt sich jedoch nicht um bloß umständliche Beschreibungen dessen, was ohnehin offenkundig ist, sondern um eine Aufbereitung, die weitere Arbeit mit dem Material ermöglicht. Dazu muss genauer untersucht werden, wie beispielsweise die einzelnen Sequenzen aufeinander folgen und sich bedingen bzw. durch die jeweilige Konstellation bedingt werden. Welche Bedingungen führten zu dieser Situation und dieser Entwicklung? Hätte Tante Polly eine andere Strafe verhängen können und welche Auswirkungen hätte dies gehabt? Auf welche Reaktionen von Tom war Tante Polly gefasst, auf welche (warum) nicht? Warum funktionierte ein Verführungsversuch von Tom, ein anderer nicht? Wie liefen die jeweiligen Phasen der „Verhandlung" ab und welche „Schachzüge" wären möglich gewesen bzw. wurden warum vollzogen? Hätte eine andere Strategie schneller/überhaupt nicht Erfolg gehabt? Wie hätte Ben zu einer anderen Tages-/Jahreszeit reagiert? Was für „Abwehrmöglichkeiten" hätte Ben gehabt und warum hat er sie nicht genutzt? Was wurde genau gesagt, was schwang mit? Was wurde wie dargestellt und womit wurde der Interpretation der Wirklichkeit Geltung verschafft?

Sozialwissenschaftliche Reflexion interessiert sich jedoch genauso für den Kontext von Ereignissen und für das Zusammenspiel von Ereignis und Kontext. Wie laufen sonst Interaktionen ab, wenn Tom Regeln verletzt und Tante Polly sanktioniert? Welche Beziehung besteht sonst zwischen Tom und Jim, zwischen Tom und Ben? Inwiefern ergibt sich die Situation aus der Beziehungsgeschichte, inwiefern wird sie fortgesetzt und/oder verändert? – Da Sozialwissenschaften einen Einzelfall nur rekonstruieren können, wenn sie wissen, was ihn von anderen unterscheidet und mit anderen verbindet, geht es jedoch auch darum, die Situation mit anderen zu vergleichen: Was passiert in ähnlichen Situationen, was unterscheidet sie von dieser und wo liegen Gemeinsamkeiten? Also: Wie wird in anderen Zusammenhängen sanktioniert, wie werden woanders Regeln gebrochen? Und wie werden ansonsten Situationsdefinitionen ausgehandelt?

Dabei ergeben sich gewissermaßen gestufte Vergleichsmöglichkeiten bzw. Differenzierungen des jeweiligen Bezugssystems. Man kann Toms Geschichte beispielsweise in Bezug setzen mit

- ähnlichen Abläufen in der spezifischen Subkultur zur gleichen Zeit und in anderen Zeiten;
- ähnlichen und/oder anderen Abläufen in anderen Subkulturen der gleichen Gegend und der gleichen Zeit;
- ähnlichen und/oder anderen Abläufen in anderen Subkulturen anderer Regionen und Zeiten;
- ähnlichen und/oder anderen Abläufen in anderen Gesellschaften usw. usw.;
- schließlich: mit allen (denkbaren) gleichen und ähnlichen Abläufen in allen (denkbaren) Gesellschaften.

Es gibt jedoch nicht nur diese Vergleichs-/Verbindungsmöglichkeiten bzw. -erfordernisse. Es stellen sich weitere Fragen, wenn man versucht, das Verhältnis dieses Themenkomplexes zu anderen zu bestimmen: Was hat Abweichung, Kontrolle, Sanktion und deren „Unterlaufen" beispielsweise zu tun mit bestimmten Komplexen wie etwa Wirtschaft, Politik, Kultur, Wissenschaft? Es würde den Rahmen dieser Problemskizze sprengen, die vielfältigen Möglichkeiten und Erfordernisse solcher Perspektiven auch nur anzudeuten. – Schließlich fragt sich allgemein, was Toms Raffinesse mit der Gesellschaft, in der er lebt, direkt wie indirekt zu tun hat. Basiert sie auf solchen Definitionsstrategien? Ermöglicht sie sie? Duldet sie sie? Muss sie sie zulassen? Wird sie durch sie charakterisiert? Darüber hinaus muss eine konsequente Analyse sich auch noch damit beschäftigen, wie dieses Ereignis bzw. Ereignisse dieser Art zu Gesellschaft überhaupt (also jede Gesellschaft) stehen – handelt es sich um soziale „Universalien", um notwendige Leistungen, um kontinente Möglichkeiten, um riskante und/oder produktive Konstituentien?

Kurz: Es stellen sich Fragen über Fragen. Es liegt auf der Hand, dass

- sie nicht alle „induktiv", durch bloße Beschäftigung mit dem, was (scheinbar) der Fall ist, gelöst werden können;
- es Strategien geben muss, aus der Fülle möglicher Fragen die relevanten herauszusuchen und aus der Fülle möglicher Antworten die herauszusuchen, die als richtig anerkannt werden.

Und hier liegt nun die wichtige, unverzichtbare Funktion von Theorie bzw. Theorien. Wenn sich die Meta-Frage stellt, welche Aspekte und welche Relationen wie hervorgehoben und kombiniert werden sollen, dann sind Theorien quasi Anleitungen, die (begründete) methodische und interpretative Vorgehensweisen anbieten. Aus dem, was weiter oben diskutiert wurde, ergibt sich, dass sie jedoch keineswegs als Formeln zu verstehen sind, sondern, salopp gesagt, als Kochrezepte: Wer sich an sie hält, kann sicher sein, dass ein antizipierbares Resultat erreicht werden kann.

Die sozialwissenschaftlichen Interpretationsvorschläge sind jedoch keine einfach verwendbaren „Fertigprodukte". Vielleicht muss man, um im Bild zu bleiben, davon sprechen, dass gewissermaßen das Rezept jeweils beim Kochen neu geschrieben werden muss.

Auch dies will gekonnt sein: Man muss eben eine gewisse Küchenerfahrung haben, um absehen zu können, welche Rezepte zu welchem Thema, zu welchem Material „passen" (und selbst dann kann man sich immer noch täuschen). Es reicht also nicht, meta-theoretische Anleitungen zu kennen; es ist darüber hinaus noch erforderlich, Kriterien zu haben, wie auf dieser Ebene vorzugehen ist – man braucht quasi eine Meta-Meta-Strategie; sozusagen die Fähigkeit zur Kritik der Rezepte, Kritik des Kochens, Kritik der Küche, um jeweils zu entscheiden, was in welchem Zusammenhang sinnvoll ist. – Geht diese Spirale der Reflexion endlos weiter? Ja und nein. Theoretisch ist jede Begründungsebene selbst begründet und begründungsbedürftig. Dies ist die Sisyphus-Arbeit der Theoretiker. Auf der Ebene der praktischen Verwendung von Theorien lässt sie sich jedoch (pragmatisch) abbrechen: Man kann für jeden Zusammenhang die Begründungsschärfe selbst festlegen, wenn man sich der damit verbundenen Grenzen bewusst ist.

Dieser Weg der pragmatischen Nutzung sozialwissenschaftlicher Erkenntnisse steht jeder/jedem offen. Moderne Gesellschaften sind hochgradig reflexiv, sie erzeugen unentwegt Selbsterkenntnis und Selbstinterpretationen auf allen möglichen (und unmöglichen) Niveaus. Sozialwissenschaftliche Theorien sind vergleichsweise leise Stimmen in diesem Chor. Sie haben im Grunde nur dem etwas zu sagen, der sich konsequent mit sozialer Wirklichkeit beschäftigen möchte. Wer nur daran interessiert ist, Gehorsam, Absatz oder Motivation zu erhöhen, ist besser bedient, wenn er die bewährten Sozialtechniken übernimmt oder neue Angebote ausprobiert. In denen können mehr oder weniger intensive Forschungen und theoretische Vorstellungen stecken, aber sie besitzen nicht die Systematik und unmittelbare praktische Indifferenz, die Theorien kennzeichnen. Sozialwissenschaftliche Theorien nehmen unmittelbar keine Rücksicht auf Interessen, sondern betrachten sie als Teil des Themas selbst. Damit sind sie notwendig „kritisch" gegenüber jeder partikularen, interessensgebundenen Position. Was man von ihnen lernen kann, ist vor allem: sich überraschen zu lassen, soziale Wirklichkeit ohne Vor-Urteile anzusehen und dabei eigene Positionen und Vorstellungen (neu, anders) zu bedenken.

Literatur- und Medienverzeichnis

Leithäuser, Thomas: *Formen des Alltagsbewußtsein*. Frankfurt a.M. (Campus) 1975.

Mead, George Herbert: *Geist, Identität und Gesellschaft. Aus der Sicht des Sozialbehaviorismus*. Frankfurt a.M. (Suhrkamp) 1968.

Schülein, Johann August & Brunner, Karl-Michael: *Soziologische Theorien. Eine Einführung für Amateure*. Wien u.a. 1994.

Schütz, Alfred: *Der sinnhafte Aufbau der sozialen Welt. Eine Einführung in die verstehende Soziologie*. Frankfurt a.M. (Suhrkamp) 1974.

Weber, Max: *Wirtschaft und Gesellschaft*. Köln (Kiepenheuer & Witsch) 1966.

Heinz Blaumeiser

Einführung in die Qualitative Sozialforschung

1.   Begriff und Charakterisierung

Der Qualitativen Sozialforschung ist selber wenig bewusst, dass sie sich ihrem Begriff nach auf den philosophischen Terminus „Qualität" bezieht, dessen komplexe Geschichte von der zeitgenössischen Wissenschaftstheorie bis zu den Anfängen bei Aristoteles (poión) zurückreicht. Bei Gegenständen einer Wissenschaft sagt ihre Qualität aus, was sie als diese Gegenstände bestimmt, von anderen unterscheidet und insgesamt gegeneinander abgrenzt. Diese drei Momente von Qualität bezeichnete Kant mit Realität, Negation und – als Synthese beider – Limitation. Die Tradition sprach zusammenfassend vom „Wesen der Dinge" (Gesamtqualität) oder ihren „wesentlichen Eigenschaften" (Teilqualitäten). Qualitative Sozialforschung ist daher der Sache nach Arbeit an den theoretischen *Begriffen* (Kategorien, Konzepten) der sozialwissenschaftlichen Disziplinen. Sie ist somit Teil jener Theorie-Arbeit, die der begrifflichen Erfassung und Gliederung des Gegenstandsfelds einer Disziplin dient und sich dabei am Ideal seiner vollständigen Klassifikation in einem logisch widerspruchsfreien und ein-eindeutigen Ordnungsschema orientiert. Logische Widersprüche oder begriffliche Mehrdeutigkeiten sind stets Impulse zu qualitativer Forschung.

Den aktuellen Stand dieser begrifflichen Theorie-Arbeit eines bestimmten Fachs repräsentieren musterhaft die herkömmlichen systematischen und Schlagwortkataloge ihrer Fachbibliotheken mit ihren hierarchisierten Teilgebieten, dem Beschlagwortungssystem, den Querverweisen etc. Bei elektronischen Fach-Datenbanken verbergen sich diese klassifikatorischen Theoriestrukturen hinter den Eingabemasken zur Verzettelung neuer Literatur bzw. hinter den Suchmasken für Literaturrecherchen, in zugrundegelegten Thesauri, in der Struktur und Systematik von Hypertexten und Links etc.

Der empirische Gehalt eines solchen theoretischen Systems von Begriffen und damit der Realitätsbezug einer Theorie ist danach zu beurteilen, wie weit sich ihre Gegenstände damit „begreifen" lassen:

- Begriffe heißen daher „qualitativ", insofern sie die Realität erfassen oder dies zu leisten versprechen (im letzteren Fall: Begriffs*hypothesen*). Davon abzuheben sind etwa logische Begriffe wie Widerspruchsfreiheit, Identität etc.
- Darüber hinaus heißen qualitative Begriffe „komparativ", wenn die damit erfassten Qualitäten im Gegenstandsfeld *mehr oder weniger* vorliegen können.
- Schließlich heißen komparative Begriffe „quantitativ" (oder „metrisch"), wenn sich diese vergleichbaren Qualitäten *zahlenmäßig* erfassen lassen („quantifizierbar" sind).

Hieraus wird ersichtlich, dass alle quantitativen Begriffe per se qualitativ sind. Von einem qualitativen Begriff muss hingegen erst durch theoretische und empirische Forschungsarbeit geklärt werden, wie er sich quantifizieren ließe bzw. ob das überhaupt einen fachlichen Sinn macht.

Beispiel 1: „Erziehung" und „Sozialisation" sind zwei qualitative Begriffe zur Erfassung bestimmter Eigenschaften von sozialen Interaktionen. Aufgabe pädagogischer Forschungen ist unter anderem, die wesentlichen Eigenschaften beider Begriffe sowie ihr Verhältnis zueinander zu bestimmen. Diesbezüglich könnten qualitative Studien zum Beispiel reale Interaktionen unter Kindern auf dem Schulweg daraufhin untersuchen, inwiefern sie als „Erziehung" oder als „Sozialisation" aufzufassen sind, um so die theoretische Klärung der beiden Begriffe voranzutreiben und ihre Eignung zur differenzierten Beschreibung realer Vorgänge vorzuführen. Man könnte dabei zwar möglicherweise auch gewisse Indikatoren auszählen oder messen (zum Beispiel Häufigkeit oder Intensität bestimmter Interaktionen), doch entspräche das gar nicht dem Sinn solcher qualitativen Studie.

Beispiel 2: „Individualisierung" ist ein eher noch abstrakterer und diffuserer qualitativer Begriff als „Erziehung" und scheint sich erst recht nicht für Quantifizierungen zu eignen. Jüngst wurden jedoch auch Indikatoren für Individualisierung vorgeschlagen und in empirischen Studien über Netzwerkstabilitäten erprobt (Blinkert/Klie 1999), die sehr wohl quantifizierbar sind, und zwar einerseits in Bezug auf Personen (Individualisierung als Prozesseigenschaft von Lebensläufen) und andererseits in Bezug auf Gemeinschaften (Individualisierung als Struktureigenschaft von Orten):

- Auf eine Person bezogen, erweisen sich Familienstand, Kinder und Schulbildung als valide Indikatoren, um zum Beispiel die Stabilität des persönlichen sozialen Netzwerks im Hinblick auf erwartbare Hilfeleistungen vorherzusagen. Dabei können die Kinder durch deren Anzahl und mit Einschränkung auch die Schulbildung durch deren Dauer zahlenmäßig erfasst werden.

- Auf einen Ort bezogen, erweisen sich dessen Größe sowie das Wohneigentum als valide Indikatoren von Netzwerkstabilität. Dabei kann die Ortsgröße durch die Einwohnerzahl und das Wohneigentum durch seine Quote im Wohnungsbestand zahlenmäßig erfasst werden.

Mit ihrer spezifischen Konzeptualisierung von „Individualisierung" in Relation zu Netzwerkstabilitäten leisten diese Studien einen maßgeblichen Beitrag zur theoretischen Präzisierung dieses Begriffs, und insofern handelt es sich um *qualitative* Sozialforschung, die den vorgenommenen Quantifizierungen bestimmter Indikatoren vorausgehen musste. Indem die Studien dann in *quantitativer* Sozialforschung nachweisen, dass diese persönlichen bzw. strukturellen Indikatoren im Unterschied zu anderen auch tatsächlich stark mit der Stabilität sozialer Netzwerke korrelieren, stützen sie den empirischen Gehalt dieses theoretischen Konzepts von „Individualisierung" und geben diese Zusammenhänge ihrem (Aus-)„Maß" nach an.

Das Beispiel 2 spricht auch einen zweiten Bereich von Theorie-Arbeit an, nämlich die Herausarbeitung und Prüfung von Hypothesen über empirische Zusammenhänge im Gegenstandsfeld. Je nach dem Status der dabei verwendeten Begriffe können also auch Hypothesen qualitativ, komparativ oder quantitativ sein. Dies erlaubt eine grundlegende Unterscheidung des forschungslogischen Stellenwerts von qualitativen und quantitativen Studien:

- Qualitative Studien zielen vorrangig darauf ab, für wenig bearbeitete oder ganz neue Forschungsgebiete oder Fragestellungen überhaupt erst einmal Hypothesen zu entwickeln, vage Hypothesen für noch unklare Zusammenhänge zu präzisieren, fragwürdig gewordene Hypothesen zu modifizieren etc. Die Ergebnisse dieser Studien können dann die begrifflich-theoretischen Grundlagen für weitergehende, womöglich auch quantitative Studien liefern.

- Quantitative Studien zielen eher darauf ab, bereits relativ präzise formulierte und auf wohl definierte Gegenstände und Zusammenhänge ausgerichtete Hypothesen zu überprüfen. Dabei können dann die zahlenmäßigen Ergebnisse solcher Studien auch so ausfallen, dass bislang – oft unbewusst – als gültig unterstellte Begriffe und Theorien grundlegend revidiert werden müssen („Umschlagen von Quantität in Qualität") und qualitative Studien notwendig werden.

Qualitative Sozialforschung ist eher hypothesen*generierend*,
Quantitative Sozialforschung ist eher hypothesen*testend*

Beides sind also unterschiedliche forschungslogische Schwerpunktsetzungen im Wissenschaftsprozess, die einander nicht etwa ausschließen, sondern sich sowohl logisch als auch pragmatisch wechselweise bedingen und ergänzen. Das folgende Beispiel soll zeigen, wie dabei Qualitative Sozialforschungen zur Weiterentwicklung und Umorientierung einzelner Aufmerksamkeiten und Interessen führen und insofern eine permanent steuernde paradigmatische Struktur für das abgeben, woran in einer Disziplin gearbeitet wird:

Beispiel 3 aus der biographie-orientierten Sozialgeschichte-Forschung: Aus lebensgeschichtlichen Interviews in offen-narrativer Gesprächsführung mit einer Maria A. schälte sich die biographische Erfahrung einer erstgeborenen Tochter von kleinbäuerlicher Herkunft heraus, die als erste in die Haus- und Landarbeit des elterlichen Hofs hineinwuchs, die vielen nachgeborenen Geschwister mit zu versorgen hatte, nach dem Tod der Mutter ganz deren Stelle vertrat und schließlich als ledig Gebliebene die Magd ihres übernehmenden Bruders wurde. Die Interviews lieferten zugleich immanente Kategorien als Verlaufsindikatoren für einen Biographie-Typus, der zunächst mit „kleinbäuerliche erstgeborene Maria" als Quasi-Lebensprogramm überschrieben wurde. Damit war für weitere Forschungen die Aufmerksamkeit auf diese typisierenden Kategorien gelenkt, wobei einige ähnlich gelagerte Lebensläufe diesen Typus erhärteten; doch es ergaben sich auch Varianten und sogar Gegen-Typen:

- Eine Maria H. brach aus diesem typologisch vorgezeichneten Weg aus, indem sie nach dem Tod des Vaters als Dienstmädchen nach Wien ging und damit eine der zahlreichen „Mizzis" wurde, die einen neuen Typus verkörperten.
- Eine Maria C. brach aus, indem sie zu den Steyler Missionarinnen ging und schließlich Pastoralassistentin und Schulschwester wurde.
- Gerade aus diesen emanzipatorischen Entwicklungsverläufen und deren wesentlichen Faktoren entwickelten sich wiederum neue Fragestellungen und Aufmerksamkeiten, zum Beispiel inwiefern die Wiener „Mizzi" der „Minna" (Wilhelmine) im protestantisch-preußischen Berlin entspricht oder für welche Milieu- und Familienkonstellationen der Weg ins Kloster emanzipatorisch ist etc.

Die fortlaufende Auffächerung dieser Typen verfolgte also die weitere Differenzierung von Fragestellungen und die Bereicherung des Kanons an Kategorien und möglichen Zusammenhängen, in denen alle diese Lebensläufe jetzt rekonstruiert werden können, unabhängig davon, ob sie nun häufig vorkommen oder exzeptionell sind. Wenn als ein Ertrag unter vielen anderen nun zum Beispiel ein gänzlich neues Standardwerk zur Sozialgeschichte der Namensgebung vorliegt (Mitterauer 1993), so ist darin die forschungslogische Verbindung zur Biographie einer Maria A. kaum mehr auszumachen.

Qualitative Methoden eignen sich also vorzugsweise für komplexe, vieldeutige oder widersprüchliche Felder, wo die Präparierung einfacher Situationen und die Isolierung einzelner Parameter („Reduktionismus") unangemessen erscheint. Die Auswahl der Untersuchungsfälle erfolgt nicht nach zahlenmäßiger Repräsentativität, sondern nach theoretischen Gesichtspunkten („theoretical sampling") und wird im Forschungsverlauf prozesshaft angepasst. Qualitative Forschungs-Settings wollen alltäglichen Interaktionen möglichst nahe kommen oder sind in der Lebenswelt selbst situiert. Angestrebt werden genaue, vollständige und aspektreiche Darstellungen, die neben Typischem auch Besonderheiten der Situation nachvollziehbar dokumentieren. Insofern stehen häufig Einzelfälle im Mittelpunkt, während große, repräsentative Samples quantifizierenden Folgestudien überlassen werden. Qualitative Sozialforscher orientieren sich zwar vorab über ihr Forschungsproblem, wenden sich ihrem Forschungsfeld dann aber unvoreingenommen und offen für neue Aspekte zu. Abgelehnt wird Poppers Falsifikationismus, der nur auf Falsifizierung angelegte Prüfungen von vorab fixierten Hypothesen zulässt (Popper 1984). Demgegenüber passt qualitative Forschung in spiralförmiger Suchbewegung erste empirische Beschreibungen des Felds und neue Begriffe und Hypothesen wechselseitig einander an. In dieser explorativen Funktion zählen qualitative Methoden forschungslogisch eher zur wissenschaftlichen Heuristik (griech. Erfindungskunst) als zur Beweisführung, durchaus im Sinne der Unterscheidung von „Auffindungs- und Rechtfertigungsverfahren" (im Angelsächsischen „context of discovery" versus „context of justification"), den Popper (1984, 257) in Anlehnung an Reichenbach aufgriff.

Diesen Charakterisierungen sei abschließend noch eine klärende Unterscheidung angefügt:

- *Spezifische Methoden* sind einzelne Verfahren, die in wohldefinierter Funktion eingesetzt werden; man spricht auch von Forschungs-Techniken, Forschungs-Instrumenten oder Forschungs-Settings. Sie dienen entweder zur Erhebung oder zur Auswertung empirischer Daten.
- *Komplexe Methoden* sind variierende Kombinationen von spezifischen Methoden; bei einem Forschungsprojekt spricht man auch von dessen Design, Konzept oder Plan. Viele Autoren bezeichnen ihre Darlegungen zu Grundlagen und Anwendungen ihrer Designs als Methodologie.

Weiterführend: Zur kritischen Einordnung Qualitativer Sozialforschung vgl. jetzt auch Steinke 1999 (mit ausführlicher weiterer Literatur). Die aktuellsten Zugänge vermittelt für den deutschsprachigen Raum die Homepage „Qualitative Sozialforschung" der Freien Universität Berlin (Mruck 2000). Für den Bereich der qualitativen Erziehungswissenschaften scheint sich auch an der Universität Magdeburg ein „virtuelles Zentrum" zu entwickeln (ZBBS 2000; Marotzki 1999, mit reichhaltiger Internet-Lektüre).

2.   Zur Wissenschaftsgeschichte

Die forschungslogische Stellung Qualitativer Sozialforschungen im Methodenspektrum der Sozialwissenschaften ist nicht immer so gesehen worden, wie sie hier systematisch rekonstruiert wurde. Vor allem im deutschen Sprachraum war Qualitative Sozialforschung vielmehr zunächst ein polemischer Gegenbegriff in heftigen Auseinandersetzungen mit einer „Empirischen Sozialforschung", wie sie sich nach dem Zweiten Weltkrieg in Übertragung amerikanischer Ansätze auch in Europa etabliert hatte und die in der Tat von quantifizierenden Methoden dominiert wurde.

Gegner der Empirischen Sozialforschung grenzten sich mit ihren „qualitativen" Methoden insbesondere gegen eine positivistische Wissenschaftstradition ab, wie sie für die neuzeitliche Sozialwissenschaft im 19. Jahrhundert von Auguste Comte begründet worden war. Soziale Zusammenhänge seien nicht einfachhin gegeben („positiv") wie Tatsachen in der Natur, die ihren Objekten nichts „bedeuten". Sozialforschungen sind vielmehr sinnhafte „Konstruktionen zweiten Grades" (Schütz 1960), weil sie jene sozialen Sachverhalte *re*-konstruieren, die von handelnden Subjekten konstruiert wurden. Daher kann sich der Forscher über die Strukturen und Prozesse der sozialen Welt – anders als bei der natürlichen Umwelt – mit den beteiligten Akteuren seines Studienbereichs verständigen. An die Stelle des naturwissenschaftlichen Methodenideals einer möglichst minimalen Wechselwirkung mit dem Beobachtungsfeld tritt hier also die Maxime, diese Einflüsse bewusst zu machen und gezielt zu steuern. Manche qualitativen Forschungen greifen daher auch bereits vom Konzept her gezielt verändernd ein.

Das Gegeneinander unterschiedlicher Schulen der Sozialforschung gipfelte in den 60er Jahren im sogenannten „Positivismusstreit der deutschen Soziologie" (Adorno u.a. 1969). Er wurde vielfach als Grundlagenkrise der Sozialwissenschaften empfunden und auch als „revolutionärer Paradigmenwechsel" (Goldthorpe 1973) gedeutet, der eine naturwissenschaftlich orientierte Forschungslogik von quantifizierenden Beschreibungen und kausalen Gesetzmäßigkeiten durch ein „interpretatives Paradigma" (Wilson 1973) ablöse. In der Folge etablierten sich qualitative Methoden – auch „interpretativ" oder „rekonstruktiv" genannt – neben den „herkömmlichen" zu einer „multiparadigmatischen Struktur" (Seyfarth 1978) bzw. einem „pluralistischen Paradigma" (Klinkmann 1981).

Im Abstand eines Vierteljahrhunderts werden diese wissenschaftsinternen Auseinandersetzungen als Teil eines allgemeineren Modernisierungsschubs erkennbar, in dem nicht zuletzt auch jüngere Forscher-Eliten der „68er"-Generation ihre neuen gesellschaftlichen Ansprüche anmeldeten und schließlich auch einen größeren Methoden-Pluralismus durchsetzten. Insbesondere kann die irreführende Entgegensetzung von qualitativen und quantitativen Methoden als überwunden betrachtet werden.

Auch die große Vielfalt innerhalb der qualitativen Methoden selbst ist heute kein Anlass mehr für Schulstreitigkeiten, sondern wird als Bereicherung des „methodischen Handwerkskastens" angesehen, die arbeitsteilige Spezialisierungen fördert. Für das Verständnis einzelner Methoden, wie sie im letzten Teil dieses Beitrags zur Darstellung kommen, ist es trotzdem hilfreich, sich vorab die unterschiedlichen grundlagentheoretischen Traditionen vor Augen zu führen, auf die sie zurückgehen.

3.   Theoretische Grundlagen

Qualitative Methoden sind nicht nur in ihrer Praxis differenziert, sondern ihre theoretischen Grundlagen gehen auf unterschiedliche wissenschaftstheoretische Traditionen zurück, die im folgenden skizziert werden.

3.1 Geisteswissenschaftliche Hermeneutik

Die Interpretation literarischer und historischer Texte steht in einer langen Tradition der theologischen oder philosophischen Hermeneutik (griech. Auslegekunst). Sie kultivierte das einfühlende Nachverstehen und arbeitete den „hermeneutischen Zirkel" des Verstehens heraus: Das an einen Text herangetragene Vorverständnis klärt sich durch weitere Studien von Text und Umfeld, wodurch wiederum gezieltere Analysen möglich werden. Diese subjektbezogene Hermeneutik wurde vor allem von Dilthey (1957) im 19. und Gadamer (1990) im 20. Jahrhundert fundiert, an die Habermas (1981) kritisch anknüpfte.

3.2 Verstehende Soziologie

Max Weber (1972) begründete die Soziologie als Wissenschaft, die „soziales Handeln deutend verstehen und dadurch in seinem Ablauf und seinen Wirkungen ursächlich erklären will". Er bestimmte Handeln als Verhalten, mit dem Menschen „einen subjektiven Sinn verbinden", und soziales Handeln als eines, das diesem „gemeinten Sinn nach auf das Verhalten anderer bezogen wird und daran in seinem Ablauf orientiert ist". Weber führte das Konzept der „Idealtypen" ein, um Orientierungen zu beschreiben, die dem Handeln „typischerweise", wenn auch nicht determinierend, zugrunde liegen.

Auch Georg Simmel (1992) sah das freie Subjekt in sozio-historisch vorgegebenen Sinnstrukturen, betonte aber die Mikroprozesse, in denen Menschen sich zu Gruppen vergesellschaften und differenziert wechselwirken. Er formulierte die Kernfrage nach dem Verhältnis zwischen wachsender Individualität und Zunahme sozialer Zwänge sowie die methodologische Forderung nach detaillierten Beschreibungen alltäglicher lebensweltlicher Zusammenhänge.

Die Verstehende Soziologie beeinflusste maßgeblich die deutschsprachige Wissenssoziologie (Mannheim) und Phänomenologie (Schütz), die den NS-Staat im US-Exil überlebten. „Verstehen" wurde dort in Fachkreisen als deutsches Fremdwort geläufig, während mit dem allmählichen Re-Import dieser Schulen nach dem Zweiten Weltkrieg verstehende Methoden als „interpretative" wiederkehrten. Vor allem die Frankfurter Schule, insbesondere Jürgen Habermas (1981), leistete die Einbettung und kritische Fortentwicklung in der philosophischen Gesamttradition.

Weiterführend: Helle 1999

3.3 Phänomenologie

Edmund Husserl (1996) gründete seine subjektzentrierte Philosophie auf der Evidenz „selbstgegebener" Bewusstseinsphänomene, die sich einstelle, wenn man die Außeneinflüsse auf das Urteilsfeld ausschalte und die Selbstverständlichkeiten der Alltagswelt einklammere („phänomenologische Reduktion"). Diese auf bloße Beschreibung abzielende Hinwendung zur Lebenswelt erfordere die Haltung eines „uninteressierten Beobachters".

Alfred Schütz gelang die Weiterentwicklung von Husserls sperrigen Gedanken zu grundlegenden Kategorien der Lebensweltanalyse (Strukturiertheit der Lebenswelt durch Schemata der Wahrnehmung und Deutung: Schütz 1960; Personalität in der Lebenswelt: Schütz 2000). In seinem Spätwerk überwand er auch die von Husserl und Weber übernommene Subjektzentrierung (Geprägtheit der individuellen Schemata durch sozio-historisch bestimmte Strukturen von Wissen und Bedeutungen: Schütz/ Luckmann 1979/1984). Diese Ansätze begründeten eine verzweigte phänomenologische Sozialwissenschaft, die vor allem Routinehandlungen erforscht. Dazu beobachtet der Forscher zunächst offen und unvoreingenommen die Phänomene, verändert gedanklich einzelne Umstände und analysiert seine Einsichten unter Absehung vom Besonderen und durch Ableitung des Wesentlichen („essentials", „Idealtypen").

Weiterführend: Rombach 1994, Merleau-Ponty 1974, Psathas 1979 (Soziologie); Lippitz 1993 (Pädagogik); Kockelmans 1987 (Psychologie)

3.4　Wissenssoziologie

Im Rückgriff auf Karl Marx deutete Karl Mannheim Webers subjektivistische Theorie dahin um, dass individuelles Handeln und Sinnverstehen „Dokumente" kollektiver Muster seien. Sie werden je nach sozialer und historischer „Lagerung" (Klasse und Generation) als Handlungs- und Orientierungswissen tradiert, dessen Erforschung Mannheim als Ziel der modernen Wissenssoziologie bestimmte (1952, 1964). Sie müsse die Akteure in ihrem Sozialfeld anregen, ihr Regelwissen zu entfalten, um es deutend abzulesen („dokumentarische Interpretation"). Dabei betonte Mannheim, dass sprachliche Äußerungen nur vor ihrem „existentiellen Hintergrund" verstehbar sind.

Vor allem Mannheims Generationen-Ansatz (1978) ist im Kern eine Sozialisationstheorie. Sie wurde im deutschen Sprachraum erst nach Re-Import aus den USA fortentwickelt, gestützt durch die Phänomenologie von Schütz (Berger/Luckmann 1969; Berger/Berger 1976). Neuere Jugendstudien greifen ausdrücklich auf Mannheims „dokumentarische Interpretation" zurück (etwa Bohnsack 1989).

3.5　Psychoanalyse

Psychoanalytisches Sinnverstehen zielt über Sachgehalte hinaus auf Beziehungsaspekte und latente Bedeutungen. Szenisches Geschehen, Träume und Psychopathologien des Alltags („Fehlleistungen") geben Hinweise auf verborgene Sinnstrukturen. Auch die psychoanalytischen Grundregeln „freier Assoziation" und „gleichschwebender Aufmerksamkeit" inspirierten die Qualitative Sozialforschung. Als Sozialpsychologie wandte sie sich vorrangig kollektiven Handlungs- und Motivstrukturen zu (Lorenzer 1986; Leithäuser u.a. 1977; Leithäuser/Volmerg 1988), in fremden Kulturen als Ethnopsychoanalyse (Erdheim 1988; Devereux 1984, 1992).

3.6　Chicago School und Symbolischer Interaktionismus

Zur Jahrhundertwende bot die Universität Chicago ideale Bedingungen einer ersten Blüte der amerikanischen Soziologie. Sie fand in den Problemen der boomenden Metropole reichhaltige Forschungs- und Aktionsfelder. Prägende Forscherpersönlichkeiten formten einen Denk- und Arbeitsstil, der für die „Chicago School" traditionsbildend wurde (Bulmer 1984).

In diesem Klima entstand (1918-1920) der „Polish Peasant" (Thomas/Znaniezki 1927): Diese Studie zur Auswanderung polnischer Landarbeiter nach Chicago breitete unterschiedlichste Materialien aus, die durch Befragung, Beobachtung und Dokumentensammlung erhoben wurden, vor allem auch autobiographische Zeugnisse („life records"). Die eingeflochtene Handlungstheorie sieht objektive „social values" und subjektive „attitudes" vermittelt durch „definitions of the situation" der Akteure („Thomas Theorem").

Zentralfigur der Chicago School wurde George Herbert Mead (1968, 1987) mit seiner Interaktions- und Identitätstheorie („Symbolischer Interaktionismus": Blumer 1973). Mead verstand Handeln als dialogische Interaktion der Beteiligten auf der Basis der sozialen Identität, die sie innerhalb ihrer Sozialordnung ausbilden und derzufolge sie ihre Rollen situativ deuten und kenntlich machen. Auch der Forschungsprozess ist als soziale Interaktion und fremdverstehende Interpretation zu sehen. Bevorzugt wurden teilnehmende Beobachtung, offene Interviews und hermeneutische Sinnrekonstruktion. Einzelne empirische Studien liegen auf Deutsch vor (etwa Strauss 1968; Goffman 1968a, 1968b; Becker 1973). Als methodologische Weiterentwicklung bietet die Grounded Theory („gegenstandsbezogene Theorie": Glaser/Strauss 1979; Strauss 1998; Strauss/Corbin 1996) ausgefeilte qualitative Designs mit eindrucksvollen Ergebnissen (Glaser/Strauss 1967; Glaser 1971).

3.7   Ethnomethodologie

Die Ethnologie übertrug ihre bei Naturvölkern erprobten Ansätze ab den 20er Jahren auch auf Industriekulturen. Kennzeichnend blieben längere Aufenthalte im Feld, soziale Integration, umfassende Beobachtung, genaue, ausführliche Beschreibung und Ganzheitlichkeit der erfassten Aspekte.

Der Chicago School entstammend und beeinflusst von der phänomenologischen Soziologie, übernahm Harold Garfinkel (1967, 1973) die ethnologischen Ansätze in seine „Ethnomethodologie". Er führte auch „Krisenexperimente" ein, um Routinen gezielt zu irritieren und die Reaktionen zu studieren. Mit der „dokumentarischen Methode der Interpretation" nahm er ausdrücklich Bezug auf Mannheim. Diese griff Aaron Cicourel (1970, 1975) für die Interviewsituation auf: Weil die Fixierung sprachlicher Äußerungen nur den Schein „harter Daten" vermittle, sei auch der soziale und situative Kontext zu erfassen sowie die Kompetenz der Gesprächspartner zu nutzen, indem sie etwa eigene Aussagen überprüfen („reflexive self monitoring").

Die jüngeren ethnomethodologischen „Studies of Work" untersuchen berufliche Arbeitszusammenhänge (zum Beispiel Koch-Straube 1997), auch das reale Tun von Wissenschaftlern in Forschungsprozessen. Sie analysieren dabei Wissen und Fertigkeiten, die als „embodied practices" angewendet werden und in wissenschaftlichen und didaktischen Veröffentlichungen verborgen bleiben.

3.8   Kritische Theorie der Frankfurter Schule

Die Mitglieder des 1922 gegründeten Frankfurter Instituts für Sozialforschung verband die Zielsetzung einer an Marx anschließenden Gesellschaftsanalyse. Vor allem Max Horkheimer und Erich Fromm suchten die Integration der Psychoanalyse in eine materialistische Sozialpsychologie: Danach steuern sozioökonomische Verhältnisse die Triebstrukturen der Individuen über die „ihnen auf einer bestimmten historischen Stufe jeweils eigenen Reaktionsweisen" (Horkheimer 1932, 134), wobei die Familie die zentrale „psychologische Agentur der Gesellschaft" sei (Fromm 1932, 35). Neben Interdisziplinarität formulierte Horkheimer (1937) als Ansprüche dieser „Kritischen Theorie":

- *Gesellschaftliche Relevanz:* Aufklärung über Zwänge und Interessen, Engagement für die „Herbeiführung des vernünftigen Zustands".
- *Selbstreflexivität:* Rekonstruktion eigener Bedingungen und utopischer Potentiale im Blick auf realistische Strategien.
- *Empirische Bewährung:* gelingende Ideologiekritik und entsprechende Veränderung politischer und ökonomischer Strukturen.

Die dazu geforderte methodologische Dialektik bedeutet, „Fragen im Verlauf der Arbeit am Gegenstand umzuformen, zu präzisieren, neue Methoden zu ersinnen und doch das Allgemeine nicht aus den Augen zu verlieren." (Horkheimer 1972, 40f.)

Die wegweisenden Arbeiten über „Autorität und Familie" (Horkheimer u.a. 1987) wurden im US-Exil fortgesetzt und mündeten 1950 in die berühmte Studie zur „Authoritarian Personality" (Adorno 1973). Die marxistische Sicht vom Proletariat als revolutionärem Subjekt der Geschichte wurde verabschiedet und eingetauscht gegen die skeptische Perspektive einer „Dialektik der Aufklärung" (Horkheimer/Adorno 1969). Die bedeutendste Fortführung der Kritischen Theorie leistete Habermas. Er profilierte sich im Positivismusstreit (Adorno u.a. 1969) und entwickelte eine philosophisch breit fundierte Gegenposition, die alle Grundlagentheorien der Qualitativen Sozialforschung kritisch integriert (Habermas 1970, 1981, 1988) und eine Generation von Sozialwissenschaftlern nachhaltig beeinflusste.

Weiterführend zur frühen Frankfurter Schule: Jay 1991; Bonß/Honneth 1982; Wiggershaus 1987 & als Gesamtüberblick: Dubiel 1992; Waschkuhn 2000;

4.   Ausgewählte qualitative Erhebungsmethoden

Für die Wissenschaft als informationsverarbeitendes System sind „Daten" nur als Text gegeben (verschriftete oder sonstwie kodierte Sprache). Die empirische Basis sind „sämtliche gegenständlichen Zeugnisse, die als Quelle zur Erklärung menschlichen Verhaltens dienen" (Atteslander 1993), von Daten traditionell als „Dokumente" unterschieden. Bei allen folgenden Methoden wird die Verschriftung der anfallenden Dokumente vorausgesetzt (Protokolle, Forschungstagebücher, Transkripte etc.). Die dazu entwickelten Hilfsverfahren werden hier nicht behandelt, obwohl sie grundsätzlich qualitativ sind (zu Dokumentenanalyse und Aufbereitung: Mayring 1993a, 31-34 und 60-76). Nicht spezifisch qualitativ sind dagegen alle „nichtreaktiven" Erhebungsmethoden ohne Interaktion im Feld, also etwa alle Techniken zum Aufspüren vorfindlicher Dokumente sowie alle verdeckten Erhebungen (Lück 1991, 203).

4.1   Teilnehmende Beobachtung

Sie zählt seit der ethnologischen Kulturforschung und den Großstadtstudien der Chicago School zum Standard der Feldforschung. Ziel ist optimale Nähe zum Forschungsfeld und die Perspektive der Akteure. Varianten unterscheiden sich nach ihrer

Strukturierung durch Pläne und ihrer Standardisierung durch Kategorien der Beobachtung.

Zunächst werden Forschungsprobleme und Fragestellungen präzisiert und Zugänge zu den sozialen Räumen geplant (Orte, Situationen, Handlungen, Akteure, allfällige Mittelsleute). Abzuwägen ist zwischen verdecktem Beobachten und eingreifendem Handeln. Der Feldeinstieg zeichnet vor, welche Bereiche und Personen zugänglich werden. In der Erkundungsphase sind die Ausgangsplanungen immer wieder anzupassen (Prozesshaftigkeit). Beobachtungen, Selbstwahrnehmungen und spontane Hypothesen sind genau und aspektreich zu dokumentieren. Die Spannung zwischen verständnisleerer Distanz zum Feld und blindem Aufgehen darin („going native") kann durch Supervision gemildert werden.

Weiterführend: Friedrichs/Lüdtke 1977; Geertz 1983; Girtler 1992; Fischer 1985; Merkens 1984; Patry 1982; Jeggle 1984.

4.2   Medienunterstützte Erhebung

Kassetten- und Videorecorder entlasten vom Mitschreiben, begrenzen die Selektivität, produzieren aber auch (Un-)Mengen von Dokumenten, die eigens verschriftet und komprimiert werden müssen. Offener Einsatz der Geräte fördert Vertrauen und macht sie bald „vergessen". Für spätere Veröffentlichungen sollte das Einverständnis bereits vorab eingeholt werden (Ellgring 1991).

Andere Medientechniken gehen über Dokumentation hinaus: So nutzt die Lebenslinien-Technik im Rahmen der Biographieforschung Zeichnen und Malen zur Ermittlung von Lebenslaufstrukturen. Die Struktur-Lege-Technik erarbeitet im Rahmen der „dialogischen Hermeneutik" subjektive Sinnstrukturen mit Moderationskarten (Scheele 1991). Auch Rollenspiele mobilisieren Erfahrungen und Anlagen (Sader 1986).

4.3   Qualitative Befragungen

Sie sind die wichtigsten qualitativen Erhebungsmethoden. Folgende Kategorien ordnen etwas die Vielfalt:

*   *Standardisierung:* Wie gebunden ist der Forscher in seinem Fragen? Nach Wortlaut und Abfolge festgelegte Fragen bedeuten Vollstandardisierung. Bei Teilstandardisierung werden Fragen eines Leitfadens in loser Folge neben Ad-hoc-Fragen eingebracht. Verbreitet sind Leitfäden mit Themen und Fragen, die der Vorbereitung des Forschers auf das ansonsten nichtstandardisierte Gespräch dienen.
*   *Offenheit:* Wie frei ist der Befragte in seinen Äußerungen? Geschlossene Befragungen geben gereihte, ausformulierte Antwortmöglichkeiten vor (Fragebögen) und sind das Gegenbild Qualitativer Sozialforschung. Gänzlich offene Fragen lassen freie Assoziationen im Rahmen des Themas zu.
*   *Aktivierung:* Wie groß sind beabsichtigte Einflüsse? Schon bloßes Abfragen von Fakten berührt aktuelles Bewusstsein und kann dadurch Reflexion auslösen, und Bildungsprozesse bedeuten Veränderung. Die Handlungs- und Aktionsforschung setzt Befragungen als strategische Veränderungsimpulse ein. Bewusste Einflussnahme liegt auch bei Kooperation zwischen Forscher und Befragtem vor.

• *Mündlichkeit:* Ist die Kommunikation an das Vis-à-vis gebunden? Auch Korrespondenz kann Fragen klären, Lebensgeschichten liefern und Diskurse fördern, ergänzend oder als einziger „Kanal". In der Praxis ergeben sich oft ergänzende Telefongespräche.

• *Fokussierung:* Werden persönliche oder externe Dokumente einbezogen? Dokumentarische Objekte – im Besitz des Befragten oder vom Forscher eingebracht – mobilisieren Erfahrungen, fokussieren Erzählungen und geben Hinweise auf deren Verlässlichkeit.

Weiterführend: Lamnek 1993, Bd. 2, Kap. 3; Spöhring 1989:147-163; Hopf 1991; Jüttemann/Thomae 1999.

4.3.1 Das narrative Interview

Diese nichtstandardisierte, offene Methode zur Erhebung mündlicher Lebensgeschichten entwickelte Fritz Schütze (1976, 1983) im Anschluss an Theorien des Erzählens im Alltag. Erzählungen beginnen idealtypisch mit einer Ausgangsszene, an die eine Verwicklung und Zuspitzungen anschließen, um in einer lösenden Pointe zu enden, oft mit bilanzierendem Kommentar sowie Ankündigungen weiterer Erzählungen. Direkte Rede, Gestik etc. („replayings": Goffman 1974) zeigen Höhepunkte an.

Zu Beginn erläutert der Forscher, was „Erzählen von Geschichten" bedeutet und welche Geschichten Thema sind. Dann signalisiert er nur mehr aufmerksames Zuhören, während der Erzähler seine Geschichte entwickelt. Nach der „Haupterzählung" greift der Interviewer offene Erzählstränge auf, möglichst durch „immanente Fragen", die eng an Äußerungen des Erzählers anknüpfen und Begründungen vermeiden. Nach Ausschöpfen der Haupterzählung werden Kommentare zu Einzelheiten und zur Bedeutung des Ganzen eingeholt.

Weiterführend: Schütze 1987; Wiedemann 1986; Glinka 1998; Spöhring 1989, 166-177.

4.3.2 Das problemzentrierte Interview

Diesen teilstandardisierten Kompromiss zwischen geschlossener und offener Befragung entwickelte Andreas Witzel (1982, 1985) innerhalb eines komplexen Designs, das sich besonders für theoriegeleitete Forschungen mit engerer Problematik eignet. Die Problemanalyse geht in einen Leitfaden mit Fragen ein, um die der Forscher das Interview zentriert. Einige dieser Fragen können das Gespräch eröffnen, ein Großteil wird meist vom Befragten spontan berührt, und verbleibende Fragen bilden spätere Erzählimpulse. „Allgemeine Sondierungen" sollen inhaltsreiche Erzählungen fördern (eigenes Erleben, Beispiele, Details), wobei dem Befragten die offene Gestaltung der Einzelthemen überlassen ist. Zuletzt werden durch „spezifische Sondierungen" (Zurückspiegelungen, Verständnisfragen) Unklarheiten ausgeräumt.

Weiterführend: Lamnek 1993, Bd. 2, 74-78.

4.3.3 Das fokussierte Interview

Robert Merton und Patricia Kendall (1979) entwickelten diese Art von teilstandardisierten, offenen Befragungen von Personen, die dem gleichen Reiz ausgesetzt waren (Film, Sendung, Flugblatt etc.), dem „Fokus" der Gespräche. Expressive und nondirektive Gesprächsführung (Rogers 1992) sowie „spezifizierende Fragen" nach Details der Fokus-Situation sollen ausführliche, subjektive und auch emotionale Äußerungen zum ursprünglichen Erleben eröffnen, wobei unerwartete Aspekte flexibel aufgegriffen werden.

Weiterführend: Merton u.a. 1990; Hopf 1991, 178 f.

4.3.4 Das Experteninterview

Privilegiertes Expertenwissen basiert auf Stellung und Verantwortung (Merton 1972; Sprondel 1979), häufig auch bei nachgeordneten Funktionsträgern, die Entscheidungen vorbereiten und durchsetzen. Ihr Spezialwissen bezieht sich auf begrenzte Wirklichkeiten und Sichtweisen, und nur darauf zielen die Interviews. Die Position des Interviewers stärken Recherchen über den Experten, professionell gestaltete Kurzinformationen über sein Projekt und die Erstellung eines Leitfadens. Konventionelle Umgangsformen sichern die wechselseitige Anerkennung von Forscher- und Experten-Rolle. Das Gespräch selbst ist offen, nichtstandardisiert und weitgehend „diskursiv" (Hopf 1991, 179). Es kommt gut in Gang, wenn der Forscher den Experten für die Sache interessiert hat und kenntlich macht, dass er zwar vorinformiert ist, aber wesentliche Erweiterungen seiner Kenntnisse und vor allem die Sichtweise des Experten erwartet.

Ergänzend: Meuser/Nagel 1991, anknüpfend an Dexter 1970.

4.3.5 Gruppendiskussion

Abhebend von Gruppendynamik-Forschung (Lewin 1969) geht es hier um Gruppen-Settings zur Erhebung sozialer Realität, die unabhängig von der Gruppe existiert. Anknüpfend an fokussierte Interviews erhob etwa das 1950 wiederbegründete Frankfurter Institut für Sozialforschung in 120 Gruppendiskussionen Einstellungen zur NS-Zeit (Pollock 1955). Moderatoren regen Gespräche zwischen Teilnehmern an, die eher „Subjekte einer Unterhaltung" sind als „Objekte einer Ermittlung" (Nießen 1977, 54). Manfred Nießen fundierte die Gruppendiskussion in den Grundlagen von Symbolischem Interaktionismus und Phänomenologischer Soziologie und rückte sie von ihrer sozialpsychologischen Ausrichtung in der Frankfurter Schule ab.

Der Ablauf (Mayring 1993b, 53-56): Eine Gruppe, die vom Forschungsproblem tangiert ist, wird mit einem vorbereiteten Grundreiz konfrontiert (Text, Film, andere Diskussionsimpulse). Die Diskussion dazu wird nach allgemeinen Moderationsregeln geführt und im Fortgang durch weitere Reizargumente in Gang gehalten. Den Abschluss bildet eine Metadiskussion zur Bewertung der Gespräche.

Weiterführend: Mangold 1960; Kromrey 1986; Lamnek 1993, Bd. 2, 121-166.

5.   Ausgewählte qualitative Auswertungsmethoden

Während es bei Studien im Rahmen der Qualitativen Sozialforschung mittlerweile zum Standard gehört, in eigenen methodologischen Kapiteln die angewendeten Verfahren zu den Erhebungen der empirischen Daten zu erläutern, werden die benutzten Verfahren zur anschließenden Auswertung dieser Daten oft recht stiefmütterlich behandelt. Auch in methodischen Handbüchern und in der akademischen Lehre nehmen Auswertungsmethoden gegenüber Erhebungsmethoden einen deutlich kleineren Raum ein. In der Forschungspraxis wird – gerade wenn die ohnehin aufwendigen Erhebungen abgeschlossen sind – der zusätzliche und meist nicht minder hohe Aufwand qualitativer Auswertungsverfahren gescheut und durch ein intuitives Vorgehen abgekürzt, das allerdings der fachlichen Kontrolle schwer zugänglich ist.

5.1 Hermeneutik

Alle qualitativen (interpretativen) Auswertungsmethoden sind im Sinne der „Auslegekunst" klassischer Textwissenschaften hermeneutisch. Dem Mangel an Regelsystemen der Textauswertung suchte Helmut Danner (1979, 89f)durch Angabe von zehn Teilaufgaben zu begegnen:

- *Vorbereitungsphase:* 1. Quellenkunde (Authentizität, Entstehung, andere Ausgaben); 2. Explikation von Vorverständnis und Fragen an den Text; 3. Klärung seines allgemeinen Sinns (vermutliche Kernaussage).
- *Textimmanente Interpretation:* 4. hermeneutischer Zirkel zwischen Vorverständnis bzw. Kernaussage und Wortbedeutungen bzw. Zusammenhängen im Text; 5. Prüfung der logischen Konsistenz; 6. Fixierung von Unstimmigkeiten („interpretierte Widersprüche").
- *Koordinierende Interpretation:* 7. Stellung im Gesamtwerk und Entwicklungsgang des Autors; 8. Aufdeckung bewusster und unbewusster Einstellungen und Meinungen; 9. aktuelle Analogien zum Textsinn; 10. Hypothesen zu den „Sinn- und Wirkzusammenhängen".

5.2 Konversationsanalyse

Mit der Fundierung von Sprache in „Sprechakten" (Austin 1972) fand die Linguistik Zugang zur Handlungstheorie von Symbolischem Interaktionismus und Ethnomethodologie. Konversationsanalysen untersuchen Verfahren und Kompetenzen, mit denen Sprechhandelnde in alltäglichen, informellen Gesprächen ihre Interaktion strukturieren. Der Interpret sucht in den Transkripten einzelne Textstrukturen als Strategien zu rekonstruieren, mit denen Sprecher die Ordnung ihrer Interaktion sichern. Empirische Studien widmen sich etwa Mikroprozessen der Verständigungssicherung (Sprecher- und Themenwechsel, Korrekturen etc.), Darstellungsformen (Beschreiben, Verallgemeinern etc.) oder Interaktionstypen (Bitten, Streiten, Versprechen, Witzemachen etc.).

Weiterführend: Bergmann 1991; Deppermann 1999; Kallmeyer/Schütze 1976.

5.3 Qualitative Inhaltsanalyse

Die gesellschaftskritisch umgedeutete Hermeneutik der Frankfurter Schule aufgreifend, entwickelte Jürgen Ritsert (1972) in einer beispielgebenden Studie über Soldatenlektüre eine qualitative Inhaltsanalyse, die Textgehalte „zu einem Syndrom der analysierten Ideologie" zusammenfügte. Ähnliche ethnomethodologische Studien folgten (etwa Bohnsack 1983, 1989). Unkontrollierbar blieb aber, wie die Kategorien und Hypothesen am Text entwickelt wurden. Noch dringlicher sind nachvollziehbare Verfahren bei großen Datenmengen. Philipp Mayring entwickelte dazu in den 80er Jahren eine Reihe von Verfahrensmodellen. Dabei unterschied er:

- *Explizierende Inhaltsanalysen:* Sie klären unverstandene Textstellen und paraphrasieren sie unter Heranziehung weiterer Quellen (Sprach- bzw. Wörterbücher, Textumfeld, Umfeld des Sprechers).
- *Zusammenfassende Inhaltsanalysen:* Sie reduzieren Datenmengen auf kleinere Texteinheiten (Kurzfassung, Bündelung, Verallgemeinerung).
- *Strukturierende Inhaltsanalysen:* Sie abstrahieren Aspekte und Typen im Gesamtmaterial (Schlüsselstellen, Kategorien, Kodierregeln). Zentral ist dabei der „Kodierleitfaden": Er nimmt die Kategorien auf, mit denen Texteinheiten kodiert werden, und die Regeln der Vernetzung zu einem Kategoriensystem; er ist im Auswertungsprozess anzupassen.

Weiterführend: Mayring 1993a; 1993b, 85-90; Ulich u.a. 1985; für biographisch narrative Texte weniger aufwendig: Sieder 1984.

In ihrer Methodologie der Grounded Theory gaben Barney Glaser und Anselm Strauss ähnliche Regeln der Datenanalyse an (Glaser/Strauss 1967, 1979; Strauss 1998; Strauss/Corbin 1996). Sie empfehlen eine zusätzliche Liste für „Memos" mit inhaltlichen oder methodischen Hypothesen, die bei der Theoriekonstruktion neben den Kodes und Kategorien herangezogen werden. Solche Modelle der Inhaltsanalyse legen Computer-Unterstützung nahe (Huber 1992). Neben einfacher Textverarbeitung kann mit Datenbankprogrammen die Anlage von Kodier- und Memos-Listen oberhalb der Textebene organisiert werden, mit Verweisen, Vernetzungen und mit Überleitungen zu weiteren Programmen (Tabellen, Statistik, Graphik). Dazu liegen Programmpakete für gängige PCs vor, insbesondere von ATLAS (2000). Nichtsdestoweniger verlangen Inhaltsanalysen neben theoretischen Kenntnissen eine solide praktische Einübung („Interpretenschulung": Spöhring 1989, 207).

5.4 Sequenzanalyse

Seit den 70er Jahren haben Ulrich Oevermann u.a. (1979) in der Sozialisationsforschung variantenreiche Designs einer „objektiven Hermeneutik" entwickelt, die mehrere Theorieströme aufnahm (Matthes-Nagel 1982). Ihr Ziel ist, aus subjektiven Einzelerscheinungen objektive „Strukturen" zu erschließen, worunter Oevermann Deutungs- und Handlungsmuster versteht, denen Interaktionen unterliegen. Dabei haben latente Sinngehalte in der Textanalyse Vorrang vor manifesten. Kern des Verfahrens ist die „sequentielle Analyse":
- Zerlegung des Textes in Handlungseinheiten („Interakte");
- fiktive Variation eines Interakts zum Ausloten aller erdenklichen Handlungskontexte und Bedeutungen;
- Aussonderung der „Lesarten", die dem realen Kontext nicht anzupassen sind;
- fiktive Handlungsfortsetzungen, die diese Lesarten ermöglichen könnten.

In schrittweiser Bearbeitung der Interakte engen die vorangegangenen die verbleibenden Lesarten ein. Kennzeichnend für Sequenzanalysen ist die gemeinschaftliche Deutungsarbeit interdisziplinärer Teams – und der große Aufwand bei strikter Regelbefolgung. Die hohen intuitiven Kompetenzen in der praktischen Anwendung der Analyse-Regeln lassen sie als „Kunstlehre" erscheinen, die weniger aus Büchern als durch Begleitung eines „Meisters" in der Analysepraxis erlernt wird.

Weiterführend: Wernet 2000; Garz/Kraimer 1994; Aufenanger/Lenssen 1986; Matthes-Nagel 1984; auch Sutter 1997

Literatur- und Medienverzeichnis

Adorno, Theodor W. u.a. (Hg.): *Der Positivismusstreit in der deutschen Soziologie.* Darmstadt (Luchterhand) 1969.

Adorno, Theodor W.: *Studien zum autoritären Charakter.* Frankfurt a.M. (Suhrkamp) 1973.

Arbeitsgruppe Bielefelder Soziologen (Hg.): *Alltagswissen. Interaktion und gesellschaftliche Wirklichkeit. Bd. 1: Symbolischer Interaktionismus und Ethnomethodologie.* Reinbek b.H. (Rowohlt) 1973.

ATLAS = Archiv für Technik, Lebenswelt und Alltags-Sprache an der Technischen Universität Berlin. (URL http://www.qualitative-research.net/atlas/ [Stand 2000-10-05]) (Näheres zum qualitativen Auswertungsprogramm ATLAS.ti unter URL http://atlasti.de/ [Stand 2000-10-05])

Atteslander, Peter: *Methoden der empirischen Sozialforschung. 7. bearb. Auflage.* Berlin u.a. (de Gruyter) 1993.

Aufenanger, Stefan & Lenssen, Margrit (Hg.): *Handlung und Sinnstruktur. Bedeutung und Anwendung der objektiven Hermeneutik.* München (Juventa) 1986.

Austin, John L.: *Zur Theorie der Sprechakte.* Stuttgart (Reclam) 1972.

Becker, Howard S.: *Außenseiter.* Frankfurt a.M. (Suhrkamp) 1973.

Berger, Peter L. & Berger, Brigitte: *Wir und die Gesellschaft. Eine Einführung in die Soziologie entwickelt an der Alltagserfahrung.* Reinbek b.H. (Rowohlt) 1976.

Berger, Peter L. & Luckmann, Thomas: *Die gesellschaftliche Konstruktion der Wirklichkeit. Eine Theorie der Wissenssoziologie.* Frankfurt a.M. (Fischer) 1969. (Originalausg.: The Social Construction of Reality. New York 1966)

Bergmann, Jörg R.: *Konversationsanalyse.* In: Flick, Uwe u.a. (Hg.): Handbuch Qualitative Sozialforschung. Grundlagen, Konzepte, Methoden und Anwendungen. (Psychologie-Verl.-Union) München 1991, S. 213-218.

Blinkert, Baldo & Klie, Thomas: *Pflege im sozialen Wandel. Studie zur Situation häuslich versorgter Pflegebedürftiger.* Hannover (Vincentz) 1999.

Blumer, Herbert: *Der methodologische Standort des Symbolischen Interaktionismus.* In: Arbeitsgruppe Bielefelder Soziologen (Hg.): Alltagswissen, Interaktion und gesellschaftliche Wirklichkeit. Reinbek b. Hamburg (Rowohlt) 1973, S. 80-146.

Bohnsack, Ralf: *Rekonstruktive Sozialforschung. Einführung in die Methodologie und Praxis qualitativer Forschung.* Opladen (Leske + Budrich) 1991.

Bohnsack, Ralf: *Alltagsinterpretation und soziologische Rekonstruktion.* Opladen (Westdt. Verl.) 1983.

Bohnsack, Ralf: *Generation, Milieu und Geschlecht. Ergebnisse aus Gruppendiskussionen mit Jugendlichen.* Opladen (Leske + Budrich) 1989.

Bonß, Wolfgang & Honneth Axel (Hg.): *Sozialforschung als Kritik. Zum sozialwissenschaftlichen Potential der Kritischen Theorie.* Frankfurt a.M. (Suhrkamp) 1982.

Bulmer, Martin: *The Chicago school of sociology. Institutionalization, diversity, and the rise of sociological research.* Chicago (Univ. of Chicago Press) 1984.

Cicourel, Aaron V.: *Methode und Messung in der Soziologie.* Frankfurt a.M. (Suhrkamp) 1970. (Originalausg.: Method and Measurement in Sociology. Glencoe 1964)

Cicourel, Aaron V.: *Sprache in der sozialen Interaktion.* München (List) 1975.

Danner, Helmut: *Methoden geisteswissenschaftlicher Pädagogik. Einführung in Hermeneutik, Phänomenologie und Dialektik, mit 4 ausführlichen Textbeispielen.* München u.a. (Reinhardt) 1979.

Deppermann, Arnulf: *Gespräche analysieren. Eine Einführung in konversationsanalytische Methoden.* Opladen (Leske + Budrich) 1999.

Devereux, Georges: *Angst und Methode in den Verhaltenswissenschaften. 3. Auflage.* Frankfurt a.M. (Suhrkamp) 1992.

Devereux, Georges: *Ethnopsychoanalyse. Die komplementaristische Methode in den Wissenschaften vom Menschen. 2. Auflage.* Frankfurt a.M. (Suhrkamp) 1984.

Dexter, Lewis A.: *Elite and Specialized Interviewing.* Evanston (Northwestern Univ. Press) 1970.

Dilthey, Wilhelm: *Gesammelte Schriften, Bd. 5. Die Entstehung der Hermeneutik. 2. Auflage.* Stuttgart (Teubner) 1957.

Dubiel, Helmut: *Kritische Theorie der Gesellschaft. Eine einführende Rekonstruktion von den Anfängen im Horkheimer-Kreis bis Habermas. 2. Auflage.* Weinheim u.a. (Juventa) 1992.

Ellgring, Heiner: *Audiovisuell unterstützte Beobachtung.* In: Flick, Uwe u.a. (Hg.): Handbuch Qualitative Sozialforschung. Grundlagen, Konzepte, Methoden und Anwendungen. München (Psychologie-Verl.-Union) 1991, S. 203-208.

Erdheim, Mario: *Die Psychoanalyse und das Unbewußte in der Kultur.* Frankfurt a.M. (Suhrkamp) 1988.

Fischer, Hans (Hg.): *Feldforschungen. Berichte zur Einführung in Probleme und Methoden.* Berlin (Reimer) 1985.

Flick, Uwe, Kardorff, Ernst von & Steinke, Ines (Hg.): *Handbuch Qualitative Sozialforschung. Grundlagen, Konzepte, Methoden und Anwendungen.* München (Psychologie-Verl.-Union) 1991.

Friedrichs, Jürgen & Lüdtke, Hartmut: *Teilnehmende Beobachtung. Einführung in die sozialwissenschaftliche Feldforschung. 3. Auflage.* Weinheim u.a. (Beltz) 1977.

Fromm, Erich: *Über Methode und Aufgabe einer analytischen Sozialpsychologie.* In: Zeitschrift für Sozialforschung, 1 (1932), S. 28-54.

Gadamer, Hans-Georg: *Wahrheit und Methode. Grundzüge einer philosophischen Hermeneutik. 6. Auflage.* Tübingen (Mohr) 1990.

Garfinkel, Harold: *Das Alltagswissen über soziale und innerhalb sozialer Strukturen.* In: Arbeitsgruppe Bielefelder Soziologen (Hg.): Alltagswissen, Interaktion und gesellschaftliche Wirklichkeit. Reinbek b. Hamburg (Rowohlt) 1973, S. 189-260.

Garfinkel, Harold: *Ethnomethodological studies of work.* London (Routledge & Kegan) 1986.

Garfinkel, Harold: *Studies in ethnomethodology.* Englewood Cliffs (Prentice-Hall) 1967.

Garz, Detlef & Kraimer, Klaus (Hg.): *Die Welt als Text. Theorie, Kritik und Praxis der objektiven Hermeneutik.* Frankfurt a.M. (Suhrkamp) 1994.

Geertz, Clifford: *Dichte Beschreibung. Beiträge zum Verstehen kultureller Systeme.* Frankfurt a.M. (Suhrkamp) 1983.

Girtler, Roland: *Methoden der qualitativen Sozialforschung. Anleitung zur Feldarbeit. 3. Auflage.* Wien u.a. (Böhlau) 1992.

Glaser, Barney G. & Strauss, Anselm L.: *Die Entdeckung gegenstandsbezogener Theorie. Eine Grundstrategie qualitativer Sozialforschung.* In: Hopf, Christel & Weingarten, Elmar (Hg.): Qualitative Sozialforschung. Stuttgart (Clett-Kotta) 1979, S. 91-111.

Glaser, Barney G. & Strauss, Anselm L: *The discovery of grounded theory. Strategies for qualitative research*. Chicago (Aldine) 1967.

Glaser, Barney G.: *Status passages*. London (Routledge & Kegan) 1971.

Glinka, Hans-Jürgen: *Das narrative Interview. Eine Einführung für Sozialpädagogen*. Weinheim (Juventa) 1998.

Goffman, Erving: *Asyle*. Frankfurt a.M. (Suhrkamp) 1968a.

Goffman, Erving: *Frame Analysis*. New York (Harper & Row) 1974.

Goffman, Erving: *Stigma*. Frankfurt a.M. (Suhrkamp) 1968b.

Goldthorpe John H.: *A Revolution in Sociology?* In: Sociology, 7 (1973), S.449-462.

Habermas, Jürgen: *Ein Literaturbericht*. In: Habermas Jürgen: Zur Logik der Sozialwissenschaften. Materialien. Frankfurt a.M. (Suhrkamp) 1970 (Edition Suhrkamp. 481), S. 71-310.

Habermas, Jürgen: *Nachmetaphysisches Denken*. Frankfurt a.M. (Suhrkamp) 1988.

Habermas, Jürgen: *Theorie des kommunikativen Handelns. 2 Bde*. Frankfurt a.M. (Suhrkamp) 1981.

Helle, Horst J.: *Verstehende Soziologie. Lehrbuch*. München (Oldenbourg) 1999.

Hopf, Christel & Weingarten, Elmar (Hg.): *Qualitative Sozialforschung*. Stuttgart (Klett-Cotta) 1979.

Hopf, Christel: *Qualitative Interviews in der Sozialforschung. Ein Überblick*. In: Flick, Uwe u.a. (Hg.): Handbuch qualitative Sozialforschung. Grundlagen, Konzepte, Methoden und Anwendungen. München (Psychologie-Verl.-Union) 1991, S. 177-182.

Horkheimer, Max & Adorno, Theodor W.: *Dialektik der Aufklärung*. Frankfurt a.M. (Fischer) 1969.

Horkheimer, Max u.a.: *Autorität und Familie. Reprint. 2. Auflage*. Lüneburg (zu Klaupen) 1987.

Horkheimer, Max: *Die gegenwärtige Lage der Sozialphilosophie und die Aufgaben eines Instituts für Sozialforschung*. In: Horkheimer, Max: Sozialphilosophische Studien. Frankfurt a.M. (Fischer) 1972, S. 33-46.

Horkheimer, Max: *Geschichte und Psychologie*. In: Zeitschrift für Sozialforschung, 1 (1932), S. 125-144.

Horkheimer, Max: *Traditionelle und kritische Theorie*. In: Zeitschrift für Sozialforschung, 6 (1937), S. 162-197.

Huber, Günter L. (Hg.): *Qualitative Analyse. Computereinsatz in der Sozialforschung*. München u.a. (Oldenbourg) 1992.

Husserl, Edmund: *Die Krisis der europäischen Wissenschaften und die transzendentale Phänomenologie. Eine Einleitung in die phänomenologische Philosophie. 3. Auflage*. Hamburg (Meiner) 1996.

Jay, Martin: *Dialektische Phantasie. Die Geschichte der Frankfurter Schule und des Instituts für Sozialforschung*. Frankfurt a.M. (Fischer) 1991.

Jeggle, Utz (Hg.): *Feldforschung. Qualitative Methoden in der Kulturanalyse*. Tübingen (Verein für Volkskunde) 1984.

Jüttemann Gerd & Thomae Hans (Hg.): *Biographische Methoden der Humanwissenschaften*. Weinheim (Beltz) 1999.

Kallmeyer, Werner & Schütze, Fritz: *Konversationsanalyse*. In: Studium Linguistik, 1 (1976), S.1-28.

Klinkmann, Norbert: *Das systematische Vergleichen von Theorien*. In: Soziale Welt, 32 (1981) S. 249-260.

Koch-Straube, Ursula: *Fremde Welt Pflegeheim. Eine ethnologische Studie*. Bern (Huber) 1997.

Kockelmans, Joseph J. (Hg.): *Phenomenological psychology. The Dutch school*. Dordrecht (Nijhoff) 1987.

Kromrey, Helmut: *Gruppendiskussionen. Erfahrungen im Umgang mit einer weniger häufigen Methode empirischer Sozialwissenschaft*. In: Hoffmeyer-Zlotnik & Jürgen H. P. (Hg.): Qualitative Methoden der Datenerhebung in der Arbeitsmigrantenforschung. Berlin (Quorum) 1986, S. 109-143.

Lamnek, Siegfried: *Qualitative Sozialforschung. Bd. 1: Methodologie. Bd. 2. Methoden und Techniken. 2. Auflage*. München (Psychologie Verl.-Union) 1993.

Leithäuser, Thomas & Volmerg, Birgit: *Psychoanalyse in der Sozialforschung. Eine Einführung am Beispiel einer Sozialpsychologie der Arbeit*. Opladen (Westdt.-Verl.) 1988.

Leithäuser, Thomas u.a.: *Entwurf zu einer Empirie des Alltagsbewußtseins*. Frankfurt a.M. (Suhrkamp) 1977.

Lewin, Kurt: *Grundzüge der topologischen Psychologie*. Bern (Huber) 1969.

Lippitz, Wilfried: *Phänomenologische Studien in der Pädagogik*. Weinheim (Dt. Studien-Verl.) 1993.

Lorenzer, Alfred (Hg.): *Kultur-Analysen. Psychoanalytische Studien zur Kultur*. Frankfurt a.M. (Fischer) 1986.

Lück, Helmut E.: *Nichtreaktive Verfahren*. In: Flick, Uwe u.a. (Hg.): Handbuch Qualitative Sozialforschung. Grundlagen, Konzepte, Methoden und Anwendungen (Psychologie-Verl.-Union) München 1991, S.198-203.

Mangold, Werner: *Gegenstand und Methode des Gruppendiskussionsverfahrens*. Frankfurt a.M. (Europ. Verl.-Anst.) 1960. (Frankfurter Beiträge zur Soziologie. 9) (Zugl.: Frankfurt a.M., Univ., Diss.)

Mannheim, Karl: *Das Problem der Generationen*. In: Kohli, Martin (Hg.): Soziologie des Lebenslaufs. Neuwied (Luchterhand) 1978, S. 38-53.

Mannheim, Karl: *Ideologie und Utopie*. Frankfurt a.M. (Schulte-Buhnke) 1952.

Mannheim, Karl: *Wissenssoziologie. Auswahl aus dem Werk*. Neuwied (Luchterhand) 1964.

Marotzki, Winfried: *Einführung in qualitative erziehungswissenschaftliche Forschungsmethoden*. Madgeburg (Otto-von-Guericke-Univ.) 1999. (URL http://www.uni-magdeburg.de/iew/html/vorlesung.html [Stand 2000-10-05])

Matthes-Nagel, Ulrike: *Latente Sinnstrukturen und objektive Hermeneutik. Zur Begründung einer Theorie der Bildungsprozesse*. München (Minerva) 1982.

Matthes-Nagel, Ulrike: *Objektiv hermeneutische Bildungsforschung*. In: Haft, Henning u.a. (Hg.): Methoden der Erziehungs- und Bildungsforschung. Enzyklopädie Erziehungswissenschaft, Bd. 2. Stuttgart (Klett-Cotta) 1984, S. 283-300.

Mayring, Philipp: *Einführung in die qualitative Sozialforschung. Eine Anleitung zu qualitativem Denken. 2. Auflage*. München (Psychologie Verl.-Union) 1993.

Mayring, Philipp: *Qualitative Inhaltsanalyse. Grundlagen und Techniken. 4. Auflage*. Weinheim (Dt. Studien-Verl.) 1993a. (1983; 7. Auflage 2000.))

Mead, George Herbert: *Geist, Identität und Gesellschaft. Aus der Sicht des Sozialbehaviorismus*. Frankfurt a.M. (Suhrkamp) 1968. (Originalausg.: Mind, Self and Society. Chicago 1934)

Mead, George Herbert: *Gesammelte Aufsätze. 2 Bde*. Frankfurt a.M. (Suhrkamp) 1987.

Merkens, Hans: *Teilnehmende Beobachtung und Inhaltsanalyse in der erziehungswissenschaftlichen Forschung.* Weinheim (Beltz) 1984.

Merleau-Ponty, Maurice: *Phänomenologie der Wahrnehmung.* Berlin (de Gruyter) 1974.

Merton, Robert K. u.a.: *The Focused Interview. A manual of problems and procedures.* New York (Free Press) 1990.

Merton, Robert K. & Kendall, Patricia L: *Das fokussierte Interview.* In: Hopf, Christel & Weingarten, Elmar (Hg.): Qualitative Sozialforschung. Stuttgart (Clett-Kotta) 1979.

Merton, Robert K.: *Insiders and Outsiders.* In: American Journal of Sociology, 78 (1972), S. 9-47.

Meuser, Michael & Nagel, Ulrike: *ExpertInneninterviews vielfach erprobt, wenig bedacht. Ein Beitrag zur qualitativen Methodendiskussion.* In: Garz, Detlef & Kraimer, Klaus (Hg.): Qualitativ empirische Sozialforschung. Konzepte, Methoden, Analysen. Opladen (Westdt.-Verl.) 1991, S. 441-471.

Mitterauer, Michael: *Ahnen und Heilige. Namengebung in der europäischen Geschichte.* München (Beck) 1993.

Mruck, Katja: *Qualitative Forschung. Homepage der Freien Universität Berlin.* (URL http://userpage.fu-berlin.de/˜mruck [Stand 2000-10-05])

Nießen, Manfred: *Gruppendiskussion. Interpretative Methodologie, Methodenbegründung, Anwendung.* München (Fink) 1977.

Oevermann, Ulrich & Allert, Tilman & Konau, Elisabeth & Krambeck, Jürgen: *Die Methodologie einer objektiven Hermeneutik und ihre allgemeine forschungslogische Bedeutung in den Sozialwissenschaften.* In: Soeffner, Hans-Georg: Interpretative Verfahren in den Sozial- und Textwissenschaften. Stuttgart (Metzler) 1979, S. 352-433.

Patry, Jean Luc (Hg.): *Feldforschung. Methoden und Probleme sozialwissenschaftlicher Forschung unter natürlichen Bedingungen.* Bern (Huber) 1982.

Pollock, Friedrich: *Gruppenexperiment. Ein Studienbericht.* Frankfurt a.M. (Europ. Verl.-Anst.) 1955.

Popper, Karl Raimund: *Logik der Forschung. 8. Aufl.* Tübingen (Mohr) 1984.

Psathas, George: *Die Analyse von Alltagsstrukturen und das ethnomethodologische Paradigma.* In: Sprondel, Walter M. & Grathoff, Richard (Hg.): Alfred Schütz und die Idee des Alltags in den Sozialwissenschaften. Stuttgart (Enke) 1979, S. 178-195.

Ritsert, Jürgen: *Inhaltsanalyse und Ideologiekritik. Ein Versuch über kritische Sozialforschung.* Frankfurt a.M. (Athenäum) 1972.

Rogers, Carl R.: *Die nicht-direktive Beratung.* Frankfurt a.M. (Fischer) 1992.

Rombach, Heinrich: *Phänomenologie des sozialen Lebens. Grundzüge einer Phänomenologischen Soziologie.* Freiburg (Alber) 1994.

Sader, Manfred: *Rollenspiel als Forschungsmethode.* Opladen (Westdt.-Verl.) 1986.

Scheele, Brigitte: *Dialogische Hermeneutik.* In: Flick, Uwe u.a. (Hg.): Handbuch Qualitative Sozialforschung. Grundlagen, Konzepte, Methoden und Anwendungen (Psychologie-Verl.-Union) München 1991, S. 274-278.

Schleiermacher, Friedrich: *Hermeneutik und Kritik.* Frankfurt a.M. (Suhrkamp) 1977.

Schütz, Alfred & Luckmann, Thomas: *Strukturen der Lebenswelt. 2 Bde.* Frankfurt a.M. (Suhrkamp) 1979.

Schütz, Alfred: *Der sinnhafte Aufbau der sozialen Welt. Eine Einleitung in die verstehende Soziologie. 2. Auflage.* Wien (Springer) 1960.

Schütz, Alfred: *Theorie der Lebenswelt.* Frankfurt a.M. (Suhrkamp) 2000. (aus dem Nachlaß 1959)

Schütze, Fritz: *Biographieforschung und narratives Interview.* In: Neue Praxis, 13 (1983), 3, S. 283-293.

Schütze, Fritz: *Das narrative Interview in Interaktionsfeldstudien. Erzähltheoretische Grundlagen. Teil. Merkmale von Alltagserzählungen und was wir mit ihrer Hilfe erkennen können.* Studienbrief. Hagen (Fernuniv. Hagen) 1987.

Schütze, Fritz: *Zur Hervorlockung und Analyse von Erzählungen thematisch relevanter Geschichten im Rahmen soziologischer Feldforschung.* In: Arbeitsgruppe Bielefelder Soziologen (Hg.): Kommunikative Sozialforschung. München (Fink) 1976, S.159-260.

Seyfarth, Constans: *Zur Grundlegung eines nicht restriktiven Vergleichs soziologischer Ansätze.* In: Hondrich, Karl Otto & Matthes, Joachim (Hg.): Theorienvergleich in den Sozialwissenschaften. Darmstadt (Luchterhand) 1978, S. 285-313.

Sieder, Reinhard: *Geschichte erzählen und Wissenschaft treiben.* In: Botz, Gerhard & Weidenholzer, Josef (Hg.): Mündliche Geschichte und Arbeiterbewegung. Eine Einführung in Arbeitsweisen und Themenbereiche der Geschichte geschichtsloser Sozialgruppen. Köln (Böhlau) 1984 (Materialien zur Historischen Sozialwissenschaft. 2), S.203-231.

Simmel, Georg: *Gesamtwerke. Bd. 11. Soziologie. Untersuchungen über die Formen der Vergesellschaftung.* Frankfurt a.M. (Suhrkamp) 1992.

Spöhring, Walter: *Qualitative Sozialforschung.* Stuttgart (Teubner) 1989.

Sprondel, Walter M.: *Experte und Laie. Zur Entwicklung von Typenbegriffen in der Wissenssoziologie.* In: Sprondel, Walter M. & Grathoff, Michael (Hg.): Alfred Schütz und die Idee des Alltags in den Sozialwissenschaften. Stuttgart (Enke) 1979, S. 140-154.

Steinke, Ines: *Kriterien qualitativer Forschung. Ansätze zur Bewertung qualitativ-empirischer Sozialforschung.* Weinheim u.a. (Juventa) 1999.

Strauss, Anselm L. & Corbin, Juliet M.: *Grounded Theory. Grundlagen Qualitativer Sozialforschung.* Weinheim (Psychologie Verl.-Union u.a.) 1996.

Strauss, Anselm L.: *Grundlagen qualitativer Sozialforschung. Datenanalyse und Theoriebildung in der empirischen soziologischen Forschung. 2. Auflage.* München (Fink) 1998. (Uni-Taschenbücher. 1776 : Soziologie)

Strauss, Anselm L.: *Spiegel und Masken. Die Suche nach Identität.* Frankfurt a.M. (Suhrkamp) 1968. (Originalausg.: Mirrors and masks, 1959)

Sutter, Tilmann (Hg.): *Beobachtung verstehen, Verstehen beobachten. Perspektiven einer konstruktivistischen Hermeneutik.* Opladen (Westdt.- Verl.) 1997.

Thomas, William I. & Znaniecki, Florian: *The Polish peasant in Europe and America. 2. Vol.* New York (Knopf) 1927.

Ulich, Dieter u.a.: *Psychologie der Krisenbewältigung. Eine Längsschnittuntersuchung mit Arbeitslosen.* Weinheim (Beltz) 1985.

Waschkuhn, Arno: *Kritische Thoerie. Politikbegriffe und Grundprinzipien der Frankfurter Schule.* München (Oldenbourg) 2000.

Weber, Max: *Wirtschaft und Gesellschaft. Grundriß der verstehenden Soziologie. 5. revidierte Aufl.* Tübingen (Mohr) 1972.

Wernet, Andreas: *Einführung in die Interpretationstechnik der Objektiven Hermeneutik.* Opladen (Leske + Budrich) 2000.

Wiedemann, Peter: *Erzählte Wirklichkeit. Zur Theorie und Auswertung narrativer Interviews.* München (Psychologie Verl.-Union) 1986.

Wiggershaus, Rolf: *Die Frankfurter Schule. Geschichte, theoretische Entwicklung, politische Bedeutung.* 2. Aufl. München u.a. (Hanser) 1987.

Wilson, Thomas P.: *Theorien der Interaktion und Modelle soziologischer Erklärung.* In: Arbeitsgruppe Bielefelder Soziologen (Hg.): Alltagswissen, Interaktion und gesellschaftliche Wirklichkeit. Reinbek b. Hamburg (Rowohlt) 1973, S. 54-79.

Witzel, Andreas: *Das problemzentrierte Interview.* In: Jüttemann, Gerd (Hg.): Qualitative Forschung in der Psychologie. Grundlagen, Verfahrensweisen, Anwendungsfelder. Weinheim (Beltz) 1985, S. 227-255.

Witzel, Andreas: *Verfahren der qualitativen Sozialforschung. Überblick und Alternativen.* Frankfurt a.M. u.a. (Campus) 1982.

ZBBS. Zeitschrift Qualitative Bildungs-, Beratungs- und Sozialforschung. (URL http://www.uni-magdeburg.de/iew/html/zbbs.html [Stand 2000-10-05])

Hermann Denz & Horst O. Mayer

Methodologie der quantitativen Sozialforschung

Der Text versucht, einen kurzen und sehr pragmatischen Einblick in die methodologischen Grundannahmen der (quantitativen) empirischen Sozialforschung zu geben. Diese Annahmen sind nicht unumstritten,. War es in den 60er Jahren vor allem die Kritische Theorie, die sie im Positivismusstreit in Frage stellte, sind es heute die qualitativen Ansätze und konstruktivistischen Theorien.

## 1.	Methodologische Grundannahmen

Die Methodologie der quantitativen Sozialforschung beruht auf zwei zentralen Konzepten:

- Die Wissenschaftstheorie des kritischen Rationalismus: Daraus folgt die Logik der Deduktion von Hypothesen aus allgemeinen Theorien, die Hypothesentestung (Falsifikation) und damit in weiterer Folge (als „rationales" Entscheidungskriterium für wahr oder falsch einer Hypothese) die statistische Analyse, die Forderung nach definierten Vorgehensweisen (Standardisierung, Nachvollziehbarkeit) usw.
- Die naturwissenschaftliche Logik des Messens: Daraus folgen die dimensionale Auflösung und die Logik der Definition und Operationalisierung von Begriffen, Skalierung usw.

## 2.	Die Wissenschaftstheorie des kritischen Rationalismus

„Die Wissenschaft ist eine Schöpfung des Menschen und deshalb steht nicht ein für allemal von Natur aus fest, durch welche Merkmale sie gekennzeichnet ist, welche Aufgabe sie hat und welche Methode angewendet werden soll. Das alles muss festgesetzt werden und es lässt sich von keiner Festsetzung beweisen, dass sie die einzig zulässige ist. Es handelt sich um Entscheidungen, für die man Gründe angeben kann, die aber beim Vorliegen anderer Interessen auch anders ausfallen können." (Brezinka 1978, 32)

Im Kritischen Rationalismus wird davon ausgegangen, dass menschliches Handeln nach gewissen Gesetzmäßigkeiten abläuft. Genauso wie in den Naturwissenschaften hat der Forscher auch in der sozialen Welt Gesetzmäßigkeiten aufzufinden und zu erklären. Im Gegensatz zu singulären Aussagen, in denen einzelne Tatsachen beschrieben werden, sind Gesetzesaussagen sogenannte All-Aussagen. Hier geht es darum, gleichbleibende allgemeine Beziehungen – Gesetzmäßigkeiten – zwischen ausgewählten Bestandteilen der Realität aufzufinden.

Jede Wissenschaftstheorie versucht Lösungen für zwei zentrale Probleme anzugeben: das Problem der Wahrheit und das Problem der Objektivität (Prim/Tilmann 1977, 12ff.).

„Der kritische Rationalismus kennt [...] keine absolut sichere Erkenntnisquelle [...] Der Prozess wissenschaftlichen Denkens wird als 'systematisches Raten' aufgefasst, dessen Ergebnis mehr oder weniger gute Annäherungen an die Wahrheit sind, niemals aber die Wahrheit sein kann" (Prim/Tilmann 1977, 15). Für die Sozialforschung folgt daraus die Aufgabe, Hypothesen aus allgemeinen Theorien herzuleiten und diese immer wieder einer empirischen Prüfung (Falsifikationsversuch) auszusetzen. Die Forschung sucht nicht nach der Bestätigung der Theorie bzw. der Hypothesen (Verifikation), sondern hat sie so zu formulieren, dass sie einer Widerlegung jederzeit zugänglich sind. Dies ist erforderlich, da die Aufgabe der Wissenschaft – nach dem Verständnis des Kritischen Rationalismus – das Auffinden empirischer Gesetzmäßigkeiten ist und Gesetzesaussagen (nomologische Aussagen) nicht verifizierbar sind.

Die zweite Aufgabe ist die Frage nach der Objektivität. Objektivität ist nicht möglich, ja gar nicht erstrebenswert, weil sie mit Irrelevanz erkauft würde. Deshalb ist nur eine gegenseitige Kritik und der wissenschaftliche Diskurs der scientific community als Motor des wissenschaftlichen Fortschritts möglich. Um dies sicherzustellen, rückt das Postulat der Intersubjektivität in den Mittelpunkt. „Die Objektivität der wissenschaftlichen Sätze liegt darin, dass sie intersubjektiv nachprüfbar sein müssen" (Popper 1994, 18).

Daraus folgen die drei Bedingungen für die Wissenschaftlichkeit der Ergebnisse: Systematische Vorgehensweise (explizite Definition des Ausschnittes der Realität, auf den sich die Analyse bezieht → Konzept der Gültigkeit), Kontrolle der Erhebungssituation (Definition der Erhebungssituation bis zur Standardisierung → Konzept der Zuverlässigkeit), Nachprüfbarkeit und Nachvollziehbarkeit der wissenschaftlichen Ergebnisse (hier verschränken sich Zuverlässigkeit und Gültigkeit → Konzept der Intersubjektivität).

Die Kritik an der wissenschaftstheoretischen Position des Kritischen Rationalismus richtet sich u.a. auch gegen die Annahme, dass der kritische Diskurs von gleichen Interessen (der „bürgerlichen" Wissenschaft) zu grundlegend neuen Erkenntnissen führen kann. Indem die grundsätzlichen Annahmen und Postulate akzeptiert werden, kann sich wissenschaftliche Erkenntnis nur in diesem Rahmen abspielen, also nicht grundsätzlich kritisch werden (im Sinne der Kritischen Theorie). Im Kritischen Rationalismus bezieht sich der Begriff „Kritik" lediglich auf das methodische Vorgehen und nicht auf gesellschaftliche Wertvorstellungen und Ziele (dies wurde ausführlich im „Positivismusstreit" diskutiert). Diese Beschränkung muss im Wissenschaftsverständnis des Kritischen Rationalismus gemacht werden, da keine objektiv gültigen Regeln zur Erlangung normativer Aussagen existieren (vgl. Popper 1994). Konsequenterweise wird auch die Entscheidung für eine bestimmte wissenschaftstheoretische Position nicht als Ergebnis wissenschaftlicher Erkenntnis verstanden.

2.1   Vertiefung 1: Kritischer Rationalismus

Aufgabe von Wissenschaft ist es „richtige Aussagen über wirkliche Sachverhalte zu machen (...), deren Ziel ein System von Sätzen ist, das auf die Wirklichkeit gerichtet ist" (Konegen/Sondergeld 1985, 22). Mit Hilfe der Wissenschaft sollen Phänomene der Wirklichkeit beschrieben, Zusammenhänge erklärt und Auswirkungen prognostiziert werden (vgl. Brezinka 1978, 18). Bei allen Unterschieden zwischen den einzelnen wissenschaftstheoretischen Positionen kann dennoch folgendes als charakteristisch für Wissenschaft angegeben werden (vgl. Konegen/Sondergeld 1985, 22 f.): Es werden Aussagen gemacht über Sachverhalte, die wirklich vorhanden sind, die Aussagen sollen richtig sein, zu ihnen gelangt man durch systematisches Vorgehen und die Aussagen sollen sinnvoll aufeinander bezogen sein (System von Aussagen).

Ein System logisch widerspruchsfreier Aussagen über einen Untersuchungsgegenstand wird als Theorie bezeichnet (vgl. Kromrey 1995, 41). „Die Theorie ist das Netz, das wir auswerfen, um 'die Welt' einzufangen, – sie zu rationalisieren, zu erklären und zu beherrschen. Wir arbeiten daran, die Maschen des Netzes immer enger zu machen." (Popper 1994, 31) Wissenschaftliche Theorien dienen uns dazu, die Welt zu beschreiben, Zusammenhänge zu verstehen und Ereignisse vorherzusagen. Diese Aufgabe können Theorien jedoch nur erfüllen, wenn sie wahr sind bzw. der Wahrheit möglichst nahe kommen. Die Überprüfung des Wahrheitsgehaltes von theoretischen Aussagen erfolgt mittels logischer und empirischer Verfahren (vgl. Brezinka 1978, 130).

In logischer Hinsicht erfolgt eine Überprüfung der Widerspruchsfreiheit der Aussagen. In den Formalwissenschaften Logik und Mathematik genügt es, wenn Sätze einer Theorie logisch widerspruchsfrei sind. In den Realwissenschaften muss jedoch zusätzlich eine Übereinstimmung zwischen den Aussagen und der Realität vorhanden sein. Um die Übereinstimmung von theoretischen Aussagen mit der Realität zu überprüfen, werden sogenannte Hypothesen gebildet, das sind „wenn-dann" oder „je-desto-Aussagen" (z.B.: je älter Menschen sind, desto häufiger sind graue Haare festzustellen). In den Sozial-, Wirtschafts- und Geisteswissenschaften haben wir es meist mit Wahrscheinlichkeiten von Aussagen zu tun. Das bedeutet, wir können in der Regel keine Aussagen machen, dass unter bestimmten Bedingungen etwas sicher eintrifft, sondern lediglich, dass die Wahrscheinlichkeit größer ist. Beispielsweise hat nicht jeder ältere Mensch graue Haare, aber die Wahrscheinlichkeit, dass ein älterer Mensch welche hat, ist größer als bei einem jungen Menschen.

Eine Hypothese gilt dann als bewährt, wenn nachgewiesen worden ist, dass eine hinreichende Übereinstimmung zwischen der Hypothese und der entsprechenden Beobachtung der Erfahrungswelt besteht. Aussagen über die Ergebnisse von Beobachtungen an der Erfahrungswelt werden in der Wissenschaftstheorie häufig als Basissätze bezeichnet, da sie die empirische Grundlage (Basis) für die Prüfung von Hypothesen und damit Theorien bilden (vgl. Brezinka 1978, 130).

Gesetzesaussagen sind allgemein, da sie für alle Glieder einer Klasse zutreffen, sie drücken dieselbe Beziehung zwischen wechselnden oder auswechselbaren Gliedern aus. Solche (unbeschränkte) All-Aussagen können nicht verifiziert werden, da es unmöglich ist, alle Glieder, die es gibt, die es je gegeben hat und die es je geben wird, zu beobachten. Jedoch genügt eine einzige konträre Beobachtung, um sie zu falsifizieren (zu widerlegen, als endgültig falsch zu erweisen). Somit gibt es keinen Abschluss der Erkenntnisbemühungen. Aussagen sind niemals wahr, sondern lediglich mehr oder weniger bewährt, wurden sie der Falsifikation ausgesetzt und nicht widerlegt.

Die Aussage „wenn ein Lebewesen ein Mensch ist, dann hat es Eltern" (oder kürzer: „alle Menschen haben Eltern") kann zum Beispiel nicht bestätigt (verifiziert) werden, da unmöglich alle Menschen der Gegenwart, der Vergangenheit und der Zukunft untersucht werden können. Findet man jedoch einen Menschen, der keine Eltern hat, so ist die Aussage widerlegt (falsifiziert). Bis dahin bleibt die Aussage (Hypothese) vorläufig gültig und jeder gescheiterte Versuch der Falsifikation macht sie und damit die zugehörige Theorie bewährter.

3.   Das (naturwissenschaftliche) Konzept des Messens

3.1   Messen und Informationsgehalt

Messen wird hier verstanden als „strukturtreue Abbildung" (Kromrey 1995, 97, Bunge 1973, Kerlinger 1975, 1979). Das heißt, empirische Relationen werden auf numerische abgebildet. Dies geschieht, indem der Dimension eines Objektes nach einem bestimmten Verfahren Zahlen so zugeordnet werden, dass die Relationen zwischen den Zahlen die Relationen zwischen den empirischen Ausprägungen abbilden (z.B.: weiblich = 1 und männlich = 2; oder: Hauptschulabschluss = 1, mittlerer Schulabschluss = 2, Matura = 3; oder: Einkommen von ATS 20.000,- bis 29.999,- = 1, Einkommen von ATS 30.000,- bis 39.999,- = 2 usw.). Wie aus den verschiedenen Beispielen bereits ersichtlich, ist nicht jede numerische Relation für jede empirische Relation gültig. Die Frage ist nun: Welche numerische Relationen gelten für welche empirischen Relationen?

Zwischen den Zahlen eins und zwei bestehen folgende Relationen:

1 ist ungleich 2
1 ist kleiner als 2
1 + 1 = 2
2 − 1 = 2

Damit sind nun die Relationen beschrieben, die zwischen Zahlen bestehen und die als Abbildung von empirisch gefundenen Relationen verwendet werden können. Wie man an der Reihenfolge der Aufzählung ersieht, bringt jede weitere Relation zusätzliche Information dazu, die davor liegenden Informationen gelten jedoch weiter. Wenn die Relation + (und ebenso -) gilt, gelten ebenso die Relationen gleich/ungleich und größer/kleiner. Nach diesen Eigenschaften wird auch das Messniveau der Variablen bezeichnet. Die zentrale Bedeutung dieser Relationen ist, dass sie auch die Rechenmöglichkeiten determinieren. Deshalb richten sich alle statistischen Verfahren nach dem Messniveau der Variablen.

Nominal	gleich/ungleich			
Ordinal	↓	größer/kleiner		
Intervall	↓	↓	Abstand (+,-)	
Rational	↓	↓	↓	Verhältnis(•,:)

Tabelle 1: Messniveau und Informationsgehalt

Welche numerischen Relationen gelten nun für welche empirischen Relationen? Einige Beispiele: Welche Relationen bestehen zwischen den Ausprägungen der Variablen „Familienstand"? „Verwitwet" ist sicher ungleich „ledig", aber nicht größer, obwohl „ledig" mit 1 und „verwitwet" mit 2 codiert werden wird, d.h. es wird in diesem Fall nur die Relation ungleich verwendet. Beim Alter: z.b. ist der Mann 40 Jahre alt, die Frau 20, so gilt: „Die beiden sind ungleich alt" und „der Mann ist älter als die Frau" und „der Mann ist 20 Jahre älter als die Frau" und „der Mann ist doppelt so alt wie die Frau".

Weitere Beispiele sind: Nominalskalen sind Geschlecht, Nationalität, Familienstand. Ordinalskalen sind Noten, Berufsprestige, Einstellungsfragen. Quantitative Skalen (Überbegriff für Intervall- und Rationalskalen, wobei Rationalskalen nur Intervallskalen mit natürlichem Nullpunkt sind): Alter, Temperatur (die Celsius-Skala ist eine Intervallskala, die Kelvin-Skala eine Rationalskala!), Größe,...

3.2   Begriff, Definition, dimensionale Auflösung, Operationalisierung

Wir nehmen nicht eine Wirklichkeit an sich wahr, sondern eine durch Begriffe vorstrukturierte (so unproblematisch ist diese Aussage allerdings nicht; mit der Frage, wie das genau ist, beschäftigt sich die Erkenntnistheorie seit über 2000 Jahren) und zwar in der Alltagswahrnehmung und in der wissenschaftlichen. In der Wissenschaft haben die Begriffe – dem Postulat der Intersubjektivität folgend – einen noch höheren Stellenwert, vor allem, sie müssen genau definiert werden, damit die Inhalte wirklich kommunizierbar werden.

Begriffe sind aber nicht so eindeutig, wie wir meist annehmen. Der Begriff ist ein Wort, das mit einem Vorstellungsinhalt verbunden ist (Prim/Tilmann 1976, S. 33). Im Prozess der Forschung wird es meist notwendig sein, den Begriff zu präzisieren – die Explikation (Prim/Tilmann 1976, 43ff.). Ausgangspunkt des Explikationsverfahrens ist ein zunächst noch unklarer Ausdruck, der genauer gefasst werden soll. Im Laufe des Verfahrens wird er durch einen präzisen Vorstellungsinhalt ersetzt, der die Basis für die endgültige Definition bildet (Prim/Tilmann 1976, 46).

Man unterscheidet zwischen Real- und Nominaldefinitionen. Eine Realdefinition sagt immer etwas über die Sache selbst (bzw. eine für wesentlich erachtete Eigenschaft dieser Sache) aus. Realdefinitionen beginnen also immer mit: x ist ... . Anders Nominaldefinitionen, sie beanspruchen nicht, etwas über die Sache an sich auszusagen, sondern sind nur die Festlegung eines Bedeutungsinhalts des Begriffs mit der Struktur: x soll heißen ... . Damit werden Konventionen festgelegt, Symbole (z.B. Buchstabenkombinationen) und Begriffe (die ja in diesem Falle auch nur eine besondere Klasse von verbalen Symbolen sind) als Kürzel für einen genau bestimmten Inhalt verwendbar. Nominaldefinitionen haben hier keinen allgemein gültigen und zeitlos geltenden Wahrheitsanspruch, es handelt sich dabei lediglich um Vereinbarungen. Ihre Aufgabe ist es nicht das „Wesen" von Objekten zu bestimmen, sondern den wissenschaftlichen Sprachgebrauch festzulegen (vgl. Albert 1973, 73). Und die meisten Begriffe, die in der empirischen Sozialforschung verwendet werden, sind der Alltagssprache entlehnt, allerdings oft mit etwas unterschiedlichem Bedeutungsgehalt oder Kunstbegriffe (wie z.B. IQ, status-quo-Distanz, aber auch Schicht, Gesellschaftsbild usw.) und werden nominal definiert. Folgende Übersicht soll den Zusammenhang verdeutlichen:

Realität	„Wir ordnen die Erfahrungswelt durch unsere Begriffe, aber diese Ordnung entspricht nicht unbedingt einer objektiven Wirklichkeitsstruktur" (Mayntz/ Holm/Hübner 1978, 9)
Begriff	„Damit in der empirischen Forschung verwandte Begriffe ihre Ordnungs- und Kommunikationsfunktion erfüllen können, müssen sie einen überein-stimmend und präzise definierten empirischen Bezug haben" (Mayntz/Holm/ Hübner 1978, 11)
Definition	Arten des Definierens sind: *Realdefinition*: Hier geht es darum, das „Wesen" einer Sache zu erfassen (x ist ...). *Nominaldefinition*: Sie stellt eine Überein-kunft über die Verwendung eines Begriffes dar (x soll heißen ...).

Tabelle 2: Realität – Begriff – Definition

Sowohl die Definition wie die Begriffsexplikation sind Teil des Forschungsprozesses. Dies ist nicht unproblematisch, da durch die Festlegungen bereits bestimmte Perspektiven determiniert sind (Forderung der systematischen Vorgehensweise), aber notwendig, weil Forschung ohne Forschungssprache nicht möglich ist.

Eine besondere Form der Definition ist die operationale Definition. Einen Begriff operational definieren heißt, ihm eine Messvorschrift zuordnen. Wichtig ist, dass er zuerst nominal oder real definiert wurde, denn ohne eine klare Umschreibung des Inhalts kann auch eine Messvorschrift nicht festgelegt werden. Auch im Alltagsleben gibt es operationale Definitionen (Kochrezepte, Anleitungen usw.), aber sie haben nicht diese Bedeutung und sind nicht so elaboriert. Für die Wissenschaft haben diese Definitionen einen zentralen Stellenwert, sind sie doch die genaue Beschreibung des gewählten Wahrnehmungsvorgangs einschließlich allfälliger Hilfsmittel (Skalen, Tabellen, Schemata usw.).

Es ist oft nicht möglich, den (durch die Definition festgelegten) Begriffsinhalt durch eine einzige operationale Definition zu erfassen. Wenn er sehr komplex ist, wird man den Begriffsinhalt in einzelne, klar umschreibbare Dimensionen zerlegen (dimensionale Auflösung), die dann einzeln operationalisiert werden können (was auch der Definition des Messens entspricht). Dies kann natürlich auch ein mehrstufiges Verfahren sein: Dimensionen werden wiederum in Dimensionen zerlegt, bis sie operationalisiert werden können.

Damit kann auch das Konzept „Variable" eingeführt werden: Variable ist eine messbare Eigenschaft, die verschiedene Ausprägungen annehmen kann. Variable ist also ein definierter, empirisch fassbarer Begriff, wobei die empirische Erfassung durch die operationale Definition geregelt ist.

3.3   Direkte Messung, Indikatoren, Skalen und Indizes

Bei der Zuordnung der Messvorschrift zum Begriff (= Operationalisierung) sollen zwei Fälle unterschieden werden. Manchmal ist es möglich, einen definierten Tatbestand direkt zu erfassen, z.B. Alter durch die Frage nach dem Geburtstag. In vielen

Fällen kann man jedoch nur einen Indikator für den gesuchten Begriff finden, ihn nicht direkt messen. Es werden in der Literatur verschiedene Typen von Indikatoren unterschieden (z.b. Mayntz/Holm/Hübner 1978, 40ff), aber das Gemeinsame aller Typen ist, dass eine gedankliche Hilfskonstruktion zur Messung notwendig ist. Beispiele dafür sind: Kirchenbesuch für Kirchlichkeit, Parteimitgliedschaft für politische Einstellung, Fehlzeiten für Berufszufriedenheit, Anzahl der grauen Haare für Alter usw. Bei allen diesen Fällen (und vielleicht zeigt das letzte Beispiel das am deutlichsten) stellt sich noch viel mehr als bei Formen der direkten Messung das Problem der Validität (Gültigkeit).

Viele Variablen können auch nicht durch eine einzige Messung (direkt oder über einen Indikator) erfasst werden. Beispiele dafür sind: Es werden mehrere Schularbeiten geschrieben, die dann zusammen die Note ergeben. Ein Intelligenztest besteht aus einer Reihe von Aufgaben. Politische Werte oder Einstellungen werden durch eine Reihe von Fragen (Fragebatterie) gemessen. Dahinter steht in allen Fällen die Überlegung, dass eine einzige Messung zu wenig genau ist und dass sich die Fehler durch die Mehrzahl von Messungen ausgleichen. Man konstruiert also Skalen oder Indizes. Während Indizes meist intuitiv berechnet werden, folgen Skalen einer genauen Regel (Skalierungsverfahren), die auch eine mathematisch-statistische Überprüfung der Eindimensionalität (= formale Gültigkeit) einschließt.

Solche Skalierungsverfahren sind:

Für quantitative Items: Faktorenanalyse, Polaritätsprofil (semantisches Differential), Likert-Skala und andere Verfahren der Trennschärfebestimmung der Einzelitems durch Signifikanztest der Extremgruppen oder Korrelation mit dem Gesamtpunktewert.

Für dichotomische Items (Punkt-Richtungs-Items): Guttman-Skala, Analyse latenter Strukturen, Rasch-Skalierung.

Für Rangordnungen: Rangordnung und Paarvergleich (Ähnlichkeitsskalierungen)

Man könnte hier auch Verfahren wie MDS (multi-dimensional scaling) oder Korrespondenzanalyse anführen, doch werden diese Verfahren eigentlich nicht zur Skalierung in diesem messtheoretischen Sinn verwendet (Überprüfung der Eindimensionalität), sondern zum Aufzeigen von (meist zweidimensionalen) Eigenschaftsräumen. Eine spezielle Form der Skalierung ist die Clusteranalyse, weil ihr Ziel nicht Dimensionen, sondern (durchaus mehrdimensionale) Typologien sind.

3.4   Das Problem der Verallgemeinerbarkeit: Stichprobe, Repräsentativität

Eng mit diesen methodologischen Grundannahmen verbunden ist ein bestimmtes Konzept der Verallgemeinerung von Ergebnissen und Zusammenhängen, sie sollen nicht typisch oder exemplarisch sein, sondern möglichst für „alle" gelten. Diese Verallgemeinerung läuft meist über das Postulat der Repräsentativität. Repräsentativität nun bedeutet, dass eine Stichprobe in allen Kriterien der Grundgesamtheit entspricht – mit den angebbaren Zufallsschwankungen. Dies ist bei allen Formen der Zufallsstichprobe gewährleistet.

Repräsentativität einer Stichprobe ist aber auch im quantitativen Paradigma nur dort ein wichtiges Kriterium, wo Aussagen vom Typ einer Verallgemeinerung getroffen werden sollen. In anderen Fällen muss man die Stichprobe nach anderen Kriterien bestimmen. Zwei solcher Fälle sind: Untersuchung nach der Logik des Experiments (Aussagen über Zusammenhänge zwischen Variablen) oder auch bei „ExpertInnen"-Interviews (hier ist das Ziel, ein Maximum an Informationen zu sammeln).[1]

Literatur- und Medienverzeichnis

Albert, Hans: *Probleme der Wissenschaftslehre in der Sozialforschung.* In: König, R. (Hg.): Handbuch der empirischen Sozialforschung, Band 1, Stuttgart (Enke) 1973, 38-63.

Brezinka, Wolfgang: *Metatheorie der Erziehung.* München u.a. (Reinhardt) 1978.

Bunge, Mario A.: *The methodological unit of science.* Dordrecht (Reidel) 1973.

Kerlinger, Fred N.: *Grundlagen der Sozialwissenschaften, Bd. 1.* Weinheim u.a. (Beltz) 1975.

Kerlinger, Fred N.: *Grundlagen der Sozialwissenschaften, Bd. 2.* Weinheim u.a. (Beltz) 1979.

Konegen, Norbert & Sondergeld, Klaus: *Wissenschaftstheorie für Sozialwissenschaftler.* Opladen (Leske + Budrich) 1985.

Kromrey, Helmut: *Empirische Sozialforschung. 7.Aufl.* Opladen (Leske + Budrich) 1995.

Mayntz, Renate & Holm, Kurt & Hübner, Peter: *Einführung in die Methoden der empirischen Soziologie.* Opladen (Westdt.-Verl.) 1978.

Popper, Karl Raimund: *Logik der Forschung. 10., verb. und verm. Aufl.* Tübingen (Mohr) 1994.

Prim, Rolf & Tilmann, Heribert: *Grundlagen einer kritisch-rationalen Sozialwissenschaft. 3. Aufl.* Heidelberg (Quelle & Meyer) 1977.

---

[1] Technische Details zur Stichprobe finden sich im Artikel Methoden im Band 2.

Thomas Heinze & Ursula Krambrock

Die Konstitution sozialer Wirklichkeit

Zur Verhältnisbestimmung von Theorie und Empirie

Ein Phänomen, mit dem sich die (Sozial-)Wissenschaften seit langer Zeit intensiv befassen, ist in diesem Jahrhundert auch im Alltagsbewusstsein der Menschen virulent geworden: Die Wahrnehmung, dass die eine Wirklichkeit für sich genommen und vor jeder Erfahrung nicht existiert und dass wir statt dessen von einer Vielzahl von „Wirklichkeiten[1]" umgeben sind oder genauer gesagt, in unserer alltäglichen Lebenswelt den unterschiedlichsten „Wirklichkeitsentwürfen" unterliegen.

Von unterschiedlichen Wirklichkeitsentwürfen zu sprechen meint, dass Teilaspekte der Lebenswelt immer unter spezifischen (Erkenntnis-)Interessen wahrgenommen werden und dies mit Hilfsmitteln, die in einem Interdependenzverhältnis zu dem ausgewählten Realitätsaspekt und dem derzeitigen Interesse stehen.

Einfacher ausgedrückt: Was ich wahrnehme und wie ich es wahrnehme, hängt ab von den Hilfsmitteln, mit denen ich es tue und meinen interesseleitenden[2] Bedürfnissen. Die Erklärungen, die ich für das Wahrgenommene finde, sind in Abhängigkeit zu sehen von dem Wirklichkeitsausschnitt, den ich wähle, meinen (theoretischen) Vorannahmen und dem „Werkzeug" mit dem ich versuche, meine Thesen auf ihre Brauchbarkeit hin zu untersuchen.

In den Sozialwissenschaften bezeichnet die Lehre von den Interdependenzen zwischen Praxisfeld, Methode und Theorie das Arbeitsfeld der sozialwissenschaftlichen Methodologie der Forschung.

---

[1] Im alltäglichen Leben wird dieses gar nicht mehr selbstverständliche Verhältnis zur „Wirklichkeit" vielleicht am deutlichsten, wenn über „virtual realities", also: künstliche Wirklichkeiten gesprochen wird; Wirklichkeit im Plural löst den umfassenden Wirklichkeitsbegriff auf und impliziert ein Verständnis von Wirklichkeiten, die durchaus nicht „immer schon gegeben" sind, sondern künstlich erschaffen werden können. Damit werden „Wirklichkeiten" im Ursprungssinn zu wirkenden Zusammenhängen, zu prinzipiell unendlich vielen logischen Systemen.

[2] Wir wissen aus der Wahrnehmungsforschung, dass „Erwartungen" und „Wahrnehmungen" hoch korrelieren: Je höher die Erwartung, etwas Bestimmtes wahrzunehmen, desto größer die Wahrscheinlichkeit; dies gilt im gleichen Maße für bewusste wie für unbewusste Erwartungen und erstreckt sich bis zur Umdeutung des Wahrgenommenen auf das Erwartete hin: Interesseleitende Bedürfnisse oder Fragestellungen sind mächtige und häufig schwer zu kontrollierende Filter der Wahrnehmung mit hohem alltagspraktischen Nutzen.

1. Alltagshandeln und wissenschaftliches Forschen

Wahrnehmung und Orientierung erfolgt im Alltag, solange sich keine Probleme auftun, wir uns vor keine erwartungswidrigen Situationen gestellt sehen, „unproblematisch und selbstverständlich" und in der Regel ohne bewusste Steuerung. Treten jedoch unerwartete Ereignisse ein, so werden diese nach einem strikt ökonomischen Prinzip untersucht: Vor dem Hintergrund der eigenen Erfahrungen, Werte und Urteile werden „Forschungsstrategien" eingesetzt, die sich in der Vergangenheit als besonders tauglich erwiesen haben und mit deren Hilfe Erklärungsmöglichkeiten gesucht werden, bis der Alltagshandelnde zu einem für ihn einleuchtenden, subjektiv „plausiblen" Ergebnis gelangt ist. Damit ist der Klärungsbedarf gestillt, der „Forschungsprozess" beendet.

Auch den Wissenschaften stehen keine grundsätzlich anderen Methoden des Erkenntnisgewinns zur Verfügung, als auf Grund von Theorien (zur Physik, zur sozialen Umwelt, zur Medizin, zur Psychologie o.ä.) in Bezug auf ein bestimmtes Praxisfeld (ein Ereignis, ein Phänomen, eine Problemlage) Hypothesen zu erstellen und diese Hypothesen auf ihren Wahrheitsgehalt zu überprüfen.[3]

Die Wissenschaften gehen hierbei allerdings wesentlich systematischer vor als der Alltagshandelnde, schränken von vornherein den Theoriebereich, aus dem die Hypothesen geschöpft werden sollen, ein, erläutern das Zustandekommen dieser Hypothesen umfassend und den Gültigkeitsbereich, innerhalb dessen der These Bedeutung zugemessen werden soll, und machen den Überprüfungsprozess der Hypothesen nachvollziehbar für andere, stellen so die Kontrollierbarkeit der Forschungsergebnisse her. Auch kann sich der wissenschaftlich Forschende kaum auf das alltägliche Wahrscheinlichkeitsmuster verlassen, seine subjektiven „Gewissheiten" können nicht als sichere Richtschnur seines Handelns gelten und so muss er weit extensiver nach möglichen Lösungen suchen als der Alltagshandelnde. Als Letztes kann er sich auf ein bloßes Evidenzerlebnis, ein „Aha-Erlebnis" nicht zurückziehen, er muss Stärken und Schwächen seines Lösungsansatzes, besonders aber auch die Grenzen einer möglichen Geltung seiner Hypothese verdeutlichen und der wissenschaftlichen Gemeinschaft darstellen.

Als Unterscheidungskriterien zwischen alltäglichem Handeln und wissenschaftlichem Forschen können somit festgehalten werden:
- Eingrenzung und umfassende Darstellung des interessierenden Praxisfeldes.
- Eingrenzung und Explizierung des Theoriebereiches.
- Darstellung der interesseleitenden[4] Fragestellungen, die aus den Theoriefolien an das Praxisfeld herangetragen werden sollen.
- Festlegung des methodischen Repertoires, mit dessen Hilfe den Forschungsfragen nachgegangen werden soll.

---

[3] Im Bereich der Geistes- und Sozialwissenschaften ist der Begriff der „Wahrheit" als einer universell und überzeitlich geltenden Erkenntnis, dem Wissenschaftsverständnis entsprechend, durch weit vorsichtigere Begriffe wie „Plausibilität", „intersubjektive Überprüfbarkeit", „eingeschränkte Gültigkeit bis zum Gegenbeweis" ersetzt worden. Dies wird sowohl den Erkenntnismitteln als auch dem Gegenstandsbereich dieser Wissenschaften eher gerecht.

- Extensive, methodisch kontrollierte Versuche, Thesen zu belegen oder zu widerlegen, möglichst ohne Beschränkungen durch subjektive Gewissheiten und ohne den akuten Lösungszwang, wie er sich im Alltagshandeln ergibt.
- Nachvollziehbare Dokumentation des Forschungsvorganges und seiner Ergebnisse.

2. Alltagsdaten versus wissenschaftliche Daten[5]

Aus den Unterschieden des „Forschungsprozesses" und des interesseleitenden Bedürfnisses ergeben sich dann auch Unterschiede in der Form und dem Inhalt der Daten. Alltagsdaten sind unsystematisch, konkret und subjektiv-wertend, anschaulich und alltagsnah, während wissenschaftliche Daten dem Erkenntnisinteresse der Wissenschaften entsprechend systematisch, methodisch kontrolliert, intersubjektiv nachvollziehbar, abstrahierend vom Einzelfall und alltagsfern sind.

3. Unterschiede wissenschaftlicher Theorien

Diese Aussagen über wissenschaftliche Datenformen gelten allgemein für alle Formen der Wissenschaft, der Naturwissenschaften ebenso wie der Sozial- und Geisteswissenschaften. Allerdings gilt es in Rechnung zu stellen, dass das Erkenntnisinteresse, die Methodenwahl und die schließlich gewonnenen Datenformen nicht unabhängig gedacht werden können von dem Praxisfeld oder dem Forschungsobjekt, auf das sie sich beziehen. So weisen die Naturwissenschaften einen weit höheren Abstraktionsgrad auf als die Sozialwissenschaften und handeln in ihren Theoriestrukturen von Gesetzen, die grundsätzlich immer gelten, in den Sozialwissenschaften hingegen können statt Gesetzen höchstens Regeln aufgefunden werden und diese Regeln weisen nicht nur eine begrenzte Reichweite und Gültigkeit auf, sie verändern sich auch mit dem gesellschaftlichen Kontext, aus dem heraus sie entstehen, und werden durch den Forschungsprozess selbst beeinflusst. In einem Forschungsprozess, in dem Forscher und Erforschte prinzipiell identisch sein können, entstehen Dynamiken und Wechselwirkungen, die lange Zeit als „den Forschungsprozess verunreinigende Variablen" angesehen wurden, als „subjektiver Faktor" verpönt waren und deren Einfluss man in einem von den Naturwissenschaften geprägten Wissenschaftsverständnis zu minimieren versuchte. Eine experimentell orientierte Psychologie, die sich bemüht, alle verunrei-

---

[4] Eine unvoreingenommene, „interessenlose" Forschung stellt eine letztlich untaugliche Idealisierung dar; Bourdieu (1997) formuliert hierzu: „Denn der positivistische Traum von der perfekten epistemologischen Unschuld verschleiert die Tatsache, dass der wesentliche Unterschied nicht zwischen einer Wissenschaft, die eine Konstruktion vollzieht, und einer, die das nicht tut, besteht, sondern zwischen einer, die es tut, ohne es zu wissen und einer, die darum weiss und sich deshalb bemüht, ihre unvermeidbaren Konstruktionsakte und die Effekte, die diese ebenso unvermeidbar hervorbringen, möglichst umfassend zu kennen und zu kontrollieren." (S. 781)

[5] Vgl. zum Folgenden auch: Kleining (1996, S. 53-62).

nigenden Außeneinflüsse aus dem Forschungslabor herauszuhalten und Daten zu produzieren, die strikt mathematisch orientiert Verteilungshäufigkeiten aufdecken sollen, ist als Prototyp eines solchen Wissenschaftsverständnisses ebenso bekannt wie die Survey-Forschung, die sich bemüht über Repräsentativbefragungen objektive Daten zur „Lage der Nation" zu liefern.

4. Entwicklung in den Sozialwissenschaften

Nicht nur unter Wissenschaftlern, sondern auch in der Bevölkerung hat sich in den letzten Jahrzehnten eine gewisse Reserve gegen solcherart gewonnene Daten ausgebreitet: Zum einen, da die Ergebnisse solcher Forschung untereinander weit zu differieren scheinen, zum anderen, da viele Forschungsergebnisse in ihrem „Erklärungswert" unbefriedigend, weil zu wenig heuristisch, also aufdeckend und erklärend orientiert sind.

Aus der Tradition der Geisteswissenschaften heraus hat sich parallel zu einem naturwissenschaftlichen Wissenschaftsverständnis eine Form der sozialwissenschaftlichen Forschung entwickelt, die seit den 70er Jahren auch in Deutschland wieder stärkere Beachtung gefunden hat[6].

Diese Form der Forschung zielt auf Daten ab, die in ihrem Abstraktionsgrad zwischen den Alltagsdaten (subjektiv, konkret, unsystematisch) und den quantitativen wissenschaftlichen Daten (abstrakt, objektiv, allgemeingültig) liegen: Sie sind methodisch kontrolliert und intersubjektiv nachvollziehbar, dabei jedoch „lebenswelthaltiger" als quantitatives Datenmaterial und beschränken ihren Gültigkeitsanspruch auf die Theorieperspektive, unter der sie entstanden sind, und ein räumlich, zeitlich und inhaltlich begrenztes Praxisfeld, für das sie gelten sollen. „Lebensweltforschung", „Handlungsforschung"[7] und „biographische Forschung" sind wohl die bekanntesten Forschungsansätze einer solchen qualitativen Forschung.

5. Vergleich der theoretischen Positionen quantitativer und qualitativer Forschung

Trotz großer methodischer und inhaltlicher Unterschiede der qualitativen Ansätze untereinander lassen sich einige grundsätzliche theoretische Positionen angeben, die die qualitative Forschung von den quantitativen Ansätzen unterscheiden:
*   Forschungsinteresse,
*   Verhältnis Forscher und Erforschte,
*   Methodenrepertoire,
*   Geltungsbegründung der Forschungsergebnisse.

---

[6] In der Literaturliste wird aus der Vielzahl der Publikationen unter dem Stichwort „qualitative Sozialforschung" eine Auswahl neuerer Publikationen aufgelistet.

[7] Ebenfalls unter diesen Stichworten aufgelistet im Anhang

5.1   Zum Forschungsinteresse

Qualitative Forschung ist grundsätzlich hermeneutisch (sinnverstehend) und heuristisch (aufdeckend) orientiert[8]. Sie hält Lebenswelt für prinzipiell verstehbar und für prinzipiell sinnstrukturiert und spricht daher dem Alltagshandelnden eine grundsätzliche Autonomieorientierung und Sinnstrukturierungskompetenz zu. Forschungsinteresse der qualitativen Forschung ist es, im Alltag häufig nicht erkannte Sinnstrukturen aufzudecken und in den Bedingungen ihres Entstehens zu interpretieren. Forschungsinteresse der quantitativen Forschung ist es dem gegenüber, vermuteten Ursache-Wirkungszusammenhängen in ihren Ausprägungsgraden nachzugehen. Forschungsfragen qualitativer Forschung sind daher: „Welche Ursachen könnten einem bestimmten Phänomen zu Grunde liegen?", während quantitative Verfahren der Frage nachgehen: „In welchem Umfang korrelieren vermutete Ursachen mit gezeigtem Verhalten?"

Eine sinndeutende Hypothese geht quantitativen Forschungsstrategien implizit oder explizit also immer schon voraus[9].

5.2   Zum Verhältnis Forscher und Erforschte

Dem Lebensweltkonzept entsprechend geht die qualitative Forschung von gleichwertigen, wenn auch nicht gleichartigen Kompetenzen von Forschern und Erforschten aus[10]. Im Forschungsprozess treffen die Interpretations- und Theoriekompetenz des Forschers auf die Handlungs- und Praxiskompetenz des Erforschten. In einem Prozess des wechselseitigen Austausches werden Erkenntnisse gewonnen, die weder Forscher noch Erforschter ohne den jeweils anderen hätten gewinnen können. Ob diese Erkenntnisse als bloßer Theoriezuwachs gewertet werden oder ob sie verbessernd in die Praxis einfließen, wird ebenso vom Ausmaß der Handlungsorientierung abhängig zu machen sein wie die jeweils unterschiedlichen Validierungsverfahren der Forschung[11]. Im Gegensatz dazu begreift die quantitative Forschung den Erforschten als

---

[8]   Vgl. hierzu die Unterscheidung Kleinings (1996, S. 88-242) zwischen „heuristischer" und „hermeneutischer" Forschung.

[9]   Dies gilt es gerade in Anbetracht der beeindruckenden „Genauigkeit" und „Objektivität" des Zahlenmaterials im Auge zu behalten.

[10]   Das Problem der Rollendifferenzierung zwischen Forscher und Erforschten zieht sich als roter Faden durch die methodologische Diskussion der qualitativen Sozialforschung. Die Ethnopsychoanalytiker entwickeln hier eine andere Forschungshaltung als die Soziologen oder Erziehungswissenschaftler und auch die aktuellen methodologischen Konzeptionen, wie etwa die „objektive Hermeneutik" oder die „sozialwissenschaftliche Paraphrase", unterscheiden sich hier grundlegend. Im Verhältnis Forscher-Erforschte wird nicht nur das jeweilige Wissenschaftsverständnis deutlich, es beeinflusst den gesamten Forschungsprozess bis hin zur Evaluation der Forschungsergebnisse.

[11]   In Abhängigkeit vom jeweiligen Wissenschaftsverständnis und der Zielvorgabe der Forschung kommen unterschiedliche Evaluationsverfahren in Betracht: Während Oevermann das methodisch korrekte Vorgehen als hinlängliche Qualitätskontrolle ansieht, wird in anderen Verfahren innere Konsistenz und intersubjektive Nachvollziehbarkeit methodisch kontrolliert. In Handlungsforschungsansätzen erarbeiten Forscher und Erforschte gemeinsam die „kommunikative Validierung", die zur Ergebnisplattform für den neuerlichen Eintritt in die Praxis wird.

„Forschungsobjekt", das passiv einem Prozedere unterzogen wird, in dessen Verlauf wissenschaftliche Erkenntnisse gewonnen werden, die als objektiv, gültig und unabhängig vom jeweils einzelnen Forschungsobjekt angesehen werden. Forscher und Erforschter treffen in einem möglichst beschränkten und kontrollierten Kontakt nicht als Individuen, sondern als prinzipiell austauschbare Rolleninhaber aufeinander. Validierung findet als interne Kontrolle des Forschungsdesigns und als Parallelforschung statt.

5.3   Zum Methodenrepertoire

Die qualitative Forschung fußt auf der traditionellen geisteswissenschaftlichen Hermeneutik (hermeneutischer Zirkel) und hat in den letzten Jahren sehr vielfältige, eigenständige Methodenansätze entwickelt, die dem Gegenstand der Sozialforschung angepasst wurden und in die Ansätze der humanistischen Psychologie und neuerer soziologischer Erkenntnisse ebenso einfließen wie die Psychoanalyse nach Freud. Als Beispiele für derzeit häufig genutzte und stark diskutierte Verfahren dürfen gelten:

- Die „objektive Hermeneutik" nach Ullrich Oevermann[12], die soziologisch orientiert, an objektiven, latenten Sinnstrukturen interessiert ist und die über extensive Lesartenproduktion und ein methodisch kontrolliertes Lesartenausschlussverfahren zu gültigen Interpretationsverfahren zu kommen für sich in Anspruch nimmt.
- Das narrative Interview[13], das als Erhebungs- und Interpretationsverfahren biographische Einzelschicksale in ihren zeitlichen Verläufen untersucht und überindividuell gültige, logische Strukturen im individuellen Erleben und Erzählen aufspürt.
- Die sozialwissenschaftliche Paraphrase[14], die individuelle Sinnhorizonte des Erforschten mit wissenschaftlichen Theoriefolien konfrontiert, um so zu überindividuell gültigen, sinnauslegenden Kernaussagen zu gelangen.

5.4   Geltungsbegründung der Verfahren

Während die quantitativen Verfahren die Gültigkeit ihrer Ergebnisse im Wesentlichen aus dem korrekten Forschungsablauf und dem „Gesetz der großen Zahl" deduzieren, beruft sich die qualitative Forschung auf das Gültigkeitsmodell der Hermeneutik, das die Verallgemeinerung des Individuellen auf das Allgemeine hin unter Kontrolle des Allgemeinen auf das jeweilige Einzelphänomen als hermeneutischen Erkenntniszu-

---

[12] Neben den hochkomplexen theoretischen Vorgaben der „objektiven Hermeneutik" stellt die Literatur zum Thema eine der Schwierigkeiten der Rezeption dieser Theorie dar. So existieren von Oevermann selbst nur einige wenige offizielle Texte, die meisten Veröffentlichungen kursieren in Form von „grauen Papieren". Eine der aktuelleren Veröffentlichungen ist Oevermann (1986).

[13] Das „narrative Interview" als Erhebungs- und Interpretationsverfahren wurde von Schütze begründet. Zur intensiven Beschäftigung mit dem Thema empfiehlt sich Fuchs (2000).

[14] Die „sozialwissenschaftliche Paraphrase" wird in verschiedenen Texten von Heinze im methodologischen Vorgehen ebenso wie in der theoretischen Vorgabe ausführlich erläutert. Insbesondere deutlich wird das praktische Vorgehen in: Heinze, Thomas (Hg.): Hermeneutisch-lebensgeschichtliche Forschung. Band 1: Theoretische und methodologische Konzepte. Studienbrief der FernUniversität. Band 2: Interpretationen einer Bildungsgeschichte. Studienbrief der FernUniversität. Hagen 1984

wachs für sich reklamiert. Erkenntnis hat damit den Status der Annäherung und der vorläufigen Gültigkeit und steht immer im wechselseitigen Zusammenhang zu den gesellschaftlichen Umgebungsbedingungen.

5.5 Aufgaben einer Methodologie der Sozialwissenschaften

Aus den bisherigen Ausführungen lassen sich für die Aufgaben einer Methodologie der Sozialwissenschaften folgende Schwerpunkte deduzieren:

- Sie hat theoretische Konstrukte daraufhin zu diskutieren, welche interesseleitenden Fragestellungen aus ihnen an das praktische Forschungsfeld herangetragen werden können.
- Sie hat sozialwissenschaftliche Forschungsmethoden daraufhin zu diskutieren, inwieweit sie in der Lage sind, die interesseleitenden Fragestellungen aufzugreifen und in der Praxis zu erforschen.
- Sie hat das Praxisfeld daraufhin zu untersuchen, welche theoretischen Konstrukte und welcher methodische Handlungsapparat sinnvoll erscheinen, zu neuen Erkenntnissen zu gelangen.
- Sie hat Kompatibilität und Wechselwirkung zwischen Theorie, Praxis und Methode zu diskutieren und die fortschreitende Anpassung des Methodenrepertoires an Theorie und Praxis zu dokumentieren.

Literatur- und Medienverzeichnis

Baacke, Dieter u.a.: *Zielgruppe Kind. Kindliche Lebenswelt und Werbeinszenierungen.* Opladen (Leske + Budrich) 1999.

Baumann, Ulrich: *Kausalität und qualitative empirische Sozialforschung. Das Verstehen im Dienst der Ursache-Wirkungs-Forschung und die Intentionalität.* Münster u.a. (Waxmann) 1998. (Internationale Hochschulschriften. 267) (Zugl.: Heidelberg, Univ., Habil.-Schr.)

Berg, Henk de (Hg.): *Systemtheorie und Hermeneutik.* Tübingen u.a. (Francke) 1997.

Borkel, Anette (Hg.): *Lebenswelt Stadt. Die Stadt als Schwerpunktthema an Volkshochschulen.* Frankfurt a.M. 1995.

Bourdieu, Pierre: *Das Elend der Welt.* Konstanz (Univ.-Verl. Konstanz) 1997. (Originalausg. : La misère du monde)

Bredehöft, Sonja: *Diskurse über Arbeitslosigkeit. Gesprächsanalyse als Handlungsforschung.* Wiesbaden (Dt. Univ.-Verl.) 1994.

Breuer, Ingo & Sölter, Arpaad (Hg.): *Der fremde Blick. Perspektiven interkultureller Kommunikation und Hermeneutik. Ergebnisse der DAAD-Tagung in London, 17. – 19. Juni 1996.* Bozen (Ed. Sturzflüge u.a.) 1997.

Bröcher, Joachim: *Lebenswelt und Didaktik. Unterricht mit verhaltensauffälligen Jugendlichen auf der Basis ihrer (alltags-)ästhetischen Produktionen.* Heidelberg (Ed. Schindele) 1997.

Bromme, Rainer & Hömberg, Eckhardt: *Psychologie und Heuristik. Probleme der systematischen Effektivierung von Erkenntnisprozessen.* Darmstadt (Steinkopff) 1977.

Buchholz, Michael B. (Hg.): *Heilen, Forschen, Interaktion. Psychotherapie und qualitative Sozialforschung.* Opladen (Westdt. Verl.) 1994.

Büchler, Robert J. (Hg.): *Konzentrationslager. Lebenswelt und Umfeld.* Dachau (Verl. Dachauer Hefte) 1996.

Conto de Knoll, Dolly: *Die Straßenkinder von Bogota. Ihre Lebenswelt und ihre Überlebensstrategien. 5. Aufl.* Frankfurt a.m. (Verl. für Interkulturelle Kommunikation) 1998. (Kritische und selbstkritische Forschungsberichte zur Dritten Welt. 5)

Danner, Helmut: *Methoden geisteswissenschaftlicher Pädagogik. Einführung in Hermeneutik, Phänomenologie und Dialektik, mit 4 ausführlichen Textbeispielen. 4., überarb. Aufl.* München u.a. (Reinhardt) 1998.

Dettling, Warnfried: *Politik und Lebenswelt. Vom Wohlfahrtsstaat zur Wohlfahrtsgesellschaft.* Gütersloh (Verl. Bertelsmann-Stiftung) 1995.

Fan, Jieping: *Literatur als Weltbegegnung. Auseinandersetzung mit der Hermeneutik der Fremde am Beispiel ausgewählter Prosa von Alfred Döblin und Robert Walser.* Essen (Verl. Die Blaue Eule) 1997.

Flick, Uwe, Kardorff, Ernst von & Steinke, Ines (Hg.): *Handbuch qualitative Sozialforschung. Grundlagen, Konzepte, Methoden und Anwendungen.* München (Psychologie-Verl.-Union) 1991.

Fuchs, Werner: *Biographische Forschung. Eine Einführung in Praxis und Methoden.* Opladen (Westdt. Verl.) 2000.

Gadamer, Hans-Georg: *Hermeneutik im Rückblick.* In: Gadamer, Hans-Georg: Gesammelte Werke. Bd. 10. Tübingen (Mohr) 1995.

Hammerschmidt, Anette C.: *Fremdverstehen. Interkulturelle Hermeneutik zwischen Eigenem und Fremdem.* München (Iudicium) 1997. (Zugl.: Hamburg, Univ., Diss.)

Händle, Christa: *Lehrerinnen in System und Lebenswelt. Erkundungen ihrer doppelten Sozialisation.* Opladen (Leske + Budrich) 1998.

Hartkopf, Werner: *Dialektik – Heuristik – Logik. Nachgelassene Studien.* Frankfurt a.M. (Athenäum) 1987. (Athenäums Monografien : Philosophie. 235)

Heinze, Thomas: *Qualitative Sozialforschung. Erfahrungen, Probleme und Perspektiven. 3., überarb. u. erw. Aufl.* Opladen (Westdt.-Verl.) 1995.

Heinze-Prause, Roswitha & Heinze, Thomas: *Kulturwissenschaftliche Hermeneutik. Fallrekonstruktionen der Kunst-, Medien- und Massenkultur.* Opladen (Westdt.-Verl.) 1996.

Helbig, Holger u.a. (Hg.): *Hermenautik – Hermeneutik. Literarische und geisteswissenschaftliche Beiträge zu Ehren von Peter Horst Neumann.* Würzburg (Königshausen & Neumann) 1996.

Hitzler, Ronald u.a. (Hg.): *Sozialwissenschaftliche Hermeneutik. Eine Einführung.* Opladen (Leske + Budrich) 1997. (Uni-Taschenbücher. 1885)

Howest, Gisela: *Kindliche Lebenswelt im Ruhrgebiet 1945 – 1949. Versuch einer soziologischen Ausarbeitung von Kinderfotos.* Münster (Lit) 1995.

Huber, Günter L. (Hg.): *Qualitative Analyse. Computereinsatz in der Sozialforschung.* München u.a. (Oldenbourg) 1992.

Huschke-Rein, Rolf (Hg.): *Qualitative Forschungsmethoden und Handlungsforschung. 2., verb. Aufl.* Köln (Rhein-Verl.) 1991.

Huschke-Rein, Rolf (Hg.): *Qualitative Forschungsmethoden. Hermeneutik. Handlungsforschung. 3., veränd. u. erw. Aufl.* Köln (Rhein-Verl.) 1993. (Systemisch-ökologische Pädagogik. 2)

Jain, Elenor: *Hermeneutik des Sehens. Studien zur ästhetischen Erziehung der Gegenwart.* Frankfurt a.M. u.a. (Lang) 1995.

Kenkmann, Alfons: *Wilde Jugend. Lebenswelt großstädtischer Jugendlicher zwischen Weltwirtschaftskrise, Nationalsozialismus und Währungsreform. 1. Aufl.* Essen (Klartext-Verl.) 1996.

Kersting, Heinz J.: *Agogische Aktion als Handlungsforschung in der Lehrerbildung. Konstruktion, Realisation und Revision sprachdidaktischer Grundkurse.* Frankfurt a.M. u.a. (Lang u.a.) 1977.

Klafki, Wolfgang u.a.: *Schulnahe Curriculumentwicklung und Handlungsforschung. Forschungsbericht des Marburger Grundschulprojekts.* Weinheim u.a. (Beltz) 1982.

Kleining, Gerhard: *Qualitative Sozialforschung. Deutende und entdeckende Verfahren.* Hagen (Fernuni) 1996.

Kleining, Gerhard: *Von der Hermeneutik zur qualitativen Heuristik.* In: Kleining, Gerhard: Lehrbuch entdeckende Sozialforschung. Bd. 1. Weinheim (Psychologie-Verl.-Union) 1995.

Lamnek, Siegfried: *Qualitative Sozialforschung. Bd. 1. Methodologie.* München (Psychologie Verl.-Union) 1989.

Lamnek, Siegfried: *Qualitative Sozialforschung. Bd. 2. Methoden und Techniken.* München (Psychologie Verl.-Union) 1989.

Mack, Bernhard & Volk, Helmut: *Handlungsforschung in der Lehrerausbildung. Entwicklung eines offenen Curriculums zur Vermittlung politischer Handlungskompetenz in der Eingangsphase.* Weinheim u.a. (Beltz) 1976. (Beltz-Monographien : Erziehungswiss.)

Mangold, Jürgen (Hg.): *Lebenswelt- und Subjektorientierung. Kritische Praxis sozialer Arbeit.* Berlin (VWB, Verl. für Wiss. und Bildung) 1997.

Matthes-Nagel, Ulrike: *Latente Sinnstrukturen und objektive Hermeneutik. Zur Begründung einer Theorie der Bildungsprozesse.* München (Minerva) 1982. (Minerva-Fachserie Wirtschafts- und Sozialwissenschaften) (Zugl.: Bremen, Univ., Diss., 1981)

Mayring, Philipp: *Einführung in die qualitative Sozialforschung. Eine Anleitung zu qualitativem Denken.* 1. Aufl. München (Psychologie Verl.-Union) 1990.

Mayring, Philipp: *Einführung in die qualitative Sozialforschung. Eine Anleitung zu qualitativem Denken.* 4. Aufl. Weinheim (Psychologie Verl.- Union) 1999.

Noller, Annette: *Feministische Hermeneutik. Wege einer neuen Schriftauslegung.* Neukirchen-Vluyn (Neukirchener Verl.) 1995.

Noltenius, Rainer: *Projektstudium – Projektunterricht. Germanistik und Deutschunterricht als Handlungsforschung.* Hamburg (AHD) 1977.

Oevermann, Ulrich: *Beobachtungen zur Struktur der sozialisatorischen Interaktion.* In: Auwärter, Manfred u.a. (Hg.): Kommunikation, Interaktion, Identität. Frankfurt a.M. (Suhrkamp) 1976a (Suhrkamp Taschenbuch Wissenschaft. 156), S. 371-403.

Oevermann, Ulrich: *Die Architektonik von Kompetenztheorien und ihre Bedeutung für eine Theorie der Bildungsprozesse.* Manuskript 1973.

Oevermann, Ulrich: *Die Professionalisierung künstlerischen Handeln in der impressionistischen Malerei.* Manuskript 1982.

Oevermann, Ulrich: *Hermeneutische Sinnrekonstruktion. Als Therapie und Pädagogik missverstanden, oder: Das notorische strukturtheoretische Defizit pädagogischer Wissenschaft.* In: Garz, Detlef & Kraimer, Klaus (Hg.): Brauchen wir andere Forschungsmethoden? Beiträge zur Diskussion interpretativer Verfahren. Frankfurt a.M. (Scriptor-Verl.) 1983a.

Oevermann, Ulrich: *Kontroversen über sinnverstehende Soziologie. Einige wiederkehrende Probleme und Missverständnisse in der Rezeption der objektiven Hermeneutik.* In: Aufenanger, Stefan & Lenssen, Margrit (Hg.): Handlung und Sinnstruktur. München (Kindt) 1986, S. 19-83.

Oevermann, Ulrich: *Soziologie: Wissenschaft ohne Beruf.* In: Erziehung, 4 (1981).

Oevermann, Ulrich: *Überlegungen zu einer Theorie der Bildungsprozesse und zur Strategie der Sozialisationsforschung*. In: Hurrelmann, Klaus (Hg.): Sozialisation und Lebenslauf. Reinbec b. H. (Rowohlt) 1976b.

Oevermann, Ulrich: *Zur Sache. Die Bedeutung von Adornos methodologischem Selbstverständnis für die Begründung einer materialen soziologischen Strukturanalyse*. In: Friedeburg, Ludwig v. & Habermas, Jürgen (Hg.): Adorno-Konferenz. 1983. Frankfurt a.M. (Suhrkamp) 1983b, S. 234-292.

Oevermann, Ulrich & Allert, Tilman & Konau, Elisabeth & Krambeck, Jürgen: *Die Methodologie einer objektiven Hermeneutik und ihre allgemeine forschungslogische Bedeutung in den Sozialwissenschaften*. In: Soeffner, Hans-Georg: Interpretative Verfahren in den Sozial- und Textwissenschaften. Stuttgart (Metzler) 1979, S. 352-433.

Orozco, Teresa: *Platonische Gewalt. Gadamers politische Hermeneutik der NS-Zeit. 1. Aufl.* Hamburg u.a. (Argument) 1995.

Reich, Kersten: *Die Ordnung der Blicke. Perspektiven des interaktionistischen Konstruktivismus. Bd. 2. Beziehungen und Lebenswelt.*

Rusterholz, Peter (Hg.): *Zeit. Zeitverständnis in Wissenschaft und Lebenswelt*. Bern u.a. (Lang) 1997. (Kulturhistorische Vorlesungen. 1995/96)

Schneider, Ulrike: *Sozialwissenschaftliche Methodenkrise und Handlungsforschung*. Frankfurt a.M. u.a. (Campus) 1980. (Methodische Grundlagen der kritischen Psychologie. 2) (Texte zur kritischen Psychologie. 10) (Campus : Paperbacks : Kritische Sozialwissenschft)

Scholtz, Gunter: *Ethik und Hermeneutik. Schleiermachers Grundlegung der Geisteswissenschaften. 1. Aufl.* Frankfurt a.M. (Suhrkamp) 1995.

Schurz, Robert: *Negative Hermeneutik. Zur sozialen Anthropologie des Nicht-Verstehens*. Opladen (Westdt. Verl.) 1995.

Strauss, Anselm L. & Corbin, Juliet M.: *Grounded Theory. Grundlagen Qualitativer Sozialforschung*. Weinheim (Psychologie Verl.-Union u.a.) 1996.

Sundermeier, Theo: *Den Fremden verstehen. Eine praktische Hermeneutik*. Göttingen (Vandenhoeck & Ruprecht) 1996.

Sutter, Tilmann (Hg.): *Beobachtung verstehen, Verstehen beobachten. Perspektiven einer konstruktivistischen Hermeneutik*. Opladen (Westdt.- Verl.) 1997.

Thiersch, Hans: *Lebenswelt und Moral. Beiträge zur moralischen Orientierung sozialer Arbeit*. Weinheim u.a. (Juventa-Verl.) 1995.

Tophoven, Klaus: *Pädagogische Erfahrungsliteratur. Ein Auswertungsversuch im Wege systematischer Studien zu einem Ansatz pädagogischer Handlungsforschung als Erfahrungsforschung*. (Zugl.: Münster, Westfalen, Univ., Diss., 1983)

Ulfig, Alexander: *Lebenswelt – Reflexion – Sprache. Zur reflexiven Thematisierung der Lebenswelt in Phänomenologie, Existenzialontologie und Diskurstheorie*. Würzburg (Königshausen & Neumann) 1997. (Epistemata. Reihe Philosophie. 213) (Zugl.: Frankfurt a.M., Univ., Diss., 1996)

Wagner, Hans-Josef: *Rekonstruktive Methodologie. George Herbert Mead und die qualitative Sozialforschung*. Opladen (Leske + Budrich) 1999.

Yu, Chung-Chi: *Transzendenz und Lebenswelt im Spätwerk von Alfred Schütz*. (Bochum, Univ., Diss., 1996)

Zinnecker, Jürgen: *Die Praxis von Handlungsforschung. Berichte aus einem Schulprojekt*. München (Juventa) 1975.

Gebhard Rusch

Verstehen erklären, Erklären verstehen

1. Intuitionen und Irritationen

Folgt man dem aktuellen Sprachgebrauch, so erscheint das Verhältnis der Begriffe „Erklären" und „Verstehen" als nicht sonderlich problematisch. Das Erklären bzw. Erklärungen scheinen in einem plausiblen Sinne als Voraussetzungen des Verstehens zu gelten. Etwas (ein Gegenstand, ein Sachverhalt, ein Vorgang oder eine Handlung) wird erklärt, um das Verstehen zu fördern. Die *Funktionsweise* eines Brennstoffzellen- bzw. Wasserstoff-Motors wird erklärt (d.h. es wird erläutert, wie durch Zuführung von Wasserstoff in den Brennstoffzellen elektrischer Strom gewonnen wird), damit man versteht, dass und wie dieser Motor rückstandsfrei arbeitet. Ein technischer *Terminus*, ein fremder *Begriff* oder ein ganzer Text(-abschnitt) wird erklärt (d.h. die Bedeutung eines Ausdrucks wird definiert oder erläutert, ein Text wird interpretiert oder kommentiert), damit man die mit diesem Terminus gebildeten Sätze bzw. den Text versteht. Eine *Handlung* wird erklärt (d.h. es werden Gründe bzw. Motive für sie angegeben), damit man versteht, warum jemand so und nicht anders gehandelt hat (z.B. als moralische Rechtfertigung). Ein *Vorgang* wird erklärt (d.h. als zeitliche Aufeinanderfolge kausal bzw. teleologisch verknüpfter Teilvorgänge oder Ereignisse beschrieben), damit man seine Resultate oder Konsequenzen versteht, d.h. damit man versteht, wie und warum es zu bestimmten Ergebnissen gekommen ist.

Natürlich kann das Verhältnis von Erklären und Verstehen auch umgekehrt – vom Verstehen ausgehend – bestimmt werden. Im Allgemeinen wird der Ansicht zugestimmt, dass man nur dann etwas erklären könne, wenn (und nur wenn) man es auch verstanden habe. Wir trachten danach, unsere Mitmenschen, deren Handeln, die Natur und die Technik zu verstehen, damit wir all dies uns selbst und anderen erklären können, d.h. Ursachen, Gründe, Zusammenhänge und Beziehungen, Voraussetzungen und Folgen angeben können. Aber das ist noch nicht alles. Dieses Bemühen um Erklärungen ist nämlich kein verbalakrobatischer Selbstzweck, sondern vor allem Ausdruck des Strebens nach geistiger, intellektueller, rationaler Durchdringung, Bewältigung, Bewahrung, Erneuerung und Entwicklung des eigenen menschlichen Verhaltens und seiner Folgen bzw. Konsequenzen, kurz: des Versuchs, unser menschliches Verhalten als rationales Handeln[1] zu beherrschen. Erklären (als kommunikatives Handeln) und Verstehen (als kognitive Konstruktion mentaler Modelle, Auffassungsweisen und Begriffe) sind deshalb anzusehen als Strategien der Repräsentation, Reflexion, Planung, Erfindung, Ausführung und Kontrolle von Handlungen. Diesem Begriff des Verstehens entspricht die Ansicht, man könne erst dann erfolgreich handeln (z.B. medizinische oder technische Probleme lösen), wenn man die entsprechenden (z.B. physiologischen oder physikalischen) Sachverhalte verstanden habe – und auf dieser Basis erklären könne. In dieser Betrachtung zeigt sich das Verstehen als Voraussetzung des Erklärens.

Fassen wir diese ersten Überlegungen zusammen, so erkennen wir die wechselseitige Voraussetzungsbeziehung zwischen Erklären und Verstehen sowie den wechselseitigen Zusammenhang des Erklärens und Verstehens mit dem Handeln (Können) aus der (Selbst-)Beobachtung von Verhalten und seinen Folgen sowie aus dem Versuch, Ziele durch die Ausführung bestimmter Verhaltensweisen zu erreichen.

Bisher haben wir den Begriff des Verstehens – wie allgemein üblich – im Sinne von „Auffassen" oder „Begreifen" (i.e. Konstruktion mentaler Modelle, Auffassungen oder Begriffe), also im Sinne einer geistigen, intellektuellen Operation oder Leistung verwendet (als „intellektuellen Prozeß von höchster Anstrengung", Dilthey 1981, 280). Dieser Verstehensbegriff kann als *psychologisch* gekennzeichnet werden; soweit dieser „intellektuelle Prozess" explizit gemacht und durch Regeln bzw. Anleitungen methodisiert wird, haben wir es mit der *klassischen hermeneutischen Verstehenstheorie* zu tun. Wie an anderer Stelle[2] im Einzelnen ausgeführt, ist diese Bedeutung von „Verstehen" jedoch zu unterscheiden von der kommunikativ elementaren Bedeutung von „verstehen" als „einer Orientierungserwartung entsprechen". Im Allgemeinen ist von diesem Begriff von Verstehen die Rede, wenn es um „richtiges" oder „falsches" Verstehen, um die Verständigkeit oder den Verstand von Kommunikationspartnern oder um Missverstehen und Unverständigkeit (von der Unfähigkeit bis zum Unwillen zum Verstehen) geht. Dieser Verstehensbegriff legt eine Konzeption nahe, die als *Attributionstheorie des Verstehens* bezeichnet werden kann. Verstehen wird demgemäß nicht als psychischer Prozess, sondern als Qualität einer sozialen (Interaktions- oder Kommunikations-)Beziehung aufgefasst, in der das Prädikat „Verstehen" einem Interaktionspartner zugeschrieben wird, wenn dieser die Handlungserwartungen eines initiativen Akteurs oder Sprechers erfüllt.

Die oben genannten Begriffe des Verstehen-Wortfeldes machen sofort klar, dass wir hier ein kognitiv und sozial äußerst wichtiges Gebiet berühren. Es geht um nicht weniger als die soziale Regulation kognitiver Autonomie, es geht um die soziale Prägung von Denken, Wissen und Verhalten, um die Anpassung oder die Einstellung kognitiven Vermögens an bzw. auf die von den sozialen Partnern in Interaktion und Kommunikation geltend gemachten Erwartungen, Vorstellungen, Wünsche und Handlungsziele. Natürlich ist der Anpassungsprozess, von dem hier die Rede ist, ein Prozess wechselseitiger und gegenseitiger Inanspruchnahmen und Zumutungen, Stabilisierun-

---

[1] So gilt uns als Ausdruck rationalen Handelns insbesondere die Fähigkeit, Handlungsziele unter Abwägung alternativer Handlungsstrategien mit Blick auf handlungsspezifische, z.B. situative, personale, etc. Umstände und Voraussetzungen mit großer Zuverlässigkeit (i.e. hoher Wahrscheinlichkeit) tatsächlich zu erreichen. Erst die Verfügbarkeit über (im Sinne der Zielerreichung unter verschiedenen Randbedingungen) valider und reliabler Verhaltensweisen ermöglicht so etwas wie Handlungsplanung, Intentionalität i.S. zielorientierten Wollens und die (Selbst-)Kontrolle mit Blick auf Vorgehensweisen und Handlungserfolg. *Können* ist i.d.S. Ausdruck menschlicher Rationalität. Im Allgemeinen werden mit dem Begriff der Rationalität auch bestimmte Anforderungen an die Logik (z.B. Widerspruchsfreiheit und Stringenz), Ökonomie (z.B. ein Optimum der Kosten-Nutzen-Relation) und Ökologie (z.B. die biologische, klimatische, soziale etc. Verträglichkeit) des Handelns (und seiner Resultate und erwartbaren Konsequenzen) verbunden.

[2] Cf. Rusch 1992

gen und Verstärkungen, Verunsicherungen und Behinderungen. Aber die Kosten dieser gegenseitigen Anpassungsprozesse – bemessen in Graden der Unabhängigkeit des persönlichen Verhaltens/Handelns – sind unter den Interaktionspartnern genauso asymmetrisch verteilt wie ihre strukturelle oder physische Macht, ihre geistige, politische oder ökonomische Autorität oder Kraft. Die größten Anpassungsleistungen müssen entsprechend die Jungen und Schwachen erbringen; und diese Leistungen werden ihnen in der Erziehung in Familie, Schule und Ausbildung, also in allen Sozialisationsinstitutionen und Sozialisationszusammenhängen abverlangt. Selbstverständlich geht es in diesen Institutionen in erster Linie um das „richtige" Verstehen. Es geht um die Ausbildung der „richtigen" Verhaltensweisen, Ansichten oder Überzeugungen. Ob und wann ein Verstehen „richtig" und wann „falsch" ist, entscheiden – mit allen physischen, psychischen und sozialen Konsequenzen – die jeweiligen Sozialisatoren. Sie entscheiden dies i.d.R. anhand einer Reihe vergleichsweise simpler Prozeduren: z.B. der Imitation bzw. Reproduktion von Musterbeispielen, dem Lösen von Aufgaben (deren Lösungen im Gegensatz zu „echten" Problemen schon bekannt sind), der selbständigen Entwicklung von Problemlösungen. Vom Urteil über die Verständigkeit (Intelligenz, Normalität, Sozialität) oder Unverständigkeit (Dummheit, Renitenz, Anormalität, Asozialität) hängen dann persönliche Schicksale und soziale Karrieren ab. Die Zuschreibung von Verstehen ist also ein soziales Prädikat, das die Reproduktion kultureller und gesellschaftlicher Standards unter den Bedingungen kognitiver Autonomie der Individuen ermöglicht und im Wesentlichen sichert.

Mit Blick auf das Verstehen i.S.v. Auffassen und Begreifen bedeutet das Gesagte nun die soziale „Vermittlung" der jeweils (historisch, kulturell und sozial) geltenden Denk- und Verhaltensweisen und des entsprechenden Wissens und Wollens – eigentlich müsste man sogar von Abnötigung oder – wie H. R. Maturana – von Verführung sprechen. Die Individuen sind genötigt, unter sozialem Druck (der den Beteiligten gar nicht bewusst zu sein braucht) einerseits und angestoßen oder verstärkt durch spielerische Neugier, Interessen und Involvement andererseits solche kognitiven Strukturen autonom auszuprägen, die ihnen die Erzeugung als angemessen bzw. richtig geltenden Verhaltens gestatten.

Soweit es nun um das Verstehen von Erklärungen geht, wird die kognitive Konstruktion solcher Begrifflichkeiten, Auffassungen, Vorstellungen und Denkweisen verlangt, die ein den Verstehenskriterien, wie sie von den Sozialisationspartnern ins Spiel gebracht werden, angemessenes Verhalten/Handeln ermöglichen. Wer einem anderen etwas erklärt, wird also an dessen Verhalten (z.B. sinnvollem Nachfragen, der Reproduktion von Erklärungselementen, der kohärenten Ergänzung weiterer Aspekte des thematischen Zusammenhangs etc.) im Abgleich mit seinen eigenen kommunikativen Zielen ablesen, ob bzw. wie weit er verstanden worden ist.

Auch dieser kommunikationsorientierte Begriff von Verstehen steht also in einem Wechselverhältnis mit dem Erklären; auch für diesen Begriff von Verstehen gilt die wechselseitige Voraussetzungsbeziehung mit dem Erklären.

Noch eine letzte Frage zu unseren Zentralbegriffen ist anzusprechen, bevor wir uns mit weiteren Details der Problematik befassen: Wann ist eine Erklärung erfolgreich? Hält man es mit L.Wittgenstein, der einmal geschrieben hat, dass man die Lösung eines Problems am Verschwinden eben dieses Problems erkenne, so könnten wir sagen:

Eine Erklärung ist erfolgreich, wenn sie das Bedürfnis befriedigt, noch weitere Wie- oder Warum-Fragen zu einem Sachverhalt zu stellen. Wir haben hier ein *pragmatisches Kriterium*: Eine Erklärung ist erfolgreich, wenn sie weitere Erläuterungen erübrigt. Zugleich haben wir auch eine Antwort auf die Frage, was Erklärungen eigentlich sind. Es sind in erster Linie Antworten auf Wie- oder Warum-Fragen! Erklärungen sind zunächst einmal sprachliche Gebilde (wie Erzählungen, Gedichte, Argumente oder Aussagen und Aussagenverknüpfungen), die kommuniziert werden. Das pragmatische Kriterium erlaubt auch, Erklärungen auf einfache Weise von Beschreibungen zu unterscheiden, die nämlich in erster Linie Antworten auf Was-, Wann- oder Wo-Fragen darstellen.

Wie aber muss eine Erklärung beschaffen sein, so könnte man weiter fragen, damit die Befriedigung von Nachfragebedürfnissen eintritt? Diese Frage richtet sich *auf formale Eigenschaften* von Erklärungen, z.B. auf die Struktur von Erklärungen, auf die Art ihrer Komponenten usw. Man muss in diesem Zusammenhang aber auch an *funktionale Eigenschaften* von Erklärungen denken, z.B. ihre Überzeugungskraft oder Durchschlagskraft (Stichhaltigkeit und Stringenz)[3], ihre Kompatibilität mit Erklärungen anderer Sachverhalte etc.

Unter welchen Umständen, so wäre weiterhin noch zu fragen, erlischt gewöhnlich das Interesse, weitere Wie- oder Warum-Fragen zu stellen? Diese Frage richtet sich auf *Kontextbedingungen* des Erklärens (z.B. auf Eigenschaften der Adressaten, oder auf situative Gegebenheiten). Lassen sich Adressaten mit „billigen Erklärungen abspeisen"? Lassen die Umstände genauere und ausführliche Erklärungen überhaupt zu, oder ist z.B. aus einem Mangel an Zeit oder Vorkenntnissen oder aufgrund drohender Repressalien die Bereitschaft besonders hoch, jede beliebige Erklärung, oberflächliche oder sogar falsche Erklärungen zu akzeptieren?[4]

Mit Blick auf den kommunikativen Verstehensbegriff lässt sich die Frage nach den Erfolgskriterien für Erklärungen aber auch noch folgendermaßen beantworten. Eine Erklärung ist erfolgreich, wenn sie verstanden wird. Und gewöhnlich gelten Erklärungen als verstanden, wenn sie dazu befähigen, sich dem erklärten Sachverhalt, Vorgang oder Gegenstand gegenüber „richtig", „angemessen" oder in einem produktiven Sinne „kreativ" zu verhalten. Das kann sowohl bedeuten, die Erklärung mit eigenen Worten wiederzugeben oder zu paraphrasieren, als auch Aufgaben zu lösen oder weiterführende Ansätze zu Problemlösungen zu entwickeln.[5]

---

[3] Cf. dazu z.B. Grewendorf 1975, Kap. 4-8; dazu: Savigny 1976, Kap. 5, 6; S. 76-91. Dort werden das Durchsetzungsvermögen und die Erfolgsaussichten literaturwissenschaftlicher Argumente analysiert. Beispielsweise zeigt sich (an einer freilich zu kleinen Stichprobe exploriert), dass psychologisch-biografische und ästhetische Argumente höhere Durchschlagskraft und Erfolgsaussichten zu haben scheinen als Verstehens- oder textkritische Argumente.

[4] Die Milgrim-Studien legen nahe, dass sozialer Druck in nicht unerheblichem Maße die Bereitschaft, Erklärungen zu akzeptieren (und zu reproduzieren) beeinflusst.

[5] Es handelt sich hier um jene aus allen Lehr- und Lernkontexten bekannten Verstehenskriterien, wie sie als Leistungsanforderungen z.B. auch in den Bildungseinrichtungen operationalisiert sind.

Die letzten Fragen und Überlegungen erschließen uns die „natürlichen" Zusammenhänge, die zwischen Erklären und Argumentieren, Erklären und logischem Schließen,
Erklären und Beschreiben bestehen. Diese Zusammenhänge haben immer auch im
Hintergrund des wissenschaftsphilosophischen Nachdenkens über Erklären und Verstehen gestanden. An keiner Stelle der Explikation unserer begrifflichen und natürlichsprachlichen Intuitionen über das Erklären und Verstehen – und das verdient für
die weiteren Ausführungen festgehalten zu werden – geraten diese Konzepte jedoch
in einen Gegensatz zueinander. Wir haben bei unseren Reflexionen überhaupt keinen
Anlass dafür oder Hinweis darauf gefunden, dass Erklären und Verstehen in einem
derart kritischen Verhältnis zueinander stehen, dass sie die wissenschaftliche Welt in
zwei Kontinente spalten könnten.

2. Erklären und Verstehen und die Zweiteilung der Wissenschaften

Die Begriffe des Erklärens und Verstehens haben in der Wissenschaftsgeschichte eine
außerordentliche Karriere gemacht. Auf ihre Unterschiedlichkeit wurde die Unterscheidung und schließlich die strikte Trennung von Geistes- und Naturwissenschaften
gegründet, die dann in den 60-er Jahren des gerade vergangenen Jhs. in Charles Percy
Snows[6] These von den zwei Kulturen, der geisteswissenschaftlich-literarisch-historis-
tisch-humanistischen und der naturwissenschaftlich-technisch-positivistischen gipfelte. Bis heute unterlaufen gegenseitige Vorurteile und Missverständnisse die meisten
der Versuche, Interdisziplinarität und Transdisziplinarität nicht nur als rhetorische
Floskeln bei Festansprachen zu zitieren, sondern in den Wissenschaften in lebendige
Forschungspraxis umzusetzen.

Die Erblast der im 19. und um die Wende zum 20. Jh. von Johann Gustav Droysen[7]
und Wilhelm Dilthey[8] entwickelten Vorschläge zur erkenntnistheoretischen und methodologischen Begründung der Geschichts- und im erweiterten Sinne der gesamten
Geisteswissenschaften ist bis heute erheblich. Droysen und Dilthey argumentierten,
dass die Geisteswissenschaften einen originären, von den Gegenständen der Physik,
Chemie, Biologie oder Medizin prinzipiell verschiedenen Gegenstand erforschten,

---

[6] C.P.Snow, Physiker, Romancier und hoher britischer Staatsbeamter machte mit seinen 1959
    vorgetragenen Thesen auf eine wissenschaftsgeschichtliche und gesellschaftliche (Fehl-?)
    Entwicklung aufmerksam, die eine Kluft mitten durch die moderne – und leider mit neuer
    Verve auch noch durch die postmoderne – Gesellschaft reißt: *die Halbierung der Kultur.*
    Naturwissenschaftlich-technische und geisteswissenschaftlich-historische Intelligenz stehen
    sich als zwei Kulturen weitgehend sprachlos, verständnislos und ignorant gegenüber. Cf.
    Frühwald, W. et al. 1991, 23ff.

[7] Cf. Droysen 1977. Droysens *Historik* erschien zuerst posthum 1937. Zuvor waren nur Vorle-
    sungsmitschriften und Skripten verfügbar.

[8] Cf. Dilthey 1981. Diltheys *Aufbau* erschien zuerst 1910 in den Abhandlungen der preußi-
    schen Akademie der Wissenschaften in Berlin.

deshalb eigener Methoden und Standards bedürften und als eigenständiger Wissen-
schaftstyp zu gelten hätten.

„Wir können jetzt", so formulierte Dilthey in seinem Aufbau der geschichtlichen Welt in den
Geisteswissenschaften, „durch ganz klare Merkmale die Geisteswissenschaften abgrenzen von
den Naturwissenschaften. Diese liegen in dem dargelegten Verhalten des Geistes, durch welches im Unterschied von dem naturwissenschaftlichen Erkennen der Gegenstand der Geisteswissenschaften gebildet wird. Die Menschheit wäre, aufgefasst in Wahrnehmung und
Erkennen, für uns eine physische Tatsache, und sie wäre als solche nur dem naturwissenschaftlichen Erkennen zugänglich. Als Gegenstand der Geisteswissenschaften entsteht sie aber nur,
sofern menschliche Zustände erlebt werden, sofern sie in Lebensäußerungen zum Ausdruck
gelangen und sofern diese Ausdrücke verstanden werden. [...] nur seine Handlungen, seine
fixierten Lebensäußerungen, die Wirkungen derselben auf andere belehren den Menschen über
sich selbst; so lernt er sich nur auf dem Umwege des Verstehens selber kennen. [...] So ist überall der Zusammenhang von Erleben, Ausdruck und Verstehen das eigene Verfahren, durch das
die Menschheit als geisteswissenschaftlicher Gegenstand für uns da ist. Die Geisteswissenschaften sind so fundiert in diesem Zusammenhang von Leben, Ausdruck und Verstehen. Hier
erst erreichen wir ein ganz klares Merkmal, durch welches die Abgrenzung der Geisteswissenschaften definitiv vollzogen werden kann. Eine Wissenschaft gehört nur dann den Geisteswissenschaften an, wenn ihr Gegenstand uns durch das Verhalten zugänglich wird, das im
Zusammenhang von Leben, Ausdruck und Verstehen fundiert ist." (Dilthey 1981, 98f)

Mit der von Friedrich Schleiermacher zu Beginn des 19. Jhs. vollzogenen Verallgemeinerung der Hermeneutik[9] von einer Kunstlehre des Verstehens schriftlicher Texte
hin zu einer Verstehenslehre sprachlicher Äußerungen und menschlichen Handelns im
Allgemeinen waren für Droysen und Dilthey die Voraussetzungen gegeben sowohl für
ein hermeneutisches Verständnis der Wirklichkeit (i.S. eines durch Lebensäußerungen
und deren Spuren bedeuteten Gegenstandsbereichs) als auch für die methodologische
Differenzierung zwischen naturwissenschaftlichem Erkennen und Erklären einerseits
und geisteswissenschaftlichem Verstehen andererseits. Im 20. Jh. trat als Proponent
einer autonomen Geistes- bzw. Kulturwissenschaft neben der Dilthey-Schule insbesondere die Heidelberger Schule um Wilhelm Windelband und Heinrich Rickert auf.
Mit seiner „verstehenden Soziologie" und dem Konzept des „zweckrationalen Handelns" knüpfte schließlich Max Weber an diese Tradition an und versuchte damit zugleich Brücken in die andere Wissenschaftswelt zu schlagen. In der heutigen Soziologie und Erziehungswissenschaft stellt die Objektive Hermeneutik Ulrich Oevermanns
einen weiteren Versuch in dieser Richtung dar.

Diltheys Abgrenzung der Geistes- gegen die Naturwissenschaften war jedoch keine
einseitige Angelegenheit. Auguste Comtes *Discours sur l´esprit positif* (1844) hatte
mit argumentativen Anschlüssen an den Rationalismus (Descartes) und vor allem den
Empirismus (Locke, Berkeley, Hume) die bis in unsere Tage – in den geisteswissenschaftlichen Diskursen leider oft nur als Diffamierungsformel – lebendige Gegenposition des Positivismus formuliert.

---

[9] Cf. Schleiermacher 1977; Friedrich Schleiermachers *Hermeneutik und Kritik* erschien ebenfalls posthum erst 1838.

„Der positive Geist geht von einer deterministischen Interpretation der Erscheinungen aus, nicht in dem Sinne, dass er an die Existenz von metaphysisch verstandenen «Ursachen» glauben würde, sondern in dem, dass er jedes beobachtete Phänomen einem allgemeinen Gesetz unterzuordnen versucht und überzeugt ist, dass diese Gesetze oder vielmehr Regelmäßigkeiten die Gesamtheit der Ereignisse umfassen. Die Comtesche Wissenschaftsauffassung ist rein phänomenalistisch, wenngleich nicht subjektivistisch. Der menschliche Geist sollte, in Comtes Überzeugung, ein getreuer Spiegel der gegenständlichen Ordnung sein und wird dank der Kenntnis dieser Ordnung seinerseits geordnet: die bloße Eigenbeobachtung kann nicht zum Erkennen der Prinzipien führen, die der Arbeit des menschlichen Geistes zugrunde liegen, sie gewinnt die eigenen Arbeitsprinzipien eher aus der exakten Beobachtung der Dinge und aus der Erkenntnis derer Gesetze" (Kolakowski 1977, 70).

Im 20. Jh. wurden positivistische Positionen dann insbesondere im Rahmen der Konzeption des Logischen Empirismus von den Angehörigen des „Wiener Kreises" vertreten und weiterentwickelt. Mit den Mitteln der (mathematischen) Logik und eines radikalisierten Empirismus, den vor allem Rudolf Carnap in seinem *Logischen Aufbau der Welt* auszuarbeiten versuchte, wurde den Geisteswissenschaften jeder Wissenschaftsanspruch bestritten. Aus Sicht des logischen Empirismus und kritischen Rationalismus (Karl Popper) galten die Gegenstände der Geisteswissenschaften als metaphysisch, die Methoden als bestenfalls von heuristischem Wert, die Resultate als ideologisch (z.B. infolge der Heidelberger Wertphilosophie) und die Fragestellungen als Scheinprobleme (cf. Carnap 1976).

Damit hatte sich der Gegensatz zwischen Geistes- und Naturwissenschaften in seiner schärfsten Form ausgeprägt. Viel unterschiedlicher hätten die Grundpositionen[10] von Geistes- und Naturwissenschaften auch kaum sein können. Hier Selbstbeobachtung, als Introspektion (mit Blick auf Motive, Beweggründe, Absichten, Wünsche, Vorstellungen) oder als (innerartliche bzw. gattungsinterne) Selbst-Beobachtung[11] (eigener und fremder) menschlicher Lebensäußerungen und deren Spuren; dort die Beobachtung äußerer Wirklichkeit mit Blick auf Kategorisierung, Quantifizierung und Subsumtion unter Naturgesetze. Hier die Orientierung am historischen und persönlichen Einzelfall, am Einzelschicksal, an der historisch einmaligen Begebenheit, an der dem Gegenstand gerecht werdenden Annäherung (Ideographie), dort die Orientierung am

---

[10] Hier muss angemerkt werden, dass Comtes Position durchaus differenzierter gesehen werden muss. In ähnlicher Weise ist es auch höchst problematisch, Empiristen wie Locke oder Hume zusammen mit Comte zu zitieren; schließlich hatten beide sehr komplexe Vorstellungen von der Beziehung zwischen Beobachter und Gegenstand. Hier ist von Grundpositionen die Rede, die mit spezifischen Einschränkungen oder Weiterungen für unterschiedliche positivistische und hermeneutische Ansätze gelten.

[11] Die Selbstbezüglichkeit des Erkennenden/Verstehenden als Gattungswesen ist überhaupt eine Voraussetzung *geistes*wissenschaftlicher Erkenntnis. Neben dem „Prinzip der Verwandtschaft der Individuen untereinander" (Dilthey 1981, 347) soll die Möglichkeit der Erkenntnis über historische und kulturelle Grenzen hinweg dadurch gesichert sein, dass „der, der die Geschichte erforscht, derselbe ist, der die Geschichte macht" (ebd.; ein Argument G.Vicos). Hier liegt auch der Ansatz für Diltheys Interpretation des Geistbegriffes als „objektivem Geist", der in der „Selbigkeit des Geistes im Ich, im Du, in jedem Subjekt einer Gemeinschaft, in jedem System der Kultur (i.e. Sprache, Recht, Religion, Kunst, Wissenschaft usw., G.R.)" (Dilthey 1981, 235) gründet; darin auch Anknüpfungen an G.F.W.Hegel.

allgemeinen Fall oder Zusammenhang, an Regelmäßigkeiten, (kausalen) Gesetzmäßigkeiten, universalen bzw. Allgemein-Gültigkeit (Nomothetik). Hier eine durch die philosophische Hermeneutik Martin Heideggers und Hans Georg Gadamers erweiterte Methodologie des Verstehens (vom Textverstehen über das Personenverstehen bis zum Ereignisverstehen, zum historischen und Fremdverstehen), die Interpretationen und (z.b. Geschichts-)Erzählungen hervorbringt, die der Selbstvergewisserung, der moralischen und politischen Orientierung dienen sollen; dort eine Methodologie des Beobachtens, Messens und Vergleichens, der begrifflich-theoretischen Abstraktion und der Erklärung durch Deduktion (aus beobachteten Tatsachen und Gesetzesaussagen) mit dem Ziel der Naturbeherrschung durch die Lösung lebenspraktischer und technischer Probleme.

3. Wie man versteht und erklärt – methodologische Aspekte

Jedes der wissenschaftlichen Großparadigmen, die Geistes- ebenso wie die Natur- oder Erfahrungswissenschaften, entwickelte eigene Methodologien bzw. Erkenntnisstrategien. Dabei brachten schon die konzeptionellen Differenzen der Grundpositionen unterschiedliche Kriterien für die Tauglichkeit und Angemessenheit von Verfahren ins Spiel. Im geisteswissenschaftlichen Kontext wird von Verfahren in erster Linie *Gegenstandsadäquatheit* verlangt; die Gegenstände geisteswissenschaftlicher Forschung – so wird argumentiert – verlangen bzw. bestimmen die besonderen (nämlich hermeneutische) Verfahren ihrer Erforschung. Im natur- bzw. erfahrungswissenschaftlichen Kontext wird dagegen in erster Linie so etwas wie *Problemadäquatheit* der Verfahren verlangt; nicht der Gegenstand bestimmt die Verfahren[12], sondern der Forscher wählt oder erfindet Vorgehensweisen abhängig von konkreten Fragestellungen und Problemlagen[13]. Und während es im geisteswissenschaftlichen Rahmen in erster Linie auf Geltung durch Anschließbarkeit an kanonische Werke und Anerkennung der Originalität ankommt, geht es in den Erfahrungswissenschaften vor allem um allgemeine bzw. universale Gültigkeit und intersubjektive Nachprüfbarkeit von theoretischen oder technischen Lösungen.

Es ist unschwer auszumachen, dass wir es hier mit unterschiedlichen Sets von Kriterien für Wissenschaftlichkeit zu tun haben, die sich vielleicht in nur einem gemeinsamen Punkt, nämlich der Lehr- und Lernbarkeit der wissenschaftlichen Verfahren, ein Stück weit annähern. Aber auch hier enden die Gemeinsamkeiten beim Vergleich der Lehr- und Lernmodalitäten; während paradigmatische geisteswissenschaftliche Ver-

---

[12] Selbstverständlich schließt jedoch jeder Forschungsgegenstand bestimmte Verfahren als unbrauchbar aus. So ist es z.B. sinnlos, Mineralien nach ihrer chemischen Zusammensetzung verbal zu befragen. Allerdings lassen sie dem Forscher die Wahl, ob er sie nach Augenschein klassifizieren, in ausgewählten Exemplaren in Sammlungen gruppieren, nach ihrem natürlichen Vorkommen beschreiben, chemisch analysieren, mikroskopieren etc. will.

[13] Dass ihm dabei oft jedes Mittel recht ist, war und ist Gegenstand insbesondere der modernen Wissenschaftskritik.

stehensleistungen nur imitiert (aber wegen der Originalitätsforderung nicht reproduziert) werden können, werden Verfahren zur Lösung von logischen, mathematischen oder erfahrungswissenschaftlichen Aufgaben oder Problemen durch intersubjektives Nachvollziehen angeeignet.

Damit wird schließlich der Begriff der Methode im Vergleich der Wissenschaftsparadigmen selbst problematisch: Ist ein Verfahren wie die hermeneutische Interpretation, die in jedem Fall ihrer Anwendung und für jeden Anwender andere Lösungen produziert, eine Methode? Muss nicht von einer Methode verlangt werden, dass sie für alle Anwender bei gleichen Gegenständen und Randbedingungen gleiche Resultate erbringt?

Im Folgenden soll kurz erläutert werden, um welche Verfahren und Strukturen es in den Wissenschaften beim Verstehen und Erklären geht. Leider müssen diese Ausführungen hier sehr knapp ausfallen. In der angegebenen Literatur sowie in den einschlägigen wissenschaftstheoretischen Standardwerken finden sich jedoch umfängliche Darstellungen in ausreichender Zahl.

3.1   Verstehen als geisteswissenschaftliches Verfahren

Die methodische Reflexion und Systematisierung des Verstehens[14] erfolgte bereits in der Antike und ist wohl im Wesentlichen durch die mit der Verbreitung der Schrift entstandenen Verstehensprobleme motiviert. Diese hatte Platon in seiner Schriftkritik[15] in bis heute gültiger Form expliziert: Die Schrift trübe das Gedächtnis, Texte sagten nicht, wie sie zu verstehen seien, Texte könnten nicht auf ihre Leser abgestimmt werden, sie könnten auch von Personen gelesen werden, die des Themas unkundig sind, der Autor könne nicht befragt werden, und schließlich könnten nicht ganze Lebenszusammenhänge in Worte gefasst und verschriftlicht werden. Die antike Auslegungs- und Übersetzungskunst unterschied bereits eine grammatisch-rhetorische (Eratosthenes, Aristarch) und eine allegorische (Kratos von Mallos) Variante. Die Kirchenväter Origines und Augustinus entwickelten im frühen Mittelalter mit ihren Lehren von der Harmonie und Stimmigkeit der mehrfachen Schriftsinne (z.B. bei Origines des buchstäblichen, des moralischen und des allegorischen Schriftsinns) die ersten rein formalen Kriterien für so etwas wie Angemessenheit oder Richtigkeit von Interpretationen, eine von der Autorität des Autors und den Bindungen an eine orale Kommunikationskultur vollständig emanzipierte Interpretationskunst. Damit wurde das Verstehen, Auslegen und Interpretieren – zunächst der heiligen Schriften und Gesetzestexte und erst in der Neuzeit auch profaner und literarischer Texte – zu einem potentiell methodisierbaren Verfahren. Dieses wurde von Josef C. Dannhauer im 17. Jh. auf den Begriff der Hermeneutik gebracht und als Text-Verstehenslehre expliziert. In der Absetzung seiner Hermeneutik von den „Stellen-Hermeneutiken" des Mittelalters leistet Friedrich Schleiermacher am Ende des 18. Jhs. schließlich eine neue Synthese und Erweiterung der Auslegungskunst über die geschriebene hinaus auch auf die gesprochene Sprache. Schleiermacher ist darin den Aufklärungshermeneutiken von Georg Friedrich Meier, Alexander Gottlieb Baumgarten, Johann Martin Chlade-

---

[14] Cf. dazu für eine kurze Übersicht auch die Ausführungen in Rusch 1992, S. 243-254

[15] Cf. Platon 1988, S. 104 ff.

nius, Johann August Ernesti sowie dem Zeitgenossen Friedrich Schlegel verpflichtet, ohne die sein eigenes Werk kaum denkbar ist, weisen doch bereits jene Arbeiten in Richtung einer zunehmenden Universalisierung des Verstehens und einer zunehmenden Verunsicherung hinsichtlich der Möglichkeit richtigen bzw. vollständigen Verstehens und einem daraus resultierenden Bemühen um größere methodische Sicherheit des Auslegungsverfahrens, eine Tendenz, die Schleiermacher in seiner Hermeneutik dann auf den Begriff gebracht hat.[16] Schleiermachers Hermeneutik markiert einen Wendepunkt. Seine Position stellt bis heute die Basis der modernen, nach ihm im Wesentlichen philosophischen Hermeneutiken Martin Heideggers (mit existenzphilosophischer Bestimmung des Verstehens), Hans Georg Gadamers (mit historisierender Relativierung und Ermöglichung des Verstehens), Karl Otto Apels (Transzendentalhermeneutik) und Jürgen Habermas´ (Tiefenhermeneutik).

In den Geisteswissenschaften wird das Verstehen als „Methode" in explizite Handlungsformen gebracht (und dadurch vom unterlaufenden Verstehen im Prozess der Wahrnehmung und Informationsverarbeitung unterschieden): „kunstmäßiges Auslegen" (Schleiermacher), philologische Tätigkeit und explizites Nachkonstruieren (i.S. Schlegels), Interpretieren. Die *Interpretation* als (im geisteswissenschaftlichen Rahmen[17]) explizites Verfahren der Entwicklung, Begründung bzw. Plausibilisierung und Darstellung von (i) Bedeutungszuweisungen oder Lesarten im Falle von Texten und (ii) biografischen oder soziographischen Hypothesen über Vorgeschichten, Anlässe, Motive im Falle von Handlungen oder sozialen Prozessen muss als das hermeneutisches Kardinalverfahren gelten, in dessen Dienst andere Methoden (z.B. aus den sog. Hilfswissenschaften) gestellt werden. In den Philologien wird die hermeneutische Praxis mit dem Terminus Interpretation belegt, als Verfahren und als Resultat bestimmt sie im Wesentlichen das Erscheinungsbild der gesamten Disziplinen.[18] Die

---

[16] Die Gegenposition zu den Methodenlehren der Aufklärung markiert Johann Gottfried Herder, der jede Methodisierung des Auslegens und Verstehens ablehnte mit dem Argument, dies zerstöre die Nähe und Unmittelbarkeit zum Text.

[17] Von Interpretation ist auch in den Erfahrungswissenschaften die Rede, etwa im Zusammenhang mit der Interpretation von (empirischen) Daten (im Lichte von expliziten Hypothesen und Theorien) oder im Falle der empirischen Interpretation einer Theoriestruktur durch in nicht-theoretischer Begrifflichkeit gekennzeichnete Wirklichkeitsausschnitte. In beiden Fällen geht es um Fragen der Zuordnungen bzw. Subsumtion expliziter Größen zu bzw. unter explizite Begriffe nach expliziten Zuordnungsvorschriften oder Regeln. Diese Verfahren können mit hermeneutischer Interpretation nur schwer verwechselt werden.

[18] In Zuge der wissenschaftstheoretischen Selbstreflexion der Literaturwissenschaft und der Ausarbeitung einer strukturalistischen Wissenschaftstheorie in den 1970er und 1980er Jahren ist insbesondere die Praxis der literaturwissenschaftlichen Interpretation zahlreichen Analysen unterzogen worden; cf. z.B. Göttner 1973, Kindt/Schmidt 1976, Grewendorf 1975, Savigny 1976. Im Ergebnis stimmen alle diese Untersuchungen darin überein, dass das literaturwissenschaftliche Interpretieren elementaren aussagenlogischen und argumentationstheoretischen Standards, mithin fundamentalen Rationalitäts- und Wissenschaftskriterien (z.B. der intersubjektiven Nachvollziehbarkeit) nur ungenügend entspricht. Dies bedeutet konkret, dass literaturwissenschaftliche Interpretationen Pseudo-Erklärungen und Pseudo-Argumente enthalten, die ein Verstehen eigentlich eher behindern als fördern.

hermeneutische Praxis in der Geschichtswissenschaft heißt Geschichtsschreibung, sie ist Interpretation (Kritik) von Quellen und Zeugnissen und Darstellung (nicht der Geschichte, sondern) eines Geschichtsentwurfes, einer nach je aktuellen Plausibilitätsstandards und disziplinären Regeln konstruierten Vorstellung möglicher Geschichte[19].

Ersichtlich gelangt Interpretation zu keinem Ende, da ihre Richtigkeit oder Wahrheit an keiner absoluten oder realen Bedeutung (oder Geschichte) überprüft werden kann. Texten wird deshalb ein unerschöpfliches Potential von Bedeutungen zugeschrieben, deren einziges Korrektiv die Kompatibilität von Text und Interpretation, die Interessantheit der Interpretation sowie ihre ethisch-moralische und politische Vertretbarkeit ist.[20]

In seinem Aufsatz *Über philologische Erkenntnis* hat Peter Szondi – in der Analyse Eike von Savignys – sechs Regeln für literaturwissenschaftliches Interpretieren deutlich werden lassen, die von ungebrochener Aktualität sind:

„1. Aufgabe der Literaturwissenschaft ist nicht die Erarbeitung eines Korpus von Wissen über Gedichte oder über ein Gedicht (Szondi 1970, 10), dessen Verhältnis zu den beschreibenden Gedichten sich auf die fortwährende Überprüfbarkeit an den Gedichten beschränkte (ebd., 11), und dessen einziges dynamisches Moment die Änderung und Ergänzung wäre (ebd., 13), sondern das Vormachen und Nachvollziehen des Prozesses, in welchem das Gedicht verstanden wird (ebd., 9, 11ff.).

2. Das Verstehen des Wortes und der Stelle ist Ursprung und Basis der Interpretation (ebd., 11); an der Evidenz, die das Verstehen erreicht, hat sich die Interpretation zu bewähren (ebd, 15, 27).

3. Das Verständnis ist nicht an den Fakten zu überprüfen, sondern umgekehrt; was die Fakten für die Interpretation herzugeben vermögen, hängt von dem Verständnis ab, in das die Fakten eingebettet werden (ebd., 15, 25, 26). Beweis durch Fakten bedeutet daher in der Philologie etwas anderes als in der Naturwissenschaft (ebd., 25).

4. Das Verfahren, aus der großen Zahl von in bestimmter Weise zu interpretierenden, ähnlichen Stellen auf eine gleichartige Interpretation einer Stelle oder aus dem Fehlen solcher Stellen auf eine andersartige Interpretation zu schließen, ist unbrauchbar (ebd., 16-22, insbes. 20-22, 24, 28f.). Der Anspruch des Kunstwerks, nicht verglichen zu werden, fordert von einer wissenschaftlichen, d.h. gegenstandsadäquaten Philologie, es nur durch intensive Versenkung in es selbst zu begreifen (ebd., 22f.)

5. Einzig die Betrachtungsweise wird dem Kunstwerk ganz gerecht, welche seine Entstehungsgeschichte zu sehen erlaubt (ebd., 22).

---

[19] Cf. dazu Rusch 1987

[20] Erstaunlicherweise beunruhigt diese Lage die Literaturwissenschaft – nach dem Ende der Theoriedebatte der 1970er und 1980er Jahre – nicht mehr, obwohl die Probleme in keiner Weise gelöst worden sind. Es sieht ganz so aus, als ignoriere die Disziplin angesichts der verheerenden Konsequenzen jede der gewonnenen Einsichten. Der für Moden empfindliche Konzeptionen- und Methodenpluralismus gilt als wissenschaftstheoretisches Credo, Literatur- und Literaturwissenschaftsgeschichte prägen sehr stark das Bild der Disziplin, die überdies in Teilen in Medienwissenschaft und Kulturwissenschaft transformiert wird. Das Problem wird also durch das allmähliche Verschwinden der inkriminierten Interpretationspraxis „gelöst".

6. Ziel der Interpretation ist allein die Ermittlung des vom Dichter Gemeinten (ebd., 30). Insbesondere ist auch interpretierbar, was nicht eindeutig gemeint ist, und es ist nicht darum willkürlich interpretierbar (ebd., 32)" (zitiert in der Zusammenstellung von Savigny 1976, 40f.).

Als Grundlage des hermeneutischen Verstehens in den Geisteswissenschaften gilt allgemein die *Einfühlung*, das Mit-Fühlen, das Sich-Hineinversetzen, das Nachbilden bzw. Nacherleben, bei Schleiermacher die „divinatorische Methode" (Schleiermacher 1977, 323) des kongenialen Nachkonstruierens, in Diltheys Psychologie des Verstehens als „eine dem Wirkungsverlauf inverse Operation" vorgestellt (Dilthey 1981, 264). Diese Komponente des hermeneutischen Verfahrens trägt noch am deutlichsten die Spuren der interaktiven und kommunikativen Praxis des zwischenmenschlichen Verstehens (von Partnern bzw. von deren Verhalten, Handeln oder sprachlichen Äußerungen).[21]

Demgegenüber ist die „komparative Methode" (Schleiermacher) den Texthermeneutiken stärker verpflichtet. Sie vermittelt ein *grammatisch-rhetorisches, sprachliches, werkbezogenes* und *historisches* Verständnis. Dieses stellt die philologische Basis jeder Interpretation dar.

Das konkrete Vorgehen beschreibt dabei einen *methodischen Zirkel*, indem der Interpret von einzelnen Textelementen (oder Handlungsbeobachtungen) ausgehend einen Bezug zum gesamten Text (zum gesamten Werk eines Autors, zur gesamten Person eines Akteurs) herzustellen sucht und aus diesem Ansatz zu einem Verständnis des Ganzen sich erneut den einzelnen Textelementen (oder Handlungsweisen) zuwendet, um in diesem Prozess wechselseitiger Bezugnahmen und Rahmungen sowohl die Bedeutung der Einzelteile für das Ganze als auch diejenige des Gesamtgebildes zu erhellen. Dabei ist die Redeweise vom hermeneutischen Zirkel allerdings insofern irreführend, als die beschriebene Bewegung der Idee nach eher einer Spiralform als einer Kreisfigur (kreativer Zirkel) ähnelt; faktisch liegt jedoch eine vitiöse Zirkelbeziehung zwischen Teil und Ganzem vor.

Ziel (und Erkenntnispotential) des aus Divination und Komparation kombinierten selbstbezüglichen Vorgehens ist nach Schleiermacher und Dilthey, „einen Autor besser zu verstehen, als er selbst von sich Rechenschaft geben könnte" (Schleiermacher 1977, 325). Für Dilthey wird erst im Rahmen dieses Verfahrens ein „sicheres Verstehen" (Dilthey 1981, 254) möglich.

An diesen sozusagen verfahrenstechnischen Grundlagen hat auch Gadamers radikale Historisierung des Verstehens im Wesentlichen nichts geändert. Sie hat allerdings, deutlicher als dies bei Schleiermacher und Dilthey bereits der Fall war, die (i.S. Heideggers) unausweichliche (weil existenzielle) Geschichtlichkeit des Verstehens sowohl als Weg seiner Ermöglichung wie auch seiner Relativierung gesehen.

Schon im Ansatz weist das skizzierte Verfahren eine Reihe von Inkonsistenzen und Widersprüchen auf. Von zentraler Bedeutung ist hier der Widerspruch zwischen Historismus, Individualismus und Verstehensanspruch.[22]

---

[21] Im Symbolischen Interaktionismus wird dieser Aspekt als Perspektivenübernahme angesprochen.

Aus der Sicht einer logisch-empiristischen Wissenschaftstheorie kann das hermeneutische Verstehen als wissenschaftliche Operation wegen der genannten Unsicherheiten
und Inkonsistenzen nicht in Frage kommen.

3.2   Wissenschaftliches Erklären

Ein Begriff der wissenschaftlichen Erklärung ist bislang nur für einen Spezialfall von
Erklärungen expliziert und in einiger Ausführlichkeit diskutiert worden, nämlich für
den Fall der Erklärung von Tatsachen bzw. den der *kausalen* Erklärung. Einen Grenz-
fall im doppelten Sinne stellen Handlungserklärungen dar, nämlich einerseits mit
Blick auf ihre Nähe zum hermeneutischen Verstehen, andererseits aufgrund der Möglichkeit, sowohl eine im engeren Sinne *kausale* Erklärung zu geben unter Angabe z.B.
physiologischer *Ursachen* oder auch unter Angabe normativer, institutioneller oder si-
tuationeller *Bedingungen*, als auch eine Erklärung zu geben mit Blick auf die *Gründe*
(Situationseinschätzungen, Absichten, Ziele etc.), die ein Akteur für sein Handeln hat.

Jeder Versuch, den Begriff der Erklärung zu explizieren, wird sich zunächst orientieren an Kommunikationsformen und Begriffen, die dem Erklären nahe stehen bzw. mit
dem Begriff der Erklärung (Familien-)Ähnlichkeiten (sensu Wittgenstein) aufweisen:
das Beschreiben und Erzählen (Darstellen oder Erläutern von Sachverhalten oder Vor-
gängen)[23], das Argumentieren[24] und das logische Schließen.

Das bekannteste Modell wissenschaftlicher Erklärungen i.S. der Tatsachenerklärung
ist ohne Zweifel das *Hempel-Oppenheim-Schema* (H-O-Modell)[25]. Es wurde 1948
erstmals veröffentlicht und stellt gewissermaßen den Beginn der modernen Erklärungstheorie dar. Es ist im Rahmen der Analytischen Wissenschaftstheorie und mit
Blick auf naturwissenschaftliche Erklärungsprobleme formuliert worden und orientiert sich an syllogistischen Formen wie z.B. dem *modus barbara*, nach Aristoteles die
Grundstruktur des logischen Schlusses:

UNTERPRÄMISSE	„Sokrates ist ein Mensch."
OBERPRÄMISSE	„Alle Menschen sind sterblich."

KONKLUSION	„Also ist Sokrates sterblich"

Der Gedanke, Erklärungen als Varianten *deduktiver* oder *induktiver* Schlüsse[26] bzw.
Argumente aufzufassen, ist vor allem deshalb bestechend, weil die Durchschlagskraft
von Erklärungen auf diese Weise durch logische *Ableitung* (Deduktion) gesichert werden kann. Die Erklärungskraft wird dabei aus Naturgesetzen oder Zusammenhängen
mit hohen statistischen Wahrscheinlichkeiten bezogen. Es sind also die Gesetze(saus-

---

[22] „Der radikale Historismus, der in der Nachfolge Heideggers die ‚Geschichtlichkeit' des Verstehens propagiert, macht damit jede an der Wahrheitsidee orientierte Forschung in den Geisteswissenschaften unmöglich." H. Albert 1994, 57

[23] Cf. zur Struktur und Funktion von Erzählungen z.B. Labov 1980

[24] Cf. Toulmin 1975

[25] Cf. Hempel 1974, Kap. 4, S. 69-99; Hempel & Oppenheim 1948

[26] Damit sind auch die beiden Typen wissenschaftlicher Erklärungen bezeichnet: deduktiv-
nomologische und induktiv-statistische Erklärungen.

sagen), die Antecedensbedingungen und Konklusion miteinander verbinden bzw. beide umfassen (engl. cover); daher wird dieser Ansatz auch als *Covering-Law-Modell* der Erklärung bezeichnet. In der Diskussion und Adaptation des Modells haben dann auch (analytische) Varianten der Wissenschaftstheorie für die Sozialwissenschaften und selbst für die Geschichtswissenschaft Varianten dieses Erklärungsmodells entwickelt. So können sozialwissenschaftliche Erklärungen nicht nur auf statistisch „gesicherte" hohe Wahrscheinlichkeiten aufbauen, sondern auch aus (beobachteten oder angenommen) Regelmäßigkeiten anderer Form (etwa sozialen Normen oder Konventionen) gewonnen werden.[27] Nach Hempel und Oppenheim ergibt sich damit das folgende allgemeine Schema für Erklärungen:

ANFANGS- und RANDBEDINGUNGEN

GESETZES- bzw. WAHRSCHEINLICHKEITSAUSSAGEN

KONKLUSION   *Explanandum*

Die Verwandtschaft von Erklärungen und Argumenten lässt sich mit Hilfe der Argumentationstheorie verdeutlichen, die sich ebenfalls am logischen Schließen orientiert. Das Modell einfacher rationaler Argumente nach einem Vorschlag von Stephen Toulmin (Toulmin 1975, 90) zeigt – trotz anderer graphischer Repräsentation – diese strukturelle Ähnlichkeit in aller wünschenswerten Klarheit:

DATEN ============================> deshalb BEHAUPTUNG

wegen SCHLUSSREGELN

Die drei Komponenten (Daten, Schlussregeln und Behauptung) stehen in analoger Relation zueinander wie die Komponenten im Modell der Erklärung (Antecedensbedingungen, Gesetze und Konklusion).

„... Erklärungen kann man also", so Hempel (1974, 74), „als deduktive Argumente auffassen, deren Konklusion der Explanandum-Satz E ist und deren Prämissenmenge, das Explanans, aus allgemeinen Gesetzen $L_1, L_2,..., L_r$ und aus anderen Aussagen $C_1, C_2,..., C_k$ bestehen, die etwas über besondere Fakten behaupten. Die Gestalt solcher Argumente, die also einen Typ wissenschaftlicher Erklärungen bilden, lässt sich durch das folgende Schema darstellen:

$L_1, L_2,..., L_r$ Explanans-Sätze

(D-N) $C_1, C_2,..., C_k$

E   Explanandum-Satz

Erklärende Darstellungen dieser Art werden Erklärungen durch deduktive Subsumption unter allgemeine Gesetze genannt, oder *deduktiv-nomologische Erklärungen*. (Die Wurzel des Ausdrucks ›nomologisch‹ ist das griechische Wort für Gesetz, ›nomos‹)".

---

[27] Auf letztere nimmt etwa Wolfgang Stegmüller mit seiner „intentionalen Tiefenanalyse" Bezug; cf. Stegmüller 1983, 492f.; cf. auch die Handlungserklärungen bei Wright 1974.

Der zweite Typ wissenschaftlicher Erklärungen wird von Hempel als *probabilistische Erklärung* bezeichnet; wie er im einzelnen ausführt, haben diese Erklärungen induktiven Charakter und machen Gebrauch von statistischen Gesetzen. Deshalb werden sie auch als *induktiv-statistische Erklärungen* bezeichnet. Die allgemeine Struktur dieser Erklärungen gibt Hempel (1974, 96) so an:

$$p(E,Z) \text{ liegt nahe bei } 1$$
$$i \text{ ist ein Fall von } Z$$
$$i \text{ ist ein Fall von } E$$

Im zitierten Schema stehen p für Wahrscheinlichkeit, E für Ergebnis bzw.Ereignis, Z für (Zufalls-)Experiment, der Doppelstrich soll die induktive Beziehung zwischen Explanans und Explanandum repräsentieren. Die Verbalisierung der formalen Struktur lautet dann: Wenn die Wahrscheinlichkeit des Ereignisses E im Experiment Z sehr hoch ist und wenn i ein Fall des Experiments Z ist, dann tritt in i das Ereignis E (mit hoher Wahrscheinlichkeit) ein.

Nun weist Hempel darauf hin, dass, solange die Wahrscheinlichkeit nicht numerisch ausgedrückt ist (oder ausgedrückt werden kann), eigentlich nur von logischer oder induktiver Wahrscheinlichkeit gesprochen werden kann. Für numerische Wahrscheinlichkeitswerte z hat das Schema dann die Form (cf. Hempel 1974, 96):

$$p(E,Z)=z$$
$$i \text{ ist ein Fall von } Z$$
$$i \text{ ist ein Fall von } E$$

So sehr diese Explikation des Erklärungsbegriffes auch überzeugen mag, sie weist einige schwerwiegende Probleme auf, die leider z.T. unbeherrschbar erscheinen und bis heute nicht in befriedigender Weise gelöst sind. Zu diesen Problemen gehört insbesondere die Klärung des *Gesetzesbegriffs* (z.B. auch im Zusammenhang mit Entwicklungsgesetzen, wie sie in historisch-genetischen Erklärungen benötigt werden), die Frage des *empirischen Gehalts* von Explanans-Aussagen, die Frage von *statistischen Gesetzen* und das Problem *der Mehrdeutigkeit statistischer Aussagen* (die sowohl mit hoher Wahrscheinlichkeit das Eintreten als auch mit geringer Wahrscheinlichkeit das Ausblieben eines Ereignisses erwarten lassen), die formal nicht ausgeschlossenen Möglichkeiten von *Pseudoerklärungen,* die im Modell unzureichende *Unterscheidung zwischen Ursachen und Gründen* bzw. die *Konfundierung von Erklärung und Prognose* aufgrund der Hempelschen These von der strukturellen Identität beider. Wie sich bei kritischer Analyse zeigt, expliziert das H-O-Schema eigentlich nicht den Erklärungsbegriff, sondern vielmehr den weiteren Begriff der *wissenschaftlichen Begründung.*[28] Damit nicht genug; es ist weiterhin festzustellen, dass Erklärungen *prinzipiell unvollständig* sind, weil ihre einzelnen Komponenten (und deren Elemente usf. in einem unendlichen Regress) wiederum erklärt werden müssten. Dieser Mangel kann nur *pragmatisch* beherrscht werden durch die Vereinbarung und Befolgung vernünftiger Abbruchkriterien. Weiterhin ist die Unterscheidbarkeit von *echten Ursachen* und *Scheinursachen* schwierig, weil stets Ursachen nachentdeckt werden könnten, die frühere Erklärungen als falsch erweisen würden. Das Problem mangelnden Wissens (Patrick Suppes) führt also außerdem zu einer *epistemischen Relativierung* der Erklärungsleistungen, die immer nur als vorläufig oder als Zwischenresultate angesehen werden dürfen.[29] In dieselbe Richtung weist auch die Argumentation von Bas C. van Fraassen, der auf die prinzipielle *Kontextabhängigkeit* von Erklärungen (und Kausalitätsurteilen) aufmerksam gemacht und dadurch die sog. „pragmatisch-epistemische Wende" (Stegmüller) in der Wissenschaftstheorie eigentlich bereits vor 20 Jahren vollzogen hatte.[30]

Den aktuellen Diskussionsstand in der Erklärungstheorie hat Wolfgang Stegmüller (1984) formuliert: Kausalitätsfragen spielen im pragmatisch-epistemischen Rahmen keine Rolle mehr. Es geht vielmehr darum, dass der Überraschungswert des Explanandums durch das im Explanans ausgedrückte Wissen reduziert wird. Erklärungen sollen also Informationen aufbieten und dadurch Unsicherheiten (im Denken und Handeln) mindern. Wir haben es hier sozusagen mit *informationalen Erklärungen* zu tun. Die wichtigste Konsequenz dieser neuen Konzeption dürfte aber sein, dass die Unterscheidung zwischen wahren und falschen Erklärungen hinfällig wird, und zwar

„nicht etwa deshalb [...], weil sie uns als zu scharf oder zu präzise erscheint, sondern weil sie zu grob und zu undifferenziert ist.

[...][A]n die Stelle der wahr-falsch-Dichotomie tritt eine komparative Abstufung von Erklärungen nach Gütegraden." (Stegmüller 1984, 997; zitiert nach Haussmann 1991, 50)

4. Die Komplementarität von Erklären und Verstehen und die Einheit der Wissenschaften

Problemorientiertes Denken und Forschen hat sich – wie die Wissenschaftsgeschichte zeigt – seit eh und je nicht durch Dogmen, Disziplinengrenzen und Vorurteile beschränken lassen, sondern ist den Anforderungen für die Bewältigung der Problemlösungen über disziplinäre Schranken, politische, soziale und religiöse Denkverbote hinweg mit kreativen Entwürfen, mutigen Übertragungen und gewagten Symbiosen begegnet. Auch die Differenz von Verstehen und Erklären ist nicht einfach hingenommen worden.

---

[28] Cf. z.B. Stegmüller 1983 und 1998; Haussmann 1991, 24ff.; als Grund für diesen fatalen Fehler des H-O-Ansatzes wird der Hempelsche Kausalitätsbegriff vermutet, der sich an Regularitäten und nicht an einer kontrafaktischen Analyse des Kausalitätskonzeptes orientiert.

[29] Cf. Suppes 1970; dazu Stegmüller 1983; Haussmann 1991, 37ff.

[30] Cf. Fraassen 1980; dazu Stegmüller 1984; Haussmann 1991, 47ff.

4.1   Stufen der Annäherung und Relativierung der Differenzen

Zu den bis heute aktuellen Versuchen, zwischen Verstehen und Erklären zu vermitteln, gehört Max Webers Konzept des „*erklärenden Verstehens*" (cf. Weber 1976), für das (i) die im Verstehen angestrebte Rationalität, (ii) die Orientierung auf das Sinnverstehen und (iii) der Umstand kennzeichnend ist, dass Weber keine kategoriale Differenz zwischen Verstehen und Erklären setzt. Er nimmt Verstehen und Erklären wechselseitig füreinander in Anspruch: Das Verstehen von Sinnzusammenhängen wird als Erklärung von Handlungsabläufen bestimmt. „Sinn" ist dabei zunächst subjektiv gemeinter Sinn, wie er sich im Handeln ausdrückt, das Ziele und Zwecke verfolgt. Der Sinnbegriff steht denn auch für die Rationalität, die im zielorientierten Handeln, im motivierten Handeln anwesend ist. Die „deutende Erfassung" solchen Sinns ist bei Max Weber das Verstehen. Gemeint ist hier: Handlungs-Sinn, Zweckrationalität, „nicht etwa irgendein objektiv ‚richtiger' oder ein metaphysisch ergründeter ‚wahrer' Sinn" (ebd., 1). Auch sieht Weber die vollständige „Nacherlebbarkeit" als für das Verstehen nicht notwendig an. Damit setzt er sich in Opposition zum hermeneutischen Verstehen; symptomatisch dafür ist auch, dass der Begriff Hermeneutik in seinen Reflexionen und Definitionen zum Verstehen nicht vorkommt. „Erklärendes Verstehen" heißt bei Weber, rational verstehen, genauer: (i) rationales Verstehen von Handlungen bzw. (ii) rationales Motivationsverstehen.

In dieselbe Richtung, wenngleich in anderem wissenschaftsphilosophischem Rahmen vorgetragen, geht der Versuch von Georg Henrik von Wright, menschliches Handeln wissenschaftlich zu erklären. Mit seinen zuerst 1971 erschienenen Überlegungen eröffnete von Wright nach den Perioden der Etablierung (Dilthey) und der Verschärfung (Windelband, Heidegger, Gadamer und der Logische Empirismus sowie der Kritische Rationalismus) der Verstehen-Erklären-Dichotomie sozusagen die dritte und – wie es den Anschein hat – letzte Phase der Kontroverse. An diesem Versuch ist bemerkenswert, dass er logische Standards in einen im Wesentlichen hermeneutischen Ansatz einführt. Von Wright geht davon aus, dass menschliches Handeln sich in erster Linie quasi-kausal, d.h. *teleologisch* bzw. *intentional* und nicht kausal (dem H-O-Schema gemäß) erklären lasse. Er stellt ein Erklärungsschema vor, das er am Praktischen Syllogismus orientiert (cf. Wright 1974, 93):

(PS)   *A* beabsichtigt, *p* herbeizuführen.

  A glaubt, dass er *p* nur dann herbeiführen kann, wenn er *a* tut.

  Folglich macht sich *A* daran, *a* zu tun. (cf. ebd.)

In der angegebenen Form weist das Schema eine Reihe von Schwächen auf. So ist der Begriff des Intendierens zu klären, ein Zeitindex für die Handlungen einzuführen, eine Reihenfolge der Handlungen zu bestimmen, darf vom Akteur weder der Handlungszeitpunkt, noch die Handlungsausführung vergessen werden, schließlich darf der Akteur an der Ausführung nicht gehindert werden. Werden all diese Aspekte berücksichtigt, ergibt sich ein leistungsfähiges Schema *intentionaler Erklärungen*. Mit Blick auf die Verstehen-Erklären-Kontroverse kommt von Wright daher zu folgender Position:

„Wenn wir jeden Akt des Erfassens, was ein bestimmtes Ding ist, ‚Verstehen' nennen, dann ist Verstehen eine Vorbedingung für jede Erklärung, sei sie kausal oder teleologisch. Dies ist trivial. Doch Verstehen, was etwas ist, im Sinne von von welcher Art es ist, sollte nicht verwechselt werden mit Verstehen, was etwas ist, im Sinne von was es bedeutet oder anzeigt. Ersteres ist ein charakteristisches Präliminarium der kausalen, letzteres der teleologischen Erklärung. Es ist daher irreführend zu sagen, daß Verstehen vs Erklären den Unterschied zwischen zwei Typen wissenschaftlicher Erkenntnis kennzeichnet. Dagegen könnte man sagen, daß der intentionale oder nicht-intentionale Charakter ihrer Gegenstände den Unterschied zwischen zwei Typen des Verstehens und des Erklärens kennzeichnet." (Wright 1974, 124)

Wie haben es also nach von Wrights Auffassung nicht mit zwei prinzipiell verschiedenen Wissenschaftstypen zu tun, die sich konträr gegenüberstehen, sondern lediglich mit verschiedenen Typen des Erklärens bzw. Verstehens.

Den vorerst letzten Stand der Debatte markiert Wolfgang Stegmüller[31], der den praktischen Syllogismus als akzeptable Alternative zum H-O-Modell präsentiert. Er modifiziert freilich die Bedeutung des Begriffs „Erklärung". Nach Stegmüller ist die Erklärung, die ein praktischer Syllogismus für eine Handlung liefert, keine logische Ableitung aus Anfangsbedingungen und Gesetzesaussagen, sondern eine *„intentionale Tiefenanalyse"*, die sich aus Beschreibungen des Verhaltens, Erläuterungen seiner Bedeutung und seines Kontextes zusammensetzt.

„Durch diese Umdefinition von »Erklärung« rücken, wie man sieht, Erklären und Verstehen bei Stegmüller in engste Nähe; Stegmüller zieht es sogar vor, [...] von »verstehendem Erklären« zu sprechen. Im Gegensatz zu von Wright meint er nun allerdings nicht, solches »verstehende Erklären« stehe in einem Gegensatz zum kausalen Erklären, sondern behauptet vielmehr, beide Arten des Erklärens seien miteinander vereinbar." (Stegmüller 1984, zitiert nach Haussmann 1991, 202)

Damit nähert sich die wissenschaftstheoretische Reflexion den umgangssprachlichen Intuitionen und der natürlichsprachlichen Praxis deutlich an. Die über mehrere Generationen getragene Debatte hat keinen eindeutigen Sieger hervorgebracht, sondern im Gegenteil in zunehmend klarer Weise die wechselseitige Voraussetzungsbeziehung[32] und die Kompatibilität von Verstehen und Erklären gezeigt.[33]

---

[31] Cf. dazu Haussmann 1991, 201 ff.

[32] so auch Haussmann 1991, 223, 226ff.

[33] Das Konzept des *explanatorischen Verstehens* in Jürgen Habermas´ an der Psychoanalyse orientierter Tiefenhermeneutik (cf. Habermas 1973) weist trotz des begrifflichen Anscheins in eine genau entgegengesetzte Richtung. Es geht Habermas nicht um die Kompatibilität von Erklären und Verstehen, sondern letztlich um eine Sonderstellung der Soziologie als eines dritten Wissenschaftstyps. Erklären in den Naturwissenschaften, Verstehen in den Geisteswissenschaften, explanatorisches Verstehen in der Soziologie. Dass dieses Verstehen außerdem ein Verfahren darstellt, das etwas nach K.-O. Apels und J. Habermas´ Überzeugung Unmögliches leisten soll, nämlich so etwas wie die Hintergehung der Sprache (hier die Erklärung unbewusster, auch pathologischer Verzerrungen der Umgangssprache), macht den Vorschlag nicht überzeugender; cf. Göttner 1973, 113-130.

4.2 Die Einheit von Verstehen und Erklären aus Sicht der Attributionstheorie des Verstehens

Mit diesen abschließenden Bemerkungen aus Sicht der Attributionstheorie des Verstehens kehren wir zu den Anfangsüberlegungen zurück. Kann man als Beobachter der Natur oder des Handelns anderer Personen, als Hörer sprachlicher Äußerungen oder als Leser von Texten überhaupt autonom verstehen, und – wenn ja – was bedeutet dieses Verstehen? In der zwischenmenschlichen Interaktion und Kommunikation hängt die Zuschreibung des Prädikats „Verstehen" von den initiativen Akteuren bzw. Kommunikatoren ab. Sie schreiben „Verstehen" zu, wenn sich ihre Partner intentions- bzw. erwartungsgemäß verhalten. Es ist also nicht der von Aktionen betroffene Interaktionspartner, der einen kognitiven Prozess realisiert, den man Verstehen nennt, sondern die jeweils aktuellen kognitiven Prozesse, die der Interaktionsteilnehmer durchläuft, werden durch die Zuschreibung von „Verstehen" (und die damit verbundenen positiven Sanktionen) ausgezeichnet und verstärkt. Die Zuschreibung von Verstehen hat also eine Kanalisierung oder Selektion von Kognitionen zur Folge, die dann kontextabhängig reproduziert oder variiert werden können. Erst in dem Maße, wie solche sozialisierten Kognitionen ausgebildet werden, kann „verstanden" werden. In demselben Maße allerdings, in dem ein Subjekt in seiner kognitiven Entwicklung eine gewisse Souveränität (Selbstständigkeit und Reife) erlangt, macht es sich zugleich von der Zustimmung anderer unabhängiger und immunisiert sich durch die Selbst-Zuschreibung von Verstehen gegen die Verstehens-Anforderungen anderer. Dadurch wird „Verstehen" erschwert, in vielen Fällen sogar unmöglich.

In keinem Fall jedoch haben die Subjekte eine Alternative dazu, ihre Kognitionen, ihre Auffassens- und Begreifensleistungen autonom zu generieren. Kognitive Informationsgenerierung (wie in der Wahrnehmung) und Informationsverarbeitung (wie im Prozessieren von Wahrnehmungen, im Denken, Verhalten und Handeln) erfolgt stets subjektiv und autonom, auf der Basis der jeweils verfügbaren kognitiven Strukturen und Strategien, Schemata und Funktionen.

Was in der persönlichen Interaktion und in der Face-to-face-Kommunikation noch funktioniert, nämlich das Feedback zwischen den Partnern, hört schon bei der Rezeption von Texten, Bildern oder audiovisuellen Medienangeboten jedenfalls dann auf, wenn der Urheber nicht mit den Bedeutungsentwürfen oder Verhaltensweisen seiner Hörer, Leser oder Zuschauer konfrontiert werden kann und seine Einschätzung hinsichtlich des Verstehensstatus dieser Reaktionen mitteilt. Daher gibt es im strengen Sinne der Attributionstheorie in der einsamen Lektüre oder Bildbetrachtung kein Verstehen, sondern „nur" (mehr oder weniger bewusste) Konstruktion und Zuschreibung von Vorstellungen, Wissen, Bedeutungen oder Lesarten zu Texten oder Bildern. Erst wenn diese Konstrukte verbalisiert und kommuniziert werden, erst wenn soziale Partner sich zu solchen Entwürfen bzw. Vorschlägen verhalten, entsteht – aus der Feststellung von Unterschieden der subjektiven Lesarten – die Problematik des (richtigen) Verstehens. Ist der Urheber als autoritative Entscheidungsinstanz nicht verfügbar, treten andere Autoritäten (Exegeten, Interpreten, Kommentatoren, Eltern, Lehrer, Meinungsführer usw.) auf den Plan, um ihre eigenen bzw. sozial und kulturell erwünschte Lesarten durchzusetzen.

In analoger Weise werden basale Erfahrungen mit der persönlichen Kommunikation auch auf die Verhältnisse in der Beziehung des Menschen zur Natur übertragen. Die ganze kommunikative Metaphorik von der „Befragung" der Natur im Experiment bis hin zum Versuch, die Natur und ihre komplizierten Prozesse und Details zu „verstehen", ist ein Beleg für diese Übertragung. Tatsächlich ist die Rolle des Menschen in seiner Beziehung zur Natur aber gar nicht rezeptiv, sondern in höchstem Maße initiativ: Der Mensch handelt (im Alltag wie im naturwissenschaftlichen Experiment) und beobachtet (an sich selbst und an seiner Umgebung) die Folgen (Resultate und Konsequenz) dieses Handelns – genauso wie ein Kommunikator spricht und die Reaktionen darauf an seinem Kommunikationspartner beobachtet. Je nachdem, ob die Erwartungen (Hypothesen) an die Reaktionen (den Ausgang des Experiments) bestätigt werden oder nicht, erweist sich das entsprechende Handeln als nützlich, erfolgreich oder (problem-)adäquat oder nicht. In diesem Sinne ist jede Kommunikation (zumindest solange ihre Folgen nicht kalkulierbar sind) ein Experiment. Und in demselben Sinne gilt dies auch für jede Rezeptionshandlung (solange die Folgen der Verbalisierung von Bedeutungskonstruktionen nicht kalkulierbar sind). Es kann entsprechend kein (von der Natur attribuiertes) Verstehen der Natur geben, sondern allenfalls, wie Karl Popper mit seinem *Falsifikationismus* hervorgehoben und Ernst von Glasersfeld mit seinem Konzept der *Viabilität* von Lebensformen, Denkweisen und Handlungen verdeutlicht hat, ein Gelingen oder Scheitern von Handlungen, von Experimenten oder von Kommunikationen wie (Natur-)Beschreibungen, Bitten oder Aufforderungen oder Erklärungen – ein Gelingen oder Scheitern, aus dem Folgerungen gezogen werden können und müssen.

Wenn Experimente scheitern, ist dafür immer (letztlich) das Handeln des Versuchsleiters verantwortlich und muss modifiziert werden, bis sich Erfolge einstellen. Dies gilt entsprechend auch für Erklärungen. Sie scheitern (als kommunikative Angebote), solange den Kommunikationspartnern „Verstehen" nicht zugeschrieben werden kann. Wenn dies jedoch – gemessen anhand der üblichen handlungspraktischen (einschließlich sprachlicher) Kriterien für das Verstehen – gelingt, erhalten die gegebenen Erläutrungen einen besonderen Status: Als Erklärungen werden sie zu Vorbedingungen des Verstehens, deren formale und prozedurale Merkmale beobachtet und systematisch beschrieben werden können, wie es die Erklärungstheorie macht, und wie es mit Blick auf Theorien des Erklärens von sprachlichen Äußerungen, non-verbalen Handlungen oder Akteuren in der Hermeneutik geschieht. So erweist sich die Hermeneutik zugleich als Spezialisierung auf Sonderfälle des Erklärens und als dessen Metatheorie.

Literatur- und Medienverzeichnis

Albert, Hans: *Kritik der reinen Hermeneutik*. Tübingen (Mohr) 1994.

Apel, Karl-Otto & Manninen, Juha & Tuomela, Raimo (Hg.): *Neue Versuche über Erklären und Verstehen*. Frankfurt a.M. (Suhrkamp) 1978.

Carnap, Rudolf: *Der logische Aufbau der Welt*. Frankfurt a.M. u.a. (Ullstein) 1979.

Carnap, Rudolf: *Scheinprobleme in der Philosophie*. Frankfurt a.M. (Suhrkamp) 1976.

Dilthey, Wilhelm: *Der Aufbau der geschichtlichen Welt in den Geisteswissenschaften*. Frankfurt a.M. (Suhrkamp) 1981.

Dilthey, Wilhelm: *Der Aufbau der geschichtlichen Welt in den Geisteswissenschaften*. Frankfurt a.M. (Suhrkamp) 1981. (Suhrkamp-Taschenbuch Wissenschaft. 354)

Droysen, Johann Gustav: *Historik. Vorlesungen über Enzyklopädie und Methodologie der Geschichte*. München u.a. (Oldenbourg) 1977.

Fraassen, Bas C. van: *The Scientific Image*. Oxford (Clarendon) 1980.

Frühwald, Wolfgang: *Geisteswissenschaft heute. Eine Denkschrift*. Frankfurt a.M. (Suhrkamp) 1991. (Suhrkamp-Taschenbuch Wissenschaft. 973)

Gadamer, Hans-Georg: *Wahrheit und Methode. Grundzüge einer philosophischen Hermeneutik. Studienausg*. Tübingen (Mohr) 1986.

Göttner, Heide: *Logik der Interpretation*. München (Fink) 1973.

Grewendorf, Günther: *Argumantation und Interpretation. Wissenschaftstheoretische Untersuchungen am Beispiel germanistischer Lyrikinterpretationen*. Kronberg/Ts. (Scriptor) 1975.

Habermas, Jürgen: *Erkenntnis und Interesse*. Frankfurt a.M. (Suhrkamp) 1973. (STW 1)

Haussmann, Thomas: *Erklären und Verstehen: Zur Theorie und Pragmatik der Geisteswissenschaft*. Frankfurt a.M. (Suhrkamp) 1991. (Suhrkamp-Taschenbuch Wissenschaft. 918)

Hempel, Carl G.: *Philosophie der Naturwissenschaften*. München (dtv) 1974.

Hempel, Carl G. & Paul Oppenheim: *Studies in the Logic of Explanation*. In: Philosophy of Science 15 (1948), S. 135-175.

Kindt, Walter & Schmidt, Siegfried J. (Hg.): *Interpretationsanalysen*. München (Fink) 1976.

Kolakowski, Leszek: *Die Philosophie des Positivismus*. München (Piper) 1971.

Kreuzer, Helmut (Hg.): *Die zwei Kulturen. Literarische und naturwissenschaftliche Intelligenz. C.P.Snows Thesen in der Diskussion*. München (dtv) 1987.

Labov, William: *Sprache im sozialen Kontext*. Königstein, Ts. (Athenäum) 1980.

Platon: *Sämtliche Dialoge. Bd. II. Menon, Kratylos, Phaidon, Phaidros*. Hamburg (Meiner) 1988.

Rusch, Gebhard: *Auffassen, Begreifen und Verstehen. Neue Überlegungen zu einer konstruktivistischen Theorie des Verstehens*. In: Schmidt, Siegfried J. (Hg.): Der Diskurs des radikalen Konstruktivismus. Bd. 2. Frankfurt/M. (Suhrkamp) 1992, S. 214-256.

Savigny, Eike von: *Argumentation in der Literaturwissenschaft. Wissenschaftstheoretische Untersuchungen zu Lyrikinterpretationen*. München (Beck) 1976.

Schleiermacher, Friedrich: *Hermeneutik und Kritik*. Frankfurt a.M. (Suhrkamp) 1977.

Scholz, Gunter: *Zwischen Wissenschaftsanspruch und Orientierungsbedürfnis. Zu Grundlage und Wandel der Geisteswissenschaften*. Frankfurt a.M. (Suhrkamp) 1991.

Snow, Charles P.: *Die zwei Kulturen. Literarische und naturwissenschaftliche Intelligenz*. Stuttgart (Klett) 1967. (Original: The two Cultures and the scientific revolution. 1960)

Stegmüller, Wolfgang: *Erklärung, Begründung, Kausalität. Probleme und Resultate der Wissenschaftstheorie und analytischen Philosophie. Bd. 1*. Berlin u.a. (Springer) 1983.

Stegmüller, Wolfgang: *Historische, psychologische und rationale Erklärung. Verstehendes Erklären (Probleme und Resultate der Wissenschaftstheorie und Analytischen Philosophie. Studienausgabe Bd. 1 TL C*. Berlin u.a. (Springer) 1998.

Suppes, Patrick: *A Probabilistic Theory of Causality*. Amsterdam (North-Holland) 1970. (Acta philosophica Fennica. 24)

Weber, Max: *Wirtschaft und Gesellschaft*. Tübingen (Mohr) 1976.

Wright, Georg Henrik v.: *Erklären und Verstehen*. Frankfurt a.M. (Athenäum Fischer Taschenbuch Verl.) 1974. (Fischer Athenäum Taschenbücher. 1002)

Wolfgang Bonß

Vom Theorie-Praxis-Problem zur Verwendungsforschung und wieder zurück

1. Einleitung

Schon Kant schrieb „Über den Gemeinspruch: Das mag in der Theorie richtig sein, taugt aber nicht für die Praxis" (Kant 1793), und bereits seine Antwort macht deutlich, dass die Rede vom Theorie-Praxis-Problem auf einen *Krisen-* und *Defizitdiskurs* verweist. So stieg die Beschäftigung mit der Praxisfrage insbesondere in den Sozial- und Kulturwissenschaften immer dann, wenn die eigene Praxisrelevanz in Frage stand. Dass die Auseinandersetzungen dementsprechend vorrangig um Ideen einer *möglichen* Praxis kreisen, lässt sich an den diversen Modellen zum Verhältnis von Theorie und Praxis (vgl. Habermas 1968, 120, 121, 122.) ebenso studieren wie an den Konzepten einer „angewandten Sozialforschung" (Badura 1976); auch diese gehen im Wesentlichen der Frage nach, wie Wissenschaft praktisch werden *soll*; sie sagen jedoch kaum etwas darüber aus, wie und mit welchen Folgen Wissenschaft praktisch *wird*.

Diese Akzentuierung war freilich durchaus nahe liegend. Ungeachtet aller Kontroversen über *mögliche* Praxen waren die *tatsächlichen* Praxiserfahrungen der Sozialwissenschaften nämlich lange Zeit bescheiden. Dies hat sich in breitenwirksamer Form auch erst in den letzten drei bis vier Jahrzehnten geändert. Seither ist im deutschsprachigen Raum, und nicht nur dort, ein massiver Ausbau der Lehr- und Forschungskapazitäten zu verzeichnen, der zunächst die Sozial- und später die Kulturwissenschaften betraf. Parallel dazu kam es zu einer regelrechten „Versozialwissenschaftlichung" der Gesellschaft, die sich an zahlreichen Entwicklungen ablesen lässt. Ein Indikator ist die erheblich gestiegene Zahl der wissenschaftlich ausgebildeten Professionellen, die auch die Institutionen verändert haben, in denen sie arbeiten. Zugleich machen sich Strukturveränderungen im öffentlichen und privaten Diskurs bemerkbar. So lassen sich politische Entscheidungen ebenso wie politischer Protest heute kaum noch ohne Verweis auf wissenschaftliche Begründungen legitimieren, einschlägige Experten und Gegenexperten tauchen in praktisch allen gesellschaftlichen Problemfeldern auf, und selbst alltägliche Be- und Erziehungskonflikte werden in wissenschaftlichen Termini verhandelt.

Allerdings entspricht die Veränderung der Diskurslandschaft nicht unbedingt den Erwartungen. Die mit der Versozialwissenschaftlichung verknüpften Hoffnungen auf Reflexivitätsgewinne und eine Rationalisierung der gesellschaftlichen Problemverarbeitung haben sich nur in Grenzen erfüllt, und für manche überwiegen sogar die Negativeffekte. Denn je stärker in der gesellschaftlichen Selbstthematisierung auf wissenschaftliche Argumentationen zurückgegriffen wird, desto mehr scheinen diese „vernutzt" zu werden, und je häufiger wissenschaftliche Experten durch Gegenexperten (und diese wiederum durch Gegen-Gegenexperten) kritisiert und widerlegt werden, desto mehr verliert das wissenschaftliche Wissen den Nimbus der Überlegenheit und Unangreifbarkeit.

Angesichts dieser Erfahrungen hat sich die Praxisdebatte in den Sozial- und Kulturwissenschaften in den letzten zwei Jahrzehnten in doppelter Hinsicht verändert: a) Auf der einen Seite wird nicht mehr nur über *mögliche*, sondern zunehmend über *tatsächliche* Praxen geredet, wie sie in Politik, Verwaltung, Medien und Alltag zu beobachten sind; unter dieser Perspektive ist aus den alten Praxisdiskursen die neue Verwendungsforschung geworden. b) Sofern die neu entstandenen Praxen anders funktionieren, als es der Idee nach sein sollte, sind darüber hinaus eingeschliffene Basisunterstellungen der alten Praxisdiskurse brüchig geworden. So ist das wissenschaftliche offensichtlich nicht von vornherein ein überlegenes Wissen, weshalb sich die Frage nach der Praxisidee und den Praxismöglichkeiten von Wissenschaft neu stellt.

2   Praxiskonzeptionen im Rückblick

Die Rede von der Praxis weist „schon umgangssprachlich … großen Reichtum an Nuancen auf" (Schmidt 1973, 1107). Dies trifft erst recht für den wissenschaftlichen Sprachgebrauch zu, der eine Vielfalt von Bedeutungen kennt (vgl. Ritsert 1996, 16). Einen eigenen Bedeutungskontext entfaltet etwa der antike Praxisbegriff, wie er von Aristoteles als eine spezifische *Handlungsform* in Abgrenzung vom „poietischen" und „theoretischen" Handeln entwickelt worden ist. Anders setzen die neuzeitlichen Praxisdiskurse an, die mehrheitlich wissenschaftsbezogen sind, wobei in der Regel mit zwei Basisannahmen gearbeitet wird: (a) Zum einen gilt das Axiom, dass sich das wissenschaftliche gegenüber dem vorwissenschaftlichen Wissen durch eine prinzipiell *größere Rationalität* auszeichne; es sei „begründeter", „vernünftiger" und traditionalen Deutungsmustern grundsätzlich überlegen. (b) Zum anderen wird das Ziel der Praxis in einer wie auch immer gedachten *Beseitigung dieses Rationalitätsgefälles* gesehen.

Eine ebenso frühe wie plastische Illustration dieser Basisannahmen stammt von Francis Bacon (1561-1626). Unter dem Titel „Nova Atlantis" berichtet Bacon von einer fiktiven Reise nach Bensalem, einem unbekannten Mikrokosmos in pazifischen Gewässern, der alle sonst bekannten Länder an Reichtum und Friedfertigkeit übertraf. Ursache für diese Überlegenheit, so Bacon, sei das segensreiche Wirken des „Haus Salomons", einer interdisziplinär organisierten Wissenschaftlergemeinschaft, die sich das Ziel gesetzt hatte, „die inneren Kräfte der Natur zu erforschen und die Grenzen der menschlichen Macht so weit auszudehnen, um alle möglichen Dinge zu bewirken" (Bacon 1624, 43). Dies durchaus mit Erfolg. So konnten die Mitglieder des Hauses Salomons mit ihren Erfindungen und Experimenten die Natur schon fast nach Belieben verändern und verbessern. Genau deshalb waren sie auch die eigentlichen Herren des Eilands. Denn nur sie verfügten über das wahre (Herrschafts-)Wissen, das sie der Bevölkerung immer dann nahe brachten, „wenn sich Gelegenheit bietet und es uns angebracht erscheint, besonders nützliche Erfindungen bekanntzugeben" (ebd., 57).

Bacons Vision des neuen Atlantis, die auf das Plädoyer für eine ebenso eindeutige wie selbstverständliche Wissenschaftsdiktatur hinauslief, hatte bekanntlich Folgen. Am Vorbild des „Hauses Salomons" war insbesondere die berühmte „Royal Society" in London orientiert, die durch Preisfragen, Erfindungen und Experimente zu dem beizutragen versuchte, was Max Weber die „Entzauberung" von Wirklichkeit genannt hat. Allerdings stieß die Royal Society, ähnlich wie spätere Akademien und Gesellschaften, auf weit mehr Probleme als die Wissenschaftler auf Bensalem. Denn das neue Wissen entsprach nicht unbedingt dem überlieferten Erfahrungswissen, und dies führte in der Praxis nicht selten zu Gleichgültigkeit und gelegentlich auch zu Widerstand. Der Propagierung neuer Anbaumethoden beispielsweise standen die Bauern am Ende des 18. Jahrhunderts oft verständnislos bis ablehnend gegenüber, und auch auf dem Gebiete der industriellen Erfindungen war die Zahl der skeptischen Handwerker weit größer als die der aufgeschlossenen.

In den Akademien und Aufklärungsgesellschaften der damaligen Zeit kamen derartige Probleme freilich kaum zur Sprache. Denn für die Anhänger des neuen Wissens stand außer Frage, dass es sich letztlich von selbst durchsetzen werde. Zur Begründung dieser Überzeugung wurde im Wesentlichen auf zwei nicht immer ganz klar voneinander getrennte Argumentationen zurückgegriffen: zum einen auf das philosophische Konzept der *Vernunft* und zum anderen auf die pragmatische Idee des *Erfolgs*. Dominierend war von Anfang an die Idee des Erfolgs, die auch in Bacons „Nova Atlantis" im Vordergrund stand. So waren die Bewohner Bensalems von den Erfindungen des Hauses Salomon stets tief beeindruckt, weil sie funktionierten, wobei jeder neue Erfolg ihr Wissenschaftsvertrauen festigte. Ähnlich sahen dies die Mitglieder der „Royal Society", die immer wieder die positiven Folgen des neuen Wissens betonten. Es führe zu ergiebigeren Ernten, mehr Gütern und besserer Gesundheit, es steigere die eigene und fremde Wohlfahrt, und eben diese Effekte würden langfristig auch die Dümmsten überzeugen.

Anders argumentiert demgegenüber das vernunfttheoretisch begründete Praxiskonzept, das nicht aus der Welt der praktischen Aufklärung stammt, sondern aus der philosophischen Reflexion. Ihre Stoßkraft gewann diese Reflexion aus einer prinzipiell kritischen Orientierung, die sich gegen die traditionellen Gedanken der göttlichen Determiniertheit der Welt richtete und indirekt auch gegen die vorgängigen Ungleichheiten der Feudalgesellschaft. Exemplarisch zeigt sich dies etwa in der Denkfigur des „sich selbst konstituierenden Subjekts" (Fichte), das in der Lage ist, die Welt aus sich heraus als „vernünftige" zu setzen und damit in einen begründungsfähigen Zusammenhang zu verwandeln. Mit dieser Konstruktion war es möglich, die Welt jenseits der göttlichen Determiniertheit als eine produziert-produzierbare zu begreifen, die begründungsfähig gemacht und somit vernünftig werden kann.

Sofern die allen Subjekten gleichermaßen zugängliche Vernunft als natürliches Begründungsfundament und normatives Ziel gleichermaßen vorgestellt wurde, war das Bekenntnis zur Vernunft letztlich mit der Forderung identisch, die Welt in eine „vernünftige" zu verwandeln. Mit dieser von Kant bis Hegel in unterschiedlicher Form verfochtenen Basisthese wurden Theorie und Praxis eng aufeinander bezogen. Zwar kam der Theorie stets der erste Platz zu, und manchmal ließ sie sich, wie etwa bei Hegel, auch gegen die Praxis ausspielen. Aber ungeachtet dessen herrschte die Überzeugung vor, dass die Theorie zur Praxis dränge und auch drängen müsse. Denn erst und nur in der Einheit des vernünftig *denkenden* und *handelnden* Subjekts kommen Theorie und Praxis zu sich selbst und erweist sich die Wahrheit der Theorie.

3 Wissenschaftszentrismus als Programm und Problem

Auch wenn die vernunfttheoretischen Überlegungen und die an der Idee des Erfolgs orientierten Konzepte im Laufe des 19. Jahrhunderts immer weiter auseinander traten, stimmen sie in einem Punkt überein. Denn in allen Varianten stellt sich Praxis als ein erfolgreiches Vernünftigwerden einer traditional unvernünftigen Welt dar, die auf das Rationalitätsniveau der Wissenschaft gehoben wird. Zwar wurde die Idee des Vernünftigwerdens unterschiedlich ausbuchstabiert. Aber dies änderte nichts an der Fixierung auf die wissenschaftliche Rationalität, und sofern der Praxis keine von der der Wissenschaft systematisch unterschiede Eigenrationalität zugestanden wurde, war das Praxisverständnis in letzter Instanz „*wissenschaftszentristisch*".

Dass wissenschaftszentristische Positionen selbst für höchst gegensätzliche Theoretiker Geltung hatten, lässt sich im 20. Jh. nicht zuletzt am Positivismusstreit studieren (vgl. Adorno et al. 1969). Trotz aller Gegensätze weisen die Protagonisten dieser Kontroverse mehr Gemeinsamkeiten auf, als es auf den ersten Blick aussieht. So stellte sich die Praxis der Wissenschaften auf beiden Seiten als Verwissenschaftlichung einer unwissenschaftlichen Welt dar, und gemeinsam war auch die Überzeugung einer kognitiven Überlegenheit von Wissenschaft und Vernunft. Praxis erschien dementsprechend schon fast als Fortsetzung der Wissenschaft mit anderen Mitteln, wobei der Kern und die Aufgabe darin gesehen wurden, gesellschaftliches Handeln an die Rationalitätsstandards der wissenschaftlichen Reflexion anzupassen und letztere wirklich werden zu lassen.

Die Kritische Theorie entfaltete diesen Gedanken auf der Grundlage ideologiekritisch transformierter, *vernunft*theoretischer Begründungsfiguren. Hierbei erscheint Praxis im Sinne der philosophischen Tradition als ein potentielles „Zu-sich-selbst-Kommen" der Wissenschaft, in dessen Verlauf die Erkenntnis als Einheit von normativen, kognitiven und expressiven Momenten wahr wird bzw. werden soll (vgl. Horkheimer 1935). Angesichts der tatsächlichen Praxis war diese Konzeption freilich in hohem Maße kontrafaktisch und taugte letztlich auch eher als Folie für ideologiekritische Argumentationen. Denn von einer „falschen", „verkürzenden" oder „instrumentalistischen" Verwendung musste immer dann gesprochen werden, wenn die Praxis der Wissenschaft eben nicht zur Herstellung von „Wahrheit" als Einheit von normativen, kognitiven und expressiven Momenten führt. Und da dies oft, wenn nicht immer der Fall ist, neigten Autoren wie Adorno oder Horkheimer zu der These, dass die beste Praxis der Sozialwissenschaften in einer kritischen Praxisdistanz bzw. in der Kritik eingeschliffener Praxisroutinen liege.

Demgegenüber argumentierten die Verfechter des kritischen Rationalismus eher vor dem Hintergrund der *erfolgs*bezogenen Traditionslinie. Für Popper und Albert war Praxis keine Herstellung von Wahrheit im emphatisch-vernunfttheoretischen Sinne, sondern die Durchsetzung einer kognitiv überlegenen, weil an Richtigkeitskalkülen orientierten Rationalität, die intersubjektiv nachprüfbar und handlungspraktisch erfolgreich war. Trotz entsprechend veränderter Vorzeichen lief eine gelingende Verwissenschaftlichung aber auch bei ihnen auf eine „Verschmelzung" von Erkenntnis und Handeln bzw. Wissenschaft und Gesellschaft hinaus, die aus der Perspektive der Erkenntnisproduktion und damit wissenschaftszentristisch zum Thema wurde.

Die Wissenschaftszentriertheit der verschiedenen Praxisentwürfe kommt nicht von ungefähr – lassen sich doch auch die meisten Gesellschaftsentwürfe der Moderne als Entwürfe einer „Wissenschaftsgesellschaft" (Kreibich 1986) lesen. So läuft die Marxsche Vision des Kommunismus auf die Beschreibung eines Sozialzusammenhanges hinaus, der nicht zuletzt deshalb Freiheit ermöglicht, weil er die Idee einer wissenschaftlich-technischen Beherrschbarkeit der Welt Wirklichkeit werden lässt (vgl. Marx 1867, 54, 631, 790). Weniger emphatisch, aber in der Tendenz vergleichbar äußerte sich Max Weber, für den die Entwicklung der Moderne in letzter Konsequenz auf eine völlige Unterwerfung der Welt unter die Kalküle zweckrationaler Verfügbarkeit hinauslief. Hier schloss ein halbes Jahrhundert später Helmut Schelsky an, wenn er feststellte, dass die Moderne geprägt sei durch die „Sachgesetzlichkeit, die der Mensch als Wissenschaft und Arbeit selbst produziert" (Schelsky 1961, 22). Eine kritische Variante dieser These lieferte wenig später Jürgen Habermas, für den die instrumentelle „Wissenschaft zur ersten Produktivkraft" geworden ist, wobei „die Entwicklung des gesellschaftlichen Systems durch die Logik wissenschaftlichen Fortschritts bestimmt zu sein scheint" (Habermas 1968, 74, 81).

Ähnlich argumentiert schließlich für postindustrielle Gesellschaften Daniel Bell. Dieser betont nachdrücklich „die zentrale Stellung des theoretischen Wissens als Achse, um die die neue Technologie, das Wirtschaftswachstum und die Schichtung der Gesellschaft organisiert werden" (Bell 1975, 112). Zugleich sah er in postindustriellen Gesellschaften eine neue Stufe der Verwissenschaftlichung erreicht. Diese beschränke sich nicht mehr auf die äußere Natur, sondern greife auf die innere Natur über und schließe letztlich alle Formen systematischen Wissens ein. Die postindustrielle Gesellschaft ist gleichsam eine „Wissenschaftsgesellschaft auf erweiterter Stufenleiter", die sich vor allem durch eine verstärkte Verwissenschaftlichung des Sozialen auszeichnet (vgl. Bell 1986). Denn die Bearbeitung sozialer Probleme wird enttraditionalisiert und in die Hände einer neuen Klasse akademisch gebildeter Technokraten übertragen, deren Rationalität dominant wird und die laut Bell letztlich zur entscheidenden politischen Klasse avancieren.

Dass diese akademisch gebildeten Professionellen etwas anderes sind als akademische Wissenschaftler, wurde vor allem in den Anfängen des Übergangs zur Wissenschaftsgesellschaft übersehen. Exemplarisch zeigt sich dies in der amerikanischen Politikberatung der vierziger Jahre (vgl. Mies 1986), die darauf abzielte, die politischen Entscheidungsprozesse durch zweckrational orientierte „Spitzenberater" zu „versachlichen". Diese füttern ihr Wissen in die Spitze administrativer Hierarchien ein und können sich Praxis immer nur als unmittelbare Anwendung der eigenen Rationalitätskalküle vorstellen; dementsprechend gehen sie wie selbstverständlich davon aus, dass ihre Empfehlungen in der Administration von selbst oder qua Amtsautorität nach unten durchsickern und neigen bei Widerständen zur Annahme von Böswilligkeiten und/ oder Intelligenzdefiziten auf der Seite der Klienten.

Einer der ersten, der dieses Konzept als wirklichkeitsfremd kritisierte, war Charles Lindblom mit seiner „Science of muddling through" (Lindblom 1959). Zwar stellte Lindblom die Annahme der höheren Rationalität wissenschaftlichen Wissens keineswegs in Frage, wohl aber die Unterstellung, dass sich diese Rationalität in Politik und Verwaltung bruchlos einfüttern lasse. Für die administrative Praxis, so Lindblom, sei vielmehr ein „Durchwursteln" mit relativ kurzen Zeithorizonten typisch. Dass dieses Durchwursteln von den wissenschaftlichen Experten als grundsätzlich defizitär wahrgenommen werde, sei in doppelter Hinsicht prekär. Denn eine vorschnelle Defizithypothese verkenne nicht nur die Eigenlogik administrativer Handlungskontexte, sondern minimiere zugleich die Praxischancen des wissenschaftlichen Wissens – kann doch letzteres nur in dem Maße praktisch werden, wie die wissenschaftliche Experten ihre Argumentationen jenseits aller wissenschaftlichen (Zweck-)Rationalität verkaufen.

Lindbloms Sicht wurde zur selben Zeit durch organisationssoziologische Analysen (March & Simon 1958) bestätigt, die ein verändertes Bild der Rationalität und Rationalisierbarkeit von Organisationen zeichneten und sich vor allem gegen die stillschweigend unterstellte Universalisierbarkeit wissenschaftlicher Zweckrationalität aussprachen. Angesichts diverser selbstkritischer Erfahrungsberichte (vgl. z.B. Gouldner / Miller 1965, Lazarsfeld et al. 1967) wurden deshalb in der Folgezeit neue theoretische Überlegungen entwickelt, die den Übergang vom „naiven" zum „reflektierten" Wissenschaftszentrismus markieren. Exemplarisch sei auf die „selektiv-partizipatorischen Konzepte" (Truman 1968) oder auf den „klinischen Ansatz" (vgl. Dewe & Radtke 1989) hingewiesen, die erstmals betonten, dass zwischen wissenschaftlichen und außerwissenschaftlichen Handlungszusammenhängen ein „Rationalitätsbruch" besteht und die Implementation wissenschaftlicher Erkenntnisse nicht einfach linear gedacht werden kann. Zwar wurde auch in diesen Ansätzen das Ziel der Praxis unverändert in der Durchsetzung wissenschaftlicher Rationalitätsstandards gesehen. Aber dieses Ziel, so die neue Überzeugung, ließe sich nur dann in breitenwirksamer Form realisieren, wenn es gelinge, systematische Erkenntnisblockaden zu beseitigen und der Irrationalität der Verwendungspraxis zu begegnen

Vor diesem Hintergrund begann jene „zweite Stufe" der Umsetzung sozialwissenschaftlichen Wissens, wie sie in den USA mit der Ära Kennedy und in der BRD mit der großen Koalition im Jahre 1966 einsetzte. Diese mit dem Übergang zum Postindustrialismus verbundene Phase zeichnet sich gleichermaßen durch eine *Erweiterung* und durch eine *Differenzierung* potentieller Praxisfelder aus. Nicht nur die „große" Politik, sondern auch die „kleinen" Felder von der Innen- über die Sozial- bis hin zur Bildungspolitik sollten nun mit wissenschaftlichem Know-how betrieben werden, und hiermit sollten nicht nur die „Verwaltungsspitzen", sondern auch die nachgeordneten Stellen arbeiten. Ausweitung und Differenzierung gingen meist Hand in Hand, denn eine Erweiterung der Wirkungsfelder schien nur dann möglich, wenn die Praxis über Weiterbildung und flankierende Maßnahmen besser als bislang „adaptionsfähig" für wissenschaftliche Rationalität gemacht wurde. So gab es im Bildungsbereich die Curriculumforschung, die auf eine „Umsetzung" in die Niederungen des Lehreralltags abzielte (vgl. Dewe 1988), und ähnliche Begleitforschungen wurden auch für andere Bereiche gefordert, um so einen „ordnungsgemäßen" Transfer nachzuweisen oder herzustellen.

Aber von den programmatischen Absichten wurde letztlich nur ein geringer Teil realisiert. Dies ist sicherlich nicht allein den Sozialwissenschaften anzulasten. Aber angesichts der zuvor geweckten Rationalisierungshoffnungen wuchsen Unbehagen und Kritik gleichwohl überproportional. Denn den Anspruch, eine, sei es nun technokratisch oder kritisch umsetzbare „Schlüsselwissenschaft" (vgl. Weymann 1989) zu sein, verfehlten die Sozialwissenschaften systematisch, und dies führte seit Mitte der siebziger Jahre nicht nur in der Außenwahrnehmung zu Irritationen. Auch innerhalb der Teildisziplinen von der Soziologie bis hin zur Politikwissenschaft schlug das Pendel um, und es häuften sich die pessimistischen Praxiseinschätzungen. Typisch hierfür ist beispielsweise Helga Nowotny (1975), die den Sozialwissenschaften ungeachtet ihrer verbesserten technischen Möglichkeiten eine systematische „Irrelevanz" bescheinigte, die nur beseitigt werden könne, wenn man sich mit den Regeln der Relevanzerzeugung beschäftige und eine fortlaufende „Forschung über Forschung" (Nowotny 1975, 455) entwickele.

4   Praxisdiskussionen und Verwendungsforschung

Sofern mit der Enttäuschung der Rationalisierungserwartungen der gesellschaftliche Status der Sozialwissenschaften schwand und ein Rückgang der Mittel für Forschung und Lehre drohte, wuchs das Interesse an neuen Praxisthematisierungen zwangsläufig. Denn es galt zu klären, warum die manifesten Praxispostulate und Beratungsprogamme vergleichsweise erfolglos geblieben waren und wo Ansatzpunkte für verbesserte Konzepte lagen. Ausgehend von ersten Bestandsaufnahmen zu den bisherigen Bemühungen (vgl. z.B. Wissenschaftszentrum 1977, Beck 1982) schälten sich dabei zwei unterschiedliche Diagnosen der Praxismöglichkeiten und -grenzen heraus:
*   Auf der einen Seite standen jene, die für die enttäuschten Rationalisierungserwartungen die *mangelnden Praxis- und Professionalisierungsbemühungen* verantwortlich machten. Der Bundesverband der deutschen Soziologen etwa vertrat die Meinung, dass sich „die Hochschulen und Soziologenverbände in den letzten Jahrzehnten nie ernsthaft um die Professionalisierung … bemüht … haben" (BDS 1983, 3). Die Soziologie sei in ihrem Elfenbeinturm geblieben, wobei der fehlende Blick über den akademischen Gartenzaun nicht nur zur Verhinderung einer besseren Praxis geführt habe, sondern auch zu einer Unterschätzung der bereits erreichten Erfolge in Gestalt von Sozialberichterstattung, sozialer Diagnose, Sozialplanung, Entwicklung und Erprobung von Modellprogrammen.
*   Eine entgegengesetzte Deutung lieferten jene, die von einer *Überlastung mit Praxisansprüchen und einer falschen Professionalisierung* sprachen. So hätten höchst konträre Adressaten praktisch handhabbare Antworten erwartet, weshalb die tatsächlichen Antworten letztlich keinen befriedigten. Überdies sei der Ausbau der Forschung unter einer Blickrichtung vorangetrieben worden, die einseitig auf eine „problemlösende (statt aufklärerisch-problemdeutende) Einstellung" (Offe 1982,

13) verwies. Hierdurch werde eine Einheitlichkeit sozialwissenschaftlicher Praxis unterstellt, die es faktisch nicht (mehr) gebe (vgl. Nunner-Winkler et al. 1981).

Diese beiden Positionen prägen indirekt auch die in den in den achtziger und neunziger Jahren entwickelten Diskussionen über Praxis und Praxisverbesserung. Zur ersten Diagnose passen jene Ansätze, die vor dem Hintergrund eines reflexiven Wissenschaftszentrismus weiterhin nach „verfeinerten" Strategien einer Umsetzung wissenschaftlicher Ergebnisse suchen. Diese Orientierung ist vor allem für die *Evaluations-* und *Implementationsforschungen*, aber auch für die Begleitforschungen kennzeichnend, die darauf abzielen, den Erfolg bzw. Misserfolg (sozial-)wissenschaftlich mitformulierter (Politik-)Programme nachzuzeichnen, um so Schwachstellen aufzuzeigen und Verbesserungsvorschläge zu entwickeln.[1] Stärker noch als die Evaluationsforschung zeigt dabei die Implementationsforschung, wie groß die Brüche zwischen der wissenschaftlichen Beratung und der politischen Praxis sind. Gleichwohl bleibt sie den ursprünglichen Hoffnungen insofern verhaftet, als die Umsetzungsschwierigkeiten zu einem Komplexitätsproblem gemacht werden und ihre Lösung in die Zukunft verlagert wird. Etwas anders akzentuiert, wenngleich ebenfalls praxisoptimistisch sind demgegenüber die Ansätze der Beratungsforschung, wie sie in den letzten Jahren vor allem in dem stark expandierenden Feld der Organisationsberatung entwickelt worden sind.[2]

Wer demgegenüber der zweiten Diagnose zuneigt, wird eher an die Ansätze der *Verwendungsforschung* anknüpfen. Ausgehend von den enttäuschten Rationalisierungshoffnungen der sechziger Jahre zeichnet sich diese dadurch aus, dass sie vor dem Hintergrund der Analyse konkreter Verwendungsprozesse die wissenschaftszentristische Ideen der Praxis wissenschaftlichen Wissens grundsätzlich in Frage und zugleich die Praxisfrage neu stellt.[3]

Ausschlaggebend für diese Akzentverschiebung waren ironischerweise „Fehlschläge" der Forschung. Denn diese begann mit dem Versuch, die Bedingungen für einen Wissenstransfer im Sinne wissenschaftszentristischer Praxiskonzepte zu klären. Aber ein solcher Wissenstransfer war in der institutionellen, beruflichen und alltäglichen Wissenschaftsverwendung kaum nachweisbar, und angesichts der handlungslogischen Differenz zwischen Wissenschaft und Praxis auch kaum erwartbar.

Erläutern lässt sich diese handlungslogische Differenz anhand der Kategorien des „Zweifels" und der „Handlungsentlastung". Seit Popper gilt der Zweifel als ein zentrales Charakteristikum der modernen Wissenschaft, die ihre Entwicklungsdynamik nicht aus Verifikationen, sondern aus Falsifikationen bezieht. Oder anders ausge-

---

[1] Zur Evaluations- und Implementationsforschung vgl. neben Weiss (1974) und Struening / Brewer (1984) für den deutschen Sprachraum u.a Mayntz (1980) sowie den Sammelband von Hellstern / Wollmann (1983)

[2] Zur Beratungsforschung vgl. allgemein Dewe (1988); zur Organisationsberatung ferner Wimmer (1992) sowie zuletzt Bosch et al. (1999)

[3] Zur Verwendungsforschung vgl. Weiss (1977), Bulmer (1982, 1987), Dunn et al. (1985), Beal et al. (1986) sowie aus der deutschen Diskussion Wingens (1988) sowie die Beiträge in Beck / Bonß (1989).

drückt: Entscheidend für die wissenschaftliche Entwicklungsdynamik ist der Zweifel am bisherigen Wissen und die Suche nach alternativen, weiterführenden, umfassenderen Erklärungsmöglichkeiten. „Leisten" kann sich die Wissenschaft diese Attitude, weil sie im Unterschied zur Praxis gerade nicht unter „Handlungsdruck" steht, sondern „handlungsentlastet" (Habermas 1973, 214) vorgeht. Dies zumindest insofern, als sie die Wirklichkeit als „auch anders möglich" denken und nach neuen Interpretationen und Erklärungen suchen kann. Die Praxis hingegen singt zunächst und vor allem das „Lob der Routine" (Luhmann), und zwar aus gutem Grunde. Denn Praxis bedeutet immer auch „Handlungsdruck", der um so leichter zu bewältigen ist, wie gerade keine Zweifel bestehen, sondern die Wirklichkeit als bekannt, eindeutig und klar strukturiert wahrgenommen wird.

Gerade deshalb ist es auch falsch, das Theorie-Praxis-Verhältnis vorrangig aus der Perspektive der Wissenschaft zu sehen. Letztlich kann sich die Praxis Wissenschaft nur dann zu eigen machen, wenn die jeweiligen „Ergebnisse" auf das Referenzsystem der Praxis bezogen und ihrer wissenschaftlichen Identität entkleidet werden. Eine „erfolgreiche" Verwendung bemisst sich also nur in Ausnahmefällen an einer direkten Übernahme der wissenschaftlichen Perspektive. Statt dessen gilt, dass sozialwissenschaftliche Interpretationsangebote genau dann „erfolgreich" praktisch werden , wenn sie im Bewusstsein von Alltag, Politik und Betrieb scheinbar „spurlos" *verschwinden*, d.h. nicht mehr als wissenschaftliche Deutungsmuster, sondern allein aus den praktischen Handlungsregeln heraus dechiffrierbar sind. Nur unter dieser Voraussetzung hat sich die Praxis die in ganz anderen Kontexten entstanden wissenschaftlichen Deutungsmuster tatsächlich „angeeignet" und in die eigenen Kontexte eingebaut.

Dieser Sachverhalt erklärt auch den Widerspruch zwischen der These einer zunehmenden Versozialwissenschaftlichung und der Feststellung eines Scheiterns der wissenschaftlich angeleiteten Reformprozesse. Denn auch wenn die wissenschaftszentrierten Praxisideen die Wirklichkeit verfehlen, so bedeutet dies keineswegs, dass die einschlägigen Deutungsmuster völlig irrelevant sind. Sie werden allerdings nach anderen Regeln aufgegriffen und ein- bzw. umgebaut. Dies zeigt sich nicht zuletzt daran, dass explizite Praxisprogramme, wie in der Implementationsforschung immer wieder festgestellt, oft weitgehend wirkungslos bleiben, während umgekehrt manche überhaupt nicht in praktischer Absicht entworfenen theoretischen Unterscheidungen, wie etwa die Abgrenzung von „System" und „Lebenswelt", als Orientierungswissen sehr schnell aufgegriffen werden und in institutionellen, professionellen und alltagsweltlichen Diskursen Spuren hinterlassen.

Diese Spuren in systematischer Form zu beschreiben, ist allerdings schon deshalb schwierig, weil wissenschaftliches Wissen zunehmend *(selbst-)reflexiv* gehandhabt wird. Denn die Adressaten der Theorie stehen den wissenschaftlichen Interpretationsangeboten längst nicht mehr ungebrochen autoritätsgläubig gegenüber, sondern wissen mit ihnen situativ umzugehen, und zwar jenseits der traditionellen Kontroversen um „instrumentelle" und „nicht-instrumentelle" Formen des Wissenstransfers. Zwar ist die Praxis wissenschaftlichen Wissens stets insofern instrumentell, als das „Aufmerksamkeitsspektrum" der Verwender durch Gesichtspunkte praktischer Handlungsrelevanz geprägt und dementsprechend „selektiv" ist. Aber diese Selektivitäten verweisen nicht unbedingt auf einen „Missbrauch" oder auf eine misslingende Aufklärung. Denn der instrumentelle Gebrauch und das damit verknüpfte „strategische" Lernen lässt sich kaum für sich realisieren, sondern setzt letztlich eine *Gleichzeitigkeit von „strategischen" und „diskursiven" Lerneffekten* voraus. Oder anders formuliert: Wer sich einmal darauf eingelassen hat, Entscheidungen mit wissenschaftlichen Argumenten zu fundieren, bleibt an diese „Umstellung" gebunden und unterliegt trotz aller „Vereinfachungen" einem „diskursiven Sperrklinkeneffekt".

Eben hieraus ergeben sich entscheidende Punkte für die weitere Diskussion. Statt weiterhin nach Praxisformen zu suchen, die wissenschaftliche Rationalität möglichst ungebrochen wirksam werden lassen, wäre eher nach den Folgen und Möglichkeiten einer Praxis im Rationalitätsbruch zu fragen. Zwar ist es derzeit kaum möglich, hierauf eine bündige Antwort zu geben. Aber aus der Perspektive der Wissenschaft selber stellt sich hierdurch die Praxisfrage in doppelter Hinsicht neu: a) Auf der einen Seite erscheint die Rede von *der* Praxis inzwischen völlig unscharf. Denn es gibt nicht nur zahlreiche Praxis*felder*, sondern auch verschiedene Praxis*typen* mit je eigenen Rationalitäts- und Reflexivitätskriterien, die bislang noch kaum systematisiert worden sind. b) Zum anderen wird es genau deshalb wichtig, die für das Wissenschaftssystem selber charakteristischen Praxisformen genauer zu beschreiben. Denn wenn es richtig ist, dass moderne Gesellschaften zunehmend den Charakter von Wissenschaftsgesellschaften haben und sich die Grenzziehung zwischen Wissenschaft und Praxis in „wissenschaftserfahrenen" Gesellschaft zugleich verändert, dann wird es wichtig, die dem Wissenschaftssystem selbst eigenen Praxisformen genauer zu umreißen, wobei vieles dafür spricht, dass diese in Zukunft weit enger gefasst und weit stärker (ideologie-)kritisch akzentuiert sein werden.

Literatur- und Medienverzeichnis

Adorno, Theodor W. u.a. (Hg.): *Der Positivismusstreit in der deutschen Soziologie.* Neuwied u.a. (Luchterhand) 1969.

Bacon, Francis: *Neu-Atlantis.* Stuttgart (Reclam) 1982.

Badura, Bernhard (Hg.).: *Seminar: Angewandte Sozialforschung.* Frankfurt a.M. (Suhrkamp) 1976.

Beal, George M. & Dissanayake, Wimal & Konoshima, Sumiye: *Knowledge Generation, Exchange, and Utilization.* Boulder u.a. (Westview Press.) 1986.

Beck, Ulrich & Bonß, Wolfgang (Hg.): *Weder Sozialtechnologie noch Aufklärung? Analysen zur Verwendung sozialwissenschaftlichen Wissens.* Frankfurt a.M. (Suhrkamp) 1989.

Beck, Ulrich (Hg.): *Soziologie und Praxis. Erfahrungen, Konflikte, Perspektiven.* Göttingen (Schwarz) 1982. (Soziale Welt : Sonderband. 1)

Bell, Daniel: *Die nachindustrielle Gesellschaft.* Frankfurt a.M. (Fischer) 1975.

Bell, Daniel: *Die Sozialwissenschaften seit 1945.* Frankfurt a.M. (Campus) 1986.

Berufsverband Deutscher Soziologen: *Stellungnahme zu Hans-Peter Dreitzel / Dietmar Kamper: "Wozu noch Soziologie?".* Bielefeld, Kiel (Manuskr.) 1983.

Bulmer, Martin: *The Uses of Social Research.* London (Routledge) 1982.

Bulmer, Martin (Hg.): *Social Science Research and Government.* Cambridge (Univ. Press.) 1987.

Dewe, Bernd: *Wissensverwendung in der Fort- und Weiterbildung. Zur Transformation wissenschaftlicher Informationen in Praxisdeutungen.* Baden-Baden (Nomos) 1988.

Dewe, Bernd & Radtke, Frank-Olaf: *Klinische Soziologie. Eine Leitfigur der Verwendung sozialwissenschaftlichen Wissens.* In: Beck, Ulrich & Bonss, Wolfgang (Hg.): Weder Sozialtechnologie noch Aufklärung? Analysen zur Verwendung sozialwissenschaftlichen Wissens. Frankfurt a. Main: (Suhrkamp) 1989, S. 46-71.

Dunn, W. N. & Holzner, B. & Zaltman G.: *Knowledge Utilization.* In: International Encyclopedia of Education, 5 (1985).

Gouldner, Alvin Ward & Miller, Seymour Michael: *Applied Sociology. Opportunities and Problems.* New York (The Free Press) 1965.

Habermas, Jürgen: *Technik und Wissenschaft als Ideologie. 4. durchges. Aufl. 2 Bde.* Frankfurt a.m. (Suhrkamp) 1968.

Habermas, Jürgen: *Wahrheitstheorien.* In: Fahrenbach, Helmut: (Hg.) Wirklichkeit und Reflexion. Walter Schulz zum 60. Geburtstag. Pfullingen (Neske) 1973, S. 211-265.

Horkheimer, Max: *Zum Begriff der Wahrheit.* In: Zeitschrift für Sozialforschung, 4 (1935), S. 321ff.

Kant, Immanuel: *Über den Gemeinspruch: Das mag in der Theorie richtig sein, taugt aber nicht für die Praxis.* 1793. In: Wilhelm Weischedel (Hg.), Immanuel Kant. Werke in zehn Bänden. Bd. 9. Darmstadt (Wiss. Buchges.) 1983, S. 125-172.

Kreibich, Rolf: *Wissenschaftsgesellschaft. Von Galilei zur High-Tech-Revolution.* Frankfurt a.m. (Suhrkamp) 1986.

Lazarsfeld, Paul Felix & Sewell, William & Wilensky, Harold (Hg.): *The Uses of Sociology.* New York (Basic Books) 1967.

Lindblom, Charles Edward: *The Science of Muddling through.* In: Public Administration Review, 19 (1959), S. 79ff.

March, James G. & Simon, Herbert A.: *Organizations.* New York u.a. (Wiley) 1958.

Marx, Karl: *Das Kapital. Kritik der politischen Ökonomie. Bd. 1.* Berlin (Dietz) 1967. (MEW. 23)

Mayntz, Renate (Hg.): *Implementation politischer Programme. Empirische Forschungsberichte.* Königstein, Ts. (Verl.-Gruppe Athenäum, Hain, Scriptor, Hanstein) 1980. (Neue wissenschaftliche Bibliothek. 97 : Soziologie)

Mies, Thomas: *Der Praxisbezug der Sozialwissenschaften. Am Beispiel der angewandten Sozialforschung in den USA 1960 – 1980.* Frankfurt a.M. u.a. (Campus) 1986.

Nowotny, Helga: *Zur gesellschaftlichen Irrelevanz der Sozialwissenschaften.* In: Stehr, Nico u.a. (Hg.): Wissenschaftssoziologie. Opladen (Westdt.-Verl.) 1975 Kölner Zeitschrift für Soziologie und Sozialpsychologie : Sonderhefte, 18(1975).

Nunner-Winkler, Gertrud, Oevermann, Ulrich & Peters, Rolf: *Soziologie. Wissenschaft ohne Beruf.* In: Erziehung, 1981, 4, S. 78ff.

Offe, Claus: *Funktion der Soziologie und Berufspraxis.* In: BDS-Info, 2 (1982), S. 12ff.

Ritsert, Jürgen: *Einführung in die Logik der Sozialwissenschaften.* Münster (Westfälisches Damfboot) 1996.

Schelsky, Helmut: *Der Mensch in der verwissenschaftlichten Zivilisation.* Köln, Opladen (Westdeutscher Verlag) 1961.

Schmidt, Alfred: *Praxis.* In: Krings, Hermann & Baumgartner, Hans & Wild, Christoph (Hg.): Handbuch philosophischer Grundbegriffe.Bd. 4. Mensch – Relation. München: (Kösel) 1973, S. 1107-1138.

Struening, Elmer L. u.a. (Hg.): *The University Edition of the Handbook of Evaluation Research.* Beverly Hills u.a. (Sage) 1984.

Truman, D. B.: *The Social Sciences and Public Policy.* In: Science, 160 (1968), S. 508ff.

Weiss, Carol H.: *Evaluierungsforschung.* Opladen (Westdt.-Verl.) 1974.

Weiss, Carol H. (Hg.): *Using Social Research for Public Policy Making.* Lexington (Lexington Books) 1977.

Weymann, Ansgar: *Soziologie – Schlüsselwissenschaft des 19. oder 20. Jahrhunderts? In:* Soziale Welt, 1989, 1/2, 133-141.

Wimmer, Rudolf (Hg.): *Organisationsberatung. Neue Wege und Konzepte.* Wiesbaden (Gabler) 1992.

Wingens, Matthias: *Soziologisches Wissen und politische Praxis. Neuere theoretische Entwicklungen der Verwendungsforschung.* Frankfurt a.M. (Campus) 1988.

Wissenschaftszentrum Berlin (Hg.): *Interaktion von Wissenschaft und Politik.* Frankfurt a.M. (Campus) 1977.

Uwe Flick

Geltung und Verallgemeinerung in den Sozialwissenschaften

1. Einleitung

Die Frage, wie die Wissenschaft zu ihrem Wissen kommt, beinhaltet auch die Frage, wie sie zu gültigem Wissen kommt und wofür das gefundene Wissen Gültigkeit beansprucht. Damit ist die Frage nach der Geltung(-sbegründung) und der Verallgemeinerung aufgeworfen. Das generelle Problem ist, dass allgemeine Zusammenhänge und Sachverhalte an konkreten Personen, Gruppen oder Situationen untersucht werden (müssen). Dabei wird eine *Stichprobe* gezogen oder eine bestimmte Anzahl von Fällen ausgewählt, die dann für eine *Grundgesamtheit* stellvertretend untersucht werden. Will man z.b. das Krankheitserleben einer bestimmten Patientengruppe (z.b. mit der Parkinson'schen Krankheit) untersuchen, wählt man eine begrenzte Zahl von konkreten Patienten aus und befragt sie, um anschließend generellere Aussagen über Patienten (mit dieser Krankheit) machen zu können. Ob dieser Schluss von der untersuchten Gruppe auf die generelle Gruppe zulässig ist oder nicht, hängt von der Geltung und der Verallgemeinerbarkeit der gefundenen Ergebnisse ab. Sozialwissenschaften stützen sich bei ihrer empirischen Forschung traditionell und aktuell auf zwei Hauptlinien: qualitative und quantitative Sozialforschung (vgl. als Überblick Flick, Kardorff & Steinke 2000 bzw. Bortz & Döring 1995). Beide Linien stehen gleichermaßen vor der Frage, wie sie Geltung und Verallgemeinerbarkeit ihrer Erkenntnisse bestimmen sollen. Die Antworten beinhalten generell zwei Bestandteile – mehr oder minder allgemeine und allgemein verbindliche Kriterien und Vorgehensweisen zu ihrer Realisierung. Die Wege, die in der qualitativen und der quantitativen Sozialforschung dabei eingeschlagen werden, unterscheiden sich z.T. deutlich.

2. Kriterien der Geltungsbegründung

In der quantitativen Forschung scheint weitgehend Einigkeit darüber zu herrschen, wie die *Reliabilität, Validität* und *Objektivität* einer Untersuchung zu bestimmen sind, und vor allem, dass dies die geeigneten Kriterien zur Bewertung von Forschung sind. In der qualitativen Forschung wird die Frage nach den Kriterien noch grundsätzlicher diskutiert (s.u., 2.4).

2.1 Validität

2.1.1 Validität von Untersuchungsanordnungen
Validität wird für Untersuchungsdesigns und für Messinstrumente bestimmt. Bei Untersuchungsdesigns geht es um die Überprüfung der Gültigkeit von Ergebnissen. Einerseits wird die *interne Validität* eines Untersuchungsdesigns bestimmt. Interne Vali-

dität kennzeichnet die Frage, inwieweit Ergebnisse einer Untersuchung eindeutig interpretierbar sind. Soll bspw. die Wirkung einer Intervention untersucht werden, so ist für die Messung zu prüfen, ob sich Veränderungen abhängiger Variablen ursächlich auf Veränderungen unabhängiger Variablen zurückführen lassen. Zusammenhänge lassen sich dann eindeutig interpretieren.

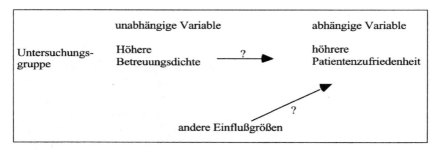

Abb. 1 interne Validität

Die Einführung einer höheren Betreuungsdichte wäre z.B. die unabhängige Variable, die Zufriedenheit der Patienten die abhängige Variable. Will man den Zusammenhang „höhere Betreuungsdichte führt zu höherer Zufriedenheit bei Patienten" untersuchen, so ist bei der empirischen Beantwortung der Frage zu klären, wie eindeutig dieser Zusammenhang gemessen werden kann. Zur Bestimmung dieser internen Validität wird etwa versucht, andere Einflussgrößen auszuschließen – inwieweit sich etwa andere Bedingungen parallel zur Erhöhung der Betreuungsdichte verändert haben, auf die die höhere Zufriedenheit der Patienten eigentlich zurückzuführen ist.

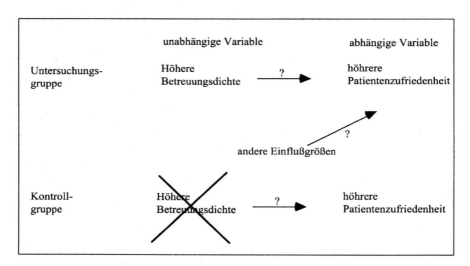

Abb. 2 Kontrollgruppen-Design

Zur Sicherung interner Validität werden entsprechend Bedingungen isoliert und kontrolliert. Ein Weg zur Überprüfung der Wirkung einer Intervention ist das Kontrollgruppendesign.

In einer zweiten, so weit als möglich vergleichbaren Gruppe wird die Intervention nicht eingeführt – die Betreuungsdichte nicht erhöht – und geprüft, ob der in der Untersuchungsgruppe festgestellte Effekt höhere Zufriedenheit dann ausbleibt.

„Interne Validität liegt dann vor, wenn Veränderungen in den abhängigen Variablen eindeutig auf den Einfluß der unabhängigen Variablen zurückzuführen sind bzw. wenn es neben der Untersuchungshypothese keine bessere Alternativerklärungen gibt" (Bortz & Döring 1995, 53). Interne Validität ist im Labor und in der experimentellen Forschung am ehesten sicherzustellen und zu prüfen. Dies geht jedoch auf Kosten der zweiten Form von Validität von Untersuchungsanordnungen, der *externen Validität*. Hier ist die generelle Frage, inwieweit Ergebnisse über Situationen und Personen, an denen sie erhoben wurden, auf Situationen und Personen außerhalb der Forschung übertragen werden können. Lässt sich ein gefundener Zusammenhang zwischen der Erhöhung der Betreuungsdichte und der Patientenzufriedenheit auf andere Stationen, Kliniken oder auf Pflegesituationen generell übertragen oder gilt er nur unter den konkreten Bedingungen, unter denen er festgestellt wurde?

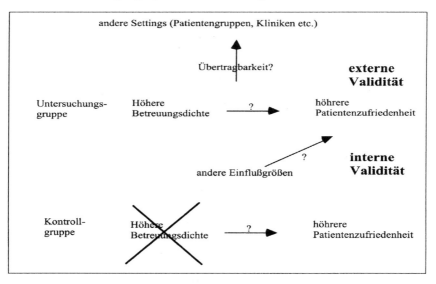

Abb. 3. externe Validität

Während im Labor und unter weitgehend kontrollierten Bedingungen die interne Validität hoch ist, ist die externe Validität, d.h. die Übertragbarkeit der Ergebnisse auf Alltagssituationen bzw. Situationen, in denen mehr oder minder weitreichend andere Bedingungen als in der Untersuchungssituation herrschen (z.B. eine andere Patientengruppe), eher gering. Bei Untersuchungen im Feld und unter natürlichen Bedingungen ist dagegen die externe Validität höher und die interne Validität geringer, da dort die

Kontrolle der Bedingungen eingeschränkter möglich ist. „Externe Validität liegt vor, wenn das in einer Stichprobenuntersuchung gefundene Ergebnis auf andere Personen, Situationen oder Zeitpunkte generalisiert werden kann" (Bortz & Döring 1995, 53).

Beide Kriterien in einem Untersuchungsdesign gleichzeitig und gleichermaßen einzulösen, gilt als schwierig (Bortz & Döring 1995). Hier liegt ein Dilemma empirischer Forschung vor, das in einem Untersuchungsdesign nur schwer aufgelöst werden kann. Externe und interne Validität werden für Untersuchungsdesigns geprüft. Validität wird jedoch auch für Messinstrumente geprüft.

2.1.2 Validität von Messinstrumenten

Die Validität einer Forschungsmethode lässt sich in der Frage bündeln: *Misst die Methode, was sie messen soll?* Zur Beantwortung dieser generellen Frage werden verschiedene Formen von Validitätsprüfungen vorgenommen zur Bestimmung von Inhaltsvalidität, Kriteriumsvalidität und Konstruktvalidität.

Inhaltsvalidität ist dann gegeben, wenn das Messinstrument oder der Test den zu untersuchten Gegenstand in seinen wesentlichsten Aspekten erschöpfend erfasst. Dies kann man entweder subjektiv selbst oder besser durch Einschätzungen des Messinstrumentes durch Experten oder Laien prüfen. Fehler sollten bei solchen Prüfungen ins Auge fallen, weshalb man dies auch *Augenscheinvalidität* nennt. Wird z.B. die Betreuungsdichte in den relevanten Situationen des pflegerischen Tagesablaufs erhoben oder nur zu einem bestimmten Zeitpunkt – etwa bei der Neuaufnahme eines Patienten?

Kriteriumsvalidität ist dann gegeben, wenn das Ergebnis einer Messung mit einem Außenkriterium übereinstimmt: Zum Beispiel ist dies erfüllt, wenn die Ergebnisse eines Berufseignungstests mit dem beruflichen Erfolg des Getesteten übereinstimmt. Solche Außenkriterien können entweder parallel bestimmt werden, wobei dann die *Übereinstimmungsvalidität* geprüft wird – etwa durch Verhaltensbeobachtung. Oder sie werden zeitlich später bestimmt, wobei dann *prognostische Validität* geprüft wird: Erlauben bspw. die Ergebnisse eines Berufseignungstests die Vorhersage des beruflichen Erfolges?

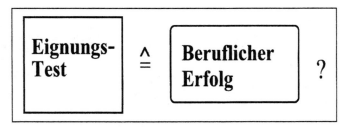

Abb. 4 Kriteriumsvalidität

Ein Problem ist dabei, dass das Außenkriterium – zur Messung des tatsächlichen beruflichen Erfolges – selbst valide sein muss, damit sich daraus ableiten lässt, dass die eigentliche Messung valide ist. Schließlich ist in diesem Zusammenhang noch die *dif-*

ferentielle Validität zu berücksichtigen – dass Übereinstimmungen zwischen dem Testwert und dem Außenkriterium in unterschiedlichen Populationen unterschiedlich ausfallen. Z.B. konnte gezeigt werden, dass „die Schulnoten von Mädchen durch Leistungstests besser vorhersagbar sind als diejenigen von Jungen" (Bortz & Döring 1995, 186). Messinstrumente sollen in der Regel geeignet sein, solche Unterschiede bei verschiedenen Gruppen auch zu erfassen.

Schließlich wird noch die *Konstruktvalidität* bestimmt. Dabei geht es darum zu prüfen, inwieweit das von einer Methode erfasste Konstrukt mit möglichst vielen anderen Variablen in theoretisch begründbaren Zusammenhängen steht und hieraus Hypothesen ableitbar sind, die einer empirischen Prüfung standhalten. Dabei kommen verschiedene Messungen zum Einsatz.

Dies wird in der Regel mit einer *Multitrait-Multi-Method-Matrix* (vgl. Campbell & Fiske 1959) geprüft: Konstrukte werde mit mehreren Methoden gemessen. *Konvergente Validität* ist dann gegeben, wenn mehrere Methoden dasselbe Konstrukt übereinstimmend messen – wenn bspw. Patientenzufriedenheit durch einen Fragebogen und ein Interview untersucht wird und beide Methoden übereinstimmende Ergebnisse liefern. *Diskriminante Validität* bezeichnet, inwieweit die Messungen geeignet sind, das Konstrukt von anderen Konstrukten zu unterscheiden – inwieweit tatsächlich Zufriedenheit des Patienten mit der Betreuung und nicht ein allgemeines Wohlbefinden bestimmt wird.

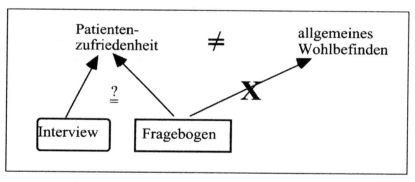

Abb. 5. Konstruktvalidität

2.1.3 Validität bei Indices

Indices werden dann gebildet, wenn eine Größe nicht direkt beobachtbar ist, v.a. wenn darin verschiedene Aspekte eines theoretischen Konstrukts zusammenfließen – z.B. Patientenzufriedenheit. Die Messung dieses Konstrukts erfordert dann die Auswahl eines oder mehrerer geeigneter Indikatoren. Um die auftretenden Messfehler bei der Messung komplexer Konstrukte bzw. Größen gering zu halten, wird man mehrere Indikatoren verwenden, um die Messqualität zu erhöhen. Die Gesamtbenotung von Schulaufsätzen setzt sich bspw. aus den Bewertungen der Rechtschreibung, des Stils, des Inhalts und der Form zusammen – entweder zu gleichen Teilen oder mit unterschiedlichem Gewicht, weil etwa der Stil stärker berücksichtigt wird als die Fehlerzahl.

So wird man auch die Patientenzufriedenheit aus verschiedenen Indikatoren zu bestimmen suchen und etwa ein Instrument zur Lebensqualitätsbestimmung verwenden
und einen Fragebogen zur Bestimmung der Zufriedenheit mit den Leistungen des
Pflegepersonals oder mit der Infrastruktur des Krankenhauses o.ä. einsetzen. Dabei
stellt sich dann die Frage, wie diese einzelnen Variablen bei der Bildung des Index *gewichtet* werden – welchen Anteil die Fragebogenresultate zur Zufriedenheit mit den
Leistungen des Personals im Verhältnis zur Lebensqualitätsbestimmung bei der Bildung des Patientenzufriedenheitsindexes haben. Weiterhin stellt sich das Problem bei
der Bestimmung der Validität des Index, dass die eingeflossenen Variablen – Lebens-
qualität, Zufriedenheit mit dem Personal – selbst valide bestimmt worden sein müssen, damit der Index insgesamt valide sein kann. Damit stellen sich die weiter oben
genannten Validitätsbestimmungen hier auf zwei Ebenen – auf der Ebene des einzelnen Indikators und auf der Ebene des aus den Indikatoren gebildeten Index. „Die Qualität eines Indexes hängt wesentlich davon ab, ob alle relevanten Dimensionen ausgewählt und angemessen gewichtet wurden" (Bortz & Döring 1995, 134). Bei Indices
setzt sich die Validität entsprechend aus der Validität der einzelnen Items bzw. Fragen,
der Validität der aus ihnen gebildeten Skalen und aus der angemessenen Gewichtung
der Bestandteile zusammen.

Validität bei Indices

Indexbildung: Verwendung mehrerer Indikatoren zur Messung eines nicht direkt beobachtbaren Größe

Validitätsprobleme: Sind die relevanten Dimensionen ausgewählt und angemessen gewichtet?

                             Sind die Instrumente zur Messung der gewählten Indikatoren valide?

                             Sind die Items, die in die Indikatoren einfließen, valide?

Abb. 6 Validität bei Indices

Validität bezeichnet also unterschiedliche Anhaltspunkte zur Prüfung der Geltung von
Untersuchungsergebnissen, wobei teilweise schon Fragen ihrer Übertragbarkeit und
Verallgemeinerbarkeit angesprochen sind.

2.2   Objektivität

Objektivität bei Tests oder Fragebögen gibt an, inwieweit die Anwendung des Instruments unabhängig ist von der Person, die es anwendet. Wenn verschiedene Forscher
denselben Test auf dieselben Personen anwenden, müssten die Ergebnisse identisch
sein. Dabei werden drei Formen unterschieden: *Durchführungsobjektivität* bezieht
sich darauf, dass Antworten oder Testergebnisse des Untersuchungsteilnehmers vom
Anwender des Tests (Untersuchungsleiter) unabhängig sein sollten. Vor allem soll
dies durch die Standardisierung der Durchführung (standardisierte Instruktionen zur
Bearbeitung des Instruments, standardisierte Bedingungen in der Anwendungssitua-
tion) erreicht werden. *Auswertungsobjektivität* bezeichnet, dass Antworten in Tests

oder Fragebogen unabhängig von der Person des Auswerters klassifiziert (etwa einem bestimmten Punktwert zugeordnet) werden müssen. *Interpretationsobjektivität* meint, dass die Interpretation von Antworten oder Testwerten unabhängig von der Person des Auswerters bzw. Interpreten und seinen subjektiven Deutungen oder Bewertungen vorgenommen werden sollen. Deshalb werden für viele Tests Normwerte (Alters-, Geschlechts- oder Bildungsnormen) anhand repräsentativer Stichproben ermittelt, die dann zur Bewertung der Leistungen bzw. Werte des Untersuchungsteilnehmers herangezogen werden. Objektivität wird v.a. durch die Standardisierung der Durchführung einer Untersuchung und der Auswertung und Interpretation ihrer Ergebnisse angestrebt, um subjektive oder individuelle Einflüsse des Untersuchungsleiters oder Beeinflussungen durch die konkrete Durchführungssituation auszuschließen.

2.3 Reliabilität

Das dritte allgemein anerkannte Kriterium zur Geltungsprüfung von Untersuchungen stammt aus der Testtheorie: „Die Reliabilität (Zuverlässigkeit) gibt den Grad der Messgenauigkeit eines Instrumentes an. Die Reliabilität ist umso höher, je kleiner der zu einem Messwert X gehörende Fehleranteil E ist" (Bortz & Döring 1995, 181). Die Reliabilität einer Messung wird auf verschiedenen Wegen bestimmt. Zur Bestimmung der *Retest-Reliabilität* wird eine Messung (ein Test, ein Fragebogen etc.) mehrfach auf dieselbe Stichprobe angewendet und die Korrelation zwischen den Ergebnissen beider Anwendung berechnet. Im Idealfall ergeben sich identische Ergebnisse. Dies setzt allerdings voraus, dass das gemessene Merkmal selbst stabil ist und sich nicht zwischen den zwei Messzeitpunkten verändert hat. Bei der Wiederholung von Leistungstests können Unterschiede zwischen den Ergebnissen auch darin begründet sein, dass sich die Leistungsfähigkeit der Untersuchten (z.B. durch zusätzlich erworbenes Wissen) zwischenzeitlich verändert hat. Außerdem können Veränderungen daraus resultieren, dass Fragen wiedererkannt werden und Lerneffekte einsetzen. Bei der Bestimmung der Paralleltest-Reliabilität werden zwei verschiedene Instrumente (die das gleiche Konstrukt operationalisieren) parallel angewendet. „Je ähnlicher die Ergebnisse beider Tests ausfallen, umso weniger Fehlereffekte sind offensichtlich im Spiel" (Bortz & Döring 1995, 183). *Testhalbierungs-Reliabilität (Split-half):* Bei einem Test (oder Fragebogen) werden jeweils für die Hälfte der Items (Fragen) Ergebniswerte berechnet und miteinander verglichen. Dabei hängen die Ergebnisse auch von der Art der Teilung des Tests in zwei Hälften (die erste und die zweite Hälfte der Fragen, gerade und ungerade Fragen, zufällige Zuordnung der Fragen zur einen oder der anderen Hälfte) ab. Um solche Einflüsse auszuschließen, wird die *interne Konsistenz* berechnet. Dabei wird jede Frage als eigener Teiltest behandelt und die Korrelation zwischen den Ergebnissen berechnet (etwa mit dem Alpha-Koeffizienten von Cronbach, 1951). Bei der Inhaltsanalyse wird schließlich die *Interkoder-Reliabilität* bestimmt, um zu überprüfen, inwieweit verschiedene Auswerter die gleichen Aussagen den gleichen Kategorien zuordnen und wie verlässlich das Kategoriensystem und der Umgang damit in einer Untersuchung sind.

2.4   Neue Kriterien für qualitative Forschung

2.4.1   Anwendung der klassischen Kriterien auf qualitative Methoden und ihre Anwendung

Die bislang behandelten Kriterien sind v.a. in der quantitativen Forschung anerkannt und finden dort ihre Anwendung. Sie basieren alle mehr oder minder stark auf der Standardisierung der Untersuchungssituation.

Teilweise wird ihre Anwendung und Einhaltung auch für qualitative Untersuchungen vorgeschlagen (Kirk & Miller 1986) oder eingefordert. Hier wird jedoch die Frage aufgeworfen, inwieweit sie gerade aufgrund der starken Betonung der Standardisierung des Vorgehens und der Ausschaltung der kommunikativen Einflüsse des Forschers dem stark auf Kommunikation, Interaktion und subjektiver Deutung und Interpretation durch den Forscher basierenden Vorgehen qualitativer Forschung gerecht werden können. Wobei hier Kommunikation, Interpretation und Deutung nicht als Störvariablen, sondern als Stärken und Voraussetzung der Forschung gesehen werden. Entsprechend bezweifeln schon Glaser & Strauss (1965/1979, 92), „ob der Kanon quantitativer Sozialforschung als Kriterium (...) auf qualitative Forschung (...) anwendbar ist. Die Beurteilungskriterien sollten vielmehr auf einer Einschätzung der allgemeinen Merkmale qualitativer Sozialforschung beruhen – der Art der Datensammlung (…), der Analyse und Darstellung und der (...) Weise, in der qualitative Analysen gelesen werden." Aus dieser Skepsis resultieren im Lauf der Zeit eine Reihe von Versuchen, eine *eigenständige* Diskussion über Kriterien qualitativer Forschung zu initiieren (z.B. Flick 1995, Kap. 19; Seale 1999; Steinke 1999) und Versuche, „methodenangemessene Kriterien" (Flick 1987) zu entwickeln und diese an die Stelle von Kriterien wie Validität und Reliabilität zu setzen.

2.4.2   Reformulierung klassischer Kriterien

Vorschläge zur Reformulierung des Reliabilitätskonzeptes im Sinne einer stärker prozeduralen Konzeption zielen darauf ab, das Zustandekommen der Daten dahingehend zu explizieren, dass überprüfbar wird, was Aussage noch des jeweiligen Subjekts ist und wo die Interpretation des Forschers schon begonnen hat. Schließlich soll sich die Reliabilität im gesamten Prozess durch dessen reflexive Dokumentation erhöhen.

Auch Validität wird reformuliert. So wird eine spezifische Analyse der Interviewsituation ausgehend von den verschiedenen Geltungsansprüchen, die in Habermas' Theorie des kommunikativen Handelns unterschieden werden, vorgeschlagen (Legewie 1987).

Kommunikative Validierung

Eine weitere Möglichkeit der Bestimmung von Validität zielt auf die Einbeziehung der untersuchten Subjekte oder Gruppen in den weiteren Forschungsprozess. Einen Weg hierzu bietet die Einführung kommunikativer Validierung in einem zweiten Termin nach Abschluss des Interviews und der Transkription (für konkrete Vorschläge vgl. Scheele & Groeben 1988). Eine Zeitlang wurde kommunikative Validierung auch in bezug auf Interpretationen von Texten diskutiert (etwa bei Heinze 1987). Nicht zuletzt aufgrund der bei der Konfrontation mit Interpretationen auftretenden ethischen Probleme (vgl. hierzu Köckeis-Stangl 1982) hat dieses Verständnis kommunikativer

Validierung an Bedeutung verloren. Für eine allgemeinere Anwendung solcher Strategien sind zwei Fragen noch nicht befriedigend beantwortet: (1) Wie ist das methodische Vorgehen bei der kommunikativen Validierung zu gestalten, damit es den untersuchten Sachverhalten und der Sicht der Subjekte tatsächlich gerecht wird? (2) Wie lässt sich jenseits der Zustimmung der Subjekte die Frage der Geltungsbegründung weiter gehend beantworten? Einen Weg bietet hier die allgemeine Validierung der Rekonstruktionen im klassischen Sinn (vgl. als Überblick Flick 1987).

Mishler (1990) geht einen Schritt weiter in der Reformulierung des Konzepts der Validität. Er setzt am Prozess der Validierung an (statt am Zustand der Validität) und definiert „Validierung als soziale Konstruktion von Wissen" (417), durch die wir „Behauptungen über die 'Vertrauenswürdigkeit' berichteter Beobachtungen, Interpretationen und Verallgemeinerungen aufstellen und diese bewerten" (419). Schließlich umgeht „Validierung, verstanden als der soziale Diskurs, durch den Vertrauenswürdigkeit hergestellt wird, solche vertrauten Konventionen wie Reliabilität, Falsifikation und Objektivität". Als empirische Basis für diesen Diskurs und die Konstruktion von Vertrauenswürdigkeit erörtert Mishler die Verwendung von Beispielen aus narrativen Studien.

2.4.3 Methodenangemessene Kriterien

Schließlich wird der Gedanke der Gegenstandsangemessenheit dahingehend ausgeweitet, dass *methodenangemessene Gütekriterien* für qualitative Methoden gefordert werden. Neben der bereits behandelten kommunikativen Validierung und der später noch behandelten *Triangulation* finden sich gerade in der amerikanischen Diskussion eine Vielzahl von neuen Kriterien (vgl. Lincoln & Guba 1985, Lather 1993, Flick 1995, Kap. 19).

So wird für die Überprüfung der Verlässlichkeit qualitativer Daten ein Prozess des „auditing" vorgeschlagen, der am Vorgang der Buchprüfung im Finanzwesen orientiert ist. Dafür wird ein „Überprüfungspfad" (auditing trail) skizziert:

Ein Auditing trail erfaßt

* die Rohdaten, ihre Erhebung und Aufzeichnung;

* Datenreduktion und Ergebnisse von Synthesen durch Zusammenfassung, theoretische Notizen, Memos etc., Summaries, Kurzdarstellungen von Fällen etc.;

* Datenrekonstruktionen und Ergebnisse von Synthesen anhand der Struktur entwickelter und verwendeter Kategorien (Themen, Definitionen, Beziehungen), Erkenntnisse (Interpretationen und Schlüsse) sowie die erstellten Berichte mit ihren Integrationen von Konzepten und den Bezügen zu existierender Literatur;

* Prozeßnotizen, d. h. methodologische Notizen und Entscheidungen auch hinsichtlich der Herstellung von Vertrauens- und Glaubwürdigkeit der Erkenntnisse;

* Materialien in bezug auf Absichten und Anordnungen wie die Forschungskonzeption, persönliche Aufzeichnungen und Erwartungen der Beteiligten;

* Informationen über die Entwicklung der Instrumente einschließlich der Pilotversionen und vorläufigen Plänen (vgl. Lincoln & Guba 1985, 320, 321).

Abb. 7. Auditing Trail

Qualitätsmanagement

Anregungen zur Weiterentwicklung von Kriterien zur Beurteilung sozialwissenschaftlicher Daten und ihrer Interpretation kann die Diskussion zum Qualitätsmanagement
(Kamiske & Brauer 1995) im Bereich der industriellen Produktion, Dienstleistungen
oder im Gesundheitswesen liefern. Dieser Ansatz wird in den letzten Jahren verstärkt
auf die sozialwissenschaftliche Forschung übertragen, um eine Diskussion über Qualität in der Forschung voranzutreiben. Über das Konzept des Auditing ergeben sich
bereits erste Anknüpfungspunkte: Ein Audit ist „… die systematische, unabhängige
Untersuchung einer Aktivität und deren Ergebnisse, durch die Vorhandensein und
sachgerechte Anwendung spezifizierter Anforderungen beurteilt und dokumentiert
werden" (Kamiske & Brauer 1995, 5). Insbesondere das „Verfahrensaudit" ist für die
Forschung interessant. Ein Verfahrensaudit soll sicherstellen, „daß die vorgegebenen
Anforderungen eingehalten werden und für die jeweilige Anwendung zweckmäßig
sind. (…) Vorrang hat immer das nachhaltige Abstellen von Fehlerursachen, nicht die
einfache Fehleraufdeckung" (Kamiske & Brauer 1995, 8). Solche Qualitätsbestim-
mungen werden nicht abstrakt – etwa an bestimmten Methoden per se – vorgenommen, sondern mit Blick auf die *Kundenorientierung* und die Mitarbeiterorientierung
(Kamiske & Brauer 1995, 95, 96, 110, 111). Dabei ergibt sich die Frage, wer eigentlich die Kunden sozialwissenschaftlicher Forschung sind. Qualitätsmanagement
unterscheidet zwischen internen und externen Kunden. Während letztere die Abneh-
mer des jeweiligen Produktes sind, gehören zu den ersteren die Beteiligten an der
Herstellung im weiteren Sinn (z.B. Mitarbeiter anderer Abteilungen). Für die Forschung lässt sich diese Unterteilung übersetzen in diejenigen, für die das Ergebnis
nach außen produziert wird (Auftraggeber, Gutachter etc. als externe Kunden), und
diejenigen, für die und an denen das jeweilige Ergebnis zu erzielen gesucht wird (In-
terviewpartner, untersuchte Institutionen etc. als interne Kunden). Zur Überprüfung
lassen sich beide Aspekte explizit analysieren: Inwieweit ist die Untersuchung so ver-
laufen, dass sie die Fragestellung beantwortet (externe Kundenorientierung) und den
Perspektiven der Beteiligten ausreichend Raum lässt (interne Kundenorientierung)?

Die Mitarbeiterorientierung will berücksichtigen, dass „Qualität unter Anwendung
geeigneter Techniken, aber auf der Basis einer entsprechenden Geisteshaltung entsteht", wobei die „Übertragung von (Qualitäts-) Verantwortung auf die Mitarbeiter
durch die Einführung von Selbstprüfung anstelle von Fremdkontrolle" (Kamiske &
Brauer 1995, 110, 111) ein weiterer Ansatzpunkt ist. Entsprechend bezeichnet Qualitätsmanagement „Tätigkeiten (…), die die Qualitätspolitik, die Ziele und Verantwortlichkeiten festlegen sowie diese durch Mittel wie Qualitätsplanung, Qualitätslenkung,
Qualitätssicherung/Qualitätsmanagement-Darlegung und Qualitätsverbesserung verwirklichen" (ISO 1994; zit. nach Kamiske & Brauer 1995, 149).

Qualität im Forschungsprozess wird sich nur realisieren lassen, wenn sie mit den beteiligten Forschern gemeinsam hergestellt und überprüft wird. Zunächst wird gemeinsam festgelegt, was eigentlich unter Qualität in diesem Zusammenhang zu verstehen
ist und verstanden wird.

Leitgedanken des Qualitätsmanagements in der Forschung

- eine möglichst klare Festlegung der zu erreichenden Ziele und einzuhaltenden Standards des Projekts. Daran müssen

  alle Forscher und Mitarbeiter beteiligt werden;

- eine Festlegung, wie diese Ziele und Standards und allgemeiner die angestrebte Qualität zu erreichen sind; damit sind

  eine Einigung über die Weise der Anwendung bestimmter Methoden und ihre Umsetzung, etwa durch gemeinsame

  Interviewtrainings und deren Auswertung, Voraussetzungen für Qualität im Forschungsprozeß;

- die klare Festlegung der Verantwortlichkeiten für die Herstellung von Qualität im Forschungsprozeß und

- die Transparenz der Beurteilung und Sicherstellung der Qualität im Prozeß.

Abb. 8: Leitgedanken des Qualitätsmanagements

Dabei sind die Bestimmung, was Qualität ist, deren Herstellung und Sicherstellung im Prozess und die Erfahrung, dass Qualität sich nur in der Kombination von Methoden und einer entsprechenden Haltung realisieren lässt, Anknüpfungspunkte zur Diskussion um Qualitätsmanagement in der sozialwissenschaftlichen Forschung.

3.   Verallgemeinerung

3.1   Verallgemeinerung in der quantitativen Forschung

In der quantitativen Forschung wird die Verallgemeinerbarkeit der Ergebnisse einer Untersuchung im Wesentlichen in zwei Richtungen überprüft bzw. sichergestellt. Durch die bereits behandelte Prüfung der externen Validität soll sichergestellt werden, dass die in der Stichprobe gefundenen Ergebnisse auch auf die Grundgesamtheit gelten und inwieweit sie auf andere, ähnliche Grundgesamtheiten übertragbar sind. Bortz & Döring (1995, 310) halten fest, dass „Generalisierbarkeit in der quantitativen Forschung durch den wahrscheinlichkeitstheoretisch abgesicherten Schluß von Zufallsstichproben (bzw. Stichprobenkennwerten) auf Populationen (bzw. Populationsparametern) erreicht wird". Die verschiedenen Stichprobenverfahren sollen dies gewährleisten. Am konsequentesten wird dies durch die *Zufallsstichprobe* angestrebt, bei der jedes Mitglied der Population die gleiche Chance hat, in die Stichprobe aufgenommen zu werden. Durch dieses Zufallsverfahren können Verzerrungen, die sich durch die im Vergleich zur Grundgesamtheit unverhältnismäßig gewichtete Verteilung von Merkmalen in der Stichprobe ergeben, ausgeschlossen werden. Damit ist die Stichprobe für die Grundgesamtheit repräsentativ und der Schluss von Stichprobe auf die Grundgesamtheit hinsichtlich der Gültigkeit der Ergebnisse ist zulässig. Andere Verfahren versuchen, die Verteilung in der Grundgesamtheit in der Stichprobe gezielter abzubilden, in dem etwa eine *geschichtete Stichprobe* gezogen wird: „Man zieht eine geschichtete Stichprobe, indem man die Zielpopulation auf der Basis einer oder mehrerer Merkmale in Teilpopulationen (Schichten) einteilt – pro Merkmalsausprägung bzw. Merkmalskombination entsteht eine Teilpopulation – und aus jeder dieser Schichten eine Zufallsstichprobe nimmt" (Bortz & Döring, 1995, 400). Verallgemeinerung über die

Prüfung der externen Validität einer Untersuchung basiert auf der Frage nach der Ähnlichkeit zwischen den Untersuchungsteilnehmern und den Populationen, für die die Untersuchung und ihre Ergebnisse Gültigkeit aufweisen soll, das heißt, auf die sie verallgemeinert werden soll. Entsprechend spricht Campbell (1986) von „proximal similarity" statt von externer Validität: In den (für die Untersuchung und ihre Ergebnisse) relevanten Dimensionen muss größtmögliche Ähnlichkeit zwischen Stichprobe und der Gesamtheit, auf die Ergebnisse übertragbar sein sollen, herrschen, dann ist ihre Verallgemeinerung möglich.

3.2   Verallgemeinerung in der qualitativen Forschung

Während bei quantitativer Forschung die Verallgemeinerung vor allem ein *numerisches* Problem darstellt, das mit *statistischen* Mitteln gelöst werden soll, ist diese Frage bei der qualitativen Forschung diffiziler. Zunächst einmal stellt sich die Frage der Verallgemeinerbarkeit in ähnlicher Weise: Eine begrenzte, nach bestimmten Kriterien ausgewählte Zahl von Fällen (ggf. auch ein einzelner Fall) ist untersucht worden, und die Ergebnisse beanspruchen über das Untersuchungsmaterial hinaus Gültigkeit. Der Fall oder die Fälle stehen für allgemeinere Zusammenhänge. Die Frage der Verallgemeinerbarkeit stellt sich in der qualitativen Forschung aber häufig auch in grundsätzlich anderer Hinsicht, als ein Teil dieser Forschung der Theorieentwicklung aus empirischem Material dient (im Sinne von Glaser & Strauss 1967). Dann stellt sich die Frage, auf welche weiteren Kontexte kann die entwickelte Theorie übertragen werden bzw. für welche weiteren Kontexte ist sie gültig.

Entsprechend ist ein Ansatzpunkt zur Beurteilung qualitativer Forschung, zu fragen, welche Überlegungen und Schritte unternommen wurden, um den Geltungsbereich empirischer Ergebnisse oder daraus entwickelter Theorien zu bestimmen bzw. zu erweitern. Dabei sind die Ausgangspunkte die Analyse von Fällen und die Wege, die von ihnen ausgehend zu allgemeineren Aussagen beschritten werden. Das Problem der Generalisierung liegt bei qualitativer Forschung u. a. darin, dass ihr Ansatzpunkt häufig gerade die auf einen Kontext, auf einen konkreten Fall bezogene Analyse von Bedingungen, Zusammenhängen, Verläufen etc. ist. Durch diesen Kontextbezug gewinnt qualitative Forschung (häufig) eine spezifische Aussagekraft. Im Schritt der Generalisierung wird dieser Kontextbezug gerade aufgegeben, um zu untersuchen, inwieweit die gefundenen Zusammenhänge auch unabhängig und außerhalb von spezifischen Kontexten gelten. In der Zuspitzung dieses Dilemmas behandeln etwa Lincoln & Guba (1985) das Problem unter der Überschrift „Die einzige Generalisierung ist: Es gibt keine Generalisierung". Jedoch skizzieren sie mit der Übertragbarkeit (transferability) von Erkenntnissen aus einem Kontext in einen anderen und der Passung (fittingness) als Grad der Vergleichbarkeit verschiedener Kontexte Kriterien und Wege für die Verallgemeinerung von Erkenntnissen über einen Kontext hinaus.

So werden verschiedene Möglichkeiten diskutiert, wie der Weg vom Fall zur Theorie so abgesteckt werden kann, dass sich zumindest eine gewisse Verallgemeinerung erreichen lässt. Ein erster Schritt ist die Klärung der Frage, welcher Grad an Verallgemeinerung mit der jeweiligen Studie überhaupt angestrebt wird und erreichbar ist, um angemessene Ansprüche an die Generalisierung abzuleiten. Ein zweiter Schritt ist die sorgfältige Einbeziehung von unterschiedlichen Fällen und Kontexten, in denen die untersuchten Zusammenhänge empirisch analysiert werden. Die Generalisierbarkeit der Ergebnisse hängt häufig eng mit der Realisierung der Auswahl zusammen, wobei das theoretische Sampling eine Strategie anbietet, die Variation der Bedingungen (Kleining 1982), unter denen ein Phänomen empirisch untersucht wird, möglichst breit zu gestalten. Der dritte Ansatzpunkt ist der systematische Vergleich erhobenen Materials. Auch hier kann wieder die Vorgehensweise bei der Entwicklung gegenstandsbegründeter Theorien einen Anhaltspunkt liefern.

3.2.1 Methode des konstanten Vergleichs

Neben der Methode des „theoretischen Sampling" schlägt Glaser (1969) für den Prozess der Theorieentwicklung die „Methode des konstanten Vergleichs" als Verfahren bei der Auswertung von Texten vor. Es besteht im Wesentlichen aus vier Stufen: „(1) Vergleich von Ereignissen, die in die jeweilige Kategorie passen, (2) Integration von Kategorie und ihren Inhalten, (3) Eingrenzung der Theorie und (4) Formulierung der Theorie" (220). Zentral ist dabei für Glaser die systematische Zirkularität dieses Prozesses: „Obwohl es sich bei dieser Methode um einen kontinuierlichen Wachstumsprozeß handelt – jede Stufe transformiert sich nach einer Weile in die nächste –, bleiben vorherige Stufen während der gesamten Analyse wirksam und sorgen für eine kontinuierliche Entwicklung zur nächsten Stufe, bis die Analyse abgeschlossen ist" (ebd.).

Zur Methode des *konstanten* Vergleichs wird dieses Vorgehen, wenn Interpreten darauf achten, daß sie Kodierungen immer wieder mit bereits vollzogenen Kodierungen und Zuordnungen vergleichen, daß bereits kodiertes Material mit seiner Zuordnung nicht „erledigt" ist, sondern weiter im Prozess des Vergleichs einbezogen bleibt.

3.2.2 Fallkontrastierung und Idealtypenbildung

Der konstante Vergleich wird in Strategien der Fallkontrastierung (vgl. auch Kelle & Kluge 1999) weiterentwickelt und systematisiert – am stärksten bei Gerhardt (1986) in der auf Max Weber (1904) zurückgehenden Idealtypenbildung. Sie umfasst folgende Schritte: Nach der Fallrekonstruktion und -kontrastierung lassen sich Typen bilden; anschließend werden „reine" Fälle ermittelt; im Vergleich zu diesen idealtypischen Verläufen lässt sich das Einzelfallverstehen systematisieren; durch weitere Typenbildungen findet dieser Prozess über das Strukturverstehen, d.h. das Verstehen von Zusammenhängen, die über den einzelnen Fall hinausweisen, seinen Abschluss. Zentrale Instrumente sind der minimale Vergleich von möglichst ähnlichen Fällen und der maximale Vergleich von möglichst unterschiedlichen Fällen auf Unterschiede und Gemeinsamkeiten. Der Vergleich konkretisiert sich dabei zunehmend in Hinblick auf das im empirischen Material enthaltene Spektrum, dessen Endpunkte durch den maximalen Vergleich und dessen Zentrum durch den minimalen Vergleich besondere Aufmerksamkeit erfahren. Ähnlich schlägt Schütze (1983) die minimale und maximale Kontrastierung von Einzelfällen für die vergleichende Auswertung narrativer Interviews vor.

Verallgemeinerung bei qualitativer Forschung liegt in der schrittweisen Übertragung von Erkenntnissen aus Fallstudien und ihrem Kontext in allgemeinere und abstraktere Zusammenhänge, z.B. eine Typologie. Die Aussagekraft solcher Muster lässt sich dann wieder danach bestimmen, inwieweit unterschiedliche theoretische und methodische Perspektiven auf den Gegenstand – nach Möglichkeit auch von verschiedenen

Forschern – trianguliert wurden und wie mit abweichenden Fällen umgegangen wurde. Zu berücksichtigen ist dabei auch, welcher Grad an Verallgemeinerung überhaupt mit der konkreten Studie angestrebt wird. Dann wird die Frage, ob die angestrebte Ebene der Verallgemeinerung erreicht worden ist, zu einem weiteren Kriterium der Bewertung von Ergebnissen qualitativer Forschung und des Prozesses, der zu ihnen geführt hat.

4. Triangulation

An diesen Gedanken anknüpfend soll auf einen Ansatz kurz eingegangen werden, der auf beide Fragen – Geltung und Verallgemeinerung – eine eigene Antwort liefern kann sowohl für qualitative (vgl. Flick 2000a) als auch für quantitative Forschung und die Verbindung beider Strategien (vgl. Kelle & Erzberger 2000). In der Sozialforschung wird mit dem Begriff „Triangulation" die Betrachtung eines Forschungsgegenstandes von (mindestens) zwei Punkten aus bezeichnet. In der Regel wird dies durch die Verwendung verschiedener methodischer Zugänge realisiert. Dabei wurde (und wird teilweise noch) Triangulation als Strategie der Validierung empirischer Ergebnisse betrachtet, teilweise (v.a. in aktuelleren Publikationen) als Alternative dazu und schließlich als Weg der Generalisierung. Denzin (1978/1989) hat das Konzept der Triangulation für die qualitative Forschung prominent gemacht. Er unterscheidet 4 Formen der Triangulation

---

Formen der Triangulation

- Daten-Triangulation

- Forscher Triangulation

- Theorien Triangulation

- Methodische Triangulation,

    - within-method

    - between-methods

Abb. 9: Formen der Triangulation nach Denzin (1978)

- *Daten-Triangulation* kombiniert Daten, die verschiedenen Quellen entstammen und zu verschiedenen Zeitpunkten, an unterschiedlichen Orten oder bei verschiedenen Personen erhoben werden.
- *Forscher-Triangulation* kennzeichnet den Einsatz verschiedener Beobachter bzw. Interviewer, um subjektive Einflüsse durch den einzelnen auszugleichen.
- *Theorien-Triangulation* meint die Annäherung an den Forschungsgegenstand „ausgehend von verschiedenen Perspektiven und Hypothesen" (1978, 297).
- Denzins zentrales Konzept ist die *methodische Triangulation* innerhalb einer Methode („within-method", z.B. die Verwendung verschiedener Subskalen in einem Fragebogen) und von verschiedenen Methoden („between-methods").

Gerade die methodische Triangulation bei qualitativer Forschung lässt sich auf zwei Ebenen anwenden:

4.1   Triangulation am Fall

Die konsequenteste Variante ist, die triangulierten Methoden an denselben Fällen einzusetzen: Beratungsgespräche von den interviewten Beratern werden erhoben und analysiert, die in einem Feld beobachteten Personen werden (alle) interviewt. Dieses Vorgehen ermöglicht die fallbezogene Auswertung beider Datensorten und erlaubt am Einzelfall die unterschiedlichen Perspektiven, die die methodischen Zugänge eröffnen, zu vergleichen und zu verknüpfen. Darüber hinaus lassen sich hier solche Vergleiche und Verbindungen auch auf höherer Ebene vornehmen: So können Systematiken, die sich aus dem Vergleich der einen Datensorte (z.B. Ablaufmuster von Beratungsgesprächen) ergeben, mit Mustern aus dem Vergleich der anderen Datensorte (Schwerpunktsetzungen und blinde Flecken, die sich über alle Interviews hinweg oder berufsgruppenspezifisch feststellen lassen), in Beziehung gesetzt werden. Samplingentscheidungen stellen sich nur einmal, da für beide Datensorten dieselbe Fallauswahl getroffen wird.

Nachteile sind, dass erstens häufig die Belastung für den einzelnen Teilnehmer an der Untersuchung unzumutbar hoch ist – sich zu einem Interview bereit zu erklären und zusätzlich ein Beratungsgespräch bereitzustellen, ist eine gemessen an dem üblichen Aufwand für die Teilnahme an einer Studie eine vergleichsweise hohe Erwartung. Zweitens erhöht sich die Gefahr von Ausfällen deutlich. Jeder, der ablehnt, entweder ein Interview oder ein Beratungsgespräch zu liefern, ist für die gesamte Untersuchung, die am Fall triangulieren will, „verloren".

4.2   Triangulation an Datensätzen

Schließlich ergibt sich bei Beobachtungen an offenen Plätzen (z.B. Sport-„Szenen") das Problem, dass so viele Personen dabei beobachtet werden, dass nicht alle auch interviewt werden können. Von daher ist eine Triangulation am Fall hier gar nicht möglich, weshalb sie auf der Ebene der Datensätze ansetzen sollte.

Der Einsatz der einzelnen Methoden erfolgt zunächst unabhängig voneinander und produziert einen Satz von Beobachtungsdaten und eine Reihe von Interviews. Beide werden auf ihre Gemeinsamkeiten und Unterschiede hin ausgewertet. Die Triangulation bezieht sich dann praktisch auf die Ergebnisse beider Auswertungen und setzt sie in Beziehung. Als praktisches Problem stellt sich hier die Frage, wie die Vergleichbarkeit der Samples, an denen die unterschiedlichen Methoden zum Einsatz kommen, gewährleistet werden kann. Weiterhin ist zu klären, ob die verschiedenen Methoden zum gleichen Zeitpunkt eingesetzt werden können oder ob aufgrund der Planung und Ressourcen des Projektes die empirischen Schritte nacheinander durchgeführt werden – erst die Beobachtungsdaten erhoben und ausgewertet und dann die Interviews geführt und analysiert werden. In diesem Fall sind Einflüsse der unterschiedlichen Zeitpunkte auf die Inhalte zu berücksichtigen.

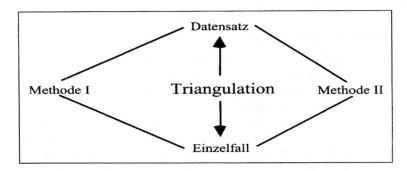

Abb. 10: Ansatzpunkte methodischer Triangulation

Dabei ist zu berücksichtigen, dass unterschiedliche Methoden auch jeweils unter-schiedliche theoretische Hintergründe und Kontexte aufweisen. Von daher wird ver-schiedentlich (z.B. Fielding & Fielding 1986) vor einer Triangulation – verstanden als eine zu simple Kombination von Methoden – gewarnt. Entsprechend wurde das Kon-zept der Systematischen Perspektiven Triangulation vorgeschlagen (Flick 1992), wo-bei systematisch verschiedene Forschungsperspektiven (mit ihren theoretischen *und* methodischen Zugängen) bei der Untersuchung eines Phänomens kombiniert werden.

5.   Schlussbemerkung

Die Behandlung von Geltung und Verallgemeinerung in den Sozialwissenschaften lässt sich einerseits als ein technisches Problem verstehen. Hierzu wurden einige der wichtigsten Lösungsansätze knapp skizziert (für eine vertiefende Auseinandersetzung vgl. Bortz & Döring 1995 und Flick 1995). Andererseits sind damit aber auch grund-legendere Fragen verknüpft: Ein Problem der im ersten Teil dieses Beitrags behandel-ten Ansätze zur Bestimmung der Geltung von Ergebnissen liegt darin, dass sie jeweils von einem Gegenstand ausgehen, der unabhängig von der Forschung existiert und als Bezugspunkt für die Bestimmung der Validität bspw. dienen kann oder ohne weiteres auf andere Kontexte und Zusammenhänge übertragen (verallgemeinert) werden kann. Wenn konstruktivistische Annahmen (vgl. Flick 2000b) die (qualitative oder quantita-tive) Forschung leiten, wird dieses Verständnis des Gegenstands problematisch. Es ist davon auszugehen, dass der Gegenstand der Forschung erst durch diese hergestellt wird und dass diese spezifischen Herstellungsprozesse auch bei der Frage nach der Geltung und Verallgemeinerung zu berücksichtigen sind.

Literatur- und Medienverzeichnis

Bortz, Jürgen & Döring, Nicola: *Forschungsmethoden und Evaluation. 2., vollst. überarb. Aufl.* Berlin u.a. (Springer) 1995.

Campbell, Donald: *Relabling Internal and External Validity for Applied Social Sciences.* In: Trochin, William M. K. (Hg.): Advances in Quasiexperimental Design Analysis. New Directions for Program Evaluation, Vol 31. San Fancisco (Jossey Bass) 1986, S. 67-77.

Campbell, Donald T. & Fiske, D. W.: *Convergent and Discriminant Validation by the Multitrait-Multimethod Matrix.* In: Psychological Bulletin, 56 (1959), S. 81-105.

Cronbach, Luis: *Coefficient Alpha and the Internal Structure of Tests.* In: Psychometrika, 16 (1951), S. 297-334.

Denzin, Norman K.: *The Research Act. A Theoretical Introduction to Sociological Methods. 2. Aufl.* New York u.a. (McGraw-Hill) 1978.

Fielding, Nigel G. & Fielding, Jane: *Linking Data.* Beverly Hills (Sage) 1986.

Flick, Uwe: *Methodenangemessene Gütekriterien in der qualitativ-interpretativen Forschung.* In: Bergold, Jarg & Flick, Uwe (Hg.): Ein-Sichten. Zugänge zur Sicht des Subjekts mittels qualitativer Forschung. Tübingen (DGVT-Verl.) 1987, S. 246-263.

Flick, Uwe: *Triangulation Revisited. Strategy of or Alternative to Validation of Qualitative Data.* In: Journal for the Theory of Social Behavior, 22 (1992), S. 175-197.

Flick, Uwe: *Qualitative Forschung. Theorie, Methoden, Anwendung in Psychologie und Sozialwissenschaften.* Reinbek b.H. (Rowohlt) 1995. (Rowohlts Enzyklopädie. 546)

Flick, Uwe: *Triangulation in der qualitativen Forschung.* In: Flick, Uwe & Kardorff, Ernst von & Steinke, Ines (Hg.): Qualitative Forschung – Ein Handbuch. Reinbek b. Hamburg (Rowohlt) 2000a, S. 379-318

Flick, Uwe: *Konstruktivismus.* In: Flick, Uwe & Kardorff, Ernst von & Steinke, Ines (Hg.): Qualitative Forschung – Ein Handbuch. Reinbek b. Hamburg (Rowohlt) 2000b, S. 150-163.

Flick, Uwe & Kardorff, Ernst von & Steinke, Ines (Hg.): *Qualitative Forschung. Ein Handbuch.* Reinbek b.H. (Rowohlt) 2000. (Rowohlts Enzyklopädie. 628)

Gerhardt, Uta: *Patientenkarrieren. Eine medizinsoziologische Studie.* Frankfurt a.M. (Suhrkamp) 1986.

Glaser, Barney G.: *The constant comparative method of qualitative analysis.* In: McCall, George u.a. (Hg.): Issues in Participant Observation. Reading (Addison-Wesley) 1969.

Glaser, Barney G. & Strauss, Anselm: *Die Entdeckung gegenstandsbezogener Theorie. Eine Grundstrategie qualitativer Sozialforschung.* In: Hopf, Christel & Weingarten, Elmar (Hg.): Qualitative Sozialforschung. Stuttgart (Clett-Kotta) 1979, S. 91-111.

Glaser, Barney G. & Strauss, Anselm L: *The Discovery of Grounded Theory. Strategies for Qualitative Research.* Hawthorne, NY (de Gruyter) 1967.

Habermas, Jürgen: *Theorie des kommunikativen Handelns. 2 Bde.* Frankfurt a.M. (Suhrkamp) 1981.

Heinze, Thomas: *Qualitative Sozialforschung.* Opladen (Westdt.-Verl.) 1987.

Kamiske, Gerd & Brauer, Jörg-Peter: *Qualitätsmanagement von A bis Z – Erläuterungen moderner Begriffe des Qualitätsmanagements. 2. Aufl.* München (Hanser) 1995.

Kelle, Udo & Erzberger, Christian: *Qualitative und Quantitative Forschung – kein Gegensatz.* In: Flick, Uwe & Kardorff, Ernst von & Steinke, Ines (Hg.): Qualitative Forschung – Ein Handbuch. Reinbek b. Hamburg (Rowohlt) 2000, S. 299-309.

Kelle, Udo & Kluge, Susan: *Vom Einzelfall zum Typus. Fallvergleich und Fallkontrastierung in der qualitativen Sozialforschung.* Opladen (Leske + Budrich) 1999.

Kirk, James & Miller, Michael: *Reliability and Validity in Qualitative Research*. London (Sage) 1986.

Kleining, Gerhard: *Umriss zu einer Methodologie qualitativer Sozialforschung*. In: Kölner Zeitschrift für Soziologie und Sozialpsychologie, 34 (1982), S. 224-253.

Köckeis-Stangl, Eva: *Methoden der Sozialisationsforschung*. In: Hurrelmann, Klaus & Ulich, Dieter (Hg.): Handbuch der Sozialisationsforschung. Weinheim (Beltz) 1982, S. 321-370.

Lather, Patti: *Fertile Obsession. Validity afer post-structuralism*. In: Sociological Quarterly, 35 (1993), S. 673-693.

Legewie, Heiner: *Interpretation und Validierung biographischer Interviews*. In: Jüttemann, Gerd & Thomae, Hans (Hg.): Biographie und Psychologie. Heidelberg (Springer) 1987, S. 138-150.

Lincoln, Yvonna & Guba, Egon: *Naturalistic Inquiry*. Beverly Hills (Sage) 1985.

Mishler, Ernest: *Validation in Inquiry-Guided Research. The Role of Exemplars in Narrative Studies*. In: Harvard Educational Review, 60 (1990), S. 415-442.

Scheele, Brigitte & Groeben, Norbert: *Dialog-Konsens-Methoden zur Rekonstruktion Subjektiver Theorien*. Tübingen (Francke) 1988.

Schütze, Fritz: *Biographieforschung und narratives Interview*. In: Neue Praxis, 13 (1983), 3, S. 283-293.

Seale, Clive: *The Quality of Qualitative Research*. London (Sage) 1999.

Steinke, Ines: *Kriterien qualitativer Forschung. Ansätze zur Bewertung qualitativ-empirischer Sozialforschung*. Weinheim u. a (Juventa) 1999.

Weber, Max: *Die Objektivität sozialwissenschaftlicher und sozialpolitischer Erkenntnis*. In: Winkelmann, Johannes (Hg.): Max Weber. Gesammelte Aufsätze zur Wissenschaftslehre. Tübingen (Mohr) 1988, S. 146-214.

Eva Fleischer

Grundfragen feministischer Methodologie

1.   Einführung und Übersicht über die Diskussionsstränge

Feministische Wissenschaftskritik entzündete (und entzündet) sich an mehreren Tatbeständen. Erstens äußerte sie sich als Kritik an der Wissenschaft als sozialer Institution, die über den Ausschluss von Frauen und die Degradierung von Frauen dem männlichen Machterhalt dient, zweitens wurden die Lücken und Verzerrungen aufgezeigt, die durch den Ausschluss von Frauen und „Frauenthemen"[1] entstanden waren, drittens griff sie die Fundamente von Wissenschaft mit ihren Postulaten von Wertfreiheit, Objektivität, Rationalität und universeller Gültigkeit insofern an, als diese Werte und die im Namen dieser Werte produzierten Erkenntnisse als androzentristisch aufgedeckt wurden (vgl. Brück et al 1992, 17-24). Sexismus in der Forschung äußert sich jedoch nicht nur als Androzentrismus, Margit Eichler[2] hat sechs weitere Analysekategorien identifiziert:

„Androzentrismus kann als die Übernahme einer umfassend männlichen Perspektive definiert werden. Geschlechterinsensibilität ignoriert Geschlecht als eine gesellschaftlich wichtige Variable in Zusammenhängen, in denen es von Bedeutung ist... Geschlechterdichotomie behandelt die Geschlechter als zwei gänzlich voneinander getrennte soziale wie auch biologische Gruppen, anstatt sie als zwei Gruppen mit übergreifenden Eigenschaften zu begreifen. – Sie ist in vieler Hinsicht das Spiegelbild der Geschlechterinsensibilität. Die eine ignoriert die Bedeutung des Geschlechts, die andere übertreibt sie. Familialismus besteht darin, die Familie als kleinste Einheit der Analyse zu behandeln, wo es sich eigentlich um Individuen innerhalb der Familie oder der Haushalte handelt... Überverallgemeinerung findet statt, wenn eine Untersuchung sich ausschließlich mit einem Geschlecht befaßt, aber allgemein spricht. Doppelter Bewertungsmaßstab wird benutzt, wenn identische Situationen, Verhaltensweisen oder Merkmale aufgrund des

---

[1]   „Frauenthemen" setze ich deshalb unter Anführungszeichen, weil bereits die Zuordnung eines Themas als „Frauenthema" diskriminierend sein kann, etwa wenn die Vereinbarkeit von Familie und Beruf als reines Frauenproblem thematisiert wird. Die Bezeichung „Frauenthema" wurde jedoch auch im Rahmen der Differenzierung zwischen „Frauenforschung" und „feministischen Forschung" Mitte der achtziger Jahre hinterfragt. „Der Feministischen Wissenschaft geht es nicht um ‚frauenspezifische Themen', sondern um alle Themen, die in der Realität der Männergesellschaft aus der Sicht von Frauen fragwürdig, d.h. einer Fragestellung würdig werden" (Wildt 1987, 155), demgegenüber definiert sich „Frauenforschung" über das Thema „Frau", ihr vorrangiges Ziel ist es, Lücken zu füllen.

[2]   Sie hat dazu einen Fragebogen entwickelt, der auf alle Elemente des Forschungsprozesses (Begriffe, Methoden etc.) angewandt werden kann, um Sexismen bei fremden Forschungen aufzudecken, aber auch um Sexismen in der eigenen Forschung zu vermeiden.

Geschlechts unterschiedlich bewertet werden. Geschlechtsangemessenheit wird zu einem sexistischen Problem, wenn beschreibende Ausdrücke für Geschlechtsunterschiede normativ gebraucht und zu einem Wesensmerkmal erklärt werden" (Eichler 1994, 944, vgl. dazu auch Minnich 1994).

Ausgehend von der Kritik an den Wissenschaften, wie sie Frauenbewegung und feministische Forscherinnen vorfanden, entwickelte sich sehr bald eine Kritik an den Methoden und deren zugrunde liegender Methodologie, mit deren Hilfe diese Ergebnisse zustande gekommen waren. Damit verbunden stellte sich die Frage, mit welcher Methodologie und mit welchen Methoden nicht-sexistische Erkenntnisse gewonnen werden könnten. Dabei entstanden unterschiedliche Zugänge zu diesem Thema (vgl. Eichler 1997, 9), von denen ich drei in diesem Aufsatz aufgreifen werde:

- Wie sollten feministische Forscherinnen forschen? (die Frage nach den Standards)
- Wie forschen sie tatsächlich? (die Frage nach den Praktiken)
- Was denken feministische Forscherinnen über die Grundfragen des Erkennens und des Wissens, ist z.B. Objektivität möglich, ist sie überhaupt ein erstrebenswertes Ziel? (die Frage nach der Epistemologie)

Zunächst gehe ich auf eine historisch bedeutsame Antwort auf die Frage nach „Richtlinien" ein, auf die „Methodischen Postulate" von Maria Mies (1978 erstveröffentlicht), die die deutschsprachige Diskussion wesentlich beeinflusst haben. Einen neuen Vorschlag, die Standards des Tübinger Instituts für frauenpolitische Sozialforschung (1998)[3], die die Diskursverschiebungen der letzten Jahre gut wiedergeben, arbeite ich an zentralen Stellen ein. Im Zusammenhang mit der Frage nach den konkreten Forschungs*methoden* stelle ich eine Erhebung von Shulamith Reinharz vor, die erforscht hat, wie feministische Forscherinnen vorgehen, welche Methoden sie tatsächlich anwenden, welche neuen Methoden sie entwickelt haben. Abschließend wende ich mich zwei Positionen innerhalb der feministischen Debatte zur Epistemologie zu – Empirismus und Standpunktepistemologie – und diskutiere zwei Kategorien: „Objektivität" und „Erfahrung".

---

[3] Diese neuen Standards wurden im Kontext außeruniversitärer sozialpädagogischer Forschung erarbeitet. Die drei Autorinnen – Maria Bitzan, Heide Funk, Barbara Stauber – betrachten sie nicht als „neue 10 Gebote", sondern „als gewonnenes Wissen darüber, wie feministische Forschung mit Mädchen und Frauen gestaltet sein sollte, um der verdeckten Relevanz ihrer Lebensrealitäten Ausdruck zu verleihen" (Tübinger Institut für frauenpolitische Sozialforschung 1998, 11). Die einzelnen Standards lauten: Frauenforschung als Faktor von Gesellschaftlichkeit, Verständigungsprozesse unter Frauen, Differenz unter Frauen, Anerkennung, Konfliktorientierung, Subjekt- statt „Problemgruppe", Forschung im Lebenszusammenhang von Frauen, Selbstreflexion, sozialpolitische „Übersetzung" (vgl. ebd.).

2. Die „Methodischen Postulate" Geschichte und Kontroversen

2.1 Darstellung der Postulate

Im Folgenden stelle ich die Postulate von Maria Mies (1984a, 12-16) und deren Entstehungszusammenhang kurz vor. Auf die Kritik gehe ich dann anhand von ausgewählten Themen ein.

- Bewusste Parteilichkeit soll die bisherige Norm der „Wertfreiheit, Neutralität und Indifferenz gegenüber den Forschungsobjekten" (ebd., 12) als Basis für Objektivität ersetzen. Diese Parteilichkeit soll durch *teilweise* Identifikation mit dem Gegenüber der Forschung erreicht werden, dies bedeutet, dass die Forscherin nicht völlig in der anderen aufgeht, sondern durchaus eine „kritische und dialektische Distanz" (ebd.) einnimmt.
- Die „Sicht von oben" soll ersetzt werden durch eine „Sicht von unten". Diese „Sicht von unten" ist eine Perspektive, die Ausgangspunkt und Ziel bzw. Zielgruppe der Forschung bezeichnet. Einerseits soll die Forschung in den Dienst von beherrschten, unterworfenen und ausgebeuteten Gruppen gestellt werden, andererseits soll das Erfahrungswissen der Betroffenen über die Motive und Strategien der Unterdrücker zu einer umfassenden Erkenntnis der sozialen Realität beitragen. In einem herrschaftsfreien Diskurs, der durch die „doppelte Seins- und Bewußtseinslage" (ebd., 10) der Forscherinnen (sie erforschen Unterdrückung und sind zugleich von ihr betroffen) und das Veränderungsinteresse der „Beforschten" möglich wird, sollen auch die Probleme mit der Relevanz, der Validität und der Signifikanz der Daten gelöst werden.
- „Aktive Teilnahme an emanzipatorischen Aktionen und die Integration von Forschung in diese Aktionen" (ebd., 13) soll eine Forschung, die auf bloßes Zuschauen beschränkt ist, ablösen. Mies will damit über die Aktionsforschung hinausreichen, sie grenzt sich von einem paternalistischen „Rezepte-Geben" der Forscherinnen ab, die Forscherinnen sollen vielmehr den Betroffenen eine Hilfestellung beim Entwickeln ihres eigenen theoretischen Potentials sein. Daraus ergibt sich auch ein neues Wahrheitskriterium für Theorien. Dieses besteht in Anlehnung an Mao Tse-Tung nicht in Einhaltung bestimmter Regeln und Methoden, „sondern in ihrem Potential, die konkreten Praxisprozesse in die Richtung fortschreitender Emanzipation und Humanisierung voranzutreiben" (ebd.).
- Die aktive „Veränderung des Status Quo" (ebd., 14) soll zum Ursprung jeglicher Forschung werden. Dies beinhaltet nicht nur die grundsätzliche Veränderungsorientierung feministischer Forschung, sondern auch Vorstellungen, wie Erkenntnisse gewonnen werden sollen: Erst durch den Kampf gegen Frauen-Unterdrückung werde es möglich, „das Ausmaß, die Erscheinungsformen, die gesellschaftlichen Ursachen dieser Unterdrückung und Ausbeutung zu erkennen" (ebd.). Durch Krisenerfahrungen in diesem Veränderungsprozess bieten sich für Wissenschaftlerinnen und Forschungspartnerinnen Chancen zur Subjektwerdung.
- Aus der Orientierung an der Aufhebung von Frauen-Unterdrückung „ergibt sich, daß die Wahl des Forschungsgegenstandes nicht mehr der Beliebigkeit der einzelnen Sozialwissenschaftlerin oder ihren subjektiven Karriereinteressen überlassen

bleiben kann, sondern abhängig sein wird von den allgemeinen Zielen und den strategischen und taktischen Erfordernissen" (ebd.) der Frauenbewegung. Dies sei keine Fremdbestimmung durch die Bewegung – deren Ziele auch nicht einheitlich, im Gegenteil oft widersprüchlich sind, wie Mies selber schreibt –, sondern „die kreative Verarbeitung einer gesellschaftlichen Problematik durch ein Subjekt" (ebd., 15), nichtsdestotrotz hätten die Forscherinnen eine „Verpflichtung vor der Geschichte" (ebd.).

- Mies bezieht sich auf Paolo Freire und seine problemformulierende Methode, wenn sie betont, daß *„der Forschungsprozeß [...] zu einem Bewußtwerdungsprozeß* sowohl für die bisherigen Forschungs'subjekte' als auch für die bisherigen Forschungs'objekte'" (ebd.) werde. Die bisherigen Forschungs„objekte" sollen durch die Anregung und die Vermittlung von Methoden der bisherigen Forschungs„subjekte" ihre Situation selbst erforschen. Im Gegensatz zu Selbsterfahrungsgruppen geht es nicht nur um eine Bewusstwerdung der Situation, sondern um die verändernde Aktion. Der Blick soll sich aber nicht nur auf die Gegenwart richten, sondern auch auf die individuelle und kollektive Geschichte, damit diese angeeignet und ein „kollektives Frauenbewußtsein" entwickelt werden könne (ebd.).

- Auch die „Entwicklung einer feministischen Gesellschaftstheorie" könne nur „in der Teilnahme an den Aktionen und Kämpfen der Bewegung in der theoretischen Auseinandersetzung über Ziele und Strategien dieser Bewegung" entstehen (ebd., 16).

- Um die 1978 erstveröffentlichten Postulate entspann sich eine Diskussion, die 1984 einen ersten Höhepunkt hatte[4] und 1994 noch einmal zusammengeführt wurde (Diezinger 1994). Die Postulate wurden durch Übersetzungen weit über den deutschen Sprachraum verbreitet und waren Grundlage zahlreicher Aktionsforschungprojekte (Mies 1994). „Parteilichkeit" und „Betroffenheit" sind mittlerweile Standardschlagworte in der feministischen Diskussion um Methodologie geworden, wenn auch nicht immer direkt Bezug auf die Postulate genommen wird, was Maria Mies ebenso beklagt[5] wie die ihrer Meinung nach fortschreitende Akademisierung der feministischen Forschung.

2.2   Verhältnis Forscherin – Erforschte

2.2.1   Von der gemeinsamen Betroffenheit zur Betonung der Differenz

Die Tatsache, dass sowohl Forscherin als auch Forschungspartnerin von Unterdrückung und Diskriminierung betroffen sind, sei eine Quelle von Gemeinsamkeit, so Mies (vgl. 1984b, 10). Dabei differenziert sie vier Bedeutungsebenen bzw. vier Entwicklungsschritte: Die Ebene des „Getroffenseins" bezeichnet den „Opfer- und Objektstatus unterdrückter, ausgebeuteter, gedemütigter Wesen" (ebd., 57). Auf der

---

[4]   Die beiträge zur feministischen theorie und praxis widmeten ein ganzes Heft dem Thema „Frauenforschung oder feministische Forschung?" (1984), in Berlin wurde eine Tagung zum Thema „Methoden in der Frauenforschung" durchgeführt (Zentraleinrichtung zur Förderung von Frauenstudien und Frauenforschung 1984).

[5]   Sie spricht in diesem Zusammenhang von „akademischem Muttermord" (Mies 1994, 112).

Ebene der „Empörung" beginnen die Betroffenen sich innerlich von ihrem Opferstatus abzulösen, Wut und Rebellion über ihre Situation zu empfinden. In einem dritten
Schritt versuchen die Betroffenen, die Ursachen ihres Status quo zu analysieren, um
schließlich auf der vierten Ebene die Bewusstwerdung in eine befreiende Handlung
umzusetzen (vgl. ebd.).

Christina Thürmer-Rohr warnt davor, Betroffenheit als Gemeinschaftserfahrung zur
„methodischen Basis" für den Forschungsprozess (Thürmer-Rohr 1984, 75) zu machen, da sie zum einen ein Zustand sei, der sich unter gewissen Bedingungen einstellt,
jedoch nicht bewusst herstellbar ist, und sich zum anderen „alle Abgrenzung, Konkurrenz, alle Frauenverachtung durch Frauen und alle Selbstverachtung, alle Idealisierun-
gen, alle Hilflosigkeiten" (ebd., 76) im Forschungsprozess ebenso niederschlagen wie
gemeinschaftsfördernde Gefühle.

Eine Gefahr liegt darin, dass das Identifikationsvermögen der Forscherinnen über das
Ziel hinausschießt und zur Aufgabe der eigenen Forschungsinteressen führt – aus
Angst, dass die Differenzen den Forschungsprozeß untergraben oder auch, um nicht
Macht und Kontrolle auszuüben.[6] Die Ursache dafür ist sicher nicht nur auf ein Miss-
verständnis zurückzuführen, sondern auch darauf, dass gegenüber dieser scheinbaren
„weiblichen Ressource" Vorsicht angebracht ist. Sie ist eine „Fähigkeit, die Frauen
besitzen *sollen*" (in der Kommunikation mit Männern), eine Fähigkeit, „die Frauen
nicht unbedingt *haben* – vor allem nicht in der Kommunikation mit Frauen – oder die
sie nicht unbedingt haben *wollen*, da sie der Norm weiblicher Einpassung entspricht"
(Thürmer-Rohr 1984, 78). Gerade die Wahrnehmung und Wahrung eigener und fremder Grenzen ist ja etwas, das sich Frauen oft mühsam gegen ihre Sozialisation erst erarbeiten müssen.

Die Forderung nach totaler Gemeinsamkeit wurde zwar von Maria Mies stets relativiert, indem sie immer von „Teilidentifikation" spricht. Das Trennende sind „Klasse,
Imperialismus, Hautfarbe, Sprache, Bildung" (Mies 1984b, 56), das Verbindende ist
die Unterdrückungserfahrung. Wenn aber die Perspektive auf das „gemeinsam ‚Weibliche'" als dem „gemeinsam Reduzierten, gemeinsam Unterentwickelten, dem gemeinsam Unterforderten und Unterworfenen, dem gemeinsam Versäumten" (Thürmer-Rohr 1984, 82) gerichtet bleibt, so können eigene Beteiligungen an den unterdrückenden Verhältnissen nicht sichtbar werden.

In den neueren Diskussionen wird der Akzent auf Fremdheit und Differenz verlagert.
Dazu haben auch Impulse aus der ethnologischen Forschung (Nadig 1994), aber auch
aus der historischen Forschung (Schmidt 1989, Cyrus 1997) beigetragen. Beide Disziplinen gehen zunächst von Fremdheit aus, Gemeinsamkeiten müssen erst erarbeitet
werden. Maya Nadig sieht dabei unterschiedliche Klippen, die es zu überwinden gilt:
Ein „implizites, tendenziell intimes Selbstverständnis", das sich vorschnell ergeben
kann, kann auf „gemeinsam geteiltem kulturellem Unbewußten und gemeinsam ge-
teilten Abwehrmechanismen" (Nadig 1994, 194) beruhen, Forscherin und Erforschte
sind sich dann einig in ihren blinden Flecken und Tabus. Es ist auch zu wenig, Fremdheit nur äußerlich festzumachen, etwa in Schicht- und Generationenunterschieden, sie

---

[6] Beispiele bei Thürmer-Rohr 1984, Müller 1994.

zeigt sich auch „in der jeweiligen Identität als Frau" (ebd.). Und schließlich kann gerade die „Irritation vor dem allzu Bekannten" und sich daraus entwickelnde Wünsche
nach Distanzierung oder Abgrenzung auf „zentrale, gesellschaftlich unbewußt ge-
machte Konflikte" (ebd.) hinweisen.

So gilt zwar weiterhin die „Präferenz für Anteilnahme" (Becker-Schmidt, Bilden
1991, 23), gleichzeitig muss aber feministische Forschung so offen sein, daß sie „sowohl die Spannung zwischen Gleichheit und Differenz unter Frauen aushält als auch
die historische Ungleichzeitigkeit von Fortbestand und Veränderung in – das weibliche Geschlecht diskriminierenden – Machtstrukturen" (ebd.).

2.2.2 Forschung als gemeinsamer Prozess von Subjekten

Der Wunsch nach einem von Gleichheit und gegenseitiger Wahrnehmung als Subjekte
getragenen Forschungsprozess, der für beide Beteiligten einen Zuwachs an Selbst-
und Fremderkenntnis bringt, ist ebenfalls relativiert worden.

Die Ethnologin Judith Stacey schildert die Dilemmata, in die sie bei ihrer Forschung,
die sie mit Familien im amerikanischen Silicon Valley durchgeführt hat, hineingeraten
ist. Auf den ersten Blick entspricht gerade die ethnologische teilnehmende Beobachtung den feministischen Kriterien von „Authentizität, Reziprozität und Intersubjektivität" (Stacey 1993, 197) in hohem Maß. Stacey sah sich jedoch konfrontiert mit der
Gefahr von „Manipulation und Verrat" (ebd., 199) (z.B. wenn die Forschungspartnerinnen Stillschweigen über bestimmte Dinge wünschten, dies von ihr aber als unehr-
lich empfunden wurde) und von „Ausbeutung" (einerseits war sie Teilnehmerin, die
„authentisch" an den Schicksalen ihrer Informatinnen Anteil nahm, andererseits war
sie „ausbeuterische Forscherin", die ebendiese Schicksale für ihre Arbeit verwertete).

Die Problematik stellt sich aber nicht nur während des Forschungsprozesses, sondern
auch auf der Produktebene. Trotz des gemeinsamen Prozesses ist der Bericht letzten
Endes das Produkt der Forscherin, auch dieser stellt eine „Intervention in das Leben
und die Beziehungen der untersuchten Person dar" (ebd., 201) mit den beschriebenen
Gefahren. Die Diskussion des Berichtes mit den Interviewten kann diesen Widerspruch nicht auflösen bzw. kann neue Widersprüche bringen z.B. zwischen For-
schungsethik (Orientierung an Fakten versus Bedürfnis nach Geheimhaltung bei den
Informatinnen) und feministischer Ethik (die Informantin soll das letzte Wort haben).
Für Stacey besteht die „Ironie [...] darin, daß die ethnographische Methode die Infor-
mantInnen einer weit größeren Gefahr und Ausbeutung aussetzt als die positivisti-
scheren, abstrakteren und 'männlicheren' Forschungsmethoden. Je größer die Intimität, die scheinbare Gegenseitigkeit der Beziehung ForscherIn/InformantIn, um so größer ist die Gefahr" (ebd., 201). Die Konsequenz aus ihren Erfahrungen heißt für sie
nicht die Rückkehr zu unpersönlicheren Forschungsbeziehungen. Sie meint im Bewusstsein um die Begrenztheiten und Gefahren solcher Forschung, dass die so entstandenen Kulturbeschreibungen, so „voreingenommen und idiosynkratisch sie auch
sein mögen, die Kontextualität, die Tiefe und Nuance erreichen können, die ich mit
weniger gefährlichen, aber unpersönlicheren Forschungsmethoden nicht für möglich
halte" (ebd., 206).

In eine ähnliche Richtung, aber mit anderen Schlussfolgerungen argumentiert Monika
Wohlrab-Sahr. Für sie ist Interpretation ein wesentliches Merkmal von Forschung. Es

ginge doch auch „um das, was die Befragten, [...] ohne es vielleicht zu wollen, ausdrücken, und um die Interpretation des *latenten* Sinns [...] auch *gegen* den von den Subjekten *gemeinten* Sinn" (Wohlrab-Sahr 1993, 131). Daraus ergibt sich ein Dilemma: Entwickelt die Forscherin ihre Interpretationen auch gegen die der Interviewten, stellt sich das Problem der Rückvermittlung, die in „quasitherapeutische" Dimension reichen würde; beschränkt sie sich auf die „empathische Wiedergabe von Interviewaussagen" (ebd.), beschneidet sich die Forscherin in ihren Erkenntnismöglichkeiten. Sie stellt das Modell der „Beichte" dem Modell der „quasifreundschaftlichen Beziehung" (ebd., 132) gegenüber, dies sei klarer für beide Seiten.

In den konkreten Forschungssituationen wurde auch zum Problem, dass sich das gemeinsame Forschungs- und Veränderungsinteresse schwieriger als erwartet herstellen ließ. So hatten z.B. misshandelte Frauen wenig Interesse daran, auf einer verallgemeinernden, strukturellen Ebene über ihre Misshandlung zu reflektieren (Mies 1984a, 22, Burgard 1985, 251-256). Eine Erklärung dafür könnte sein, dass für Frauen, die sich im „Opferstatus" (siehe vorne) befinden, Fragen der Existenzsicherung oder auch der Wunsch nach sozialarbeiterischer, therapeutischer Begleitung nahe liegender sind als Forschungsinteressen.

Es stellt sich aber auch die Frage, inwiefern der gute Willen der Forscherin ausreicht, um die bisherigen Forschungs"objekte" zu Forschungs"subjekten" zu machen. Dazu Regina Becker-Schmidt:

„Zunächst gilt es festzustellen: innerhalb der vorgegebenen Realität sind Individuen zwangsläufig Objekte und Subjekte der sozialen Wirklichkeit. Sie sind Objekte, soweit sie ihre Geschicke und Geschichte nicht aus eigenem Willen und Bewußtsein lenken können; und sie sind Subjekte, soweit sie selber – bewußt oder unbewußt – die Anpassungsmechanismen an gesellschaftliche Prozesse steuern, ihnen widerstehen oder in ihnen nicht aufgehen.

Ich kann also Menschen nicht einfach zu Subjekten des Forschungsprozesses erklären ... Ich muß mich sogar fragen, ob die Individuen, mit denen und über die ich forsche, nicht gerade als Subjekte verfehle, indem ich sie als Objekte – der Forschung und Realität – verleugne" (Becker-Schmidt 1985, 95).

Die Tübinger Forscherinnengruppe erweitert die Perspektive auf die Frage, inwiefern Frauen gesellschaftlich überhaupt über einen „Subjektstatus" verfügen, gemeint ist dabei eine „vollwertige Mitgliedschaft im politischen, öffentlichen Gemeinwesen, und zwar als eigenständige Person, als Subjekt, als Individualwesen, das nicht eingeschlossen bleibt in die Kategorie ständischer oder ökonomischer, ethnischer oder geschlechtlicher Subsumierungen" (Tübinger Institut für frauenpolitische Sozialforschung e. V. 1998, 67).

„Unsere Forschung steht daher in einem Spannungsfeld, das dadurch charakterisiert ist, daß wir das, was strukturell und systematisch die Lebenssituation von Frauen kennzeichnet – die Verweigerung des Subjektstatus – in der und durch die Inszenierung von Forschungsprozessen zeitweilig außer Kraft setzen wollen. Wir können ihnen nicht den vollen gesellschaftlichen Status geben, wir haben ihn ja auch selbst nicht, aber wir können einen inszenierten Raum erzeugen, der Erfahrungen des Ernstnehmens ermöglicht, neue Realitätserfahrungen vermittelt und in dem alle Beteiligten als Subjekte zur Geltung kommen" (ebd., 56).

2.3   Verhältnis Frauenbewegung – Feministische Forschung: Professionalisierung als Verakademisierung?

Maria Mies ging und geht von einer grundsätzlichen Verbindung zwischen Politik und Wissenschaft aus, dies bedeutet für sie nicht nur, dass das Erkenntnisinteresse feministischer Forschung offen gelegt, sondern bewusst in den Dienst der Aufhebung von Unterdrückung gestellt werden soll (Mies 1984b, 13). Sie denkt Frauenbewegung und feministische Forschung als Einheit. Hier wurde von zweierlei Seiten Kritik geäußert, zum einen bestanden Forscherinnen auf einer grundsätzlichen Trennung von Forschung und Politik, wobei Wissenschaft möglichst objektiv sein solle (vgl. Bleich, Jansz, Leydesdorff 1984, 27, Pross 1983), zum anderen wird zwar eine politische Haltung als Ausgangspunkt von Forschung anerkannt, die unmittelbare Umsetzbarkeit von Forschungsergebnissen im politischen Handeln aber bezweifelt:

„Aber feministische Wissenschaft kann keine politischen Ziele erfüllen. [...] Sie kann ein Beitrag sein, patriarchale Realität aufzudecken, Kompetenzen der Analyse zu erwerben und zu verbreiten, Veränderungen im Bewußtsein und Verhalten bestimmter Frauen zu spiegeln und zu unterstützen." (Thürmer-Rohr 1984, 77).

Mies sieht diese Position als Indiz für eine „Verakademisierung und Re-Integration der Frauenforschung in und die Anpassung an den männerbeherrschten Wissenschaftsbetrieb" (Mies 1994, 111). Tatsache ist, dass sich Teile der feministischen Forschung von den Ausgangsfragen und -interessen der Frauenbewegung abgekoppelt haben[7], auch hat sich die Frauenbewegung insgesamt verändert, sodass keineswegs mehr klar ist, wie die Befreiung von Unterdrückung für Frauen heute aussehen könne, ein Beispiel wäre etwa die Diskussion um „Gleichheit" und „Differenz" (vgl. Brück et al. 1992, 26). Der Verlust der alten Eindeutigkeiten betrifft aber auch die Gesellschaftsanalysen oder die Frage, wie sich politische Praxis und Forschungspraxis gegenseitig beeinflussen. Der Begriff der politischen Praxis selbst ist durch eine Kritik an der Dichotomie von öffentlich und privat hinterfragt worden. Die Autorinnen der „neuen" Standards gehen in diesem Sinn trotz der jeweils eigenen Dynamiken von einer Parallelität beider Praxen aus, die aufeinander bezogen sind und einander „nutzen und nützen" (Tübinger Institut für frauenpolitische Sozialforschung e. V. 1998, 4). In ähnliche Richtung argumentiert Marlies Krüger:

„Bei feministischen Forschungen sollten Impulse aus der Frauenbewegung aufgenommen, zugleich aber sollte zur feministischen Praxis auch Distanz gehalten werden: Erstere verhindern eine zu starke Akademisierung und 'Abgehobenheit' feministischer Untersuchungen; letztere bewahrt vor einer einseitigen Vereinnahmung feministischer Analysen durch politische Gruppen" (Krüger 1994, 84).

---

[7]   Dies betrifft nicht nur die Forschungsfragen, bei bestimmten Diskussionen innerhalb der feministischen Theorie etwa zur Gender-Problematik lässt sich der Bezug zu tagespolitischen Debatten nur sehr schwer herstellen, dies betrifft auch die Sprache oder die Rituale der gegenseitigen Anerkennung (Zugang zu Veröffentlichungsmöglichkeiten, Tagungen, Forschungsgeldern). Inwiefern dies als positiv zu wertendes Zeichen der Professionalisierung zu sehen ist oder (auch) als Re-Identifizierung mit den einst kritisierten ausschließenden Kriterien von Wissenschaftlichkeit – diese Diskussion würde hier zu weit führen.

Die Tübinger Frauen sehen ihren Anwendungsbezug und auch das Relevanzkriterium ihrer Forschung vor allem *in* der Forschungspraxis, nicht außerhalb (Tübinger Institut für frauenpolitische Sozialforschung e. V. 1998, 19), obwohl sie sich auch für die „sozialpolitische Übersetzung" verantwortlich fühlen. Die Forscherinnen wollen in Diskurse unterschiedlichster Art eingreifen. Dabei geht es um „die Veränderung der Inhalte mit ihren Bedeutungszuschreibungen und die Veränderung der Beteiligungschancen, so daß bisher ausgeschlossene Gruppierungen hineinkommen" (ebd., 90). Damit verknüpft ist immer die Frage nach der Macht, die entscheidet, welche Bedürfnisse als relevant für Sozialpolitik angesehen werden. „Übersetzung" meint individualisierende Zugänge in ihre strukturellen Zusammenhänge zurückzuübersetzen. Es bedeutet, „Themen offenzulegen, regionale Auseinandersetzungen zu initiieren, Beteiligungsräume freizuarbeiten und aktuelle politische Gelegenheitsstrukturen zu nutzen, um das Wissen einzubringen. Es bedeutet vor allem den offenen Diskurs unter Frauen aus den verschiedensten Zusammenhängen" (ebd., 94).

2.4 Methodologie – Methoden: Präferenzen für qualitative Methoden ja, aber ...

2.4.1 Gibt es spezielle, neue Methoden in der feministischen Forschung?

Shulamit Reinharz (1992) versuchte die Frage nach einer feministischen Methodologie ausgehend von der Empirie zu beantworten: Welche Methoden wenden die Feministinnen, die sich selbst als solche bezeichnen, an? Dabei fand sie, dass prinzipiell alle Methoden angewendet werden (Interviews, Ethnographie, Statistik, Experimente, Transkulturelle Forschung, Oral History, Inhaltsanalyse, Fallstudien, Aktionsforschung, Mehrmethodenansätze), allerdings unter feministischer Perspektive. Dies bedeutet, dass sehr wohl Originäres in die Anwendung der Methoden von Feministinnen eingebracht wird, etwa durch neue Personen(gruppen) als Thema der Forschung, neue Formen von Daten, neue Samplezusammenstellungen, kollektive Autorschaften, disziplinenübergreifende Forschungen, neue Arten, wie geschrieben wird (neue Metaphern, Worterfindungen z.B. herstory, geschlechtersensibler Sprachgebrauch) (vgl. Reinharz 1992, 215-219).

Auch wenn sie feststellt: „Feminism is a perspective, not a research method" (ebd., 240)[8], listet sie doch einige Methoden auf, die sie als „originell" versteht, in dem Sinn, dass sie von den Forscherinnen entwickelt wurden, um ihren feministischen methodologischen Kriterien zu entsprechen. Das heißt nicht, dass diese Methoden noch nie angewandt worden wären bzw. die AutorInnenschaft einer einzigen Person zuordenbar wäre. Sie nennt u. a.: Selbsterfahrungsgruppen, kollektives Tagebuch, intuiti-

---

[8] Weitere Merkmale feministischer Forschung sind für sie „Feminists use a multiplicity of research methods. Feminist research involves an ongoing criticism of nonfeminist scholarship. Feminist research is guided by feminist theory. Feminist research may be transdisciplinary. Feminist research aims to create social change. Feminist research strives to represent human diversity. Feminist research frequently includes the researcher as a person. Feminist research frequently attempts to develop special relations with the people studied (in interactive research). Feminist research frequently defines a special relation with the reader" (Reinharz 1992, 240).

ves/assoziatives Schreiben und Forschen, Photographien der eigenen Lebenswelt als Stimulus für die Forschungspartnerinnen, Fragebögen/Tonbänder zum Selber-Bespielen, Selber-Ausfüllen den Forschungspartnerinnen geben, Drama/Psychodrama (vgl. ebd., 215-239). Für den deutschen Sprachraum wäre etwa die Erinnerungsarbeit (Haug 1999) zu ergänzen.

Dies bedeutet jedoch nicht, dass diese Methoden nur „von Frauen für Frauen" angewandt werden können oder dass die Verwendung einer bestimmten Methode allein eine Forschung schon zu einer feministischen macht bzw. die Nicht-Anwendung einer bestimmten Methode etwa der Aktionsforschung eine Forschung schon als nicht-feministische entlarvt (vgl. Müller 1984, 32). Ähnliches gilt für die Debatte, ob nun qualitative oder quantitative Methoden zu bevorzugen seien.

2.4.2 Qualitative versus quantitative Methoden?

In einer ersten Annäherung erschienen qualitative Methoden adäquater für feministische Fragestellungen, dies aus mehreren Gründen: *Erstens* sind qualitative Methoden geeigneter, den weiblichen Lebensrealitäten gerecht zu werden: „weibliche Lebenszusammenhänge sind *komplex*, weibliche Lebensläufe *diskontinuierlich* – beides läßt sich nur einfangen, wenn bei der Interpretation von Alltagssituationen oder Alltagshandlungen deren *Kontextualisierung* gelingt" (Becker-Schmitt, Bilden 1991, 23, vgl. Behnke, Meuser 1999, 14). *Zweitens* können qualitative Methoden den feministischen Ansprüchen der Beziehungsgestaltung zwischen Forscherinnen und Beforschten eher gerecht werden, da sie z.B. „die Formulierung des Standpunktes durch die Betroffenen selbst und nicht durch die Forscher" (Müller 1983, 33) ermöglichen. Damit verbunden war auch die Hoffnung, dass qualitative Methoden nicht so herrschafts- und ausbeutungsanfällig wären wie quantitative. Dass auch qualitative Forschung zu Herrschaftszwecken benutzt werden kann, darauf wurde zwar schon sehr früh hingewiesen (Oakley 1981, Müller 1983, 36, Mies 1984a, 184), trotzdem wurde dieser Kritik bei weitem nicht solche Bedeutung zugemessen, da diese Gefahr durch methodologische Reflexion der Forscherinnen vermeidbar schien. *Drittens* war die Bevorzugung qualitativer Forschungsmethoden auch aus der Not geboren: Die Schwierigkeiten, groß angelegte Forschungsvorhaben ausreichend finanziell absichern zu können, führten zu Beschränkungen auf explorative Studien, auf Methoden, die zwar arbeitsintensiv sind, aber ohne große technische Ausstattung realisiert werden können.

Dies führte zu dem Eindruck, dass feministische Forschung mit qualitativer Forschung gleichzusetzen sei. Die Gegenposition warnte vor der Selbstbeschränkung auf qualitative Methoden, da diese – genauso wie quantitative – auch nur eine beschränkte Reichweite hätten, dies würde nur wieder ein Frauenghetto erzeugen. Um politisch handlungsfähig zu sein, sei auch statistisches Wissen notwendig, umso mehr als das Nicht-Vorhanden-Sein von Frauen in standardisierten Erhebungen von feministischer Seite stark kritisiert wurde (Müller 1984, 35).

Heute werden nach wie vor vorwiegend qualitative Methoden verwendet, aber bei weitem nicht ausschließlich (Becker-Schmitt, Bilden 1991, Reinharz 1992, Müller 1994). Unter methodologischer Reflexion sind alle Methoden verwendbar geworden, auch die 1984 noch provokant geforderte „feministische Repräsentativerhebung" (Müller 1984) ist nicht mehr undenkbar. Dies ist für mich ein Zeichen für einen offeneren, auch pragmatischeren Umgang, hat aber sicher auch Gründe in der jeweiligen epistemologischen Verortung der Forscherin (siehe dazu Empirismus). Es gibt aber nach wie vor die Position, dass für feministische Forschung das qualitative Methodenrepertoire das angemessenere sei, z. T. mit der Zuspitzung, dass quantitative Forschung „männliche Werte von Autonomie, Abgrenzung, Distanz und Kontrolle" voraussetze, woraus sich ableite, dass die „weibliche Stimme in der Tat qualitativ sei" (Müller 1994, 33, 34). Dieser Standpunkt hat wiederum enge Bezüge zu der Position, die Evelyn Fox-Keller unter Bezugnahme auf die Objekt-Beziehungs-Theorie in die epistemologische Diskussion eingebracht hat.

3.   Neue Impulse für feministische Standards

In den aktuellen Diskussionen um die feministische Methodologie wird die Frage nach den Gemeinsamkeiten bzw. Unterschieden unter Frauen (aber auch zwischen Männern und Frauen) aufgegriffen, die Schlagworte heißen heute „Differenz(en)" bzw. „Gender-Perspektive". Ich stelle nun zwei unterschiedliche Antworten vor, wie methodologisch damit umgegangen werden könnte.

3.1   Differenz- und Konfliktorientierung verlangt nach Selbstreflexion

Unterschiedlichkeiten anzuerkennen, darf nicht zu neuen Beliebigkeiten führen bzw. müssen trotzdem die Hierarchien zwischen Frauen benennbar und kritisierbar bleiben (insbesondere was die eigene Beteiligung an Dominanz und Herrschaft betrifft). Dies bedeutet, dass Differenzen nicht nur wahrgenommen, sondern als „Reflexe gesellschaftlicher Machtstrukturen" analysiert werden sollten (Tübinger Institut für frauenpolitische Sozialforschung e. V. 1998, 63). Offenheit wird dadurch im Forschungsprozess wichtig: Ich sollte offen sein für auftretende Unterschiede, sie regelrecht erwarten, ich muss aber auch offen sein für die Reflexion der Unterschiede, die durch meine Rolle und den Status als Wissenschaftlerin, durch unterschiedliche Biographien und Erfahrungen entstehen. Wesentliche Hintergründe für Differenzen können sein:

„Patriarchale Deutungsmuster, die als reale gesellschaftliche Anforderungen Bestandteil des alltäglichen Bewältigungssettings sind; die feministischen Deutungsmuster, die schnell zu einer zusätzlichen Anforderungsstruktur an die Frauen, mit denen wir forschen, geraten, weil wir sie als spezifische Erwartungshaltung in die Interviewsituation hineintragen; schließlich die Selbstdefinition der Befragten, die immer auch Resultat komplexer Bewältigungsleistungen sind und daher in Zusammenhang mit den unterschiedlichen Anforderungssituationen unterschiedlicher Lebenslagen stehen" (ebd., 66).

„Bezugnahme in Verschiedenheit" und „Anerkennung" sind äußerst schwierig (ebd., 68), da es nicht nur um die Ebene der rein persönlichen Beziehung, sondern auch um die politische Frage nach dem gesellschaftlichen Status geht. Da Forscherinnen wie „Adressatinnen" die gesellschaftliche Anerkennung auf vielerlei Ebenen vorenthalten wird, suchen sie Anerkennung in konfliktvermeidender Harmonie in Frauenzusammenhängen bzw. bei meist männlichen „Dominanzträgern" (ebd., 68), beides führt aber zur Verleugnung und Abspaltung. Differenz, Anerkennung und Konfliktorientierung bedingen einander:

„Wirkliche Anerkennung findet erst statt, wenn ich die andere als von mir unterschiedene wahrnehmen kann, mich über diese Unterschiedlichkeit auch in Konflikt mit ihr begebe, es für wert erachte, unsere Unterschiedlichkeit in Beziehung zu setzen und den Konflikt respektvoll mit ihr austrage" (ebd., 70).

Konfliktorientierung wird auf mehreren Ebenen sichtbar: Es geht nicht nur darum, in den erforschten Lebenszusammenhängen sensibel auf Konflikte zu achten und diese zu analysieren, auch „das Forschungsarrangement selbst muß als latent konflikthafte Interaktion angesehen werden" (ebd., 71). Beispiele wären Irritationen im Gesprächsverlauf, Widerstand der Interviewten, Tabuisierungen oder Beharren auf Weiblichkeitsklischees. Hier gilt die Herausforderung, genau auf dieses Sperrige zu hören und es auch anzusprechen. Eine weitere Quelle für Konflikte ergibt sich aus der Stellung der Frauenforschung im Wissenschaftsdiskurs. „Frauenforschung als Faktor von Gesellschaftlichkeit" bedeutet für die Forscherinnen, „daß wir uns bewußt in die Konflikte um Deutungsmacht, um Definitionsmacht hineinbegeben, in Konflikte darüber, was welche gesellschaftliche Relevanz hat" (ebd., 53), dies schließt die Verhältnisse unter Frauen und die Konflikte um Definitionsmacht dort mit ein. In diesen Aussagen ist ein offensives Umgehen mit den Unterschiedlichkeiten auch unter Frauen(forscherinnen) spürbar. Ausgehend von diesen Orientierungen wird die Selbstreflexion der Forscherinnen zu einem notwendigen Instrument der Forschung, indem auftretende eigene Emotionen (Ängste, Bedürftigkeit, Klischees, Widersprüche) im Forschungsprozess als Erkenntnisquelle genutzt werden (ebd., 86, vgl. Becker-Schmitt, Bilden 1991, 28).

3.2   Gender-Perspektive als methodologische Herausforderung

In den neunziger Jahren nahmen Diskussionen um die soziale Konstruiertheit der Geschlechter weiten Raum ein, der Blick auf den Gegenstand selbst, die Kategorie „Frau" veränderte sich, die Kategorie „Geschlecht" schien adäquater.

„Das Geschlecht, in dieser Sicht, ist nicht etwas, was wir 'haben' oder 'sind', sondern etwas, was wir tun. Begleitend und verwoben mit unserem täglichen Handeln, unserem Umgang mit uns selbst und mit anderen, stellen wir – meist unbewußt und selbstverständlich, daher um so wirksamer – eine Ordnung der Geschlechtszugehörigkeit her" (Hagemann-White 1993, 69).

Die „konsequente Anwendung der Gender-Perspektive in allen Aspekten wissenschaftlichen Tuns" (Brück et al 1992, 26) ist keineswegs eine unbestrittene Erweiterung der Leitorientierungen feministischer Methodologie (vgl. Behnke, Meuser 1999, 39-44). Kritisiert wurde und wird u. a, dass mit dem Verschwinden der Kategorie „Frau" gesellschaftliche Machtverhältnisse nicht mehr benannt würden, politische Veränderungen kein Ziel mehr seien oder auch völlig vom körperlichen Sein abstrahiert würde (vgl. Maynard 1995). Die Frage nach den Differenzen unter Frauen wurde damit zugespitzt. Der Abschied von der eindeutigen Kategorie „Frau" bedeutet auch einen Abschied vom Sprechen von „einer weiblichen Sichtweise", einem frauenspezifischen Zugang zu Technik, Arbeit, Moral, „weibliche Sozialisation" per se. Dieser Verlust alter Sichtweisen macht auch vor der bisherigen feministischen Forschung nicht Halt:

„Beteiligt sich am Ende die Frauenforschung an der kulturellen Fortschreibung einer einengenden, ideologisch durchtränkten Entgegensetzung der Geschlechter qua Geschlecht und bindet uns gerade an das Geschlechterverhältnis zurück, das wir verändern wollen?" (Hagemann-White 1993, 70).

Welche methodologischen Konsequenzen ergeben sich aus dieser Neuorientierung?[9] Carol Hagemann-White, die betont, dass für sie eine radikal konstruktivistische Perspektive gerade nicht eine eigenmächtige Beliebigkeit meint, überlegt, wie diese Orientierung in konkreten Forschungssettings umgesetzt werden kann. Sie sieht vor allem zwei Probleme:

- Durch welche Gemeinsamkeit können „Frauen" als Gruppe, auf die ich mich als Forscherin beziehe, überhaupt noch gefasst werden?
- Können die „alten" Fragestellungen zu Unterdrückung unter diesen neuen Prämissen weiterhin untersucht werden bzw. wie können sie das? (vgl. ebd., 71)
- Sie schlägt ein Stufenmodell vor, das sie mit Einblicken in ihre Forschungspraxis[10] plastisch macht (vgl. Hagemann-White 1994, 309-318).
- Stufe 1: Zunächst sollen „die differenten Stimmen von Frauen und Männern – vorrangig auf dem Wege einer genauen und sorgfältigen Betrachtung der Frauen – hörbar werden" (ebd., 309). Diese Stufe macht einen Großteil der bisherigen empirischen feministischen Forschung aus.
- Stufe 2: Dann gilt die Suche einer Empirie, die belegt, dass die für Frauen geschilderten Muster nicht nur für Frauen zutreffen.
- Stufe 3: Nun erfolgt eine differenzierte Analyse, inwieweit beide Muster beiden Geschlechtern zugänglich sind.

In diesem Zusammenhang bleiben noch etliche Fragen offen, aber immerhin zeigt sich damit die Richtung, wie auch in der empirischen Forschung konstruktivistische Fragestellungen aufgenommen werden können.

4. Grundlagen des Erkennens – epistemologische Fragestellungen

4.1 Erfahrung als feministische Kategorie

Als Reaktion auf die „unsichtbare" bzw. nur als abgewertete und verzerrte aufscheinende Frau in den Wissensbeständen standen am Anfang des politischen und wissenschaftlichen Erkennens von Frauen die eigenen Erfahrungen. Selbsterfahrungsgruppen waren ein zentraler Ort feministischer Sozialisation, da Literatur, auf die zurückgegriffen werden konnte, entweder noch nicht existierte bzw. in Vergessenheit geraten war. Im weiteren Umgang mit „Erfahrung" entwickelten sich unterschiedliche Heran-

---

[9] Ich beschränke mich hier auf die methodologischen Konsequenzen für eine empirisch sozialwissenschaftlich orientierte Forschung, die feministische poststrukturalistische Forschung hat ihre Schwerpunkte aber woanders, etwa in der Diskursanalyse (vgl. Wolf 1996).

[10] Es handelt sich um ein durchgeführtes Projekt über die berufliche Welt von HochschulprofessorInnen und ein geplantes Projekt zu PolitikerInnen. Die Schilderungen lassen erahnen, dass es sich hier um sehr aufwendige Forschungen handelt, Hagemann-White spricht selbst von „Grundlagenforschung" (ebd., 317), die auf Akzeptanz- und Finanzierungsprobleme stößt.

gehensweisen. Sandra Harding (1994) beschreibt zwei Hauptrichtungen: den *feministischen Empirismus* und *feministische Standpunktepistemologien*. Der *feministische Empirismus* nimmt auch die Erfahrung als Ausgangspunkt für wissenschaftliches Erkennen, hat aber das Ideal der „objektiven" Bobachtung, mit deren Hilfe „reine Daten" gewonnen werden könnten, sexistische Wissenschaft wird als das Ergebnis von „schlechter" Wissenschaft gesehen. Der Grund sind Vorurteile, die in allen Phasen des wissenschaftlichen Prozesses sexistisch wirken können (von der Problemfindung bis zur Interpretation der Daten). Wenn die bestehenden Normen der Methodologie brav befolgt würden, gäbe es keinen Sexismus in der Wissenschaft (vgl. Harding 1994, 127). Da der feministische Empirismus nur die fehlerhafte Praxis, nicht aber die wissenschaftlichen Regeln selbst kritisiert, bekommen seine Vertreterinnen leichter Anerkennung, trotzdem gibt es auch hier ein radikales Potential. Im Unterschied zum klassischen Empirismus wird die Bedeutung des „Entdeckungskontextes" betont, wenn es um die Vermeidung von Vorurteilen geht, d.h. bereits in der Phase der Problemfindung können Vorurteile einfließen. Um diese Sexismen zu erfassen, reichen aber die bisherigen Methoden nicht aus, in diesem Sinn geht der feministische Empirismus lt. Harding über die grundsätzliche Akzeptanz der vorgefundenen Methodologie hinaus (vgl. ebd., 133-34).

Aus der Sicht der *feministischen Standpunktepistemologie* sind Meinungen, Wissen und Erkenntnisse von vorneherein „gesellschaftlich verortet" (vgl. ebd., 135). Der Standpunkt von Frauen ist aber „weniger partiell und verzerrt als das Bild von Natur und gesellschaftlichen Verhältnissen, das der herkömmlichen Forschung entstammt" (ebd., 136). Harding begründet die Vorzüge eines Denkens vom Standpunkt der Frauen aus u. a. mit folgenden Argumenten:

- Frauen und Männer haben unterschiedliche Lebensbedingungen, sowohl was ihre Tätigkeiten als auch ihre Persönlichkeitsstrukturen betrifft,
- „Frauen sind für den Einblick in die soziale Ordnung wertvolle 'Fremde'" (ebd., 140)
- Als Unterdrückte und als gegen die Unterdrückung Kämpfende sehen sie mehr und sie haben ein größeres Interesse an Veränderung.
- „Die Frauenperspektive vermittelt zwischen ideologischen Dualismen: Natur versus Kultur" (ebd., 147), dies ist im Besonderen mit den spezifischen Tätigkeiten von Frauen begründet.

Diese Position bringt manche Probleme mit sich, die bereits im Zusammenhang mit den Mies'schen Postulaten angesprochen wurden: Frauen werden auf die Opferrolle festgeschrieben, da ihr Sein als Unterdrückte sie zu besonderen Subjekten des Erkennens macht. Es besteht die Gefahr, die Unterdrückten zu idealisieren und zu übersehen, dass die Unterdrückung die Unterdrückten auch deformiert. Harding spricht dieses Problem selbst an, indem sie davor warnt, die „Erfahrung" von Frauen als unkritisch als Quelle zu verwenden. Erfahrung wird „durch gesellschaftliche Verhältnisse geprägt" (Harding 1994, 139), so können auch Frauen frauenverachtende, unlogische oder rassistische Meinungen äußern. Da es „vielfältige Feminismen" gibt, gibt es auch nicht die eine einheitliche Frauenerfahrung oder Frauenperspektive (vgl. ebd.). Darüber hinaus sind Erfahrungen von Frauen nicht unmittelbar zugänglich:

„Im Alltag bleiben die Erfahrungen von Frauen oft wenig bewußt, schwer artikulierbar, behindert durch die Denkformen, Deutungsmuster und Gefühlsnormierungen der dominanten männlichen Kultur" (Becker-Schmidt, Bilden 1991, 26).

So verstanden ist Erfahrung Interpretation und hat zugleich Interpretation nötig, die den sozialen, kulturellen und historischen Kontext berücksichtigt, in dem sie gemacht wird (vgl. Ernst 1999, 81-83).

4.2   Reflektierte Objektivität

Will feministische Forschung überhaupt „objektiv" sein bzw. kann sie es überhaupt, wenn sie von Erfahrungen von Frauen im obigen Sinn ausgeht? Ein Problem bei der Diskussion ist die „schlüpfrige Mehrdeutigkeit" (Haraway 1996, 224) des Begriffes „Objektivität". „Objektivität" wird verstanden als: Wertfreiheit, Neutralität, Verneinung der Subjektivität von Forschern und Beforschten, ein patriarchales Mittel der Kontrolle, die Annahme, dass die soziale Welt außerhalb des individuellen Bewusstseins erforscht werden könne, die Möglichkeit, dass sich Forscher so aus dem Forschungsprozess heraushalten können, die Annahme, dass die Ergebnisse von der Subjektivität des Forschers unabhängig sein können, emotionale Objektivität, quantitative Methoden, hierarchische Beziehungen zwischen Forscher und Beforschten, Dekontextualisierung (Eichler 1997, 14).

Für die weitere Diskussion ist es hilfreich, zwei Bedeutungsebenen zu unterscheiden: Objektivität als scheinbare Neutralität, die unreflektierte Vorurteile transportiert, und Objektivität verstanden als reflektierte Subjektivität. Die erstere ist kein Ziel, im Gegenteil, in der Analyse androzentristischer Forschung wird immer wieder aufgezeigt, dass diese Art von Objektivität Sexismen produziert. Für die zweite Art von Objektivität existieren einige Vorschläge, wie der Begriff neu gefasst werden kann und trotzdem nicht aufgegeben werden muss – dies auch als Antwort auf Vorwürfe gedacht, dass feministische Wissenschaft nur „subjektiv" sei und damit unwissenschaftlich. Ich stelle hier zwei Ansätze vor, und zwar die von Evelyn Fox-Keller und Sandra Harding.[11]

Evelyn Fox-Keller etwa entwickelt ausgehend von der Objekt-Beziehungs-Theorie, wie sie Nancy Chodorow vertritt, ein Konzept der „dynamischen Objektivität" (Fox-Keller 1986, 121-134). Sie leitet die traditionellen Auffassungen von Objektivität, die sie „statische Objektivität" nennt, von der männlichen Sozialisation her und integriert die sowohl kulturell wie auch wissenschaftlich abgewerteten „weiblichen" Eigenschaften der Empathie und Verbundenheit. „Dynamische Objektivität" beruht demnach auf einem Wissen um Verbundenheit mit den „Forschungsobjekten", die mit Einfühlung und Respekt vor ihrer Integrität erforscht werden sollen.

Sandra Harding glaubt, dass das „Denken vom Leben der Frauen aus" die Objektivität der Forschungsergebnisse erhöhen kann. Das Aufzeigen des Forschungsinteresses und des gesellschaftlichen Entstehungskontextes der Ergebnisse könne zu einer „starken Objektivität" führen, insbesondere wenn durch eine „starke Reflexivität" die Wi-

---

[11] Eine ausführliche Kritik der Stärken und Schwächen beider Ansätze sowie weiterer anderer, etwa von Donna Haraway („verkörperte Objektivität" Haraway 1996) oder Helen Longino („kontextueller Empirismus" Longino 1996) siehe Waltraud Ernst (1999).

derspruchsmöglichkeiten der Forschungs„objekte" gesichert sind (Harding 1994, 165-166).

5.   Offenes Ende – von den Gewissheiten zu den Frag-Würdigkeiten

Was hat sich getan in diesen zwanzig Jahren feministischer Methodologiedebatte? Es hieß Abschied nehmen von den auf den ersten Blick einigenden Gemeinsamkeiten. Diese Gemeinsamkeiten waren notwendig, um politisch wirksam sein zu können, sie waren aber auch gewonnen durch die Ausblendung und manchmal auch Verfolgung von Anders-Artigkeiten unter Frauen. Die Unterschiedlichkeiten zwischen Forscherinnen, zwischen Forscherinnen und „Beforschten", zwischen Forscherinnen und Frauenbewegung (bei teilweiser Rollenüberschneidung von manchen) wurden schmerzhaft und mit Konflikten verbunden sichtbar. Dieser Prozess brachte aber auch ein bescheideneres Selbstbild und einen Abschied von Größenphantasien und damit das Selbstvertrauen, die daraus entstehenden Differenzen und Konflikte aushalten zu können, mehr als das, sie konstruktiv für die Forschung nutzbar zu machen.

Ich schließe in diesem Sinn ohne integrierende Zusammenschau, da manche Differenzen nicht integrierbar sind: „Better-science"-Konzepte und „Standpunktdenken" schließen einander ebenso aus wie „Standpunktdenken" und „konstruktivistisches Denken" – mit jeweils unterschiedlichen Begründungen. Ich denke, dass es für die methodologische Diskussion hilfreich wäre, diese im Bewusstsein dieser erkenntnistheoretischen Orientierungen weiterzuführen.[12]

Literatur- und Medienverzeichnis

Becker-Schmidt, Regina: *Probleme einer feministischen Theorie und Empirie in den Sozialwissenschaften.* In: Feministische Studien, 4 (1985), 2, S. 93-104.

Becker-Schmidt, Regina & Bilden, Helga: *Impulse für die qualitative Sozialforschung aus der Frauenforschung.* In: Flick, Uwe u.a. (Hg.): Handbuch Qualitative Sozialforschung. Grundlagen, Konzepte, Methoden und Anwendungen (Psychologie-Verl.-Union) München 1991, S. 23-30.

Behnke, Cornelia & Meuser, Michael: *Geschlechterforschung und qualitative Methoden.* Opladen (Leske + Budrich) 1999.

Bleich, Anet & Jancz, Ulla & Leydesdorff, Selma: *Lob der Vernunft.* In: Beiträge zur feministischen Theorie und Praxis, 7 (1984) 11, S. 26-34.

Brück, Brigitte: *Feministische Soziologie. Eine Einführung.* Frankfurt a.M. (Campus) 1992.

Cyrus, Hannelore: *Historische Akkuratesse und soziologische Phantasie. Eine Methodologie feministischer Forschung.* Königstein (Helmer) 1997.

Diezinger, Angelika (Hg.): *Erfahrung mit Methode. Wege sozialwissenschaftlicher Forschung.* Freiburg (Kore) 1994.

Eichler, Margrit: *Feminist Methodology.* In: Current Sociology, 45 (1997), 2, S. 9-36.

---

[12] Für Anregungen und Kritik an diesem Artikel danke ich Karoline Bitschnau, Anna Maria Schweighofer und Edith Ihrenberger.

Eichler, Margrit: *Sieben Weisen, den Sexismus zu erkennen. Eine theoretische Überlegung mit einem praktischen Fragebogen.* In: Das Argument, 207 (1994), S. 941-954.

Ernst, Waltraud: *Diskurspiratinnen. Wie feministische Erkenntnisprozesse die Wirklichkeit verändern.* Wien (Milena) 1999.

Fox-Keller, Evelyn: *Liebe, Macht und Erkenntnis. Männliche oder weibliche Wissenschaft?* München u. a. (Hanser) 1986.

Hagemann-White, Carol: *Der Umgang mit Zweigeschlechtlichkeit als Forschungsaufgabe.* In: Diezinger, Angelika u.a. (Hg.): Erfahrung mit Methode. Wege sozialwissenschaftlicher Forschung. Freiburg (Kore) 1994, S. 301-318.

Hagemann-White, Carol: *Die Konstrukteure des Geschlechts auf frischer Tat ertappen? Methodische Konsequenzen einer theoretischen Einsicht.* In: Feministische Studien, 1992, 2, S. 68-78.

Haraway, Donna: *Situiertes Wissen. Die Wissenschaftsfrage im Feminismus und das Privileg einer partialen Perspektive.* In: Scheich, Elvira (Hg.): Vermittelte Weiblichkeit. Feministische Wissenschafts- und Gesellschaftstheorie. Hamburg (Hamburger Ed.) 1996, S. 217-248.

Harding, Sandra: *Das Geschlecht des Wissens.* Frankfurt a.M. u.a. (Campus) 1994.

Haug, Frigga: *Vorlesungen zur Einführung in die Erinnerungsarbeit.* Berlin (Argument Verl.) 1999.

Krüger, Marlis: *Methodologische und wissenschaftstheoretische Reflexionen über eine feministische Soziologie und Sozialforschung.* In: Diezinger, Angelika u.a. (Hg.): Erfahrung mit Methode. Wege sozialwissenschaftlicher Forschung. Freiburg (Kore) 1994, S. 69-85.

Longino, Helen: *Natur anders sehen. Zur Bedeutung der Geschlechterdifferenz.* In: Scheich, Elvira (Hg.): Vermittelte Weiblichkeit. Feministische Wissenschafts- und Gesellschaftstheorie. Hamburg (Hamburger Ed.) 1996, S. 292-312.

Maynard, Mary: *Das Verschwinden der Frau. Geschlecht und Hierarchie in feministischen und sozialwissenschaftlichen Diskursen.* In: Armbruster, L. Christof & Müller, Ursula & Stein-Hilbers, Marlene (Hg.): Neue Horizonte? Sozialwissenschaftliche Forschung über Geschlechter und Geschlechterverhältnisse. Opladen (Leske + Budrich) 1995, S. 23-40.

Mies, Maria: *Frauenbewegung und 15 Jahre Methodische Postulate zur Frauenforschung.* In: Diezinger, Angelika u.a. (Hg.): Erfahrung mit Methode. Wege sozialwissenschaftlicher Forschung. Freiburg (Kore) 1994, S. 105-128.

Mies, Maria: *Frauenforschung oder feministische Forschung? In:* Beiträge zur feministischen Theorie und Praxis, 7 (1984), 11, S. 40-60.

Mies, Maria: *Methodische Postulate zur Frauenforschung.* In: Beiträge zur feministischen Theorie und Praxis, 7 (1984), 11, S. 7-25.

Müller, Ursula: *Feminismus in der empirischen Forschung. Eine methodologische Bestandsaufnahme.* In: Diezinger, Angelika u.a. (Hg.): Erfahrung mit Methode. Wege sozialwissenschaftlicher Forschung. Freiburg (Kore) 1994, S. 31-68.

Müller, Ursula: *Gibt es eine spezielle Methode in der Frauenforschung? In:* Zentraleinrichtung zur Förderung von Frauenstudien und Frauenforschung (Hg.): Methoden in der Frauenforschung. Symposium an der FU Berlin im Dezember 1983. Frankfurt 1984, S. 29-50.

Nadig, Maya: *Der ethnologische Weg zur Erkenntnis. Das weibliche Subjekt in der feministischen Wissenschaft.* In: Axeli-Knapp, Gudrun & Wetterer, Angelika (Hg.): Traditionenbrüche. Entwicklungen feministischer Theorie. Freiburg (Kore) 1992, S. 151-200.

Schmidt, Uta C.: *Wohin mit unserer gemeinsamen Betroffenheit im Blick auf die Geschichte?*
Eine kritische Auseinandersetzung mit methodischen Postulaten der feministischen Wissen-
schaftsperspektive. In: Becker, Ursula & Rüsen, Jörn: Weiblichkeit in historischer Perspektive. Frankfurt a. M: (Suhrkamp) 1989, S. 502-516.

Stacey, Judith: *Ist feministische Ethnographie möglich?* *In:* Rippl, Gabriele (Hg.): Unbeschreib-
lich weiblich. Texte zur feministischen Anthropologie. Frankfurt a. M. (Fischer) 1993, S.
196-208.

Thürmer-Rohr, Christina: *Der Chor der Opfer ist verstummt.* In: Beiträge zur feministischen
Theorie und Praxis, 7 (1984), 11, S. 71-84.

Tübinger Institut für frauenpolitische Sozialforschung e. V. (Hg.): *Den Wechsel im Blick. Me-*
thodologische Ansichten feministischer Sozialforschung. Pfaffenweiler (Centaurus) 1998.

Wildt, Carola: *Frauenforschung und Feministische Forschung.* In: Bell, Anni u.a.(Hg.): Furien
in Uni-Form? Dokumentation der 3. Österreichischen Frauensommeruniversität 1986. Innsbruck: (VOR-ORT) 1987, S. 141-157.

Wohlrab-Sahr, Monika: *Empathie als methodisches Prinzip? Entdifferenzierung und Reflexivi-*
tätsverlust als problematisches Erbe der methodischen Postulate zur Frauenforschung. In:
Feministische Studien, 1993, 2, S. 128-139.

Wolf, Maria: *Feministische Theorieansätze sozialwissenschaftlicher Interdisziplinarität.* In:
Hierdeis, Helmwart & Hug, Theo (Hg.): CD-ROM der Pädagogik. Baltmannsweiler
(Schneider) 1996.

Zentraleinrichtung zur Förderung von Frauenstudien und Frauenforschung (Hg.): *Methoden in*
der Frauenforschung. Symposium an der FU Berlin im Dezember 1983. Frankfurt a.M. (Fischer) 1984.

Meinrad Ziegler

Grundfragen der Ethnographie

1. Einordnung

Eine Forschungsstrategie, die eine kulturelle Lebensform und die damit verbundenen sozialen Phänomene innerhalb der sozialen Kontexte ihrer alltäglichen Erscheinungsform untersucht, wird als Ethnographie bezeichnet. Charakteristisch für diese Strategie ist die Teilnahme der Forschenden am täglichen Lebenszusammenhang der Bewohner dieser Kultur für einen längeren Zeitraum. Das ermöglicht zu beobachten, was geschieht, zu hören, was gesprochen wird und zu diesen Wahrnehmungen Fragen zu stellen. Der traditionelle Begriff der teilnehmenden Beobachtung trifft den Forschungstypus, der mit Ethnographie gemeint ist, insofern nicht ganz, weil sich die Ethnographie nicht als spezielle Methode, sondern als komplexes Design mit einem charakteristischen Zugang zur sozialen Realität versteht (vgl. Hammersley & Atkinson 1995). Entsprechend der jeweiligen Fragestellung und dem konkreten Untersuchungsfeld wird mit den unterschiedlichsten Methoden gearbeitet. Die Daten werden vorwiegend aus der direkten Beobachtung und durch Befragungen gewonnen. Ergänzt werden diese Informationen vielfach durch statistische Daten, Dokumente und Fremd- oder Selbstbeschreibungen der Bewohnerinnen und Bewohner des untersuchten Feldes. Als zentraler Grundsatz gilt, dass die Forschenden aus der eigenen soziologischen Welt heraustreten und sich der sozialen Alltagswelt des Forschungsobjekts so weit wie möglich annähern sollen, um einen Zugang zur Innensicht der sozialen Phänomene zu erhalten (vgl. Gerdes 1979; Lüders 1995). Ursprünglich war der Terminus der Ethnographie eng mit der wissenschaftlichen Disziplin der Ethnologie verbunden. Als Ethnographie wurde jener Teil der ethnologischen Arbeit verstanden, der sich auf die beschreibende Darstellung von fremden Ethnien bezog. Mit Ethnologie im engeren Sinn war die systematische Auswertung der erhobenen empirischen Daten unter theoretischen und vergleichenden Gesichtspunkten gemeint. Heute sprechen wir von Ethnographie nicht mehr nur im Zusammenhang mit der Erforschung einer Kultur, die der eigenen grundsätzlich fremd ist. Jede Beschreibung eines Gruppenlebens und seiner sozialen Beziehungen, die aus der Innenperspektive des spezifischen kulturellen Milieus erfolgt, gilt als Ethnographie. Dieses breitere Verständnis von ethnographischer Forschung geht auf die soziologische Tradition der Chicagoer Schule und auf die theoretischen Konzepte des symbolischen Interaktionismus und der Ethnomethodologie zurück.

Ethnographien können dem Typus der qualitativen Sozialforschung zugeordnet werden. In der angloamerikanischen Sozialforschung ist diese Strategie breit verankert. In der deutschsprachigen Sozialforschung wird sie nur vereinzelt praktiziert (vgl. beispielsweise Fengler & Fengler 1980; Hildenbrand 1983; Reichertz 1991). Im Rahmen der qualitativen Sozialforschung überwiegen hier die Ansätze der Texthermeneutik. In gewissem Sinn spielt auch bei diesen Verfahren die teilnehmende Beobachtung eine

Rolle. Die Anwesenheit im Feld ist aber kurzfristig. Sie beschränkt sich auf die Datenerhebung im Form von qualitativen Interviews, deren Protokolle außerhalb des Feldes in einer davon abgegrenzten Phase der Auswertung interpretiert werden. Der ethnographische Ansatz zeichnet sich demgegenüber dadurch aus, dass soziale Hand-
lungs- und Denkmuster nicht nur anhand von verbalen Daten, die in der künstlichen
Situation des Interviews zustande kommen, rekonstruiert werden. Die lebendige Vielfalt von Erfahrungen, die durch die intensive Teilnahme am untersuchten Milieu ermöglicht wird, tritt als relevante Datenquelle hinzu. Im Forschungsprozess stellen
sich Datenerhebung und Datenanalyse nicht mehr als getrennte Phasen dar, sondern
gehen wechselseitig ineinander über.

2.   Historische Aspekte

Die Ethnographie kann auf eine lange vorwissenschaftliche Tradition zurückblicken.
Schon in der frühen Antike gab es zahlreiche Beschreibungen einzelner Ethnien (vgl.
Wax 1971). Vielfach dienten sie imperialen Machtzentren dazu, Informationen über
Völkerschaften außerhalb des eigenen Herrschaftsbereiches zu administrativen und
militärischen Zwecken zu sammeln. Im Hinblick auf die Genauigkeit der Beobach-
tung und im Hinblick auf das theoretische Reflexionsniveau waren dabei die arabi-
schen Reisenden und Gelehrten den europäischen Berichterstattern weit überlegen
(vgl. Kohl 1993). Vor dem Hintergrund der Entdeckung und Eroberung der Neuen
Welt erlebte die Ethnographie in Europa einen Aufschwung. Es waren Missionare,
Seeleute, Händler, Regierungsbeauftragte und Forschungsreisende, die sich um die
Erforschung der indigenen Kulturen in Amerika, Afrika und Asien bemühten. Die
Missionare lieferten in der Regel die zuverlässigsten Berichte, weil sie sich durch längere Aufenthalte am selben Ort mit der Sprache, den Gebräuchen und dem Alltag der
fremden Völker vertraut machen konnten. Grundlegende Hindernisse für ein tieferes
Verständnis der fremden Lebensformen stellten allerdings die arrogante Grundhaltung
der Ethnographen und deren Verachtung gegenüber den Sitten der „Wilden" dar. Um
die Wende zum 20. Jahrhundert und in den folgenden Jahren erfassten zwei entscheidende Neuerungen die Ethnographie (vgl. Atkinson & Hammersley 1994). Einerseits
führte der Anthropologe Bronislaw Malinowski (1922) mit der Methode der teilnehmenden Beobachtung einen neuen wissenschaftlichen Standard ein, der sich von der
bisher verbreiteten Reiseberichterstattung abhob. Ein systematisches, zielgerichtetes
Hinsehen auf eine räumlich begrenzte Einheit, das Feld, sollte die Einzelelemente dieses Ortes in ihrem Zusammenhang zum umfassenden Ganzen der jeweiligen Kultur
sichtbar machen. Das Erlernen der fremden Sprache und die intensive Erfahrung des
Alltags durch die vorbehaltlose Teilnahme des Forschenden am Leben der Erforschten wurde als unabdingbar erachtet. Andererseits drängte sich – vor dem Hintergrund
der Entwicklung des Historismus und der Prinzipien des hermeneutischen Verstehens
– die Einsicht auf, dass die fremde Kultur nicht wirklich verstanden werden kann,
wenn sie lediglich als negative Abweichung von den normativen Maßstäben der Beobachter gesehen wird. Parallel zur Ethnologie wurde in der amerikanischen Sozialforschung, vor allem in Chicago, die Ethnographie auch für die Untersuchung der eigenen Gesellschaft angewendet (vgl. Lindner 1990). Dabei wurde sichtbar, dass Ein-

wanderer, sozial marginalisierte Gruppen, religiöse Gemeinschaften inmitten der industrialisierten Metropolen in eigenen kulturellen Welten lebten. Das Erkenntnisproblem beim Verstehen von kulturellen Differenzen stellte sich hier ganz ähnlich wie beim Blick auf eine fremde Kultur. Als abweichend oder zurückgeblieben erscheinen diese Kulturwelten nur aus der Perspektive der jeweils hegemonialen kulturellen Norm. In der modernen Sozialforschung verbindet sich der ethnographische Blick vielfach mit dem Anspruch, zur Anerkennung von kultureller Differenz beizutragen. Ziel der Forschung ist nicht zuletzt, zum Schweigen gebrachten und diskriminierten sozialen Gruppen eine Stimme zu geben. Ethnographische Beschreibungen eignen sich in besonderer Weise auch dazu, tabuisierte und verborgene soziale Phänomene sichtbar zu machen.

3. Theoretische Grundkonzepte

3.1 Der Kulturbegriff

Ethnographische Forschung als wissenschaftliche Strategie hat sich in kritischer Auseinandersetzung mit den großen theoretischen Modellen des Funktionalismus, Strukturalismus oder der Kulturanthropologie herausgebildet (vgl. Kohl 1993; Stellrecht 1993). In diesen Konzepten wird Kultur als eine externe, vom praktischen Handeln unabhängige Instanz gedacht, die gesellschaftliche Ereignisse, Verhaltensweisen, Institutionen bewirkt. Struktur und Funktion dieser Instanz wird in den theoretischen Begriffen des Beobachters konzeptualisiert. Zentralen Stellenwert hat das Bemühen, nach kausal erklärbaren Regelmäßigkeiten des sozialen Verhaltens zu suchen. Die subjektive Erfahrung der handelnden Personen, ihre Sichtweisen und Interpretationen der Dinge werden den abstrakten begrifflichen Modellen über Gesellschaft und Kultur untergeordnet oder in diese eingefügt.

Demgegenüber bewegt sich eine ethnographische Vorgangsweise im theoretischen Rahmen des interpretativen Paradigmas. In diesem Konzept steht nicht die Anwendung von abstrakten Kategorien und Modellen auf das Verhalten von jeweils untersuchten Personen im Vordergrund. Zentral ist hier die Erforschung des expliziten und stillschweigenden kulturellen Wissens, durch deren Gebrauch Frauen und Männer ihr Verhalten organisieren, sich selbst und andere verstehen und der sozialen Welt, in der sie leben, eine Bedeutung geben (vgl. Geertz 1973; Spradley 1980, 5-12). Es wird davon ausgegangen, dass jede Kultur spezifische Bedeutungen und Symbole hervorbringt, die Wahrnehmen, Fühlen und Denken ihrer Mitglieder formen. Die Teilnehmenden einer bestimmten Kultur schaffen und gestalten sich, indem sie diese Symbole anwenden, ihre eigene bedeutungsvolle Welt. Der gesamte kulturelle Prozess wird durch solche Akte der Interpretation und Sinnstiftung in Bewegung gehalten. Kultur besteht in dieser Perspektive nicht als eine an sich gegebene Ordnung von materiellen und immateriellen Gegenständen, sondern die Gegenstände entstehen als Realität oder erhalten ihre Realität über Bedeutungen, die ihnen von Teilnehmern einer Kultur zugewiesen werden. Dementsprechend werden in der ethnographischen Forschung auch jene Methoden abgelehnt, die von einem beobachterneutralen, naturwissenschaftlichen Erkenntnisanspruch ausgehen. Der Anspruch, eine objektive Realität nachzubilden, wird suspendiert. Die empirische Forschung im zu untersuchenden Feld besteht in diesem theoretischen Konzept nicht in erster Linie in der Erhebung von einzelnen beobachtbaren Fakten, sondern vor allem in der Herstellung eines kulturspezifischen Blickes auf die Dinge des sozialen Lebens und auf die Objektwelt der fremden Kultur.

3.2   Der ethnographische Forschungszirkel

Charakteristisch für eine ethnographische Vorgangsweise ist, dass sich Datenerhebung und Datenanalyse nicht als voneinander getrennte Abschnitte des Forschungsprozesses darstellen. In einem Bild ausgedrückt ist die Vorgangsweise als zirkulärer Prozess organisiert (siehe Grafik).

Grafik: *Der ethnographische Forschungszirkel (vgl. Spradley 1980, 29)*

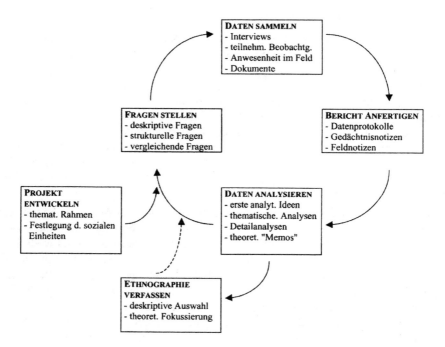

Theoretisches Wissen und empirische Neugier strukturieren einen Fragehorizont, mit dem die Forschenden zu Beginn einer Untersuchung an ihren Gegenstand herangehen. Welche Art von Daten brauche ich, um die Problemstellung, die mich interessiert, untersuchen zu können? In welchen Situationen, Gruppen oder Institutionen kann ich damit rechnen, relevante Ausprägungen und Repräsentationen im Hinblick auf mein Forschungsinteresse zu finden? Welchen Stellenwert haben die Erfahrungen einer Gesprächspartnerin oder eines Gesprächspartners im Hinblick auf dieses Problem? Auf welche sozialen und historischen Zusammenhänge verweisen die erhaltenen Informationen? Mit diesen und ähnlichen Fragen werden die ersten Daten gesammelt. Es werden erste Beobachtungen und Interviews gemacht. Die Forschenden machen sich mit dem sozialstrukturellen Milieu des Feldes bekannt und sie interessieren sich für die größeren historischen und sozialen Kontexte, die das Untersuchungsfeld umschließen. Feldnotizen, Gesprächsprotokolle und analytische Aufzeichnungen entstehen, in denen die Daten thematisch geordnet werden und über ihre möglichen Bedeutungen nachgedacht wird. Aus diesem Prozess ergeben sich neue, nun bereits spezifischere Fragen, die bei einer neuerlichen Sammlung von Daten und bei weiteren Interviews anleiten. Der Zirkel des Fragens und des Antworten-Suchens, des Stellens neuer Fragen und des neuerlichen Antworten-Findens wird so lange vorangetrieben, bis die Forschenden den Eindruck gewinnen, dass nichts Neues mehr entdeckt werden kann.

Bei dieser Vorgangsweise stellt sich der Forschungsprozess als kreisendes Fragen nach den bewussten und verborgenen Mustern dar, die das soziale und kulturelle Leben im Feld organisieren und diesem eine Bedeutung geben. Die analytisch-theoretischen Momente der Forschung bleiben eng an die Beschreibung der empirischen Welt gebunden und umgekehrt werden die deskriptiven Momente der Datensammlung von der kontinuierlich geleisteten theoretischen Reflexion der Daten angeleitet. Diese Zirkularität hat den Vorteil, dass sie den Forschungsprozess näher an die Lebenswirklichkeit der untersuchten Gruppen und sozialen Felder heranführt und zugleich sichert sie, dass die Theorie nahe am Boden der zu untersuchenden Tatsachen bleibt. Zwischen diesem Prinzip des ethnographischen Forschungsprozesses und dem Konzept der Grounded Theory (vgl. Glaser & Strauss 1967; Strauss & Corbin 1996) gibt es viele Berührungspunkte. Auch wenn die elaborierten Techniken des „datengestützten Theoretisierens" auf ein anderes Ziel – die Entwicklung von formalen Theorien – ausgerichtet sind, lassen sie sich dennoch weitgehend in den ethnographischen Kontext des Verstehens von konkreten kulturellen Feldern übertragen.

3.3 Probleme des Verstehens im ethnographischen Prozess

In der qualitativen Sozialforschung gibt es eine reichhaltige Literatur über die Regeln des hermeneutischen Verstehens, wie es sich außerhalb der unmittelbaren Interaktionssituation bei der Interpretation von Dokumenten und Textprotokollen stellt. Im ethnographischen Forschungsprozess gewinnt jedoch ein Verstehen an Bedeutung, das sich aus der Teilnahme am sozialen Leben – und das bedeutet innerhalb von konkreten Interaktionsprozessen – in der zu untersuchenden Kultur heraus entwickelt. Die Forschenden sind mit den Phänomenen, die sie fokussieren, in einer unmittelbaren und alltäglichen Form konfrontiert. Die ethnographische Felderfahrung fordert Wahrnehmen, Beobachten, Staunen, Ärgern, Interpretieren und Verstehen in wechselseitig miteinander verbundenen Prozessen. Durch die Konfrontation mit dem Fremden werden Rollenbilder und kulturelle Gewissheiten, die die Identität der Forschenden stützen und ihre Wahrnehmung lenken, erschüttert. Der Prozess des Verstehens kommt in dieser Situation nur voran, wenn die Konfrontation mit dem irritierenden Fremden als produktive Störung in die Analyse des Geschehens einfließt. Zwei Fähigkeiten der Forschenden werden dabei zu zentralen Momenten des Verstehens: die Fähigkeit zur Empathie und die Fähigkeit zur Selbstreflexivität.

Empathie heißt in unserem sozialwissenschaftlichen Kontext eine Haltung, in der der innere und der soziale Bezugsrahmen von fremden Lebensformen übernommen wird, ohne dass dabei die eigene Identität verloren geht. Diese Haltung verflüchtigt sich in dem Maß, in dem Identifikation mit dem untersuchten Gegenstand aufkommt (vgl. Freud 1921; Erdheim 1981). Als erkenntnisförderndes Potential entfaltet sich Empathie vor allem in der unmittelbaren, alltäglichen Konfrontation mit den Objekten, deren subjektive Perspektive auf die soziale Welt erfasst werden soll. Paul Willis, ein britischer Soziologe, der Feldforschungen in randständigen Kulturen durchgeführt hat, umreißt den Prozess des Verstehens als fließenden Übergang von empathischer, lebensnaher Erfahrung und theoretischer Reflexion so:

„Der Forscher kann zwar nie das erleben, was ein anderer erlebt – das ist die romantische Vorstellung von Empathie –, doch er kann spüren, wie seine eigene Erfahrung bis ins kleinste in die eines anderen greift: wie seiner Erfahrung widersprochen oder wie sie gestört wird. Die 'Probleme' dieser Methode werfen immer wieder Fragen auf. Wenn der Forscher sich an bestimmten Punkten bedroht fühlt, was ist es, das ihn bedroht? Wenn der Forscher sich nicht fähig fühlt, bei bestimmten Gruppenaktivitäten mitzumachen, was hindert ihn daran? Wenn der Forscher das Gefühl hat, daß die Gruppe versucht, ihn seiner Forscherrolle zu entkleiden, was bedeutet das? Mit den Antworten auf diese Fragen beginnt die Konstruktion von übergreifenden Welten. Der Forscher kann die Momente seiner eigenen Notlage so 'lesen', daß sie Markierungspunkte sind in dem unbeleuchteten Teil der Welten anderer" (Willis 1981, 246, 247).

Aus allen diesen Konfliktpunkten, so Willis, entstehen Ahnungen, die in einem selbstreflexiven Prozess der Erkenntnis zu einer verstehenden Einsicht über fremde Erfahrung führen können. Diese Ahnungen sind noch nicht die fertige, begründete Erkenntnis. Sie sind aber der Keim dazu und müssen durch fortgesetzte systematische Interpretation der Daten bestätigt und fundiert werden.

Betrachten wir den Prozess des Verstehens aus diesem Blickwinkel, so wird deutlich, dass diese Form der Erkenntnis von persönlichen Formen der Erfahrung auf der Seite der Forschenden nicht zu trennen ist. Die Forschenden sind in das Feld, das sie objektiv darzustellen versuchen, auch subjektiv involviert (vgl. Kohl 1993, 114). Sie sind aktiv Beobachtende, Instrument der Beobachtung und passiv Beobachtete in einem und sie sind in diesem Sinn Subjekt und Objekt zugleich. Damit ist der Prozess des Verstehens einer fremden Erfahrung immer auch mit einer *selbstreflexiven Bewegung* verbunden. Nicht nur das untersuchte Objekt ist der entscheidende Ort, an dem relevante Wahrnehmungen gemacht und Informationen gesammelt werden können. Auch an den Forschenden selbst zeigen sich Regungen und Erfahrungen, deren Wahrnehmung für die Forschungssituation von Bedeutung sind. Im traditionellen Forschungsprozess gehen diese Erfahrungen nicht als relevante Daten in die Untersuchung ein. Sie widersprechen der verbreiteten methodologischen Forderung, Subjekt und Objekt der Forschung strikt zu trennen. Gerade in der Situation einer ethnographischen Forschung ist diese Trennung allerdings kaum aufrechtzuerhalten (vgl. Ziegler 200, 29-35). Die Selbsterfahrung der Forschenden ist als nahezu unabweisbarer Teil des Erkenntnisprozesses zu betrachten.

Das Problem des Verstehens stellt sich dabei als direkter Zusammenstoß von unterschiedlichen kulturellen Welten und deren Perspektiven dar, die miteinander vermittelt werden müssen (vgl. Agar 1985; Kannonier-Finster 1998). Wenn die Denk- und Erklärungsschemata, die die Forschenden im Kopf haben, nicht in der Lage sind, den sozialen Handlungen, die im Feld beobachtet werden, einen Sinn zu geben, findet ein Zusammenbruch statt. Nun muss ein Prozess zur Suche nach einer Lösung der aufgetauchten Inkohärenzen in Gang kommen. In diesem Prozess geht es darum, einen neuen kognitiven Rahmen zu finden, der in der Lage ist, die ungenügende Perspektive der Forschenden und die widerständig-eigensinnige Perspektive, die in den Daten repräsentiert ist, auf einer dritten Ebene des Verstehens zusammenzuführen.

3.4 Interpretationen erster und zweiter Ordnung

Grundsätzlich sind Interpretationen kein Privileg der Wissenschaft. Sie sind Prozesse, die im alltäglichen Leben kontinuierlich geleistet werden. Bei jedem Zusammentreffen mit Situationen, in denen die bislang für selbstverständlich gehaltene Geltung der Welt zerbricht, beginnt die Interpretation. Es werden Fragen nach der Bedeutung von Sachverhalten und dem Sinn von Handlungen, nach den Intentionen, die hinter eigenen und fremden Aktivitäten stehen könnten, sowie nach den Zwängen, denen sie unterliegen, gestellt. In diesem Sinn schreiben alle Gesellschaftsmitglieder im Rahmen ihres alltagspraktischen Handelns der sozialen Welt, die sie umgibt, ständig Bedeutungen zu, und machen Erfahrungen, die diese Bedeutungen erweitern, differenzieren und korrigieren. Wir können von *„Interpretationen 1. Ordnung"* sprechen. Nicht zuletzt ergibt sich daraus, dass die Mehrheit der in einer Untersuchung erhobenen Daten keine objektiven Fakten, sondern subjektive Perspektiven, Sichtweisen und Interpretationen der sozialen Wirklichkeit darstellen.

Aufgabe der wissenschaftlichen Interpretation ist es, die im Untersuchungsfeld vorhandenen Interpretationen miteinander in Beziehung zu setzen, zu vergleichen und in neue, theoretisch vermittelte Zusammenhänge zu stellen.
- Der scheinbar selbstverständliche Sinn der Daten wird durch kontinuierliches Fragen aufgebrochen.
- Durch kontinuierliches Vergleichen werden die Dinge in immer wieder neuen Perspektiven betrachtet und wird das scheinbar Offensichtliche in den Daten bewusst relativiert.
- Systematische Detailanalysen der Daten ermöglichen es, bei Handlungen und sprachlichen Äußerungen zwischen einem offensichtlich-manifesten und einem verborgen-latenten Sinn zu differenzieren.
- Das empirisch gestützte Wissen, das sich im Zuge dieser interpretierenden Operationen der Daten herausbildet, wird mit geeigneten theoretischen Konzepten und bewährten Ergebnissen aus thematisch verwandten Forschungen in Zusammenhang gebracht.

Alle diese analytischen Verfahren lassen sich auf einen Begriff zusammenfassen: Es werden Reinterpretationen – oder *„Interpretationen 2. Ordnung"* – der im Feld geleisteten Interpretationen durchgeführt. Sozialwissenschaftliches Verstehen lässt sich mit Agnes Heller als „Erzeugen von Sinn von etwas, das Sinn erzeugt" (1987, 434) bestimmen.

4.   Der Anspruch auf richtiges Wissen

Die Etablierung einer qualitativen Sozialforschung war von Beginn an mit dem Bemühen verbunden, eine angemessene methodologische Grundlage für den interpretierenden Zugang zur sozialen Realität zu formulieren. Die Ausarbeitung einer solchen
Methodologie erfolgte in Abgrenzung zum wissenschaftsgeschichtlich dominanten
naturwissenschaftlichen Modell der empirischen Forschung, das sich in erster Linie
an einer quantitativ-messenden Erfassung der Realität orientiert. Ausgehend von der
Kulturanthropologie entwickelte sich in den USA ab der Mitte der achtziger Jahre
eine Diskussion, die als postmoderne Kritik an der traditionellen Methodologie-De-
batte gelesen werden kann. Unter dem Stichwort von der Krise der Repräsentation
wird die Frage aufgeworfen, bis zu welchem Grad ethnographische Forschung überhaupt beanspruchen könne, eine unabhängige soziale Realität zu repräsentieren (vgl.
Denzin & Lincoln 1994; Denzin 1996). Die Bedeutung dieser Diskussion greift weit
über die Ethnographie hinaus und ist für die gesamte empirische Sozialforschung von
Bedeutung. Dass sie gerade an der Reflexion ethnographischer Beschreibungen aufbricht, hat damit zu tun, dass bei diesem Forschungsansatz der Zweifel über die Legitimität und Gültigkeit einer wissenschaftlichen Deutung besonders deutlich spürbar
werden kann.

Drei erkenntnistheoretische Wendepunkte lassen sich nennen, die seit den siebziger
Jahren die grundlegende Frage nach einer angemessenen Methodologie für die Sozialwissenschaften vorangetrieben haben:

Erstens betont der *linguistic turn*, dass die soziale Wirklichkeit weit davon entfernt
ist, sich mit der Sprache zu decken, in der sie beschrieben wird. Sprache hat keine ab-
bildende, sondern im Gegenteil eine welt-erschließende Funktion.

Zweitens verweist uns der *interpretative turn* darauf, dass keine sprachliche Aussage
über die Wirklichkeit als objektive Beschreibung derselben gelten kann, sondern notwendig an den sozialen, historischen und persönlichen Standort des Beschreibenden
gebunden bleibt. Es steht die Frage zur Diskussion, mit welchem Recht wir die eine
Interpretation über ein soziales Phänomen als besser oder angemessener wie eine andere, konkurrierende Interpretation bezeichnen dürfen.

Drittens macht uns der *literary* und der *narrative turn* darauf aufmerksam, dass wissenschaftliche Aussagen nicht nur einen inhaltlichen Gehalt haben, sondern auch vom
Aspekt der Darstellungsform berührt werden. Hier geht es einerseits um das Problem,
welche Bedeutung der rhetorische Stil einer Beschreibung für die praktische Überzeugungskraft einer Aussage hat, und andererseits darum, in welcher Weise unterschiedliche narrative Formen die beschriebenen Ereignisse selbst strukturieren.

4.1   Die Rolle der Autorin und des Autors

Vor dem Hintergrund der genannten drei Wendepunkte steht heute die Frage zur Diskussion, inwieweit es überhaupt sinnvoll ist, über methodologische Probleme der Forschung weiterhin nachzudenken. Daten, die in ethnographischen Untersuchungen verwendet werden, können ebenso sehr ein Produkt der persönlichen Anwesenheit der
Forschenden im Feld wie jener Phänomene sein, die dort studiert werden. Ein expo-
nierter Vertreter dieses methodischen Skeptizismus ist der Kulturanthropologe Clif-

ford Gertz. Seine Kritik an dem Versuch, methodologische Regeln zu formalisieren, steht in engem Zusammenhang mit seiner kritischen Haltung gegenüber einer positivistisch gefärbten Mystifizierung wissenschaftlicher Stringenz und Systematik. Er verweigert eine abstrakte Methodendiskussion. Methodologien verpflichten die Forschenden bei der Begegnung mit ihrem Untersuchungsfeld auf die rigide Einhaltung einer Abfolge von bestimmten Operationen. Indem sie diese normativen Anweisungen geben, würden sie sich zugleich dazu eignen, Illusionen zu erwecken (vgl. Geertz 1973, 29, 30). Wissenschaft als begriffliche Bearbeitung von einmal entdeckten Tatsachen zu sehen, sei ebenso eine methodologisch gestützte Täuschung wie die Meinung, es gehe dabei darum, eine von den Handelnden und von den Beobachtenden unabhängige Realität theoretisch zu rekonstruieren. Eine solche Auffassung entwerfe eine Wirklichkeit, die nicht vorhanden sei. Sie wolle glauben machen, dass die Tatsachen als solche eine bestimmte Aussage oder Schlussfolgerung nahe legen. In Wahrheit seien es aber die Forschenden als Autoren und Autorinnen, die die als relevant erachteten Tatsachen so auswählen und zusammenstellen, dass sie bestimmte Urteile und Erkenntnisse nahe legen und stützen (vgl. Ziegler 1998).

In dem Buch *Works and Lives*, in der deutschen Übersetzung mit dem unglücklichen Titel *Die künstlichen Wilden* (Geertz 1993) erschienen, betont Geertz die Rolle des Autors beim Zustandekommen der wissenschaftlichen Erkenntnis. Er diskutiert den rhetorischen Gestus anerkannter ethnographischer Texte im Rahmen von Kategorien, die üblicherweise bei der Beurteilung von erzählender Literatur zur Anwendung kommen. Die Überzeugungskraft einer wissenschaftlichen Studie sei eine Frage der Handschrift und der Fähigkeit, sich als Autor in einem Text zu etablieren. Natürlich sei das übliche Verfahren – das Anhäufen von empirischem Material und das reichhaltige Berichten über Erfahrungen aus dem Feld – zur Erzielung eines Anscheins von Wahrheit und Glaubwürdigkeit noch weit verbreitet. Unabhängig davon, ob Forscher oder Forscherinnen sich dieser Strategien bedienen, um ihren Darstellungen Gewicht zu verleihen, oder ob sie das nicht tun, diese Strategien seien keinesfalls der Grund dafür, dass wir ihre Bücher als interessant und lehrreich akzeptieren. Wichtiger sei, dass sie ihre Funktion als Autoren wahrnehmen und uns als Publikum davon überzeugen, am Ort des Geschehens gewesen zu sein, dort genau das gesehen zu haben, was wir – wären wir dort gewesen – auch gesehen hätten, und dabei eben das empfunden und gedacht zu haben, was wir in ihrer Lage auch empfunden oder gedacht hätten.

„Wenn Anthropologen uns dazu bringen können, das, was sie sagen, ernst zu nehmen, so hat das weniger mit faktengesättigtem Blick oder mit begrifflich eleganter Pose zu tun als damit, daß sie in der Lage sind, uns davon zu überzeugen, daß das, was sie sagen, ein Resultat davon ist, daß sie eine andere Lebensform wirklich durchdrungen haben (oder, wenn man das vorzieht, sich von ihr haben durchdringen lassen), davon, daß sie auf die eine oder andere Weise wahrhaft 'dort gewesen' sind. Und dies, daß sie uns davon überzeugen, daß dieses Wunder hinter der Bühne stattgefunden hat, ist der Punkt, an dem das Schreiben ins Blickfeld gerät" (ebd., 14).

4.2 Abbild oder Repräsentation der Realität

Unter dem Einfluss von konstruktivistischen Konzepten wird die bei Geertz diskutierte Frage nach der Rolle des Autors in einer ethnographischen Beschreibung noch radikalisiert (vgl. Clifford & Markus 1986; Denzin 1996): In einer bestimmten Weise würden die Daten durch den Prozess der Analyse und im Vorgang des Schreibens erst konstituiert. Auszugehen hätten wir davon, dass zwischen Realität, Erfahrung und sprachlichem Ausdruck dieser Erfahrung eine unvermeidliche Kluft bestehe. Damit verwandle sich aber der Vorgang, den wir Beschreibung der Realität nennen, in Wahrheit in einen Vorgang des *Einschreibens* von Bedeutung in die Realität. Notwendig sei, nachdrücklich die Frage zu stellen, ob und wie wissenschaftliche Befunde überhaupt in der Lage sind, soziale Realität zu beschreiben, oder ob im Rahmen der wissenschaftlichen Arbeit nicht vielmehr neue soziale Realitäten hervorgebracht werden.

Diesem postmodernen Anti-Realismus steht in der Diskussion ein differenzierter Realismus gegenüber (vgl. Heller 1987; Hammersley 1992). Dieser grenzt sich von einem naiven Realismus insofern ab, als er die Vorstellung zurückweist, Forschende könnten einen direkten Zugang zu sozialen Phänomenen gewinnen und auf diese Weise den Anspruch auf Wahrheit ihres Wissen aufrechterhalten. Jede Wahrnehmung der Realität, auch die methodisch geleitete, ist durch das theoretische Vorwissen und den persönlichen Standort der Beobachtenden vermittelt. In den Sozialwissenschaften ist von einer grundsätzlichen Nicht-Identität zwischen Begriff und Gegenstand auszugehen. Unter diesem Gesichtspunkt ist es nicht sinnvoll, den Forschungsprozess mit dem Ziel einer Wahrheitsfindung zu verbinden. Erreicht werden kann bestenfalls ein *richtiges Wissen* (Heller 1987, 431, 432), und zwar dann, wenn dieses Wissen im Rahmen der anerkannten Normen für die Forschung entstanden ist, in seinen Kernbeständen intersubjektiv überprüfbar ist und im Hinblick auf seine Plausibilität dem Urteil der kritischen Öffentlichkeit standhält. Die Position des differenzierten Realismus hält aber daran fest, dass die soziale Wirklichkeit aus Phänomenen besteht, die unabhängig von den Aussagen existieren, die wir über sie machen. Es trifft zwar zu, dass die Aussagen ein Teil derselben Realität sind, der auch die Phänomene angehören; das bedeutet aber nicht, dass unsere Behauptungen über die Realität relevante Aspekte derselben in einer Weise verändern, dass dadurch eine Behauptung richtig oder falsch wird (vgl. Hammersley 1992, 51). In den Fällen, in denen sich die gesellschaftliche Wirklichkeit unter dem Einfluss von wissenschaftlichem Wissen verändert, geschieht dies nicht allein deshalb, weil eine bestimmte Aussage gemacht wurde, sondern deshalb, weil mächtige soziale Umstände und Kräfte in diesem Sinn wirksam werden. Wissenschaftliches Wissen fließt kontinuierlich in das alltägliche Handlungswissen zurück und kann auf diese Weise zu einer Veränderung jenes praktischen Verhaltens beitragen, das zuvor studiert wurde. Giddens (1984) hat dieses praxisbezogene Potential, das der sozialwissenschaftlichen Erkenntnis grundsätzlich innewohnt, mit dem Begriff der *doppelten Hermeneutik* beschrieben.

Vor dem Hintergrund dieser Diskussionen spricht vieles dafür, bei der Frage nach dem Erkenntnisanspruch einer wissenschaftlichen Forschung an einem differenzierten Konzept der Repräsentation sozialer Wirklichkeit festzuhalten. Anzuerkennen ist dabei immer, dass diese Repräsentation, vermittelt durch den Standort der Forschenden, niemals vollständig sein kann, sondern perspektivisch gerichtet ist. Alle Ereignisse können von mehr als einem Standpunkt aus beobachtet und erzählt werden. Persönliche Erfahrungen und Werthaltungen spielen hier eine Rolle. Von diesen Faktoren hängt es ab, welche Merkmale eines Phänomens in der Beschreibung hervorgehoben werden und welche geringe Beachtung finden. Zugleich greift es aber zu kurz, das Bemühen um eine realistische Repräsentation nur als psychologisches Problem der Kontrolle von persönlichem Vorwissen und von Voreingenommenheit der Forschenden zu betrachten. Der jeweils erreichbare Realismus ist ebenso mit unterschiedlichen sozialtheoretischen Grundkonzepten verbunden, auf die in der Darstellung Bezug genommen wird. Und nicht zuletzt fordert die spezifische Beschaffenheit der sozialen Realität selbst zur Einnahme bestimmter Standorte auf, um sie angemessen erfassen zu können. Grundsätzlich ist davon auszugehen, dass die analytische Perspektive einer Interpretation ebensowenig beliebig ist, wie die gesellschaftliche Wirklichkeit eine beliebige, strukturlose Aggregation von Bedeutungen und Ressourcen darstellt. Bei der Darstellung von bestimmten sozialen Phänomenen und Prozessen, die mit Konflikten und Widersprüchen durchzogen sind, ist eine realitätsnahe Darstellung nur zu leisten, wenn sie aus mehr als einer Perspektive betrachtet werden (vgl. Burke 1991). Die Relevanz einer konkreten Analyse kann nicht zuletzt daran gemessen werden, in welcher Weise sie auf jene Mechanismen Bezug nimmt, die das soziale Leben existenziell bestimmen. Das würde bedeuten, die Ambiguität sozialer Prozesse in der Interpretation daraufhin zu beleuchten, wie sich in ihrer Entwicklung das Verhältnis zwischen Spielräumen individueller Handlungsfähigkeit auf der einen Seite und unterdrückenden strukturellen Zwängen auf der anderen Seite konkret darstellt.

Über die Frage der Autorenschaft intensiver nachzudenken und die Autorin oder den Autor einer wissenschaftlichen Arbeit sichtbarer zu machen, als das bislang der Fall war und ist, scheint im Hinblick auf die Zukunft der Sozialwissenschaften ein wichtiges Moment zu sein. Die Verankerung einer solchen Haltung würde die intellektuelle Redlichkeit fördern und den öffentlichen Diskurs intensivieren. Sie würde auch eine Verweigerung gegenüber der Neigung wissenschaftlicher Institutionen beinhalten, den autoritären Mythos von der Existenz objektiver und interessefreier Wahrheiten zu reproduzieren. Ebenso wichtig ist es, dem Sog des Relativismus zu widerstehen. Notwendig und sinnvoll ist eine Debatte darüber, welche Kriterien brauchbar sind, um die Qualität einer wissenschaftlichen Aussage beurteilen zu können. Wissenschaftliche Arbeit zerstört sich aber selbst, wenn jede rationale Begründung dafür zurückgewiesen und die Sinnhaftigkeit einer solchen Reflexion selbst in Frage gestellt wird.

Literatur- und Medienverzeichnis

Agar, Michael H.: *Speaking of Ethnography*. Beverly Hills u.a. (Sage) 1985. (Sage University Paper series on Qualitative Research Methods, Vol. 2.)

Atkinson, Paul & Hammersley, Martyn: *Ethnography and Participant Observation*. In: Denzin, Norman K. & Lincoln, Yvonna S. (Hg.): Handbook of Qualitative Research. Thousand Oaks u.a. (Sage) 1994, S. 1-17.

Burke, Peter: *History of Events and the Revival of Narrative*. In: Burke, Peter (Hg.): New Perspectives on Historical Writing. Cambridge (Polity Press) 1991, S. 233-248.

Clifford, James & Marcus, Georges (Hg.): *Writing Culture: The Poetics and Politics of Ethnography*. Berkeley u.a. (Univ. of California Press) 1986.

Denzin, Norman K.: *Interpretative Ethnography. Ethnographic Practices for the 21st Century*. Thousand Oaks u.a (Sage) 1997.

Denzin, Norman K. & Lincoln, Yvonna S.: *Introduction: Entering the Field of Qualitative Research*. In: Denzin, Norman K. & Lincoln, Yvonna S. (Hg.): Handbook of Qualitative Research. Thousand Oaks u.a. (Sage) 1994, S. 1-17.

Erdheim, Mario: *Die Wissenschaften, das Unbewußte und das Irrationale. Vier Tendenzen im ethnologischen und psychiatrischen Denken*. In: Erdheim, Mario: Die Psychoanalyse und das Unbewußte in der Kultur. Aufsätze 1980-1987. Frankfurt a.M. (Suhrkamp) 1988 Suhrkamp-Taschenbuch Wissenschaft. 654), S. 15-28. (Suhrkamp-Taschenbuch Wissenschaft. 654)

Fengler, Christa & Fengler, Thomas: *Alltag in der Anstalt – wenn Sozialpsychiatrie praktisch wird. Eine ethnomethodologische Untersuchung*. Rehburg-Loccum (Psychiatrie Verl.) 1980.

Freud, Sigmund: *Massenpsychologie und Ich-Analyse*. In: Freud, Sigmund: Studienausgabe, Bd. IX. Frankfurt a.M. (Fischer) 1982, S. 61-134.

Geertz, Clifford: *Bemerkungen zu einer deutenden Theorie von Kultur, 1973*. In: Geertz, Clifford: Dichte Beschreibung. Beiträge zum Verstehen kultureller Systeme. Frankfurt a.M. (Suhrkamp) 1987 (Suhrkamp-Taschenbuch Wissenschaft. 696), S. 7-43.

Geertz, Clifford: *Die künstlichen Wilden. Der Anthropologe als Schriftsteller*. Frankfurt a.M. (Fischer) 1993.

Gerdes, Klaus: *Einführung*. In: Gerdes, Klaus (Hrsg.): Explorative Sozialforschung. Einführende Beiträge aus Natural Sociology und Feldforschung in den USA. Stuttgart (Enke) 1979, S. 1-9.

Giddens, Anthony: *Interpretative Soziologie. Eine kritische Einführung*. Frankfurt a.M. u.a. (Campus) 1984.

Glaser, Barney G. & Strauss, Anselm L.: *The Discovery of Grounded Theory. Strategies for Qualitative Research*. Hawthorne, NY (de Gruyter) 1967.

Hammersley, Martyn: *What's wrong with Ethnography? Methodological explorations*. London u.a. (Routledge) 1992.

Hammersley, Martyn & Atkinson, Paul: *Ethnography. Principles in Practice. 2. Aufl*. London u.a. (Routledge) 1995.

Heller, Agnes: *Von einer Hermeneutik in den Sozialwissenschaften zu einer Hermeneutik der Sozialwissenschaften*. In: Kölner Zeitschrift für Soziologie und Sozialpsychologie, 39 (1987), S. 425-451.

Hildenbrand, Bruno: *Alltag und Krankheit. Ethnographie einer Familie*. Stuttgart (Klett-Cotta) 1983.

Kannonier-Finster, Waltraud: *Methodologische Aspekte soziologischer Fallstudien*. In: Kannonier-Finster, Waltraud u.a. (Hrsg.): Exemplarische Erkenntnis. Zehn Beiträge zur interpretativen Erforschung sozialer Wirklichkeit. Innsbruck u.a. (Studien-Verl.) 1998, S. 35-64.

Kohl, Karl Heinz: *Ethnologie – die Wissenschaft vom kulturell Fremden. Eine Einführung*. München (Beck) 1993.

Lindner, Rolf: *Die Entdeckung der Stadtkultur. Soziologie aus der Erfahrung der Reportage*. Frankfurt a.M. (Suhrkamp) 1990.

Lüders, Christian: *Von der teilnehmenden Beobachtung zur ethnographischen Beschreibung. Ein Literaturbericht*. In: König, Eckard & Zedler, Peter (Hrsg.): Bilanz qualitativer Forschung. Bd. 2. Methoden. Weinheim (Dt. Studien-Verl.) 1995, S. 311-342.

Malinowski, Bronislaw: *Argonauts of the Western Pacific*. London (Routledge & Kegan) 1922.

Reichertz, Jo: *Aufklärungsarbeit. Kriminalpolizisten und Feldforscher bei der Arbeit*. Stuttgart (Enke) 1991.

Spradley, James: *Participant Observation*. Fort Worth u.a. (Harcourt Brace Jovanovich Coll. Publ.) 1980.

Stellrecht, Irmtraud: *Interpretative Ethnologie. Eine Orientierung*. In: Schweizer, Thomas & Schweizer, Margarete & Kohot, Waltraud (Hrsg.): Handbuch der Ethnologie. Festschrift für Ulla Johansen. Berlin (Reimer) 1993, S. 29-78.

Strauss, Anselm L. & Corbin, Juliet M.: *Grounded Theory. Grundlagen Qualitativer Sozialforschung*. Weinheim (Psychologie Verl.-Union u.a.) 1996.

Wax, Rosalie: *Doing Fieldwork. Warnings and Advice*. Chicago (Univ. of Chicago Press) 1971.

Willis, Paul: *Profane Culture. Rocker, Hippies. Subversive Stile*. Frankfurt a.M. (Syndikat) 1981.

Ziegler, Meinrad: *Das soziale Erbe. Eine soziologische Fallstudie über drei Generationen einer Familie*. Wien u.a. (Böhlau) 2000.

Ziegler, Meinrad: *Dichte Beschreibung. Essayistisches Theoretisieren und persönlicher Standort in der Interpretation*. In: Kannonier-Finster, Waltraud & Ziegler, Meinrad (Hg.): Exemplarische Erkenntnis. Zehn Beiträge zur interpretativen Erforschung sozialer Wirklichkeit. Innsbruck u.a. (Studienverl.) 1998, S. 65-91.

Spezielle Methodenfragen und Ansätze

Ulrich Wagner

Methodologische Dimensionen interaktiver Forschung

1.   Zum Begriff „interaktive Forschung"

Interaktive Forschung hält die in ihrem sozialen Kontext agierenden Gesellschaftsmitglieder für deutungs- und wirkmächtige Subjekte. Von daher nimmt sie in gleicher Weise die wechselseitigen individuellen, gruppenspezifischen und institutionellen Abhängigkeiten und Beeinflussungen der vorgefundenen Lebenswelt wie auch die Brüche, Kontraste und Verwerfungen der abgedeckten Aberwelt als „natürliche" Bedingungen wahr. Diese Gegebenheiten sind nun der Ausgangspunkt eines im Diskurs mit allen Beteiligten durchgeführten Forschungsprozesses, an dessen Ende – im aussichtsreichen Fall – demokratisierte Verhaltens-, Handlungs- und/oder Institutionsmuster generiert worden sein sollten. Interaktive Forschung baut damit auf Synergieeffekte[1]. Das Theoriemuster interaktiver Forschung kann sich folglich weder auf Linearität noch Statik verlassen. Interaktive Forschung muss vielmehr als eine Art kommunikatives Netzwerk betrachtet werden, in das Axiome, Kategorien, Definitionen, Begriffe, aber auch subjektive Entscheidungen immer wieder „neu" und immer wieder anders einfließen. Damit werden aber gleichzeitig auch immer wieder „neue" Vorstellungen produziert und immer wieder andere und „neue" Interpretationen zugelassen.

Die Leitmotive und Grundgedanken interaktiver Forschung sind nicht unbeschrieben. Sie wurden allerdings bisher in vollkommen verschieden bezeichneten Konzepten in die wissenschaftliche Diskussion eingebracht, wobei im deutschen Sprachraum anfangs die der Aktions- bzw. Handlungsforschung die gebräuchlichsten waren.

Die Verwendung des zuvor ungetragenen Terminus „interaktive Forschung" suggeriert die Einschreibung einer weiteren Forschungsmethode in den vorhandenen wissenschaftlichen Strategiepark. Das ist jedoch nicht der Fall. Es handelt sich auch nicht um eine auf Wohlklang remasterte „alte" Methode, sondern ausschließlich um eine begriffliche Klammer für die Konzepte, die einhellig den Anspruch vertreten, Praxisprobleme interagierend zu erforschen und erfolgreich zu lösen, wobei – und das ist entscheidend – der Diskurs als das generative Prinzip gilt. Um allen diesen diskursorientierten Forschungskonzepten nun ein gemeinschaftliches, eigenständiges Referenzmuster zu verschaffen, wurde versucht, auf Grundlage konstruktivistischer Theorieelemente ein möglichst eindeutiges methodologisches Regelwerk zu entwickeln. Zuvor jedoch soll der genealogische Blick auf einige wissenschaftssoziologische Entwicklungen, Vorgänge und Entwürfe innerhalb der deutschen sozialwissenschaftlichen

---

[1]   Mit „Synergieeffekten" sind positive Wirkungen und Ergebnisse gemeint, die sich durch den Zusammenschluss oder aus der Zusammenarbeit mehrerer Personen ergeben.

Forschungsprogrammdiskussion vermitteln, warum der Aufbau einer Referenzidentität für die interaktive Forschung notwendig wurde.

2. Problemgeschichte

All jene in Hochschulen und Universitäten Studierende, Forschende und Lehrende, denen eine kritische – und deshalb unbefangene – Distanz zu den exakten Wissenschaften wie auch den historisch begründeten und ideologisch gesicherten Festungen der akademischen Fachdisziplinen mehr als nur sympathisch war, fanden in der interaktiven Forschung ein Terrain, in dem ihnen schon verloren geglaubte Identität und – nach anfänglichen Widerständen – auch Akzeptanz und Reputation wiedergegeben wurde: Hier tat man nicht gleich jede Frage nach moderater Umstrukturierung, Neuorientierung oder Erweiterung als Zumutung ab. Hier formulierte man Verunsicherung nicht nur hinter vorgehaltener Hand. Hier war nicht Zahlen-Kabbalistik mehr wert als Interpretation. Hier erklärte man die Welt nicht isoliert-punktuell und ätzte Wahrheit überdauernd in Stein. Hier veredelte akademische Wortgewandtheit nicht den kläglichen Befund. Hier stellte man sich der Wirklichkeit und desertierte nicht von ihr. Hier suchte man Kontakt und nicht Distanz. Hier geduldete man sich nicht in Wartestarre, sondern nahm die Schwerkraft der Verhältnisse ins Visier. Hier besaßen nicht nur Theorien, Dogmen und Thesen, sondern auch Visionen, Sinnbilder und Vorstellungen Profil und Dichte. Hier artikulierte man den Begriff „Subjektivität" nicht mit geschürzten Lippen, sondern verhalf ihm zu klaren Konturen. – Kurz: Hier verknüpfte man Alltag mit Wissenschaft, Forschung mit Veränderung, Erkenntnis mit Beistand, Wissen mit Annäherung, Indikatives mit Konjunktivem, Messbares mit Nichtmessbarem, Wohltemperiertes mit Sprödem.

Nur – und das stellte sich zunehmend als substanzielles Problem heraus – waren die „Grenzen" des neuartigen Terrains, die theoretischen und methodologischen Leitlinien, schon von den Nestoren ganz unbekümmert viel zu vage abgesteckt und die „Infrastruktur", die methodischen Wege, bis in die jüngste Zeit durch Selbstvernetzung und Assimilierung so weit verzweigt, verschlungen und vieldeutig ausgebildet, dass sich unter allen Umständen jeder dort irgendwie und irgendwo positionieren konnte. So stand entsprechenden Nutzern umgehend ein vermeintlich omnipräsentes Etikett zur Verfügung, das selbst konzeptuelle Hohlformen, alltägliche professionelle Arbeit, ja sogar zart instrumentierte Rührseligkeit oder angedachte Halbheiten relativ mühelos als „wissenschaftlich" auszuweisen vermochte. Der Wissenschaftlichkeitsbegriff innerhalb der interaktiven Forschung schien zum gesichtslosen Waberwort mutiert.

Diese programmatische Schwäche ließ sich ganz besonders bei der Handlungs- bzw. Aktionsforschung aufzeigen (Wagner 1997). In den meisten Fällen als Gegenentwurf zum empirisch-analytischen Modell der „etablierten" Sozialforschung entwickelt, versprach ihre „job description"

- Trennung von scheinbar überholten methodologischen und methodischen Traditionsbeständen, also offenen Diskurs statt disziplinspezifischer Reglementierung,
- Harmonisierung und Bündelung der Interessen von Forschern und Erforschten, also symmetrische Koexistenz und Parteilichkeit statt hierarchischer Regie und Neutralität,

- die Organisierung kommunal-politischer Koalitionen und Aktionen,
- also ein von demokratischen und altruistischen Motiven beseeltes Engagement statt gefühlloser Anamnese und Diagnostik,
- die Entwicklung langfristiger Zielperspektiven für die Erforschten, also Hilfe zur Selbstorganisation statt Prognostik und ausschließlich eigennütziger Abwicklung des Forschungsauftrages.

So das optimistische Credo.

Die Sachlage sah – von Ausnahmen abgesehen – überwiegend anders aus: statt programmatischer Schärfe nonchalante Beliebigkeit, statt wissenschaftlicher Eigenständigkeit ein unentschiedenes Sowohl-als-auch, statt unverschlüsseltem Diskurs arabeskenhafte Beredsamkeit, statt methodologischem Zuschnitt taumelnder Freistil, statt methodischer Kreativität gedankenblasse Kontinuität. Selbst die Zielgruppen, für die sich Handlungs- bzw. Aktionsforscher besonders einsetzen wollten, reagierten auf Grund unbefriedigender Erfahrungen immer öfter gereizt und argwöhnisch, vor allem weil die gastweisen Zugänger (meistens junge, studentische „Laienforscher") mit der Neugier von Völkerkundlern und dem Eifer von Missionaren zur „Kolonialisierung der Praxis" antraten und eher fordernd mahnten als fördernd aufklärten. Die „Praktiker" zeigten deshalb nur noch wenig Interesse, sich unablässig von einem teilnehmenden Beobachter (einem „monkey on the shoulder") begleiten und die oftmals (scheinbar) funktionale Idylle stören zu lassen; die „Feldsubjekte" ließen nur noch ungern Einblicke in die persönlichen Lebensumstände zu und sperrten sich gegen anmaßende Belehrungen über ihr angeblich „falsches Bewusstsein" und ihre mutmaßlichen inneren und äußeren „Behinderungen". Enttäuscht, weil die als Diskurse angelegten Annäherungsversuche durch den „Eigensinn" der „Ungläubigen" häufig in Monologen endeten, und überrascht, weil die als Selbstläufer vorbereiteten administrativen Erneuerungen durch die Schwergängigkeit der alltäglichen Bewältigungsarbeit meistens zum Stillstand kamen, und ernüchtert, weil die gewonnenen Erkenntnisse den Charakter von Fußnoten behielten, wandte sich infolgedessen auch ein Großteil der Wissenschaftler von der Aktions- bzw. Handlungsforschung wieder ab.

War Kritik – gleich aus welcher Richtung – für die Handlungs- bzw. Aktionsforscher anfangs eher eine Bestätigung, sich weiterhin komfortabel in dem neuen Gebiet einzurichten – hielt es doch der Zeitgeist einst für apart, rebellisch und respektlos, eigenwillig und unangepasst, ja ausgegrenzt zu sein –, wurde sie später zunehmend bedrohlich, bezweifelte jetzt erst recht ein erheblicher Teil der scientific community die wissenschaftliche Würde dieser Forschungsrichtung. Damit stand nicht nur eine Änderung der Pose, sondern auch der Mentalität an, ging es doch existentiell um das „In-der-Wissenschaft-Bleiben" – um Autorität, Ansehen, Geltung, Kompetenz. Statt nun das Verhältnis von traditioneller und alternativer Forschung wie auch das Nicht-Verhältnis zwischen beiden dort zu thematisieren, wo methodologische Beziehungsfragen schon immer in den Wissenschaften diskutiert wurden – in der Wissenschaftsphilosophie, Wissenschaftstheorie und Fachdidaktik –, und so zur Eigenständigkeit zu gelangen, gaben viele allzu widerstandslos den Vorwürfen der Kritiker nach und „verkauften ihr Tafelsilber" oder entwickelten gegenüber methodologischen Fragen ein eher taktisches Verhältnis. Manche beschrieben nunmehr ihre Forschungskonzeption im Ablassbriefstil und definierten sie schuldbewusst als defizitär, andere rückten opportunistisch in die Nähe der traditionellen wissenschaftlichen Macht und integrierten sich unter dem faltenlosen Motto „versöhnte Differenz" oder begannen ganz unverhohlen eine Liaison mit der empirischen Forschung. Die dabei vorgenommenen dekorativen Umbenennungen in „aktivierende Sozialforschung", „verstehende Feldforschung", „teilnehmerzentrierte Sozialforschung", „subjektbezogene Sozialforschung", „Betroffenenforschung", „dialogische Forschung", „Eigenforschung" etc.[2] dienten mehr oder minder als diplomatische Camouflage. So konnten – mit einem Auguren-Lächeln – nicht nur die ursprünglichen, jetzt aber missbilligten Verbindungen verwischt und vor der gewohnten Kritik immunisiert, sondern auch die angefochtenen Auffassungen als methodologisches Unterfutter zumindest in homöopathischen Dosen weiterhin eingebracht werden. Dass sie für die altgediente Aktionsforschung damit keinen Besserungsprozess einleiteten, sondern – im Gegenteil – an der Choreographie eines Requiems mitwirkten, offenbarte die dann auch prompt folgende resümierende Fragestellung eines Trendberichts von Altrichter und Gstettner aus dem Jahr 1993: „Aktionsforschung – ein abgeschlossenes Kapitel in der Geschichte der deutschen Sozialwissenschaft?"

Die in der bisherigen Darstellung wiederholt zum Vorschein tretende Problematik, nämlich die Frage nach der verborgenen Grammatik des Gelingens einer auf qualitativen Verfahren beruhenden methodologischen und methodischen Konsolidierung innerhalb wissenschaftlicher, das heißt methodisch kontrollierter und kontrollierbarer Forschungskonzepte, hat Wagner (1997) dadurch einer Lösung näher zu bringen versucht, dass er einerseits auf Allianzen und Forschungshygiene innerhalb der „alternativen" scientific community dringt, andererseits aber auch als integratives Programm eine „disziplinäre Matrix" entwickelt, die gleichsam den Prototypus einer Einheitsmethodologie für interaktive Forschung verkörpert.

---

[2] Wagner hat aus der Vielzahl der in der seiner Analyse gefundenen Begriffskonstruktionen 20 Beispiele aufgelistet (Wagner 1997, 264).

3. Einheitsmethodologie

Die Forderung nach einer Einheitsmethodologie gründet sich auf das Ergebnis der von Wagner durchgeführten Strukturanalysen aller bekannten eigenständigen (Aktions-)Forschungskonzeptionen[3]. Hierbei zeigte sich, dass die Anteile an grundlegender Übereinstimmung in folgenden Bereichen liegen (Wagner 1997, 264, 265):

- sozialpolitische Orientierung (durch Bereitschaft zu sozialer Verantwortlichkeit und Parteilichkeit),
- partikulare Wissenschaftsskepsis (durch Kritik des dominierenden quantitativen Forschungsparadigmas),
- Harmonisierung des Theorie-Praxis-Bezuges (durch Zusammenarbeit von Wissenschaftlern und Praktikern),
- ganzheitlicher Forschungsansatz (durch Beachtung der Komplexität und Dynamik des Untersuchungsfeldes),
- Menschenbild (durch Anerkennung des epistemologischen Subjektmodells[4])
- Methodentriangulation (durch die Kombination qualitativer und quantitativer Verfahren).

Sogar im Streben nach intersubjektiver Wahrheitsfindung sind sich mehr als die Hälfte aller Konzeptentwickler einig, dass dies mit kommunikativen Validierungsprozessen geschehen muss. Unterschiede konnten lediglich in der Akzentsetzung innerhalb der einzelnen Bereiche beobachtet werden.

Wenn sich die verschiedenen Forschungskonzepte nachweislich nur graduell, nicht aber prinzipiell voneinander unterscheiden, beruht die von den Konzeptentwicklern jeweils proklamierte Eigenständigkeit ihres Forschungsentwurfs folglich auf einer gleichsam von außen künstlich eingezeugten Dissidenz. Damit bestätigen sich auch die Überlegungen Martens, dass sich wissenschaftliche Disziplinen „eher durch Eigenschaften ihres Gegenstandsbereiches und ihre soziale Konstitution als durch unterschiedliche Methodologien unterscheiden" (Martens 1986, 59), eine Ansicht, die in letzter Zeit immer häufiger auch von anderen Autoren vertreten wird (z.B. Detel 1991, 206, 207, 208).

Weil allem Anschein nach weder konzeptionelle noch wissenschaftstheoretische Gründe für einen methodologischen Pluralismus bei diskursorientierten Forschungskonzepten sprechen, kann durch Profilierung eines „ordnungswissenschaftlichen Rahmens" (Altrichter) die eindeutige Abgrenzung gegenüber anderen – auch möglichen – Forschungskonventionen, aber auch gegenüber handlungsbezogener, strategischer oder politischer Didaktik ermöglicht werden. Diesen Rahmen bezeichne ich mit ei-

---

[3] Insgesamt wurden 51 eigenständige Konzeptionen erfasst (Wagner 1997, 160, 161, 162). Die Eigenständigkeit eines Forschungskonzepts wurde immer dann angenommen, wenn entweder die entsprechende Selbsteinschätzung eines Autors oder die Fremdzuordnung durch einen anderen Verfasser in der entsprechenden Literatur ausdrücklich vorlag.

[4] Nach diesem Modell ist jeder Mensch (und nicht nur der Wissenschaftler) ein Hypothesen erzeugendes, überprüfendes, deutendes und handlungsfähiges Subjekt. Demnach liegt auch jeder alltäglichen Interpretation und Erkenntnis eine „subjektive" Erkenntnistheorie (Epistemologie) zu Grunde. Groeben und Scheele (1977) bezeichnen dieses Menschenbild in ihrer „kognitiven Psychologie" als „epistemologisches Subjektmodell".

nem Terminus von Thomas S. Kuhn als „disziplinäre Matrix" (Kuhn 1977, 392). Die Attribuierung „disziplinär" kennzeichnet den Status, das Nomen „Matrix" die Struktur des ordnungswissenschaftlichen Rahmens. So lässt sich die disziplinäre Matrix der interaktiven Forschung – erst einmal vorläufig und noch recht formal – bestimmen als ein gemeinschaftliches, das heißt von der diskursorientierten Wissenschaftlergemeinde meistenorts akzeptiertes und einheitlich verwendetes Forschungsmuster, dessen verschiedenartige Komponenten – später dann – ein fest umrissenes Referenzsystem ergeben sollen.

4. Disziplinäre Matrix

4.1 Struktur

Für die „materielle" Füllung des ordnungswissenschaftlichen Rahmens sind die von den historisch arbeitenden Wissenschaftstheoretikern Joseph J. Schwab und Thomas S. Kuhn gewonnenen Ergebnisse zur faktischen Gestaltung der in der Wissenschaftspraxis geläufigen Forschungsprozesse besonders brauchbar. Sie haben nämlich festgestellt, dass das praktische Handeln der Forscher trotz unterschiedlicher wissenschaftlicher Sozialisation ein charakteristisches konzeptionelles Profil besitzt, das die Grundzüge des Forschungsprozesses und die Form der darin enthaltenen Beziehungen bestimmt.

Nach Schwab (1971, 185, 186) benutzen Wissenschaftler für ihr Forschungsvorhaben ein begriffliches Gerüst, das die Art der wissenschaftlichen Fragestellungen, Inhalte, Interessen und Ziele sowie den Modus der Datenproduktion festlegt. Dieses Gerüst nennt Schwab „substantive Struktur". Daneben richten sich die Forscher noch nach einem methodologischen und methodischen Leitfaden, der die konkreten Regeln der Beweisführung und Prüfung festsetzt. Diesen Grundplan typisiert Schwab als „syntaktische Struktur".

Kuhn hat sich weniger um eine Charakterisierung der übergeordneten Strukturen als vielmehr um eine Darstellung der „Elemente" des Forschungshandelns bemüht. Sie bezeichnet er (1977, 392) als „symbolische Verallgemeinerungen", „Werte", „Modelle", und „Musterbeispiele". Diese „Elemente" gehen als Komponenten[5] zur internen Differenzierung der substantiven und syntaktischen Struktur in die disziplinäre Matrix ein.

4.2 Komponenten, Kategorien und kategoriale Merkmale

Damit nun die zentralen theoretischen, methodologischen und methodischen Ausprägungen der interaktiven Forschung konkrete Gestalt annehmen können, müssen zuerst

---

[5]   Der von Kuhn verwendete Begriff „Elemente" als übergeordnete Bezeichnung für die Teilbereiche der disziplinären Matrix ist unglücklich gewählt, weil Elemente ihrer Natur nach unabhängig voneinander existieren, die hier gemeinten methodologischen Bestimmungen die Matrix aber durch einen netzwerkähnlichen Zusammenhang bilden. Deshalb wird der Kuhnsche Vorschlag durch den Begriff „Komponenten" ersetzt.

die Komponenten in jeweils spezifische Kategorien untergliedert und durch kategoriale (formalisierte) Merkmale, die gleichsam das innere Niveau der Kategorie bestimmen, präzise bezeichnet werden. In Rede stehen also Variablen

- für die Problemstellungen, die die Wissenschaftler bearbeiten wollen,
- für die Normen und Wissensbestände, auf die sie dabei zurückgreifen,
- für die Methoden, Verfahren und Instrumente der Problemlösung,
- für die Entscheidungsinstanzen, die über die Zulässigkeit der Mittel befinden.

4.2.1 Symbolische Verallgemeinerungen

Die symbolischen Verallgemeinerungen stellen den Forschern das Grundvokabular und die regulativen Leitideen ihrer Wissenschaft zur Verfügung, legen damit aber auch gleichzeitig die Eckpunkte für den Forschungsbereich fest. Das bedeutet: Im „pre-opening", vor dem Beginn eines Projektes beispielsweise, müssen sich die Forscher über eine Reihe von verallgemeinerbaren Festlegungen einigen, um überhaupt schlüssige Fragen an das zu erforschende Problem stellen zu können. In den Naturwissenschaften sind solche Verallgemeinerungen häufig von symbolischer Art, weil bei Naturgesetzen Formeln als symbolischer Ausdruck der Gesetze, nicht aber als die Gesetze selbst fungieren. In den Sozialwissenschaften dagegen treten die Verallgemeinerungen eher als eine Art „systematisierter Klassifizierungen" auf. Ein typisches Beispiel hierfür ist der Terminus „Subjekt". Weil der Subjektbegriff keinen Menschen ausgrenzt, wird er je nach Blickwinkel zur symbolischen Verallgemeinerung für eine bestimmte „Selbstbezüglichkeit": Als Subjekt hat der Einzelne eine Anwartschaft auf Achtung; als Subjekt hat jeder das Anrecht auf Information und Bildung; als Subjekt ist der Mensch befreit und nicht mehr rechtloses Opfer. Symbolische Verallgemeinerungen schaffen gewissermaßen den Kontext, an den die Forscher ihre Fragestellungen richten können. Für den sozialwissenschaftlichen Forschungsbereich müssten im „pre-opening" – meiner Meinung nach – die folgenden Gesichtspunkte verallgemeinert werden:

- die Organisationsstruktur des Wissenssystems (die maßgebliche Theorie),
- der Handlungsentwurf (die Definition des Forschungskonzepts),
- der Geltungsbereich der Forschung (der Forschungsansatz),
- das Motiv und die Motivation der Forscher (das Forschungsinteresse),
- der wissenschaftliche Anspruch (die Forschungsziele).

Diese Aspekte können als Kategorien in die Matrix eingeführt werden, wenn sie durch Bildung kategorialer Merkmale aus anerkannten Theorien formalisiert sind[6].

---

[6] Aus Platzgründen können hier nur Kurzformalisierungen angestellt werden.

Übersicht 1: Formalisierung der „symbolischen Verallgemeinerungen"

Kategorien	kategoriale Merkmale
Organisationsstruktur des Wissenssystems (Theorie)	Konstruktivismus (Ausgangsthese: Das Subjekt generiert die Realität. D.h. es gibt keine Abbildung von der Wirklichkeit, nur Bildung einer Wirklichkeit. Wirklichkeit ist nicht als Wahrheit formulierbar. Abgesehen von trivialen Dingen lassen sich keine Eindeutigkeiten finden und damit auch kein konstantes Wissen gewinnen. Wissen kann nur Ausdruck des gegenwärtig Möglichen sein. Wenn wir nicht abbilden, sondern nur bilden können, müssen wir uns zusammensetzen und über die Bildungen reden. Das bedeutet: Abschaffung der Belehrung und Einführung des Diskurses.)
Handlungsentwurf (Konzeptdefinition)	Interaktive Forschung will mit dem Diskurs als generativem Prinzip die Abhängigkeiten, Bedingungen und Probleme der im sozialen, wirtschaftlichen und gesellschaftlichen Kontext handelnden Menschen, Gruppen, Betriebe und Institutionen erforschen und mit Synergieeffekten lösen.
Geltungsbereich (Forschungsansatz)	holistisch (die Gesamtheit einer Situation/eines Praxisfeldes)
Motiv und Motivation (Forschungsinteresse)	Prozesse (die Veränderbarkeit von Bereichen, Systemen, Institutionen und Möglichkeiten ihrer Veränderung)
wissenschaftl. Anspruch (Forschungsziel)	Theoriebildung: soziale Regulative [keine Gesetze] (Konstitutionsbedingungen und aktuelle Produziertheit von Strukturen und Prozessen)

4.2.2 Werte

Werte sind keine Vereinbarungen, Erlasse, Beschlüsse oder Gebote, sondern inhaltlich-gegenständliche Produktionen des Bewusstseins, gewissermaßen die Form des Wollens und Denkens, ein ideelles Wasserzeichen. Werte schaffen damit erst die Qualität der Objekte, Strukturen, Verfahren und Entwicklungen. Individuell unterschiedliche Bewertungen eines konkreten Sachverhaltes nun beruhen auf der Vielzahl menschlicher Vorstellungen, Bedürfnisse und Emotionen. Obwohl Werte keine reale Gestalt besitzen, sind sie durch ihr materiales Wesen geradezu überall präsent und wirksam, zum Beispiel in Gruppen, Prozessen, Institutionen, Waren, Artefakten, Wissenschaftsdisziplinen. Die Bindung an den spezifischen Wertekanon einer Gruppe, Institution, Ware oder Wissenschaftsdisziplin wird zum Signum der Zugehörigkeit und beeinflusst das private, soziale und berufliche Verhalten. Bei der Planung, Durchführung und Auswertung von Forschungsprozessen sind Forscher deshalb in erheblichem Maße an die gemeinsam akzeptierten disziplinären Wertvorstellungen gebunden, auch wenn das durch persönliche, biographische und sozialisationsbedingte Faktoren unterschiedlich ausgeprägte Wertegefühl des Einzelnen eine variationsreiche Akzentuierung durchaus erwarten lässt.

Für den sozialwissenschaftlichen Forschungsbereich sind die Werte besonders wichtig, die an den Schnittpunkten von wissenschaftlichen, sozialen und politischen Anforderungen in Erscheinung treten. Weil diese Werte die Interaktionen von Wissenschaft und Gesellschaft prägen, müssen sich Forscher folgende Fragen stellen: „Wohin soll Forschung führen?" „Was soll Forschung hervorbringen?" „Wem soll Forschung nutzen?" Angesprochen sind also Bereiche der Realitätsbewältigung:

- Bildung von Realität (Interesse/Desinteresse an Veränderungen),
- Beziehung zur Realität (Ziele eventuell geplanter Veränderungen),
- Verantwortung gegenüber der Realität (Verhältnis von Forschung und Handeln).

Übersicht 2: Formalisierung der „Werte"

Kategorien	kategoriale Merkmale
Bildung von Realität (Veränderungsinteresse)	Handlungspraxis (z.B. Demokratie verbessern: Vergrößerung des sozialen Möglichkeitsraumes und der persönlichen Chancen. Erkennen gesellschaftlicher, wirtschaftlicher und privater Abhängigkeitsstrukturen; Lösung sozialer, wirtschaftlicher, kommunalpolitischer Probleme)
Beziehung zur Realität (Veränderungsziel)	Synergieeffekte (z.B. Demokratie realisieren: solidarisches Handeln, konstruktive Politisierung; administrative, institutionelle, betriebswirtschaftliche Innovationen)
Verantwortung gegenüber der Realität (Verwendungsverhältnis)	Unmittelbarkeit (Forschung hat rekursive Funktion: Ergebnisse fließen an die Akteure zurück u. initiieren weitere Forschung; z.B. Demokratie unterstützen: Parteilichkeit, Interessenvertretung der Untersuchten)

4.2.3 Modelle

Modelle sind konkrete oder hypothetische Abbildungen (Nachahmungen) der für zentral gehaltenen Bestandteile oder Strukturen von Gegenständen, Aussagen, Texten, Beziehungen, Verhältnissen, Abstraktionen, Fiktionen, Prozessen und so weiter. Modelle gibt es also für statische Fakten, systematische Verbindungen und dynamische Vorgänge. Wissenschaftler verwenden Modelle als skizzenhafte Hilfsmittel bzw. theoretische Werkzeuge, wenn sie Gleichnisse und bildliche Ausdrücke für „Objekte" hervorbringen wollen, die selbst direkter Erforschung kaum oder gar nicht zugänglich sind. Der „Intelligenzwürfel" von Guilford zum Beispiel veranschaulicht durch das Prinzip des Würfels eine theoretisch gedachte dreidimensionale Struktur der Intelligenz. Modelle sind also lediglich Annäherungen an den Sachverhalt. Sie haben den

Vorteil, dass sie auch dann „funktionieren", also erklärend wirken, wenn noch freie Parameter vorhanden sind.

Modelle lassen sich nach unterschiedlichen Arten klassifizieren. Stachowiak unterscheidet graphische, technische, semantische und semantisch-szientifische Modelle (Stachowiak 1992, 219, 220, 221). Das hier zu beschreibende Prozedere des Erkenntnisprozesses ist auf semantisch-szientifische Modelle und dabei besonders auf die sog. „innere Derivationsmodelle" angewiesen, „die schließende, folgernde oder ableitende Operationen 'am Material der Erfahrung' [...] einschließlich der Ergebnisse dieser Operationen darstellen." (ebd., 221) Für die Matrix erscheinen daher die nachstehenden Modellarten angebracht.

- Modelle schließender Art (theoretische Modelle für die Erkenntnisgegebenheit),
- Modelle folgernder Art (methodologische Modelle für die Erkenntnisbedingung),
- Modelle ableitender Art (methodische Modelle für den Erkenntnisweg).

Übersicht 3: Formalisierung der „Modelle"

Kategorien	kategoriale Merkmale
Erkenntnisgegebenheit (theoretisches Modell)	epistemologisches Subjektmodell (Grundlage: konstruktivistischer Handlungsbegriff; Kerngedanke: Handlungen sind Interpretationen des Augenscheins und keine Reaktionen auf den Augenschein. Vor einer Handlung steht damit die Verallgemeinerung des Augenscheins; dem Wahrgenommenen wird ein Sinngehalt gegeben. Deshalb gibt es auch keine „Objekte", sondern allein situative Unterscheidungen. Der Mensch kann sich nur weiterentwickeln, d.h. aus seiner gegenwärtigen „Unterscheidungswelt" herauskommen, wenn er die Grundlagen dieser Unterscheidungen aufdeckt. Da jeder Mensch die Situation, in der er sich befindet, selbst situativ wahrnimmt (als Abfolge sich ablösender Situationen) und kontinuierlich beobachtet, ist jeder Mensch auch ein Forscher; s. ergänzend Fußnote 4)
Erkenntnisbedingung (methodolog. Modell)	Konsensmodell (Die „Wahrheit" von Aussagen oder Erkenntnissen konstituiert sich nach argumentativer Überprüfung divergierender Begründungen oder Geltungsansprüche durch allgemeine Zustimmung in Diskursen als relative Wahrheit.)
Erkenntnisweg (methodisches Modell)	sozialer Afferenz-Efferenz-Zyklus (Zeigen efferente, z.B. von einer sozialen Situation ausgehende Informationen ein Problem, weil sie mit den afferenten, den „idealen" Soll-Informationen, nicht übereinstimmen, werden im Diskurs Handlungsorientierungen erarbeitet und forschend realisiert. Die Situation verändert sich. Die Efferenz der veränderten Situation wird erneut mit der (Re-)Afferenz[a] verglichen, neue Orientierungen erarbeitet usw.)

a. Auch die Afferenz – das impliziert der konstruktivistische Ansatz – bleibt nicht unbedingt stabil, sondern wird sich auf Grund neuer Efferenzen korrigieren. Wenn sich Afferenzen durch eigenständige Operationen des Individuums, durch andersartige Generierungen, Interpretationen usw. verändern, kann man von Re-Afferenzen sprechen.

4.2.4 Musterbeispiele

Jede Wissenschaftsdisziplin besitzt eine Sammlung von exemplarischen Beispielen zur Lösung ihrer Forschungsaufgaben. Die Kenntnis solcher Musterlösungen setzt Wissenschaftler in die Lage, schnell Gemeinsamkeiten zu erfassen, wenn sie mit ähnlichen Situationen in anderen Problemkontexten konfrontiert sind. Durch ihre Anschaulichkeit vermitteln sie dem Forscher überdies den Nutzen der verwendeten Methoden, Verfahren und Techniken. Zusätzlich geben die Musterbeispiele auch Richtlinien für die Lösung der Forschungsaufgaben an die Hand. Zur Beschreibung der Modalitäten, die reales Forschungsverhalten steuern, scheinen unter methodologischen Gesichtspunkten die folgenden Bewertungseinheiten relevant zu sein:

- Format und Komplexität der Untersuchung (Untersuchungssituation),
- Methodenwahl (Untersuchungsplan),
- Interaktionsverhältnis (Untersuchungsbeziehung),
- Methodenverständnis (Modus der Untersuchungsverfahren),
- Art der Methodenkontrolle (operationale Regeln, die die Wissenschaftlichkeit der Methoden festlegen),
- Modus der Erkenntnis (wissenschaftliche Beweisführung, die für die Zulässigkeit der Mittel und Wege verantwortlich sein soll),
- Art der Erkenntniskontrolle (Prüfkriterien, die den Wahrheitsgehalt der Aussagen und die Zulässigkeit der operationalen Regeln sichern sollen).

Übersicht 4: Formalisierung der „Musterbeispiele"

Kategorien	kategoriale Merkmale
Format, Komplexität d. Untersuchungssituation	genuin (die unverfälschte Wirklichkeit, die Alltagswelt)
Methodenwahl	mehrperspektivisch (Forschung aus verschiedenen „Blickwinkeln", d.h. mit unterschiedlichen Methoden, um die zu untersuchende Situation in ihrer Vielschichtigkeit zu erfassen)
Interaktionsverhältnis	Kooperation (ausgewogene, symmetrische Verbindung zwischen den Akteuren, partielle Aufhebung von Rollentrennungen, flexible Aufgabendifferenzierung)
Modus der Methoden	qualitativ / quantitativ (Datenerhebung: häufig offen, explorativ, ohne Standardisierung der Forschungssituation; quantitative Methoden dienen überwiegend der Faktensammlung; Datenauswertung: meistens beschreibend, interpretierend)
Methodenkontrolle	variante, kontextabhängige Gütekriterien (nach den Gegebenheiten der Forschungssituation/des Praxisfeldes gebildete Kriterien)
Modus der Erkenntnis	dialogische Wahrheit (Wahrheitsprüfung vertraut auf die Wirksamkeit vernünftiger Argumente)
Erkenntniskontrolle	kommunikative Validierung (operativ-offener Überprüfungsstil, d.h. die Angemessenheit der Operationen wie auch die Gewissheit der Ergebnisse werden in einem umfassenden Zusammenhang argumentativ untersucht.)

Alle Komponenten, Kategorien und kategorialen Merkmale bilden zusammengenommen und in die substantive bzw. syntaktische Struktur eingebettet die Referenz-identität der interaktiven Forschung (vgl. Übersicht 5).

Das disziplinäre Netzwerk wird damit nicht, wie wohl deutlich geworden ist, durch Übernahme bestimmter „objektiver" Sinnkriterien definiert, wie sie z.B. in den philosophisch begründeten Wissenschaftsmodellen des Rationalismus, Idealismus oder Positivismus zu finden sind, sondern durch Aufnahme der „subjektiven" Abgrenzungskriterien, die das faktische Forschungshandeln der Wissenschaftler bedingen. Die disziplinäre Matrix ist damit kein Produkt einer bestimmten erkenntnistheoretischen Anschauung, sondern Resultat eines Meinungsbildungsprozesses. Sie repräsentiert auch nicht „die Forschung" in summa, sondern überspannt als Bündnissystem ein spezialisiertes Arbeits- und Forschungsfeld einer bestimmten Wissenschaftlergemeinde.

Übersicht 5: Referenzmuster der interaktiven Forschung

Struktur	Komponenten	Kategorien	kategoriale Merkmale
s u b s t a n t i v i s c h s y n t a k t i s c h		Organisationsstruktur des Wissenssystems	Konstruktivismus
	Symbolische Verallgemeinerungen	Definition: Interaktive Forschung will mit dem Diskurs als generativem Prinzip die Abhängigkeiten, Bedingungen und Probleme der im sozialen, wirtschaftlichen und gesellschaftlichen Kontext handelnden Menschen, Gruppen, Betriebe und Institutionen erforschen und mit Synergieeffekten lösen.	
		Geltungsbereich	holistisch
		Motiv und Motivation	Prozesse
		wissenschaftlicher Anspruch	Theoriebildung: soziale Regulative
	Werte	Bildung von Realität	Handlungspraxis
		Beziehung zur Realität	Synergieeffekte
		Verantwortung gegenüber der Realität	Unmittelbarkeit
	Modelle	Erkenntnisgegebenheiten	epistemologisches Subjektmodell
		Erkenntnisbedingung	Konsensmodell
		Erkenntnisweg	sozialer Afferenz-Efferenz-Zyklus
	Musterbeispiele	Format/Komplexität d. Untersuchungssituation	genuin
		Methodenwahl	mehrperspektivisch
		Interaktionsverhältnis	Kooperation
		Modus der Methoden	qualitativ/quantitativ
		Art der Methodenkontrolle	variant, kontextabhängig
		Modus der Erkenntnis	dialogisch
		Art der Erkenntniskontrolle	kommunikative Validierung

Wer nun einwendet, dass eine mittels „Subjektivitätskriterien" konstruierte Matrix doch einen gewichtigen Makel zulässt, der sieht darüber hinweg, dass in neueren Veröffentlichungen zu wissenschaftsphilosophischen Fragen zum einen die Existenz von allgemeinen, quasi transkonzeptionellen, Forschungskriterien angezweifelt wird (z.B. Knorr-Cetina & Amann 1992, 212-215), zum anderen aber auch nachgewiesen wurde (z.B. Wagner 1997, 29-59), dass selbst die vermeintlich objektiven Sinnkriterien philosophisch begründeter Wissenschafts- bzw. Forschungskonzepte in der Retrospektive ebenfalls als subjektive Abgrenzungskriterien angesehen werden müssen, weil sie wesentlich an die Anschauungsweise einer bestimmten Epoche gebunden sind.

Sicherlich werden noch mögliche Bedenken gegen die Zielvorstellung einer Referenzidentität, aber auch vermeintlich konzeptionelle Widersprüche zu diskutieren sein. Einzugehen wäre in diesem Zusammenhang z.B. auf die Fragen, ob die Auflagen eines Referenzmusters unabhängig-kritische Reflexion und produktiv-kreative Methodik ausbremsen oder ob der Diskurs, wenn er als generatives Prinzip Geltung bekommt, nicht nur „bleibende" gültige Lösungen verwehrt, sondern auch die anerkannten Auffassungen von Wahrheit und Wissen relativiert bzw. – in radikaler Konsequenz – die Erwartung, zu Wahrheit und Wissen zu gelangen, sogar ausschließt. Weil sich der interaktive Ansatz aber als kommunikatives Netzwerk versteht und dynamischen Wandel statt unabänderliche Perfektion favorisiert, ist auch das Referenzmuster kein letztgültiges Modell, sondern eine Vorlage, die sich fortwährend im wissenschaftlichen Diskurs bewähren muss.

Eine erste praktische Anwendung durch eine betriebswirtschaftlich ausgerichtete Forschungsstudie durch Melheritz (1999) lässt allerdings hoffen. Deshalb soll zum Schluss ein Ausschnitt aus seinem Resümee hier wiedergegeben werden: „Unternehmen können durch interaktive Forschungsprojekte einen neuen Weg beschreiten, um wissenschaftliche Erkenntnisse zu erschließen. Neben den bisherigen Transfermethoden [...] bietet nun die Interaktive Forschung als weitere Methode der Wissensbeschaffung die Möglichkeit, Wissen interaktiv zu er- und zu verarbeiten, wodurch sie einen intensiven Erfahrungsaustausch anstößt; dabei partizipieren gleichzeitig mehrere Mitarbeiter am Erkenntnisprozeß. [...] Für die 'scientific community' bietet Interaktive Forschung einen Weg praxisrelevante Forschungsergebnisse zu transferieren, ohne dabei die Position des Wissenschaftlers und Forschers verlassen zu müssen." (Melheritz 1999, 258, 259)

Literatur- und Medienverzeichnis

Altrichter, Herbert & Gstettner, Peter: *Aktionsforschung – ein abgeschlossenes Kapitel in der Geschichte der deutschen Sozialwissenschaft? In:* Sozialwissenschaftliche Literaturrundschau (SLR 26), 16 (1993), S. 67-83.

Detel, Wolfgang: *Wissenschaft.* In: Martens, Ekkehard & Schnädelbach, Herbert (Hg.): Philosophie: ein Grundkurs, Bd. 1, überarbeitete und erweiterte Neuausgabe. Reinbek bei Hamburg (Rowohlt) 1991, S. 172-216.

Groeben, Norbert & Scheele, Brigitte: *Argumente für eine Psychologie des reflexiven Subjekts. Paradigmawechsel vom behavioralen zum epistemologischen Menschenbild.* Darmstadt (Steinkopff) 1977.

Knorr-Cetina, Karin & Amann, Klaus: *Konsensprozesse in der Wissenschaft*. In: Giegel, Hans-Joachim (Hg.): Kommunikation und Konsens in modernen Gesellschaften. Frankfurt a.M. (Suhrkamp) 1992, S. 212-235.

Kuhn, Thomas S.: *Die Entstehung des Neuen. Studien zur Struktur der Wissenschaftsgeschichte*. Frankfurt a.M. (Suhrkamp) 1977.

Martens, B.: *Jenseits der Abgrenzungen. Über die Grenzenlosigkeit von Wissenschaft*. In: Bammé, Arno u.a. (Hg.): Anything Goes – Science Everywhere? München (Profil) 1986, S. 57-86.

Melheritz, Markus: *Die Entstehung innovativer Systemgeschäfte. Interaktive Forschung am Beispiel der Verkehrstelematik*. Wiesbaden (Dt. Univ.-Verl. u.a.) 1999.

Schwab, Joseph J.: *Structures and Dynamics of Knowledge*. In: Levit, Martin (Ed.): Curriculum. Urbana u.a. (Univ. of Illinois Press) 1971, S. 181-214.

Stachowiak, Herbert: *Stichwort Modell*. In: Seiffert, Helmut & Radnitzky, Gerard (Hg.): Handlexikon zur Wissenschaftstheorie. München (dtv) 1992, S. 219-222.

Wagner, Ulrich: *Interaktive Sozialforschung. Zur Frage der Wissenschaftlichkeit und Brauchbarkeit der Aktionsforschung*. Weinheim (Dt. Studien-Verl.) 1997.

Stefan Weber

Kommunikation über Kommunikation

Zur wechselseitigen Konstitution von Theorie, Praxis, Empirie und Method(ologi)en in der Kommunikationswissenschaft

Einleitung

Wie kommt die Publizistik-, Medien- und Kommunikationswissenschaft zu ihrem Wissen? Die Antwort auf diese Frage müsste zunächst lauten (und sie wäre wohl für alle kultur-, sozial- und geisteswissenschaftlichen Disziplinen dieselbe): über (die wechselseitige Konstitution von) Theorien, Praxis, Empirie und Method(ologi)en. Bevor ich mich diesen vier Bausteinen der (kommunikationswissenschaftlichen) Wissenskonstruktion widme, muss jedoch eine begriffliche Abklärung des Gegen-standsbereichs erfolgen, über den hier gesprochen wird.

Die Begriffe Publizistik(wissenschaft), Medienwissenschaft und Kommunikationswissenschaft[1] werden insbesondere von fachexternen Beobachtern oftmals synonym verwendet. Fachintern ist jedoch klar, dass die Publizistikwissenschaft – aus der Zeitungskunde herkommend – sich primär mit publizierten (= veröffentlichten) Produkten (Trägern, Kanalen und Inhalten) beschäftigt, während die Medienwissenschaft neben der Inhaltsebene auch die Kommunikators- und Rezipientenebene mit einschließt. Mit Kommunikationswissenschaft ist schließlich nicht nur (Massen-)Medienkommunikation, sondern auch interpersonelle Kommunikation angesprochen – wobei sich die zentrale Frage stellt, ob Sprache und non-verbale Mitteilungsformen „Medien" sind oder nicht.[2] Im Folgenden geht es also nicht um Zeitungskunde, nicht um Publizistikwissenschaft, auch nicht nur um Medienwissenschaft, sondern (in einem allumfassenden Sinne) um Kommunikationswissenschaft.

Kommunikationswissenschaft konstituiert sich mit Hilfe der Basisbegriffe „Information", „Kommunikation" und „Medien". Diese theoretischen Begriffe verweisen gleichzeitig auf die drei empirischen Makro-Trends, die die Kommunikationswissen-

---

[1] Hinzu kommen – jüngst vermehrt mit der Intention einer Anbindung an philosophische Diskurse – die Begriffe „Medienepistemologie" (Schmidt 1999) und „Medienphilosophie" (Hartmann 2000). Vgl. in diesem Kontext auch den Ansatz eines medienphilosophischen „Medial Turns" (als Abwendung von der Sprach- und Symbolphilosophie) von Reinhard Margreiter, in Band 4 dieser Reihe.

[2] Klaus Merten hat die Evolution von der Publizistik- über die Medien- zur Kommunikationswissenschaft jüngst nachgezeichnet (vgl. Merten 1999, 424ff). Konsequenterweise heißen im deutschsprachigen Raum auch die allermeisten Institute für Publizistik(wissenschaft) mittlerweile Institute für Kommunikationswissenschaft.

schaft primär im Auge hat: auf „Informatisierung", „Kommunifizierung" und „Medialisierung". Diese Makro-Trends korrespondieren wiederum mit den Gesellschafts-Semantiken „Informationsgesellschaft", „Kommunikationsgesellschaft" und „Mediengesellschaft", die von der Kommunikationswissenschaft favorisiert werden.[3]

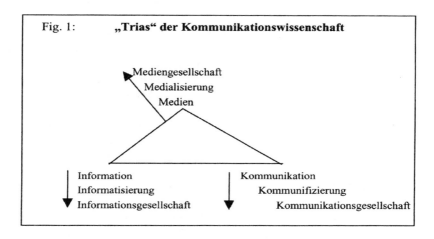

Fig. 1:   „Trias" der Kommunikationswissenschaft

Je nach Wahl der spezifischen fachinternen oder fachexternen Theorie ergeben sich ganz unterschiedliche Definitionen für die basalen Begriffe „Information", „Kommunikation" und „Medien". So hat etwa Klaus Merten in seiner mittlerweile klassischen Analyse 160 Definitionen des Kommunikations-Begriffs miteinander verglichen (vgl. Schmidt 1994, 59ff). Ich möchte deshalb im Folgenden zunächst einen Blick auf die im Fachbereich behandelten Theorien werfen, die den jeweiligen definitorischen Rahmen der Basisbegriffe abstecken.

1.   Wie kommt die Kommunikationswissenschaft zu Wissen? Über Theorien

Kommunikationswissenschaftliche Theorien können differenziert werden (und auch dies gilt letztlich für alle sozialwissenschaftlichen Fächer) in Paradigmen (übergeordnete Weltbilder), Supertheorien, Basistheorien, Theorien höherer Komplexität, Theorien mittlerer Reichweite, Ad-hoc-Theorien und Theorien als bloße Beobachtungen empirischer Regelmäßigkeiten.

• *Paradigmen:* In der Kommunikationswissenschaft – besonders der vergangenen zehn Jahre – gibt es einen verstärkten Paradigmenkampf zwischen realistischen und konstruktivistischen, objektivistischen und subjektivistischen, essentialistischen und relativistischen sowie materialistischen und idealistischen Weltbildern.[4]

---

[3] Freilich ist der „Gemüsegarten" der Gesellschafts-Semantiken mittlerweile längst unüberschaubar geworden, vgl. dazu kritisch Görke & Kollbeck 1999. Die Palette reicht von der Multioptionsgesellschaft über die Wegwerfgesellschaft bis zur CyberSociety.

Je nachdem, ob man den Grundbegriffen Information, Kommunikation und Medien eine wirklichkeitsabbildende oder eine wirklichkeitserzeugende Funktion zuschreibt, ergibt sich alles Weitere: so etwa Definitionen von auf diesen Grundbegriffen aufbauenden Begriffen wie „Public Relations", „Wirkung" etc.; die Auswahl und Ausrichtung empirischer Methoden usw. Dabei wird theoretisch eine Grundsatzentscheidung gefällt, ob die Wirklichkeit diesen Instanzen („Medien"; „Public Relations", „Journalismus") vorausgeht oder ihnen erst folgt. Non-dualistische Ansätze – wie etwa von Josef Mitterer, David Loy und Francisco J. Varela entwickelt – kritisieren diesen auf der Paradigmen-Ebene ausgetragenen Streit und bauen stattdessen die Opposition dualistisches Paradigma versus nondualistische Alternative auf.[5] Auch dieser Paradigmenstreit findet sich – zumindest implizit – in der Kommunikationswissenschaft wieder: Entweder man operiert mit Unterscheidungen wie Medienbilder/Wirklichkeit, Mediendarstellung/Ereignis, Kommunikator/Rezipient usw., oder aber man verzichtet (theoretisch) auf sie bzw. beobachtet (empirisch) ihre „Ent-Dualisierung" (zum Zusammenhang von [Non-]Dualismus und Medientheorie vgl. Weber 1996).

- *Supertheorien:* Auf supertheoretischer Ebene ist vor allem an den „Kampf" zwischen system- und kommunikationsorientierten Ansätzen hier und subjekt- (akteurs-) und handlungsorientierten Ansätzen dort zu denken. Dieser aus der Soziologie importierte Richtungsstreit hat im Fachbereich ebenfalls eine jahrzehntelange Tradition.

- *Basistheorien:* Mit den sogenannten Basistheorien rückt man den genuin kommunikationswissenschaftlichen Theorien (und der empirischen „Realität") bereits näher, doch sind auch diese großteils fachexterne Theorie-Importe. Zumeist werden Symbolischer Interaktionismus, Theorie des kommunikativen Handelns, Semiotik, Konstruktivismus, Systemtheorie und ökonomisches (materialistisches) Paradigma genannt (vgl. Burkart 1997, 63). Zu ergänzen wäre freilich eine lange Liste an theoretischen Orientierungen, die die Kommunikationswissenschaft direkt oder indirekt beeinfluss(t)en: von der Kulturkritik und dem Kulturpessimismus bis zu postmodernen Theorien, von Cultural zu Gender Studies, von der Psychoanalyse zur Dekonstruktion, von der Hermeneutik bis zur Ethnomethodologie.[6]

- *Theorien mittlerer Reichweite:* Auf dieser Ebene finden sich m.E. alle wesentlichen, von der Kommunikationswissenschaft genuin hervorgebrachten Theorien: so etwa der Nutzensatz (uses & gratifications approach), die Schweigespirale, das Two- und Multi-Step-Flow-Modell, die Nachrichtenwerttheorie sowie der (inner-

---

[4] Zur Realismus/Konstruktivismus-Debatte in der Kommunikationswissenschaft vgl. grundlegend Bentele & Rühl 1993 und Rusch & Schmidt 1999. Leider hat die Debatte bislang nur selten die Frage transzendiert, ob „die Medien die Wirklichkeit abbilden oder konstruieren".

[5] Klaus Merten hat in seiner Einführung in die Kommunikationswissenschaft (Merten 1999, 19 und 50ff) jüngst zwischen klassischer und transklassischer Kommunikationswissenschaft unterschieden. Auch hier zeichnet sich klassische Kommunikationswissenschaft durch das Prinzip der Binarität, transklassische Kommunikationswissenschaft durch das Prinzip der Mehrwertigkeit aus.

[6] Als Einführungen in das breite Spektrum der Medientheorien eignen sich Faulstich 1991 und Pias 1999 (letzteres Buch ist eine kommentierte Auswahl an Originaltexten).

mediale und außermediale) Agenda-Setting-Ansatz (vgl. auch die gut strukturierte Übersicht in Bonfadelli 2000, 17ff).

- Der *Nutzenansatz* etwa fokussiert den Rezipienten (hier: Mediennutzer) und seine Aneignung massenmedialer Inhalte. Zentraler Befund des Ansatzes ist es, dass Mediennutzer Medieninhalte nutzenorientiert (pragmatisch) konsumieren, d.h. Medienkonsum auf ihre subjektiven Bedürfnisse hin abstellen.

- Die *Schweigespirale* untersucht die Reflexivität der öffentlichen Meinung und liefert ein Erklärungsmodell für die Durchsetzung artikulierter Minderheiten trotz (mutmaßlich) schweigender Mehrheiten.

- Das *Two-Step-Flow-Modell* besagt, dass Medieninhalte nicht direkt „in die Köpfe der Rezipienten gelangen", sondern Medienangebote zuerst von *opinion leaders* (Meinungsführern) verarbeitet, kommentiert und bewertet werden und erst in einem zweiten Schritt die Rezipienten erreichen.

- Die *Nachrichtenwerttheorie* untersucht die Selektionspraxen von Journalisten und fragt danach, welche Kriterien Ereignissen „anhaften" müssen, damit sie von Journalisten zur Veröffentlichung ausgewählt werden.

- Der außermediale *Agenda-Setting-Ansatz* untersucht, inwieweit sich die mediale Tagesordnung („Agenda") in den „Köpfen" der Rezipienten widerspiegelt und vor allem mit welchen zeitlichen Verschiebungen dies geschieht. Der innermediale Agenda-Setting-Ansatz stellt die Frage, inwieweit mediale Themenkarrieren die Themen der Nachbarmedien beeinflussen. Diese Untersuchung medialer Selbstreferenz erweist sich als immer wichtigerer Forschungsgegenstand (vgl. Rössler 1999).

All diese Theorien basieren auf der primären Denkrichtung Wirklichkeit -> Medien -> Rezipienten. Sie wurden innerhalb des (in der Kommunikationswissenschaft mehrheitlich vertretenen) realistischen Paradigmas entwickelt. Alle Ansätze gehen implizit von einer den Medien vorgelagerten Wirklichkeit aus, von einer Selektion („*gatekeeper*"-Modell) und Färbung („*Bias*"-Modell) dieser Wirklichkeit durch die Medien, von einer mehr oder weniger direkt-kausalen Wirkung der Medien auf die Rezipienten und von einem sich den Medienangeboten gegenüber zwar aktiv, aber auch selektiv verhaltenden Rezipienten. Im Rahmen des konstruktivistischen Paradigmas wurden bislang erst Versuche unternommen, die realistisch orientierten Theorieansätze umzuschreiben bzw. um neue zu bereichern – etwa im Rahmen des Medienhandlungsschemata-Ansatzes (vgl. Großmann 1999, 22ff).

Erfolgt die Theorienauswahl – auf allen Ebenen des kursorisch skizzierten Stufenbaus (von Paradigmen bis zu Theorien mittlerer Reichweite) – nun rein empirisch-situativ (je nach Wahl des zu beobachtenden empirischen Phänomens), oder gibt es Theorien, die generell leistungsfähiger sind als andere? Eine mögliche Antwort gibt der Stufenbau selbst: Je höher man sich in der Hierarchie befindet, desto weniger ist die Theorienauswahl empirisch motiviert. Die Wahl einer bestimmten Theorie hat jedoch immer, wie ich im Folgenden zeigen möchte, Auswirkungen auf die Beobachtung empirischer Phänomene und auf die Wahl der zu dieser Beobachtung eingesetzten Methode(n).

2.   Wie kommt die Kommunikationswissenschaft zu Wissen? Über Methoden[7]

Unter „Methoden" verstehe ich empirische Verfahren zur Konstruktion von (quantitativen wie qualitativen) wissenschaftlich validierten Daten. Analog zum Theorienpluralismus in der Kommunikationswissenschaft (siehe Abschnitt 1) gibt es auch einen Methodenpluralismus, der eng an die Auswahl bzw. Präferenz der Theorie(n) geknüpft ist:

*   Es gibt zunächst eine *historische, biographische* und *personalistische* Methodentradition, die empirische Kommunikationswissenschaft als geschichtliche Rekonstruktion der Bedeutung und des Einflusses von Meinungsführern, journalistischen Persönlichkeiten, „Berühmtheiten" etc. versteht. Diese Tradition ist zumeist gebunden an einen normativen Theorierahmen und an die klassische Publizistikwissenschaft bzw. Zeitungskunde.

*   Die *quantifizierende* Ausrichtung der Kommunikationswissenschaft ist in den meisten Fällen gekoppelt an (kritisch-)realistische und (kritisch-)rationalistische Theorien und Paradigmen. Dazu gehören die allermeisten Ergebnisse der Medienwirkungsforschung (These von der starken Medienwirkung), des Agenda-Setting-Ansatzes, der Schweigespirale u.a. Die quantifizierende Richtung in der Kommunikationswissenschaft bedient sich des klassischen Methodenarsenals der empirischen Sozialforschung: der Befragung, der Beobachtung, der Textanalyse und (seltener) des Experiments. Quantifizierende Befragungen von Kommunikatoren und Rezipienten haben in der Kommunikationswissenschaft eine lange Tradition, ebenso Textanalysen wie etwa die SSI (Hagen 1997).

*   Die *qualitative* Ausrichtung in der Kommunikationswissenschaft ist zumeist geknüpft an folgende Theorierahmen: Cultural Studies, Diskursanalyse, Ethnomethodologie u.a. Untersuchungen im Rahmen der Cultural Studies etwa fokussieren die Mediennutzer, untersuchen exemplarisch und qualitativ die „Interpretationsgemeinschaften" und betreiben „audience research" (etwa: vom „Spectator" im Kino über den „Viewer" vor dem TV-Apparat bis zum „User" vor dem PC) (vgl. die Beiträge in Medien Journal 1997). Ethnomethodologisch inspirierte Untersuchungen betreiben teilnehmende Redaktionsbeobachtungen (vgl. Tuchman 1978 und in konstruktivistischer Fortführung Weber 1995). Diskursanalysen versuchen, Medientexte qualitativ zu erfassen. Rezipientenstudien werden etwa als Fokusgruppeninterviews durchgeführt und ergeben die Vielfältigkeit der Informationsaneignung durch die Rezipienten (vgl. Bruck & Stocker 1996).

*   Aus einem medienökonomischen Verständnis heraus interessieren primär ökonomische *Strukturdaten* über Medien und ihre kommunikationswissenschaftliche Aufbereitung (vgl. etwa Knoche & Siegert 1999).

*   Neuere Theorieansätze wie Konstruktivismus und Systemtheorie führten in den vergangenen Jahren zu methodenkritischen Neuorientierungen, die vor allem die Reaktivität jedweder Forschungssituation transparenter machten (vgl. Scholl

---

[7] Für eine Einführung in die „Methoden der Kommunikationswissenschaft" vgl. Scholl in Bd. 2 dieser Reihe.

1993, Merten & Großmann 1996). Eine sich jüngst abzeichnende Debatte zum Verhältnis von Systemtheorie und Empirie (vgl. Nassehi 1998, Besio & Pronzini 1999) versucht, sowohl Theorien als auch Methoden als kontingente Beobachterkonstrukte zu konzipieren, ohne jedoch deshalb auf empirische Methoden ganz verzichten zu müssen.

Konstruktivismus und Systemtheorie haben in der Kommunikationswissenschaft am realistischen Methodenerbe deutlich „gekratzt". Aus realistischer oder kritisch-rationalistischer Perspektive scheint es klar zu sein, dass empirische Methoden der Lösung realer Probleme in der Welt dienen und die gewonnenen Daten – sofern sie die Kriterien der Validität und Reliabilität erfüllen – die objektive Welt einigermaßen deutlich widerspiegeln. Konstruktivismus und Systemtheorie versuchen, wissenschaftliche Daten als Konstruktionen zu „outen", aber dennoch die Sinnhaftigkeit dieser Konstruktionen im sozialen Diskurs nachzuzeichnen. Avanciertere Versuche sind bemüht, auf der paradigmatischen Umorientierung aufbauend neue Methoden zu entwerfen. Dazu einige „futuristische" Überlegungen:

- Man könnte „Systeme" bzw. „Formen" im Sinne der Luhmannschen Systemtheorie als Mengen rigide gekoppelter Elemente, im Sinne der multivariaten Statistik als Cluster interpretieren.
- Die Netzwerk-Semantik in Autopoiesis-Theorie (Humberto Maturana), System/ Netzwerk-Ansatz (Volker Grassmuck) und ANT (Actor-Network-Theory, Bruno Latour u.a.) könnte in einen fruchtbaren Dialog mit der Netzwerkanalyse (d.h. der Auffindung relationaler Daten) treten.
- Im konstruktivistischen Diskurs könnte man sich bemühen, empirische Stufen von (medialer) Konstruktivität zu identifizieren und Konstruktivität graduell messbar zu machen (vgl. versuchshalber Weber 1999, 8ff).
- Die Systemtheorie könnte das Autopoiesis-Konzept empirisieren und Grade von ± Autopoiesis empirisch zugänglich machen (vgl. Weber 2000, 83ff).

Konstruktivismus und Systemtheorie kollidieren jedoch nicht nur mit dem realistisch orientierten Methodenarsenal, sondern auch mit dem common-sense-Verständnis von Kommunikation: Im Alltag sind wir alle immer noch (naive bis kritische) Realisten.

3. Wie kommt die Kommunikationswissenschaft zu Wissen? Über Praxis

Unter Praxis wird hier also Kommunikationspraxis im weitesten Sinne verstanden. Operieren wir mit der Unterscheidung Massenkommunikation/interpersonelle Kommunikation, so ist an die folgenden basalen, d.h. gut validierten Ergebnisse der Forschung zu denken:

Für die Massenkommunikation:
- Die Mehrzahl der Kommunikatoren sind immer noch kritische Realisten (ein zentrales Ergebnis der Kommunikatorforschung). Sie fühlen sich weiters wenig autonom bis explizit fremdgesteuert (Weber 2000).
- Die Medien bilden Wirklichkeit nicht ab (ein zentrales Ergebnis der Medieninhaltsforschung).

- Medienrezeption erfolgt hochselektiv (ein zentrales Ergebnis der Rezipientenforschung).

Für die interpersonelle Kommunikation:
- Verstehen im Sinne einer funktionierenden Verständigung ist höchst voraussetzungsreich und deshalb unwahrscheinlich (Rusch 1999).
- Non-verbale Botschaften sind in der interpersonellen Kommunikation entscheidender als verbale, die Beziehungsebene spielt eine wichtigere Rolle als die Sachebene (Watzlawick & Beavin & Jackson 1969).

Denkt man beide Ebenen zusammen, so wird schnell deutlich: Medienvermittelte Massenkommunikation suggeriert Realismus (im Sinne mehr oder weniger adäquater Realitätsabbildung), Realität wird als notwendige Referenz auch in der Alltagskommunikation immer unterstellt, doch die praktischen Kommunikationserfahrungen verweisen eher auf konstruktivistische Problemlagen.

4. Wie kommt die Kommunikationswissenschaft zu Wissen? Über Empirie

Mit „Empirie" soll hier nicht die kommunikative Praxis bezeichnet werden, die die Kommunikationswissenschaft beobachtet. „Empirie" meint die Schnittstelle zwischen Theorie und Praxis, also Daten, die durch Theorienauswahl, Hypothesenbildung und Beobachtung der Praxis generiert wurden. Das Problem an empirischen Daten in der Kommunikationswissenschaft ist ihre Halbwertszeit: Die kommunikative Praxis verändert sich derart schnell, dass einmal erhobene Daten meist schon bei ihrer Publikation längst wieder überholt sind. Man denke nur an die rasante Diffusion der neuen Informations- und Kommunikationstechnologien in den vergangenen zehn Jahren oder an den Ökonomisierungs- und Boulevardisierungsschub in allen Medienformaten seit dem Ende der achtziger Jahre. Makro-Trends wie Virtualisierung, Entgrenzung, Vernetzung, Ökonomisierung u.a. verweisen teleologisch auf eine Gerichtetheit der Evolution der Kommunikationsmedien: auf immer stärke Entsubstanzialisierung und Entmaterialisierung (vgl. Bruck & Mulrenin 1995, 18), verbunden mit einer immer größeren Beschleunigung (vgl. Merten 1994, 153ff).

5. Zusammenfassung

Kommunikationswissenschaft ist die theoriegeleitete und empirisch konditionierte Beobachtung der Kommunikationspraxis. Somit ist Kommunikationswissenschaft ein Teil ihres Beobachtungsgegenstandes (Krippendorff 1993). Damit das Autologie-Problem nicht in einen zirkulären Regress mündet (Kommunikation beobachtet Kommunikation, die Kommunikation beobachtet, die Kommunikation beobachtet, ad infinitum), sind Selbstreferenz-Unterbrecher notwendig. Da die Kommunikationspraxis selbst als Praxis n-ter Ordnung zu verstehen ist, ist Kommunikationswissenschaft immer Kommunikation (n+1)-ter Ordnung: Um strukturiert zu beobachten, muss sie sich

herausnehmen – und ist dennoch Teil der Beobachtung. Dieser Paradoxie kann die
Disziplin nicht entkommen.

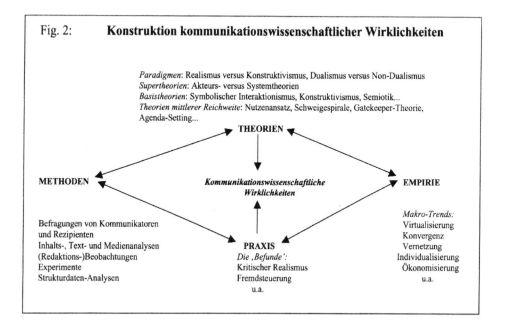

Fig. 2:   **Konstruktion kommunikationswissenschaftlicher Wirklichkeiten**

Literatur- und Medienverzeichnis

Bentele, Günter & Rühl, Manfred (Hg.): *Theorien öffentlicher Kommunikation. Problemfelder,
Positionen, Perspektiven.* München (Ölschläger) 1993. (Schriftenreihe der Deutschen Gesellschaft für Publizistik- und Kommunikationswissenschaft. 19)

Besio, Cristina & Pronzini, Andrea: *Die Beobachtung von Theorien und Methoden. Antwort auf
A. Nassehi.* In: Soziale Systeme, 2 (1999), S. 385-397.

Bonfadelli, Heinz: *Medienwirkungsforschung II. Anwendungen in Politik, Wirtschaft und Kultur.* Konstanz (UVK Medien) 2000. (Reihe Uni Papers. 11).

Bruck, Peter A. & Mulrenin, Andrea: *Digitales Österreich. Information Highway. Initiativen,
Projekte, Entwicklungen.* Innsbruck u.a. (Studien Verl.) 1995.

Bruck, Peter A. & Stocker, Günther: *Die ganz normale Vielfältigkeit des Lesens. Zur Rezeption
von Boulevardzeitungen.* Münster (Lit-Verl.) 1996. (Medien & Kommunikation. 23)

Burkart, Roland: *Publizistikwissenschaftliche Basistheorien: Eine Annäherung aus drei Perspektiven.* In: Bonfadelli, Heinz & Rathgeb, Jürg (Hg.): Publizistikwissenschaftliche Basistheorien und ihre Praxistauglichkeit. Zürcher Kolloquium zur Publizistikwissenschaft – Dokumentation. Zürich (Seminar für Publizistikwissenschaft der Universität Zürich) 1997, S.
51-66.

Faulstich, Werner: *Medientheorien. Einführung und Überblick.* Göttingen (Vandenhoeck &
Ruprecht) 1991. (Kleine Vandenhoeck-Reihe. 1558)

Görke, Alexander & Kollbeck, Johannes: *Wie bitte, Wissensgesellschaft? Ein systemtheoretischer Zwischenruf.* In: Medien Journal, 3 (1999), S. 20-29.

Großmann, Brit: *Der Einfluß des Radikalen Konstruktivismus auf die Kommunikationswissenschaft*. In: Rusch, Gebhard & u.a. (Hg.): Konstruktivismus in der Medien- und Kommunikationswissenschaft. DELFIN 1997. Frankfurt a.M. (Suhrkamp) 1999, S. 14-51.

Hagen, Lutz M.: *Semantische Struktur- und Inhaltsanalyse (SSI) und Qualitätsanalyse von Nachrichtenagenturen*. In: Medien Journal, 3 (1997), S. 20-31.

Hartmann, Frank: *Medienphilosophie*. Wien (WUV) 2000.

Knoche, Manfred & Siegert, Gabriele (Hg.): *Strukturwandel der Medienwirtschaft im Zeitalter digitaler Kommunikation*. München (Reinhard Fischer) 1999.

Krippendorff, Klaus: *Schritte zu einer konstruktivistischen Erkenntnistheorie der Massenkommunikation*. In: Bentele, Günter & Rühl, Manfred (Hg.): Theorien öffentlicher Kommunikation. Problemfelder, Positionen, Perspektiven. München (Ölschläger) 1993, S. 19-51.

Merten, Klaus: *Evolution der Kommunikation*. In: Merten, Klaus & Schmidt, Siegfried J. & Weischenberg, Siegfried (Hg.): Die Wirklichkeit der Medien. Eine Einführung in die Kommunikationswissenschaft. Opladen (Westdt.-Verl.) 1994, S. 141-162.

Merten, Klaus & Großmann, Brit: *Möglichkeiten und Grenzen der Inhaltsanalyse*. In: Rundfunk und Fernsehen, 1 (1996), S. 70-85.

Merten, Klaus: *Einführung in die Kommunikationswissenschaft. Bd. 1/1. Grundlagen der Kommunikationswissenschaft*. Münster (Lit- Verl.) 1999. (Aktuelle Medien- und Kommunikationsforschung. 1)

Nassehi, Armin: *Gesellschaftstheorie und empirische Forschung. Über die methodologischen Vorbemerkungen in Luhmanns Gesellschaftstheorie*. In: Soziale Systeme, 1 (1998), S. 199-206.

Pias, Claus u.a. (Hg.): *Kursbuch Medienkultur. Die maßgeblichen Theorien von Brecht bis Baudrillard*. Stuttgart (DVA) 1999.

Rössler, Patrick: *Politiker. Die Regisseure in der medialen Themenlandschaft der Zukunft? Agenda-Setting-Prozesse im Zeitalter neuer Kommunikationstechnologien*. In: Imhof, Kurt & Jarren, Otfried & Blum, Roger (Hg.): Steuerungs- und Regelungsprobleme in der Informationsgesellschaft. Opladen (Westdt.-Verl.) 1999 (Mediensymposium Luzern. 5), S. 149-166.

Rusch, Gebhard & Schmidt, Siegfried J. (Hg.): *Konstruktivismus in der Medien- und Kommunikationswissenschaft. DELFIN 1997*. Frankfurt a.M. (Suhrkamp) 1999. (Suhrkamp-Taschenbuch-Wissenschaft. 1340)

Rusch, Gebhard: *Eine Kommunikationstheorie für kognitive Systeme. Bausteine einer konstruktivistischen Kommunikations- und Medienwissenschaft*. In: Rusch, Gebhard & Schmidt, Siegfried J. (Hg.): Konstruktivismus in der Medien- und Kommunikationswissenschaft. DELFIN 1997. Frankfurt a.M. (Suhrkamp) 1999, S. 150-184.

Schmidt, Siegfried J.: *Blickwechsel. Umrisse einer Medienepistemologie*. In: Rusch, Gebhard & Schmidt, Siegfried J. (Hg.): Konstruktivismus in der Medien- und Kommunikationswissenschaft. DELFIN 1997. Frankfurt a.M. (Suhrkamp) 1999, S. 119-145.

Schmidt, Siegfried J.: *Kognitive Autonomie und soziale Orientierung. Konstruktivistische Bemerkungen zum Zusammenhang von Kognition, Kommunikation, Medien und Kultur*. Frankfurt a.M. (Suhrkamp) 1994. (Suhrkamp-Taschenbuch-Wissenschaft. 1128)

Scholl, Armin: *Die Befragung als Kommunikationssituation. Zur Reaktivität im Forschungsinterview*. Opladen (Westdt.-Verl.) 1993. (Studien zur Sozialwissenschaft. 109)

Themenheft Cultural Studies. Forschung & Rezeption. Medien Journal, 4 (1997).

Tuchman, Gaye: *Making News. A Study in the Construction of Reality*. New York (Free Press) 1978.

Watzlawick, Paul & Beavin, Janet H. & Jackson, Don D.: *Menschliche Kommunikation. Formen, Störungen, Paradoxien.* Bern u.a. (Huber) 1969.

Weber, Stefan: *Nachrichtenkonstruktion im Boulevardmedium. Die Wirklichkeit der „Kronen Zeitung".* Wien (Passagen) 1995. (Passagen Gesellschaft)

Weber, Stefan: *Die Dualisierung des Erkennens. Zu Konstruktivismus, Neurophilosophie und Medientheorie.* Wien (Passagen) 1996. (Passagen Philosophie)

Weber, Stefan: *Wie journalistische Wirklichkeiten entstehen.* Salzburg (Kuratorium für Journalistenausbildung) 1999. (Schriftenreihe Journalistik. 15)

Weber, Stefan: *Was steuert Journalismus? Ein System zwischen Selbstreferenz und Fremdsteuerung.* Konstanz (UVK Medien) 2000. (Forschungsfeld Kommunikation. 12)

Peter M. Spangenberg

Wie kommt die Medienwissenschaft zu ihren Fragen?

Überlegungen zu Voraussetzungen, Genese und Aktualität einer modernen Wissenschaft

1.   Fallbeispiel: Das Fernsehen wird Massenmedium

Am 20. Februar 1953 wurde im gerade neu gegründeten deutschen Fernsehen eine Live-Sendung – Aufzeichnungsmöglichkeiten gab es noch nicht – mit dem Titel „Bitte in 10 Minuten zu Tisch" übertragen. Die karge Ausstattung war den Zeitumständen angepasst: ein kleiner Herd, ein Tisch, zwei Pfannen, Töpfe und zwei Messer. Es war der Anfang einer überaus beliebten Sendereihe, die es später sogar zu einer Titelstory des *Spiegels* (vom 24.6.1959) brachte und die von dem als Schauspieler nur mäßig erfolgreichen Clemens Wilmenrod gestaltet wurde (Müllender 1994, 64-66). In seinen Sendungen befriedigte er die Bedürfnisse des Publikums nach „exotischen" Speisen und kurbelte in der Zeit des beginnenden Wirtschaftswunders den Bedarf nach „modernen" Küchengeräten an. Die „lieben goldigen Menschen", wie er seine Zuschauer gern nannte, wurden aber auch mit Kochbüchern versorgt, da Wilmenrod, mit bürgerlichem Namen Carl Clemens Horn, rasch den Marktwert seiner Kochsendung erkannte. Bereits 1954 beobachtete das Handelsblatt, dass am Tag nach einer Sendung, die ein besonders schmackhaftes Kabeljaugericht präsentiert hatte, in Düsseldorf diese Fischsorte restlos ausverkauft war.

Aufgrund der Popularität seiner zur damaligen Zeit konkurrenzlosen Kochsendung avancierte Wilmenrod zu einer begehrten Werbefigur, da seine Sendung ein ebenso unaufdringliches wie selbstverständliches *product placement* geradezu unausweichlich machte. Gegen Ende der Sendereihe, die bis 1964 im Programm blieb (185 Folgen), dienten ihm seine Auftritte vor der Kamera in erster Linie dazu, den Marktwert seiner Medienpersönlichkeit für die Werbung zu erhalten und dort wesentlich höhere Einkünfte als durch seine Rolle als „Kochspieler", wie ihn *Der Spiegel* nannte, einzustreichen.

Die Aktivitäten Wilmenrods konfrontierten die öffentliche Meinung mit der Frage nach der Wirkung des neuen Kommunikationsangebots Fernsehen. Die verschiedenen Faktoren, die dabei eine Rolle spielen, die Beliebtheit einer Person, die Übertragung einer vorhandenen oder unterstellten Kompetenz durch die verkörperte Rolle als Fernsehkoch auf diese Person und das allgemeine Interesse des Publikums an Ratgebersendungen zum Thema Kochen, ergaben einen Marktwert, der von der Werbewirtschaft sofort erkannt und eingesetzt wurde. Obwohl Medienwirkungen dieser Art natürlich keine neue Erfahrung darstellten[1], waren sie im Sinne der kommunikationspolitischen Aufgabe, die dem Fernsehen dieser Zeit zugedacht wurde, unerwünscht. Vor dem Hintergrund der noch frischen Erfahrungen mit der Propaganda des nationalsozialistischen Staates in Kino und Radio sah man die dominante Aufgabe der Presse, des Hörfunks und nunmehr auch des Fernsehens in der politischen Erziehung des Publikums zu mündigen Staatsbürgern (Elsner u.a 1993, 43-52), die auf der Basis von Berichten oder Direktübertragungen aus dem Parlament die Kommunikationskultur eines demokratischen Staatswesens kennen lernen und übernehmen sollten.

Neben dieser intendierten Funktion der öffentlichen Kommunikation durch – politische – *Information* wurde dem Fernsehen noch die Aufgabe der *Bildung* und – als Konzession an die Publikumsinteressen – der *Unterhaltung* zugewiesen. Die Umsetzung dieser Ziele wurde noch nicht als eine Frage der Medienkonkurrenz, sondern eher der Mediendidaktik angesehen, denn in einer Situation, in der einer starken Nachfrage ein noch immer geringes Medienangebot gegenüberstand, konnte man sich der Aufmerksamkeit des Publikums sicher sein. Aus der Sicht vieler Anbieter musste deshalb nur für ein gut gestaltetes und vielfältiges Programmangebot gesorgt sein und die gewünschten Wirkungen würden sich, so glaubte man vielfach, quasi von selbst einstellen.

Der zunächst zögerliche, bald aber überwältigende Erfolg des Fernsehens machte allen Beteiligten klar, dass man es hier nicht allein mit einer Ausweitung des Medienangebots der öffentlichen Meinungsbildung zu tun hatte, sondern mit einer innovativen und überaus attraktiven Kommunikationsform. Die rasche Ausbreitung des Fernsehens und die hohe Akzeptanz besonders von unterhaltenden Programmbeiträgen bei Publikumsschichten, die keiner print-medialen Bildungstradition verbunden waren, bewirkte einen qualitativen und quantitativen Wandel der Medienkonkurrenz, aus der es als neues Leitmedium der Gesellschaft hervorging. Trotz vieler Vorbehalte der traditionellen Bildungsschichten gegenüber den Inhalten des Fernsehens mussten – bzw. konnten – Themen, Beiträge und die Präsentationsformen der audiovisuellen Kommunikation bald auch von anderen Medien als Grundbestand der gesellschaftlich erwartbaren Kommunikation vorausgesetzt und berücksichtigt werden.

Die Gestalt der häuslichen Audiovision, die zeitlichen Rhythmen der Berichterstattung und der Unterhaltungssendungen bestimmten maßgeblich die Selbsterfahrung einer Gesellschaft[2], in der das Kino, d.h. die Wochenschau, das Monopol auf aktuelle Bildberichterstattung an die Tagesschau verloren hatte und die Kassenerfolge der Unterhaltungsfilme nachließen. Auch der Hörfunk musste sich bald mit der größeren Anziehungskraft der Fernsehbilder abfinden. Er wandelte sich, nachdem einige seiner attraktivsten Sendeformate ins Fernsehen abgewandert waren, nach und nach zum Begleitmedium bei häuslichen Tätigkeiten, in der Freizeit – zunächst noch mit röhrenbestückten „Kofferradios" – und beim Autofahren. Neben kurzen Nachrichten-

---

[1] Die Methoden der empirischen Sozialforschung wurden von Paul Lazersfeld in den 30er und 40er Jahren in den USA für Untersuchungen der Reaktion des Radiopublikums u.a. auf Wahlkampfsendungen eingeführt (Neurath 1988, 67-105).

[2] Das Fernsehen verknüpfte die Aktualität des Hörfunks mit der Visualität des Kinos und konnte somit eine beschleunigte Organisation von Kommunikation und Wahrnehmung für die Selbsterfahrung der Gesellschaft nutzbar machen.

übersichten und Serviceangeboten blieben dem Radio immerhin noch die Musiksendungen, die die Grundlage für das bis heute fortdauernde Interesse des Publikums am Hörfunk bilden.

Die Inhalte und Sendegattungen des Fernsehens zeichneten sich auf den ersten Blick nicht durch wesentliche Neuerungen aus, denn sie waren aus vielen bekannten kommunikativen Kontexten entlehnt. Seine zeitliche Dynamik und seine Präsentationsformen führten trotzdem – oder vielleicht gerade, weil sie an erprobte Muster anknüpfen konnten – zu einer eigenständigen Kommunikationsqualität. So lehnten sich sicherlich die großen Unterhaltungssendungen am Samstagabend mit Saalpublikum an die Kommunikationssituation des Theaters bzw. der Revue an, doch die wechselnden Kamerastandpunkte, die Nahaufnahmen und die persönliche Ansprache durch den Conferencier – der vermeintliche Augenkontakt mit dem Zuschauer, die Vertrautheit der *anchor-persons* – erzeugten den Effekt einer intimen, häuslichen Situation[3].

Interviews und Filmberichte über politische oder Ereignisse der „großen Gesellschaft" waren sicherlich aus den Wochenschauen bekannt, doch die beschleunigte Zeit der Berichterstattung und die Möglichkeit von Direktübertragungen erzeugten – neben dem jeweiligen Inhalt – den Effekt einer medialen Anwesenheit von Personen und Ereignissen. Das „Dabei-sein", das „Fenster zur Welt", so einige der wesentlichen Metaphern, die die Qualität dieses innovativen Kommunikationsstils beschreiben (Elsner/Müller 1988, 401-412), wurde zu einem allgemeinen Erlebnisstil, der die Verbindung zwischen dem eigenen Erleben und den Ereignissen einer weitgehend anonymen Gesellschaft ermöglichte. Kennzeichnend für diesen Live-Effekt, der für viele Zuschauer die Differenzqualität des Kommunikationsstils des Mediums am deutlichsten hervorhebt, war und ist die Tatsache, dass er sich bei Übertragungen medienexterner Ereignisse – ein Staatsbesuch, der Bericht von einer Unfallstelle, sportliche Großveranstaltungen – ebenso einstellt wie bei speziell für die Direktübertragung inszenierten und optimierten Medienereignissen.

Die Grenzen zwischen beiden Ereignistypen sind recht schnell fließend geworden, und wenn ein aufmerksamer Fernsehzuschauer sich bewusst mit den Inszenierungen des Mediums auseinander setzt, so kann er erkennen, dass es sich keineswegs nur darauf beschränkt, Wirklichkeit(en) im Rahmen ihrer Gestaltungsmöglichkeiten zu „übertragen"[4]. In der Hoffnung auf mediale Aufmerksamkeit sind relevante Bereiche der gesellschaftlichen Wirklichkeit vielmehr von vornherein darauf ausgerichtet, sich im Sinne einer optimalen medial adäquaten Attraktivität in Szene zu setzen. Dies gibt dann wiederum Anlass zu medienkritischen Kommentaren von Zuschauern und Medienvertretern, die, wenn sie Gehör finden wollen, natürlich in den Medien stattfinden müssen (Schmidt 1996, 43-55).

---

[3] Die „Intimität" des Kontaktes zwischen Medium und Publikum wurde schon recht früh als ein psychologisches Merkmal und als Besonderheit der „Wirkung" des Fernsehens beobachtet (Horton & Wohl 1956, 215-229; später mit ähnlicher Argumentation Meyrowitz 1987, 77-91).

[4] Das ist im vollen Wortsinn natürlich unmöglich und kann nur heißen, dass in der Kopplung von Medien und Rezipienten Informationen bereitgestellt, Meinungen verbreitet und Emotionen erzeugt werden.

Das Fernsehen hatte somit auch zu einem neuen Nachdenken über die Organisation der Kommunikation beigetragen, in dessen Verlauf man versuchte, sich über intendierte und realisierte sowie über eher diffuse und über quantifizierbare Wirkungen des Mediums klar zu werden. Die Voraussetzungen für diese Beobachtungen beruhten nun schon auf einer relativ breiten Grundlage von Medieninnovationen – Grammophon, Kino, Hörfunk –, sodass die Tatsache eines weiteren Medienwandels nicht allein schon ausreichte, um ein Klima gesellschaftlicher Euphorie zu erzeugen. Während die technische Entwicklung des Hörfunks noch große Begeisterung ausgelöst hatte und mit weitreichenden sozialen Hoffnungen verbunden war (Dahl, 1983, 48-83), steht bis heute der allgemeinen Nutzung des Fernsehens eine vergleichsweise geringe Wertschätzung des Mediums bei seinem Publikum gegenüber.

Parallel zur Institutionalisierung des Fernsehens als Massenmedium entstand bereits in den 50er Jahren ein teils feuilletonistischer, teils sozialwissenschaftlicher Diskurs, dessen kulturkritischer Gestus bis heute nachwirkt und weiter andauert (Weischenberg 1997, 117-159). Die audiovisuelle Kommunikation wird darin mit dem Vorwurf konfrontiert, beim Publikum einen Wirklichkeitsverlust gegenüber „echten", d.h. *face-to-face* Kommunikationen zu bewirken. Durch die Gewöhnung an die Scheinwelt der Audiovision, so ein häufig artikulierter Vorwurf, der auch gegenüber der Kommunikation in Computernetzwerken erhoben wird, würde die interaktive Handlungswirklichkeit von Personen in körperlicher Kopräsenz, die als die „wirkliche" Wirklichkeit angesehen wird, entwertet und durch die schematisierten Wahrnehmungsmuster der Audiovisionswirklichkeiten ersetzt (Anders 1994, 163-193; Sander 1995).

2. Voraussetzungen: Die Selbstorganisation der modernen Gesellschaft auf der Basis von Kommunikation

Der kurze Rückblick auf die Institutionalisierung des Fernsehens im Medienverbund der BRD lässt einige Aspekte der Dynamik des sozialen Wandels erkennen, die mit Veränderungen der Kommunikationsbedingungen durch Medieninnovation und Medienkonkurrenz verbunden sind. Dieser Prozess der Evolution technischer Medien der Moderne wird von einigen typischen Fragestellungen begleitet, die in der Selbstreflexion der Gesellschaft über ihre Medien wiederholt aufgegriffen werden. An erster Stelle stehen hierbei Fragen nach den „Wirkungen" technischer Medien, die oft schwieriger zu beantworten sind, als zunächst anzunehmen ist. Des Weiteren drängt sich eine genauere Analyse der politischen und ökonomischen Voraussetzungen sowie der Interessen und Vorlieben des Publikums gegenüber der Medienkommunikation auf und schließlich das offenbar unerschöpfliche Thema der Beziehungen zwischen Medien und gesellschaftlicher Wirklichkeit.

Eine wesentliche Vorentscheidung darüber, wie die moderne Gesellschaft sich selbst durch ihre Medien wahrnimmt, wird dadurch getroffen, wie innerhalb der Gesellschaft die Beziehung zwischen ihr selbst und den Medien organisiert ist und reflektiert wird. An diesem Punkt stößt man sehr schnell auf das – in den Sozialwissenschaften verbreitete – Beobachter-Paradox[5], da nicht eindeutig entschieden werden kann, ob Medien innerhalb oder außerhalb der Gesellschaft angesiedelt sind. In der Berichterstattung über die Gesellschaft erscheint diese als Gegenstand einer externen Beobachtung, während die Operation dieser Beobachtung selbst natürlich nur innerhalb der Gesellschaft stattfinden kann und nur dort und weil sie dort geschieht, für die Gesellschaft Sinn macht (Schmidt 1994, 3-19). Damit entsteht der Eindruck, als agierten Medien sowohl innerhalb wie außerhalb der Gesellschaft bzw. als Beobachter und Akteure in Bereichen wie Wirtschaft, Politik oder Sport. Kommunikationen und Handlungen dieser Funktionsbereiche rechnen mit Medienaufmerksamkeit und geschehen vielfach mit dem Ziel, auf diese Weise von anderen Teilen der Gesellschaft wahrgenommen zu werden. Diese Rückkopplungseffekte zeitigen ganz konkrete und oft überraschende gesellschaftliche Folgen, sodass Medienkommunikation nicht einfach als folgenlose Ersatzwirklichkeit abgewertet werden kann.

Die Entstehung dieser paradoxen Situation ist eng mit dem Konzept der „öffentlichen Meinung" verbunden, die im 18. Jh. gesellschaftliche Bedeutung gewann. Im Zentrum dieser Idee der Aufklärung stand die Gewissheit – oder zumindest die Hoffnung –, dass eine ungehinderte Äußerung von Meinungen zu einem Konsens der Bürger über öffentliche Belange führen würde. Damit war die politische Forderung der bürgerlichen Gesellschaft verbunden, dass politische Macht nur auf der Selbstlegitimation politischer Herrschaft durch ungehinderte Kommunikation freier Bürger beruhen dürfe. Sie sollten sich dabei am Gemeinwohl des Staatswesens orientieren, d.h. in der öffentlichen Rede unabhängig von ihren privaten Meinungen sprechen und ihrer ethischen und anthropologischen Disposition folgend ausschließlich als Vernunftwesen denken, handeln und kommunizieren.

Während der Französischen Revolution[6] zeigte sich rasch, dass die Umsetzung dieses Kommunikationsmodells nicht die Erwartungen erfüllte, die man in es gesetzt hatte. Die Berufung auf das Gemeinwohl als ethischen Maßstab und auf die Vernunft als anthropologische Legitimationsinstanz in der öffentlichen Kommunikation führte nicht zum Konsens, sondern zu einer Verschärfung der politischen Diskursbedingungen. Trotzdem ist festzuhalten, dass in abgewandelter Form das Konzept der politischen Entscheidungsfindung auf der Basis öffentlicher Meinungsbildung bis heute das normativ-politische Leitmotiv des Modells der öffentlichen Kommunikation bildet. Es ist der bis heute wichtigste Versuch der beginnenden Moderne, die Selbststeuerung der Gesellschaft durch Kommunikation zu organisieren (Habermas [4]1995, 275-342).

Die wesentliche medientechnische Voraussetzung zur Herstellung einer „Öffentlichkeit", die über die Anwesenden in einer Versammlung oder einem Parlament hinausreichte, war bis zum Ende des 19. Jh. die Verbreitung von Meinungen durch Druckerzeugnisse. Als moderner Begriff implizierte „Öffentlichkeit" deshalb stets die Transformation von privaten in medientechnisch veröffentlichte Meinungen und sollte zu-

---

[5] Allgemein formuliert besteht es darin, dass die sozialwissenschaftlichen Beobachter und ihr Gegenstandsbereich selbst dem gleichen Phänomenbereich angehören, den sie beobachten, und dass sie durch die Beobachtungen ihren Gegenstandsbereich und ihre Beziehungen zu ihm verändern.

[6] Die politischen Schriften von Jean-Jacques Rousseau prägten die zeitgenössischen Vorstellungen über ein republikanisches Gemeinwesen, das sich an dem Konzept des Gemeinwohls (*volonté générale*) ausrichten sollte (Fetscher 1975, 118-133).

mindest die Möglichkeit zur Partizipation aller Interessenten gewährleisten. Das selbstverständliche Ziel dieser Partizipation war die Kommunikation über politische Themen, für die ein ebenso selbstverständliches Interesse vorausgesetzt wurde. Der so als vierte politische Macht legitimierte politische Journalismus konnte sich damit als der Kernbereich der Kommunikation in der und über die Gesellschaft verstehen (Luhmann 1999, 19-34).

Die Vorstellung einer demokratisch legitimierten „(ver)öffentlich(t)en Meinung" steht bis heute im Mittelpunkt des Selbstverständnisses jener Medien, die ihre Funktion in einem Beitrag zur Selbstorganisation der Gesellschaft durch konsensfähige Interessenkompromisse sehen (Weischenberg 1992, 170-225). Damit ist die mittlerweile umstrittene Vorstellung verbunden, dass der Bereich der Politik – in einem sehr weiten Sinne – weiterhin als wichtigster Bereich gesellschaftlicher Selbstorganisation anzusehen ist. Den Adressaten der „veröffentlichten Meinung" wird dabei unterstellt, dass sie ein selbstverständliches Interesse an den Themen und Fragestellungen dieser Form von Öffentlichkeit haben oder zumindest haben sollten bzw. dass die Auswahl aus dem Medienangebot, nicht nur bei den professionellen Multiplikatoren – Journalisten, Moderatoren, Redakteure etc. –, sondern auch beim Publikum aufgrund der gesellschaftlichen Bedeutung von Themen zu geschehen habe.

Es dürfte deutlich geworden sein, dass das Konzept der öffentlichen Meinung ein normatives Kommunikationsmodell darstellt. Seine Normen werden sozial und anthropologisch legitimiert, indem es dem Menschen ein „natürliches" Interesse für die Belange aller Gesellschaftsmitglieder unterstellt. Die so begründete und geforderte Aufmerksamkeit für politische Medienkommunikationen erscheint dann als das Ergebnis einer ethisch-moralischen Grundbefindlichkeit des Menschen, die abzuweisen das Individuum letztlich aus der Gesellschaft ausschließt. Nicht die Gesellschaft und ihre Kommunikationsmedien haben dann zu begründen, warum sie Aufmerksamkeit für ihre Kommunikationen fordern, sondern das Individuum muss sich für sein Desinteresse verantworten.

Die Interessen und Motive des Publikums gegenüber attraktiven Medienangeboten folgten jedoch stets nur zu einem gewissen Grad und in oft nicht vorhersagbarer Weise den normativen Vorstellungen und Kommunikationszielen der „veröffentlichten Meinung". Diese aus normativer Sicht unerwünschte Aufsplitterung der individuellen Aufmerksamkeit verstärkte sich mit der Verbreitung technischer Medien, in denen Wahrnehmungsprozesse eine wichtigere Bedeutung haben als zeichencodierte Kommunikationen. Gerade in einer Situation, in der Komplexität und Anonymität von Entscheidungsprozessen und z.T. globalen Organisationsstrukturen zu einem (Selbst-)Wahrnehmungsproblem der Gesellschaft geworden sind, tragen die Kommunikationsangebote technischer Wahrnehmungsmedien in einem wesentlichen Maße zur Entstehung eines kognitiv komplexen „Weltwissens" bei.

3.   Genese: Die Medien – Bewusstwerdung und Begriffsfindung

In den bisherigen Überlegungen wurde ganz selbstverständlich der Begriff der Medien verwendet und nach den Wechselwirkungen zwischen Kommunikation und gesellschaftlicher Organisation gefragt. Eine solche Betrachtungsweise dürfte für jeden heutigen Mediennutzer, d.h. für einen Rezipienten, dessen Mediensozialisation auf der Basis eines vielschichtigen und überreichen Angebots von Print- und audiovisuellen Medien erfolgte, evident erscheinen. Ein Blick auf die Vorgeschichte der Medienwissenschaften lässt jedoch erkennen, dass diese Selbstverständlichkeiten erst das Ergebnis der Verarbeitung eines langfristigen gesellschaftlichen Wandels darstellen, für den zunächst alle uns geläufigen Begriffe und Beschreibungskonzepte fehlten.

Auch die wissenschaftliche Beschäftigung mit Phänomenen des kommunikativen Wandels griff Fragen nach Zielen und Folgen der Massenkommunikation nur zögerlich und zunächst auf einer eher induktiven Basis auf[7]. Grundlage dieser noch auf Einzelmedien beschränkten Überlegungen waren Ausdifferenzierungen von bestehenden Kommunikationsformen wie etwa den Zeitungen zur Massenpresse und zur Illustrierten oder technische Innovationen wie etwa die Schallplatte, das Radio und das Kino. Doch trotz aller Begeisterung für die neuen Speicher- und Verbreitungsmedien schien zunächst keine Notwendigkeit dafür zu bestehen, diese Einzelbeobachtungen zusammenzufassen. Erst die Akkumulation von Transformationserfahrungen führte schließlich dazu, über eine generelle und strukturelle Veränderung der Kommunikationsbedingungen nachzudenken.

Die Symptome dieser Koevolution von Gesellschaft und Medienorganisation haben sich im Laufe des letzten Jahrhunderts von latenten Potentialen zur Gewissheit einer evidenten Strukturveränderung verdichtet. Die Dynamik dieser Veränderungen prägte die Selbsterfahrung der gesamten Gesellschaft und gab immer wieder Anlass, über die Beschleunigung der gesellschaftlichen Transformationen der Moderne zu reflektieren. So konnte man spätestens nach dem Ersten Weltkrieg mit immer größerer Gewissheit davon ausgehen, dass die Medien der Massenkommunikation eine dauerhafte technische und institutionelle Infrastruktur aufbauten, die die Organisation der Kommunikation in der gesamten Gesellschaft von Grund auf veränderte. Die Verteilung und Verbreitung von relevanten Kommunikationen war nun tendenziell nicht mehr an privilegierte Zentren – die Hauptstadt, die Börse, den Regierungssitz – gebunden, sondern erfolgte dezentralisiert an vielen Orten, über viele Medien, zu unterschiedlichen Zeiten und z.T. unter Berücksichtigung der Bedürfnisse der Rezipienten. Ein disparates, anonymes Publikum interessierte sich für Medienangebote unterschiedlichster Art (Harms 1970, 57-64; Großklaus 1995, 103-142), und es wurde offensichtlich, dass

---

[7]   Die berühmte Schrift Walter Benjamins „Das Kunstwerk im Zeitalter seiner technischen Reproduzierbarkeit" von 1936 (Benjamin 1991, 471-508) benennt eine Vielzahl von relevanten Beobachtungen des kommunikativen Wandels seiner Zeit. Bezeichnenderweise bezieht sie sich jedoch auf den Referenzrahmen der Kunst, da noch kein Sammelbegriff für kommunikationstechnologische Veränderungsprozesse etabliert war.

sich eine weitreichende Änderung der Reproduktionsbedingungen der Gesellschaft vollzog, auch wenn hierfür noch kein Beobachtungskonzept formuliert worden war. Publikum, Medienanbieter und Medienangebote, technische Infrastruktur, wirtschaftliche und staatliche Institutionen der Massenkommunikation stabilisierten sich wechselseitig als erwartbare Konstituenten im Kommunikationsprozess und waren somit gleichzeitig *Wirkungs- und Bedingungsfaktoren* der Reproduktion und des Wandels der Gesellschaft geworden. Die offensichtlichen und latenten Veränderungen der Kommunikationsverhältnisse der modernen Gesellschaft wurden jedoch erst in den 60er Jahren des 20. Jh unter einem Generalisierungskonzept, dem Pluraletantum *die Medien* zusammengefasst. Damit war nun endlich ein Begriff gefunden, der zwar bis heute definitorische Schwierigkeiten bereitet, der aber mittlerweile zu einem selbstverständlichen und unverzichtbaren Bestandteil unserer Denkstrukturen und der Alltagssprache geworden ist. Es dauerte dann nochmals rund zwei Jahrzehnte, bis in den 80er Jahren *die Medien* nicht nur als Gegenstandsbereich der Wissenschaft thematisiert, sondern auch als notwendige Grundlage für ein eigenständiges Fachgebiet anerkannt wurden. Spätestens zu diesem Zeitpunkt hatte sich der Begriff *die Medien* auch als zentrales *Selbstbeschreibungskonzept* etabliert. Als Indiz hierfür können die bald einsetzenden Diskussionen über Begriffe wie Informations-, Kommunikations- und Mediengesellschaft gewertet werden, die nun als Bezeichnungen für die Identität der Gesamtgesellschaft zur Diskussion stehen[8].

3.1   Die Medien – ein Beschreibungskonzept setzt sich durch

Vor der Beschäftigung mit den wesentlichen Interessenlagen der Medienwissenschaften ist ein Blick auf die Entstehung und Verbreitung dieses für uns alltäglichen und schon fast unverzichtbaren Begriffs *die Medien* notwendig. Er wird im deutschen Sprachraum fast immer im Plural gebraucht und etablierte sich in den 60er Jahren als Generalisierungskonzept für Technologien, Angebote und die gesellschaftliche Bedeutung der Massenkommunikation. Wissenschaftsgeschichtlich ist die Einführung des Pluraletantum *die Medien* mit der Rezeptionsgeschichte der zunächst – und bisweilen noch immer – umstrittenen Schriften von Marshall McLuhan verbunden. Der für seine Zeitgenossen ganz und gar nicht wissenschaftliche Gestus dieser Schriften sorgte für lang andauernde Kontroversen. Provoziert wurden seine damaligen Leser durch die These, Verkehrsmittel, Technologien und vor allem die „elektrischen Medien" – und nicht der Mensch als Subjekt der Geschichte oder die wirtschaftliche Organisation der Gesellschaft – seien die wirkungsmächtigsten Faktoren der gesellschaftlichen Entwicklung. Diese Argumentation entwarf er nicht anhand soziologischer Theoriebildungen, sondern suchte sie durch breit gefächerte Beispiele zu untermauern (McLuhan 1968, 86-389).

Er griff damit in pointierter Weise in eine seit langem andauernde Technikdebatte ein (Anders 1956, Heidegger 1956, 9-40, Mumford 1966) und gab den Anstoß für eine Fülle von technikorientierten und oft technikbegeisterten Medienanalysen. Die Diskussionen verlagerten sich nun von der Auseinandersetzung über „Schädlichkeit" und

---

8 Diese Verflechtung von Selbstreflexion und Kommunikationsstruktur wird derzeit mit der Diskussion über die „virtuelle Gesellschaft" fortgeführt (Bühl 1997, 15-87)

„Nutzen" von Kommunikationsangeboten und Präsentationsformen zu einer intensiven und noch nicht beendeten Auseinandersetzung über den Stellenwert der technischer Medien für die moderne Gesellschaft (Kittler 1993, 58-80). Durch diese intensive Beschäftigung mit der gesellschaftlichen Bedeutung von Medientechnologien etabliert sich der Begriff als Kategorie der kollektiven Erfahrung und wurde als Beobachtungskonzept für technisch verbreitete und gestaltete Kommunikation von nun an nicht mehr in Frage gestellt.

Zumindest ein Anreiz für diese Diskussion war die paradoxe und provokative These McLuhans „Das Medium ist die Botschaft" (McLuhan 1964, 13), die zu einer erneuten Beschäftigung mit der Organisation von Kommunikationstechnologien und ihren Auswirkungen auf das individuelle Bewusstsein führte. Damit war die allmähliche Abkehr von der Sichtweise der Massenkommunikationsforschung verbunden, die Medien bis dahin hauptsächlich als passive Übertragungskanäle wahrnahm (DeFleur 1970), die lediglich einen wirkungsneutralen Transport eines Signals vom Sender zum Empfänger zu gewährleisten hatten (McQuail & Windahl 1981, 10-41). Im Gegensatz zu diesem reinen Übertragungsmodell wurden Medien nun als technische Erweiterungen des Nervensystems verstanden, die sowohl den individuellen Körper des Menschen wie die soziale Organisation transformieren. Informationssysteme und Medien bauen nach McLuhan auf dem Basismedium Elektrizität auf, was zu einer neuartigen Qualität des gesellschaftlichen Wandels führt. Sie besteht darin, dass „elektrische" Informationssysteme der Bündelung und Integration vorheriger und aktueller technologischer Innovationen dienen und somit Wandlungsprozesse zweiter Ordnung bewirken (Bourdieu 1982, 90-111). Die Sinnbildungsleistungen des Medienbegriffs umfassten somit sowohl die rein deskriptive Generalisierung einer latenten gesellschaftlichen Erfahrung als auch inhaltliche Theorieschwerpunkte im Widerstreit konkurrierender Beschreibungen.

Zwei intensiv diskutierte Konzepte waren der Begriff der Kulturindustrie[9] und der in der empirischen Kommunikationssoziologie verwendete Terminus der Massenkommunikation (McQuail 1987, 3-17). Der Begriff der Kulturindustrie stammte aus der kritischen Theorie (Frankfurter Schule) und spielte in den Diskussionen der 68er-Generation eine wichtige Rolle. Die Ablehnung populärkultureller Unterhaltungsangebote als Kultur- und Bewusstseinsindustrie (Kluge 1985, 51-129) entsprach zwar einer weit verbreiteten Haltung, doch bot sie sich kaum noch als ein entwicklungsfähiges Argumentationsschema an. Selbst wenn man die Wertungen der kritischen Theorie teilte, befriedigte es nicht mehr, die massenhafte Verbreitung und Akzeptanz der populären Medienkultur ideologiekritisch zu analysieren und zu verurteilen, ohne Alternativen vorschlagen zu können.

Die Medienbaukastentheorie (Enzensberger 1970, 162-180) kann deshalb als Antwort auf ein Dilemma gesehen werden, das darin bestand, die Angebote der Massenmedien als Produzenten „falscher" Interessen und eines „falschen" Bewusstseins zu kritisie-

---

[9] Die Frankfurter Schule entwickelte darüber hinaus noch mehrere Ansätze zur Analyse der Medienkommunikation. In der Auseinandersetzung um den Begriff der Kulturindustrie wurde die kritische Theorie jedoch vornehmlich mit diesem Konzept identifiziert (Kausch 1988, 79-118).

ren, ohne in diese Kritik ihr Publikum einzuschließen. Außerdem mussten alle Versuche, ein Massenpublikum für kulturell höher bewertete Medienangebote zu interessieren – Buch, Theater, Kunst –, letztlich als gescheitert erachtet werden. Enzensberger wandte sich deshalb von der pauschalen Verurteilung der Medientechnologien ab und propagierte statt dessen eine eigenverantwortliche Nutzung. Er ermunterte die Mitglieder der Zivilgesellschaft, die zugänglichen Medientechnologien – Tonband, Film- und vor allem die Videokamera – für die Artikulation ihrer eigenen Interessen zu verwenden und forderte zugleich die Einrichtung von Lokalsendern und Bürgerkanälen. *Die Medien* hatten sich damit auch im kulturkritischen Diskurs als gesellschaftliches Faktum und als Beschreibungskategorie durchgesetzt.

4. Medienwissenschaften – Fragehorizonte, Interessen und Befürchtungen

Fasst man den Stand der Diskussion über Kommunikationsbedingungen der Gesellschaft gegen Ende der 70er Jahre zusammen, so lässt sich ein interessantes und variantenreiches Szenarium beschreiben. Die Medien selbst und nicht nur ihre Inhalte ziehen nun eine beträchtliche Aufmerksamkeit auf sich, und es wird ihnen so viel Bedeutung zugemessen, dass sie sich auch als eigenständiger Gegenstands- und Beobachtungsbereich wissenschaftlicher Forschung etablieren können. Einige Erkenntnisinteressen und Ausgangsprämissen sind dabei symptomatisch für die Fragestellungen, mit denen die Medienwissenschaften auch weiterhin konfrontiert werden und für die Versuche, ihren Gegenstandsbereich überzeugend zu strukturieren.

*   *Normative Kommunikationskonzepte:*
    Aus der Epoche der technischen Printmedien stammten die gesellschaftlich anerkannten Vorstellungen über die anzustrebenden Ziele der öffentlichen Kommunikation. Dieses normative Kommunikationsmodell der öffentlichen Meinung orientierte sich an relevanten politischen Themen der Meinungsbildung und sollte einer weitgehend rational geleiteten Selbststeuerung der Gesellschaft und der – politischen – Bildung der Individuen dienen. Medienpolitisch relevant wurden diese Wertvorstellungen z.B. in der Auseinandersetzung um die Einführung kommerzieller Medienanbieter im Rahmen des dualen Systems.
*   *Klassische empirisch-deskriptive Medienwirkungsforschung:*
    Stimulus and Response
    Die Tradition der Massenkommunikationsforschung war im Wesentlichen auf die Frage nach empirisch nachweisbaren Wirkungen ausgerichtet. Diese Medienwirkungsforschung sah in den Medienangeboten einen Stimulus, der beim Publikum eine „Antwort" (Response) auslöst, die es quantifizierbar nachzuweisen galt. Die verschiedenen Varianten dieses Grundmusters der S/R-Forschungen waren vor allem für Medienanbieter und hier besonders für die Werbewirtschaft in einem kommerziell ausgerichteten Medienumfeld interessant. Die Wirkungsfaktoren, die bei diesen Untersuchungen zu berücksichtigen waren, differenzierten sich immer weiter aus, und es mussten Kompromisse zwischen der Komplexität der Untersuchungsmethoden und der praktischen Durchführbarkeit der Analysen getroffen werden.

- *Klassische empirisch-deskriptive Medienwirkungsforschung:*
Uses and Gratifications
Wissenschaftsgeschichtlich etwas später sind Modellvorstellungen zu verorten, die das Kommunikationsverhalten aus der Publikumsperspektive betrachten. Ausgehend von der Überlegung, dass das Publikum einen Nutzen aus dem Kommunikationsangebot ziehen möchte, rückte der Uses-and-Gratifications-Ansatz die Motive der Mediennutzer in den Vordergrund. Dieses Erklärungsmodell baute auf einem überaus rationalistisch geprägten Erklärungsansatz auf und wurde deshalb kritisiert und überarbeitet.

- *Experimentelle empirische Kommunikationspsychologie*
Die Untersuchung von Zuschauerverhalten unter sehr streng kontrollierten Kommunikationsumgebungen zeichnet diese Forschungsrichtung aus. Die Modellvorstellungen der Untersuchungen stammen aus der naturwissenschaftlichen Kommunikations- und Kognitionstheorie, der Hirn- und der Verhaltensforschung. Die Analysen von individuellem Kommunikationsverhalten und Kognitionsprozessen, von Intentionen, Wissenstransfer und Vororientierungen gegenüber Kommunikationsangeboten (Involvement) werden auf der Basis elaborierter Ausgangshypothesen und immer weiter verfeinerter Untersuchungsverfahren vorangetrieben.

- *Epochen und Formationen von Mediengesellschaften*
Eine weitere Entwicklungsrichtung der Medientheorie ging im Anschluss an McLuhan von einer grundlegenden Bedeutung der technischen Medien für die Organisation der modernen Gesellschaft aus. Große geschichtliche Formationen wurden unter generalisierenden Begriffen wie die Gutenberg-Galaxis (die Epoche des Buchdrucks), das Globale Dorf (die Epoche des Radios) und die Turing-Galaxis (die gegenwärtige Epoche des Computers) zusammengefasst. Wesentliche Anstöße dieser Denkrichtungen entstanden in einem interdisziplinären Diskurs von Literaturwissenschaften, Urbanistik, Psychologie und Gender Studies (Angerer 1999, 15-26).

Spätere Modelle rückten den Prozesscharakter der Kommunikation in den Vordergrund – der transklassische dynamisch-transaktionale Ansatz (Halff 1998, 94-174) – oder insistieren auf dem Aspekt der Selbstbeobachtung und -organisation der Gesellschaft unter Berücksichtung der Medienkommunikation (Luhmann 1996, 206-215). Festzuhalten ist eine fast gänzliche Abkehr von normativ-kulturkritischen Beschreibungen im Bereich der Medienwissenschaften.

Die Frage nach den „Wirkungen" von Medien auf die Gesellschaft, die unter vielfacher Hinsicht aufgegriffen wurde, dürfte dabei wohl jener Problembereich sein, der auf die größte Aufmerksamkeit in der interessierten Öffentlichkeit gestoßen ist. Gerade an dieser Fragestellung zeigt sich aber auch, dass neben umfangreichen Detailergebnissen der empirischen Kommunikationsforschung ein wesentlicher Erkenntnisfortschritt der Medienwissenschaften darin besteht, dass sich im Laufe der Forschung die Fragestellungen differenzieren und präzisieren. Da schon aus quantitativen Gründen hier nicht der Versuch gemacht werden kann, detaillierte Ergebnisse vorzustellen und ihre Voraussetzungen und qualitativen Interpretationen zu erläutern (Berg & Kiefer 1996), soll im Folgenden vor allem auf die Evolution der Fragekonzepte ein-gegangen werden.

Zunächst ist zu unterscheiden, ob mit Medienwirkungen die Veränderungen von Ein-stellungen, Verhaltens- und Handlungsweisen von Individuen gemeint sind oder ob Rückwirkungen auf die strukturellen Bedingungen der gesellschaftlichen Organisa-tion zur Diskussion stehen. Damit sind zwei grundlegende Interessenausrichtungen gekoppelt, die in den Medienwissenschaften einerseits zu eher soziologischen und an-dererseits zu eher individualpsychologischen Analysen und Beschreibungsmodellen geführt haben. Verknüpft werden beide Ausrichtungen in Modellen, die die wechsel-seitige Abhängigkeit von individuellen und gesellschaftlichen „Wirkungen" berück-sichtigen und dabei fast zwangsläufig Interaktions- und Interdependenzkonzepte der Medienkommunikation entwickeln (Großmann 1999, 27-110).

In derartigen Szenarien ist es letztlich der medienwissenschaftliche Beobachter, der aufgrund seiner Erkenntnisinteressen und seiner methodologischen Vorgaben zu ent-scheiden hat, welche Wirkungskomponenten er als Ausgangsvariablen (Vorausset-zungen), als abhängige (Wirkungen oder Folgen) und als intermittierende Variablen (Störfaktoren) beschreiben will. Das Problem der Beschreibung von komplexen und vernetzten Medienwirkungen führt wieder zurück zu der Paradoxie, dass Medien so-wohl ein Teil der Gesellschaft und der wichtigen individuellen Erfahrungsumgebung sind und zugleich für sich oft die Position eines externen Beobachters in Anspruch nehmen.

Während sie sich zum einen selbst oft so präsentierten, als ob sie Menschen, Instituti-onen, die Umwelt oder die Gesellschaft selbst nur beobachten und diese Beobachtun-gen berichten würden, gehören ihre Kommunikationen immer mit zum Bereich des Sozialen und sind nur aufgrund dieser Voraussetzung und nur in der Gesellschaft sinn-stiftend. Die Unterscheidung zwischen fiktionalen und nicht-fiktionalen Mediengat-tungen hebt diese Paradoxie nicht auf, sondern verschärft sie eher noch. Fiktionale In-halte der Medienkommunikation gehören selbstverständlich auch zur gesellschaftli-chen Kommunikation. Sie prägen die Mediensozialisation von Individuen (Brömme & Endl 1999, 11-14) und bilden eigene „Wirklichkeitsbereiche" innerhalb der Gesell-schaft[10], die nicht nur bei medienwissenschaftlichen Analysen zu berücksichtigen sind.

Von dem Konzept der Wirkungen ist es somit nur ein kurzer Weg zu Modellen ver-netzter Wirkungs- und Voraussetzungsgefüge – Interdependenzen –, die sich sowohl aus der Sicht individueller Rezipienten oder Rezipientengruppen als auch auf der Ebene gesellschaftlicher Prozesse beschreiben lassen. Um den Beobachterschwierig-keiten mit dem Wirkungskonzept zu entgehen, setzen andere Beschreibungsmodelle beim Publikum von Massenkommunikationen an und versuchen auf der Grundlage seiner Motive und Interessen den Kommunikationsprozess zu beschreiben. Dieser

---

[10] Einen wesentlichen Faszinationsbereich des kollektiven Imaginären bilden derzeit *Science-Fiction*-Inhalte – z.B. die Kultserie *Raumschiff Enterprise* und ihre Nachfolger oder auch die *Star Wars*-Filme. Diese Inhalte gehören eindeutig zum Erfahrungshorizont der Gesellschaft und müssen etwa von kommerziellen Medienanbietern, aber auch von Eltern oder Lehrern bei der Kommunikation mit Jugendlichen berücksichtigt werden.

Ansatz ist vor allem unter dem Namen *Uses and Gratifications* (Blumler u.a. 1974, 19-32) bekannt geworden und wurde u.a. zum Referenzmodell der Mediennutzung (Renckstorf 1989, 314-336) weiterentwickelt. Obwohl diese Modelle von individuellen Rezeptionshandlungen ausgehen, liegt das Ziel der Beschreibung in der Rekonstruktion von erwartbaren gesellschaftlichen Kommunikationshandlungen. Diese handlungstheoretische Ausrichtung am symbolischen Interaktionismus (Blumer 1973, 80-100) führte zu der Prämisse, den Mediennutzer als ein rational bestimmtes, autonomes Subjekt zu beschreiben, das sich über seine Absichten und Kommunikationsziele bewusst ist und seine Medienhandlungen darauf ausrichtet, sie zu verwirklichen. Trotzdem entsteht auch hier ein Beobachterproblem, da die Umsetzung der Ziele der Kommunikationsteilnehmer unter Rückgriff auf ein internalisiertes Schemawissen abläuft. Es beruht auf einem routinemäßigen „Verstehen" von medial codierten Sinnbildungen, die in der Mediensozialisation erlernt wurden, zumeist vorbewusst bleiben, und nur in Ausnahmefällen kommt es zu einer gezielten Beschäftigung mit Kommunikationsproblemen – etwa bei ambivalenten Bedeutungszuweisungen oder bei verschiedenen Möglichkeiten, ein Handlungsziel zu erreichen (Rusch 1994, 60-78). Damit entziehen sich wiederum die eigentlich interessierenden Aspekte des kommunikativen Verhaltens der Beobachtung, und der Medienwissenschaftler wird letztlich wieder mit einem komplexen situativen, sozialen und medialen Beziehungsgeflecht konfrontiert, das monokausale Erklärungen ausschließt.

Als positives Ergebnis ist jedoch festzuhalten, dass die Zuweisung von Bedeutungen und das Verstehen von Medienkommunikationen nun als ein eigenständiges Problem erkannt worden ist. In der Normalität des Kommunikationsalltags können hinreichend genaue Verstehensleistungen durch effiziente, automatisierte – d.h. vorbewusst bleibende – Routinen erbracht werden. In besonderen Fällen wird jedoch – durch bewusste Zuwendung oder durch intensive Irritationen – die volle Aufmerksamkeit des Mediennutzers beansprucht, um in ambivalenten Situationen oder bei uneindeutigen Sinnzuweisungen ein Verstehen von Informationen, Mitteilungen oder Kommunikationsintentionen zu gewährleisten.

Die Anbieter von Medienangeboten haben sich diese Erkenntnisse natürlich zu Nutze gemacht und versuchen stets Kommunikationen so zu gestalten, dass sie die volle Aufmerksamkeit des Publikums auf sich ziehen. Der ständige Wettlauf zwischen routinemäßiger Verarbeitung von Angeboten – z.B. bei Werbespots, die oft mit nur geringer Anteilnahme des Rezipienten wahrgenommen werden (Mäßen 1998, 32-60) – und dem Bemühen um attraktive und Aufmerksamkeit weckende Inhalte und Präsentationsformen wird durch die permanenten Lernprozesse der Mediensozialisation aufrechterhalten. Ein Trailer etwa, aber auch eine Nachricht oder ein Medienkunstwerk (Rötzer 1999/2000, 52-77), die bei der ersten Wahrnehmung noch Aufmerksamkeit erregten, laufen Gefahr, bei der dritten Wiederholung schon als langweilig ausgeblendet und übersehen zu werden. Anhand dieses Beispiels ist aber auch ersichtlich, dass die Analyse des kommunikativen Handelns von Rezipienten mit ständig wechselnden Situationen und Vorgaben zu rechnen hat.

Obwohl in der medienwissenschaftlichen Praxis wertpessimistische Ansätze nur noch eine verschwindend geringe Rolle spielen, sollte nicht vergessen werden, dass die Angebote der Massenmedien beim Publikum durchaus nicht unumstritten sind. Dieses oft diffuse Unbehagen lässt sich heute vor allem in den Publikationen und Reaktionen zu medienpädagogischen Fragen ablesen. Hier findet eine umfangreiche Debatte über die Nutzung und Bewertung von Kommunikationsangeboten statt, und es wird deutlich, dass in weiten Teilen der Bevölkerung latente Befürchtungen über weitreichende und kaum zu kontrollierende negative Wirkungen der Medien fortbestehen (Buddemeier 1993, 7-30).

Der allgemeinen Faszination, die die Kommunikationsmöglichkeiten der Medien – Internet, Mobilfunk – auslösen, steht also ein tiefes Misstrauen hinsichtlich ihren Wirkungen – nicht auf den jeweiligen Beobachter, aber auf andere weniger „wirkungsresistente" Rezipienten und hier besonders Kinder – entgegen, das sich nur z.T. im wissenschaftlichen (Mettler-von Meibom 1997, 93-129), dafür aber um so stärker im journalistischen Diskurs niederschlägt (Pross 1996, 163-245). Dabei konzentrieren sich die Befürchtungen vor allem auf das Fernsehen.

„Keinem anderen Medium attribuieren sie (s.c. die Eltern) derart starke und z.T. negative Wirkungen wie dem Fernsehen. Bei keinem Medium widerspricht ihr eigenes Nutzungsverhalten (und damit ihre Vorbildfunktion) derart ihrer kritischen Haltung gegenüber der kindlichen Nutzung." (Six 1995, 128)

Diese Beobachtung soll hier als Symptom dafür gewertet werden, dass Inhalte und Organisation der Medienkommunikation eine permanent hohe selbstreflexive Aufmerksamkeit und kontroverse Bewertungen in der Gesellschaft auslösen. Sie sind untrennbar mit Emotionen, Interessen und Fragestellungen verbunden, von denen die Medienwissenschaft vielleicht nur einen Teilbereich aufgreift und doch mit ihren Diskussionsbeiträgen auf reges Interesse der wissenschaftsinternen, der journalistischen und oft auch der allgemeinen Öffentlichkeit stößt.

Zumindest eine Ausrichtung der Medienwissenschaften hat das öffentliche Unbehagen an einer wissenschaftlichen Praxis, die vornehmlich ein immer detaillierteres Wissen über soziale und individuelle Kommunikationsprozesse anhäufte und sich aus der öffentlichen Debatte über aktuelle medienethische und -politische Themenfelder heraushielt, aufgegriffen. Der anglo-amerikanische Ansatz der *Cultural Studies*[11] möchte sich von einer kulturkritischen Bewertung von Populär- und Jugendkulturen (Strinati 1995, 1-50) abgrenzen und versteht sich als eine Kombination aus empirischen und theoretischen Ansätzen, die das Ziel verfolgen, aktiv in medienethische und medienpolitische Fragen einzugreifen. Dieser interventionistische Anspruch sollte die *Cultural Studies* als ein alternatives Wissenschaftsprojekt (Hepp 1999, 78-108, 270-273) auszeichnen, das allerdings aufgrund der Anerkennung, die es mittlerweile erfuhr, Eingang in die normalen Institutionen des Wissenschaftsbetriebs gefunden hat.

---

[11] Es ist üblich, diese Bezeichnung nicht zu übersetzen, da sonst Verwechselungen mit den wissenschaftsgeschichtlich und erkenntnistheoretisch anders positionierten Bereichen der Kulturwissenschaften (Böhme u.a. 2000, 11-33) und der Kulturphilosophie (Konersmann 1998, 9-24) auftreten könnten.

5. Aktualität und Bedeutung von medienwissenschaftlichen Fragestellungen

Obwohl eine umfassende Untersuchung der Genese der Medienwissenschaft(en) noch aussteht, lassen sich doch wichtige Aspekte und Motive für die anhaltende Aktualität dieses Wissenschaftskonzeptes benennen. Die relativ weite Bandbreite ihres Gegenstandsbereichs hat sich dabei bisher als hilfreich erwiesen, da die wechselseitige Präzisierung von Phänomenbereichen, die die Medienwissenschaft für sich reklamiert und die Fragestellungen, die sie mit diesen Gegenstandsbereichen verbindet, eine breite Palette von Beschreibungsansätzen entwickelten. Wesentlich ist weiterhin, dass sie mit ihren Ergebnissen und Thesen einen Bereich berührt, in dem sich die Suche nach einer dynamischen Identität der modernen Gesellschaft mit deutlich artikulierten persönlichen Interessen von Mediennutzern überschneidet. Die Medienwissenschaften profitieren deshalb davon, dass derzeit ihr Gegenstand keinen Bereich der Gesellschaft unberührt lässt und fast jedes Individuum gezwungen ist, Verhaltensweisen und Einstellungen im Umgang mit den omnipräsenten Medienangeboten zu entwickeln.

Es kann also kaum überraschen, dass die Beschreibungen und Erklärungsleistungen der Medienwissenschaften auf ein vergleichsweise hohes Interesse außerhalb der fachwissenschaftlichen Diskussion stoßen. Dieses Interesse manifestiert sich u.a. darin, dass neben der universitären Forschung kommerzielle Dienstleistungsunternehmen der Medienforschung entstanden sind, die sich zumeist auf wissenschaftlich kontrollierte Datenerhebungen – Zuschauerforschung und Demoskopie (*Gesellschaft für Konsumforschung*, http://www.gfk.de) – spezialisiert haben.

Zwei Momente dieser andauernden Aktualität der Medienwissenschaften sollen abschließend hervorgehoben werden, da sie die Verknüpfung von Erfahrungsbedingungen und -problemen der modernen Gesellschaft besonders verdeutlichen:
*   Zum einen reagieren die Medienwissenschaften auf die fortdauernde gesellschaftliche Faszination gegenüber Veränderungen und Beschleunigungen von Raum-Zeit-Technologien – Verkehrs- und Kommunikationsmittel – und sind damit in einen höchst kontroversen und attraktiven Diskurs eingebettet;
*   zum anderen sind viele Beschreibungsmodelle der Medienwissenschaften direkt auf die Verarbeitung der Erfahrung des gesellschaftlichen Wandels ausgerichtet. Sie steuern Vorschläge zur Identitätsbestimmung einer Gesellschaft bei, die sich zunehmend als das Produkt eines permanenten Prozesses der Selbsttransformation versteht.

Das vielleicht wesentlichste Merkmal der Medienwissenschaften, das sie in besonderer Weise als eine Wissenschaft der modernen Gesellschaft auszeichnet (Schmidt 1997, 53-104), besteht genau in der *wechselseitigen Abhängigkeit von Frageperspektiven und Bestimmung des Gegenstandsbereichs*. Engagierte und oft emotionale Reaktionen der Kritik wie auch einer begeisterten Zustimmung zum gesellschaftlichen Wandel der Moderne konkurrieren hier um Erklärungen und Zukunftsprognosen (Cébrian 1999, 71-142; Dery 1996, 257-361). Da von einer Stabilität von Erfahrungsbedingungen schon längst nicht mehr die Rede sein kann, geht es vor allem um die Antizipation von hochwahrscheinlichen, aber nur begrenzt prognostizierbaren Tranformationsprozessen.

„Ob wir wollen oder nicht: wir sind nicht mehr, was wir waren, und wir werden nicht mehr sein, was wir sind. Das ruiniert dann alle Merkmale von Modernität, denn auch für sie gilt: Die Modernitätsmerkmale von heute sind nicht die von gestern und nicht die von morgen, und eben darin liegt ihre Modernität. Die Probleme der modernen Gesellschaft werden nicht als Probleme der Bewahrung von Herkunft bestimmt [...]. Es geht vielmehr um ein ständiges Erzeugen von Anderssein." (Luhmann 1992, 15)

Die Gesellschaft ist deshalb in hohem Maße an Prognosen über Veränderungen interessiert, von denen sie eigentlich nur wissen kann, dass sie kaum so eintreffen werden wie geplant oder vorhergesagt. Medienwissenschaftler müssen noch mehr als andere Sozialwissenschaftler davon ausgehen, dass mit erwartbar raschen Veränderungen in ihrem Phänomenbereich zu rechnen ist und dass diese Wandlungsprozesse zu einem guten Teil nicht-prognostizierbare Resultate haben werden. Während andere „natürlich vorgegebene" (Naturwissenschaften) oder „historisch gewachsene" Gegenstandsbereiche (Gesellschaftswissenschaften) einen scheinbar festen Ort in der Wirklichkeit innerhalb oder außerhalb der Gesellschaft zu haben scheinen, sind *die Medien* durch die ständige Veränderung ihrer Technologien und Erscheinungsformen, durch Verschiebungen ihrer gesellschaftlichen Verbreitung und Akzeptanz und durch die individuelle und soziale Reichweite ihrer Bedeutungsproduktion (Bolz 1997, 153-210) betroffen.

Wissenschaft und Gesellschaft können – oder sollten zumindest – somit wesentlich deutlicher erkennen, dass *die Medien* einen Verbund von mehrdimensionalen Gegenstandsbereichen und Fragezusammenhängen bilden, der sozial konstituiert ist, der auf Individuen und Gesellschaft als Voraussetzung und als Irritationsmoment „wirkt" und auf diese Weise in die Wirklichkeit(en) von beiden eingreift. Aus dieser engen Verknüpfung von Wirkungs- und Bedingungsfaktoren leitet sich die Frage nach den Erkenntnis- und Beschreibungsmöglichkeiten *der Medien* ab. Nicht nur was Medien kommunizieren und wie diese Kommunikation individuell und kollektiv „verarbeitet" wird, steht damit zur Debatte, sondern auch die Frage, anhand welcher Modelle und mit welchen Erkenntnisinteressen dieser Prozess zu beschreiben ist.

Die Medien bilden somit, so meint zumindest ein Teil der Medienwissenschaft, einen komplexen Zusammenhang von Einzelkomponenten – Technologie, Programmanbieter, Werbewirtschaft, Politik, Publikum –, der aufs engste mit der Eigendynamik des gesellschaftlichen Wandels verbunden ist. Das Resultat einer solchen Vernetzung, das aus den „Wirkungen" von Einzelkomponenten nicht mehr abzuleiten ist, wird mit dem Begriff der *Emergenz* bezeichnet. Die Emergenz der *Medienkultur* (Schmidt 1994, 260-322) – verstanden als die Gesamtheit aller Faktoren, die am Prozess ihrer Selbstorganisation beteiligt sind – ist somit in die übergeordnete Emergenz der gesamtgesellschaftlichen Entwicklung eingebettet.

Durch die Verknüpfung der Produktion und Reproduktion einer komplexen, modernen Gesellschaft – Emergenz – mit einer kulturell spezifischen Formation dieser Komplexität – Medienkultur[12] – werden die veränderten Handlungsoptionen von Me-

---

[12] Das Theoriekonzept der Medienkultur ist weniger harmlos, als zunächst anzunehmen ist, denn es ist wie der Kulturbegriff der Moderne mit Paradoxien, Selbstirritationen und blinden Flecken behaftet (Becker 2000, 77-97).

diennutzern sowie der Bedeutungsanstieg von symbolischen Medien-Kommunikationen und -Interaktionen für die moderne Wirklichkeitserfahrung hervorgehoben. Weitergehende Theoriemodelle sehen die Medienkultur – eingebettet in ihre technischen und intern-organisatorischen, in ihre wirtschaftlichen und politischen Rahmenbedingungen – als entscheidende Voraussetzung für eine spezifische moderne soziale Konstruktion der Wirklichkeit an.

Da auch die medienwissenschaftliche Forschung der Selbstorganisation der modernen Medienkultur zuzurechnen ist – und sie dies wissen und berücksichtigen sollte –, kann sie nicht mehr davon ausgehen, die Emergenz ihres dynamischen Objektbereichs vollständig beobachten, erklären und beschreiben zu können. Mit diesem Verzicht auf Selbsttransparenz vollzieht die Medienforschung die erkenntnistheoretisch moderne Einsicht in die Begrenztheit der Reichweite von Analysen und Prognosen nach (Godzich 1991, 747-758). Sie reagiert damit auch auf einen Medienwandel, der das noch immer vorherrschende Erkenntnismedium der Wissenschaften – wissenschaftliche Publikationen – durch die gesellschaftliche Aufmerksamkeit für audiovisuelle Kommunikationen in Mitleidenschaft zu ziehen beginnt.

Die Kommunikationen der Massenmedien *und* ihre Reflexionsdiskurse werden somit zu einem zentralen Mittel (Medium!), das die gesamte Erfahrungsorganisation der (post-)modernen Gesellschaft betrifft. Die Fragen nach den Folgen des Medienwandels werden somit dauerhaft die Selbstreflexionen einer Gesellschaft begleiten, die ihre *Einheit* nicht mehr problemlos herstellen und beschreiben kann[13].

Die *Vielheit der Gesellschaft*, die ohne ein erkennbares „Gravitationszentrum des Sozialen" auskommen muss, manifestiert sich in ihr durch die Tatsache, dass es trotz fortbestehender Bedeutungsunterschiede und unterschiedlicher Folgen von einzelnen Kommunikationen nun eine Vielfalt von privilegierten Orten, Zentren oder Institutionen, aber keine allgemein anerkannte „Legitimationsinstanz" der Gesellschaft mehr gibt. Letztlich kann nun jede attraktive Form der Kommunikation – die heftige Diskussion um Sendeformen wie *Reality-TV* und *Big Brother* belegt dies – bedeutsam für die Reproduktion der Gesellschaft werden. Sollten die Verknüpfungen der Fragen nach gesellschaftlichem und medialem Wandel einst nicht mehr im Zentrum öffentlicher und wissenschaftlicher Aufmerksamkeit stehen, so können wir mit großer Wahrscheinlichkeit vermuten, dass die Wandlungsprozesse in der Gesellschaft eine neue, attraktivere Form gefunden haben. Dies ist im Moment nicht zu erwarten.

Literatur- und Medienverzeichnis

Anders, Günther: *Die Antiquiertheit des Menschen. Bd. 1. Über die Seele im Zeitalter der zweiten industriellen Revolution. 7. Aufl.* München (Beck) 1994. (Originalausg. 1956)

Angerer, Marie-Luise: *body options. körper.spuren.medien.bilder.* Wien (Turia + Kant Verl.) 1999.

---

[13] Es gehört zu den Erfahrungen einer modernen Gesellschaft, dass alle wesentlichen Funktionssysteme – Politik, Recht, Wirtschaft – in der Lage sind, aus ihrer Sicht Selbstbeschreibungsmodelle der Gesamtgesellschaft zu erzeugen. Gerade diese Vielfalt konkurrierender Selbstbeschreibung belegt die Tatsache, dass es keine ontische Selbsterfahrung und somit auch keine selbstverständliche Einheit der Gesellschaft mehr gibt.

Becker, Dirkae: *Wozu Kultur?* Berlin (Kulturverl. Kadmos) 2000.

Benjamin, Walter: *Das Kunstwerk im Zeitalter seiner technischen Reproduzierbarkeit.* In: Benjamin, Walter: Gesammelte Schriften. Bd. I, 2. Frankfurt a.M. (Suhrkamp) 1991, S. 471-508 (Originalausgabe: 1936) (Suhrkamp Taschenbuch Wissenschaft. 931).

Berg, Klaus & Kiefer, Marie-Luise (Hg.): *Massenkommunikation V. Eine Langzeitstudie zur Mediennutzung und Medienbewertung 1964-1995.* Baden-Baden (Nomos Verl.) 1996.

Blumer, Herbert: *Der methodologische Standort des Symbolischen Interaktionismus.* In: Arbeitsgruppe Bielefelder Soziologen (Hg.): Alltagswissen, Interaktion und gesellschaftliche Wirklichkeit. Bd. 1: Symbolischer Interaktionismus und Ethnologie. Reinbek (Rowohlt Verl.) 1973, S. 80-100, 144-146.

Blumler, Jay & Gurevitch, Michael & Katz, Elihu: *Utilization of Mass Communication by Individuals.* In: Blumer, Jay & Katz, Elihu (Hg.): The Uses of Mass Communications. Current Perspectives in Gratification Research. Beverly Hills/London (Sage Publ.) 1974, S. 19-32.

Böhme, Hartmut & Matussek, Peter & Müller, Lothar: *Orientierung Kulturwissenschaft. Was sie kann, was sie will.* Reinbek b.H. (Rowohlt) 2000.

Bolz, Norbert: *Die Sinngesellschaft.* Düsseldorf (Econ) 1997.

Bourdieu, Jean: *Der symbolische Tausch und der Tod.* München (Matthes & Seitz) 1982. (Originalausg.: L'échange symbolique et la mort, Paris 1976)

Brömme, Bettina & Endl, Thomas (Hg.): *Ein Herz und eine Serie. Fernseh-Geschichten.* Leipzig (Reclam) 1999.

Buddemeier, Heinz: *Leben in künstlichen Welten. Cyberspace, Videoclips und das tägliche Fernsehen.* Stuttgart (Verl. Urachhaus) 1993.

Bühl, Achim: *Die virtuelle Gesellschaft. Ökonomie, Kultur und Politik im Zeichen des Cyberspace.* Opladen u.a. (Westdeutscher Verl.) 1997.

Cebrián, Juan Luis: *Im Netz – die hypnotisierte Gesellschaft. Der neue Bericht an den Club of Rome.* Stuttgart (Deut. Verl.-Anstalt) 1999. (Originalausg.: La red. Como cambiarán nuestras vidas los nuevos medios de comunicación, Madrid 1998)

Dahl, Peter: *Radio. Sozialgeschichte des Rundfunks für Sender und Empfänger.* Reinbek b.H. (Rowohlt) 1983.

DeFleur, Melvin Lawrence: *Theories of Mass Communication.* New York (McKay Publ.) 1970.

Dery, Mark: *Cyber. Die Kultur der Zukunft.* Berlin (Verl. Volk & Welt) 1996. (Originalausg.: Escape Velocity, New York 1996)

Elsner, Monika & Müller, Thomas & Spangenberg, Peter-Michael: *Zur Entstehungsgeschichte des Dispositivs Fernsehen in der Bundesrepublik Deutschland der fünfziger Jahre.* In: Hickethier, Knut (Hg.): Institution, Technik und Programm. Rahmenaspekte der Programmgeschichte des Fernsehens. München (Fink Verl.) 1993, S. 31-66.

Elsner, Monika & Müller, Thomas: *Der angewachsene Fernseher.* In: Gumbrecht, Hans Ulrich & Pfeiffer, K. Ludwig (Hg.): Materialität der Kommunikation. Frankfurt a.M. (Suhrkamp) 1988, S. 401-412 (Suhrkamp-Taschenbuch Wissenschaft. 750).

Enzensberger, Hans Magnus: *Baukastentheorie der Medien.* In: Kursbuch, 20 (1970), S. 159-186.

Fetscher, Iring: *Rousseaus politische Philosophie. Zur Geschichte des demokratischen Freiheitsbegriffs. 3. Aufl.* Frankfurt a.M. (Suhrkamp) 1975. (Suhrkamp-Taschenbuch Wissenschaft. 143).

Godzich, Vlad: *Vom Paradox der Sprache zur Dissonanz der Bilder*. In: Gumbrecht, Hans Ulrich & Pfeiffer, K. Ludwig (Hg.): Paradoxien, Dissonanzen, Zusammenbrüche. Situationen offener Epistemologie. Frankfurt a.M. (Suhrkamp) 1991, S. 747-757. (Suhrkamp- Taschenbuch Wissenschaft. 925).

Großklaus, Götz: *Medien-Zeit. Medien-Raum. Zum Wandel der raumzeitlichen Wahrnehmung in der Moderne*. Frankfurt a.M. (Suhrkamp) 1995. (Suhrkamp Taschenbuch Wissenschaft. 1184).

Großmann, Brit: *Medienrezeption. Bestehende Ansätze und eine konstruktivistische Alternative*. Opladen (Westdeutscher Verl.) 1999.

Habermas, Jürgen: *Strukturwandel der Öffentlichkeit. Untersuchungen zu einer Kategorie der bürgerlichen Gesellschaft. 4. Aufl*. Frankfurt a.M. (Suhrkamp) 1995. (Originalausg.: 1962; Vorwort der Neuaufl. 1990) (Suhrkamp Taschenbuch Wissenschaft. 891)

Halff, Gregor: *Die Malaise der Medienwirkungsforschung: Transklassische Wirkungen und klassische Forschung*. Opladen (Westdeutscher Verl.) 1998.

Harms, Rudolf: *Das Lichtspielhaus als Sammelraum*. In: Harms, Rudolf: Philosophie des Films. Zürich 1970. (Originalausg.: Leipzig 1926).

Heidegger, Martin: *Die Frage nach der Technik*. In: Heidegger, Martin: Vorträge und Aufsätze. 6. Aufl. Pfullingen (Neske Verl.) 1990. (Originalausg.: 1954), S. 9-40.

Hepp, Andreas: *Cultural Studies und Medienanalyse*. Opladen (Westdeutscher Verl.) 1999.

Horton, Donald & Wohl, Richard, R.: *Mass Communication and Para-Social Interaction*. In: Psychiatry 19 (1956) S. 215-229.

Kausch, Michael: *Kulturindustrie und Populärkultur. Kritische Theorie der Massenmedien*. Frankfurt a.M. (Fischer) 1988.

Kittler, Friedrich: *Die Welt des Symbolischen – eine Welt der Maschine*. In: Kittler, Friedrich: Draculas Vermächtnis. Technische Schriften. Leipzig (Reclam) 1993, S. 58-80.

Kluge, Alexander: *Die Macht der Bewusstseinsindustrie und das Schicksal unserer Öffentlichkeit. Zum Unterschied von machbar und gewalttätig*. In: Bismarck, Klaus von & Gaus, Günter & Kluge, Alexander & Sieger, Ferdinand: Industrialisierung des Bewusstseins. Eine kritische Auseinandersetzung mit den »neuen« Medien. München/Zürich (Piper Verl.) 1985, S. 51-129.

Konersmann, Ralf: *Kulturphilosophie*. Leipzig (Reclam) 1998.

Luhmann, Niklas: *Beobachtungen der Moderne*. Opladen (Westdeutscher Verl.) 1992.

Luhmann, Niklas: *Die Realität der Massenmedien. 2. Aufl*. Opladen (Westdeutscher Verlag) 1995.

Luhmann, Niklas: *Öffentliche Meinung und Demokratie*. In: Maresch, Rudolf & Werber, Niels: Kommunikation Medien Macht. Frankfurt a.M. (Suhrkamp) 1999, S. 19-34 (Suhrkamp-Taschenbuch Wissenschaft. 1408).

Mäßen, Andrea: *Werbemittelgestaltung im vorökonomischen Werbewirkungsprozeß. Metaanalytische Befunde*. Wiesbaden (Deut. Univer. Verl.) 1998.

McLuhan, Marshall: *Die magischen Kanäle*. Düsseldorf u.a. (Econ Verl.) 1964. (Originalausg.: Understanding Media, New York 1964)

McQuail, Denis & Windahl, Sven: *Communication Models for the Study of Mass Communication*. New York u.a. (Longman) 1981.

McQuail, Denis: *Mass Communication Theory. An Introduction. 2. Aufl*. London u.a. (Sage) 1987.

Mettler-von Meibom, Barbara: *Kommunikation in der Mediengesellschaft. Tendenzen – Gefährdungen – Orientierungen.* Berlin (Ed. Sigma R. Bohn Verl.) 1994.

Meyrowitz, Joshua: *Die Fernsehgesellschaft. Wirklichkeit und Identität im Medienzeitalter.* Weinheim u.a. (Beltz) 1987. In: (Originalausg.: No Sense of Place, Oxford 1985).

Müllender, Bernd: *Hühnchen in Lucull. Die Karriere des zungenfertigen Fernsehkochs Clemens Wilmenrod.* In: Müllender, Bernd & Nöllenheidt, Achim (Hg.): Am Fuß der blauen Berge. Die Flimmerkiste in den 60er Jahren. Essen (Klartext) 1994, S. 64-66.

Mumford, Lewis: *The Myth of the Machine.* London (Secker & Warburg Publ.) 1966.

Neurath, Paul: *Paul Lazersfeld und die Institutionalisierung empirischer Sozialforschung: Ausfuhr und Wiedereinfuhr einer Wiener Institution.* In: Srubar, Ilja (Hg.): Exil, Wissenschaft, Identität. Die Emigration deutscher Sozialwissenschaftler 1933-1945. Frankfurt/M. (Suhrkamp) 1988, S. 67-105 (Suhrkamp Taschenbuch Wissenschaft. 702).

Pross, Harry: *Der Mensch im Mediennetz. Orientierung in der Vielfalt.* Düsseldorf u.a. (Artemis & Winkler Verl.) 1996.

Renckstorf, Karsten: *Mediennutzung und soziales Handeln. Zur Entwicklung einer handlungstheoretischen Perspektive der empirischen (Massen-)Kommunikationsforschung.* In: Kaase, Max & Schulz, Winfried (Hg.): Massenkommunikation. Theorie, Methoden, Befunde. Opladen (Westdeutscher Verl.) 1989, S. 314-336.

Rötzer, Florian: *Inszenierung von Aufmerksamkeitsfallen. Ästhetik in der Informationsgesellschaft.* In: Kunstforum 148 (1999/2000), S. 53-77.

Rucht, Dieter: *Politische Öffentlichkeit und Massenkommunikation.* In: Jarren, Otfried (Hg.): Medienwandel – Gesellschaftswandel? 10 Jahre dualer Rundfunk in Deutschland. Eine Bilanz. Berlin (Vistas Verl.) 1994, S. 162-171.

Rusch, Gebhard: *Kommunikation und Verstehen.* In: Merten, Klaus & Schmidt, Siegfried J. & Weischenberg, Siegfried (Hg.): Die Wirklichkeit der neuen Medien. Eine Einführung in die Kommunikationswissenschaft. Opladen (Westdeutscher Verl.) 1994, S. 60-78.

Sander, Barry: *Der Verlust der Sprachkultur.* Frankfurt a.M. (Fischer) 1995. (Originalausg.: A is for Ox. Violence, Electronic Media, and the Silencing of the Written World, New York 1994).

Schmidt, Siegfried J.: *Die Kommerzialisierung der Kommunikation. Fernsehwerbung und sozialer Wandel 1956-1989.* Frankfurt a.M. (Suhrkamp) 1997. (Suhrkamp Taschenbuch Wissenschaft. 1281).

Schmidt, Siegfried J.: *Die Welten der Medien. Grundlagen und Perspektiven der Medienbeobachtung.* Braunschweig u.a. (Vieweg) 1996. (Wissenschaftstheorie, Wissenschaft und Philosophie. 46)

Schmidt, Siegfried J.: *Die Wirklichkeit des Beobachters.* In: Merten, Klaus & Schmidt, Siegfried J. & Weischenberg, Siegfried (Hg.): Die Wirklichkeit der neuen Medien. Eine Einführung in die Kommunikationswissenschaft. Opladen (Westdeutscher Verl.) 1994, S. 3-19.

Schmidt, Siegfried J.: *Kognitive Autonomie und soziale Orientierung.* Frankfurt a.M. (Suhrkamp) 1994. (Suhrkamp Taschenbuch Wissenschaft. 1128).

Six, Ulrike: *Konzepte für medienpädagogische Elternarbeit.* Kiel (Malik Verl.) 1995.

Strinati, Dominic: *An Introduction to Theories of Popular Culture.* London u.a. (Routledge) 1995.

Weischenberg, Siegfried: *Journalistik. Bd. 1: Mediensysteme, Medienethik, Medieninstitutionen.* Opladen (Westdeutscher Verl.) 1992.

Weischenberg, Siegfried: *Neues vom Tage. Die Schreinemakerisierung unserer Medienwelt.* Hamburg (Rasch und Röhring Verl.) 1997.

Ekkehard Kappler

Methodologische Fragen der Wirtschaftswissenschaften

1. Einleitung

„Der Dow-Jones-Index der wichtigsten amerikanischen Aktien ist heute stark zurück gegangen. Die Börse befürchtet eine Erhöhung der Leitzinsen. Die Befürchtungen werden aus dem überaus starken Wachstum der amerikanischen Wirtschaft im 2. Quartal 2000 und der damit verbundenen Inflationsgefahr begründet. Analysten äußerten, dass ihrer Ansicht nach die Börse damit eine denkbare Leitzinserhöhung bereits vorweggenommen habe..." So oder so ähnlich hören sich Abend für Abend in den Nachrichten vom Tage die Meldungen in Rundfunk und Fernsehen an. Wie kommen solche Aussagen zustande? Wo kommen sie her? Lassen sie sich begründen? Wie? Sind sie wahr? Wer bürgt für ihre Qualität?

Diese und ähnliche Fragen beschäftigten mich bereits zu Beginn meines Studiums, und so ging ich in Vorlesungen mit der Überschrift „Methoden der Betriebswirtschaftslehre" und „Methoden der Volkswirtschaftslehre". Obwohl die Vortragenden berühmt waren, habe ich nicht viel von diesen Vorlesungen gehabt. Geboten wurden zwar auch Methoden des Faches, aber überwiegend waren es nicht Methoden, die die Aussagen des Faches begründeten, sondern Methoden zur Erzielung von „Ergebnissen", also eher Instrumente (für die Praxis?), tools, um aus Annahmen Schlussfolgerungen herzuleiten, die, einer bestimmten Logik folgend, für sich in Anspruch nehmen, Empfehlungen für ein den Annahmen adäquates Verhalten in entsprechenden Situationen darstellen zu können. Häufiger noch, besonders in der Betriebswirtschaftslehre, bezogen sich die Ausführungen auf die Beschreibung von Fragestellungen aus Unternehmen und auf Techniken, die in Unternehmen zu ihrer Beantwortung angewendet werden sollten. Warum das in der Praxis häufig nicht geschah, wo doch die Techniken so einleuchtend waren, wurde weder gefragt noch geklärt. Allenfalls war es die Praxis, die, eigensinnig und widerborstig, sich nicht fügen und biegen lassen wollte – und dafür diskreditiert wurde. Freilich war und ist diese „Exkommunizierung" häufig wechselseitig.

Es war nicht direkt Enttäuschung, was ich fühlte, immerhin hätte es auch sein können, dass ich das Vorgetragene nicht verstand. Aber je länger ich den Ausführungen folgte und mich um ihr Verständnis bemühte, desto mehr wurde mir klar, dass die Annahmen, vor deren Hintergrund da munter deduziert wurde, oder die Beispiele für drängende betriebswirtschaftliche Fragen nicht unbedingt einem eindeutig angebbaren Grund entsprungen waren. Sie mochten eine gewisse Plausibilität für sich haben, den Vortragenden sinnvoll oder der diffusen Scientific Community angemessen erscheinen, wenn oder weil viele so dachten – aber das war es dann auch schon. Die Frage „Wie kommen die Wirtschaftswissenschaften zu ihrem Wissen?" fand so keine befriedigende Antwort. Bei Hans Albert (1965; 1968) wird das „*Modellplatonismus*" genannt. Benjamin Ward nennt diese Sichtweisen „Die Idealwelten der Ökonomen – Liberale, Radikale, Konservative" (1981). Ausgedacht und hausgemacht, durchgesetzt kraft Amtes, ex cathedra, als Mitglied der „Wissenschaftssekte" oder anderer Beziehungen – aber auch kraft eindeutiger Belegbarkeit?

„Stop talking and get on with the job!" (Harrod 1938) Methodologie hat in den Wirtschaftswissenschaften noch nie wirklich Konjunktur gehabt. Geld lässt sich, so meinen wohl manche Wissenschaftler dieser Disziplinen nicht zu Unrecht, eher mit pragmatischen Ratschlägen und mit Radschlagen verdienen. „Auf der anderen Seite aber haben die Diskussionsbeiträge der Methodologen den forschenden Nationalökonomen (und nicht nur diesen; E.K.) immer wieder gezwungen, sich mit der erkenntnistheoretischen Seite seiner Arbeit auseinanderzusetzen." (Schneider 1972, 1). Wissenschaft ist immer „Wissenschaft zu suchen", hat W. von Humboldt (1810) formuliert. Dann steht die Frage über allem; die Antworten bleiben vorläufig, vergänglich.

Dennoch, wirklich kritische Auseinandersetzung oder ein konstruktivistischer Ansatz finden sich selten in den Wirtschaftswissenschaften. Dabei zeigen die wenigen Autoren, die es in dieser Hinsicht gibt, wie hilfreich solche Überlegungen für die Verbesserung der Ergebnisse der Volks- und Betriebswirtschaftslehre für unser Leben in der einen Mitwelt, die wir nicht nur haben, sondern auch behausen, sein können. Auch die eigene Beratungserfahrung hat mich das gelehrt. Wenn wir einen Blick hinter den Vorhang unseres traditionellen Denkens und Handelns erhaschen können, haben wir eine gute Chance, Einsichten in die politischen und ideologischen Fundamente unserer Wirtschaft zu gewinnen. Das hat Konsequenzen für beide, Praxis wie Theorie. Beide erlangen mehr Aufklärung über ihre Möglichkeiten. Natürlich hat das seinen Preis. Kritische Reflexion setzt die gesellschaftlichen Machtverhältnisse auf die Tagesordnung und zeigt die Grenzen wissenschaftlichen Argumentierens. Auf diese Weise hilft sie, eine alte Aufgabe der Wissenschaft in Erinnerung zu behalten: Emanzipation. Methodologische Anstrengungen dieser Art in den Wirtschaftswissenschaften tragen dazu bei, den verborgenen und zum Teil unbeschreibbaren Mosaikfußboden unserer Gesellschaft ein wenig besser freizulegen und herauszufinden, warum er für manche so rutschig ist.

2.   Grundbegriffe

„Im allgemeinen Sprachgebrauch bezeichnet das Wort '*Methode*' die Verfahrensweise, nach der Denkprozesse oder Handlungsabläufe durchgeführt werden." (Rapp 1973, 913) Freilich ist nicht jede durchgeführte Handlung methodisch. Operation und Aktionen können spontan, zufällig und ziellos sein. In diesen Fällen wird nicht von Methode gesprochen. Fragwürdig ist auch, ob eine Methode im vorhinein gewählt wurde oder es, weniger bewusst, zu einem faktischen methodischen Vorgehen gekommen ist (vgl. hierzu und zu den grundlegenden Ausführungen Rapp 1973, 913-929, von dem ich mich weitgehend leiten lasse). *Methodenfragen* konzentrieren sich weniger auf die „*Sachfragen*" als vielmehr auf die Vorgehensweise, ihre Begründbarkeit, ihre Logik und ihre Nachvollziehbarkeit bei der Produktion von Aussagen oder Handlungen.

Damit zeigen sich aber auch erste Schwierigkeiten. Wird eine Methode festgelegt, lenkt sie den Blick, die *Wahrnehmung* (Sie ist wahr-Nehmung!), das Verhalten, unter Umständen das Ergebnis und die Beurteilung – ohne von vornherein vollständig angeben zu können wie. Die Methode ist also nicht neutral. Wer unterscheidet, wer eine Methode wählt, hat ein Motiv (vgl. Spencer-Brown 1997, 1; Baecker 1993). Bewusst oder unbewusst enthält die Methode bereits ein *Vorverständnis* – gegen das nichts einzuwenden sein muss, das aber doch die „Wahrheit" der erzielten Ergebnisse stark relativiert und das wenigstens thematisiert werden sollte, falls das möglich ist. *Bild und Wirklichkeit*: Wer vermag noch zu trennen? Die Welt besteht uns aus dem, was wir sehen, schmecken, fühlen, riechen, hören und benennen sowie aus dem, was wir nicht sehen, nicht schmecken, nicht fühlen, nicht riechen, nicht hören und nicht benennen. Deswegen ist sie im Hellen und im Dunklen so unterschiedlich, aber in keinem Zustand wahrer. Auch im Lauten und Leisen: Was ist laut, was ist leise – wenn Sie ein Hörgerät tragen oder 17 Jahre alt sind oder 70? Auch die riechbare Welt ist nicht wahrer als die nicht riechbare. Schließlich ist sie so, wie *wir* sie messen. Man denke an Tschernobyl. Befund und Befindlichkeit, Verfassung und Verfasstheit treffen sich nicht zwangsläufig und kaum ohne unser Zutun.

Da also der Anwender der Methode immer schon mit im Spiel ist, lassen sich das anwendende und beobachtende *Subjekt* und das beobachtete *Objekt* nicht mehr voneinander trennen. Das Wirtschaftssystem des noch nie mit unserer Zivilisation in Berührung gekommenen Eingeborenenstammes kann im Fernsehen nicht gezeigt werden. Gezeigt werden kann nur, was ein Beobachter, ein Wissenschafter, ein Kameramann, eine Cutterin usw. produziert haben. Das Bild einer Pfeife von René Magritte mit der Unterschrift „Ceci n'est pas une pipe" ist berühmt. Eine herrliche ethnographische Persiflage des Österreichischen Fernsehens illustriert das ebenfalls köstlich: „Das Fest des Huhns" (Wippersberg 1992).

Die unbeobachtete Situation kann als unbeobachtete nicht beobachtet werden. Und: In der Beobachtung wird sie immer schon interpretiert. Keine Beobachtung ohne Beobachter – keine unbeobachtete Situation mit Beobachter! Das ist die berühmte *Heisenbergsche Unschärferelation* aller Erkenntnis, die der Hoffnung einer objektiven Wahrnehmung und Erkenntnis und damit auch einer neutralen Methode, aber auch dem neutralen Wissenschaftler endgültig ein Ende setzt. Mit der Wahl der Methode eilt uns bereits eine Sichtweise voraus, die wir nicht mehr einholen oder gar überholen können. Insofern ist auch die Hoffnung auf Intersubjektivität nur eine Krücke, um eine Gemeinsamkeit der Sicht herzustellen, die prinzipiell nicht möglich ist.

Für die herrschenden Wirtschaftswissenschaften ist diese Erkenntnis nicht zum Thema geworden. Für sie gilt noch immer die Trennung von Subjekt und Objekt sowie die damit verbundene und meist nicht benannte ontologische Vorentscheidung über eine zu erkennende Welt mit ihren Gesetzmäßigkeiten. Die Folge ist der vorherrschende *Positivismus* bzw. *Neopositivismus*. Wer so dominant „*Gestaltung*", positive Theorie, auf seine Fahne geschrieben hat, braucht natürlich eine irgendwie legitimierte „*Erklärung*". Die Welt als eine zu handelnde ist solcher Betrachtung fremd.

Werden Methoden systematisch untersucht, wird von *Methodenlehre* oder *Methodologie* gesprochen. Zu einem wirtschaftswissenschaftlichen Studium gehören in der Regel Lehrveranstaltungen zur statistischen Methodenlehre, vielleicht zur empirischen

Sozialforschung, mitunter zur Methodologie bzw. Wissenschaftstheorie der Wirtschafts- und Sozialwissenschaften. Die Veranstaltungen sind meist nicht sehr beliebt, weil sie als rein handwerklich, häufig als langweilig und gelegentlich als schwierig gelten, aber auch, weil sie sich nicht oder nur in Beispielen den sogenannten Sachfragen widmen. Umgekehrt verlieren in den anderen Kursen und Seminaren zu diesen sogenannten Sachthemen die wenigsten Vortragenden einen Satz darüber, wie, woher und warum sie behaupten können zu wissen, was sie zu wissen vorgeben. Von einer wissenschaftlichen Auseinandersetzung mit einem Fachgebiet muss aber gerade die Verknüpfung bzw. gemeinsame Beleuchtung von „Sach-" und „Methodenfragen" erwartet werden, sofern eine Orientierungshilfe beabsichtigt ist. Verständlicherweise ist das aber weit weniger als „präzise" Beschreibungen oder praktische Anweisungen, aber weit mehr als die bloße Behauptung von Wissen.

Theorien, also geordnete Aussagen über Beobachtungen oder Gedanken, Gemeinsamkeiten, Zusammenhänge und Unterschiede, mögen anhand vorgegebener Kriterien von bloßen Spekulationen unterscheidbar sein. Die vorgegebenen Kriterien allerdings lassen sich nicht mehr methodisch begründen. Selbst jeder mathematische Beweis enthält mindestens einen unbewiesenen Satz. „[...] die Infinitesimalmethode ist eben [...] kein rein mathematischer Vorgang." (Wesselsky 1927, 14) Es gehört ein großer Glaube dazu, sich ihr oder anderen „unbestechlichen" Experten zu überlassen. Auch ist die normative Forderung, eine Theorie solle widerspruchsfrei und empirisch belegbar sein, dann sinnlos, wenn die Theorie Widersprüche im beobachteten „Sachbereich" nicht „abdiskontieren" oder unterschlagen soll, und unerfüllbar, wenn es um das Raisonnement innerhalb eines abstrakten Regelsystems geht. Präzision kann beides heißen: Klares klar und Verschwommenes verschwommen abbilden. Aber das Klare und das Verschwommene, das Widerspruchsfreie und das Widersprüchliche sind untrennbar mit denjenigen verbunden, die es formulieren. Vorgegebene Kriterien enthalten und zeigen zugleich das Aspekthafte der Methodenwahl und ihrer Ergebnisproduktion. „Es wäre verfehlt, [...] den Aspektcharakter aller Methodenuntersuchungen zu übersehen und im Sinne eines pars pro toto auch erkenntnistheoretische und ontologische Fragen oder gar moralische Entscheidungen durch eine Methodenanalyse ersetzen zu wollen." (Rapp 1971, 919) Allerdings ist in den Wirtschaftswissenschaften eine im ethischen Sinne wertende Diskussion bisher kaum wirklich zum Tragen gekommen. Das gilt trotz Nell-Breuning (vgl. z.B. 1949), der sogenannten sozialen Marktwirtschaft und der seit den 70er Jahren verstärkt sich entwickelnden Diskussion zur *Wirtschaftsethik* (vgl. z.B. Langner 1996; Homann & Blome-Drees 1992).

Die Versuche, eine – ethisch begründete oder auch amoralische, apolitische, ahistorische, asoziale („wertfreie") – unwiderlegbar begründete, allgemeingültige, folgerichtige und effiziente Denk- und Handlungsweisen benennende oder erzwingende Verfahrensvorschrift zu entwickeln (vgl. z.B. F. Bacon, R. Descartes, J. St. Mill), sind gescheitert. Der Traum von der *großen Theorie* ist damit so ausgeträumt wie der von der großen Erzählung (Vgl. z.B. Foucault 1991, Lyotard 1994, Derrida 1976). Daher kann es auch nicht verwundern, dass die Wirtschaftswissenschaften keinen spezifischen eigenen Methodenkanon entwickeln konnten. Natürlich gibt es im Zeitablauf einen Mainstream, ein *herrschendes Paradigma*, das von eingeschworenen Methodenfetischisten und Ideologen verbissen zu verteidigen versucht wird, obwohl seine Aufhebung in ihm angelegt ist (vgl. Fleck 1980). Aber das ist eben keine Methodenfrage mehr, sondern eher eine der Reflexion, der Methodenkritik und/oder der Ideologie. Dennoch – oder gerade deshalb – ist es interessant der Frage nachzugehen, welche Prothesen sich Wirtschaftswissenschaftler zur „Begründung" ihrer Aussagen zurecht gemacht haben. Konsequenterweise werden solche Betrachtungen in hohem Maße eklektisch bleiben müssen.

3.   Woher kommt das Wissen in den Wirtschaftswissenschaften?

Woher also kommt das Wissen in den Wirtschaftswissenschaften und was für ein Wissen ist es, das so (wie?) kommt? Grundsätzlich lässt sich sagen, dass die Vielfalt der Antworten zu dieser Frage der Vielfalt der Sichtweisen von Wahrheit, Erkenntnis, Praxis, Wissenschaft, Theorie und Welt entspricht, die – ontologischem und erkenntnistheoretischem *Vorverständnis* entsprechend – in den Fragen und Antworten schon vorausgesetzt werden. Andererseits zeigt sich, dass es ein weitgehend positivistisches Paradigma ist, das die Wirtschaftswissenschaften auch im Jahr 2000 beherrscht. Sie glauben weitgehend, dass die Welt erkannt werden kann, und sie wollen sie erkennen, um sie verfügbar zu machen, zu beherrschen.

Soweit Wirtschaftswissenschaftler sich der Mathematik bedienen, z.B. weil sie sie für „unbestechlich" halten, ist ihre Methode *analytisch-deduktiv, axiomatisch*. Ursprünglich wurde die *Axiomatik* entwickelt, um nach der Lösung eines singulären Problems angeben zu können, für welche Klasse von Problemen dieser Lösungsweg entsprechend gegangen werden kann. Im Laufe der weiteren Entwicklung wurde die Benutzung der Axiomatik „gedreht". Nun wird sie auch benutzt, um – ausgehend von Axiomen – anhand bestimmter Ableitungsregeln in deren Sinne logisch gültige Theoreme zu deduzieren. Für methodologische Untersuchungen stellt sich beispielsweise die Frage, ob bzw. wie die Axiome und die Ableitungsregeln das Spiel bestimmen (vgl. Lorenzen 1968). Debreu (1976) hat für axiomatische Untersuchungen und deduktive Ableitungen in den Wirtschaftswissenschaften einen Nobelpreis erhalten.

Nicht wenige Wirtschaftswissenschaftler rechnen die Wirtschaftswissenschaften zu den *Realwissenschaften*. Beobachtbare Phänomene sollen ihrer Meinung nach in umfassenden Theorien geordnet und für sich wie in ihrem Bezug aufeinander erklärt werden. Gelingt die hypothetisch-deduktive *Erklärung*, werden aufgrund von Beobachtungen *Hypothesen* aufgestellt, die empirisch getestet werden können. Wirklichen Informationsgehalt produzieren diese Tests nur, wenn verifizierte Hypothesen durch die Änderung der Bedingungen, unter denen sie gelten, falsch werden (vgl. Popper 1969). Der letzte Schritt, der zur *Falsifizierung* führt, gibt Auskunft über die Wirksamkeit der veränderten Einflussgröße bzw. Randbedingung. Werden die Hypothesen bestätigt, lässt sich wenig sagen: Der Erfolg hat viele Väter und Mütter. Lernen lässt sich in komplexen Situationen nur aus Fehlern, die Handlungs- oder Verhaltensweisen auszuschließen gestatten, nicht aus dem Erfolg. Dennoch wird, weniger streng, auch die bestätigte Hypothese pragmatisch genutzt. Der Gedankengang lässt sich wenden: Wenn unter bestimmten Bedingungen gilt: aus „A" folgt „B", kann „B" produziert werden, wenn „A" unter eben diesen Bedingungen eingesetzt werden kann. Unter Bezugnahme auf Hempel (1964) schreibt Rapp (1973, 921, 922): „Diese Ableitung von Aussagen über spezielle Sachverhalte aus übergeordneten Gesetzen bietet einmal die Möglichkeit, untersuchte Phänomene in einen umfassenden theoretischen Kontext einzuordnen und eben dadurch zu 'erklären', und zum anderen, Voraussagen über künftige, bisher nicht beobachtete Ereignisse zu machen." (Vgl. auch Kirsch zur chronischen Unreife der empirischen Sozialforschung, 1981)

Der Preis für eine derartige Formierung ist hoch. Innovative und kreative Deutungsmuster haben in einem so verengten Diskurs kaum Raum. Die Handhabbarkeit der Eindimensionalität solcher Gedankenführung bietet freilich auch Vorteile – der Überschaubarkeit, der Abgrenzbarkeit und der Ausgrenzbarkeit –, nicht zuletzt ihren Handhabern. Im Rahmen Newtonscher Physik bzw. *wohl definierter Probleme* lassen sich auf diese Weise umfangreiche Systeme aufbauen. Im *trivialen System* gehorcht der Output dem Input (vgl. Foerster 1993). Das gilt besonders für manche große Ingenieurleistung. Die Formulierung technischer Zweck-Mittel-Relationen ist solchen Ingenieurleistungen vorausgegangen. In Organisationen liegen die Dinge komplizierter und komplexer. Funktion und Struktur von Systemen sind nicht eineindeutig aufeinander abbildbar, und so zeigt sich in der organisationalen Praxis auch, dass es vernünftig ist, statt von eindeutigen Ziel-Mittel-Ketten auszugehen, besser von Ziel-Mittel-Vermutungen zu sprechen.

Grundsätzlich stellt sich die Frage, ob man sich sogenannten „strengen Kriterien wissenschaftlicher Verbindlichkeit" (Rapp 1971, 927) ausliefert, deren dezisionistischer (d.h. durch Entscheidung bestimmter und letztendlich nicht begründbarer) Hintergrund als unbestreitbar gilt oder als solcher dargestellt wird, oder ob man „in der Bedeutung der anstehenden Fragen das maßgebende Kriterium sehen und bewußt in den Bereich spekulativer Deutungen eintreten" (Rapp 1971, 927) will. Die Beispiele technischer Verfügung über das Verhältnis zwischen Zwecken und Mitteln zeigen, dass die Disziplinierung durch Disziplinen in bestimmten Situationen sehr praktisch sein und technischem Interesse dienen kann.

In der Wirtschaft haben wir es aber in der Regel mit *schlecht strukturierten Problemen* (vgl. Heinen 1991) in *nicht trivialen Systemen* zu tun, in denen der Output nicht zwangsläufig dem Input folgt. In ihnen ist zumindest eine der folgenden Bedingungen verletzt:
- eindeutige Ziele,
- vollständige Menge der Alternativen, die jede für sich die vorhandene Ressourcenmenge voll ausschöpfen,
- eindeutig ableitbare Konsequenzen der Alternativen, die in den Thermen der Zielfunktion beschrieben werden können,
- ein Algorithmus, eine Rechenregel, die es ermöglicht, die Alternativen nach ihrem Beitrag zur Zielfunktion eindeutig zu ordnen.

Ist auch nur eine dieser Bedingungen nicht erfüllt, ist das Problem „praktisch" zu handhaben. Das gilt beispielsweise bereits, wenn jemand den Kinobesuch einer Schokolade, diese einem Satz Briefmarken, den Satz Briefmarken aber dem Kinobesuch vorzieht. „Praktisch handhaben" heißt also eine in der Situation befriedigende „Lösung" finden, z.B. mit sich selbst oder durch Aushandeln einer Verständigung, etwa über den nächsten durchzuführenden Schritt. Weniger „*Verstehen*" ist das Ziel als vielmehr „*Verständigung*". Kommunikativ-praktisches Interesse bestimmt diese „unübersichtliche" Praxis.

„Wir verstehen uns" heißt im Fall schlecht strukturierter Probleme „Wir haben uns verständigt". Beispiele für diese Situation sind ohne Zahl. Sie finden sich in der Wirtschaftspolitik, der Unternehmenspolitik, der Motivation von Mitarbeiterinnen und Mitarbeitern, der Berufung von Fachkolleginnen und -kollegen, der Bestimmung des Kirchensteuersatzes, der Festsetzung des Vereinsbeitrags eines Tennisclubs, der Bezahlung der Parlamentsabgeordneten, der Bestimmung des Taschengeldes (im günstigsten Falle) usw. Verständigung muss dabei übrigens keineswegs ein umfassender Konsens sein, der etwa (die Forderung von Konsens macht ihn zur Waffe!) die Vereinheitlichung unterschiedlicher Ziele einschließen würde.

Die Suche nach Erklärungen, die danach zur Gestaltung bzw. *Prognose* benutzt werden können, hat aber noch einen weiteren Haken. Sie führt nämlich zu einer *Paradoxie*. Wenn aufgrund einer sogenannten Gesetzmäßigkeit und der entsprechenden Prognose eine Katastrophe eintreten würde bzw. vorhergesagt wird, wird man alles daran setzen, die Katastrophe zu verhindern. Tritt die Katastrophe dann nicht ein, lässt sich nicht sagen, ob sie verhindert worden ist oder ob sie überhaupt nicht eingetreten wäre. Beispielsweise wird immer wieder behauptet, dass manche Kursbewegung an der Börse selbst-induziert ist, weil in manchen Programmen die Über- oder Unterschreitung bestimmter Interventionslinien (Kurshöhen) mehr oder weniger automatisch zu Käufen oder Verkäufen führt.

Auch der umgekehrte Fall ist denkbar und kommt vor. Das wurde bereits in dem einleitenden Beispiel angedeutet. Die Prognose eines Ereignisses führt dazu, dass die Menschen sich genau so verhalten, dass dieses Ereignis eintritt. Es gibt nicht wenige gesunde Firmen, die Konkurs anmelden mussten, weil die vorgelegten Kennzahlen nicht der von den Banken geforderten Höhe entsprachen und die Banken nicht bereit waren, die Kreditlinien stehen zu lassen oder zu erweitern, sodass z.B. der notwendig wachsende Umsatz hätte vorfinanziert werden können. Hier wird ein wohl strukturierter Zusammenhang zwischen Kennzahlenhöhe und Konkursgefahr von den Banken unterstellt, der analytisch nicht belegbar ist. Es handelt sich vielmehr eindeutig um ein komplexes, schlecht strukturiertes Problem, zu dessen Handhabung Verständigung angesagt wäre, die aber von den Banken verweigert wird. Macht ist im Spiel: Der Ober sticht den Unter. Mitunter wirkt sich eine schlechte Prognose auch so rufschädigend aus, dass sie sich deshalb selbst erfüllt.

Verstehen und Verständigung sind Methoden, die im wissenschaftlichen Kontext nicht die einzelne Verständigungsleistung praktischen Aushandelns von Kompromissen und Koalitionen meinen, sondern eine *Metaverständigung* über das gemeinsame Vorverständnis. Wie denkt einer, wenn er so denkt, wie er denkt? Das ist die Frage, die Reflexionsleistung und Bezugnahme auf das Vorverständnis einfordert. Sie wird im gegenwärtigen Mainstream herrschender Wirtschaftswissenschaften nicht radikal gestellt. Ansatzpunkte in diese Richtung liegen in interdisziplinären Grenzüberschreitungen vor, da in solchen Versuchen sich die Notwendigkeit zeigt, den engen eigenen Methodenkanon zu überschreiten, um der *Multikontextualität* des Problems gerecht werden zu können. Auch Deutungsmuster anderer Kulturkreise könnten hilfreich sein.

In der Volkswirtschaftslehre ist *Interdisziplinarität* seltener als in der Betriebswirtschaftslehre. Bei letzterer gehen die Anleihen an die „Nachbardisziplinen" schon so weit, dass von einigen der Verlust der eigenen Identität des Faches befürchtet wird, während andere Fachvertreter von der Betriebswirtschaftslehre als transdisziplinärer Wissenschaft sprechen. Vermutlich gehen beide zu weit. Erstere klammern sich mehr an die disziplinierende Wirkung der Disziplin und die Reste des einstürzenden Elfenbeinturms – oder an die kolonialisierende Globalisierung und ihre ahistorische und apolitische „Erklärung". Letztere hingegen sehen nicht, dass auch bei sehr interdisziplinärem Ausschwärmen in aller Regel nicht Multikontextualität oder Vielsprachigkeit für betriebswirtschaftliche Aussagen erreicht wird, sondern nur eine eher pragmatische und sehr eklektisch verstärkte Ausbeutung der „Nachbardisziplinen", zu deren Verständnis die Metatheorie ebenso fehlt wie die hinreichende Reflexion auf historische, soziale, institutionelle und politische Implikationen der übernommenen Versatzstücke. So kann es nicht verwundern, dass auch in der Betriebswirtschaftslehre seit den 80er Jahren wieder eine ökonomistische Gegenbewegung eingesetzt hat, die ihre Vorstellungen in erster Linie auf der Basis von „klassischen" Ausgangspositionen der Mikroökonomie entwickelt und letztendlich auf einen schon länger zu beobachtenden ökonomistischen Imperialismus (McKenzie & Tullock 1984; Becker 1982; vgl. kritischer: Kappler 1983) zurückzuführen ist.

Ganz allgemein lässt sich die Schwierigkeit bei der Verknüpfung von Methode und Gegenstand schon in dem Streit zeigen, ob die Wirtschafts- und Sozialwissenschaften geisteswissenschaftliche oder naturwissenschaftliche Methoden übernehmen sollen. Es lohnt sich diesem Streit nachzugehen, auch wenn er – etwas beschämend – zeigt, dass das naturwissenschaftliche Verständnis der Ökonomen in aller Regel bei Newton stehen geblieben ist.

In der Betriebswirtschaftslehre zeigt sich ein Beispiel für fehlende Metareflexion etwa in den Versuchen, strategisches und operatives Management in einen zeitlichen Horizont einzuordnen. Nach dieser Aussage ist *Strategie* langfristig auf die Zukunft gerichtet, während Operationen in der Gegenwart bzw. kurzfristig ablaufen. Allerdings gelingt die Verzahnung zwischen langfristigen Vorstellungen und daraus abzuleitenden Handlungen bzw. Verhaltensweisen in der Gegenwart nicht hinreichend. Bei genauerer Betrachtung lässt sich sagen, dass Strategie den Rahmen und die Orientierungen abgibt, innerhalb derer die wesentlich von der vorhandenen Situation geprägten Schritte ablaufen. *Strategie* und *Operation* sind unter Bezugnahme auf eine andere *Rationalität* also eher „Parallelwelten" und in ihrer Bestimmung keineswegs kausal voneinander abhängig (Vgl. Jullien 1999). Generell lässt sich zeigen, dass eine *Zweckrationalität* der klaren Trennung zwischen Zielen und Mittel nicht durchgehalten werden kann. Ziele werden durch Mittel bestimmt und umkehrt. Darüber hinaus steht in der Rationalitätsauffassung der herrschenden ökonomischen Theorie der Rationalität der Mittelentscheidungen die Irrationalität der Zielentscheidungen gegenüber (vgl. Myrdal 1933, Arrow 1951, Simon 1957, Aldrup 1971, Homann 1980, Ulrich 1986, Kappler 1983, 1993).

In jüngerer Zeit haben Wirtschaftswissenschaftler auch die *experimentellen Methoden* zu nutzen versucht. Vor allem in spieltheoretischen Untersuchungen hat das zu Einsichten geführt, die wiederum eines Nobelpreises für würdig befunden wurden.

Grundsätzlich ähnelt diese Methode der Axiomatik und ihren Deduktionen. Sie unterscheidet sich auch kaum von der Arbeit mit Modellen, die in den Wirtschaftswissenschaften weit verbreitet ist, wenngleich sie diese Methode wesentlich extensiviert und experimentell erweitert (vgl. Harsanyi/Selten 1988; Selten 1988).

Im *Modell* wird die Problemstellung zumindest in vierfacher Weise vereinfacht (vgl. Schneider 1972, 11):

(1) Zumindest in der Volkswirtschaftslehre werden Einzelgrößen zu Gesamtgrößen zusammengefasst. In der Betriebswirtschaftslehre werden, wie in der Volkswirtschaftslehre, eine Auswahl der relevanten endogenen und exogenen Variablen und eine Entscheidung über ihre Operationalisierung getroffen. Die endogenen Variablen werden durch das Modell bestimmt und erklärt, die exogenen bestimmen die Werte des Modells, werden aber durch Faktoren bestimmt, die außerhalb des Modells liegen. Was endogene oder exogene Variablen sind, wird in diesem Verständnis vorwissenschaftlich subjektiv vom Forscher bestimmt. Die *Operationalisierung* ist die Fassung einer Variablen in eine beobachtbare Messgröße. Diese Festlegung führt grundsätzlich allerdings zu einem unendlichen Regress, da letztendlich nicht der Beweis erbracht werden kann, dass die Messgröße genau das ausdrückt, was die gewählte Variable meint bzw. bedeuten soll. Der *unendliche Regress* wird daher für solche Beweisführung pragmatisch abgebrochen.

(2) Um die Bestimmung der Wirkung einer Variablen in einem größeren Zusammenhang zeigen zu können, greifen die Wirtschaftswissenschaften auf die *Partialanalyse* zurück. Mit der *ceteris-paribus-Klausel* wird eine Fiktion konstruiert. Alle Einflussgrößen eines Modells werden konstant gehalten, bis auf die eine, deren Einfluss als unabhängige Variable geprüft werden soll. In der Betriebswirtschaftslehre ist in ähnlicher Weise eine „*reine*" *betriebswirtschaftliche Theorie* zu entwickeln versucht worden. Sie erfährt ihre differenzierteste Ausbildung durch Erich Gutenbergs Rückgriff auf Vaihingers *Philosophie des Als-ob*. Gutenberg will beispielsweise die rein betriebswirtschaftliche Komponente des Zusammenspiels des Kapitals im Unternehmen von den Organisations- und Managementfragen trennen. Das sollte durch die Annahme geschehen, dass die Organisationsprobleme und die menschlichen „Irritationen" gelöst wären (vgl. Gutenberg 1929). Ein wenig erinnert der Gedanke an den fürchterlichen mittelalterlichen Versuch, Kinder völlig isoliert aufzuziehen, um die Ursprache der Menschen zu erfahren. Es leuchtet unmittelbar ein, dass die Konstruktionen auf der Basis der ceteris-paribus-Klausel wie auf der Basis einer Fiktion des Als-ob („Tun wir 'mal so ...") selbst *Fiktion* sind, aber dennoch nicht ohne Wirkung bleiben müssen, wenn sie sich machtvoll durchsetzen lassen.

(3) Die dritte Vereinfachung betrifft die Form der verwendeten Gleichungen. Vorherrschend waren lange Zeit lineare Gleichungen und Kausalbeziehungen. Beide Bedingung sind inzwischen aufgeweicht. Die Verknüpfung von Variablen in Modellen kann inzwischen auch nicht-linearer Art sein. Das reine Denken in Kausalitäten ist ebenfalls ergänzt worden durch die Akzeptanz von Wechselwirkungen und chaotischen Variablenbeziehungen, denen zum Teil mit Hilfe von *Simulationen* nachzugehen versucht wird. In der Organisationstheorie beispielsweise hat der Begriff der Organisationskultur Einzug gehalten. Dieser weitgehend diffuse Begriff wird benötigt, um für die „Unübersichtlichkeit" komplexer Systeme eine Sprachbasis zu bekommen. So öff-

net „*Organisationskultur*", auf den Begriff gebracht, u.a. einen völlig anderen Methodenkanon gegenüber der Modellbildung: *Story Telling* (vgl. z.B. van Maanen 1988; Czarniawska-Joerges 1997; Czarniawska-Joerges & Guillet de Monthoux 1994; Kappler & Laske 1999; Königs 2000).

(4) Eng mit der ontologischen Grundvorstellung einer auf Gesetzmäßigkeiten aufbauenden Welt verknüpft ist die Rationalitätsvorstellung der ökonomischen Theorie. Es ist eine formale und dem *Funktionalismus* entlehnte *Rationalität*, die die Zielfindung außer Acht lässt und glaubt, es reiche für eine Theorie aus, den wie auch immer vorgegebenen Zielen geeignete Mittel zuordnen zu können. „Freilich schickt sich die Ökonomik inzwischen an, solche Formalität abzuschütteln und ideologisch ihre 'imperialistische' Bestimmtheit zu rechtfertigen, indem sie das Verhältnis von Rationalität und Ökonomie umdreht. Ist erst das *Rationalprinzip* ein ahistorisches Grundprinzip menschlichen Verhaltens und Handelns, so wird schließlich der *homo oeconomicus* zum scheinbar alles erklärenden Modell rationaler menschlicher Lebensart." (Kappler 1993, 3658)

Die Arbeit mit Modellen ist vielfach kritisiert worden. Ihr fiktionaler Charakter wurde bereits angesprochen. Verbunden ist damit weitgehend auch eine (mitunter sicherlich gewünschte) Unangreifbarkeit. In *nicht trivialen Situationen* vereinfachen Modelle zu stark. Sie können aber auch benutzt werden, um die machtvolle Formierung einer Situation ideologisch zu rechtfertigen. Das zeigt sich beispielsweise in der Berufung von Vertretern der Marktwirtschaft auf Adam Smith. Das Modell des vollkommenen Marktes auf der Basis egoistischer Individuen, das zum größtmöglichen Wohlstand für alle führt, wurde von dem Moralphilosophen Smith nicht zur Rechtfertigung der Marktwirtschaft konstruiert. Er war sich vielmehr bewusst, dass diese Modell empirisch nicht umsetzbar ist. Tatsächlich ist es auch nirgendwo verwirklicht. Ein zweites Beispiel geht ebenfalls auf Adam Smith (1776) zurück. In seinem berühmten Nadelbeispiel beschreibt er, wie arbeitsteilig effizienter produziert werden kann. Allerdings brechen die Zitate in der Regel an dieser Stelle ab und verschweigen, dass Smith sehr wohl darauf hinweist, dass diese Art der Arbeitsorganisation inhuman ist, da sie zur Dequalifizierung führt.

Welche verkürzten Interpretationen bei aspekthafter, ahistorischer und apolitischer Sicht modelltheoretischer Art entstehen können, zeigt auch das Beispiel des Scientific Management von Frederic Winslow Taylor (1913). Seine Untersuchungen und seine Praxis werden im Allgemeinen angeführt, um eine angeblich ingenieurmäßig verkürzte Arbeitsablaufgestaltung zu beschrieben und zu kritisieren (Taylorismus). Selten kommt zur Sprache, dass Taylor bei seinen Tests und der Implementierung seines Systems psychologisch sehr geschickt vorging und dass das System vor allem auch die Funktion der Zerschlagung der Führungsebene (Meisterebene) der Arbeiterbewegung übernahm. Diese Funktion konnte das System erfüllen, weil es die Einheit der Leitung durch Meister mit der Einführung des sogenannten Funktionsmeistersystems aufsplittete. Den Arbeitern wurden nun von den Funktionsmeistern unter Umständen widersprüchlichen Anweisungen gegeben, was die Autorität der Meister und damit ihre Führungsrolle unterminierte.

Auch wenn die Schwächung der Arbeiterbewegung nicht Taylors explizites oder implizites Ziel war, zeigt das Beispiel doch deutlich, dass mit Modellen *Anreizwirkungen*

verknüpft sein können, die nicht unbedingt von den Modellkonstrukteuren vorherge-
sehen oder beherrscht werden. Ähnliches zeigt sich auch im Rechnungswesen der Unternehmen. Die unterschiedlichen Möglichkeiten der Abbildung eines Unternehmens
entfalten differenzierte Anreizwirkungen, die bisher – zumindest in der deutschsprachigen Literatur zum Rechnungswesen und Controlling – kaum zur Sprache gekommen sind (einige Ausnahmen: Wagenhofer 1995, 1997, 1999, Wagenhofer & Riegler
1994, Kappler 1972, 2000a; vgl. anders in der englischsprachigen Literatur z.B. Hopwood 1987; vgl. auch Lem 1973, der in spannenden dialektischen Science-Fiction-
Geschichten die Verwirrungen darstellt, die sich aus der Verwechslung bzw. Gleichsetzung von Bild und Wirklichkeit ergeben). Nicht nur betriebs- bzw. unternehmens-
politisch ist anzumerken, dass Politik damit gemacht wird, dass unterschiedliche Darstellungsformen unterschiedliche Interpretationen und Beurteilungen hervorrufen
können. Marketing und Personalpolitik leben geradezu von dem schillernden Glanz
der Mehrdeutigkeiten.

Wenig anerkannt ist die *induktive Methode*, bei der vom Einzelfall auf die Gesamtheit
geschlossen wird. In strenger Form kann sie für die Axiomatik benutzt werden. Sie
findet aber auch Anwendung, wenn Praktiker oder Wissenschaftler sich auf ihre Erfahrung berufen. „Die tatsächliche Forschungspraxis lässt sich nicht nahtlos in solche
starren Schemata [der hypothetisch-deduktiven Methode; E.K.] einordnen (vgl. Hübner 1969). So wird man beispielsweise bei der Beurteilung einer bestimmten Theorie
neben den einschlägigen Beobachtungsergebnissen auch den umfassenden For-
schungskontext in Betracht ziehen, und gegebenenfalls trotz gegenteiliger Beobachtungen aus pragmatischen Gründen an der betreffenden Theorie festhalten oder versuchen, sie durch geeignete *ad-hoc*-Annahmen theoretisch zu rechtfertigen." (Rapp
1973, 922)

4. *Welches* Wissen kommt in den Wirtschaftswissen-
schaften vor?

Alle kritischen Einwände zu den bisher dargestellten Methoden weisen auf die Un-
trennbarkeit von Methode, Gegenstandsbereich und Beobachter und die *Selektivität*
wissenschaftlicher Aussagen. Zwar ist zu bedenken, dass die Komplexität positiver
Theorieansätze es zweckmäßig erscheinen lässt, dass Schulenbildungen erfolgen, in
denen *Denkkollektive* (Fleck 1980) die Breite und Tiefe eines Ansatzes ausschöpfen,
doch sind die immer wieder zu beobachtenden Versuche dogmatischer Verfestigung
eines Ansatzes und ideologischer Ausgrenzung systemtranszendierender Fragestellungen abzulehnen.

So sind auch in den Wirtschaftswissenschaften Methode, Untersuchungsobjekt, Beobachter und Ergebnis von Forschungsbemühungen in gleicher Weise in Frage zu stellen. Dabei zeigt sich, dass vielfach die Grundannahmen bzw. das Vorverständnis weit
über die systemimmanent zu formulierenden Fragen und Kritikpunkte hinausgehen.
Momente des epistemologischen, ontologischen und methodologischen Vorverständ-
nisses wurden allgemein bereits angesprochen. In den Wirtschaftswissenschaften
herrschender Prägung zeigt sich das noch detaillierter in der Hypostasierung des Indi-

viduums und im Verhältnis von Praxis und Theorie. Das *Individuum* etwa wird kaum als ein in und von der Gesellschaft mitgeformtes Wesen verstanden, sondern eher als bedingungslos frei – sei es nun „rational", „beschränkt rational" oder „irrational" (vgl. Simon 1959; Heinen 1991).

In der Organisationswissenschaft „Betriebswirtschaftslehre" führt die Ideologisierung des Individuums beispielsweise zu nahezu verzweifelten Versuchen, individuelles und organisationales Lernen voneinander abzugrenzen bzw. organisationales Lernen als „Mosaik" aus den bunten Steinen individuellen Lernens zu bestimmen. Erst die Einführung des Begriffs der Organisationskultur ermöglichte es ein wenig, den Einfluss von Kultur und Verfassung auf die Prägung und Formung individueller Verhaltensweisen zu beleuchten und für die Interessen des Managements und der Kapitaleigner nutzbar – gelegentlich auch diese Interessen unterlaufbar – zu machen. Wer das Lesen lernen muss, um Bedienungsanleitungen entziffern zu können, kann auch sehr bald kritischere Literatur aufnehmen. Das war die Kehrseite der Einführung einer allgemeinen Schulpflicht.

In besonderer Weise ist das Verständnis von *Praxis* und *Theorie* in den herrschenden Wirtschaftswissenschaften ausgeprägt. Praxis ist aus dieser Sicht das Sperrige, mitunter das „Irrationale", „Unlogische". Wer beispielsweise aus durchaus angebbaren Gründen öfter seine Stelle oder sein Studienfach wechselt, hat nach Ansicht mancher Personalchefs einen Zickzack-Lebenslauf, obwohl er aus seiner eigenen Sicht möglicherweise auf einer geraden Linie geblieben ist. Der Bewerber ist „irrational", weil er nicht der „Rationalität" des Personalchefs unterliegt. Hingegen ließe sich auch argumentieren, er ist frei und rational, wenn er sich dieser „Rationalität" nicht beugen muss.

Wer *positive Theorie* als Vorstellung der Annäherung an eine „komplette Beschreibung", also an den „ganzen Zusammenhang", die „ganze Theorie" entwickeln will, um sie zu benutzen (auszubeuten), muss so diskreditieren. Positive Theorie, die Gestaltungsvorschläge entwickeln will (z.B. auch, weil sich damit Geld verdienen lässt), setzt voraus, dass das Wissen-Wollen befriedigt werden kann durch die Entdeckung oder Entwicklung des Noch-nicht-Gewussten. Darin liegt freilich noch kein Unterschied der wissenschaftlichen zur anderen Praxis. Aus der Anwendung von Methode lässt sich kein hinreichender Unterschied konstruieren. Auch ein Schuster denkt darüber nach, wie er seine Arbeit aufgrund der gegebenen Umstände und Einflüsse effizient und gut machen kann. So muss sich Wissenschaft weitgehend institutionell definieren: „Economics is what economists do." Oder: „Nichts ist so praktisch wie eine gute Theorie." Natürlich ist dieser Satz eindeutig gemeint: „Erst die Theorie und dann die Praxis" – und gute Theorie ist das, was Wissenschaftler produzieren. Will man Wissenschaft nicht nur institutionell definieren, so muss man das Erkenntnisproblem eliminieren, am besten, indem man den erkennenden Wissenschaftler eliminiert. Erkenntnis ist dann keine Tätigkeit mehr, sondern ein Verfahren (vgl. Kulenkampff 1973, 400).

All die soeben genannten Sprüche lassen aber auch eine andere Deutung zu. Es könnte sein, dass auch der Praktiker eine gute Theorie hat, vielleicht sogar eine bessere als die die Grautöne verwischende Abstraktion des Wissenschaftlers. Radikaler noch: Die der Praxis vorausgehende Theorie ist nicht die eines besserwisserischen

Wissenschaftlers oder eines reflektierten Handwerkers, sondern der in der Situation immer schon vorhandene Zusammenhang aller Bestimmungsmomente *(Praxistheorie)*, der bis zu einem gewissen Grade („Zu Wirkungen und unerwünschten Nebenwirkungen fragen Sie ...") von dem eingreifenden Individuum aktiviert wird. So ließe sich formulieren: Nur die Praxis enthält die ganze Theorie. Nur der praktische Augenblick enthält all seine Bestimmungsmomente. Jeder Abbildungsversuch ist bereits Selektion, Wertung, Bewertung, Unterscheidung, Scheidung. Es kommt also immer schon bestimmtes Wissen mit in die abstrakte Theorie hinein, ohne dass diese Bestimmung in der Regel hinreichend reflektiert wird oder werden kann. Auch der ökonomische Begriff der „*Optimalität*" erweist sich vor diesem Hintergrund rasch als interessenbezogen und nicht wertfrei. Jede Situation ist Ergebnis des möglichen Zusammenspiels aller in der Situation wirkenden Kräfte. Jede Situation ist damit im Sinne der ihr innewohnenden Möglichkeit optimal. Wird „optimal" dagegen als geeignetes Zusammenwirken im Hinblick auf einen Zweck oder ein Ziel definiert, besteht Optimalität nicht mehr im „freien" Zusammenspiel wirksamer Kräfte, sondern im Versuch, das Zusammenspiel der Einflussfaktoren der Situation im eigenen Interesse zu lenken (vgl. Kappler 2000b).

Damit wandelt sich die Frage nach dem Woher des Wissens in den Wirtschaftswissenschaften zur Frage nach der Art und den Inhalten des Wissens, die in die Wirtschaftswissenschaften eingehen. Wenn Universalität und Voraussetzungslosigkeit nicht erreichbar sind, muss das Konsequenzen für die Methoden innerhalb des wirtschaftswissenschaftlichen Diskurses haben. An die Stelle einer Verallgemeinerung durch Abstraktion und ihre ahistorische wie apolitische Statik treten Einwände aus der Sicht der *Kritischen Theorie* (vgl. z.B. Alvesson & Willmott 1996; Alvesson & Deetz 2000), der Postmoderne (z.B. Hassard & Parker 1993), Prozessorientierung, Aktionsforschung (vgl. Moser 1975), kommunikationstheoretische und ethnomethodologische Überlegungen (vgl. z.B. Linstead et al. 1996). Nun geht es nicht mehr um eine Allgemeinheit abstrakter Art, sondern um gemeinsame *Gegenwartsfähigkeit*: Der Prozess der *(V)erallgemeinerung* der konkreten Situation *durch (V)ergegenwärtigung* der Situation durch die in der Situation befindlichen Menschen, die Beförderung und Einengung des Diskurses (Foucault 1991) sind nun das Thema. Fragend müssen wir uns die Situation zu vergegenwärtigen versuchen, hinterfragend, dekonstruierend, rekonstruierend (vgl. Habermas 1968). Um in dieser Weise arbeiten zu können, ist – kontrafaktisch – zu unterstellen, dass Verständigung möglich ist. In dieser Unterstellung redend und besonders fragend, lassen sich immer wieder Momente zeigen, die nicht offen gelegt waren, nicht offen gelegt werden konnten, vorurteilsbehaftet sind usw., also das Scheitern der unterstellten „idealen Sprechsituation" aufgrund immer schon unterschiedlicher Vorbedingungen anzeigen – und zwar das nie endende immer wieder erneute Scheitern bei permanent notwendiger kontrafaktischer Unterstellung möglichen Gelingens aufgeklärter Sprechakte.

Für den *Informationsbegriff* bedeutet das beispielsweise, dass von der Vorstellung abgegangen werden muss, Informationen würden in einer Art Container übersandt, den man nur öffnen müsse, um ihrer habhaft zu werden. Stattdessen wird Information als ein Interaktionsprozess sichtbar, der Informationen im Austausch *und* in ihrer Benutzung erst konstituiert (vgl. Jönsson 1996, 5, 6 unter Bezugnahme auf Moore & Carling 1982). „Accounting has no essence. Meaning is constituted in use", formuliert Hedlin (1996) in einer beachtenswerten Arbeit mit klarem Blick auf Wittgenstein. (Vgl. z.B. zur Möglichkeit einer Theorie des Rechnungswesens, die nicht nur funktionalistisch ist, auch Roslender 1992).

Zeigen lässt sich auch, dass der in den Wirtschaftswissenschaften zentral in den Vordergrund gestellte Begriff der *Knappheit* ausserordentlich ambivalent ist, wenn man ihn hinterfragt. Ein Zitat möge das andeuten: „Es gibt hier eine doppelte Dialektik, die die Ökonomie gegen alle Einwürfe abschirmt, die ihr die traditionelle Moral entgegenhalten könnte, während die Ökonomie gleichzeitig diese Moral auf einen Platz jenseits gesellschaftlicher Wirksamkeit verweist. Die politische Rolle der Ökonomie, die Ordnung durch Bekämpfung der Knappheit – *die* Ursache von Gewalt – abzusichern, begründet den moralischen Wert der Ökonomie und ruiniert die gesellschaftliche Wirksamkeit der traditionellen Moral. Die Erklärung der Gewalt, des Lasters, des Elends mittels Knappheit wurde somit unerlässlich, damit die Ökonomie einen politischen und moralischen Eigenwert gewinnen konnte. Denn sonst hätten die privaten Laster des aufkommenden Individualismus als die wahren Ursachen der Unordnung erkannt werden müssen." (Dumouchel & Dupuy 1999, 181)

5. Ausblick

In den Hinweisen auf das *Story Telling*, die *Aktionsforschung*, bei der der Forscher nicht mehr nur passiver Beobachter, sondern tätiger Teilnehmer der Situation ist, die zu erlangende konkrete *Gegenwartsfähigkeit* oder die Aufnahme multikultureller Kontexte wurde bereits angedeutet, dass es in den kritischeren methodischen Ansätzen zu den Wirtschaftswissenschaften darum geht, das monologische Wahrheitsverständnis traditioneller Wirtschaftswissenschaft durch einen dialogischen Wahrheitsbegriff abzulösen (vgl. Habermas 1973). „Writing Culture" (Clifford & Marcus 1986) bedeutet in den Wirtschaftswissenschaften, Angebote von Erzählungen zu machen, in die die Zuhörer sich aus ihrer konkreten Situation heraus praktisch einklinken können oder nicht, die sie selbst weiterentwickeln können oder nicht, ohne jede Diskreditierung. Im Gegensatz dazu diskriminiert und diskreditiert der monologische Wahrheitsbegriff diejenigen, die ihm nicht folgen, und wirkt in dieser Hinsicht aufgrund der nicht aufgeklärten verborgenen Vorverständnisse eher affirmativ. In der Volkswirtschaftslehre wäre wohl nicht zuletzt mit Blick auf die Wirtschaftspolitik der *Modellplatonismus* zu überwinden und die hohen *Aggregationsniveaus*, die die Wirtschaftssubjekte ignorieren, zu reduzieren. Dies hieße konkret natürlich, einen Weg zu finden, um die Menschen konkreter an wirtschaftspolitischen Fragen zu beteiligen. Dass das Ergebnis mehr als eine marginale Systemkorrektur sein würde, erscheint denkbar, im Zeitalter der Globalisierung aber kaum realistisch.

Gibt es einen Ausblick? Wohl nur, wenn wir ihn selbst schaffen. Auch Wirtschaftswissenschaft könnte dazu beitragen, dass Menschen angstfreier miteinander umgehen können. Dazu müssten Wirtschaftswissenschaftler nicht nur funktionalistische Verfügungsmuster über Ressourcen entwickeln, sondern einen emanzipatorischen Beitrag zur Durchdringung unaufgeklärter Interessenstrukturen leisten. Die stille affirmative

Wirkung von Methoden herrschender Wirtschaftswissenschaften wäre in diesem Sinne durch Fragen, methodische *Leitfragen*, zu erhellen, wie sie etwa Gieseke in seinem Buch „Didaktik der politischen Bildung" vorschlägt (vgl. Giesecke 1973, 159-172). Danach ließen sich auch – und gerade – wirtschaftswissenschaftliche Ansätze und Überlegungen und die dabei benutzten Methoden befragen nach Konflikt, Konkretheit, Macht, Recht, Interesse, Solidarität, Mitbestimmung, Funktionszusammenhang, Ideologie, Geschichtlichkeit, Menschenwürde.

Was schaffen solche Fragen und warum sind sie effizient? Diese Fragen verunsichern, will man sie nicht ideologisch eindeutig beantworten. Bei jeder Antwort ist zu untersuchen, inwieweit sie den Diskurs erweitert *und* einengt. Die Sicherheitsverkäufer der Wissenschaft vermindern unsere Potentiale, weil sie uns vormachen, Sicherheit bieten zu können. Den kreativen Handlungsmöglichkeiten, die Unsicherheit in uns freisetzt, zur Entfaltung zu verhelfen, wäre ein emanzipatorischer Beitrag der Wissenschaft (vgl. Monthoux 1981; Kappler 2000b).

Sebastian Unsinn hat in „Die Utopie der Unternehmung – Kritik des Unvorstellbaren" eine poetischere Andeutung versucht (1997), von deren Erlebnis wir allerdings vermutlich Lichtjahre entfernt sind: „Ökonomie, unerkannt als 'Philosophieren' älteste bekannte menschliche Zwecklehre, hört mehr und mehr in unerkannt überflüssigem Bangen ums Fortleben auf, immerzu ein zweites anderes Dasein zu erfinden, um mittels seiner immerfort neuen Mechanik Welt versagenden Versprechens dieses alte gemeine Dasein aus seinen alten gemeinen Angeln zu heben. Erfahren in je rascherem Rhythmus der immerzu höheren 'Wellen unzähligen Gelächters' beginnt Ökonomie, in je lichterer, weiser Heiterkeit bisherige Ökonomie zu enttäuschen – als fröhliche Wissenschaft."

Literatur- und Medienverzeichnis

Albert, Hans: *Modell-Platonismus*. In: Topitsch, Ernst (Hg.): Logik der Sozialwissenschaften. 2. Aufl. Köln (Kiepenheuer & Witsch) 1965, S. 406-437.

Albert, Hans: *Traktat über kritische Vernunft*. Tübingen (Mohr) 1968.

Aldrup, Dieter: *Das Rationalitätsproblem in der politischen Ökonomie. Methodenkritische Lösungsansätze*. Tübingen (Mohr) 1971.

Alvesson, Mats & Deetz, Stanley: *Doing Critical Management Research*. London u.a. (Sage) 2000.

Alvesson, Mats & Willmott, Hugh: *Making sense of management. A critical introduction*. London u.a. (Sage) 1996.

Arrow, Kenneth J.: *Social Choice and Individual Values*. 2. Aufl., 4. Print. New Haven, Conn. u.a. (Yale Univ. Press) 1951.

Baecker, Dirk: *Die Form des Unternehmens*. Frankfurt a.M. (Suhrkamp) 1993.

Becker, Gary, S.: *Der ökonomische Ansatz zur Erklärung menschlichen Verhaltens*. Tübingen (Mohr) 1982.

Clifford, James & Marcus, George F. (Hg.): *Writing Culture. The Poetics and Politics of Ethnography*. Berkeley u.a. (University of California Press) 1986.

Czarniawska-Joerges, Barbara: *Narrating the Organization: Dramas of Institutional Identity*. Chicago, IL. (The University of Chicago Press) 1997.

Czarniawska-Joerges, Barbara & Guillet de Monthoux, Pierre (Hg.): *Good Novels, Better Management. Reading Organizational Realities.* Chur u.a. (Harwood Academic Publishers) 1994.

Debreu, Gerard: *Theory of Value: An Axiomatic Analysis of Economic Equilibrium. 7. print.* New Haven (Yale Univ. Press) 1976.

Derrida, Jacques: *Die Schrift und die Differenz.* Frankfurt a.M. (Suhrkamp) 1976.

Dumouchel, Paul & Dupuy, Jean-Pierre: *Die Hölle der Dinge. René Girard und die Logik der Ökonomie.* Thaur (LIT) 1999.

Fleck, Ludwik: *Entstehung und Entwicklung einer wissenschaftlichen Tatsache. Einführung in die Lehre vom Denkstil und Denkkollektiv.* Frankfurt a.M. (Suhrkamp) 1980. (Suhrkamp-Taschenbuch Wissenschaft. 312) (Originalausg. Leipzig 1935)

Foerster, Heinz von: *Wissen und Gewissen. Versuch einer Brücke. (Hg.: Schmidt, Siegfried J.).* Frankfurt a.M. (Suhrkamp) 1993.

Foucault, Michel: *Die Ordnung des Diskurses.* Frankfurt a.M. (Fischer) 1991.

Giesecke, Hermann: *Didaktik der politischen Bildung. 8. Aufl.* München (Juventa) 1973.

Gutenberg, Erich: *Die Unternehmung als Gegenstand betriebswirtschaftlicher Theorie.* Berlin u.a. (Spaeth & Linde) 1929.

Habermas, Jürgen: *Erkenntnis und Interesse.* In: Habermas, Jürgen: Wissenschaft und Technik als >Ideologie<. Frankfurt a. M. (Suhrkamp) 1968, S. 14-168.

Habermas, Jürgen: *Wahrheitstheorien.* In: Fahrenbach, Helmut: (Hg.) Wirklichkeit und Reflexion. Walter Schulz zum 60. Geburtstag. Pfullingen (Neske) 1973, S. 211-265.

Harrod, Roy Forbes: *Scope and Method of Economics.* In: The Economic Journal, 48 (1938) S. 103-127.

Harsanyi, John C. & Selten, Reinhard: *A General Theory of Equilibrium Selection in Games.* Cambridge, Mass. (MIT-Press) 1988.

Hassard, John & Parker, Martin (Hg.): *Postmodernism and Organizations.* London u.a. (Sage) 1993.

Hedlin, Pontus: *Accounting Investigations.* Diss. (Stockholm) 1996.

Heinen, Edmund (Hg.): *Industriebetriebslehre. Entscheidungen im Industriebetrieb. 9.Aufl.* Wiesbaden (Gabler) 1991.

Hempel, Carl G.: *Explanations in Science and History.* In: Colodny, Robert G. (Hg.): Frontiers of Science and Philosophy. Pittsburgh (University Press) 1964, S. 1- 2.

Homann, Karl: *Die Interdependenz zwischen Zielen und Mitteln.* Tübingen (Mohr) 1980.

Homann, Karl & Blome-Drees, Franz: *Wirtschafts- und Unternehmensethik.* Göttingen (UTB) 1992.

Hopwood, Anthony G.: *The Archaeology of Accounting Systems.* In: Accounting, Organizations and Society, 12 (1987) 3, S. 207-234.

Hübner, Karl: *Was zeigt Keplers "Astronomia Nova" der modernen Wissenschaftstheorie?* In: Philosophia Naturalis, 11(1969), S. 269-271.

Humboldt, Wilhelm von: *Über die innere und äussere Organisation der höheren wissenschaftlichen Anstalten in Berlin. 1810.* In: Humboldt, Wilhelm von: Werke in 5 Bänden. Bd 4: Schriften zur Politik und zum Bildungswesen. 3. Aufl. Stuttgart (Cotta) 1982, S. 255-266.

Jönsson, Sten: *Accounting for Improvement.* Oxford u.a. (Pergamon) 1996.

Jullien, François: *Über die Wirklichkeit.* Berlin (Merve) 1999.

Kappler, Ekkehard: *Das Informationsverhalten der Bilanzinteressenten*. Habilitationsschrift (München) 1972.

Kappler, Ekkehard: *Die Produktion der regierbaren Person*. In: Witt, Frank H. (Hg.): Unternehmen und Informationsgesellschaft – Festschrift zum 60. Geburtstag von Reinhard Rock. Wiesbaden (Gabler) 2000b, S. 222-247.

Kappler, Ekkehard: *Entgrenzung. Leitfragen als zentrales Element strategischen Controllings*. In: Seicht, Gerhard (Hg.): Jahrbuch für Controlling und Rechnungswesen 2000. Wien (ORAC) 2000a, S. 299-336.

Kappler, Ekkehard: *Rationalität und Ökonomik*. In: Handwörterbuch der Betriebswirtschaft. 5. Aufl. Stuttgart (Schäffer-Poeschel) 1993, Sp. 3648-3664.

Kappler, Ekkehard & Laske, Stephan (Hg.): *Unternehmernachfolge im Familienbetrieb*. 2. *Aufl*. Freiburg i. B. (Rombach) 1999.

Kappler, Ekkehard (Hg.): *Rekonstruktion der Betriebswirtschaftslehre als ökonomische Theorie*. Spardorf (Wilfer) 1983.

Kirsch, Werner: *Über den Sinn der empirischen Forschung in der angewandten Betriebswirtschaftslehre*. In: Witte, Eberhard (Hg.): Der praktische Nutzen empirischer Forschung. Tübingen (J.C.B. Mohr (Paul Siebeck)) 1981, S. 189-229.

Königs, Helge: *Action Learning – die Umsetzungsgeschichte der Lernenden Organisation in einem Industrieunternehmen*. Diss. (Witten/Herdecke) 2000.

Kulenkampff, Arend: *Erkennen*. In: Krings, Hermann & Baumgartner, Hans & Wild, Christoph (Hg.): Handbuch philosophischer Grundbegriffe. Bd. 4. Mensch – Relation. München: (Kösel) 1973, S. 397-407.

Langner, Thomas: *Sozialprinzipien im Betrieb. Zur gestaltungstheoretischen Rezeption der Personalität, Solidarität und Subsidiarität in der neueren Betriebswirtschaftslehre*. Paderborn u.a. (Ferdinand Schöningh) 1996.

Lem, Stanislaw: *Die Jagd. Neue Geschichten des Piloten Pirx*. Frankfurt a.M. (Suhrkamp) 1973.

Linstead, Stephen et al. (Hg.): *Understanding Management*. London u.a. (Sage) 1996.

Lorenzen, Paul: *Methodisches Denken*. Frankfurt a.M. (Suhrkamp) 1968.

Lyotard, Jean-François: *Das postmoderne Wissen. Ein Bericht. 3. Aufl*. Wien (Passagen) 1994.

Maanen, John van: *Tales of the Field. On Writing Ethnography*. Chicago u.a. (Univ. of Chicago Press) 1988.

McKenzie, Richard B. & Tullock, Gordon: *Homo Oeconomicus*. Frankfurt a.M. u.a. (Campus) 1984.

Monthoux Pierre, Guillet de: *Eine Vulgärkantianische Unternehmenslehre – Eine Einführung in die Kunst, Industrie und Technologie zu konstruieren*. München (N. Leudemann) 1981.

Moore, Terence & Carling, Christine: *Understanding Language. Towards a Post-Chomskyan Linguistics*. London (Macmillan) 1982.

Moser, Heinz: *Aktionsforschung als kritische Theorie der Sozialwissenschaften*. München (Kösel) 1975.

Myrdal, Gunnar: *Das Zweck-Mittel-Denken in der Nationalökonomie*. In: Zeitschrift für Nationalökonomie (1933), S. 305-325.

Nell-Breuning, Oswald von: *Wirtschaftsethik*. In: Nell-Breuning, Oswald von & Sacher, Hermann (Hg.): Zur Wirtschaftsordnung (Wörterbuch der Politik, Heft IV). Freiburg (Herder) 1949, Sp. 271-280.

Popper, Karl Raimund: *Logik der Forschung. 3. Aufl*. Tübingen (Mohr) 1969.

Rapp, Friedrich: *Methode.* In: Krings, Hermann & Baumgartner, Hans & Wild, Christoph (Hg.): Handbuch philosophischer Grundbegriffe. Bd. 4. Mensch – Relation. München: (Kösel) 1973, S. 913-929.

Roslender, Robin: *Sociological perspectives on modern accountancy.* London u.a. (Routledge) 1992.

Schneider, Hans Karl: *Methoden und Methodenfragen der Volkswirtschaftstheorie.* In: Ehrlicher, Werner u. a. (Hg.): Kompendium der Volkswirtschaftslehre. Band 1. 3. Aufl. Göttingen (Vandenhoeck & Ruprecht) 1972, S. 1-15.

Selten, Reinhard: *Models of Strategic Rationality, Theory and Decision Library, Series C: Game Theory, Mathematical Programming and Operations Research.* Dordrecht u.a. (Kluwer Academic Publishers) 1988.

Simon, Herbert A.: *Models of Man.* New York u.a. (Wiley) 1957.

Smith, Adam: *Der Wohlstand der Nationen. Eine Untersuchung seiner Natur und seiner Ursachen.* München (Deutscher Taschenbuch-Verlag) 1978. (Original: 1776).)

Spencer-Brown, George: *Gesetze der Form.* Lübeck (Bohmeier) 1997.

Taylor, Frederic Winslow: *Die Grundsätze der wissenschaftlichen Betriebsführung.* München (Oldenbourg) 1913.

Ulrich, Peter: *Transformation ökonomischer Vernunft.* Bern u.a. (Haupt) 1986.

Unsinn, Sebastian: *Die Utopie der Unternehmung – Kritik des Unvorstellbaren.* München u.a. (Hampp) 1997.

Wagenhofer, Alfred: *Anreizkompatible Gestaltung des Rechnungswesens.* In: Bühler, Wilhelm & Siegert, Theodor (Hg.): Unternehmenssteuerung und Anreizsysteme. Stuttgart (Schäffer-Poeschel) 1999, S. 183-205.

Wagenhofer, Alfred: *Kostenrechnung und Verhaltenssteuerung.* In: Freidank, Carl-Christian et al. (Hg.): Kostenmanagement – Neuere Konzepte und Anwendungen. Berlin et al. (Springer) 1997, S. 57-78.

Wagenhofer, Alfred: *Verrechnungspreise zur Verhaltenssteuerung in dezentralisierten Unternehmen.* In: krp-Kostenrechnungspraxis (1995), S. 269-275.

Wagenhofer, Alfred & Riegler, Christian: *Verhaltenssteuerung durch die Wahl der Bezugsgrößen.* In: Dellmann, Klaus & Franz, Klaus-Peter (Hg.): Neue Entwicklungen im Kostenmanagement. Bern u.a. (Haupt) 1994, S. 463-494.

Ward, Benjamin: *Die Idealwelten der Ökonomen. Liberale, Radikale, Konservative.* Frankfurt a.M. u.a. (Campus) 1981.

Wesselsky, Anton: *Philosophie der Tat. Versuch einer Weltanschauung heroischer Autonomie (Unter besonderer Berücksichtigung der Philosophie des Als-Ob).* 2. Aufl. Berlin u.a. (Paetel) 1927.

Wippersberg, Walter: *Das Fest des Huhns. Ein Film des ORF/ORF Landesstudio OÖ.* Wien (ORF Merchandising/BMG Ariola Austria) 1996.

Josef Nussbaumer

Zur Katastrophe der Katastrophenstatistik

Fragmente zu einem (fast) uferlosen Thema

1.   Zur Einleitung

„Wie kommt Wissenschaft zu Wissen?" lautet das Leitthema der vorliegenden Bände. Auf vielfältigste Art und Weise wird darin versucht, sich dieser – wohl kaum befriedigend zu lösenden Frage – anzunähern. Im folgenden Beitrag soll an einem „Randgebiet", der Katastrophengeschichte, angedeutet werden, wie schwierig es bisweilen ist, „Wissen zur Wissenschaft" zu bringen. Dabei soll aus der Fülle der Fragestellungen nur ein kleines Segment ausgewählt werden, die Berichterstattung über Katastrophen via Zahlen. Zahlen und Statistiken haben in den Wissenschaften heutzutage eine kaum zu überschätzende Funktion. Man begegnet ihnen tagtäglich. Auch eine Berichterstattung oder Dokumentation über Katastrophen ist ohne sie nicht möglich.

Um keine falschen Erwartungen zu wecken, sei noch auf eine Einschränkung verwiesen. Im Folgenden geht es nicht um statistisch-mathematische Methoden und Fragestellungen, nein, es sollen nur einige – beinahe willkürlich ausgewählte – Beispiele aus der materiellen Statistik angeführt und zusammengestellt werden, an Hand derer gezeigt werden soll, wie schwierig es selbst bei scheinbar so einfachen Fragestellung ist, „Wissen" zur „Wissenschaft" zu bringen. Seit Jahrtausenden beherrscht der Mensch die Kunst des Zählens. Vermutlich ebenso lange wird – besonders im Bereich der Katastrophengeschichte – diese Kunst z.T. unbewusst, z.T. bewusst verwendet, um Tatbestände eher zu verschleiern als aufzuhellen. Es ist zu befürchten, dass eine diesbezügliche Besserung selbst in den Zeiten des Internets nicht zu erwarten ist. Liegt dies daran, dass die Erstellung von Statistiken im Bereich der Katastrophengeschichte zu sehr ein interessenbedingtes Menschenwerk ist? So viel sei jedenfalls schon vorweggenommen: Im Bereich der Katastrophenstatistik kommt ein erheblicher Teil des „Wissens" nicht oder mit großer Verspätung „zur Wissenschaft". Wieso das so ist, soll auf den folgenden Seiten an Hand einiger Beispiele in fragmentarischer Weise erörtert werden.

Begonnen sei mit einem Strukturelement, das sehr vielen Katastrophenstatistiken zugrunde liegt, der Tatbestand, dass man vor „lauter Bäumen den Wald nicht mehr sieht". In neuerer Diktion würde man dieses Phänomen vielleicht umschreiben mit der Datenflut, die Informationsmangel erzeugt.[1]

---

[1] Vgl. dazu z.B. NZZ v. 2. Okt. 1998 (Medien und Informatik): „Datenberge gebären Wissenszwerge".

2. Die Tante-Emma-Statistik oder „Darf's ein bisserl mehr sein"

Ein Großteil der Katastrophenstatistiken erfüllen eine Art „Tante-Emma-Kriterium". Ähnlich wie man beim Einkauf im Tante Emma-Laden beim Abwägen von Lebensmitteln sehr oft mit der (meist rhetorischen) Frage konfrontiert ist *„Darf's ein bisserl mehr sein"*, gibt es auch viele Katastrophenstatistiken, die ein ähnliches Muster erfüllen. Eine Differenz der Zahlen um das Doppelte, das Zehnfache (ja bisweilen noch um eine höhere Dimension) etwa bei Angaben über Todesopfer ist nicht selten anzutreffen. Die bekanntesten „Tante-Emma-Statistiken" finden sich dabei im Bereich der Opferstatistik von Kriegen. Es gibt praktisch keinen größeren Krieg im 20. Jahrhundert, bei dem die Totenzahlen nicht z.t. erheblich (je nach Quelle und Interesse) differieren. An nur wenigen Beispielen sei dies dokumentiert. Versucht man etwa herauszufinden, wie viele Todesopfer der größte Krieg des 20. Jahrhunderts, der Zweite Weltkrieg, verursachte, so zeigt Tabelle 1, auf welch unterschiedlichem Niveau dies je nach Autor (Institution) beantwortet wird. Die niedrigsten Zahlen beginnen dabei bei rund 15 Millionen Toten, die höchsten enden zur Zeit bei rund 60 Millionen, immerhin ein Unterschied von 400 Prozent oder 45 Millionen Menschenleben.

Jahr/Jahre	Land	Tote	Quelle	Kurzbezeichnung
1939-45	Welt	15.000.000	Marshall/Urla65, 363	nur Soldaten
		15.687.876	Foster/Urla65, 363	nur Soldaten
		15.843.000	Nash	
		22.000.000	Enc.Brit./Urla65, 363	Inkl. Zivil
		22.060.000	Vatikan/Urla65, 363	nur Soldaten
		23.000.000	Oser/Urla65, 363	
		30.000.000	Kende82	
		>30.000.000	F-Manif.57/Urla65, 363	Menschenleben
		>30.000.000	Urla65, 367	
		36.000.000	Siv85	
		>36.000.000	Arntz/Urla65, 363	
		36.145.000	Chr45, 96	Europa
		ca. 40.000.000	HarenIII, 94, 1683	
		40.409.000	Siv91, 22 ff.	
	Welt	>41.000.000	Arntz/Urla65, 363	inkl. Vermisste
	Europa	41.718.000	HBdEWSGVI., 19	
	Welt	50.000.000	Kende82	
		52.000.000	Point95, 353	
		55.000.000	GT93/94, 183	
		55.000.000	Ternon96, 109	
		55.000.000	dtv-Atl.74, 218	
		56.000.000	Leit77	
		58.000.000	dtv-Atl.74, 218	inkl. Vermisste
		60.000.000	GT93/94, 183	

Tabelle 1: Die „Toten" des Zweiten Weltkrieges nach verschiedenen Quellen[2]

Aber auch bei vielen anderen Kriegen ist dieser Tatbestand feststellbar. Tabelle 2 listet nur einige wenige andere Beispiele auf.

Die Gründe für diese doch sehr unterschiedlichen Zahlenangaben gerade in der Kriegsgeschichte- und Massakerbeschreibung sind recht vielfältig und können hier gar nicht aufgezählt werden. Eine von vielen Ursachen besteht darin, dass immer wieder ein genaues Zählen verhindert oder gar nicht angestrebt wurde und wird. So hindert etwa die Türkei kritische Historiker bis zum heutigen Tag daran, einen der ersten großen Genozide des 20. Jahrhunderts – die Massaker an den Armeniern vor allem in den Jahren 1914/15 – genauer zu untersuchen.[3] Schon vor Jahrzehnten hatte der Umgang der Türkei, aber auch der übrigen Nationen mit der leidvollen Geschichte der Armenier

Krieg	niedere ZAHL	Hohe	Quelle
Der 30jährige Krieg 1618-48	2.071.000		White99
		7.500.000	White99
Franz.Revolution und			
Napoleon. Kriege 1791-1815	4.410.000		GT93/94, 183
		10.000.000	Gide/Rist23, 137
Taipingaufstand/China	2.000.000		GT93/94, 183
		40.000.000	Kul32, 42
Erster Weltkrieg 1914-18	6.435.000		Urla65m 342
		19.617.000	Siv91, 22 ff.
Jap.Chin. Krieg 1937 ff	1.000.000		Nash75
		10.000.000	Tern96, 238
Tibet 1950 ff	150.000		White2000
		1.200.000	White2000
Algerienkrieg 1954-62	15.000		Nash
		bis 2.000.000	Ganz95, R-247
Äthiopien 1962-91	250.000		Ganz95, R-248
		Bis 2.000.000	Ganz95, R-248
Chin. Kulturrev.1966-76	400.000		Spieg48/97, 213
		10.000.000	Spieg48/97, 213

Tabelle 2: Tote einzelner ausgewählter Kriege und Massaker (Niedere und hohe Totenzahlen)

Adolf Hitler bei seiner Planung des Holocaust ermutigt, ja er rechtfertigt sogar seinen Plan gegen Skeptiker in seinen eigenen Reihen mit dem erfolgreichen Vertuschen des Armeniergenozides: „Wer redet heute noch von der Vernichtung der Armenier?", meinte er an die Adresse seiner Gegner (Heinsohn 1998, 80). In der Tat, wer denkt heute noch an die Armenier! Noch 85 Jahre danach ist es auf hoher politische Ebene

---

[2] Die Zusammenstellung ist einer größeren Kriegstotendatenbank entnommen, an deren Erstellung der Verfasser gerade noch arbeitet. Weitere Zahlen sowie die exakten Quellenangaben sind beim Autor gerne erhältlich.

[3] Vgl. dazu die Rezension von Nataly Bleuel im Spiegel v. 22. April 1999 (online) über das Buch v. Nancy Kricorian, „Zabelles Geschichte", Piperverlag/München.

nicht einmal möglich, das Massaker als „Völkermord" oder „Genozid" zu benennen, wie die Ereignisse im französischen Senat im Februar 2000 demonstriert haben.[4] Wenn der Mord an den Armeniern aber nicht einmal als Genozid bezeichnet werden darf, wie soll dann je die exakte Opferbilanz ermittelt werden?

Ereignis	niedere ZAHL	hohe	Quelle
Erdbeben/China/Febr. 1976	242.000		Nussb98, 290
		1.000.000	Nussb98, 290
Zyklon/Bangladesch/Nov. 1970	150.000		Nussb98, 284
		>1.000.000	Nussb98, 284
Dammbruch/Indien/Aug. 1979	1.000		Nussb98, 293
		25.000	Nussb98, 293
Erdbeben/Indien/Sept. 1993	7.600		Nussb98, 315
		bis zu 60.000	Nussb98, 315
Uranbergbau/DDR/Nov. 1949	1		Nussb99a, 21
		über 6.000	Nussb99a, 21
Brandkatastr./Mekka/Apr. 1997	350		Nussb99a, 21
		bis 6.000	Nussb99a, 21
Zugkatastr./Indien/Juni 1981	235		Nussb99b, 112
		>3.000	Nussb99b, 112

Tabelle 3: Tote einzelner ausgewählter anderer Katastrophen* (Niedere und hohe Totenzahlen)[5]

Neben so handfesten Ursachen gibt es noch eine ganze Fülle von anderen, die dazu beitragen, dass ein Großteil der Kriegsopfer- und Massakerstatistik letztlich im Argen liegt. Weiter unten sollen einige dieser Gründe zumindest angedeutet werden. Das Phänomen der „Tante-Emma-Statistik" findet sich aber auch bei vielen anderen Katastrophenbereichen, ob es sich um Natur-, Verkehrs-, Industrie- oder andere Zivilkatastrophen etc. handelt. Die Zahlenwerte (Schadensmeldungen, Todesopferbilanzen etc.) differieren meist je nach Quelle und Autor erheblich, oft um Dimensionen. Angesichts solcher Unterschiede fragt man sich bisweilen, ob überhaupt von demselben Ereignis berichtet wird. Tabelle 3 listet nur einige wenige – wieder willkürlich ausgewählte – Beispiele auf.

Kehren wir zurück zu unserer Ausgangsfrage: „Wie kommt Wissenschaft zu Wissen?" In unserem Zusammenhang würde dies bedeuten: Wie erfährt die Wissenschaft von der Dimension einer Katastrophe? Oder anders formuliert, ist die vielfach ge-

---

[4] Im französischen Senat wurde Anfang des Jahres 2000 ein von der Nationalversammlung bereits sanktionierter Text, in dem die Ereignisse an den Armeniern als „Völkermord" bezeichnet werden sollte, von den Gaullisten wieder zu Fall gebracht, vgl. dazu Standard v. 16. III. 2000, 3; vgl. dazu auch NZZ v. 24. Febr. 2000, ol9. Die Türkei hatte diesbezüglich Frankreich mit Repressalien im bilateralen Handelsaustausch gedroht, sollte Frankreich Ankara des Völkermordes bezichtigen. Ähnlich stellt sich die Frage etwa in den USA oder Österreich.

[5] Quelle: Nussbaumer J., Die Gewalt der Natur 1998; Tragödien Bd 1 (1999a) und Tragödien Bd 2 (1999b).

stellte und scheinbar „leichte" Frage „Wie viele Menschenopfer forderte diese oder jene Katastrophe?" zu beantworten oder nicht? Um es gleich vorwegzunehmen: In vielen (den meisten?) Fällen gelingt dies nicht, oder zumindest nur sehr unbefriedigend. Warum dies so ist, soll an Hand einiger Argumente und Gründe in der Folge diskutiert werden.

3.   Einige Ursachen für die „Tante-Emma-Statistik"

Aus der Fülle der Ursachen, die zum Zustandekommen der sehr heterogenen zahlenmäßigen Informationen bei Katastrophen beitragen, werden in der Folge nur einige Aspekte herausgehoben und aufgelistet. Die hier angebotene Zusammenstellung erhebt dabei keineswegs Anspruch auf Vollständigkeit.

11) Die „Diktatorenstatistik" oder die vertuschte und gefälschte Statistik

Von keinem geringeren als Josef Stalin, einem der schlimmsten Diktatoren des 20. Jahrhunderts, soll die Formulierung stammen: „Ein Toter ist eine Tragödie, eine Million Tote ist eine Statistik." Bedenkt man, wie viele Menschen unschuldig durch Stalins Terror ums Leben kamen, klingt dies besonders zynisch. Generell kann davon ausgegangen werden, dass die meisten Diktaturen nicht an einer Aufklärung sozialer und humanitärer Tatbestände interessiert sind, schon gar nicht, wenn es sich um für das System negative (oder zumindest negativ interpretierbare) Ereignisse handelt. Dies ist auch allzu verständlich, wer will schon zugeben, dass er in diesem oder jenem Bereich versagt oder bewusst inhumane Taten gesetzt hat.

Informationen darüber werden so in der Regel geheim gehalten oder treffen nur recht selektioniert an die Öffentlichkeit. Bisweilen wird von oben genau bestimmt, wie viel „Information" angeboten werden darf. Geradezu bezeichnend ist diesbezüglich ein Hinweis aus der „Far Eastern Economic Review" (Hongkong) vom Sommer 1994, wo berichtet wird, dass der Pekinger Parteisekretär Chen Xitong auf einer Konferenz von „Informationsarbeitern" die chinesischen Zeitungen rügte, nur zehn Prozent „schlechte Nachrichten" zu bringen. Die 1985 von der Partei festgelegte Quote sehe doch 20 Prozent (!!!) vor.[6]

Nun, die chinesischen Zeitungen schafften bisweilen nicht einmal zehn Prozent an „schlechten Nachrichten" zu bringen, ganz im Gegenteil. Selbst „Megakatastrophen" wurden oft über Jahre, ja Jahrzehnte verschwiegen. Zu nennen wäre etwa die vielleicht größte Hungersnot im 20. Jahrhundert unter Mao in den Jahren 1958 ff. Damals verhungerten in China mindestens 15 Millionen Menschen, wahrscheinlich waren es aber eher 30, ja schlimmere Schätzungen gehen sogar von weit über 40 Millionen Hungertoten aus (vgl. dazu Nussbaumer 1999, Tab 3.). Es dauerte rund zweieinhalb Jahrzehnte, bis diese Tragödie (auch im Westen) bekannt wurde. Es ist dies in der Tat eine Meisterleistung diktatorischen Vertuschens. Bis heute weiß man nicht, wie viele

---

[6] Nach FR v. 25. Aug. 1994, 5; vgl. dazu auch Nussbaumer 1998, S. 22. Vor allem beklagte Chen, dass bei den Artikeln über die Überschwemmungskatastrophe nicht Opfer und Schäden im Vordergrund gestanden hätten, sondern „die heroischen Rettungsmaßnahmen der Soldaten und Bürokraten".

Menschen damals ums Leben kamen. Das Vertuschen und Fälschen von Zahlen (vor allem die Veröffentlichung von völlig unrealistischen Erntezahlen) hatte im damaligen China übrigens zur Folge, dass die Ernährungspläne völlig unzureichend (sprich den Hungertod mitverursachend) erstellt wurden. Dieses Fälschen von landwirtschaftlichen Erfolgsmeldungen dauert in China z.T. bis heute an. Erst jüngst deckte die Zeitschrift „Banyuetan" der Propagandaabteilung der KP auf, dass Beamte das Wunder vollbracht hatten, in einem längst ausgetrockneten Teich 12,5 Tonnen Fische zu züchten.[7] In der Tat eine wirtschaftliche Meisterleistung des real existierenden Sozialismus. Dies erinnert an die Zeit des „Großen Sprungs nach vorn", als man in der Volkszeitung, dem Parteiorgan KPCK, 1958 eine Debatte über die Frage „Wie werden wir mit dem Lebensmittelüberschuss fertig?" austrug.

Nicht nur die Totenzahlen sind bis heute unklar, selbst das Ereignis der Hungersnot selbst fehlt noch in vielen einschlägigen Hungerchroniken zum 20. Jahrhundert (vgl. Nussbaumer 1999, 143 f.).

Dieses Verheimlichen von Katastrophen hat unter kommunistischen Regimen allerdings Tradition. Man denke nur an die Hungersnot unter Stalin in der Ukraine (zu Beginn der 1930er Jahre) bis herauf zum Verschweigen der Katastrophe, die sich in den letzten Jahren in Nordkorea ereignete.

Wenn hier jetzt einige Beispiele kommunistischer Diktaturen genannt wurden, so soll dies keineswegs den Eindruck erwecken, dass nur linke Diktaturen Meister im Vertuschen und Fälschen von Ereignissen wären. Auch rechte Diktaturen bedienen sich dieses Instrumentariums, sie sind allerdings nicht immer so erfolgreich. Als etwa das Franco-Regime in Spanien einen Dammbruch (9. Jänner 1959: Vega de Tera) mit vermutlich hunderten Todesopfern verheimlichen wollte, wurde diese Tragödie ein Jahr später im Ausland doch bekannt.

Aber nicht nur Diktaturen linker und rechter Prägung versuchten Katastrophen zu verheimlichen, wo es nur ging, auch demokratische Systeme versuch(t)en dies immer wieder. Die vielen Unfälle etwa in den Atomanlagen sind geradezu Legende. Die Stichworte Sellafield/GB (1957) und Harrisburg/USA (1979) mögen dazu genügen. Bis heute weiß man von diesen Unfällen nicht, wie viele Menschen sie das Leben kosteten bzw. wie viele Personen dabei gesundheitsgefährdender Strahlung ausgesetzt wurden. Die Liste solcher Vertuschungsstatistiken aus dem rechten und linken, aber auch aus dem demokratischen Lager wäre beliebig verlängerbar.

2) In ähnliche Richtung wie den unter Punkt 1 angeführten Statistiktyp kann man wohl auch jene Formen von Statistiken sehen, wo zwar primär kein (böswilliger) Diktator die Zahlen fälschen oder vertuschen möchte, andererseits aber doch recht eindeutige Interessen im Spiel sind, nennen wir sie etwas böswillig „Diplomatenstatistik". Wie bei vielen (den meisten?) Zahlen, die den sozialen und gesellschaftlichen Bereich betreffen, sind auch die Angaben zum Katastrophengeschehen stark interessengebunden. Katastrophen sind bekanntlich „bad news" und keine offizielle Stelle kann großes Interesse daran haben, gerade diese schlechten Nachrichten – außer sie wurden von der Gegenseite verursacht – besonders hervorzuheben. Die Quintessenz

---

[7] So laut NZZ v. 14. Febr. 2000, ol.7 (Ausland) unter „Routinemäßig gefälschte Zahlen".

dieser Feststellung besteht darin, dass schon aus diesem Grunde viele Katastrophen-
angaben beschönigenden Charakter aufweisen, mit anderen Worten, das wahre Ausmaß einer Katastrophe durch Minimierung der Katastrophenopfer zurecht gebogen
wird. Ein typisches Beispiel sind die Veröffentlichungen des seit 1993 jährlich er-
scheinenden „Weltkatastrophenberichtes", der vom Internationalen Roten Kreuz (gemeinsam mit dem Roten Halbmond) herausgegeben wird.[8] Die in diesen Katastrophenberichten gesammelten Daten und Statistiken stellen eine – wenn man so will –
Minimalvariante des weltweiten Katastrophengeschehens dar. Ein Hauptgrund dafür
dürfte sicherlich der „diplomatische Status" sein, den das Rote Kreuz bei seinen weltweiten Einsätzen berücksichtigen muss. Dabei handelt es sich um ein schier unlösba-
res Optimierungsproblem zwischen dringend notwendiger Hilfestellung für in extreme Not Geratene einerseits und einem Kampf um – wenn man so will – wahre Zahlenwerte andererseits. Es ist naheliegend, dass dabei Zweiteres meist zu kurz kommt.
Das Rote Kreuz gibt dieses Dilemma indirekt auch zu, wenn es etwa im „Weltkatastrophenbericht 1996" bezüglich der Zahlenangaben heißt: „Bei einander widersprechenden Informationen haben die Regierungen der betroffenen Länder [...] Vorrang."[9]
Zudem sei der Umstand zu berücksichtigen, „dass die meisten Quellen Eigeninteres-
sen haben, dass Zahlen von gesellschaftlichen und politischen Erwägungen beeinflusst sein können". Für Zahlen kann deshalb – so der Katastrophenbericht weiter –
„keine Verantwortung übernommen werden; es kann jedoch stets die Quelle angegeben werden".[10] So weit, so gut. Dieses ehrliche Statement belegt nur, dass sämtliche
statistische Angaben in den jeweiligen Katastrophenberichten des Roten Kreuzes nur
mit äußerster Vorsicht zu verwenden sind. Letztlich handelt es sich bei den Zahlen nur
um Angaben, die von den jeweiligen betroffenen Regierungen auch offiziell zugegeben werden (müssen), mit anderen Worten: um Minimalvarianten des jeweiligen Katastrophengeschehens. Dementsprechend nieder fallen die Werte dabei auch aus, verglichen mit den Veröffentlichungen aus andern „Quellen" und Schätzungen, ob es sich
um Hungertote, Kriegstote etc. handelt.

Was hier soeben für eine internationale Organisation festgehalten wurde, gilt bisweilen auch für nationale Statistiken. Oft haben Daten (Zahlen) aus der Katastrophenstatistik eine sehr reale (direkte oder indirekte) Folgewirkung im humanitär-ökonomi-
schen Bereich. Große mit Zahlen dokumentierte Schäden haben oft auch die Intention, bei den Nichtbetroffenen zumindest einen gewissen Mitleidseffekt hervorzuru-
fen. Diese Feststellung gilt sowohl für Naturkatastrophen, aber vor allem auch für
Hungerkatastrophen. An nur einem Beispiel, dem von Kambodscha Ende der 1970er
Jahre sei gezeigt, zu welchen beinahe skurrilen „Blüten" solche interessensgeladene
Statistiken führen können. Kambodscha musste von 1975 bis 1979 das Terrorregime
von Pol Pot ertragen. Als 1979 die Roten Khmer von der Regierungsfunktion vertrieben worden waren, ging es erstmals darum, die Bevölkerung des Landes wieder zu

---

[8] Vgl. dazu die jährlichen sogenannten „World Disaster Reports". 1996 und 1997 erschienen
     auch deutschsprachige Ausgaben, die aber dann vermutlich wegen allgemeinen Desinteres-
     ses (leider) wieder eingestellt wurden.

[9] Weltkatastrophenbericht 1996, Bonn 1996, 111.

[10] Weltkatastrophenbericht 1996, Bonn 1996, 111.

zählen (besser zu schätzen). Laut offizieller kambodschanischer Statistik gab es 1979 nur mehr 4,5 Millionen Einwohner. Ein Jahr später (1980) zählte man nach denselben offiziellen Quellen aber bereits wieder 6,5 Millionen Kambodschaner. Handelte es sich um Wunder der Natur, das die kambodschanische Gesellschaft in einem Jahr vollbrachte? Was war passiert? Die politischen Behörden in Phnom-Penh hatten zwischen den Angaben der beiden Bevölkerungsziffern eine Änderung der politischen Zielsetzung vorgenommen. 1979 kam es darauf an, das Mitleid der Spender im Westen zu erwecken, die Massaker der Roten Khmer sollten besonders krass zu Tage treten. Ein Jahr später musste man allerdings erfahren, dass es Hilfe nur pro Kopf der Bevölkerung gab, eine niedrige Volkszahl war also kontraproduktiv. Deshalb suggerierte man, die Kambodschaner hätten sich „wie die Semmeln vermehrt".[11] In der Tat, selbst beim Versuch, Daten für die Verbesserung der eigenen Interessenlage zu gestalten, lohnt sich bisweilen eine recht behutsame Vorgangsweise.

3) Neben der bewussten Vertuschung oder Beschönigung von Zahlen liegt eine der Hauptfehlerquellen sicherlich im „Definitionsdschungel", auf den man in diesem Gegenstandsbereich stößt. Dies beginnt schon bei dem scheinbar einfachen Begriff „Opfer". Opfer wird sehr oft für Todesopfer verwendet, aber auch für Verletzte oder „nur" Betroffene. So heißt es etwa in der Zeitung „Der Standard" vom 22. Jänner 2000: „Das Lissabonner Erdbeben vom 1. November 1755 war mit mehr als 600.000 Opfern die größte Naturkatastrophe der Geschichte."[12] Wenn dabei unter Opfer Todesopfer zu verstehen sind, dann ist dieser Satz vermutlich in doppelter Weise falsch. Erstens dürften bei besagtem Erdbeben nicht 600.000 Tote, sondern viel weniger ums Leben gekommen sein. In der Literatur schwanken die Zahlen zwischen 20.000 und bis zu 100.000 Toten. In der Tat ein schlimmes Ereignis. Sehr oft wird auch die Zahl 60.000 genannt – also genau ein Zehntel von 600.000. Aber selbst wenn es 600.000 Tote gewesen wären, wäre die Tragödie von Lissabon nicht „die größte Naturkatastrophe der Geschichte". Es gab nämlich Naturkatastrophen, die vermutlich weit mehr Menschenleben forderten, alleine im 20. Jahrhundert wäre etwa das Erdbeben von Tangschan (China) am 27. Juli 1976 oder der Wirbelsturm, der im November 1970 Bangladesch heimsuchte, zu nennen. Es ist auch zu befürchten, dass einige Überschwemmungen in China oder diverse Dürrekatastrophen (falls man diese überhaupt zu den Naturkatastrophen zählt) in anderen Weltgegenden wesentlich mehr Tote forderten.

4) Besondere Probleme im Gefolge des Definitionsdschungels bringen dabei jene Bereiche, wo es zu Überlappungen und Überschneidungen kommt. Eine Katastrophenform, die davon besonders betroffen ist, sind die Hungerkatastrophen. Schwere Hungersnöte treten sehr häufig in Kombination mit anderen Katastrophen (Kriegen, Dürren und sonstigen Naturkatastrophen etc.) auf. Eine genaue Zuteilung der Todesopfer

---

[11] Das Beispiel wurde entnommen aus Glucksmann 1989, 75 f. Es soll dabei keineswegs der Eindruck erweckt werden, dass die Taten des Pol-Pot-Regimes nicht katastrophal waren, ganz im Gegenteil.

[12] So im Album auf S. 8 in einer Rezension zum Buch „Stumme Boten" von Clara Pinto-Correira. Einem mit der Katastrophenstatistik nicht vertrauten Leser – und dies ist wohl die Mehrheit der Leser – wird ein solcher Satz wohl kaum als problematische, ja gar falsche Information auffallen.

zum einen oder anderen Phänomen (wenn es nicht überhaupt verschwiegen wird) ist dabei oft recht schwierig bis unmöglich. Gerade die Hungerkatastrophenstatistik ist nicht zuletzt auch deswegen recht heterogen, um nicht zu sagen „katastrophal". Zu welchen Blüten dies führen kann, zeigt der Tatbestand, dass man in der Literatur bezüglich der weltweiten Hungertoten eines Jahres immer wieder höhere Zahlenangaben finden kann, als im gesamten Jahr überhaupt an Menschen gestorben waren. Mitte der 90er Jahre starben weltweit an die 50 Millionen Menschen per annum, zugleich konnte man aber Hungerhorrorszenarios finden, die von 55 und mehr Millionen Hungertoten pro Jahr ausgingen. In der Tat werden selbst zentrale Gesetze der Mengenlehre (Teilmenge muss kleiner sein als die Gesamtmenge) obsolet, wenn es um die Katastrophenstatistik geht.[13]

5) Neben der notwendigen Definition des jeweiligen Gegenstandsbereiches ist zudem eine Definition des Zeitpunktes und auch des geographischen Zeitraumes notwendig. Bei vielen Katastrophen sterben die Menschen nicht ad hoc, sondern erst infolge der Tragödie. Dieses Sterben kann sich dabei über Jahre, ja Jahrzehnte hinziehen. Typische Beispiele dafür wären etwa die bislang größte Chemiekatastrophe der Wirtschaftsgeschichte in Bhopal (Indien) in der Nacht vom 2./3. Dezember 1984. Tausende Menschen verloren bislang wegen dieses Unfalls das Leben und noch heute sterben Menschen an den Folgen. Auch die vielen, vielen Opfer des militärischen und zivilen Einsatzes von Atom (Atombomben(-versuche) und AKW-Unfälle) wären hier zu nennen. Streng genommen müsste man nicht nur die unmittelbar Getöteten dem jeweiligen Unglück zurechnen, sondern auch die in der „langen Frist" ums Leben Gekommenen. Bei den Atombombenopfern von Japan wird dies zumindest teilweise gemacht, wenn der Bürgermeister der Stadt Hiroshima am jeweiligen Jahrestag die „jüngste" Opferbilanz des Bomben-Massakers veröffentlicht. Für 1994 wurde die Opferzahl mit exakt 186.940 angegeben, zum 50. Jahrestag (1995) des Bombenabwurfs rechnete man bereits mit über 190.000 Toten.[14] Generell werden aber solche „Anpassungen" bei kaum einer Katastrophe vorgenommen. Zu schnell sind die jeweiligen Ereignisse dem Vergessen preisgegeben. Wie viele Opfer die Atomkatastrophe von Tschernobyl bislang forderte, weiß wohl niemand. Während die OECD 1996 (zehn Jahre nach der Katastrophe) noch immer von 31 Toten (sic!) ausging, berichten andere „Quellen" schon von Hunderttausenden (vgl. dazu einige Zahlenangaben bei Nussbaumer 1999, 106). Es ist nicht zu erwarten, dass in Zukunft das Geheimnis dieser Opferbilanz gelüftet wird, ganz zu schweigen von einer Hilfestellung für die vielen sogenannten „Liquidatoren", die zum Teil unter Androhung der Todesstrafe zum Löscheinsatz gezwungen wurden und heute (falls sie noch am Leben sind) in Russland oder einem der Nachfolgestaaten der UdSSR noch an den Verstrahlungsfolgen leiden.

6) Viele Katastrophen ereignen sich in Ländern der sogenannten Dritten Welt. Eine exakte Erfassung der Opferbilanz ist speziell in Regionen, in denen man bisweilen nicht einmal über präzise Angaben zur Wohnbevölkerung verfügt, noch zusätzlich er-

---

[13] Vgl. dazu etwa die Angaben im Katastrophenbuch von Pointner 1995, Kapitel über die Hungertoten.

[14] Vgl. FR v. 8. Aug. 1994, 2.

schwert. Als zum Beispiel im September 1974 der Hurrikan „Fifi" über Honduras und die Karibik fegte und Tausende ihr Leben verloren, schätzte man die Todesrate anhand der Zahl menschlicher Leichen, die in einem bestimmten Zeitabschnitt unter einer bestimmten Brücke hindurchtrieben (vgl. dazu Nussbaumer 1998, 21). Es nimmt nicht wunder, dass bei solch „exakten" Zählmethoden auch die jeweiligen Ergebnisse recht erheblich voneinander abweichen. Es ist zu vermuten, dass selbst in der Antike z.T. präzisere Zählmethoden angewendet wurden.

7) Das soeben unter Punkt sechs – aber auch oben unter Punkt eins und zwei – Angeführte gilt allerdings nicht nur für sogenannte Drittweltländer. Auch in den Ländern der Ersten und Zweiten Welt können viele Beispiele genannt werden, wo exaktes Zählen gar nicht angestrebt bzw. geradezu verhindert wurde (wird?). Typische Beispiele dafür wären die vielen Kriegs- und Massakertotenstatistiken. Dabei geht es meist um interessenbezogene Daten bzw. um Ereignisse, die man am liebsten gänzlich verschweigen möchte. So weiß man etwa bis heute nicht genau, wie viele Tote eines der schlimmsten Massaker der US-Geschichte im 20. Jahrhundert Ende Mai 1921 in Tulsa/Oklahoma forderte. Damals war es – aufgeputscht durch die Zeitung „Tulsa Tribune" – wegen eines nichtigen Anlasses zu einer blutigen Rassenunruhe gekommen, der vor allem Schwarze zum Opfer fielen. Während weiße Darstellungen von 26 umgekommenen Schwarzen berichten, behaupten schwarze Aktivisten, dass es bis zu 3.000 tote „African Americans" gegeben habe.[15] Die Zahlen unterscheiden sich immerhin um mehr als den Faktor Hundert. Jahrzehntelang versuchte man das Ereignis tot zu schweigen, es ist offensichtlich nicht zur Gänze gelungen. Bisweilen wird – auch von westlichen Regierungen – versucht, dimensionsmäßig viel schlimmere Massaker zu verheimlichen. Dazu zählt etwas das Verbrechen gegen die Menschlichkeit, das von Seiten des (katholischen) belgischen Königs Leopold II. in den Jahren 1884 bis 1908 an der Bevölkerung diesseits und jenseits des Kongo verbrochen wurde. Nur mit Mühe gelang es afroamerikanischen Missionaren und einigen wenigen humanistischen Engländern das „Kongo-Gräuel" in der „Zivilisation" überhaupt bekannt zu machen. Selbst viele Jahrzehnte nach den Ereignissen hielt die belgische Regierung heikle Dokumente zurück.[16] So ist es kein Wunder, dass noch heute die Informationen darüber recht spärlich sind. Im von Gunnar Heinsohn im November 1998 veröffentlichten „Lexikon der Völkermorde" (Heinsohn 1998) findet sich das Ereignis gar nicht[17], Ruth Leger Sivard (1991, 25) erwähnt das Ereignis „nur" mit 20.000 Toten, nach anderen Autoren gehen die Totenzahlen weit in die Millionen, nach Fredric Wertham sind gar über 20 Millionen Tote zu beklagen. Wohl zu Recht meint Matthew White zu diesem Genocide: „This ist probably the least publicized megadeath of the 20th Century. A lot of natives died from colonial brutality, but no one really knows

---

[15] Vgl. dazu etwa NZZ v. 17. Juni 1999, ol (Ausland); Standard v. 4. III. 2000, Album S. 5.

[16] Vgl. dazu neuerdings vor allem die Arbeit von Hochschild (2000). Auf den Seiten 411 ff. findet sich das dazu recht aufschlussreiche Kapitel „Das große Vergessen".

[17] Dies bedeutet allerdings nicht, dass die Zusammenstellung von Heinsohn nicht wichtig wäre, ganz im Gegenteil: Es handelt sich um ein sehr empfehlenswertes Nachschlagewerk.

how many."[18] In der Tat, hier müssen noch einige Geschichtsbücher erneut umgeschrieben werden.

8) Wenn man von solchen Horrorzahlen über einen fast „vergessenen" Genozid – wie eben in Punkt sieben angesprochen – erfährt, darf man zu recht an den Errungenschaften des Humanismus und der westlichen Zivilisation zweifeln. Weisen doch solche Ereignisse darauf hin, dass Millionen Menschen wie Nullen behandelt wurden. Mag seit der Deklaration der Menschenrechte vor über 50 Jahren die ethisch-moralische Norm davon ausgehen, dass jedem Menschen auf diesem Globus in unteilbarer Weise seine Menschenwürde zustehe, so ist in der realen, faktischen Welt dieses Postulat noch keineswegs erreicht. Selbst im Bereich der Katastrophenstatistik stößt man immer wieder darauf, dass Mensch nicht gleich Mensch ist. So haben in den 1980er Jahren US-Medienforscher nachgewiesen, dass bei (außeramerikanischen) Naturkatastrophen[19] für den US-Bürger der Tod eines Westeuropäers denselben „Nachrichtenwert" habe wie der von drei Osteuropäern, neun Lateinamerikanern, elf Bewohnern des Nahen und zwölf Bewohnern des Fernen Ostens.[20] Es braucht also zwölfmal so viele Todesopfer aus dem Fernen Osten, um in der US-Medienwelt mit dem gleichen Umfang präsent zu sein, wie wenn ein Europäer ums Leben kommt. Auch dieser Aspekt dürfte für die weltweite Katastrophenstatistik nicht völlig irrelevant sein.

9) Der Schnelle jagt den Genauen: Generell könnte man der Meinung sein, dass die neueren, aktuelleren Informationen die präziseren sind. Dahinter steckt ein recht zäher Glaube, dass das „Neuere" das „Bessere" sei. Dies lässt sich im Bereich der Katastrophenstatistik leider nicht allgemein verifizieren, denn auch in Zeiten des Internet kommt „normalerweise Schnelligkeit vor Genauigkeit".[21] Davor dürften selbst Jahres- und Jahrhundertrückblicke nicht gefeit sein. So heißt es etwa in einem „Jahrhundertrückblick 1900-2000"[22] der Frankfurter Rundschau zur größten weltweiten Chemiekatastrophe des 20. Jahrhunderts im indischen Bhopal in der Nacht vom 2./3. Dez. 1984, dass dabei „600 Menschen getötet" werden. Bei etwas genauerer Recherche hätte man wohl feststellen müssen, dass diese Zahlenangaben (so schlimm auch sie schon sind) weit untertrieben sein dürften. In der Literatur beginnen selbst die niedrigsten Schätzungen bei rund 1.400 Toten, höhere Totenzahlen sind dagegen viel wahrscheinlicher. Manche Schätzungen sprechen sogar von bis zu 30.000 Toten, noch 16 Jahre später sterben Leute an den Spätfolgen dieses Industriedesasters. Genaues Recherchieren ist bekanntlich sehr zeitaufwendig. Zeit aber ist (neben Geld) das vielleicht knappste Gut im Forschungsprozess. Datenerhebung gilt deshalb oft als „niedere" Tätigkeit, die man delegiert. Bisweilen übernimmt man auch – eben um Zeit zu sparen – die erstmögliche bereits vorhandene der gesuchten Informationen und trägt so wenig zu einer Verbesserung der Datensituation bei.

---

[18] Vgl. dazu White (2000); Hochschild (2000).

[19] Die Feststellung gilt aber wohl bis zum heutigen Tag nicht nur für Naturkatastrophen, sondern für alle Katastrophen, ja geht wohl sogar noch über den Katastrophenbereich hinaus.

[20] Dieses Hinweis findet sich bei Geipel 1992, 2 f..

[21] So Hans Obermaier, Chefredaktor von Reuters Deutschland, vgl. NZZ v. 28. Jän. 2000, online (Medien und Informatik).

[22] Vgl. Beilage zur FR v. 8. XII. 1999, Seite 50.

10) Eine besondere Tücke der Katastrophenstatistik stellt jene Statistik dar, die man vielleicht am besten mit „Teilmengenstatistik" umschreiben könnte. Sie kommt viel häufiger vor, als man meinen möchte und hat eine ihrer Wurzeln wohl darin, dass die Katastrophengeschichte generell (aus welchen Gründen auch immer) recht stiefmütterlich erforscht wurde (und wird) und deshalb auch keine umfassenden „Gesamtdatensätze" zur Verfügung stehen. Selbst so scheinbar einfache Fragen, wie nach der größten Katastrophe in einem bestimmten längerfristigen Zeitraum, sind deshalb bisweilen recht schwer zu beantworten. Diese Feststellung gilt dabei für viele Katastrophenarten. Nur am Beispiel der sogenannten Naturkatastrophen (die ja vielfach auch einen menschenverursachten Anteil haben) sei dies kurz angedeutet. Welche Art von Naturkatastrophe im letzten (20.) Jahrhundert fordert weltweit die meisten Todesopfer? Diese Frage könnte unter dem Aspekt der Katastrophenverhinderung oder der Opferminimierung von einiger Bedeutung sein. Wer sich allerdings darauf eine auch nur einigermaßen einheitliche Antwort erwartet, wird schwer enttäuscht. Während die einen die Dürre als größten Menschenkiller betrachten, ist bei anderen gerade dem Gegenteil, den Überschwemmungen die größte Opferbilanz zuzuschreiben.[23] Eine Ursache dieser doch recht unterschiedlichen Antworten liegt darin begründet, dass meist nur Teilmengen an Katastrophen zur Analyse herangezogen werden. Dies gilt über weite Strecken auch über die immer wieder in beinahe regelmäßigen Abständen in den Nachrichten und Printmedien kolportierte Meldung, dass beinahe jedes laufende Kalenderjahr einen neuen „Katastrophenrekord" aufstelle. Gehäuft finden sich diese Meldungen meist, wenn der weltweit größte Rückversicherer, die Münchener Rück, ihre Bilanzpressekonferenz abhält. Die Journalisten übernehmen dann oft kommentarlos die schon vorbereiteten Statements der Versicherer. Dabei handelt es sich gerade bei Versicherungsinformationen vielfach um ein recht eingeschränktes Segment, nämlich nur die versicherten Opfer und Schäden. Die nicht versicherten Katastrophenfälle fallen dabei ex definitione unter den Tisch, sind sie deshalb gar nicht existent? Gerade für Fragen, ob etwa die Katastrophenopfer in den letzten Jahrzehnten zunehmen, gleichbleiben oder – horribile dictu – gar abnehmen (vgl. Nussbaumer & Winkler 1997), sind „Teilmengenstatistiken" in der Tat ein recht schlechter Indikator. Trotz alledem begegnet man ihnen aber – vielfach versteckt – in vielfacher Weise.

11) Nach den diversen Erklärungsversuchen, die in den vorangegangenen Punkten auf recht fragmentarische Weise zusammengestellt wurden, sei zum Schluss noch auf eine Art von Information hingewiesen, die man etwas zynisch vielleicht als „Schwarze-Loch"-Statistik bezeichnen könnte. Bisweilen scheint es, dass der Informationswert und vor allem die Quellen von Katastrophenstatistiken sich in Schall und Rauch auflösen bzw. wie in einem „Schwarzen Loch" verschwinden. An nur einem Beispiel sei auch dies angedeutet. In den Salzburger Nachrichten vom 5. Juli 1999 war auf Seite 5 folgende, relativ große Überschrift zu lesen: „Menschheit trug 14.500 Kriege aus. Vier Milliarden Menschen in 5.600 Jahren gefallen." Hellhörig ob der – zugegebenermaßen recht traurigen, aber andererseits doch relativ präzisen – quantitativen Information versuchte der Autor bei der Zeitung selbst zwecks genaueren Quellenzitats

---

[23] Vgl. dazu etwa den Versuch einer Zusammenstellung von verschiedenen Forschungsergebnissen bei Nussbaumer 1998, 18 (Tabelle 1).

nachzufragen. Die Zeitung verwies dabei auf ihre „Quelle", nämlich die Katholische Presseagentur (Kathpress) in Wien, von der sie die zitierte Meldung übernommen habe. Die Kathpress selber verwies wieder auf die „Franziskanische Familie für Gerechtigkeit, Frieden und Bewahrung der Schöpfung" in Den Haag, die anlässlich einer Tagung zum hundertjährigen Bestehen der Haager Friedensordnung diese Zahlen veröffentlichte. Nach Anfrage bei den Franziskanern in Den Haag verwiesen diese auf die Zeitschrift „New Internationalist", welche in ihrer Nummer vom April 1999 die zitierten Zahlenangaben anführten. „New Internationalist" wiederum führt als Quelle die „Peace Pledge Union" in London an, welche zwar existiert, die gesuchten Zahlen oder deren Quellenbasis waren aber dort nicht zu finden. Dies heißt nun nicht, dass es sich bei den von den Salzburger Nachrichten veröffentlichten Informationen um eine reine „Zeitungsente" handelt, dieses Faktum könnte erst bewiesen werden, wenn man sämtliche Information, welche die „Peace Pledge Union" auf ihrer Internet-Adresse anbietet, durchforstet hätte. Dazu war der Autor aber nicht bereit, denn es war zu befürchten, dass er dabei in ein noch „schwärzeres Loch" fällt. Gerade die Internetwelt dürfte solchen Erscheinungen Tür und Tor öffnen. Dazu kommt ein weiterer Faktor. Eine Zahl, die einmal irgendwo geschrieben steht, ist – auch wenn sie von noch so fragwürdiger Qualität ist – kaum mehr „auszurotten". Immer wieder wird in der Folge auf sie zugegriffen.

4. Abschließende Bemerkungen

Die unpräzisen Statistiken sind cum grano salis ein Produkt *einerseits* unbeabsichtigter methodischer und erfassungstechnischer etc. Belange und *andererseits* bewusster Manipulation und Desinformation bis hin zur Vertuschung. Bleibt zum Schluss die hypothetische Frage: Kommt das Wissen über die statistisch exakte Zahl überhaupt zur Wissenschaft? Die Antwort mündet in einem traurigen Resümee: Ein erheblicher Teil der Opfer von großen Katastrophen ist sehr schlecht oder überhaupt (noch?) nicht erfasst. Ihr stilles, aber nicht minder schmerzerfülltes Leiden verliert sich in der allzu langen Geschichte der Anonymität. Mit anderen Worten: *Sehr oft in der Geschichte schaffen es die Menschen nicht einmal, zumindest als Nummer registriert worden zu sein.* Hinter all den hier angeführten Zahlen steck(t)en reale Menschen. Ist es vielleicht geradezu ein Indiz, dass man mit Menschen, wenn sie erst einmal zu Nummern geworden sind, so umgeht, wie dies im Bereich der Katastrophenstatistik bis zum heutigen Tag geschieht?

Literatur- und Medienverzeichnis

Geipel, Robert: *Naturrisiken. Katastrophenbewältigung im sozialen Umfeld.* Darmstadt (Wiss. Buchges.) 1992.

Glucksmann, André & Wolton, Thierry: *Politik des Schweigens. Hintergründe der Hungerkatastrophe in Äthiopien.* Frankfurt a.M. u.a. (Ullstein) 1989.

Heinsohn, Gunnar: *Lexikon der Völkermorde.* Reinbek b.H. (Rowohlt) 1998.

Hochschild, Adam: *Schatten über dem Kongo. Die Geschichte eines der großen, fast vergessenen Menschheitsverbrechen.* Stuttgart (Klett-Cotta) 2000. (Originalausg.: King Leopold`s Ghost. A Story of Greed, Terror, and Heroism in Colonial Africa, 1998).

Nussbaumer, Josef: *Die große chinesische Hungersnot (1958-1961)*. In: Zeitgeschichte, (Wien) 1999, S. 127-153.

Nussbaumer, Josef: *Gewalt der Natur. Eine Chronik der Naturkatastrophen von 1500 bis heute.* 2. Aufl. Grünbach (Ed. Sandkorn) 1998.

Nussbaumer, Josef: *Tragödien. Eine Chronik der Katastrophen in Industrie, Verkehr und Zivilleben. 2 Bände.* Grünbach (Ed. Sandkorn) 1999 (1999a u. 1999b).

Nussbaumer, Josef & Winkler Helmut: *Wird die Natur gewalttätiger? Die Bilanz der letzten 100 Jahre.* In: Vierteljahrschrift für Sozial- und Wirtschaftsgeschichte, 1997, S. 544-562.

Pointner, Josef: *Im Schattenreich der Gefahren. Wie Naturgewalten und Zivilisationskatastrophen uns zunehmend bedrohen.* Wien (Internationale Publikationen Ges.m.b.H.) 1995.

Sivard, Ruth Leger: *World military and expenditures.* Washington (World Priorities) 1991.

White, Matthew: *Twentieth Century Atlas – Death Tolls.* (URL http://users.erols.com/mwhite28/warstat2.htm [Stand 2000-08-15]).

Thomas Wägenbaur

Semiotische und systemtheoretische Ansätze in der Literaturwissenschaft

Literaturwissenschaft erschließt das besondere Wissen der Literatur für die Gesellschaft. Dabei wird dieses Wissen je nach theoretischer Ausrichtung zwischen Inhalt und Form, dem Was und dem Wie der Literatur verortet und Literatur dementsprechend als Sozial- und/oder Symbolsystem aufgefasst. Jeder Text markiert die Differenz dieser beiden Auffassungen von Literatur, und die Frage ist immer, wie sich der Leser zum Text bzw. zur Grenze, die er darstellt, verhält: Liest er ihn auf einer ersten Ebene „naiv" auf seinen Inhalt oder nicht-naiv auf seine Form hin[1] oder auf welcher Seite der Differenz versucht er auf einer zweiten Ebene der Interpretation, die Differenz von Sozial- und Symbolsystem konzeptionell zu berücksichtigen? Einfacher gefragt: Welche Definition von Literarizität kommt in der jeweiligen Interpretation zur methodischen Anwendung?

In stark verkürzter und vereinfachter Form werden hier lediglich zwei Ansätze der Literaturwissenschaft vorgestellt und in einer Modellinterpretation vorgeführt. Es handelt sich um die Semiotik, die einen dynamischen Zeichenbegriff entwickelt hat, und um die Systemtheorie Niklas Luhmanns, die einen Rahmen dafür bereitstellt, den dynamischen Zeichenbegriff in eine Vorstellung gesamtgesellschaftlicher Dynamik zu integrieren.

1.   Semiotik

1.1   Grundbegriffe

Die Geschichte der Semiotik, d.h. die Lehre von den Zeichen, geht auf die griechische Antike zurück. Hier wurde schon die doppelte Bedeutung des Zeichens im semiotischen Dreieck konzipiert: Das *Sprachzeichen* bezieht sich über eine *Vorstellung* auf einen *Gegenstand*. Lange Zeit wurde ein Zeichen einfach dadurch definiert, dass es für etwas anderes steht. Die Formel lautete: „aliquid stat pro aliquo". Die moderne Semiotik geht vor allem auf Ferdinand de Saussure und Charles Saunders Peirce zurück.

1.1.1   Saussures dyadisches Modell

Saussure definiert die Sprache (*langue*) in Abgrenzung vom Sprechen (*parole*), die zusammen den Bereich der Sprechfähigkeit (*langage*) bilden. *Parole* umfasst die indi-

---

[1] Im neunten Kapitel von Franz Kafkas *Der Prozeß* erzählt der Geistliche dem Protagonisten K. die Parabel „Vor dem Gesetz" und das folgende Gespräch um „vorschnelle Meinungen" und die „Unveränderlichkeit der Schrift" entlarvt K. als naiven Interpreten (Kafka III, 226f). Siehe auch Jacques Derrida (1992) und die darauffolgenden intensiven Auseinandersetzungen (z.B. in Bogdal 1993 und vor allem Roberts 1992).

viduellen, kontingenten Sprachäußerungen, *langue* das diesen Äußerungen zugrunde liegende System der Sprache. Saussure befasst sich nur mit der *langue*, da nur sie ein genau definiertes Untersuchungsobjekt darstellt. Eine weitere grundlegende Unterscheidung betrifft die zwei Seiten des Zeichens, die er in der Psyche verankert sieht. Die Lautvorstellung nennt er Bezeichnendes oder den Signifikanten (*signifiant*) und die Inhaltsvorstellung das Bezeichnete oder Signifikat (*signifié*). Bevor weiter auf Saussures Zeichenbegriff eingegangen werden kann, müssen noch zwei weitere Unterscheidungen erwähnt werden. Die erste betrifft die Unterscheidung von syntagmatischen und paradigmatischen Beziehungen unter sprachlichen Einheiten. Syntagmatische Beziehungen beruhen auf der Nachbarschaft mit anderen Begriffen, die gleichzeitig mit dem entsprechenden Element vorliegen, d.h. der Bezug besteht *in praesentia*. Paradigmatische Beziehungen liegen dagegen vor, wenn andere Begriffe assoziiert werden, z.B. Wörter desselben Wortfelds, lautlich ähnliche Wörter, also Wörter desselben semantischen oder lautlichen Paradigmas. Paradigmatische Beziehungen kommen jedoch in der Regel im Sprechen selbst nicht vor, sondern liegen nur *in absentia* vor. Dieser „Ausnahmefall" wird bei Roman Jakobson das entscheidende Kriterium für die poetische Funktion der Sprache, bei Derrida für den Primat der Schrift vor der gesprochenen Sprache werden. Die zweite Unterscheidung betrifft *Synchronie* und *Diachronie*. Eine synchronische Betrachtungsweise untersucht die Bezüge zwischen Dingen, die zu einem bestimmten Augenblick nebeneinander bestehen, während eine diachronische Betrachtungsweise einen bestimmten Gegenstand herausgreift und dessen Entwicklung durch die Zeit hindurch verfolgt.

Der Wert eines Zeichens bestimmt sich nun wie der einer Figur im Schachspiel: Synchron wird er definiert durch die Regeln des Spiels und die anderen Figuren, die zur gleichen Zeit auf dem Brett sind (also systemisch wie die *langue*), diachron durch den Verlauf des Spiels (also zufällig wie die *parole*). Neben diesen beiden Grundoperationen ist für den Wert eines Zeichens bestimmend, dass es sich von anderen Zeichen sowohl auf der Ebene der Signifikanten als auch auf der der Signifikate abgrenzt. Das Zeichen „Haus" ist einerseits bestimmt durch die Gegenüberstellung zu „Hals", „Hans" usw., andererseits durch die Abgrenzung gegenüber Begriffen wie „Hütte", „Palast" usw. Die Bewertung des differentiellen Funktionsprinzips der Zeichen ist nun in Hinblick auf die Entwicklung zur Dekonstruktion, der avanciertesten Form des semiotischen Ansatzes in der Literaturwissenschaft, entscheidend: Während Saussure den Zeichenprozess in der Totalität des Zeichens sistiert, will ihn Derrida in der Bewegung der *différance* fortgesetzt sehen. Derrida zitiert Saussure und nimmt ihn buchstäblich beim Wort: „Alles Vorausgehende läuft darauf hinaus, *dass es in der Sprache nur Verschiedenheiten gibt.*" (Derrida 1988, 36) Weiterhin ist das Zeichen durch seine Linearität und seine Arbitrarität bestimmt. Linear ist das sprachliche Zeichen dadurch, dass es im Gegensatz zum visuellen Zeichen etwa zeitlich messbar ist, was weitreichende Konsequenzen für den gesamten Mechanismus der Sprache hat. Arbiträr ist es, weil es in verschiedenen Sprachen verschiedene Zeichen für bestimmte Signifikate gibt, d.h. die Bezeichnungen beruhen auf Konvention; sie sind nicht dem Einzelnen überlassen, aber auch nicht durch den Gegenstand motiviert.

1.1.2 Peirces triadisches Modell

Peirce geht in seiner Auffassung von der Semiotik nicht nur wieder auf das semiotische Dreieck zurück, sondern sein Modell ist von vorneherein pragmatischer und deshalb auch dynamischer. Er hat das semiotische Dreieck um die Zeichenhandlung ergänzt, das Zeichen muss schließlich ausgesprochen und die Vorstellung erkannt werden, damit der Sachbezug durch den Handlungskontext verstanden werden kann. Das
Sprachzeichen nennt er *representamen*, die Vorstellung *interpretant* und den Gegenstand *object*. Das semiotische Dreieck bettet Peirce in einen offenen Zeichenprozess
so ein, dass der Interpretant jeweils selbst wieder ein Zeichen mit einem weiteren Interpretanten usw. wird (Peirce 1931-60, 2.274). Dieser Gedanke eines unendlichen In-
terpretationsprozesses hat seit Nietzsches „fortgesetzte[r] Zeichen-Kette von immer
neuen Interpretationen" (Nietzsche 1988, 314) Philosophie und Literaturtheorie pro-
duktiv irritiert. Bei Josef Simon heißt es zum Beispiel: „Da bei jedem Zeichen die
Frage nach seiner Bedeutung aufkommen kann, kann die Interpretationskette im *Prinzip* ad infinitum fortgesetzt werden." Simon präzisiert jedoch: „Daß man sich immer
mit einer endlichen Interpretationskette begnügen muß und auch begnügen kann,
wenn das Zeichen in seiner Orientierung fürs Handeln ‚hinreichend' verständlich erscheint, ist der wahre Bezug zur Wirklichkeit." (Simon 1989, 61) Für Luhmann ist
dann entscheidend, dass der erfahrungswissenschaftliche Aspekt dem erkenntnistheoretischen nachgeordnet ist bzw. Interpretationshandlungen dem Text erst nachträglich
zugeschrieben werden können.

Nach der Konzeption der Zeichenhandlung unterscheidet Peirce drei grundlegende
Zeichenfunktionen, Ikon, Index und Symbol. Ikonische Zeichen stimmen schematisch
mit ihrem Gegenstand überein. Dazu gehören z.B. Abbildungen auf Verkehrsschil-
dern (spielende Kinder, Fußgänger), Landkarten usw. Bei indexikalischen Zeichen besteht dagegen eine kausale Verknüpfung zwischen Zeichen und Gegenstand. So ist
z.B. Rauch ein Zeichen für Feuer, ein beschleunigter Puls ein Zeichen für Fieber etc.
Symbolische Zeichen referieren auf einen individuellen Gegenstand mit Hilfe eines
seiner schematischen Aspekte, den es als Interpretanten repräsentiert. Die Verbindung
zwischen Zeichen und Objekt beruht auf Konvention, so z.B. bei der Taube als Zeichen des Friedens, schwarz als Farbe der Trauer etc. Zwischen Ikon, Index und Symbol besteht das Verhältnis von Zeichen und Objekt betreffend eine regelmäßige Pro-
gression: Beim Ikon besteht keine dynamische Verbindung zwischen dem Zeichen
und dem Bezeichneten wie beim Index; das Symbol schließlich ist mit dem Objekt
nur durch die Vorstellung des Interpreten verbunden. Ein weiterer Unterschied besteht
darin, dass das Ikon sich auf die Vergangenheit, auf ein Original nämlich, bezieht, das
indexikalische Zeichen auf die Gegenwart, die aktuelle Zeigefunktion, das Symbol
dagegen auf die Zukunft. Diese drei Zeichenfunktionen treten meist gleichzeitig in allerdings unterschiedlicher Gewichtung auf. Das Verkehrsschild „Vorsicht! Kinder!"
ist z.B. primär ikonisch. Es ist aber auch indexikalisch, weil es auf eine Schule oder
einen Kinderspielplatz hinweist, und es trägt in der Frisur des Mädchens (Zopf) symbolische Züge.

1.1.3 Vergleich der Modelle von Saussure und Peirce

Saussure (1857-1913) und Peirce (1839-1914) begründen ungefähr zur selben Zeit die wissenschaftliche Semiotik, beide mit entscheidenden methodischen Einschränkungen. Saussure ordnet Zeichen bestimmten Zeichensystemen zu und untersucht dann diese unabhängig von ihrem individuellen Gebrauch. Peirce verfährt geradezu umgekehrt, wenn er das Zeichen selbst definiert und es als Prozess beschreibt. Saussure folgert nach den Grundprinzipien von Arbitrarität und Linearität von einem modellhaften und idealen Zeichensystem der Sprache auf andere Systeme. Peirce untersucht zwar auch das Verhältnis der Sprachzeichen zu anderen Zeichen, doch es geht ihm mehr darum, Zeichen zu beschreiben und nach verschiedenen Kriterien zu klassifizieren. Während sich Saussure auf die Sprache beschränkt, ist nach Peirce alles ein Zeichen, was sich als solches in einer triadischen Semiose auffassen lässt. Fragt man nach der Bedeutung eines Zeichens, so wird diese Bedeutung als neues Zeichen aufgefasst, d.h. letztlich, dass die Bedeutung eines Zeichens nicht fixierbar ist. Zeichen und Bedeutung sind also bei Peirce letztlich nicht anders geartet als in Saussures Modell, in dem Zeichen und Bedeutung deshalb auseinanderfallen, weil das Zeichen aus der Verbindung von Bedeutung und Lautbild entsteht. Bei Saussure bildet jedoch das System eine stabile Grundlage, die die Zeichen organisiert und ihnen nach Maßgabe der strukturierten Signifikanten und Signifikate ihren Platz zuweist. Peirce thematisiert nicht, ob und wie der Prozess der Semiose gesteuert werden könnte. Und natürlich schließt Saussure in seinem dyadischen Modell bewusst den Gegenstandsbezug, die zufälligen äußeren Umstände aus, um ein abgeschlossenes, konsistentes System zu erhalten. Das Hauptmerkmal des Zeichens ist für Saussure sein arbiträrer Charakter, die Unmotiviertheit der Bezeichnung (Ausdruck, Signifikant) im Hinblick auf Bedeutung (Inhalt, Signifikat). Peirce misst dagegen der Arbitrarität eine geringere Bedeutung bei, da jeweils eine tatsächliche Motivation der Zeichen besteht. Schon hier in den Anfängen der modernen Semiotik, zwischen Saussures Erkenntnistheorie und Peirces Erfahrungswissenschaft, kann man eine Vorform der Kontroverse über den Text als Sozial- und Symbolsystem sehen, die sich darum drehen wird, ob der Text als motivierte Interpretationshandlung und/oder als autonomes Zeichensystem interpretiert werden muss.

1.1.4 Roland Barthes: Vom Zeichen zum Text

In der Folge haben Semiotiker verschiedene Semiotiken miteinander kombiniert. Roland Barthes z.B. brachte das Begriffspaar *Denotation* und *Konnotation* (Saussure), das sich auf Zeichen bezieht, mit dem von *Inhalts- und Ausdrucksebene* (Louis Hjelmslev 1974) in Zusammenhang, um so nicht nur Zeichen, sondern einen ganzen Text strukturieren zu können (Barthes 1987). Nach Barthes enthalten Signifikationssysteme, also Texte, eine Ausdrucksebene und eine Inhaltsebene, wobei die Bedeutung in der Relation der beiden Ebenen besteht. Dieses erste System kann jedoch nun zur Ausdrucksebene eines zweiten Systems werden, d.h. insgesamt auf einer höheren Ebene eine weitere Bedeutung konnotieren. Das erste System bildet dann die Ebene der Denotation, das zweite – das erste übergreifend – die Ebene der Konnotation. Mephistopheles trifft z.B. im *Faust* folgende Aussage: „Grau, teurer Freund, ist alle Theorie, / Und grün des Lebens goldner Baum" (Goethe 1976, 66, I.2038/39). Betrachtet man nur die wörtliche Bedeutung des Satzes, d.h. die Denotation seiner Wörter, so ist er unsinnig – ein abstrakter Begriff besitzt keine Farbe – bzw. widersprüchlich – ein goldener Baum kann nicht zugleich grün sein. Der Begriff „grau" konnotiert jedoch bestimmte Vorstellungen, die auch mit der „Theorie" verbunden werden – sie kann langweilig sein –, sodass der Satz Sinn macht. Ähnlich, nur etwas komplizierter, verhält es sich im zweiten Teilsatz: Mephistopheles verwendet die Metapher vom „Baum des Lebens", der die Eigenschaft besitzt, „grün" zu sein (Attribut) und dem weiterhin zugeschrieben wird „golden" zu sein (Prädikatsnomen), was Vorstellungen von Reichtum und Schönheit konnotiert – Vorstellungen, die auch dem Leben zugeschrieben werden können. Zu beachten ist also, dass wörtliche oder denotative Bedeutungen auch unsinnig kombiniert werden können und umgekehrt übertragene Bedeutungen oder Konnotationen (Metaphern) auch wörtlich genommen werden können. Eine Entscheidung darüber muss im literarischen und/oder im sozialen Kontext, beim Text und/oder beim Leser gesucht werden – und auch dann ist Unentscheidbarkeit nicht ausgeschlossen.

1.1.5 Roman Jakobsons poetische Funktion

Zentral für Strukturalismus und Semiotik in der Literaturwissenschaft ist Jakobsons Modell der poetischen Funktion. Über eine Untersuchung der Aphasie verdeutlichte er die zwei Grundprinzipien der Sprache: *Selektion* und *Kombination*, die bei der jeweiligen Sprachstörung nicht mehr funktionieren. Selektion betrifft die Auswahl der richtigen Sprachzeichen, Kombination die Verknüpfung der Zeichen miteinander. Diesen Begriffen werden nun in Form eines Koordinatensystems weitere zugeordnet: Das grundlegende Verfahren bei der Selektion ist die Substitution (die Zeichen, aus denen schließlich eines gewählt wird, sind in einer bestimmten Hinsicht austauschbar), bei der Kombination ist es die Kontextbildung (die Zeichen müssen zu einem Text/Kontext verknüpft werden). Die Bezüge zwischen den Zeichen sind im ersten Fall nur *in absentia* gegeben, die nicht gewählten Zeichen erscheinen nicht im Text. Im zweiten Fall sind sie gegeben, sie stehen hintereinander im Text, sie erscheinen im *Syntagma*. Die Zeichen auf der ersten Achse, der der Selektion, bilden dagegen *Paradigmen*, Gruppen von Zeichen, die in einer bestimmten Hinsicht (lautlich, funktional, semantisch) ähnlich und daher austauschbar sind.[2] Der Achse der Selektion ist die *Metapher* zugeordnet, die, so Jakobson, auf einer Ähnlichkeitsbeziehung beruhe („eine schlechte Nachricht verdauen"). Auf der Achse der Kombination bestehe dagegen ein Verhältnis der Kontiguität zwischen den Zeichen. Die zentrale rhetorische Figur ist hier die *Metonymie*, bei der keine Ähnlichkeits-, sondern Nachbarschaftsbeziehungen zwischen den entsprechenden Objekten bestehen („ein Glas trinken", „das ganze Stadion jubelte").

Diese begrifflichen Unterscheidungen sind für die Definition der poetischen Funktion wichtig. Jakobson geht von einem Kommunikationsmodell aus, das aus sechs Elementen besteht: Der Sender übermittelt dem Empfänger eine Botschaft, er verwendet dabei einen bestimmten Code. Zwischen Sender und Empfänger besteht über den Kanal Kontakt. Die Botschaft steht zudem in einem bestimmten Kontext. Den sechs Elementen wird nun jeweils eine bestimmte Funktion zugeordnet, die bei entsprechenden

---

[2] Eine graphisch anschauliche Darstellung findet sich in Link 1992.

Äußerungen im Vordergrund stehen. Ausrufe wie „Au!" sind z.B. stark auf den Sender bezogen, hier steht die emotive Funktion im Vordergrund. Bei der konativen Funktion liegt dagegen ein starker Bezug auf den Empfänger vor wie z.B. bei Imperativen. Wenn Aussagen über Gegenstände getroffen werden, liegt eine referentielle Funktion vor, die sich auf den außersprachlichen Kontext bezieht. Daneben existieren Äußerungen, die in erster Linie dazu dienen, einen Kontakt herzustellen oder aufrechtzuerhalten („Hallo? Sind Sie noch dran?"). Bei der metasprachlichen Funktion, die auf den Code bezogen ist, werden Äußerungen über die Sprache getroffen wie „'Haus' ist ein Substantiv". Bezieht sich aber eine Äußerung primär auf die Botschaft selbst, ist sie also selbstreferenziell, so liegt eine *poetische Funktion* vor. Jakobsons berühmte Definition lautet: „Die poetische Funktion projiziert das Prinzip der Äquivalenz von der Achse der Selektion auf die Achse der Kombination." (Jakobson 1979, 94) Bei der poetischen Funktion erscheinen bestimmte ähnliche Begriffe eines Paradigmas, die im nicht-poetischen Sprechen nur *in absentia* gegeben sind, im Syntagma, d.h. *in praesentia*. So stellt z.B. der Reim in einem Gedicht ein $Syntagma_2$ von Zeichen eines Paradigmas her, das durch eine im $Syntagma_1$ etwa gegebene Handlungslogik nicht legitimiert sein muss. In der Unsinnspoesie kann der Reim sogar das einzig mögliche Syntagma darstellen, weil der Text dezidiert keiner Handlungslogik folgt: „In der R-Mitage, / da hängt ein blauer Page. / Da hängt er, im Lasso: / er stammt von Picasso. / Wer hängt ihn ab? Das Papperlapapp.[...]" (Celan 1983, III, 134). Besonders an der Lektüre der Lyrik erkennt man, was allgemein gilt, dass man Worte, Sätze und weitere strukturelle Einheiten „horizontal" *und* „vertikal" lesen muss, d.h. einerseits dem Syntagma folgend und andererseits aber auch die paradigmatische Reihen über diesem ersten Wort, Satz oder Text wahrnehmend, die u.U. quer zum ersten Syntagma stehen. Man wird es also bei der poetischen Funktion in der Sprache immer mit einer primär nicht-literarischen Syntagmatisierung des Paradigmas (qua Handlungslogik) *und* mit primär literarischen Paradigmatisierungen dieses Syntagmas (via formaler Reim oder narrative Strukturen) zu tun haben. Andernfalls würde man Form und Inhalt voneinander isolieren, was aber wegen ihrer Interdependenz gar nicht möglich ist. Man kann die Unterscheidung von Form und Inhalt immer nur auf der jeweiligen Seite der Unterscheidung einziehen, aber nicht einfach ignorieren – dies ist ein Vorgriff auf die Unterscheidungstheorie, wie sie Niklas Luhmann vertritt. Auch Celans Gedicht kann man versuchen zu verstehen und versteht dann nichts; man kann aber auch versuchen zu verstehen, warum man es nicht versteht und versteht dann nicht nichts, sondern seine Selbstreferentialität. Das Problem der poetischen Funktion liegt in der Gleichzeitigkeit seiner beiden Sinnformen. Mit Emile Benveniste (Benveniste 1969) kann man die Semiotik noch einmal in Semiotik (Differenzierung der Zeichen untereinander auf der Ebene der Signifikanten und der der Signifikate) und Semantik (Verweisung als Bezug zwischen Akt des Bedeutens und Bedeutetem) unterscheiden. In der Semiotik ginge es dann um das Wiedererkennen von Zeichen und in der Semantik um das Verstehen von Diskursen, wobei Sprache immer beide sinnformenden Differenzen verbindet.[3] Musik wäre dagegen Semiotik ohne Semantik (Signifikanten ohne Signifikate) und Photographie Semantik ohne Se-

---

[3] Siehe auch Wellbery 1996, 368.

miotik (Signifikate ohne Signifikanten). Damit die Sprache eine poetische Funktion erfüllen kann, müssen beide Sinnformen zum Tragen kommen, aber so organisiert sein, dass sie nicht mehr transitiv auf einen Gegenstand verweisen, sondern intransitiv auf ihre Selbstorganisation, auf die Botschaft, die sie sich selbst ist.

Der Kybernetiker Gregory Bateson hat dazu anhand von spielenden Affen eine interessante Beobachtung gemacht, die die poetische Funktion der Sprache mit der Spieltheorie in Verbindung bringt: „Nicht nur bezeichnet das spielerische Zwicken nicht das, was durch den Biß bezeichnet würde, für den es steht, sondern darüber hinaus ist auch der Biß selbst fiktiv. Nicht nur meinen spielende Tiere nicht ganz, was sie sagen, sondern sie kommunizieren gewöhnlich auch über etwas, das es gar nicht gibt." (Bateson 1981, 247)[4] Der entscheidende Punkt ist nun, dass Selbstreferentialität nicht etwa heißt, es gäbe keine Referenz mehr, denn eine Referenz, die keine sein soll, ist ja immer noch eine, nämlich Selbstreferentialität – so der Sinnbegriff der Systemtheorie. Wellbery hat darauf hingewiesen, dass das sprachliche Analogon zum Zwicken der Affen das Zitat ist. Der zwickende Affe beißt nicht, sondern zitiert das Beißen und neutralisiert damit den operativen Gebrauch des Bisses. „Das Papperlapapp" in Celans Unsinnsgedicht neutralisiert auf ähnliche Weise die mögliche Semantisierung der Semiotik bzw. die Syntagmatisierung des Paradigmas. Aber gerade darin fallen Semiotik und Semantik bzw. Paradigmatisierung des Syntagmas und Syntagmatisierung des Paradigmas des Gedichts zusammen, denn paradoxerweise „heißt" ja „Papperlapapp" „Unsinn" und damit macht das Gedicht auf (nicht-)referenzielle Weise (Un-)Sinn. Wie die Affen mit dem „Biss" spielt das Gedicht mit dem „Sinn", den es im „Papperlapapp" sowohl zitiert wie praktiziert.

1.1.6 Jacques Derridas *différance*

Jacques Derrida ist der Semiotiker, der die poetische Funktion in der Sprache als ihre vorherrschende Funktion versteht und dies – so umständlich wie brillant – performativ am eigenen Text zeigt. Derrida dynamisiert den Zeichenbegriff, aber nicht in Fortsetzung des triadischen Modells von Peirce, sondern des dyadischen von Saussure. Er übernimmt die erste Differenz Saussures von Zeichen und Referenz auf einen Gegenstand und radikalisiert die zweite Differenz im Zeichen, die den Code von Signifikant und Signifikat schließlich sprengt.

Es ist die Unterordnung des Signifikanten unter ein Signifikat, woran der Post- oder Neostrukturalismus Anstoß nimmt, indem er auf dessen Willkürlichkeit und auf andere mögliche Zuordnungen hinweist. Auf dieser Unterordnung beruht der abendländische Logozentrismus oder die Metaphysik. Die Struktur ist immer eine von hierarchischen Oppositionen, bei denen der Teil, der dem Signifikat entspricht, durch Präsenz legitimiert ist und der, der dem Signifikanten entspricht, durch Missachtung diskriminiert bzw. in die Abwesenheit verdrängt wird: Sein/Nichts, Identität/Differenz, Geist/Materie, bewusst/unbewusst, Wahrheit/Irrtum, gut/böse, drinnen/draußen usw. Derridas bevorzugtes Beispiel ist der Gegensatz von Stimme und Schrift, den er „grammatologisch" umgewertet und verschoben hat (Derrida 1974). Während stimmlich z.B. im Gespräch nur das Bezeichnete präsent zu sein scheint und das Bezeich-

---

[4] Siehe auch Iser 1991, 427 und Wellbery 1996, 382.

nende vergessen wird, ist es in der Schrift so, dass die Zeichen in allen ihren möglichen, unterschiedlichen und widersprüchlichen Bedeutungen gelesen werden können.
Der Grund für diesen Vorrang der Schrift vor der Stimme liegt einmal an einem Kon-
textwechsel (von dem der Gegenwart des Gesprächs zu dem des Texts und seiner Geschichte) und natürlich an der Zeit, die der Leser hat, die Sequenz der *parole* zu unter-
brechen und bei der *écriture* zu verweilen bzw. sie zu wiederholen. Einerseits konstituiert sich nun die Gegenwärtigkeit eines Zeichens aus den Merkmalen vergangener
Zeichen, sodass sich gegenwärtige Zeichen zur Spur vergangener Zeichen (Spuren)
wandeln. Andererseits kennt keiner die unendlichen Möglichkeiten zukünftiger, anderer Spuren, um in der Gegenwart ein Zeichen als so und nicht anders bestimmtes Zeichen absolut setzen zu können. Zentral ist also die Frage von Raum und Zeit in der
Sprache und dies erläutert und illustriert Derrida unentwegt mit der Operation der *différance*.

Derridas Prägung *différance* leitet sich vom lateinischen *differre* ab, was sowohl „unterscheiden" wie „aufschieben" heißt. (De-)konstruiert man die Bedeutung eines Zeichen oder Texts im Sinne der *différance*, liest man es zugleich verräumlicht in der Unterscheidung der lautlichen und semantischen Signifikanten untereinander und ver-
zeitlicht als (dadurch verursachten) Aufschub seiner Bedeutung. Das synchrone Zusammenspiel der Differenzen, das Saussure der besseren wissenschaftlichen Beobachtung halber in der *langue* gleichsam festgesetzt hatte, setzt Derrida konsequent fort, in
dem er es auf eine diachrone Achse projiziert, die die Sprache durch ihre Geschichte
ja immer auch hat. Ein Signifikant verweist paradigmatisch auf einen anderen, ein
Zeichen verweist auf ein anderes usw. Statt der Geschichte unternimmt Derrida in der
différance das permanente Aufschieben der Bedeutung und der Selbstpräsenz, um zu
zeigen, welche verschwiegenen Differenzen Bedeutung überhaupt erst zu generieren
erlauben. Aus dem Zerfall des logozentrischen Differenz-Begriffs geht Derridas Neo-
logismus der *différance* hervor. Der Unterschied zwischen „e" und „a" ist im Französischen nicht hörbar, man benötigt den Text, um ihn zu lesen.

In der Operation der *différance* unterläuft der Leser subversiv kulturell eingespielte
Hierarchien, indem er/sie auf die Willkürlichkeit der Differenz, auf andere mögliche
Zuordnungen und dementsprechend vorgängige Differenzen hinweist und so die Bedeutung aufschiebt. Derridas Bedeutung für Feminismus, Postkolonialismus oder die
gesamte textorientierte Kulturwissenschaft kann überhaupt nicht überschätzt werden.
Mit ihrer Aufschiebung haben sich aber Begriffe wie Signifikat, Bedeutung, Präsenz
etc. keinesfalls erledigt, denn „Dekonstruktion" bleibt der Konstruktion verhaftet, sie
hat Ähnlichkeit mit Heideggers Figur der „kreuzweisen Durchstreichung", unter deren Strichen die Präsenz eines transzendenten Signifikats verschwindet und dennoch
lesbar bleibt (Derrida 1974, 43). Die Dekonstruktion macht den Umweg über den Begriff des Zeichens, denn sie muss nicht ein Resultat repräsentieren, sondern die Operation der *différance* performieren: „Wir können uns des Begriffs des Zeichens aber
nicht entledigen, wir können auf seine metaphysische Komplizenschaft nicht verzichten, ohne gleichzeitig die kritische Arbeit, die wir gegen sie richten, aufzugeben und
Gefahr zu laufen, die Differenz in der Identität eines Signifikats mit sich selbst auszu-
streichen." (Derrida 1972, 426).

Dementsprechend hat Derrida keine repräsentative Theorie des Umgangs mit Texten nebst Methodologie entwickelt, aber die Performativität seiner Texte ist instruktiv genug. Er selbst hat durchaus von „zwei Interpretationen der Interpretation" gesprochen – die eine möchte das Spiel der Zeichen um einer repräsentativen Bedeutung willen beenden, die andere affirmiert dieses Spiel (Derrida 1972, 441). Aber andere haben Derridas Operation der *différance* zur Schule der Dekonstruktion gemacht und regelrechte „Gebrauchsanweisungen" aufgestellt.[5] Richard Rorty hat wohl recht, wenn er meint: „Texte dekonstruieren lernt man auf dieselbe Weise, wie man [...] Fahrradfahren oder Flötenspielen [lernt]." (Rorty 1989, 221f) Derrida handhabt die Operation der *différance* wie ein Instrument zum Zweck der *différance*, sie ist sowohl Ursache wie Produkt der differentiellen Zeichen(spuren) – und man kann diese systemische Zweck-Mittel- und Ursache-Wirkungs-Relation „von innen" besser nachvollziehen als „von außen". Um diesen Nachvollzug von innen kommt der Leser nicht herum, da alle anderen, scheinbar analytischen Ausdruckweisen, die Derrida geprägt hat, wie „Dissemination", „Supplement", „Spur" usw. der strukturell unhintergehbaren Operation der *différance* in immer neu semantisierten Variationen folgen. „Ein Text-Äußeres gibt es nicht" (Derrida 1974, 274), meint Derrida, der Text kann als Text keine andere Verweisungsstruktur haben als die selbstreferentielle der poetischen Funktion der Sprache, in der Sprache sich immer nur selbst zitiert. Man kann also z.B. Supplemente (Ersatz *und* Ergänzung von Zeichen und Bedeutungen) voneinander und in sich unterscheiden, aber weder Zeichen und ihre Referenz auf reale Gegenstände noch Signifikanten und Zeichen in ihrer Ko-Präsenz mit Signifikaten und Bedeutungen miteinander identifizieren. Der universale Text kann durch Abstraktionen, also künstliche, intendierte Herauslösungen begrenzt und differenziert werden, sodass man von literarischen, sozialen und anderen Texten sprechen kann. Um die Nähe Derridas zur Unterscheidungs- und Beobachtungstheorie Niklas Luhmanns geht es im zweiten Teil.

Ein für die Literaturwissenschaft besonders instruktives Beispiel der Funktion der *différance* ist Derridas (Nicht-)Interpretation von Kafkas Parabel „Vor dem Gesetz" (Derrida 1992).[6] Hier wird konsequent erörtert, was das „Gesetz" in diesem Text bedeuten könnte, nur um jede dieser Bedeutungen wiederum als Zeichen für weitere Bedeutungen zu nehmen. Das hat schließlich zur Folge, dass der Leser vor dem Text wie der Mann vom Lande vor dem Gesetz steht: „Der Text bewahrt sich wie das Gesetz. Er spricht nur von sich selbst, aber dann von seiner Nicht-Identität mit sich selbst." (Derrida 1992, 78) Unter der Operation der *différance* bestätigt sich der Text in seiner Parabelform: „Er sagt das Gesetz, das ihn beschützt und unantastbar macht, und bringt es in seinem Akt selbst hervor. Er handelt und er spricht, er sagt das, was er tut, indem er das tut, was er sagt. Diese Möglichkeit ist jedem Text implizit [...]" (Derrida 1992, 80). Wie bei dem zitierten Gedicht von Celan muss man allerdings betonen, dass die Selbstreferentialität der Texte von Derrida und Kafka sich zwar jede Referenz auf ein Außen des Texts verbietet, die Texte aber dadurch nicht unverständlich werden, denn ihre Selbstreferentialität ist ja (nur zu gut) verständlich – nicht als Resultat, sondern als Operation. Für die kontinentale Philosophie, die Literaturwissenschaft und alle an-

---

[5] So z.B. Culler 1988, 166f.

[6] Siehe Fn. 1

deren textorientierten Bereiche ist Derridas Text-Rhetorik zweifellos von Gewinn, denn wir befinden uns ja selbst – wenn wir kommunizieren und „wir können nicht nicht kommunizieren" (Watzlawick et al. 1969, 53) – immer nur innerhalb eines anthropomorphen Universums von Zeichen und Texten und ihren Intertexten.

1.2   Modellinterpretation: Franz Kafka, „Wunsch, Indianer zu werden"

Wenn man doch ein Indianer wäre, gleich bereit, und auf dem rennenden Pferde, schief in der Luft, immer wieder kurz erzitterte über dem zitternden Boden, bis man die Sporen ließ, denn es gab keine Sporen, bis man die Zügel wegwarf, denn es gab keine Zügel, und kaum das Land vor sich als glatt gemähte Heide sah, schon ohne Pferdehals und Pferdekopf. (Kafka I, 30)

Liest man Kafkas Parabel vorerst unter dem Aspekt der Syntagmatisierung des Paradigmas, ergeben sich die folgenden Befunde. Der Wunsch scheint sich im Verlauf seiner Äußerung zu verwirklichen. Er wird im Modus des Konjunktivs begonnen („wäre"), geht über in eine Form, die sowohl Konjunktiv wie Indikativ sein kann („erzitterte"), um dann im Indikativ der Vergangenheit die Erfüllung zu konstatieren. Semantisch wird ein Reiter bereits auf dem Pferd vorgestellt, der zuerst die „kultivierenden" Hilfsmittel des Reitens fahren lassen muss („bis man die Sporen ließ", „bis man die Zügel wegwarf"), denn in der „Wildnis" sind sie nicht vorhanden („denn es gab keine Sporen", „denn es gab kein Zügel"), dann in ein solches Tempo gerät, dass durch die Geschwindigkeit die Wahrnehmung der Umgebung verzerrt wird („kaum das Land vor sich als glattgemähte Heide sah") und schließlich das Mittel des gewünschten Transports komplett reduziert, es ist, als ob das „rennende Pferd" sich selbst überholt, ein rasender Stillstand. Hier merkt man sofort, dass die Grammatik nicht mit der Semantik korreliert. Das kann zweierlei heißen: Entweder der Wunsch geht paradoxerweise dadurch in Erfüllung, dass sich sein Transportmittel reduziert oder mit dessen Reduktion wird auch der Wunsch unerfüllbar, denn man muss sich ja fragen, wo der Reiter hingekommen ist. Die gleichsam „höchste Geschwindigkeit" erreichen imaginärer Reiter und Pferd in der Wendung „schon ohne Pferdehals und Pferdekopf", die mit dem bisherigen Syntagma dadurch bricht, dass es das zu erwartende Syntagma „Hals über Kopf" paradigmatisch auf „Pferdehals" und „Pferdekopf" erweitert. Dies ist ein sehr deutliches Beispiel für eine „Projektion des Prinzips der Äquivalenz von der Achse der Selektion auf die Achse der Kombination" mit der zusätzlichen syntagmatischen Veränderung, dass das Paradigma negiert erscheint. „Schon ohne Pferdehals und Pferdekopf" nimmt die übertragene Bedeutung von „Hals über Kopf" wörtlich, resemantisiert die Signifikanten, negiert die Signifikate, um das Tempo zu beschleunigen, aber hebt damit auch den Ritt auf, der kein anderes Ziel zu kennen scheint als sich selbst – weshalb man gezwungen ist, die Parabel noch einmal zu lesen.

Spätestens am Schluss der Parabel wendet sich die Lektüre also von der Syntagmatisierung des Paradigmas der Paradigmatisierung des Syntagmas zu. Dazu sind weitere Beobachtungen zu machen, die die semantische Relation der Referenz (auf den zivilisationskritischen Wunsch, Indianer zu werden) auf die semiotische Ordnung (den Text „Wunsch, Indianer zu werden") zurückbiegt. Die Semiotik, die in normaler Kommunikation vor dem semantischen Thema zurücktritt, wird nun selber thema-

tisch. Hier fallen Ausdrücke ins Auge, die ungewöhnlich erscheinen, aber als paradigmatische Reihe einen Subtext bilden. Einmal ist es die „glatt gemähte Heide", die
wörtlich denotiert, jemand habe die Heide gemäht – was nicht in ein Syntagma gehört,
das die Zivilisation hinter sich lässt – oder im übertragenen Sinne konnotiert, die Geschwindigkeit verzerre die Wahrnehmung der Umgebung – eine Metonymie, die wenig plausibel erscheint. Wer sieht das Land *vor* sich „als glattgemähte Heide", der
nicht wirklich ein „Artefakt" vor sich hat, ein aus Natur geschaffenes Zivilisationspro-
dukt? Ins Auge fällt auch der Bewegungsablauf „schief in der Luft, immer wieder
kurz erzitterte über zitterndem Boden". Der Reiter sitzt schon nicht mehr auf dem
Pferd und wieder besteht die Wahrnehmung in einer metonymischen Verschiebung,
die hier eine fast lautmalende Alliteration darstellt. An diesem Punkt kann man die semantische Reitbewegung strukturell mit der semiotischen Sprachbewegung des Texts
in Verbindung bringen. „Zitternd über zitterndem Boden" repräsentiert die Reitbewegung, „bis ... denn ... bis ... denn" performiert diese Bewegung in der Sprache. Man
darf nun annehmen, dass die Parabel, die von (k)einem Ritt handelt, um ihrer Bewegung selbst da ist und das wäre der Schreibakt als solcher. Nach dieser Assoziation
ordnen sich dann die Paradigmen einem zweiten Syntagma zu: „schief in der Luft, ..."
wäre die Bewegung des Schreibzeugs, „glattgemähte Heide" das Papier.

Signifikanten werden zu Papier gebracht, nur um ihre Signifikate durchzustreichen:
Kafkas Parabel steuert Zivilisationskritik an (Görling 1997, 7ff) und biegt sie um in eine
Re-flexion des Schreibakts (Kremer 1989, 58ff). Mit Derridas *différance* hat dieser Text
nicht nur den aus der Unterscheidung von Signifikant und Signifkat resultierenden
Aufschub der Bedeutung gemeinsam sowie die Selbstreferentialität der Schrift, die repräsentative Semantik in performative Semiotik überführt, sondern auch das kritische
Moment: Man kann Zivilisationskritik nicht widerspruchslos im zivilisatorisch avan-
cierten Medium der Schrift äußern, aber die Demonstration dessen, dass ich das nicht
kann, dass also der Wunsch, Indianer zu werden, illusorisch ist, in Form einer Parabel,
bestätigt dennoch eine Zivilisationskritik zweiter Ordnung. Dank seiner Aufmerksamkeit für Semiotik gelingen Kafka also mindestens zwei Dinge: eine Parabel über die
Schrift und eine über Zivilisationskritik.

2. Systemtheorie

Während Strukturalismus und Semiotik soziale Systeme – und damit auch die Literatur – als Symbolsysteme, d.h. als Text auffassen, hat sich die Systemtheorie in (mindestens) zwei Lager gespalten. Die einen adaptieren Niklas Luhmanns textorientierte
Auffassung, die anderen Siegfried J. Schmidts empirische Auffassung von Literatur
als einer sozialen Praxis. Es liegt auf der Hand, dass sich beides nicht ausschließt.[7]
Die Frage ist wiederum nur, welche Form der Vermittlung von Literatur als Sozial-
und Symbolsystem man zu akzeptieren bereit ist. Geht man vom Text als Grenze zwischen Sozial- und Symbolsystem aus, dann unterscheiden sich die beiden Ansätze

---

[7] Einen knappen, differenzierten Überblick über die gegenwärtige Diskussion bieten Jahraus
und Schmidt 1998.

einmal in eine Position, die ihr Objekt im literarischen Text hat (Luhmann), und eine Position, die ihr Objekt in der Umwelt des Texts situiert und konstituiert, die also den Text lediglich als externe Initiation von sozialer Kommunikation und Handlung sieht (Schmidt). Die Opposition zwischen Empirie auf der einen, Systemtheorie – und Semiotik – auf der anderen Seite erübrigt sich aber, wenn man – wie die Literatur selbst – auf Differenzen zurückgreift, die der Opposition prinzipiell vorausgehen: die Differenz von Kommunikation und Bewusstsein (als systemtheoretischer Rahmen) und die Differenz von Mitteilung und Information bzw. Signifikant und Signifikat (als systemtheoretisch-semiotischer Kommunikationsanalyse).

In dieser Darstellung werden keine empirischen Beobachtungen an Lesern gemacht, sondern am Text. Beobachtungen am Text kann zuerst nur ein Leser machen – anders konstituiert sich kein Text –, aber immer nur im Nachhinein können diese Beobachtungen einer Person als soziale Handlungen zugerechnet und mit den Interpretationshandlungen anderer Leser verrechnet werden (Luhmann 1990b, 275-279).

2.1 Grundbegriffe

Neben einigen anderen wichtigen Einflüssen geht die Begrifflichkeit der Systemtheorie Luhmanns vor allem auf die *Unterscheidungstheorie* George Spencer-Browns (Spencer-Brown 1997), die *Beobachtungstheorie* Heinz von Foersters (von Foerster 1981, 1985) und den biologischen *Konstruktivismus* Humberto Maturanas (Maturana 1982) zurück.

2.1.1 Was ist ein System?

Ein *System* ist die Einheit der Unterscheidung von System und Umwelt. Systeme bestehen nicht an sich, sondern sind Resultat von wirklichen Beobachtungen als Unterscheidungen und Bezeichnungen des Unterschiedenen durch einen Beobachter oder ein beobachtendes System. Jede Beobachtung muss dabei anknüpfen an vorausgesetzte wirkliche Beobachtungen, System/Umwelt-Unterscheidungen sind also nicht beliebig. Das erinnert an die semiotische Zeichenkette: Systeme beobachten Systeme, die Systeme beobachten. Semiotik und Systemtheorie teilen sich einen erkenntnistheoretischen Konstruktivismus: Systeme entstehen durch Wiederholung, die ihre einzige Realität ist, denn sie referieren nur auf den Prozess ihrer differentiellen Konstruktion, nicht auf eine externe Realität. Die Unmöglichkeit der Referenz wird intern dadurch kompensiert, dass sie in der Beobachtung ihrer Operationen zwischen Selbst- und Fremdreferenz unterscheiden können (Luhmann 1993).

Systeme – analog zu lebenden Systemen – ermöglichen und reproduzieren sich selber, sie sind *autopoietisch*. Im System der Wirtschaft z.B. werden Zahlungen durch Zahlungen ermöglicht. Ein autopoietisches System ist operativ geschlossen und kognitiv offen. Die Geschlossenheit besteht darin, dass seine Operationen ausschließlich über den systemspezifischen Code, z.B. Zahlung/Nicht-Zahlung, laufen. Die Offenheit besteht dagegen darin, dass es mittels seines Sensoriums und seines Codes Ereignisse in seiner Umwelt in systemspezifische Ereignisse übersetzt. Diese Ereignisse müssen relativ stabile Strukturen bilden, über die die Elemente des Systems redundant miteinander verbunden werden und die wiederum eine Art Gedächtnis darstellen. Diese Strukturen determinieren das System, das zudem noch umweltangepasst sein muss. Die

Umwelt stellt zwar die materielle Existenzbedingung des Systems dar, aber sie ist nicht die Voraussetzung des Systems, sondern umgekehrt: Ohne das System gäbe es die Umwelt nicht, an die das System strukturell gekoppelt ist.

2.1.2 Das System der Kunst

Das System, das die Literaturwissenschaft besonders interessiert, ist das *System der Kunst* bzw. der Literatur (Luhmann 1995a). Kunst bezieht sich auf jene Beobachtungen von Welt, die es darauf anlegen, als Beobachtungen von Welt beobachtet zu werden. Sie ist eine Beobachtungsform zweiter Ordnung – sei es auf der Seite des Künstlers oder des Rezipienten. Schon diese schlichte Definition lässt sich mit Jakobsons poetischer Funktion in Verbindung bringen, wenn man unter Beobachtung erster Ordnung die Syntagmatisierung des Paradigmas versteht und unter Beobachtung zweiter Ordnung die Paradigmatisierung des Syntagmas. Die entscheidende Erweiterung des Kunstsystems liefert dann die Einsicht, dass das Kunstwerk immer die Einheit der Unterscheidung von beidem darstellt. Soweit ist die gesellschaftliche Funktion des Kunstwerks als Beobachtung einer unbeobachtbaren Welt festzuhalten, es macht für die Gesellschaft die Einheit der Differenz von Beobachtung und Unbeobachtbarkeit der Welt sichtbar. Jede Unterscheidung innerhalb der Welt schafft bestimmte Möglichkeiten und schließt andere aus, die der Sicht entzogen werden und unzugänglich bleiben. Das Kunstwerk macht diese sichtbar, stellt eine eigene Realität fest, die sich von der gängigen Realität unterscheidet; es realisiert also eine Verdopplung des Realen in eine reale und eine imaginäre Realität. Das Kunstwerk stellt eine Form der Selbstbeobachtung dar, die unter normalen Bedingungen als *Beobachterparadox* bezeichnet werden muss: Man kann nicht gleichzeitig etwas beobachten und sich beim Beobachten beobachten. Luhmann bezeichnet diese Funktion der Kunst, Welt in der Welt erscheinen zu lassen, als moderne „Weltkunst" (Beobachtung zweiter Ordnung) im Gegensatz zur traditionellen „Objektkunst" (Beobachtung erster Ordnung) (Luhmann 1990a, 23ff). Kunst differenziert sich als autonomes Funktionssystem aus, das nicht auf Nützlichkeit oder Nachahmung der Natur oder sonstige Verweisungen auf etwas rekurriert, das der Kunst extern ist. Mit der Formel „l'art pour l'art" z.B. wird die Autonomie eines auf das Experimentieren mit Formen spezialisierten Systems ausgedrückt, das sich auf nichts bezieht, sondern nur über den einfachen Akt des Unterscheidens verfügt. Um ein Beispiel zu geben: Der naive Leser eines Romans übernimmt die Perspektive der geschilderten Charaktere; solange er nur der Handlungslogik folgt und das unterscheidet, was sie unterscheiden, bleibt er ein Beobachter erster Ordnung. Erst wenn er Perspektivik der Figuren und die sie organisierende Erzählstruktur von der bloßen Handlungslogik unterscheidet, beobachtet er, wie sich der Erzähler seiner erzählerischen Mittel bedient und mit ihnen den Roman als die Einheit der Differenz von Inhalt und Form organisiert. Dieser Leser ist dann ein Beobachter zweiter Ordnung.

Moderne Kunst reflektiert zugleich die Autonomie ihres Systems – wie z.B. in Kafkas Parabel „Wunsch, Indianer zu werden", die auch eine Parabel über den autonomen Schreibakt ist – bis zu dem Punkt, an dem Kunst nicht mehr als Kunst erkennbar ist. Das ist der Punkt, an dem die Reproduktion der Kunst-Operationen ihre eigene Negation miteinschließt. Medium der Kunst ist die Freiheit aus Formen Formen herzustellen. Codiert ist das Kunstwerk durch die traditionelle Differenz schön/hässlich oder die modernere stimmig/unstimmig, d.h. für jede Form muss innerhalb des Kunstwerks festgelegt werden, ob sie anschlussfähig ist oder nicht. Wenn dies gelingt, generiert das Kunstwerk eine eigene Ordnung mit einer eigenen Notwendigkeit. Es handelt sich dabei um Kommunikation, weil diese Ordnung *Information* enthält, die *mitgeteilt* wurde und *verstanden* werden muss.

2.1.3 Das Kommunikationsmodell der Systemtheorie

Die Komplementarität von Semiotik und Systemtheorie, die hier behauptet wird, beruht zuerst einmal auf der grundsätzlichen Unterscheidung des Kommunikationsbegriffs. Das Kommunikationsmodell von Mitteilung eines Senders, Verstehen eines Empfängers und Information als der Botschaft wurde von John Austin und John Searle zur Sprechakttheorie ausgearbeitet und Jürgen Habermas hat mit einer *Theorie des kommunikativen Handelns* angeschlossen. Wie der Titel schon sagt, wird hier von einem handlungstheoretischen Verständnis von Kommunikation ausgegangen, das den Kommunikationsvorgang deshalb als gelingende oder nicht-gelingende Übertragung von Nachrichten auffasst. Das Modell geht auf Karl Bühler und seine Lektüre von Claude E. Shannons und Warren Weavers *Mathematical Theory of Communication* zurück. Aber leider rezipierte Bühler nur den trivialen, d.h. rauschfreien und nicht den in der Kybernetik entwickelten nicht-trivialen Kommunikationsbegriff, d.h. den, der Störungen und die dadurch verursachte Veränderung der Nachricht berücksichtigt. Während die Semiotik also im Allgemeinen noch immer davon ausgeht, dass sich die Nachricht gleich bleibt, geht die Systemtheorie dagegen von Anfang an davon aus, dass sich die Nachricht verändert und ein sozialer Vorgang, nämlich der der Selbstbeobachtung, an die Stelle der Übertragung von Nachrichten tritt.[8] Die Vorstellung vom einfachen Austausch von Informationen wird ersetzt durch die komplexere Vorstellung von „*doppelter Kontingenz*" (kein Kanal), „*Emergenz*" (keine Kausalität) (Foerster 1993) und „*Lückenkonfiguration*" (keine simultane Selbstbeobachtung).

Dem Zwei-Personen-Modell stellt Luhmann das Drei-Selektionen-Modell von *Mitteilung*, *Information* und *Verstehen* gegenüber, für das die Differenz von Kommunikation und Bewusstsein konstitutiv ist. Vergleichbar mit Leben und Bewusstsein ist Kommunikation „eine emergente Realität, ein Sachverhalt sui generis" (Luhmann 1995b, 115), d.h. sie ist nicht ableitbar, weder von sozialen noch von psychischen Systemen. Wie aber koordinieren psychische Systeme[9] dann ihr Verhalten via Kommunikation? Sie beobachten sich und zwar so, dass sie die Selbstreferenz des beobachteten Bewusstseins unterscheiden von dessen Fremdreferenz. Dieser Differenz sind sie sich bewusst und sie unterstellen, dass dies beim anderen sich genauso abspiele – daher die Rede von „doppelter Kontingenz" (Luhmann 1984, 148ff). Auf seiner Innenseite produziert das psychische System laufend Ereignisse, die unaufhebbar Binnenereignisse

---

[8] Vgl. die beiden Schaubilder in Shannon und Weaver 1963, 7/34 und 68.

[9] Die Einheit Mensch ist zu unterscheiden in Nervensystem und psychisches System (im Medium von Wahrnehmung, Bewusstsein oder Gedanken), diese wiederum von sozialen Systemen (im Medium von Kommunikationen) – alles „emergente Realitäten und Sachverhalte sui generis".

im Prozess der autopoietischen Reproduktion von Bewusstsein bleiben. Auf seiner Außenseite finden Ent-Äußerungen statt, die von der Geste bis zur sprachlichen Mitteilung reichen. Dabei werden diese Verhaltensäußerungen von anderen beobachtet und zwar immer anders als vom jeweiligen psychischen System. Jemand sagt etwas, hört, was er sagt, und jemand anderer hört, was gesagt wird und sagt selbst etwas. Mit doppelter Kontingenz ist also eine psychosoziale Bifurkation gemeint, die die Emergenz zweier Systeme aus Ereignissen bezeichnet, die zwar strukturell gekoppelt, aber nicht voneinander ableitbar sind: Bewusstseine „weben", was sie hören (sehen etc.), in ihren eigenen Sinnhorizont ein, der (z.B.) als Text von diesen Binnenhorizonten verschieden ist, weil er sich ersichtlich nicht aus Gedanken, dem Medium psychischer Systeme, zusammensetzt, sondern aus anderem „Material" (z.B. Druckerschwärze auf Papier), das (wie die Schrift) andere Limitationen, andere Sinnverweisungen mit sich führt. Eine solche Speicherung „andersmaterialer" Ereignisse muss von psychischen Beobachtern als Emergenz gedeutet werden, weil der Verkettungstyp jener Ereignisse an keiner Zeitstelle gestattet, die Genese des aktuellen Ereignisses zu rekonstruieren.

In Richtung des Zeitpfeils (Syntagmatisierung des Paradigmas: z.B. die „Stimme" bei Derrida) könnte man von einem kausalistischen Aufbau von Komplexität sprechen: Jede Äußerung fußt auf der vorangegangenen und hat ihr Eigenmuster als Resultat selektiven Zugriffs auf das Vorereignis in struktureller Kopplung mit psychischen Systemen. Entscheidend ist, dass sie in Gegenrichtung des Zeitpfeils (Paradigmatisierung des Syntagmas: z.B. die „Schrift" bei Derrida) Beobachtungsartefakte konstruieren: die Präsentation nicht mehr präsenter Ereignisse als Repräsentationen. Erst hier kann von Autopoiesis die Rede sein, hier konstituieren sich Ereignisse so, dass ihr Verkettungstypus gegen die Normalzeitrichtung Eigenkomplexität aufbaut, die sich irreduzibel verhält zum Komplexitätsaufbau der ersten Reihe – das bezeichnet man mit dem Ausdruck „emergent". Diese Irreduzibilität der zweiten Reihe entsteht durch beobachtungsbedingten Informationsverlust, denn jede Äußerung ist für psychische wie kommunikative Beobachtung *lückenkonfiguriert*. Für die psychische Beobachtung insofern, als sie nicht sieht, wie die anderen an Kommunikation beteiligten Prozessoren intern arbeiten, und für die kommunikative Beobachtung insofern, als das, was als Kommunikation zustande kommt, nicht die Kette der psychischen Ereignisse sein kann, sondern die durch die Unterscheidung von Mitteilung und Information entworfene Realität, die erst nach dem Verschwinden der durch sie bezeichneten Ereignisse medial repräsentiert und dann ihrerseits im Moment ihres Zusammenbruchs durch ein weiteres Ereignis der gleichen Art fortgesetzt, abgelöst, dementiert oder verstärkt wird.

Damit ist das Kommunikationsmodell der Systemtheorie nur ganz vereinfacht angedeutet. Festzuhalten ist: Wenn psychische Systeme operational geschlossen sind – wir können nicht in unsere Schädel hineinschauen – und wenn sie dennoch Verhaltensabstimmungen versuchen, werden die Abstimmungsprozesse eine lückenkonfigurierte Selektivität entfalten. D.h. wir können Verhaltensäußerungen zwar beobachten und über die Unterscheidung von Mitteilung und Information verstehen, aber dies sind Beobachtungen zweiter Ordnung und damit kontingent, weil der eigene Beobachtungsstandort nicht mitbeobachtet werden kann – dies kann nur wieder der andere. Dabei sind die Lücken, die das Beobachtungsparadox darstellt, notwendig: Gerade die blinden Flecke der Beobachtungen machen weitere Beobachtungen (von Beobachtungen) notwendig.

2.1.4 Die Aufgabe der Literaturwissenschaft

Die Auffassung von der Lückenkonfiguration von Kommunikation ist der ästhetischen Reflexion seit Immanuel Kants Ausführungen zum Erhabenen und zum Geniebegriff bekannt, und, wie oben ausgeführt, legt es moderne Kunst darauf an, gerade das Unbeobachtbare beobachtbar zu machen, d.h. im literarischen Text gerade das Beobachterparadox zu inszenieren – das im nicht-literarischen Text invisibilisiert werden muss, soll er nicht widersprüchlich erscheinen. Für die Interpretation literarischer Texte führt das aber zur Verlängerung der literaturkonstitutiven Paradoxie – vergleichbar mit dem Aufschub der Bedeutung in der *différance* Derridas:

Der Beobachter gewinnt Distanz. Er gewinnt die versprochenen neuen Möglichkeiten des Sehens. Aber er kann in dem Formenspiel, das er beobachtet, weder die Welt noch sich selbst wiederfinden: oder dies nur mit Hilfe weiterer Unterscheidungen [Beobachtungen], mit denen sich das Problem nur wiederholt. Jede Form realisiert die Paradoxie der Lösung eines unlösbaren Problems. (Luhmann 1990a, 14)

Man könnte auch sagen: „Die Lösung des Problems reproduziert das Problem." Aber der Nachvollzug dessen, wie Literatur diese Reproduktion in Szene setzt, ist die Aufgabe der Literaturwissenschaft, die hier nicht etwa ein Problem zu lösen hat. Der Gewinn liegt wie bei der Dekonstruktion in der Performativität der Operationen und nicht in der Repräsentation von Resultaten. Literatur deckt die Lückenkonfiguration der Kommunikation auf, sie entdeckt die blinden Flecke der beobach*teten* Beobachter, aber der blinde Fleck verschwindet natürlich nicht, sondern wiederholt sich immer auf der Seite des beobach*tenden* Beobachters. Der blinde Fleck zirkuliert: Sichtbarkeit erzeugt Unsichtbarkeit und umgekehrt. Das hat parallel und in der Folge der Dekonstruktion auch Paul de Man untersucht (de Man 1983, 102-141). Dennoch trägt diese Erkenntniskritik einen relativen Erkenntnisgewinn hinsichtlich des Wissens der Literatur: Der Beobachter kann aus der Blindheit anderer auf seine eigenen Blindheit schließen. Er kann dann sehen, dass er nicht sehen kann, was er nicht sehen kann. So lautet die kybernetische Variante der sokratischen Skepsis: Der Beobachtbarkeit der Unbeobachtbarkeit entspricht das Wissen des Nicht-Wissens.

2.2 Modellinterpretation: Franz Kafka, „Gemeinschaft"

Wir sind fünf Freunde, wir sind einmal hintereinander aus einem Haus gekommen, zuerst kam der eine und stellte sich neben das Tor, dann kam oder vielmehr glitt so leicht wie ein Quecksilberkügelchen gleitet der zweite aus dem Tor und stellt sich unweit vom ersten auf, dann der dritte, dann der vierte, dann der fünfte. Schließlich standen wir alle in einer Reihe. Die Leute wurden auf uns aufmerksam, zeigten auf uns und sagten: Die fünf sind jetzt aus diesem Haus gekommen. Seitdem leben wir zusammen, es wäre ein friedliches Leben wenn sich nicht immerfort ein sechster einmischen würde. Er tut nichts, aber es ist uns lästig, das ist genug getan; warum drängt er sich ein, wo man ihn nicht haben will. Wir kennen ihn nicht und wollen ihn nicht bei uns aufnehmen. Wir fünf haben zwar früher einander auch nicht gekannt und wenn man will, kennen wir einander auch jetzt nicht, aber was bei uns fünf möglich ist und geduldet wird ist bei jenem sechsten nicht möglich und wird nicht geduldet. Außerdem sind wir fünf und wir wollen nicht sechs sein. Und was soll überhaupt dieses fortwährende Beisammensein für einen Sinn haben, auch bei uns fünf hat es keinen Sinn, aber nun sind wir schon beisammen und bleiben es, aber eine neue Vereinigung wollen wir nicht, eben auf Grund unserer Erfahrungen. Wie soll man aber das alles dem sechsten beibringen, lange Erklärungen würde schon fast eine Aufnahme in unsern Kreis bedeuten, wir erklären lieber nichts und nehmen ihn nicht auf. Mag er noch so sehr die Lippen aufwerfen, wir stoßen ihn mit dem Ellbogen weg, aber mögen wir ihn noch so sehr wegstoßen, er kommt wieder. (Kafka VII, 139f)

Kafkas (anti-)rassistische Parabel inszeniert ein Beobachterparadox: In der Selbstbeobachtung eines Wir-Erzählers ist *gleichzeitig* eine Fremdbeobachtung enthalten. Aus der Perspektive der „fünf Freunde" wird dieses Paradox nicht wahrgenommen bzw. es wird bewusst verdrängt oder invisibilisiert, um die Gruppe nicht zu erschüttern. Aus der indirekt vermittelten Perspektive des „sechsten", der Beobachtung der Beobachtung des Wir-Erzählers, wird dennoch das Paradox sichtbar, das auf einer Ebene der Beobachtung dritter Ordnung, der Interpretation des Texts, Auskunft gibt über das formative Prinzip von „Gemeinschaft" überhaupt. Um zu zeigen, wie der Text die Einheit der Differenz von Selbstbeobachtung und Fremdbeobachtung bzw. von Beobachtung und Unbeobachtbarkeit der Welt sichtbar macht, kann man einmal der systemischen Logik des Erzählers folgen und auf Widersprüche stoßen und man kann die Semiotik seines Diskurses lesen und dabei auf die Ambivalenz der Bilder achten, die er verwendet. Verfolgt wird hier die Wirkungsästhetik des Texts oder Kafkas „Formalisierung des Lesens" (Theisen 1996).

Das Prinzip der Gruppenbildung der fünf scheint rein numerisch und willkürlich, aber eigentlich verläuft sie in dreifacher Weise negativ über eine ausgrenzende Unterscheidung wir/die anderen – und dies veranlasst beim Beobachter automatisch die Frage, wovon eine solche Unterscheidung zu unterscheiden wäre. Zuerst stehen die fünf nur „in einer Reihe" und erst wie „die Leute" auf sie aufmerksam werden und auf sie zeigen, heißt es: „leben wir zusammen". Die Gruppe ist also nicht selbst-, sondern fremdbestimmt. Die zweite Bestimmung der Gruppe ist symptomatisch, denn ein sechster, der Fremde, stört allein schon durch seinen Status den „Frieden": „Er tut nichts, aber es ist uns lästig, das ist genug getan." Der den Rassismus entlarvende Widerspruch ist hier nur impliziert, wird aber im Laufe der dritten Bestimmung der Gruppe explizit, wenn schließlich zynisch zugegeben wird, dass „lange Erklärungen schon fast eine Aufnahme in unseren Kreis bedeuten [würde]". Der Fremde erinnert an die Negativität der gruppenidentitären Logik – „man kennt sich ja selbst nicht", „das Beisammensein ist sowieso sinnlos" und „man hat schlechte Erfahrungen gemacht" – und diese wird umgekehrt auf den Fremden projiziert, der damit zum notwendigen Sündenbock wird. Irgendjemand muss ja verantwortlich sein für die Gefahr, die die Gruppe für sich selbst bedeutet und dies ist per se ein Außenseiter. Das Beobachterparadox oder der strukturelle Widerspruch entgeht dem Erzähler, der Leser muss ihn aber in seiner narrativen Operationalisierung, seiner Verzeitlichung bemerken: Der rassistische Offenbarungseid besteht darin, dass die Inklusion der „fünf Freunde" die Exklusion des „sechsten" voraussetzt, aber diese Exklusion gleichzeitig seine Inklusion („lange Erklärungen würden schon fast eine Aufnahme in unseren Kreis bedeuten"), womit das negative Prinzip der Gruppenbildung ad absurdum geführt wird.

Darin besteht aber noch nicht die ganze Parabel, denn die Frage steht aus: Wovon muss der Leser die Unterscheidung des Erzählers unterscheiden? Dazu muss man den

„semiotischen Blick" der Ausdrucksebene des Erzählerdiskurses zuwenden, wobei Paradigmatisierungen auffallen, die im Sinne der *différance* den Text entgegen seiner narrativen Syntagmatisierung verräumlichen. Der Erzähler bedient sich einer metonymischen Verschiebung, um – ideologisierend – davon abzulenken, dass die Identität der Gruppe negativ, die Unterscheidung wir/andere willkürlich ist und „das Beisammensein" eigentlich „keinen Sinn" hat. Die Analogie zu einem „Quecksilberkügelchen" soll die Naturgesetzlichkeit der Gruppenbildung andeuten, aber dieses Bild enthält gleichzeitig seinen Bildbruch, der sich – gleichsam zur interpretativen Bestätigung – auf der Inhaltsebene des Texts wiederholt. Man weiß, dass sich Quecksilberkügelchen durch ihre hohe Oberflächenspannung leicht mit anderen vereinigen – im übrigen aber hochgiftig sind. Das Bild, das die Gruppenbildung naturalisieren soll, steht im Widerspruch zur Aussage „warum drängt er sich ein, wo man ihn nicht haben will", denn er tut dies ja nach der gleichen natürlichen Anziehungskraft wie die fünf. Betont wird dieser Widerspruch noch einmal am Ende: „aber mögen wir ihn noch so sehr wegstoßen, er kommt wieder." Die Unterscheidung, von der die Unterscheidung wir/andere zu unterscheiden wäre, ist also Kultur/Natur. Zu dem Zeitpunkt, zu dem der sechste zur Gruppe stößt, ist die Gruppe schon kulturell legitimiert („Die Leute wurden auf uns aufmerksam, zeigten auf uns und sagten ...") und mit ihm wird nun auch die Natur, die eigentliche Herkunft des Sozialen, diskriminiert. Konsequent spielt die Metaphorik am Ende der Parabel auf die Rückkehr des Verdrängten an,[10] wenn die Auseinandersetzung der fünf mit dem sechsten auf das Niveau der Körpersprache zurückfällt: „Mag er noch so sehr die Lippen aufwerfen, wir stoßen ihn mit dem Ellbogen weg ...". So der diachron-zivilisationsgeschichtliche wie synchron-soziologische Befund einer semiotischen Lesart, um die die systemtheoretische Lesart zu ergänzen ist.

Zur Parabel wird „Gemeinschaft" durch den widersprüchlichen Einsatz einer Unterscheidung (wir/andere), die zurückgeführt wird auf ein ambivalentes Bild (Natur/Kultur). In beiden Fällen ist die Unterscheidung aber immer nur auf einer ihrer Seiten enthalten – auf der Seite des „wir" wird von wir und dem anderen gesprochen und auf der Seite der Kultur wird von Kultur und Natur gesprochen – und angesichts einer solchen „Lückenkonfiguration" fragt der Leser deshalb automatisch nach dem anderen und nach der Natur, also nach dem permanent ausgeschlossenen Dritten, dem, wovon die Unterscheidung unterschieden werden muss. Dass er über die Parabel zu diesen Fragen gebracht wird, darin besteht das besondere Wissen der Literatur.

„Gemeinschaft" formiert sich nicht nur negativ in der selbstgefälligen Unterscheidung wir/andere, sondern auch unter der kulturellen Verdrängung der tiefer liegenden Unterscheidung Kultur/Natur. Eine solche Unterscheidung einer Unterscheidung[11] würde fast schon ein positives Wissen der Literatur darstellen, wenn dazu nicht wieder weitere vorgängige Unterscheidungen und zwar auch extraliterarische notwendig würden, ohne die diese Unterscheidungen gar nicht zu machen wären. „Gemeinschaft" bleibt eine Parabel, denn es ist keineswegs klar, auf welcher Seite der Unter-

---

[10] Siehe auch Freud 1963, 1966.

[11] Gregory Batesons einflussreiche Epistemologie der Kybernetik lautete: „A ‚bit' of information is definable as a difference which makes a difference" (Bateson 1972, 315).

scheidung Kultur/Natur die Unterscheidung wir/andere einzuziehen wäre bzw. was denn mit der Beobachtung der Einheit der Differenz von Beobachtung (der Perspektive des Wir-Erzählers) und Unbeobachtbarkeit (der Perspektive des Fremden) beobachtet bzw. gelesen wird: Handelt es sich um einen konkreten Fall oder ist „Gemeinschaft" abstrakt der Fall von Gesellschaft? Ist Kultur ein Fall von Quasi-Natürlichkeit, wie der Erzähler meint oder ist die (a-)soziale Natur des Menschen ein Fall von Kultiviertheit, wie man aus der Sicht des Fremden meinen könnte? Welche Rolle spielt überhaupt die kulturelle Evolution, in der die Unterscheidung zwischen Natur und Kultur zunehmend hinfällig wird, eine brutale, aber konstruktive (Auslese) oder eine soziale, aber destruktive (Überbevölkerung)? Diese und andere Fragen stellen sich angesichts der „Experimentalsituation" (Günther Anders 1984, 47), die Kafka in dieser Parabel als Beobachtungsparadox entworfen hat.

3.   Zusammenfassung

Abschließend sollen noch einmal die wichtigsten Unterschiede und Ähnlichkeiten des semiotischen und systemtheoretischen Ansatzes in der Literaturwissenschaft aufgeführt werden.[12]

- Sowohl die Semiotik Derridas wie die Systemtheorie Luhmanns interessieren sich weniger für den referentiellen Sinn von Texten als ihre systemische Funktion. Die Frage nach dem „Wie" hat Vorrang vor der Frage nach dem „Was". (de Man 1979, 5; Luhmann 1990b, 313). Die Frage nach dem Wissen der Literatur(-wissenschaft) darf sich also nicht positivistisch auf Fakten, sondern muss sich funktional auf Operationen richten; nicht zeitlich auf die Syntagmatisierung der Zeichen, sondern räumlich auf ihre Paradigmatisierung.
- Im Unterschied zu Derrida befasst sich Luhmann aber nicht nur mit Zeichendiskursen in Philosophie und Literatur, sondern mit allen gesellschaftlichen Systemen. Dementsprechend gibt die Systemtheorie den Rahmen vor für die Integration der Semiotik und ihren Anschluss an andere Sinnsysteme.
- Die Operation der différance (Derrida) und die der Beobachtung/Unterscheidung von Beobachtungen/Unterscheidungen (Luhmann) führt in beiden Fällen zur gleichzeitigen Bewegung der Verzeitlichung und Verräumlichung. Der semiotischen Unterscheidung von Signifikant und Signifikat entspricht dabei die systemtheoretische von Mitteilung und Information, sodass man sagen kann: „Luhmanns Kommunikationsbegriff baut wie Derridas Textbegriff auf dem Primat der Schrift gegenüber der Rede auf." (Binczek 1999, 101) „Durch Schrift wird Kommunikation aufbewahrbar" (Luhmann 1984, 127), ohne dass sie dort fixiert wäre, denn sie ist nur wieder durch neuerliche Unterscheidungen von Selbst- und Fremdreferenz, Mitteilung und Information zu verstehen.
- Im Unterschied zu Derrida führt Luhmann explizit Sinn als Kategorie ein: Jedes aktualisierte Element eines Systems realisiert Sinn, indem es einerseits den unendlichen Horizont des Möglichen durch Selektion einer Möglichkeit einschränkt und

---

[12] Siehe auch Luhmann 1995c.

andererseits darüber hinausweist. Der Erzähler in „Gemeinschaft" unterscheidet die fünf von einem sechsten und verweist gerade deshalb auf Gesellschaft und auf Probleme ihrer Funktionsweise. Dass die „Gemeinschaft" „keinen Sinn" hat, erhält noch durch die performativen Widersprüche des Erzählers ihren Sinn. „Das Phänomen Sinn erscheint in der Form eines Überschusses von Verweisungen auf weitere Möglichkeiten des Erlebens und Handelns. Etwas steht im Mittelpunkt [...], und anderes wird marginal nur angedeutet als Horizont [...]" (Luhmann 1984, 93). Verkehrt man Vorder- und Hintergrund, macht man die Potentialität gegen die Aktualität in der Interpretation eines Zeichens stark, führt man die Operation der différance aus. „Sinn ist somit die Einheit von Aktualisierung und Virtualisierung, Re-Aktualisierung und Re-Virtualisierung als ein sich selbst propellierender [...] Prozeß" (Luhmann 1984, 100). Sinn ist bei Derrida und Luhmann keinesfalls vorgegeben, sondern liegt einzig und allein in der Performativität sinnvollen Unterscheidens.

- Diese Performativität in Dekonstruktion und Systemtheorie führt zur Artikulation in paradoxen Formeln und dem ständigen Verweis auf *unendliche Verweisung* als unhintergehbare Struktur menschlicher Sinnkonstruktion. Die Struktur ständig vorauszusetzender Unterscheidungen ist alles andere als willkürlich, denn sie ist jeweils ganz konkret das, was Unterscheidungen, Zeichen und Bedeutung zuallererst ermöglicht.

- Derrida führt die *différance* gegen linguistische und philosophische Vorstellungen von festen Bedeutungen ins Feld und betont das *subversive Potential* menschlicher Zeichensetzungen. Luhman hebt dagegen strukturell ganz ähnlich, aber in anderem Interesse die Funktion von Sinn als *Elementarleistung* beim Aufbau von Systemen hervor. Derrida betont den Aspekt des „De-" in *Dekonstruktion*, Luhmann dagegen das „-kon-". Sinn und *différance* entsprechen sich zuletzt darin, dass sie jedes Verweisungssystem im Allgemeinen „historisch" als Gewebe von Differenzen de- oder konstruieren.

- Der semiotische wie der systemtheoretische Ansatz in der Literaturwissenschaft definieren Literarizität über Selbstreferentialität. Dabei ist sowohl die poetische Funktion wie das Beobachterparadox auch ein außerliterarisches Phänomen, mit dem Unterschied, dass es in der Literatur inszeniert und außerhalb der Literatur ideologisiert, verdrängt oder invisibilisiert wird.

Literatur- und Medienverzeichnis

Adorno, Theodor W.: *Ästhetische Theorie*. Frankfurt a.M. (Suhrkamp) 1970.

Anders, Günther: *Kafka, pro und contra (1934/1946)*. In: Anders, Günter: Mensch ohne Welt. Schriften zur Kunst und Literatur. München (Beck) 1984.

Austin, John L.: *How to Do Things with Words*. Cambridge (Harvard Univ. Press) 1962.

Barthes, Roland: *Elemente einer Semiologie (1965)*. Frankfurt a.M. (Suhrkamp) 1983. (Originalausg.: Eléments de sémiologie. Paris [Seuil] 1964)

Barthes, Roland: *S-Z*. Frankfurt a.M. (Suhrkamp) 1974. (Originalausg.: S-Z. Paris [Seuil] 1970)

Bateson, Gregory: *Ökologie des Geistes. Anthropologische, psychologische, biologische und epistemologische Perspektiven.* Frankfurt a.M. (Suhrkamp) 1981. Originalausg.: Steps to an ecology of mind. San Francisco (Chandler) 1972

Bateson, Gregory: *Steps to an Ecology of Mind.* San Francisco (Chandler) 1972.

Benveniste, Emile: *Semiologie de la langue.* In: Semiotica, 1-2 (1969), S. 1-12, 127-135.

Binczek, Natalie: *Niklas Luhmanns Kommunikationstheorie. Mit einem Seitenblick auf Jacques Derrida.* In: Reckwitz, Andreas & Sievert, Holger (Hg.): Interpretation, Konstruktion, Kultur. Ein Paradigmenwechsel in den Sozialwissenschaften. Opladen (Westdt. Verl.) 1999.

Bogdal, Klaus-Michael (Hg.): *Neue Literaturtheorien in der Praxis. Textanalysen von Kafkas Vor dem Gesetz.* Opladen (Westdt. Verl.) 1993.

Bühler, Karl: *Sprachtheorie. Die Darstellungsfunktion der Sprache (1934).* Stuttgart (Fischer) 1965.

Celan, Paul: *Grosses Geburtstagsblaublau mit Reimzeug und Assonanz.* In: Celan, Paul (Hg.): Gesammelte Werke. Frankfurt a.M. (Suhrkamp) 1983.

Culler, Jonathan: *Dekonstruktion. Derrida und die poststrukturalistische Literaturtheorie.* Reinbek b.H. (Rowohlt) 1988.

Derrida, Jacques: *Die Différance.* In: Derrida, Jacques: Randgänge der Philosophie. Wien (Passagen) 1988 (Originalausg.: Marges de la philosophie. Paris 1972), S. 29-52.

Derrida, Jacques: *Die Struktur, das Zeichen und das Spiel im Diskurs der Wissenschaften vom Menschen.* In: Derrida, Jacques: Die Schrift und die Differenz. Frankfurt a.M. (Suhrkamp) 1972, S. 422-442.

Derrida, Jacques: *Grammatologie.* Frankfurt a.M. (Suhrkamp) 1974. (Originalausg.: De la grammatologie. Paris 1967)

Derrida, Jacques: *Préjugés. Vor dem Gesetz.* Wien (Passagen) 1992.

Foerster, Heinz von: *Epistemologie der Kommunikation.* In: Foerster, Heinz von (Hg.): Wissen und Gewissen. Versuch einer Brücke. Frankfurt a.M. (Suhrkamp) 1993, 269-281.

Foerster, Heinz von: *Observing Systems.* Seaside/California (Intersystems Publ.) 1982.

Foerster, Heinz von: *Sicht und Einsicht. Versuche zu einer operativen Erkenntnistheorie.* Braunschweig (Vieweg) 1985.

Freud, Sigmund: *Das Unbehagen in der Kultur.* In: Freud, Sigmund: Gesammelte Werke. Bd. XIV. Frankfurt a.M. (Fischer) 1963.

Freud, Sigmund: *Das Unheimliche.* In: Freud, Sigmund: Gesammelte Werke. Bd. XII. Frankfurt a.M. (Fischer) 1966.

Goethe, Johann Wolfgang von: *Faust.* In: Trunz, Erich (Hg.): Goethes Werke. Hamburger Ausgabe in 14 Bänden. München (Beck) 1976.

Görling, Reinhold: *Lektüren einer interkulturellen Literaturwissenschaft.* München (Fink) 1997.

Habermas, Jürgen: *Die Theorie des kommunikativen Handelns. 2 Bde.* Frankfurt a.M. (Suhrkamp) 1981.

Iser, Wolfgang: *Das Fiktive und das Imaginäre. Perspektiven literarischer Anthropologie.* Frankfurt a.M. (Suhrkamp) 1991.

Jahraus, Oliver & Schmidt, Benjamin M.: *Systemtheorie und Literatur. Teil III. Modelle Systemtheoretischer Literaturwissenschaft in den 1990ern.* In: IASL (Internationales Archiv für Sozialgeschichte der deutschen Literatur) 23 (1/1998), S. 66-111.

Jakobson, Roman: *Linguistik und Poetik (1960).* In: Jakobson, Roman: Poetik. Ausgewählte Aufsätze 1921-1971. Frankfurt a.M. (Suhrkamp) 1979, S. 83-121.

Kafka, Franz: *Gesammelte Werke in zwölf Bänden*. Frankfurt a.m. (Fischer) 1994.

Kant, Immanuel: *Kritik der Urteilskraft*. In: Kant, Immanuel: Werke in Bd. 10. Frankfurt a.m. (Suhrkamp) 1957.

Kremer, Detlef: *Kafka. Die Erotik des Schreibens*. Frankfurt a.m. (Athenäum) 1989.

Link, Jürgen: *Elemente der Lyrik*. In: Brackert, Helmut & Stückrath, Jörn (Hg.): Literaturwissenschaft. Ein Grundkurs. Hamburg (Rowohlt) 1992, S. 86-101.

Luhmann, Niklas: *Das Kunstwerk und die Reproduktion der Kunst*. In: Gumbrecht, Hans Ulrich & Pfeiffer, Karl Ludwig (Hg.): Stil. Geschichten und Funktionen eines kulturwissenschaftlichen Diskurselements. Frankfurt a.m. (Suhrkamp) 1986, S. 620-672.

Luhmann, Niklas: *Dekonstruktion als Beobachtung zweiter Ordnung*. In: Berg, Henk de & Prangel, Matthias (Hg.): Differenzen. Systemtheorie zwischen Dekonstruktion und Konstruktivismus. Tübingen (Francke) 1995c.

Luhmann, Niklas: *Die Kunst der Gesellschaft*. Frankfurt a.m. (Suhrkamp) 1995a.

Luhmann, Niklas: *Die Wissenschaft der Gesellschaft*. Frankfurt a.m. (Suhrkamp) 1990b.

Luhmann, Niklas: *Soziale Systeme. Grundriß einer allgemeinen Theorie*. Frankfurt a.m. (Suhrkamp) 1984.

Luhmann, Niklas: *Was ist Kommunikation?* In: Luhmann, Niklas: Soziologische Aufklärung 6. Die Soziologie und der Mensch. Opladen (Westdt.- Verl.) 1995, S. 113-124.

Luhmann, Niklas: *Weltkunst*. In: Luhmann, Niklas & Bunsen, Frederick D. & Baecker, Dirk (Hg.): Unbeobachtbare Welt. Bielefeld (Haux) 1990, S. 7-45.

Luhmann, Niklas: *Zeichen als Form*. In: Baecker, Dirk (Hg.): Probleme der Form. Frankfurt a.m. (Suhrkamp) 1993.

Man, Paul de: *Allegories of Reading. Figural Language in Rousseau, Nietzsche, Rilke, and Proust*. New Haven (Yale Univ. Press) 1979.

Man, Paul de: *Blindness and Insight. Essays in the Rhetoric of Contemporary Criticism*. 2.Aufl. Minneapolis (Univ. of Minnesota Press) 1983.

Maturana , Humberto Romesín: *Erkennen. Die Organisation und Verkörperung von Wirklichkeit: Ausgewählte Arbeiten zur biologischen Epistemologie*. Braunschweig (Vieweg) 1982. (Wissenschaftstheorie, Wissenschaft und Philosophie. 19)

Nietzsche, Friedrich: *Zur Genealogie der Moral*. In: Nietzsche, Friedrich: Sämtliche Werke. Kritische Studienausgabe in 15 Einzelbänden. München (dtv), 1988, S. 314.

Peirce, Charles Saunders: *Collected Papers. 8 vols.* Cambridge, Mass. (Harvard Univ. Press) 1931-1960.

Roberts, David: *The Law of the Text of the Law. Derrida before Kafka*. In: Deutsche Vierteljahresschrift für Literaturwissenschaft und Geistesgeschichte, 69 (2/1995), S. 344-367.

Rorty, Richard: *Kontingenz, Ironie und Solidarität*. Frankfurt a.M. (Suhrkamp) 1989.

Saussure, Ferdinand de: *Grundfragen der Allgemeinen Sprachwissenschaft (1916)*. Berlin (de Gruyter) 1967.

Schmidt, Siegfried J.: *Grundriss der empirischen Literaturwissenschaft. Zuerst Braunschweig 1980. Neuaufl.* Frankfurt a.M. (Suhrkamp) 1991.

Schmidt, Siegfried J. (Hg.): *Literaturwissenschaft und Systemtheorie. Positionen, Kontroversen, Perspektiven*. Opladen (Westdt.-Verl.) 1993.

Searle, John R.: *Speech Acts. An Essay in Philosophy of Language*. Cambridge (Cambridge Univ. Press) 1979.

Shannon, Claude E. & Weaver, Warren: *The mathematical theory of communicaton*. Urbana (Illinois Univ. Press) 1963.

Simon, Josef: *Philosophie des Zeichens*. Berlin u.a. (de Gruyter) 1989.

Spencer-Brown, George: *Gesetze der Form*. Lübeck (Bohmeier) 1997.

Theisen, Bianca: *Bogenschluß. Kleists Formalisierung des Lesens*. Freiburg (Rombach) 1996.

Watzlawick, Paul, Janet H. Beavin und Don D. Jackson: *Menschliche Kommunikation. Formen, Störungen, Paradoxien. 9., unveränd. Aufl.* Bern (Huber) 1996.

Wellbery, David E.: *Das Gedicht. Zwischen Literatursemiotik und Systemtheorie*. In: Jürgen Fohrmann, Jürgen & Müller, Harro (Hg.): Systemtheorie der Literatur. München (Fink) 1996, S. 366-383.

Detlef Garz

Der „homo socialis"

Zu Methodologie und Theorie der Objektiven Hermeneutik[1]

Die strukturale bzw. Objektive Hermeneutik versteht sich als Ansatz, der zum einen theoretische, methodologische wie methodische Aspekte wissenschaftlicher Erkenntnisbildung in systematischer Weise zusammenfasst, und sie zum anderen mit den Maßgaben einer „forschungspraktischen Kunstlehre" verbindet, um so soziale Wirklichkeit sachangemessen in ihrer Ganzheit erschließen zu können[2]. Insofern kann die an dieser Stelle vorzunehmende Darstellung nur so prozedieren, als sie Methodologisches zwar in den Mittelpunkt rückt, jedoch die komplementären theoretischen und methodischen Aspekte nicht ausblendet. Allerdings denke ich, dass diese Form der thematischen Orientierung exemplarisch verdeutlichen kann, „wie Wissenschaft (d.h. hier in Form der Objektiven Hermeneutik) zu ihrem Wissen gelangt".

Die von Ulrich Oevermann seit den 70er Jahren vorgetragene strukturale Soziologie und die mit ihr korrespondierende Rekonstruktionsmethodologie nahmen ihren Ausgang nicht in den umfangreichen theoretischen oder metatheoretischen Debatten dieser Zeit (z.B. in den Auseinandersetzungen „Zum Theorievergleich in der Soziologie"), sondern in den eher unauffälligen, aber sachhaltigen Forschungen, die im Rahmen des Projekts „Elternhaus und Schule" am Max-Planck-Institut für Bildungsforschung in Berlin zusammen mit Lothar Krappmann und Kurt Kreppner seit 1968 vorgenommen wurden.

Eine zentrale Aufgabe dieses Forschungsprojekts bestand darin, auf Tonband aufgezeichnete Familienbeobachtungen einer Interpretation zu unterziehen. Insofern bildeten Prozesse der familiären Interaktion bzw. Sozialisation den Ausgangspunkt des objektiv hermeneutischen Ansatzes; mithin „Umgangsformen", die durch die unterschiedliche Kompetenzausstattung der Beteiligten, einerseits der Erwachsenen, andererseits der Kinder, sowie durch eine Form der diffusen (im Gegensatz zur spezifischen) Austauschbeziehung äußerst vielfältig strukturiert sind. Gerade in dieser Vielfalt, in der Kontrastierung und deren Interpretation von kompetenten und sich in der

---

[1] Die Ausarbeitung der Theorie der Objektiven Hermeneutik hat in vielen, vor allem in den zentralen Bereichen zur Formulierung einer eigenen Begrifflichkeit geführt, die in einer Darstellung nicht verloren gehen darf. Insofern bleibt dieser Artikel dicht an den Vorlagen, versucht sie allerdings für den Zweck eines Überblicks zu straffen, zu systematisieren und – soweit notwendig – zu erläutern. Dies auf zehn Seiten zu tun, gleicht der Quadratur des Kreises.

[2] Zur Interpretationspraxis der Objektiven Hermeneutik vgl. Garz 1997 und ausführlich Wernet 2000.

Entwicklung befindlichen Interaktionsmustern lässt sich die je spezifische Sinnstrukturiertheit sozialer Wirklichkeit exemplarisch verdeutlichen.

Die mit dem Ansatz der Objektiven Hermeneutik einhergehende Hoffnung auf Erklärung war jedoch bereits Ende der 70er Jahre wesentlich umfassender.

„Die in Anspruch genommene allgemeine Bedeutsamkeit dieser Position für die soziologische Analyse überhaupt spiegelt sich in der starken Behauptung, daß die diesem Modell folgenden Verfahren der Sinnauslegung in den Sozialwissenschaften in jedem Fall die grundlegende Operation des Messens bzw. der Erzeugung theorierelevanter Daten darstellen" (Oevermann u.a. 1979, 352; Hervorhebung i.O.).

* * *

Heute, etwas mehr als 20 Jahre nach der Formulierung dieses Postulats, haben sich vor dem Hintergrund der Ausgangsüberlegungen und -interpretationen eine Reihe von inhaltlich bestimmten Forschungsfeldern ausdifferenziert, wobei erneut anzumerken ist, dass diese Untersuchungsergebnisse aus der sachhaltigen Bearbeitung empirischen Materials heraus entwickelt wurden, d.h. sie entspringen einem Wechselspiel von Reflexion und Methode, von Theorie und Empirie: Auf diese Weise gewonnene Theorien stellen „geronnene Fallstrukturen" dar[3]. So liegen neben methodologischen Arbeiten im engeren Sinne (Oevermann et al. 1979, Oevermann 1986, 1991, 1993) umfangreiche Resultate vor zur Religionssoziologie (Oevermann 1995), zur Professionalisierungstheorie (Oevermann 1996a), zur Familiensoziologie (Oevermann 2000), zur Supervision (Oevermann 1993a) und zum therapeutischen Setting (Oevermann 1994/1998[2]).

Im Zentrum des Ansatzes steht das Konzept der Praxis bzw. Lebenspraxis[4] als einer Einheit, die unabhängig von ihrer Aggregationsform – sei es ein Subjekt, eine Gruppe oder eine sonstige „soziale Gestalt" – „durch die Notwendigkeit konstituiert wird, Krisenentscheidungen in eine prinzipiell offene Zukunft hinein, in der Alternativen möglich sind, zu treffen" (Oevermann 2000, 8). Diese Entscheidungen können nun gerade nicht rational begründet bzw. im Sinne einer bereits begründeten Routine einfach vollzogen werden. Insofern bedeutet Lebenspraxis immer das konkrete Zusammenbringen von sich im Prinzip Ausschließendem; Oevermann konzipiert sie als eine „widersprüchliche Einheit von Entscheidungszwang und Begründungsverpflichtung". In der Widersprüchlichkeit dieser Bewegung, in dem Prozess ihrer Bildung gelangt die jeweilige Lebenspraxis zu ihrer je eigenen Gestalt, „zu ihrem Aussehen und zu ihrer Form".

Die Lebenspraxis wiederum stellt sich dar als ein Insgesamt an Sozialität, das sowohl Elemente der Gemeinschaft (bzw. der Sittlichkeit) wie der Gesellschaft umfasst[5].

---

[3] In der angelsächsischen Literatur wird dieses Verhältnis unter dem Begriff des „bootstrapping" gefasst, d.h. des wechselseitigen Festerschnürens zweier zusammengehöriger Bereiche, Theorien, Methoden usw.

[4] Die Zentralität der Lebenspraxis macht kehrseitig auf die Relevanz der Theorien der Professionalisierung aufmerksam, die an der „Wiederherstellung einer beschädigten Autonomie der Praxis" (Oevermann 1996a, 80) einsetzen, diese Praxis gewissermaßen in einem Akt „stellvertretender Deutung" aus ihrer Krise zu befreien suchen, also dazu dienen, Krisen angemessen zu bewältigen.

„Gemeinschaft ist die Kollektivität von ganzheitlich konkreten Lebenspraxen. Im Gegensatz dazu ist ‚Gesellschaft' eine Kollektivität von Personen in ihrer Eigenschaft als Rollenspielern oder Vertragspartnern, z.B. als Erzeuger oder Verbraucher auf einem Markt" (ebd., 9). Als klassische Beispiele für „Gemeinschaftshandlungen", in denen „Gegenstände" ausgetauscht werden, „die sich in ihrem praktischen Wert nicht unterscheiden", benennt Oevermann unter anderem „den Austausch von Grußhandlungen am Beginn (der Eröffnung) und am Ende einer gemeinsamen sozialen Praxis" sowie „den reziproken Austausch von Geschenken." ... „In allen diesen Formen der Reziprozität erkennen wir den anderen, unser Gegenüber, auf eine Weise an, auf die wir auch von ihm anerkannt werden möchten: als eine Person oder praktische Lebensform in ihrer Ganzheitlichkeit, Besonderheit, Unverwechselbarkeit und Nicht-Wiederholbarkeit – und nicht als einen Vertragspartner oder den Träger von sozialen Rollen" (ebd., 7). – Im Hinblick auf die Familie führen diese Bestimmungen dazu, diese im Gegensatz zu der Mehrzahl der vorliegenden Konzeptualisierungen als eine Einheit zu definieren, deren Umgangsformen sich diffus und nicht spezifisch gestalten. Rollentheoretische Ansätze der Erklärung des Sozialsystems Familie beruhen auf der Definition der Familienmitglieder im Sinne von Rollenträgern, das Oevermannsche Modell versteht dies als einen Kategorienfehler und sieht exakt in der Familie zwei prototypische Beispiele diffuser Sozialbeziehungen verkörpert: die Beziehung zwischen den Ehegatten einerseits und die Eltern-Kind-Beziehung andererseits – aus deren jeweiliger Exklusivität wiederum ergibt sich jener Konflikt, der das Kind in seine Entwicklung „treibt".

Lebenspraxis ist aber nicht nur eine „widersprüchliche Einheit von Entscheidungszwang und Begründungsverpflichtung", sondern sie konstituiert sich auch in ihrem Ablauf im Wechselspiel, in dem gemengelageartigen Verlauf von (generativen) Regeln einerseits und (sozialen) Normen andererseits. Das „Verlaufsprofil" von Lebenspraxis eröffnet sich nur, wenn man diese Bestimmung, die wiederum zur Unterscheidung von zwei Kategorien führt, berücksichtigt, nämlich:

• zum einen die „Kategorie der bedeutungserzeugenden Regeln", d.h. den „(algorithmischen) Erzeugungsparameter";
• zum anderen die „Kategorie des Zusammenhangs von Dispositionen in der Fallstruktur", d.h. den „Auswahlparameter".

Die erste Kategorie beinhaltet nach dieser Konzeptualisierung eine Grund-Folge-Beziehung, d.h. die „Gesamtheit an bedeutungserzeugenden, zugleich Sequentialität herstellenden Regeln" (Oevermann 1999, 11): „Jedes scheinbare Einzel-Handeln ist sequentiell im Sinne wohlgeformter, regelhafter Verknüpfung an ein vorausgehendes Handeln angeschlossen worden und eröffnet seinerseits einen Spielraum für wohlgeformte, regelgemäße Anschlüsse" (Oevermann 1998, 6). Zu diesen universalistischen Regeln gehören vor allem jene von Chomsky formulierten Regeln der Universalgrammatik sowie die der Logik und der Moral im Sinne der sozialen Kooperation, vorzüglich in der Formulierung von Jean Piaget; insgesamt also Wissensformen, die unter der Überschrift des „tacit knowledge" behandelt werden. Auch soziale Normen gehören in diesen Kreis, „aber sie sind konstitutionslogisch von den Erzeugungsregeln der humanen Sozialität abgeleitet, d.h. sie regulieren Entscheidungen, die überhaupt erst durch diese Erzeugungsregeln erzwungen worden sind" (Oevermann 1996, 11); sie sind „soziale Tatsachen zweiter Ordnung" (ebd.).

Die zweite Kategorie, die der „Auswahl", bestimmt nun, wie ein Ablauf sich „tatsächlich" vollzieht, d.h. welche Entscheidung in actu getroffen wird. Insofern umfasst diese Kategorie ein „Ensemble von Dispositionsfaktoren, die die Entscheidung einer konkreten Lebenspraxis, sei es einer Person, Gemeinschaft, Gruppe, Organisation, Regierung oder was auch immer beeinflussen. [...] [Hierzu gehören u.a.] Motivationen, Wertorientierungen, Einstellungen, Weltbilder, Habitusformationen, Normen, Mentalitäten, Charakterstrukturen, Bewusstseinsstrukturen, unbewußte Wünsche..." (ebd., 7). Im Gegensatz zum Algorithmus des Erzeugungsparameters finden sich hier Maximen, also eine Form von Grundsätzen, deren Ausbuchstabierung Gegensätzliches kennt, „so daß ihre Anwendung eine entsprechende Wertentscheidung eigener Art voraussetzt. Beispiel: Wer schläft der sündigt nicht vs. Morgenstunde hat Gold im Munde" (Oevermann 1999, S. 13).

Als Beispiel für die Verknüpfung von Erzeugungs- und Auswahlparametern führt Oevermann regelmäßig den Vorgang der Begrüßungshandlung an. Der Erzeugungsparameter „impliziert": „Wenn z.B. B durch A begrüßt worden ist, dann stehen ihm grundsätzlich nur zwei verschiedene Möglichkeiten offen: Er kann zurückgrüßen und schließt damit die bindende Öffnung einer gemeinsamen Praxis oder er verweigert den Rückgruß und damit die bindende Eröffnung einer gemeinsamen Praxis" (ebd., 6). Und der Auswahlparameter spezifiziert: „Wenn B A tatsächlich zurückgrüßt, dann hat er entweder sein Interesse an einer gemeinsamen Praxis mit A bekundet, oder er ist seinem Wunsch danach gefolgt oder bloß der geltenden Norm von Höflichkeit" (ebd., 7)[5].

An dieser Stelle zeigt sich jedoch noch eine weitere Spezifik des Ansatzes der Objektiven Hermeneutik. Das Konzept der Lebenspraxis als „widersprüchlicher Einheit von Entscheidungszwang und Begründungsverpflichtung", also als „Zentrum der Krisenbewältigung", führt auch dazu, sich der prinzipiell möglichen Optionen, die aus einer solchen Konstellation hervorgehen können, vergewissern zu können. Zwei basale Möglichkeiten liegen je erneut vor: Routinen auf der einen, Krisen auf der anderen Seite. Jede neue Handlungsoption stellt uns im Prinzip vor die Auswahlentscheidung, ob wir einem alter Muster folgen, es reproduzieren oder ob wir es verändern, also transformieren wollen. Faktisch sind diese Auswahlentscheidungen in aller Regel durch die Routinen des Alltags schon vorentschieden, anders lässt sich Lebenspraxis nicht bewältigen. Auf Krisen müssen immer wieder Routinen antworten, müssen sie „veralltäglichen", ohne dass sich jedoch Krisen generell still stellen lassen; in diesem Fall würde es im Übrigen zu einem Stillstand von Entwicklung generell kommen, und eine „Entstehung des Neuen" wäre nicht länger vorstellbar.

---

5   Dies ist auch ein Ort, an dem Oevermann den fundamentalen Unterschied zu anderen soziologischen Theorien markiert. „Diese unscheinbare Unterscheidung der zwei Parameter ist eine der wesentlichen Weichenstellungen, an der sich eine fortgeschrittene, die Errungenschaften der Theorien des Geistes inkorporierende strukturale Sozialwissenschaft von der traditionellen Soziologie verzweigt" (ebd., 7).

Methodologisch konkretisiert sich in der „Dialektik" von Krise und Routine „etwas Grundsätzliches. Die Sequenzanalyse macht sichtbar, dass prinzipiell an jeder Sequenzstelle einfach deshalb, weil an ihr durch Erzeugungsregeln konkurrierende objektive Möglichkeiten eröffnet wurden, eine Entscheidungssituation erzeugt ist. Wir nehmen sie in der Praxis in der überwiegenden Mehrzahl der Fälle, nahezu ausschließlich, als solche nicht wahr, weil wir in selbstverständlichen Routinisierungen abgekürzt handeln" (Oevermann 1996, 20, 21).

Handeln zu müssen, ohne Ergebnis-Gewissheit zu haben, zeichnet Lebenspraxen aus. Die in dieser Situation vollzogenen Handlungen lassen sich jedoch gerade nicht als „irrational" bezeichnen, da sie sich einer „Richtig-falsch"-Bewertung entziehen. Wäre eine eindeutige Entscheidung möglich, wäre es zu keiner Krise gekommen. Damit wird auch deutlich, weshalb die Objektive Hermeneutik Rationalität auf besondere Weise bestimmen muss.

„Daß eine genuine Entscheidung im Moment ihres aktuellen Vollzugs weder rational noch irrational, sondern ein Drittes, etwas, das das Modell einer charismatischen Krisenlösung erfüllt, ist, läßt zwingend erkennen, warum die objektiv hermeneutische Strukturanalyse mit einem konstitutionstheoretischen Grundbegriff von Rationalität von vornherein nicht arbeiten kann, weil Rationalität letztlich ein formales Kriterium ist, das sich material immer nur nachträglich aus der Übernahme einer jeweiligen Praxisperspektive bestimmen läßt, aber die Konstitution dieser Praxis unterläuft" (Oevermann 1998, 64).

* * *

Die Methodologie der Objektiven Hermeneutik hat ebenso zu diesen Ergebnissen geführt, wie sie aus ihnen „hervorgegangen" ist. Wenn Lebenspraxis sich sequentiell aus optionsoffenen, zugleich in eine offene Zukunft gerichteten Handlungen zusammensetzt, dann muss die diese Lebenspraxis aufschließende Methodik in adäquater Weise damit umgehen, nämlich ihr Augenmerk genau auf diese Ablaufgestalt richten und sie ihrer Sequenz entsprechend analytisch rekonstruieren, um „die Strukturgesetzlichkeit des Falles, die die reale Fallstruktur erzeugt" (Oevermann 1996, 13), ermitteln zu können; d.h. dass das Verfahren der Rekonstruktionsmethodologie sich dem Gegenstand „auf eine natürliche Weise anschmiegen" muss – um ihn eben in seiner Gestalt und seinem Ablauf zu rekonstruieren.

Was aber die Objektive Hermeneutik auf diese Weise rekonstruiert, ist nicht der subjektiv gemeinte Sinn von Lebenspraxen, sondern „die objektive Bedeutung von Ausdrücken bzw. Ausdrucksgestalten" (ebd., 17), die sich im Unterschied zum subjektiven (intendierten) Sinn als „latente Sinnstruktur" kennzeichnen lässt und die durch die oben eingeführten bedeutungserzeugenden Regeln konstituiert wird. Damit ist der methodisch wichtige Unterschied erneut benannt, nämlich „daß die objektive Bedeutung gerade nicht aus dem konkreten Kontext einer Äußerung oder Handlung einfach nur ‚abgelesen' wird, sondern unabhängig davon mit Bezug auf geltende Erzeugungsregeln in der Explikation ‚pragmatischer Erfüllungsbedingungen' bestimmt wird" (Oevermann 1998, 11).

Die Ausdrucksgestalten selbst schlagen sich auf der kategorialen Ebene, sofern die symbolische Ebene angesprochen ist, als Text nieder, und, sofern die materiale Ebene thematisch ist, als Protokoll; aber „referentiell handelt es sich um die selbe Sache" (Oevermann 1993, 121).

- Text bedeutet nun, dass wissenschaftliche Analysen sich einzig auf „vorhandene", von Menschen produzierte und einen Niederschlag gefundene Objektivationen als „Symbol-Konfigurationen" beziehen. Dinge und Ereignisse, die sich nicht (sozial) vergegenständlicht haben, z.B. ein Traum, der nicht erzählt wurde, ein Gespräch, dessen Inhalt vergessen wurde, betrachtet die objektive Hermeneutik als wissenschaftlichem Arbeiten nicht zugänglich. Daher lässt sich das Verfahren aus erkenntnis- bzw. wissenschaftstheoretischer Perspektive unter der Überschrift des „methodologischen Realismus" abhandeln (vgl. ebd., 118).
- Das Protokoll stellt in Abgrenzung dazu den sinnlich gegebenen Niederschlag der Äußerung einer Lebenspraxis dar, „z.B. das Papier, auf dem etwas gedruckt ist, die Farbe der Buchstaben, der Klang der gehörten Worte, etc." (Oevermann 1999, 5). Protokolle lassen sich ihrer Materialität nach nach einer Reihe von Kriterien unterscheiden, so u.a. im Hinblick darauf, ob sie „naturwüchsig" entstanden oder „hergestellt" wurden bzw. ob es sich um Fremd- oder Eigenprotokollierungen handelt (vgl. ebd., 26).

Für die Interpretation selbst gelten aufgrund der hohen Bedeutung, die der Sequenzanalyse nach dem bisher Gesagten zukommen muss, weitere Maßgaben. Zentral hierbei sind das „Totalitäts- sowie das Wörtlichkeitsprinzip" (vgl. Oevermann 1999).

- Das „Totalitätsprinzip" impliziert, dass der gewählte Protokollauszug in seiner Gänze zu interpretieren ist: Nachdem eine (forschungsfragerelevante) Auswahl aus einem Protokoll erfolgt ist, muss diese „voll-umfänglich" nach den Maßgaben und Kautelen der Objektiven Hermeneutik bearbeitet werden. Nur dann „bin ich gezwungen, den inneren gesetzmäßigen Zusammenhang der Fallstruktur eines konkreten Gebildes, einer je konkreten historischen Praxis zu erschließen und zu explizieren" (ebd., 37); d.h. eine in der Regel in einer Gruppe vorzunehmende Kontrastierung von Lesarten durchzuführen.
- Das „Wörtlichkeitsprinzip" stellt sich als Gegengewicht zum „Totalitätsprinzip" dar. „Es soll dazu anhalten, nur das in die Rekonstruktion von sinnlogischen Motivierungen einfließen zu lassen, das auch tatsächlich im zu analysierenden Text bzw. Protokoll lesbar [...] markiert und deshalb vom Text ‚erzwungen' ist" (ebd., 39).

Die im Rahmen der Objektiven Hermeneutik durchgeführten Fallrekonstruktionen führen, im Gegensatz zu (einfachen) Fallbeschreibungen, die ja den Akt der Analyse vermissen lassen, schließlich zu Strukturgeneralisierungen. Oevermann fasst seine Bestimmungen in diesem Punkt zusammen: „Vereinfacht ausgedrückt wird darunter der Erkenntnismodus verstanden, aus der detaillierten, unvoreingenommenen, nicht von vornherein selektiv verfahrenden Betrachtung eines Einzelereignisses oder Einzeldinges dessen allgemeine Struktureigenschaften zu erschließen" (ebd., 52). Diese Strukturgeneralisierung entspricht ihrer Form nach dem abduktiven Schließen, „als [dem] für die Konstitution von Erfahrung und Erkenntnis einzig relevanten, logisch aufklärbaren und explizierbaren Schlußmodus" (ebd., 53).

Literatur- und Medienliste

Garz, Detlef: *Objektive Hermeneutik*. In: Friebertshäuser, Barbara & Prengel, Annelore (Hg.): Handbuch Qualitative Forschungsmethoden in der Erziehungswissenschaft. Weinheim (Juventa) 1997, S. 535-543.

Garz, Detlef & Kraimer, Klaus (Hg.): *Die Welt als Text. Theorie, Kritik und Praxis der Objektiven Hermeneutik*. Frankfurt a.M. (Suhrkamp) 1998. (Suhrkamp- Taschenbuch Wissenschaft. 1031).

Oevermann, Ulrich: *A Theoretical Model of Family Structure. Fellow Lecture at the Hanse Wissenschaftskolleg in Delmenhorst, 7.6.2000*. Manuskript 2000 (40 Seiten).

Oevermann, Ulrich: *Die Fallrekonstruktion als naturwüchsige, evaluative und supervisorische Methode in der professionalisierten pädagogischen Praxis*. Manuskript 1998 (81 + 6 Seiten) (erscheint in Kraimer, Klaus (Hg.): Die Fallrekonstruktion. Frankfurt a.M. (Suhrkamp) 2000).

Oevermann, Ulrich: *Die objektive Hermeneutik als unverzichtbare methodologische Grundlage für die Analyse von Subjektivität. Zugleich eine Kritik der Tiefenhermeneutik*. In: Müller-Doohm, Stefan & Jung, Thomas (Hg.): Wirklichkeit im Deutungsprozeß. Frankfurt a.M. (Suhrkamp) 1993, S. 106-189.

Oevermann, Ulrich: *Ein Modell der Struktur von Religiosität. Zugleich ein Strukturmodell von Lebenspraxis und von sozialer Zeit*. In: Wohlrab-Sahr, Monika (Hg.): Biographie und Religion. Frankfurt a.M. (Campus) 1995, S. 27-102.

Oevermann, Ulrich: *Genetischer Strukturalismus und das sozialwissenschaftliche Problem der Erklärung der Entstehung des Neuen*. In: Müller-Doohm, Stefan (Hg.): Jenseits der Utopie. Frankfurt a.M. (Suhrkamp) 1991, S. 267-336.

Oevermann, Ulrich: *Kontroversen über sinnverstehende Soziologie. Einige wiederkehrende Probleme und Missverständnisse in der Rezeption der objektiven Hermeneutik*. In: Aufenanger, Stefan & Lenssen, Margrit (Hg.): Handlung und Sinnstruktur. München (Kindt) 1986, S. 19-83.

Oevermann, Ulrich: *Strukturale Soziologie und Rekonstruktionsmethodologie*. Manuskript 1996 (23 Seiten).

Oevermann, Ulrich: *Struktureigenschaften supervisorischer Praxis*. In: Bardé, Benjamin & Mattke, Dankwart (Hg.): Therapeutische Teams. Göttingen (Vandenhoeck & Ruprecht) 1993a, S. 141-269.

Oevermann, Ulrich: *Theoretische Skizze einer revidierten Theorie professionalisierten Handelns*. In: Combe, Arno & Helsper, Werner (Hg.): Pädagogische Professionalität. Frankfurt a.M. (Suhrkamp) 1996a, S. 70-182.

Oevermann, Ulrich: *Zur Klärung der Begriffe Regel, Norm und Normalität in der Analyse von Bewußtseinsformationen*. Manuskript 1999 (29 Seiten).

Oevermann, Ulrich & Allert, Tilman & Konau, Elisabeth & Krambeck, Jürgen: *Die Methodologie einer objektiven Hermeneutik und ihre allgemeine forschungslogische Bedeutung in den Sozialwissenschaften*. In: Soeffner, Hans-Georg: Interpretative Verfahren in den Sozial- und Textwissenschaften. Stuttgart (Metzler) 1979, S. 352-433.

Wernet, Andreas: *Einführung in die Interpretationstechnik der Objektiven Hermeneutik*. Opladen (Leske + Budrich) 2000.

Hartmut F. Paffrath

Perspektiven kritischer Sozialforschung

1.   Zu Begriff und Entstehungszusammenhang

Mit dem Begriff „kritische Sozialforschung" verbindet sich mehr als nur eine bestimmte methodische Verfahrensweise, mehr als ein bloßes Methodenrepertoire oder
ein ausgewähltes Forschungsdesign. Kritische Sozialforschung stellt vielmehr ein
charakteristisches Paradigma der Sozialwissenschaft mit unterschiedlichen Entste-
hungszusammenhängen und Traditionen dar.

Besondere Bedeutung erlangte das Konzept kritischer Sozialforschung in den sechziger und siebziger Jahren in Zusammenhang mit der Entstehung der Neuen Linken. Intellektuelle und Studenten, die „68er", opponierten gegen die restaurative gesellschaftliche Formation. Ihr Protest richtete sich gegen das kapitalistische Wirtschaftssystem und dessen weltweite Ausbeutungstendenzen, die Monopolisierung der Medien, die zunehmende staatliche Kontrolle der Öffentlichkeit (z.B. Notstandsgesetze
in der Bundesrepublik Deutschland), Aufrüstung und den aggressiven Militarismus
der USA, insbesondere den Vietnamkrieg.

Hinter der Fassade formaler Demokratie und angeblicher Verteidigung von Freiheit
und Humanität, so die Kritik, würden sich in Wahrheit monopolkapitalistische und
imperialistische Machtinteressen verbergen. Der „freie Westen" und die westlichen
Demokratien standen auf dem Prüfstand. Ihre Glaubwürdigkeit war erschüttert und
sozialistische wie marxistische Positionen gewannen neue Aktualität. Es ging um die
Entlarvung bürgerlicher Klassenideologie und die Veränderung gesellschaftlicher
Strukturen.

In diesem Kontext stand auch die traditionelle Wissenschaft zur Disposition. Insbesondere wurde ihre systemstabilisierende Funktion kritisiert. Dagegen formierte sich
ein neues Verständnis von Aufgaben, Zielen und Methoden einer gesellschafts- und
ideologiekritischen Wissenschaft und ihrer politischen Relevanz. Hierbei wurden auf
der einen Seite orthodox-marxistische Richtungen (Marx, Engels, Mao u.a.) wirksam,
zum anderen die Kritische Theorie der „Frankfurter Schule" (Horkheimer, Adorno,
Marcuse, Habermas u.a.).

Daneben gab es ebenfalls Versuche aus dem bürgerlichen Lager selbst, eine kritische
Sozialforschung und Sozialphilosophie zu entwerfen, und zwar in Anlehnung an den
Kritischen Rationalismus (Popper) wie auch durch das Zurückgreifen auf das kriti-
sche und emanzipatorische Potenzial, das soziologischer Betrachtungsweise als sol-
cher, nämlich der Soziologie als „Oppositionswissenschaft" inhärent sei (vgl. u.a.
Lepsius 1996).

Indem die Soziologie – so Horst Reimanns exemplarische Position – bei der Erforschung ihres Gegenstands Gesellschaft zwangsläufig mehr als andere Wissenschaften
mit deren strukturellen und prozessualen Problemen konfrontiert werde, stehe sie vor

der Entscheidung, es entweder bei einer bloßen Tatbestandsaufnahme zu belassen oder durch gründliche Analyse der sozialen Probleme und Bereitstellung von Alternativstrategien bei deren Bewältigung Hilfe zu leisten (Reimann 1991, 95).

Da zu den sozialen Problemen nicht nur die Schwierigkeiten von Randgruppen (Alte, Obdachlose, Asylbewerber, ethnische Minoritäten u.a.) zu rechnen seien, sondern auch die Gesamtgesellschaft betreffende Strukturelemente wie Bürokratisierung, Arbeitslosigkeit oder Mitbestimmung, habe der Soziologe oft nur Problemlösungen mit strukturveränderndem Charakter anzubieten. *„Soziologie als Beruf*, ob im akademischen Bereich oder in der sozialen Praxis, ist daher in vieler Hinsicht gleichbedeutend mit (sozialer) Kritik als Beruf" (S. 98).

Hier wird ein Verständnis von Soziologie als kritischer Gesellschaftswissenschaft deutlich, das sich bereits zu Beginn sozialwissenschaftlicher Theorie manifestiert hatte. Erste soziologische Untersuchungen thematisierten im 19. Jahrhundert die „soziale Frage" mit dem Ziel, der durch die Industrialisierung hervorgerufenen Verelendung des Proletariats entgegenzuwirken, die Lebensbedingungen zu verbessern, Sozialreformen einzuleiten und die verfassungsmäßigen Rechte der Arbeiterschaft zu sichern (Schmoller, Brentano, Wagner – Verein für Socialpolitik 1872).

Demgegenüber gibt es durchaus gegenläufige Traditionsstränge positivistischer und funktionalistischer Formierung und Praxis. Gesellschaftliche Verhältnisse stabilisierende Auftragsforschung steht hier im Vordergrund. Selbst im Dritten Reich wurden diejenigen Soziologen, die nicht vertrieben worden waren, zur Unterstützung des Systems herangezogen oder dienten sich der Ideologie an. Zu erinnern ist aus dieser Perspektive ebenfalls an den Umbau zu einer pragmatisch verwendbaren Technologie in den westlichen Ländern, insbesondere in den USA, durch militärische, wirtschaftliche oder politische Vereinnahmungen im Zeitalter des „Kalten Krieges", des Wettrüstens und globaler Blockbildungen. Ziel war, über andere Gesellschaften und Kulturen Aufschluss zu erhalten, über ihre Mentalitäten, Einstellungen, Erwartungen, ihr Potenzial als Feind, Konkurrent oder Verbündeter. Dazu ließ sich Sozialforschung in besonderem Maße verwenden, so auch zur Erfassung des amerikanischen Soldaten in dem großangelegten Forschungsprojekt „The American Soldier" (vgl. u.a. Ahlemeyer 1984).

Grundlagen und Perspektiven kritischer Sozialforschung haben sich gegenüber dem Mainstream systemkonformer Ansätze insbesondere in der Kritischen Theorie der Frankfurter Schule herauskristallisiert. Auf sie ist deshalb zu verweisen und ihre Position in wesentlichen Grundzügen zu skizzieren.

2. Zur Kritischen Sozialforschung der Frankfurter Schule

2.1 Ansatz – Zielsetzungen – Forschungsarbeiten

Als Max Horkheimer zu Beginn der dreißiger Jahre die Leitung des bereits 1924 gegründeten Instituts für Sozialforschung an der Universität Frankfurt übernimmt und programmatisch die Zielsetzungen der weiteren Arbeit umreißt, charakterisiert er zugleich die Grundidee kritischer Sozialforschung.

Während sich die ersten Arbeiten des Instituts noch eng an die marxistische Theorie anlehnen und speziell die Geschichte der Arbeiterbewegung thematisieren, setzt Horkheimer neue Akzente. In bewusster Aufnahme der philosophischen Tradition Kants und Hegels, als deren Fortführung er das Werk von Karl Marx begreift, stellt er kritischer Sozialforschung die Aufgabe, eine „Theorie der gegenwärtigen Gesellschaft als ganzer" zu entwerfen. Gelingen kann das seiner Auffassung nach nur durch die enge Verbindung von philosophischer Reflexion und empirischen Studien. Erst durch ihr Zusammenwirken, ja durch die dialektische Verschmelzung beider Momente lässt sich eine materiale Analyse des komplexen gesellschaftlichen Verlaufs gewinnen. Kritische Sozialforschung ist deshalb mehr als bloße empirische Tatsachenbeschreibung oder reine philosophische Betrachtung, mehr auch als die einfache Addition beider. Kennzeichnend ist, dass sie sich ganz bewusst auf die Gegenwart bezieht. Im Vordergrund stehen weder geschichtliche Probleme noch Fragen der Zukunft, so bedeutsam diese auch sind und immer mitbedacht werden müssen, sondern die „gegenwärtige menschliche Wirklichkeit". Sie gilt es zu analysieren, um hinter der Fassade und chaotischen Oberfläche Gesetzmäßigkeiten und Strukturen wahrzunehmen und so Erkenntnis des gesamten gesellschaftlichen Verlaufs zu gewinnen (Horkheimer, Vorwort zur Neuherausgabe der „Zeitschrift für Sozialforschung", GS 3, 36, 37, 38).

Charakteristisch für die Konzeption kritischer Sozialforschung ist ebenfalls, dass Gesellschaft nicht nur wie bei Marx und den frühen Arbeiten des Instituts unter Carl Grünberg als Widerspiegelung, als Reflex ökonomischer Verhältnisse ins Blickfeld tritt. Es geht vielmehr um den komplexen Zusammenhang „zwischen dem wirtschaftlichen Leben der Gesellschaft, der psychischen Entwicklung der Individuen und den Veränderungen auf den Kulturgebieten im engeren Sinn, zu denen nicht nur die sogenannten geistigen Gehalte der Wissenschaft, Kunst und Religion gehören, sondern auch Recht, Sitte, Mode, öffentliche Meinung, Sport, Vergnügungsweisen, Lebensstil u.s.f." (Horkheimer, Die gegenwärtige Lage der Sozialphilosophie und die Aufgaben eines Instituts für Sozialforschung, GS 3, 32). Soll ein zureichendes Verständnis des gesellschaftlichen Prozesses gewonnen werden, sind alle drei Aspekte als sich gegenseitig durchdringende Verläufe zu berücksichtigen und im Zusammenhang miteinander zu analysieren.

Von dieser umfassenden Perspektive und Aufgabenzuschreibung ist es verständlich, warum kritische Sozialforschung nicht mit der Soziologie als Fachwissenschaft zusammenfällt. Ihre Forschungsgegenstände reichen in Gebiete, die weit über soziologische Fragestellungen hinausgehen. Eine Aufgabe, die nur durch interdisziplinäre Forschung zu lösen ist.

In den Studien und Projekten des Instituts wird solche Zusammenarbeit deutlich, insbesondere in der grundlegenden Arbeit über „Autorität und Familie" (1936), an denen neben Horkheimer noch Erich Fromm als Psychologe, Herbert Marcuse als Philosoph, Leo Löwenthal als Pädagoge und Karl August Wittfogel als Wirtschaftshistoriker federführend beteiligt sind. Darüber hinaus stützt sich die Arbeit auf Gutachten und Expertisen zahlreicher externer Spezialisten, die in das Projekt eingebunden werden. Auch die in den USA in den vierziger Jahren durchgeführten Untersuchungen zur „Autoritären Persönlichkeit" weisen ein ähnlich breites Spektrum unterschiedlicher fachlicher Ausrichtung auf.

2.2   Zwischen Revolution und Faschismus

Konkreter Bezugspunkt ist zunächst die sozialistische Revolution. Hierdurch scheint das „Bessere" möglich, weil sich im Sozialismus die Idee inhaltlich verwirklichter Demokratie vollende. Für die Mitarbeiter des Instituts ist eine „proletarische Erhebung in den von Krise und Inflation betroffenen europäischen Ländern eine plausible Erwartung" (Horkheimer GS 3, 14, 15). Noch zu Beginn der dreißiger Jahre setzen sie angesichts des drohenden Faschismus ihre Hoffnung darauf, dass die Arbeiterschaft im Bund mit Intellektuellen den Nationalsozialismus verhindern könnte. In diesem Kontext zwischen Revolution und Faschismus sind die Arbeiten des Instituts inhaltlich und zeitlich verortet.

Studien zu Autorität und Familie

Je eingehender sich die Forschungen gemäß der programmatischen Zielsetzung kritischer Sozialforschung mit verschiedenen Bereichen der materiellen und geistigen Kultur auseinandersetzen und dabei auch die Bedeutung politischer, moralischer und religiöser Anschauungen analysieren, umso deutlicher tritt das Phänomen der Autorität als entscheidender Faktor, ja als Ideologie des gesamten gesellschaftlichen Prozesses hervor. Ohne ausführliche Berücksichtigung dieses Moments ist deshalb, wie Horkheimer betont, ein angemessenes Verständnis des gesellschaftlichen Prozesses ausgeschlossen.

Die Frage, wieso Menschen Verhältnisse akzeptieren, die mit ihrer eigenen materiellen Lage und ihren Interessen nicht übereinstimmen oder diesen sogar entgegenstehen, wie etwa Klassenstrukturen, Privilegien, ungerechte Verteilung von Arbeit, ließ sich durch den Verweis auf äußeren Zwang und Gewalt nicht hinreichend erklären; es musste in den psychischen Strukturen der Menschen gleichsam Schaltstellen, Module oder Prozessoren geben, die solch falsches Bewusstsein bewirkten: eben das Syndrom der Autorität als sozialpsychologische Vermittlungsinstanz. Überholte und nicht mehr dem gesellschaftlichen Entwicklungsstand angemessene autoritäre Strukturen dienen quasi als „Kitt", um einerseits Zwang und Gewalt aufrechtzuerhalten, andererseits freiwillige Identifizierung und Unterwerfung zu fördern.

Durch die Rolle der Autorität wird die vorherrschende traditionelle Ideologie, der Glaube, dass es immer ein Oben und Unten gibt und Gehorsam notwendig ist, aufrechterhalten (Horkheimer, Vorwort zu den Studien über Autorität und Familie, GS 3, 330). Die Forschungsarbeiten wenden sich zunächst der Familie zu, der in diesem Prozess eine zentrale Funktion zukommt. Die Untersuchungen geben einen ersten Einblick, wie und in welchem Maße der autoritätsgebundene, ja autoritätsfixierte Charakter reproduziert wird. Schon in der „Rheinland-Studie" über Arbeiter und Angestellte waren solche Aspekte angesprochen worden. Diese hatte zudem aufgezeigt, dass in weiten Kreisen der Arbeiterschaft ein kaum erwartetes Unterwerfungspotenzial gegenüber Autorität schlechthin vorhanden war – eine eindeutige Warnung, dass die Hoffnung auf die Arbeiterklasse als das revolutionäre Subjekt trügerisch war und kaum Aussicht auf Widerstand gegenüber dem heraufkommenden Nationalsozialismus bestand.

Waren die Forschungsprojekte der dreißiger Jahre vor allem darauf gerichtet, Aufschluss über Zusammenhänge zwischen materiellen Lebensbedingungen und spezifischen psychischen Strukturen, insbesondere autoritären Einstellungen und Verhaltensmustern zu erhalten, führen die Arbeiten der vierziger Jahre diese zwar fort, legen den Schwerpunkt aber unter dem Eindruck des hervorbrechenden Antisemitismus auf die Vorurteilsproblematik und die Bedrohung der Demokratie durch faschistisches Potential von Personengruppen und Individuen mit Vorurteilen, Ressentiment und Aggression. Gegenstand der Forschung sind ebenfalls Praktiken der Demagogen sowie ihre Techniken der suggestiven Beeinflussung und Verführung. Diese Untersuchungen, die in den USA durchgeführt werden, wohin das Institut nach seiner Schließung durch den Nationalsozialismus emigrierte, zeigen, dass auch hier ein hohes rassistisches Potential vorhanden ist. So ergibt die Umfrage über „Antisemitism Among American Labor", dass ein Drittel der Befragten Maßnahmen wie etwa die Deportation und Vernichtung von Juden befürwortet (vgl. u.a. Löwenthal, Schriften 3, Zur politischen Psychologie des Autoritarismus).

2.3   Die Autoritäre Persönlichkeit

Eine der anregendsten Studien kritischer Sozialforschung stellt die Untersuchung zur „Authoritarian Personality" dar. Sie entsteht in Zusammenarbeit von Theodor W. Adorno, Else Frenkel-Brunswik, Daniel J. Levinson und R. Nevitt Sanford unter Assistenz von Betty Aron, Maria Hertz Levinson sowie William Morrow. Veröffentlicht werden sie in der von Max Horkheimer und Samuel H. Flowerman herausgegebenen Reihe „Studies in Prejudice". Sie sind Teil eines großangelegten Forschungsprojekts, zu dem die Untersuchungen von Bruno Bettelheim und Morris Janowitz („Dynamics of Prejudice"), Nathan W. Ackermann und Marie Jahoda („Anti-Semitism and Emotional Disorder"), Paul W. Massing („Rehearsal for Destruction") sowie Leo Löwenthal und Norbert Gutermann („Prophets of Deceit") gehören.

Die Zielsetzung des Projekts besteht darin, durch Forschung und theoretische Analyse wissenschaftliche Aufklärungsarbeit zu leisten und den Bedingungs- und Entstehungszusammenhang des Syndroms von Vorurteil, Hass und Diskriminierung aufzudecken, um dadurch den ablaufenden Mechanismus vermeidbar, überholbar und revidierbar zu machen. „Wir wollten", so Horkheimer, „das Vorurteil nicht bloß beschreiben, sondern vielmehr erklären, um zu seiner Ausrottung beizutragen. Genau dieser Herausforderung haben wir uns gestellt" (The Authoritarian Personality 1950, Vorwort, VII – Horkheimer GS 5 409, 410). Hier wird die emphatische Hoffnung deutlich, durch Aufklärung und pädagogische Intervention das Individuum zu sich selbst zu befreien und den Demokratisierungsprozess, den Weg zu einer vernünftigen, humanen Gesellschaft, zu fördern.

Was die methodische Seite betrifft, wird versucht, durch bestimmte Skalen, so die Antisemitismus-(AS-) und Ethnozentrismus-(E-)Skala, die Skala über politisch-ökonomischen Konservatismus (PEC-) sowie die Faschismus-(F-)Skala, in Verbindung mit Tiefeninterviews Aufschluss über das Syndrom der „Autoritären Persönlichkeit" zu erhalten. An dieser Untersuchung zeigt sich die Verbindung von theoretischer Reflexion und empirischen Studien in besonderer Weise. Es wird deutlich, wie kritische

Sozialforschung die vorhandenen empirischen Daten in eine gesamtgesellschaftliche Theorie einbindet und wie das empirische Material diese wiederum beeinflusst.

Als Ergebnis wird als Syndrom der autoritären Persönlichkeit ein Einstellungskomplex ermittelt, in dem Konventionalismus, Mangel an Selbstreflexion, autoritäre Unterwürfigkeit und Aggression eine zentrale Rolle spielen – ein ganzes Bedingungsgefüge, in dem nicht eine einzelne Eigenschaft oder Einstellung, sondern gerade das Zusammenspiel der verschiedenen Faktoren entscheidend ist.

Im Gegensatz zu dem autoritären Muster der Vergangenheit scheint der neue autoritäre Menschentyp „die Vorstellungen und Fertigkeiten, die für eine hochindustrialisierte Gesellschaft typisch sind, mit irrationalen und antirationalen Überzeugungen zu verbinden. Er ist gleichzeitig aufgeklärt und abergläubisch, stolz auf seinen Individualismus und ständig in Sorge, nicht wie alle andern zu sein, ängstlich auf seine Unabhängigkeit bedacht und sehr geneigt, sich blind der Macht und Autorität zu unterwerfen" (Horkheimer GS 5, 415).

Trotz grundsätzlicher Übereinstimmung in wesentlichen Fragen ergeben sich unterschiedliche Bewertungen. So teilt Adorno nicht die Hoffnung Horkheimers, durch die Erkenntnisse der Untersuchungen, „einen wahrhaft pädagogischen Gegenangriff" führen zu können. Vielmehr hebt er die negativen Auswirkungen des real stattfindenden und sich vollziehenden Erziehungsprozesses für das Entstehen autoritätsgebundener Strukturen hervor. Ferner weist er auf die Gefahr einer Verschiebung und Verlagerung gesellschaftlicher Probleme auf den individuellen Bereich hin. Eine der grundlegenden Fragen, die es zu klären gilt, besteht darin, ob nicht die „ideologische Gesamtstruktur" der Gesellschaft mehr noch als die „individuelle Empfänglichkeit für faschistische Propaganda" als entscheidender Faktor für einen Massenzustrom zu antidemokratischen Bewegungen anzusehen sei.

Adorno bindet somit das Syndrom der „Autoritären Persönlichkeit" in den ganzen Prozess der „Dialektik der Aufklärung" ein, in den Prozess zunehmender objektivierter und nach überindividuellen Gesetzen ablaufenden gesellschaftlichen Entwicklung mit ihren Entfremdungs- und Verdinglichungstendenzen. Die daraus resultierende Desorientierung, Vereinsamung und Unsicherheit werde vom Individuum kompensiert durch die Flucht in Stereotypen und kollektive Identifikation. Auslöser ist für Adorno besonders die Zerstörung der Erfahrungsfähigkeit des Individuums durch die Kulturindustrie, die Standardisierung von Bewusstsein, Denken, Fühlen und Wollen. Jeder Einzelne – selbst die wenig vorurteilsbelasteten Individuen – würden, so seine Schlussfolgerung und These, von dem sich entwickelnden gesellschaftlichen ideologischen Gesamtschema erfasst, dessen Tendenz insgesamt faschistisch sei.

2.4 Nach Auschwitz

Kontinuität faschistischer Strukturen oder Chancen für die Demokratie und ein selbstbestimmtes Leben in der „verwalteten Welt"?

Die Rückkehr Adornos und Horkheimers aus dem Exil nach Deutschland und der Wiederaufbau des Instituts ist getragen von der Intention, den Prozess der Demokratisierung zu fördern, damit Auschwitz – für Adorno der Endpunkt menschlicher Entwicklung – sich nicht wiederhole.

So stehen Fragen nach dem Fortleben faschistischer Strukturen und der Gefährdung der Demokratie durch autoritäres vorurteilsvolles Ressentiment im Mittelpunkt des Interesses. Hierbei lässt sich zwar an frühere Arbeiten anknüpfen, doch gilt es, sie weiterzuentwickeln oder wie die Faschismus-Skala auf deutsche Verhältnisse zu übertragen. Besondere Bedeutung kommt in diesem Zusammenhang inhaltlich und methodisch zwei Untersuchungen zu: dem sogenannten „Gruppenexperiment" und der „Heimkehrerstudie", in denen verdeckte Mentalitäten und Einstellungen hinsichtlich des Faschismus wie auch Vorbehalte und Ressentiments gegenüber dem demokratischen Prozess erforscht werden. Flankiert werden sie durch Arbeiten, die sich im Zusammenhang mit aktuellen gesellschaftlichen Entwicklungen ergeben, so dem neu aufbrechenden Antisemitismus und Rechtsradikalismus in den fünfziger und sechziger Jahren.

Die demokratische Verfasstheit einer Gesellschaft hängt jedoch nicht nur von Mentalitäten und Einstellungen, dem politischen Bewusstsein der Bevölkerung ab, sondern ebenso von den objektiven Bedingungen, die eine Beteiligung am politischen Prozess ermöglichen oder verhindern. Diese Dimension tritt insbesondere in den Ende der fünfziger Jahre durchgeführten Untersuchungen von Habermas, Friedeburg, Oehler, Weltz zum politischen Bewusstsein Frankfurter Studenten in den Vordergrund. Es wird deutlich, wie institutionelle Ordnungen und etablierte Macht- und Herrschaftsstrukturen nicht nur politisches Bewusstsein, sondern vor allem politische Beteiligung und Partizipation erschweren und damit im Gegensatz zur Idee von Demokratie stehen. Jürgen Habermas verortet die empirischen Erhebungen in einem größeren gesellschaftsanalytischen Zusammenhang und schafft so die für kritische Sozialforschung charakteristische Verbindung von Datenmaterial und sozialphilosophischer Reflexion.

In Vergewisserung des in der geschichtlichen Entwicklung angelegten Potenzials des Begriffs der „Demokratie" und in Übereinstimmung mit der Auffassung Franz Neumanns stellt Demokratie für ihn keine Staatsform wie irgendeine andere dar. Ihr „Wesen besteht vielmehr darin, dass sie die weitreichenden gesellschaftlichen Wandlungen vollstreckt, die die Freiheit der Menschen steigern und am Ende vielleicht ganz herstellen können. Demokratie arbeitet an der Selbstbestimmung der Menschheit, und erst wenn diese wirklich ist, ist jene wahr" (Habermas u.a. 1969, 15).

An diesem emphatischen Begriff von Demokratie gemessen, bleiben die realen Formen verfassungsmäßig institutionalisierter Demokratie sowie die tatsächlich praktizierten Formen hinter den intendierten Möglichkeiten zurück. Die Analyse der gegenwärtigen Verhältnisse zeigt, wie sehr der Glaube an die politische Freiheit und Wirksamkeit des Staatsbürgers trügerisch ist. Es gibt für Habermas keinen Zweifel an der Enge des Spielraums politischer Partizipation des „Durchschnittsbürgers" in einer weitgehend formalisierten Demokratie.

Angesichts der geschichtlichen Alternative zwischen der Entfaltung einer „sozialen Demokratie" einerseits oder ihrer Überführung in eine „autoritäre Demokratie" andererseits stellt sich konkret die Aufgabe, das Potenzial politischer Beteiligung so wirksam werden zu lassen, dass die „Entwicklung der formellen zur materialen, der liberalen zur sozialen Demokratie" im Sinne der Verwirklichung einer freien Gesellschaft gefördert wird (S. 55). Allerdings scheint Habermas die „Hoffnung auf eine selbstbewusste politische Entscheidung der wahlberechtigten Bevölkerung in ihrer Gesamtheit, und auf eine effektive Handhabung der parlamentarischen Institutionen durch das mündige Volk" unter den konkreten Bedingungen der Zeit kaum realistisch, es sei denn in außerparlamentarischer Opposition (S. 51). Zu sehr ist der Einzelne seiner Auffassung nach in vorgegebene Strukturen eingebunden und Tendenzen der Vergnügungs-, Unterhaltungs- und Konsumindustrie ausgesetzt, womit er an Grundüberzeugungen Adornos und Horkheimers über die Aushöhlung und Deformation des Individuums durch die „verwaltete Welt" anknüpft und diese zugleich exemplarisch erhellt.

Zudem zeigt sich der Staat, auch in seiner neuen, wohlfahrtsstaatlichen Ausprägung, in Gestalt übermächtiger und undurchsichtiger Bürokratie, als autoritäre und abstrakte Apparatur. Seine Kritik richtet sich ebenfalls auf die Suggestion der Massenmedien, welche die Degradierung des Wählers zum passiven Zuschauer weiter verstärkt: „Reklame für die Wahl unterscheidet sich, gleichviel für welche Partei, nicht von der Reklame für den Markt [...] die Themen des Wahlkampfes werden exploriert und dann inszeniert, die Imago des Führers und die seiner Mannschaft sind vorkalkuliert, die Schlagworte vorgetestet, die Massenrituale vor Radio und Fernsehen nach Drehbuch einstudiert" (S. 48). Nach Gesetzen des politischen Marketing aufgezogen tendiert die Technik der Wahlvorbereitung dazu, „den einzigen Akt politischer Mitbestimmung, der dem souveränen Volk noch verblieb, jener möglichen Vernunft breiter Schichten der Bevölkerung zu entziehen, an der er dem eigenen Sinn nach sich richtet" (S. 49).

Angesichts solcher Realität, die den demokratischen Prozess auf bloße Stimmangabe und die nachträgliche Akklamation der parlamentarischen Entscheidungen beschränkt, ist es ideologisch, demokratisches Bewusstsein und Engagement einzufordern und die Masse zu politischer Beteiligung bewegen zu wollen, so das Fazit der Studie.

Mit der aufklärenden Kritik über die konkreten gesellschaftlich-politischen Verhältnisse und die sie bedingenden Faktoren verbindet sich zugleich die Intention, ein Bewusstsein von der Notwendigkeit *substantieller* Demokratie zu vermitteln. Dabei wendet sich das Interesse auch der zentralen Erziehungs- und Bildungsinstitution der Gesellschaft zu: der Schule.

Sollen die gesellschaftlichen Verhältnisse überhaupt noch geändert, dem Selbstlauf der „verwalteten Welt" entgegengewirkt und dem Rückfall in die Barbarei Einhalt geboten werden, so darf die heranwachsende Generation nicht zu Konformität, zur Identifikation mit dem System und kulturindustriell verfertigten Verhaltensschemata erzogen werden. Vielmehr gilt es, zu kritischer Distanz, zu Selbstreflexion und Autonomie zu ermutigen, dazu, sich nicht nur dem Gesellschaftsprozess anzupassen, sondern sich aktiv an der Mitgestaltung einer humanen Welt zu beteiligen. Aber welche Möglichkeiten und Chancen bestehen hier? Bieten Erziehungs- und Bildungsprozesse überhaupt Alternativen? Und wie sieht die reale Wirklichkeit in Schulen aus?

Das sind einige der Fragen, denen sich verschiedene empirische Untersuchungen zuwenden (E. Becker u.a. 1967, M. Teschner 1968). Sie stehen in kritischer Distanz zu idealistisch umstandsloser Zuversicht und verklärender Beschreibung offizieller Bildungspolitik. Das betrifft nicht nur überholte, anachronistische Inhalte und Bildungsgüter, deren Instrumentalisierung zu bloßen reproduzierbaren Wissensbeständen oder die Auslesefunktion der Schulen, sondern den Verfall von Bildung selbst, ihre Deformation zur „Halbbildung" (Adorno). Damit wird sozialphilosophische Diagnose mit empirischer Analyse verbunden, wird kritische Sozialforschung real und konkret. Inhaltlich setzten sich die Untersuchungen unter anderem mit Mentalitäten und Gesellschaftsbildern von Lehrern und der Wirksamkeit der Sozialkunde auseinander. Es zeigt sich, dass komplexe soziale Prozesse oft nur naturalisierend oder personalisierend dargestellt werden und ethisch-moralische Bindungen, freiwillige Integration in die Gemeinschaft eingefordert werden zulasten einer rationalen Auseinandersetzung mit der Demokratie als gesellschaftlicher Form der geregelten Austragung von Interessengegensätzen. Durch die Verpflichtung von Lehrern auf „Neutralität" wird der Sozialkundeunterricht zudem entpolitisiert und erstarrt gleichsam in formalistischer und institutionalistischer Ausrichtung.

Die einzelnen Studien, so auch die Arbeiten von K. Flaake u.a. zu Möglichkeiten emanzipatorischer Vorschulerziehung (1978, 1980), gewinnen ihre Aussagekraft und ihren Stellenwert erst als Teil des umfassenderen Versuchs einer Gesamtanalyse des gesellschaftlichen Prozesses und stehen in engem Kontext zu Adornos „Erziehung nach Auschwitz" und dem Postulat einer „Erziehung zur Mündigkeit".

Die Anteile der Theorie erlangen in dieser Zeit gegenüber den empirischen Teilen immer größeres Gewicht – ein Prozess, welcher der ursprünglichen Idee kritischer Sozialforschung, wie sie Horkheimer konzipiert hat, zuwiderläuft. Die Mehrzahl der Analysen richten sich ideologiekritisch auf Phänomene des Bewusstseins und entfernen sich von der Verankerung und Überprüfung in der empirischen Wirklichkeit. Solcher Tendenz entgegenzuwirken versuchen Studien, die unter der Leitung Gerhard Brandts in den siebziger Jahren nach dem Tode Adornos und Horkheimers entstehen. Die Aufmerksamkeit wendet sich wieder verstärkt materiellen Strukturen und Reproduktionsproblemen des Spätkapitalismus zu. So werden reale Bedingungen des Arbeitsprozesses, Rolle und Funktion der Gewerkschaften, das Verhältnis von Kapital und Lohnabhängigen oder industrielle Technisierungs- und Rationalisierungsprozesse thematisiert. Ein besonderer Akzent liegt hierbei auf spezifischen Aspekten der Frauenarbeit in Familie und Beruf (Ch. Eckart u.a. 1979, H. Kramer u.a. 1986, K. Flaake 1989 u.a.).

2.5   Fortführung und neuere Ansätze

Die Forschungsarbeiten in den achtziger und neunziger Jahren lassen sich mit den Stichworten von „ziviler Gesellschaft" und „politischer Kultur" charakterisieren. Sie markieren zusammen mit Untersuchungen zur Modernisierung der Gesellschaft, zur Krise kapitalistischer Integration oder zu Aspekten moralischer Ressourcen einer partizipatorischen Wohlfahrtsgesellschaft inhaltliche Schwerpunkte und Interessen kritischer Sozialforschung heute (vgl. dazu u.a. den im Wesentlichen von Demirovic erarbeiteten Institutsbericht: Forschungsarbeiten 1999).

Eine Modernisierung der älteren kritischen Theorie gelingt insbesondere Jürgen Habermas in den siebziger und achtziger Jahren. Mit seinem Kommunikationsparadigma setzt er neue Akzente und öffnet weiterführende Perspektiven, die über die Positionen Adornos und Horkheimers hinausweisen. Damit wird er zum Repräsentanten der jüngeren Kritischen Theorie. Er mildert den radikalen Skeptizismus, die Schwärze der Position Adornos und Horkheimers. Im Medium der Sprache, die auf Kommunikation angelegt ist, scheinen für ihn versöhnende Elemente gegenseitiger Verständigung und eines humanen Umgangs angelegt, die allerdings unter den Bedingungen der kapitalistischen Welt wiederum ungeschützt und aufs äußerste gefährdet sind (Habermas 1981, 1983, 1984).

In jüngster Zeit versucht Axel Honneth das von Habermas entwickelte Kommunikationsparadigma zu erweitern. Ihm geht es um eine stärkere Gewichtung des normativen Potenzials sozialer Interaktion, das nicht in der sprachlichen Sphäre herrschaftsfreier Verständigung aufgeht oder mit ihr gleichgesetzt werden kann. Damit ist die Dimension moralischer Erwartungen angesprochen, die im alltäglichen Prozess gesellschaftlicher Kommunikation aufbricht, aber nicht im Sinne eines positiv formulierten Moralprinzips, sondern als „Erfahrung der Verletzung intuitiv gegebener Gerechtigkeitsvorstellungen", insbesondere des Gefühls, sozial missachtet zu werden. Da aber soziale Anerkennung Grundbedingung für die Identitätsentwicklung des Menschen ist, geht deren Ausbleiben, Verweigerung oder Missachtung mit der Empfindung drohenden Persönlichkeitsverlustes einher.

Kritische Sozialforschung ist von dieser Perspektive her vor die Aufgabe gestellt, über die Untersuchung rationaler Bedingungen einer herrschaftsfreien Verständigung hinaus die intersubjektiven Voraussetzungen der menschlichen Identitätsbildung im Ganzen zu untersuchen, d.h. sie muss die „sozialstrukturellen Ursachen aufzeigen können, die für die Verzerrung im sozialen Anerkennungsgefüge jeweils verantwortlich sind" (Honneth, Die soziale Dynamik von Missachtung, 1994, 56). Zu unterscheiden sind dabei drei für eine gelingende Identitätsbildung grundlegende Ebenen:
- die emotionale Zuwendung in sozialen Intimbeziehungen,
- die rechtliche Anerkennung als moralisch zurechnungsfähiges Mitglied einer Gesellschaft,
- die soziale Wertschätzung von individuellen Leistungen und Fähigkeiten.

Wie sich das Gefüge von Anerkennung oder Missachtung in diesen Bereichen empirisch zeigt, das ist gleichzeitig Indikator für einen humanen Umgang zwischen Menschen und den Status einer entwickelten Gesellschaft.

Honneths Beitrag ist in verschiedener Hinsicht bemerkenswert. Einerseits setzt er sich damit von der alten Frankfurter Theorietradition und deren zentralem Forschungsprogramm ab. Das betrifft die rationalitätstheoretische Verengung kritischer Zeitdiagnose, vor allem die ebenso radikale wie resignative These totaler Entfremdung und Verdinglichung, wodurch sie sich seiner Auffassung nach zuletzt selbst aufhebt. Andererseits hält er an ihrem Grundaxiom fest, an dem, was sie von kritischen Konzeptionen unterscheidet, die ihren Gegenstand zwar einer kritischen Überprüfung unterziehen, aber selbst keine normative Wertung entwickeln. Darin liegt für ihn gerade das charakteristische Potenzial kritischer Sozialforschung, dass sie die Maßstäbe der Kritik nicht von außerweltlichen Axiomen oder subjektiven Deutungen herleitet, sondern dass sie ihre normativen Wertungen nicht ohne materialen Rückhalt, wie sie in der Wirklichkeit verankert und angelegt sind und in bestimmten sozialen Bewegungen oder sich artikulierenden Interessen zum Vorschein kommen, gewinnt. Nicht umstandslos und willkürlich ist eine emanzipatorische Perspektive einzufordern, sondern durch Beleg und Aufweis ihrer historisch-sozialen Einbindung und Verankerung. Insofern ist die kritische Perspektive in der Entwicklung der Gesellschaft selbst angelegt.

2.6 Impulse zu Zielsetzung und Selbstverständnis der Wissenschaft

Von funktionaler Anwendungstechnik zu emanzipatorischer, strategischer und politischer Praxis

Kritische Sozialforschung, die emanzipatorischem Interesse verpflichtet ist, muss sich neben umfassender theoretischer Vergewisserung über ihre Zielsetzungen, den Begründungs- und gesellschaftlichen Verwertungszusammenhang hinaus auch ihres Forschungsinventars vergewissern. Sonst könnte es allzu leicht sein, dass die verwendeten Methoden dem intendierten Ziel diametral zuwiderlaufen. Die klassischen Methoden empirischer Sozialforschung wie Befragung, Test, Experiment sind zu korrigieren und zu ergänzen, so u.a. hinsichtlich des Gefälles zwischen Forscher und „Forschungsgegenstand". Statt einer Praxis, in der die „Testobjekte" quasi nur Mittel zum Zweck sind, gilt es, die Forschungssituation auch für die Befragten als Lernprozess zu konzipieren, der ihr Wissen, ihre Orientierungsfähigkeit und Handlungsperspektiven erweitert, ja sie als Subjekte in den Forschungsprozess selber miteinbezieht (vgl. u.a. die Ansätze bei W. Fuchs 1976).

Deren Bewusstsein, Mentalitäten und Einstellungen sind jedoch nicht nur als individuelle Kategorien zu begreifen, sondern mit der realen gesellschaftlichen Lage und ihren historischen, ökonomischen und politischen Bedingungen aufs engste verknüpft. Diese Perspektive und die Notwendigkeit gesellschaftspolitischer Einbindung und Umsetzung hat kritische Sozialforschung nachdrücklich ins Bewusstsein gerufen.

Ihr Einfluss auf Selbstverständnis, Zielsetzungen und Methodologie der Wissenschaft in der zweiten Hälfte des 20. Jahrhunderts lässt sich exemplarisch an der Entwicklung der Erziehungswissenschaft verdeutlichen. Orientiert am Paradigma kritischer Sozialforschung formiert sich Ende der sechziger Jahre eine kritische Erziehungswissenschaft, die das Interesse an individueller Mündigkeit, auf das die Pädagogik bis dahin weitgehend fixiert war, erweitert und mit dem Interesse an gesellschaftlicher Mündigkeit verbindet und sich als kritische Gesellschaftswissenschaft versteht (vgl. u.a. Blankertz, Lempert, Mollenhauer, Klafki, Heydorn). In methodologischer Hinsicht kristallisieren sich drei Schwerpunkte heraus: Ideologiekritik, praktischer Diskurs und Handlungsforschung. Dabei wird das Modell eines herrschaftsfreien, symmetrischen und rationalen Diskurses auch zur Leitidee der eigenen Praxis.

2.7 Über die kritische Sozialforschung der Frankfurter Schule hinaus

Die Fokussierung auf Perspektiven kritischer Sozialforschung der Frankfurter Schule hat ihre Legitimation, wenn dadurch nicht andere Positionen verdrängt oder gar ausgeschlossen werden. Zu erwähnen sind in diesem Zusammenhang Arbeiten des Hamburger Instituts für Sozialforschung (Reemtsma u.a.), das sich unter anderem mit Allianzen von Zivilisation und Barbarei, dem Krieg als Gesellschaftszustand auseinandersetzt und nicht zuletzt durch seine in kritischer Distanz entwickelte „Wehrmachtsausstellung" in das Blickfeld der Öffentlichkeit getreten ist. Diese hat deutlich gemacht, dass die „Aufarbeitung" der Vergangenheit noch immer Leerstellen aufweist. Distanz, Abwehr und Verdrängung sind real.

Neben Perspektiven struktureller Gesellschaftsanalyse und Sozialforschung gibt es Ansätze, die ihren Schwerpunkt in pragmatischer Absicht auf bestimmte Ausschnitte der sozialen Wirklichkeit und auf die Bewältigung konkreter Lebenssituationen legen. So besteht etwa die Zielsetzung des Instituts für kritische Sozialforschung und Bildungsarbeit (Hannover) darin, durch Forschung und Beratung dazu beizutragen, dass sich die Handlungsfähigkeit der Individuen erweitert, sich ihre Persönlichkeit entwickelt und sie an der Organisation des gesellschaftlichen Lebens partizipieren können. In gleichem Maße soll die Beratung von Organisationen zur Steigerung von Leistungsfähigkeit wie der inneren Demokratisierung dienen und so die gesellschaftliche Demokratisierung insgesamt fördern. Dass eine solche realistische Konzeption mit ihrem Spagat zwischen Humanität und Effizienz nicht zuletzt Einverständnis mit den gegebenen Verhältnissen bedeuten muss, sondern sich an dem Entwurf eines besseren Zustandes orientiert, wird durch den Bezug zu Michel Foucaults Vision von Kritik deutlich: „Ich kann nicht umhin, an eine Kritik zu denken, die nicht versuchte zu richten, sondern einer Idee zur Wirklichkeit verhilft; sie würde Fackeln anzünden, das Gras wachsen sehen, dem Winde zuhören und den Schaum im Fluge auffangen und wirbeln lassen. Sie häuft nicht Urteil auf Urteil, sondern sie sammelt möglichst viele Existenzzeichen; sie würde sie herbeirufen, sie aus ihrem Schlaf rütteln. Mitunter würde sie sie erfinden! Ich möchte eine Kritik mit Funken der Fantasie. Sie wäre geladen mit den Blitzen aller Gewitter des Denkbaren." (Institutsprospekt)

Foucaults Vision könnte für den utopischen Grundzug kritischer Sozialforschung programmatisch sein, verweist zugleich aber auf die Kluft aller Vermittlung zwischen Idee und Realität.

3. Ausblick

Der Stellenwert kritischer Sozialforschung ist heute im öffentlichen Bewusstsein wie auch im Bereich der Wissenschaft deutlich reduziert. Dazu tragen verschiedenste Entwicklungen und Tendenzen bei. So haben sich die großen Gesellschaftsentwürfe und Utopien auf Bereiche mittlerer Reichweite und die Mikro-Ebene verlagert. Erkenntnisinteresse und Schwerpunkte der Forschung richten sich auf Pluralisierungs- und Individualisierungstendenzen der modernen Gesellschaft. Aus solcher Perspektive scheint es, als ob der Einzelne quasi autopoietisch als befreites Subjekt dem Zwang alter Klassen und Schichten, ja hierarchischen Strukturen entraten ist und sich die „offene Gesellschaft" (Popper) bereits entfaltet hat.

Demgegenüber stehen die im Zuge weltweiter Globalisierung sich verstärkenden Zwänge des Marktes, in der sich das Humankapital den wandelnden Bedingungen und den Vorgaben von Rationalisierung, Produktivität und Effektivität anzupassen hat, umgeschichtet wird oder zum Sozialschrott verkommt. Partizipation, Mitbestimmung und Mündigkeit sind mehr als nur tendenziell bedroht durch die sich immer komplexer und undurchschaubarer gestaltenden Abläufe einer Risikogesellschaft, in welcher der demokratische Prozess selber abhängige Variable zu sein scheint.

Kritische Sozialforschung hat solchen Entwicklungen nachzuspüren und zu fragen, ob die propagierten Ziele und Selbstdeutungen demokratischer Gesellschaften nicht nur nominell, sondern wirklich eingelöst sind, inwieweit etwa Selbstbestimmung, die Wahl individueller Möglichkeiten oder die Anerkennung des Menschen als gleichberechtigter Person realisiert werden.

Anzuknüpfen ist heute an den Beitrag der Frankfurter Schule durchaus in kritischer Distanz. Sie kann nicht als unverändertes Versatzstück übernommen werden. Aber sie hat Perspektiven deutlich gemacht und einen Orientierungshorizont eröffnet, so etwa hinsichtlich der Verklammerung von Individuum, bürgerlicher Kälte, den Tendenzen der Selbst-Kolonialisierung mit der Waren- und Tauschgesellschaft, den Produktionsformen und der Kultur- und Bewusstseinsindustrie in der verwalteten Welt. Sie kann zu einem entscheidenden Katalysator werden zu eigener Selbstvergewisserung und Standortbestimmung, zu Brückenschlägen, zum Eingedenken, Nachdenken und praktischem Handeln.

Angesichts des zurückliegenden Jahrhunderts der Kriege mit 100 Millionen Opfern und des Elends in dieser Welt, der immer weiter auseinandergehenden Schere von Armut und Reichtum, der sich abzeichnenden ökologischen Krise ist allerdings die Auseinandersetzung mit der zentralen Fragestellung der „Dialektik der Aufklärung" unumgehbar, warum die Menschheit, anstatt in einen wahrhaft menschlichen Zustand einzutreten, in eine neue Barbarei zu versinken droht.

Literatur- und Medienverzeichnis

Adorno, Theodor W.: *Gesammelte Schriften*. Frankfurt a.M. (Suhrkamp) 1970ff.

Adorno, Theodor W. u.a.: *Debatte über Methoden der Sozialwissenschaften, besonders die Auffassung der Methode der Sozialwissenschaften, welche das Institut vertritt*. In: Gunzelin Schmid Noerr (Hg.): Max Horkheimer Gesammelte Schriften Band 12. 1985 (Fischer-Taschenbücher. 7386), S. 542-552.

Ahlemeyer, Heinrich W.: *Die militärische Indienstnahme der Soziologie in den USA zwischen dem Zweiten Weltkrieg und dem Vietnamkrieg (1945-1965)*. In: Hans-Werner Franz (Hg.): 22. Deutscher Soziologentag 1984. Beiträge der Sektions- und ad-hoc-Gruppen. Opladen (Westdeutscher Verlag) 1985, S. 536-538.

Beck, Ulrich: *Vom Veralten sozialwissenschaftlicher Begriffe. Grundzüge einer Theorie reflexiver Modernisierung*. In: Görg, Christoph (Hg.): Gesellschaft im Übergang. Perspektiven kritischer Soziologie. Darmstadt (Wiss. Buchges.) 1994, S. 21-43.

Bonß, Wolfgang: *Die Einübung des Tatsachenblicks. Zur Struktur und Veränderung empirischer Sozialforschung*. Frankfurt a.M. (Suhrkamp) 1982.

Bonß, Wolfgang & Honneth, Alexander (Hg.): *Sozialforschung als Kritik. Zum sozialwissenschaftlichen Potential der Kritischen Theorie*. Frankfurt a.M. (Suhrkamp) 1982.

Bracher, Uli: *Kritische Sozialforschung und ihr Adressat. Zwei Wege, Lehrerbewußtsein zu untersuchen*. Frankfurt a.M. u.a. (Campus) 1978. (Campus Forschung. 43)

Brandt, Gerhard: *Ansichten kritischer Sozialforschung 1930-1980*. In: Institut für Sozialforschung: Gesellschaftliche Arbeit und Rationalisierung, Leviathan, Sonderheft, 4 (1981), S. 9-56.

Flaake, Karin & Joannidou, Helene & Kirchlechner, Berndt & Riemann, Ilka: *Das Kita-Projekt. Ergebnisse einer wissenschaftlichen Begleituntersuchung zu einem Reformmodell öffentlicher Vorschulerziehung*. Frankfurt a.M. (Campus) 1978.

Flaake, Karin & Joannidou, Helene & Kirchlechner, Berndt & Riemann, Ilka: *Kinderhorte. Sozialpädagogische Einrichtungen oder Bewahranstalten?* Frankfurt a.M. (Campus) 1980.

Friedeburg, Ludwig von: *Bildung zwischen Aufklärung und Anpassung. Erfahrungen mit der Bildungsreform in der Bundesrepublik*. Frankfurt a.M. (VAS, Verl. für Akad. Schriften) 1994. (Reihe: Wissenschaft in gesellschaftlicher Verantwortung. 33)

Fromm, Erich: *Arbeiter und Angestellte am Vorabend des Dritten Reiches. Eine sozialpsychologische Untersuchung (1930)*. Stuttgart (Dt. Verl.-Anst.) 1980.

Fuchs, Werner: *Empirische Sozialforschung als politische Aktion*. In: Ritsert, Jürgen (Hg.): Zur Wissenschaftslogik einer kritischen Soziologie. Frankfurt a. M. (Suhrkamp) 1976, S. 147-174.

Görg, Christoph (Hg.): *Gesellschaft im Übergang. Perspektiven kritischer Soziologie*. Darmstadt (Wiss. Buchges.) 1994.

Habermas, Jürgen: *Moralbewußtsein und kommunikatives Handeln*. Frankfurt a.M. (Suhrkamp) 1983.

Habermas, Jürgen: *Technik und Wissenschaft als Ideologie. 4. durchges. Aufl. 2 Bde*. Frankfurt a.M. (Suhrkamp) 1981.

Habermas, Jürgen: *Vorstudien und Ergänzungen zur Theorie kommunikativen Handelns*. Frankfurt a.M. (Suhrkamp) 1984.

Habermas, Jürgen & Friedeburg, Ludwig von & Oehler, Christoph & Weltz, Friedrich: *Student und Politik. Eine soziologische Untersuchung zum politischen Bewußtsein Frankfurter Studenten*. Neuwied (Luchterhand) 1961.

Haller, Max u.a. (Hg.): *Kultur und Gesellschaft. Verhandlungen des 24. Deutschen Soziologentags, des 11. Österreichischen Soziologentags und des 8. Kongresses der Schweizerischen Gesellschaft für Soziologie in Zürich 1988*. Frankfurt a.M. u.a. (Campus) 1989.

Honneth, Axel: *Die soziale Dynamik von Mißachtung. Zur Ortsbestimmung einer kritischen Gesellschaftstheorie*. In: Görg, Christoph (Hg.): Gesellschaft im Übergang. Perspektiven kritischer Soziologie. Darmstadt (Wiss. Buchges.) 1994, S. 44-62.

Horkheimer, Max: *Gesammelte Schriften*. Frankfurt a.M. (Fischer) 1985.

Horkheimer, Max & Flowerman, Samuel, (Hg): *Studies in Prejudice*. New York (Norton & Comp.) 1949/1950.

Institut für Sozialforschung (Hg.): *Zur Wirksamkeit politischer Bildung. Teil I. Eine soziologische Analyse des Sozialkundeunterrichts an Volks-, Mittel- und Berufsschulen. Teil II*. In: Nitzschke, Volker: Schulbuchanalyse. Frankfurt a.M. (Max-Traeger Stiftung) 1966.

Lepsius, M. Rainer: *Soziologie als angewandte Aufklärung*. In: Fleck, Christian (Hg.): Wege zur Soziologie nach 1945. Autobiographische Notizen. Opladen (Leske & Budrich) 1996, S. 185-197.

Löwenthal, Leo: *Schriften*. Frankfurt a.M. (Suhrkamp) 1980 ff.

Mangold, Werner: *Gegenstand und Methode des Gruppendiskussionsverfahrens*. Frankfurt a.M. (Europ. Verl.-Anst.) 1960. (Frankfurter Beiträge zur Soziologie. 9) (Zugl.: Frankfurt a.M., Univ. Diss.)

Pollock, Friedrich (Hg.): *Gruppenexperiment. Ein Studienbericht*. Frankfurt a.M. (Europ. Verl.-Anst.) 1955. (Frankfurter Beiträge zur Soziologie. 2)

Reimann, Horst u.a.: *Basale Soziologie. Theoretische Modelle. 4. neubearb. u. erw. Aufl.* Opladen (Westdt.-Verl.) 1991.

Reinhold, Gerd u.a. (Hg.): *Soziologie – Lexikon. 3. überarb. und erw. Aufl.* München u.a. (Oldenbourg) 1997.

Ritsert, Jürgen (Hg.): *Zur Wissenschaftslogik einer kritischen Soziologie.* Frankfurt a.M. (Suhrkamp) 1976. (Edition Suhrkamp. 754)

Teschner, Manfred: *Politik und Gesellschaft im Unterricht. Eine soziologische Analyse der politischen Bildung an hessischen Gymnasien.* Frankfurt a.M. (Europ. Verl.- Anst.) 1968. (Frankfurter Beiträge zur Soziologie. 21)

Wiggershaus, Rolf: *Die Frankfurter Schule. Geschichte, theoretische Entwicklung, politische Bedeutung.* München u.a. (Hanser) 1986.

Ausgewählte Internetquellen:

Institut für Sozialforschung: http://www.rz.uni-frankfurt.de/ifs (2000/04/01)

Hamburger Institut für Sozialforschung: http://www.his-online.de (2000/04/01)

ArtSet Institut für kritische Sozialforschung und Bildungsarbeit e.V.: http://www.dsk.de/rds/17050.htm (2000/04/01)

Gert Dressel

Historische Anthropologie – die radikale Historisierung des Menschseins

1. Einleitung

Gleich vorweg sei gesagt: Historische Anthropologie ist nicht eine wissenschaftliche Zugangsweise, die über eindeutig definierte Forschungsgegenstände und einen strikten Methodenkanon verfügt. Auch ist sie, wiewohl HistorikerInnen und VolkskundlerInnen im historisch-anthropologischen Kommunikationsfeld überwiegen, nicht eindeutig einer traditionellen sozial- oder geisteswissenschaftlichen Disziplin zuzuordnen. Historische Anthropologie ist vielmehr und zunächst einmal eine Grundhaltung, die von einer doppelten Skepsis getragen ist: erstens gegenüber jenen Deutungen, die überzeitliche und ewig gültige Konstanten, Gesetze und Strukturen für den Menschen vorgeben. Und zweitens gegenüber den Wissenschaften selbst, die eigene inbegriffen, die Aussagen über den oder die Menschen in Geschichte und Gegenwart, zu Hause und anderswo, treffen. Im ersten Falle geht es u.a. darum, menschliche Lebensbereiche, die uns allen sehr vertraut erscheinen, zu historisieren und damit als veränderlich und dynamisch zu analysieren: u. a. Männer und Frauen, Männlichkeit und Weiblichkeit, Familie und Verwandtschaft, Geburt und Tod, Kindheit und andere Lebensphasen, Sexualität, Körper, Raum und Zeit. Im zweiten – im reflexiven – Falle werden die Wissenschaften bzw. Wissenschaftspraktiken selbst zum Reflexions-, wenn nicht sogar zum Forschungsgegenstand und ebenfalls als kontextabhängig und daher veränderlich begriffen – Veränderungen, die sich nicht allein mit dem Schlagwort eines „wissenschaftlichen Fortschritts" fassen lassen, sondern stets auch in gesellschaftlichen Strukturen und Wandlungsprozessen begründet sind.

Wie sich nun historisch-anthropologische Reflexionen und Forschungen im einzelnen Fall konkretisieren, hängt sehr stark von den jeweiligen Fragestellungen und Erkenntnisinteressen ab. Je nachdem haben mikroskopische Ansätze hier ebenso ihren Platz wie auch Makroanalysen, statistische Methoden ebenso wie Tiefenanalysen von Selbstzeugnissen; und strikt historisch orientierte Forschungen können neben solchen stehen, die ihren Blick vor allem auf gegenwärtige Phänomene mit einer Sensibilität für den historischen Charakter des Untersuchungsgegenstands und der eigenen analytischen Kategorien richten.

2. Der anthropologische Mainstream

Wenn im deutschsprachigen Raum der Begriff „Anthropologie" verwendet wird, denken nur wenige an ein Programm, das sich als historisierend versteht, viele dagegen sogleich an das Gegenteil, nämlich an die Natur des Menschen bzw. an die Versuche von einigen Naturwissenschaften, das Ewiggültige und Unveränderbare im Menschen zu fassen. Dass viele *so* assoziieren, kommt nicht von ungefähr: Lässt sich doch noch im dtv-Brockhaus-Lexikon, Ausgabe 1988, unter dem Stichwort „Anthropologie" nachlesen: „Nach kontinentaleuropäischen Sprachgebrauch ist A. die Naturwissenschaft, die den Menschen als einen biolog. Organismus behandelt." Sind doch in Deutschland und Österreich fast alle Institute für Anthropologie (bei den diversen Bindestrich-Anthropologien sieht es dann anders aus) naturwissenschaftlichen Fakultäten zugeordnet, ist doch das 1992/3 von ARD-Hörfunksendern ausgestrahlte Funkkolleg „Der Mensch – Anthropologie heute", von ganz wenigen Ausnahmen abgesehen, von BiologInnen gestaltet worden. (DIFF: 1992/93) Und wer kennt nicht den sehr zweifelhaften Ruf, den sich die deutschsprachige Anthropologie ehemals als Rassenanthropologie in ihrer menschvermessenden und menschenbewertenden Tätigkeit eingehandelt hat? (Müller-Hill 1984, Weingart u. a. 1988)

Wiewohl sich mittlerweile die meisten deutschsprachigen biologisch orientierten Anthropologen von der rassistischen Geschichte der eigenen Disziplin distanziert haben und nicht mehr annähernd den Versuch unternehmen, die Menschheit in Rassen zu untergliedern, geschweige die zuvor konstruierten Rassen auch noch als „höher"- oder „minderwertig" zu bewerten (Kattmann 1983) – sie sind dennoch einem traditionellen anthropologischen Bemühen treu geblieben, nämlich jenem, das alle systematischen Anthropologien – auch über die biologischen hinaus – kennzeichnet: die Suche nach Gesetzen, Strukturprinzipien, quasi nach der unveränderlichen Natur des Menschen, die Fahndung nach menschlichen Phänomenen, die für alle Individuen, soziale Gruppen, Kulturen und Gesellschaften zu allen Zeiten gelten sollen. Das womöglich aktuell prominenteste Beispiel für dieses Unterfangen ist die Soziobiologie (z.B. Dawkins 1978, Meier 1988, DIFF 1992/93). Deren Vertreter glauben, abgeleitet von Darwins Evolutions- und Selektionstheorie, im biogenetischen Imperativ, dass jedes Individuum den größtmöglichen Fortpflanzungserfolg für sich erzielen müsse, dieses überzeitliche und fundamentalste Strukturprinzip aller organischen, auch menschlichen Existenz gefunden zu haben. Die fundamentale Bedeutung, die dem Fortpflanzungsmuss zugeschrieben wird, zeigt sich darin, dass in der Soziobiologie jegliches soziale Verhalten, kulturelle Formen und auch soziale, politische und ökonomische Organisationsformen damit letztbegründet werden: das Sexualverhalten von Männern und Frauen beispielsweise bzw. das Sexualverhalten von „Mann" und „Frau" im Singular. Ich werde an späterer Stelle und konkreter darauf zurückkommen.

Nun reicht die systematische Praxis von Anthropologien weit über den Kreis der vor allem biologisch orientierten hinaus – und auch über den deutschsprachigen Raum. An dieser Stelle seien drei weitere prominente Vertreterinnen systematischer Anthropologie genannt. Erstens die frühe britische Sozialanthropologie in der ersten Hälfte des 20. Jahrhunderts mit ihren beiden führenden Köpfen Bronislaw Malinowski und Alfred R. Radcliffe-Brown. Empirische Basis der Sozialanthropologie waren (und sind) insbesondere die zahlreichen Feldforschungsaufenthalte ihrer RepräsentantInnen in außereuropäischen Kulturen. Die Analyse der eigenen Beobachtungen in fremden, aber doch weitgehend überschaubaren sozialen und kulturellen Zusammenhängen diente zuallererst der Ausarbeitung von allgemeingültigen Gesetzen über das Soziale. Malinowski interpretierte von ihm selbst beobachtete kulturelle Praktiken und soziale Organisationsformen – funktionalistisch – dahingehend, dass sie in erster Linie der Befriedigung der menschlichen Primärbedürfnisse (Überleben, Nahrung etc.) dienen würden; Radcliffe-Brown führte – strukturfunktionalistisch – bei fremden Kulturen beobachtete Phänomene vor allem auf die Erhaltung sozialer Systeme zurück (zum Überblick: Marschall 1990, Harris 1989).

Als zweites Beispiel für eine systematische Anthropologie abseits der Naturwissenschaften möchte ich hier die Strukturale Anthropologie von Claude Lévi-Strauss (1991) erwähnen. Wiewohl Lévi-Strauss in Kontinuität zur französischen ethnologisch-soziologischen Schule von Durkheim und Mauss steht, bediente er sich in seiner Analyse außereuropäischer Verwandtschaftskonstellationen vor allem sehr komplexer Methoden der strukturalen Sprachwissenschaft, um letztlich zu einer sehr abstrakten menschlichen Grundstruktur, zu „einer Art Grammatik des Menschseins" (Böhme 1985, 231) zu gelangen.

Drittens sei in diesem Zusammenhang auch noch kurz auf eine weitere deutschsprachige Spielart der Anthropologie hingewiesen, die ebenfalls darum bemüht gewesen ist, Konstanten des Menschlichen und Menschen aufzuspüren – die Philosophische Anthropologie. Mit ihr sind Namen wie Max Scheler, Hellmuth Plessner und vor allem Arnold Gehlen verbunden. Wiewohl gerade ein Gehlen (1978 & 1983) weniger nach etwaigen Gesetzmäßigkeiten fahndete, die die soziale und kulturelle Organisation und Phänomene im Konkreten strukturieren würden, blieb auch er, gerade in seiner Auseinandersetzung mit evolutionsbiologischen Modellen, der Suche nach dem *einen* Wesen des Menschen verhaftet. Er glaubte, dieses in dem „Mängelcharakter" des Menschen gefunden zu haben – der Mensch als ein „biologisches Mängelwesen" im Gegensatz zu den Tieren: sein fehlender natürlicher Witterungsschutz, die Schutzbedürftigkeit von Säuglingen und Kleinkindern usw. Als „Ersatz" hätte der Mensch quasi eine „zweite Natur" in Form der Kultur angenommen, mit der er seine biologischen Mängel ausgleichen könne. Der Mensch sei kraft seiner biologischen Dispositionen geradezu dazu verpflichtet zu handeln, Erfahrungen zu sammeln und zu lernen; er könne, nein, er müsse mit Hilfe von permanenten Erfahrungen, der Reflexion von Vergangenem und des Planens der Zukunft Welt und Wirklichkeit strukturieren, um sich ein stabiles Ordnungsschema zu schaffen.

3.   Das Ende des Menschen im Singular

Die Bemühungen der systematisch orientierten Anthropologien, die Grundstruktur, das Wesen usw. des Menschen (im Singular) aufzuspüren, können anregend sein und neue Interpretationshorizonte eröffnen, keine Frage, sie können auch, wie beispielsweise Lévi-Strauss' Grammatik des Menschseins, jene wertenden Hierarchien von „Rassen" und Völkern" in Frage stellen, die von anderen Anthropologien entworfen worden sind und die in Alltagstheorien, das heißt in den Köpfen und Wahrnehmungen vieler Menschen, auch in der Gegenwart weiterwirken. Dennoch: Schon allein die Vielzahl der Angebote über den einen menschlichen Singular, die uns mittlerweile aus unterschiedlichen anthropologischen Zugangsweisen vorliegen, lassen uns dahingehend zweifeln, ob es den Einen überhaupt gibt. Plausibel mögen sie vielleicht alle im

Rahmen ihres jeweiligen Argumentationssystems sein, aber die Summe der verschiedenen Plausibilitäten endet unweigerlich in einem menschlichen Plural. Darüber hinaus sind viele der Modelle der systematischen Anthropologien in einer Weise abstrakt, dass sie sich im Konkreten gerade deshalb auflösen, weil sich mit ihnen alles und nichts begründen lässt. Schließlich hat gerade die Diskussion innerhalb einiger Anthropologien in den vergangenen zwei Jahrzehnten dahingehend sensibilisiert, dass wir uns von der Suche nach einer Letztbegründung in doppelter Hinsicht verabschieden müssen. Gerade jene anthropologischen Zugangsweisen, die sich wie die Sozial- und Kulturanthropologie, aber auch die Feministische Anthropologie (z.B. Geertz 1983, Clifford & Marcus 1986, Berg & Fuchs 1993, Schein & Strasser 1997) vor allem der Erforschung sozialer Gruppen in nicht-europäischen Gesellschaften widmen, haben in ihren Reflexionen und Forschungen dargelegt, dass die anthropologische Praxis immer ein Konstruktionsakt ist. Anders formuliert: Als ForscherInnen sind wir nicht „außen vor", sondern immer schon „mitten drin": nämlich in spezifischen gesellschaftlichen Strukturierungen, mit denen wir diejenigen, die wir erforschen, wahrnehmen und das Beobachtete abstrahieren. Wir können nur im Rahmen unseres eigenen Wahrnehmungs- und Denksystems die Beforschten beforschen. Wir können uns vielleicht den kulturellen Logiken und Rationalitäten derjenigen, die wir da beforschen, annähern, aber eben auch nur das. Abkehr von der Suche nach der Letztbegründung des Menschen in doppelter Hinsicht meint daher, erstens auf uns als ForscherInnen bezogen: Es wird nie so etwas wie den einen Königsweg der Erforschung von Menschen geben, der quasi endgültig den Forschungs"gegenstand" erfasst; wissenschaftliche Zugangsweisen und Interpretationsverfahren ändern sich, wie sich u.a. auch das gesellschaftliche Feld verändert, in dem die WissenschaftlerInnen sich bewegen. Zweitens, auf die Beforschten bezogen: Mit der Transformation der Forschungsinstrumentarien wandelt sich auch das, wie wir das, was wir beforschen, wahrnehmen. Die endgültige Wahrheit über „den Menschen" als Forschungs"gegenstand" werden wir daher nie erfahren (falls es die überhaupt gibt), sondern lediglich eine Hier-und-Jetzt-Wahrheit, die sich in Auseinandersetzung und Streit mit anderen WissenschaftlerInnen und gesellschaftlichen Bereichen vielleicht als die plausibelste herauskristallisiert.

„Insgesamt halte ich die Suche nach einem Schlüssel, von dem sich her das kulturelle Verhalten der Menschen erschließt, für aussichtslos", hat Jochen Martin, Vertreter des Freiburger Instituts für Historische Anthropologie, einmal geschrieben (1994, 44). Noch pointierter haben es Dietmar Kamper, Philosoph, und Christoph Wulf, Erziehungswissenschaftler, beide in Berlin, vor einigen Jahren im Titel eines Sammelbands formuliert: „Anthropologie nach dem Tode des Menschen" (1994). Damit stellten die beiden Bandherausgeber nicht den Menschen als solchen den Todesschein aus, sondern vielmehr den traditionellen Bemühungen der systematischen Anthropologie, ihren Untersuchungsgegenstand – den Menschen im Singular – in einem über alle historische Zeiten und geographische Räume hinweg gleichbleibenden Wesen oder in grundlegenden Gesetzmäßigkeiten zu erfassen. Und Kamper und Wulf schreiben weiter, nämlich in der Einleitung des besagten Bandes: „Als Analytik des Menschen ist Anthropologie nur als ‚Historische Anthropologie' denkbar" (1994, 12) – als eine Historische Anthropologie, die Menschen in ihren jeweiligen zeitlichen und örtlichen

Gebundenheiten zum Gegenstand hat. Das kürzlich von Wulf herausgegebene Kompendium „Vom Menschen. Handbuch Historische Anthropologie" (1997) ist ein erster großer Versuch der „Berliner Gruppe" der Historischen Anthropologie die von ihr postulierte Geschichtlichkeit des – besser: der – Menschen zu konkretisieren (s.a.: Gebauer u.a. 1989, Gebauer 1998a & 1998b). Die historische Dynamik und Wandelbarkeit von Menschsein bzw. der historisch und kulturell variierende Umgang mit anthropologischen Grundsituationen wird hier exemplarisch anhand von Bereichen wie „Geburt und Tod", „Mann und Frau", „Krankheit und Gesundheit" – um nur einige wenige zu nennen – aufgezeigt.

Die Produkte und das historisch-anthropologische Konzept der Gruppe um Kamper und Wulf resultieren in erster Linie aus einer intensiven Auseinandersetzung mit philosophischen Traditionen der Anthropologie im deutschsprachigen Raum. Weitgehend unabhängig davon haben sich in den vergangenen Jahren in Deutschland, Österreich und der Schweiz historisch-anthropologische Forschungsgruppen etabliert, die vor allem Zugangsweisen, Themen und Methoden der englischsprachigen Kultur- und Sozialanthropologie für die Geschichtswissenschaft adaptiert haben. Sie sind damit zu einer analogen anthropologischen Grundannahme gelangt – nämlich zu jener, dass der Mensch nur in seinen jeweils konkreten historischen und räumlichen Bezügen zu erfassen ist. So sehr sich die Ansätze und Forschungen etwa des Freiburger Instituts für Historische Anthropologie (Martin 1994), der Gruppe am Göttinger Max-Planck-Institut für Geschichte (Lüdtke 1989), der Saarbrückener „Arbeitsstelle für Historische Kulturforschung" (van Dülmen 2000) und auch des „Programmbereichs Historische Anthropologie" am Wiener Institut für Interdisziplinäre Forschung und Fortbildung (IFF) (Mitterauer 1994, Dressel 1996) im Detail auch unterscheiden mögen – weitgehend einig ist man sich in bestimmten Grundvoraussetzungen, Zugangsweisen und Forschungsinteressen:

4. Prinzipien der Historischen Anthropologie als einer Anthropologie der Möglichkeiten

Erstens: Wenn es eine anthropologische Grundvoraussetzung gibt, dann lässt sie sich nur mehr abstrakt definieren, nämlich in einem sozio-kulturellen Sinne. Kultur meint dabei die Grundkompetenz bzw. -notwendigkeit, an die jeder Mensch gebunden ist: Kultur ist das anthropologische Muss zur Deutung des Selbst wie auch der (sozialen, räumlichen u. a.) Umwelt. Menschen haben nie unmittelbar Zugang zur Welt und Wirklichkeit, sondern sie müssen immer sich selbst, anderen Menschen und den Dingen Bedeutungen geben und leiten daraus ihre Handlungen ab. Schon der Kulturphilosoph Ernst Cassirer hat den Menschen als „animal symbolicum" bezeichnet (1990); die neuere symbolorientierte Anthropologie um Clifford Geertz und Victor Turner (Habermas & Minkmar 1992) wie auch weite Felder der aktuellen Kulturwissenschaften (Beiträge 1999) und Cultural Studies (Lutter & Reisenleitner 1998) haben daran angeschlossen. Gerade in einer historischen bzw. in einer historisch-anthropologischen Perspektive muss zudem herausgestrichen werden, dass Kultur, die jeweiligen Bedeutungen, die gegeben werden, stets historisch sind, d.h. sie sind wandelbar. Denn sie werden immer in einem sozialen Mit- und Gegeneinander verhandelt bzw. resultieren aus sozialen Machtverhältnissen, die wiederum ökonomische, politische, auch räumliche und andere Konnotationen aufweisen. Der Mensch ist damit in seiner Praxis – seinen Wahrnehmungen, Deutungen und Handlungen – weder autonom noch ausschließlich von außen determiniert, sondern gleichsam strukturiertes wie strukturierendes Wesen; er ist strukturiert durch die jeweils spezifischen „objektiven" (sozialen, kulturellen, ökonomischen, räumlichen u. a.) Lebenslagen, und er ist strukturierend durch seine Handlungen (Bourdieu 1979, Giddens 1988, Lüdtke 1989, Sieder 1994).

Zweitens: Deutungen und Handlungen von Menschen (von Individuen und sozialen Gruppen) werden also als grundsätzlich anthropologisch wie auch als geschichtsträchtige Faktoren und variierend begriffen; damit erhöht sich das Interesse an den verschiedenen historischen Formen, an dem Möglichkeitsrepertoire, wie Menschen in Geschichte und Gegenwart sich selbst und ihre Umwelt deuten, begreifen und ordnen; dies kann man auch ein Interesse am Subjektiven nennen. Frühe Vorreiter einer solchen Zugangsweisen waren die Begründer der französischen sozialhistorischen Zeitschrift „Annales", Marc Bloch und Lucien Febvre (Burguière 1987), die eine Mentalitätsgeschichte konzipierten, ebenso auch Johan Huizinga (1987) und Norbert Elias (1976). Heutzutage sind die Arbeiten, die das Innenleben von Menschen historisch aufspüren, kaum mehr überschaubar. Ob Jean Delumeaux (1989) die kollektiven Ängste in Europa historisch analysiert, ob Carlo Ginzburg (1983) die Welt eines norditalienischen Müllers um 1600 rekonstruiert, ob Edward P. Thompson (1980) die „moralische Ökonomie" der VertreterInnen der britischen plebejischen Kultur im 19. Jahrhundert nachzeichnet oder ob zeitgeschichtlich orientierte Forschungen in den vergangenen ein, zwei Jahrzehnten mehr und mehr subjektive Quellen (mündliche und schriftliche Lebenserinnerungen, Tagebücher, Briefe von Mägden, Knechten, ArbeiterInnen, Bürgerlichen etc.) heranziehen (z.B. Mitterauer u.a. 1983f)– die Entzifferung von spezifischen Wert- und Weltvorstellungen all jener Individuen und sozialen Gruppen, die historisch untersucht werden, sowie die Auffassung, dass gerade die Differenzen zwischen historischen Subjektivitäten und die sozialen Verhandlungen und Kämpfe um die Subjektivitäten und Deutungen einen wesentlichen Faktor für die Dynamik von Geschichte darstellen, sind symptomatisch für eine historisch-anthropologische Forschungseinstellung.

Drittens: Das Interesse am Subjektiven impliziert stets ein Interesse am anderen, an Deutungs- und Handlungsformen, an soziokulturellen Logiken, die sich von den unsrigen unterscheiden. Nicht zufällig werden Prinzipien und Methoden der ethnologischen Feldforschung und ethnologische Interpretationsverfahren, die eine (kulturelle) Differenz zwischen Forschungssubjekt und Forschungs"objekten" voraussetzen und problematisieren, im Kommunikationszusammenhang der Historischen Anthropologie aufgegriffen und in die eigene historisch-anthropologische Forschungspraxis umgesetzt (Medick 1989, Sokoll 1997). Fremd kann nicht nur das geographisch Ferne sein, sondern ebenso auch das zeitlich Ferne in der eigenen Geschichte. „Für uns ist der mittelalterliche Mensch ein Exot", schreibt etwa Jacques Le Goff. „Wenn der Historiker sein Bild rekonstruieren will, braucht er Gespür für den Wandel und muß zum Ethnohistoriker werden, damit er seine Originalität richtig einschätzen kann." (Le

Goff: 1990, 36) Und das impliziert stets, Vorsicht walten zu lassen bzgl. der Anwendung vertrauter wissenschaftlicher Erhebungs- und Interpretationsverfahren, die zuallererst Ausdruck aktueller gesellschaftlicher Zustände sind. Aber die Frage, ob sich mit ihnen historische Gesellschaften und Kulturen, deren Andersartigkeiten erfassen lassen, ist eine permanente Anstrengung.

5. Konkretisierung des Menschseins

Während die systematischen Anthropologien nach zentralen Schlüsseln für den Menschen suchen (und sie zu finden glauben), fragt die Historische Anthropologie gerade nach dem Vielen-Menschen-Möglichen in der Geschichte, nach der „geschichtlichen Variabilität", nach der „geschichtliche(n) Wandelbarkeit anthropologischer Struktur" (Böhme 1985, 251). Der Mensch ist nicht Singular, sondern Plural. Historische Anthropologie kann man daher – wie auch die symbolorientierte Anthropologie – als eine Anthropologie der Möglichkeiten verstehen. Da sie den anthropologischen Apriori sehr abstrakt definiert, nämlich lediglich als die besagte Kompetenz und Notwendigkeit zur Kultur, lassen sich Menschsein, soziales Zusammenleben, kulturelle Ausdrucksformen, ob in Geschichte oder Gegenwart, nur im Konkreten erschließen.

Der Gegenstand der Historischen Anthropologie kann also nie der Mensch schlechthin sein, da er als solcher nicht zu fassen ist. Gegenstand können nur Menschen sein, die in konkreten Bezügen stehen. Dabei, so denke ich, können Menschen in der Geschichte auf zwei Ebenen erschlossen werden. Einmal in einem konkreten zeitlichen und räumlichen Kontext, für den versucht wird, so weit wie möglich die jeweils spezifische anthropologische Grundstruktur bzw. die Kultur in ihren je eigenen Wirkungsfeldern, sozialen Zusammenhängen, Ausdrucksformen und deren Bedeutungen zu rekonstruieren. Sodann kann man dies anhand von Problemstellungen tun, die nach bestimmten menschlichen Elementarerfahrungen wie etwa Geschlecht, Familie, Sexualität oder Kindheit für einen konkreten Ort, zu einer konkreten Zeit fragen.

Schon 1973 hat Arno Borst versucht, das Menschsein – die „conditio humana" wie auch die „societas humana" – im europäischen Mittelalter in Grundkategorien zu fassen. Dabei arbeitete er u.a. soziale Typen heraus, die diese Epoche geprägt hätten – „Bauern und Bürger", „Adelige und Fürsten", „Geistliche und Gebildete", „Außenseiter und Exoten" (Borst 1995). Auch Jacques Le Goff hat dies für das Mittelalter versucht, andere für die Menschen in der Antike, der Renaissance und der Aufklärung (Le Goff 1996, Garin 1996, Vernant 1996, Vovelle 1996). Neben solchen Arbeiten, die einen mehrere Jahrhunderte dauernden Zeitrahmen auf einem ganzen Kontinent in ihrer anthropologischen Grundstruktur untersuchen oder die bestimmte großflächig gedachte Kulturräume unter bestimmten Aspekten vergleichend analysieren (z.B. Martin & Nitschke 1986, Martin & Zoepffel 1989), treten zunehmend Studien, die den Forschungsgegenstand wie auch den Untersuchungszeitraum radikal verkleinern.

Der Forschungsgegenstand der Kultur- und Sozialanthropologie ist traditionellerweise klein; das heißt: Es wird jeweils ein sozio-kultureller Zusammenhang, der weitgehend überschaubar ist, studiert – eine indonesische Insel etwa oder auch ein nordamerikanisches Indianerreservat. Diese Begrenzung macht Sinn. Denn uns fremde

menschliche Innenwelten, uns fremde kulturelle Ausdrucksformen sowie uns fremde
Regelungen sozialen Lebens können sich in ihren jeweiligen Bedeutungszusammen-
hängen vor allem dann eröffnen, wenn das erforschte Feld so umfassend wie nur möglich rekonstruiert wird. Und dies ist in einem überschaubaren, abgegrenzten Feld
leichter möglich. Auch viele HistorikerInnen sind mittlerweile zu der Einsicht gelangt, dass die Verkleinerung des Untersuchungsgegenstandes neue Erkenntnismöglichkeit in sich birgt. Denn: Der Gegenstand der Studien mag klein sein, das Erkenntnisinteresse ist es nicht. Es geht nicht darum, wie Giovanni Levi meint, „kleine Dinge
an(zu)schauen, sondern im Kleinen (zu) schauen". (Zit. n. Medick 1994, 40) Am ambitioniertesten sind hier die sogenannten MikrohistorikerInnen, die versuchen, kleine
Lebenswelten – ein Dorf, ein städtisches Arbeiterquartier oder auch nur ein Individuum – mit allen sozialen Beziehungsgeflechten, kulturellen Ausdrücken, Handlungs-
bedingungen für Menschen sowie mit all den Vorstellungswelten und Handlungen
von Individuen und sozialen Gruppen zu einer bestimmten Zeit total zu rekonstruieren
(z.B.: Le Roy Ladurie 1980, Bietenhard 1988, Behnken u. a. 1989, Sabean 1990,
Kriedte 1991, Beck 1993, Schlumbohm 1994, Medick 1996) – letztlich: all das, was
Menschsein jeweils konkret ausmacht.

Freilich: Eine „histoire totale", wie es manche MikrohistorikerInnen anstreben, kann
es nicht geben. Die komplette Rekonstruktion einer historischen Lebenswelt, etwa eines frühneuzeitlichen Dorfes, muss letztlich eine Illusion bleiben. Denn die uns überlieferten Quellen, so reichhaltig sie auch sein mögen, sind immer lückenhaft – und die
damit rekonstruierbaren Innenwelten, kulturellen Ausdrücke und sozialen Beziehungen begrenzt. Schließlich bedarf die Darstellung von Geschichte immer einer oder
mehrerer Fragestellungen oder roter Fäden; auch Mikrogeschichten müssen sich aus
dem Repertoire vieler möglicher Themen und Blicke für einige wenige entscheiden.
So ist David Sabeans Mikrostudie über das süddeutsche Neckarhausen in der frühen
Neuzeit vor allem eine familienhistorische Untersuchung. Gleichwohl wird hier auf
eine unvergleichlich akribische Art und Weise Familie als ein dynamisches Beziehungsgeflecht analysiert, in dem die die einzelnen Mitglieder über wechselseitig wirkende Emotionen und Besitzverhältnisse bzw. -verschiebungen mit- und gegeneinander agierten (Sabean 1990). Jene mikroskopisch angelegten historischen Analysen,
die von allem Anfang an sich an konkreten Problemstellungen orientieren, sind die
vielen Fallstudien, die mittlerweile vorliegen. Wenn diese auch nicht eine totale Rekonstruktion von Menschsein zu einer bestimmten Zeit an einem bestimmten Ort anstreben, so verdeutlichen doch auch diese Arbeiten, dass es weder „zeitlos gültige(n)
Kategorien der Sozialanalyse gibt" (Groh & Zürn 1995, 576) noch anthropologische
Konstanten.

Und damit wäre ich bei der zweiten von mir angesprochenen Ebene, auf der es möglich ist, Menschsein historisch zu erfassen – auf einer thematischen Ebene, in der spezifische Phänomene des Menschseins in ihren Veränderungen in den Blick geraten.
Dies kann sowohl in Fallstudien als auch in mehr oder weniger als Überblickdarstel-
lungen konzipierten Arbeiten geschehen, in hermeneutischen Verfahren ebenso wie in
datenanalytischen.

1960 legte Philippe Ariès erstmals eine Geschichte der Kindheit vor, Jahre später eine
Geschichte des Todes (Ariès 1975 & 1980). In den siebziger Jahren konstituierte sich

mehr und mehr eine Historische Familienforschung; etwa zeitgleich ist eine Frauengeschichte entstanden, die sich zwischenzeitlich zu einer Geschlechtergeschichte weiterentwickelt hat. Mittlerweile liegen u. a. voluminöse, mehrbändige Sammelwerke vor, zur Geschichte des privaten Lebens etwa, auch zur Geschichte der Frauen (Ariès & Duby 1898-94, Duby & Perrot 1993-95), solche zur Geschichte der Familie und der Jugend sind im Entstehen. Die aktuell vorliegenden historischen Studien zu den genannten Themen wie auch zur Geschichte der Sexualität, des Körpers, der Natur bzw. Umwelt, der Krankheit, auch der Arbeit, der Religion, des Raums, der Zeit und des Fremden ergeben so eine Fülle, dass sie nicht mehr überschaubar ist (Überblicke geben u.a.: Dressel 1996, 71-155, van Dülmen 1995, Habermas 1993).

Was haben all diese Themen gemeinsam? Peter Dinzelbacher spricht von einem „anthropologisch konstanten Grundbestand" (1993, XV), Jochen Martin von „menschlichen Grundphänomenen" (1994, 42). Ich selbst möchte von menschlichen Elementarerfahrungen sprechen. Denn alle Menschen, unabhängig davon, wo und wann sie leben, erfahren so etwas wie Geburt, Kindheit, Geschlecht, Sexualität, Tod usw. Haben wir es damit aber auch schon mit anthropologischen Konstanten zu tun? Die Soziobiologie untersucht solcherart Themen ja in ihren angeblich statischen Komponenten. Im Gegensatz dazu hat die amerikanische Kulturanthropologie von ihren Anfängen an hervorgehoben, dass Geburt, Lebensphasen usw. in verschiedenen Kulturen und Gesellschaften auch verschieden organisiert und erfahren werden (bereits: Mead 1970). Die Kulturanthropologie versucht, spezifische Formen menschlicher Elementarerfahrungen unter dem Gesichtspunkt ihrer Örtlichkeit herauszuarbeiten, die Historische Anthropologie tut dies „unter dem Gesichtspunkt der Zeitlichkeit" (Martin 1994, 42). Historische Anthropologie historisiert also menschliche Elementarerfahrungen; sie historisiert damit Lebensbereiche, die oft als statisch und naturgegeben gedacht werden. Wir alle kennen die Rede um die „Natur" der Geschlechter ebenso wie jenes um die „natürliche" Familienordnung und das „natürliche" Sexualverhalten und so weiter, und so weiter...

Historische Anthropologie muss letztlich auch die Begriffe, mit denen menschliche Elementarerfahrungen bezeichnet werden, historisieren. Denn wenn wir von den Themen der Historischen Anthropologie sprechen – ob von Familie, Sexualität, Körper, Geburt oder Kindheit –, so muss uns bewusst sein, dass wir immer mit Begriffen der europäischen Gegenwart operieren, die eine bestimmte Bedeutung haben, nämlich die des Hier und Jetzt. Wir können sie lediglich als Hilfsmittel verwenden, damit wir verständlich bleiben. Sie sind aber weder Wahrheit noch Konstanten in dem Sinne, dass Menschen wann auch immer und wo auch immer in diesen Begriffen gedacht und gelebt hätten – geschweige denn in den Bedeutungen, den wir den Bezeichnungen verliehen haben und verleihen. Unsere heutigen Kategorien lassen sich eben, „wenn überhaupt, nur mit verhältnismäßig großem wissenschaftlichen Aufwand (...) nachweisen" (Groh 1992, 65).

Es ist ja mittlerweile fast banal, darauf hinzuweisen, dass sich zum Beispiel unser heutiges Konzept von Kindheit auch nicht annähernd auf ein mittelalterliches Dorf übertragen lässt; eine mittelalterliche Dorfgesellschaft kannte weder Schule noch andere pädagogischen Einrichtungen, vielmehr aber die Integration der Sechs- bis Zehnjährigen in die alltägliche Arbeit der „Erwachsenen" – und vieles mehr. Das gleiche

Problembewusstsein sollten wir aber auch gegenüber menschlichen Elementarerfahrungen besitzen, die noch mehr als Kindheit statisch gedacht werden – etwa Geschlecht. Dabei weisen Arbeiten, wie etwa jene von Rudolf Dekker und Lotte van de Pol (1989), darauf hin, dass die Grenzen zwischen „Männlichkeit" und „Weiblichkeit" bzw. „Mannsein" und „Frausein" weniger strikt sind, als wir gemeinhin glauben. Sie haben auf Basis von Selbstzeugnissen und Gerichtsprotokollen für die Niederlande des 18. Jahrhunderts hundertzwanzig Fälle rekonstruiert, in denen Frauen eine männliche Identität angenommen hatten. Sie trugen eine für jene Zeit typische männliche Kleidung, übten lange unerkannt damals typische männliche Tätigkeiten aus und bewegten sich unerkannt in meist nur Männern vorbehaltenen Räumen, wie etwa in Wirtshäusern. Oft wurde ihr „wahres biologisches Geschlecht" erst nach dem Tod der sozialen Umwelt bekannt. Solche Arbeiten machen nicht nur auf eine notwendige Differenzierung zwischen „sex" und „gender", zwischen einem biologischen sowie einem kulturell und sozial geformten Geschlecht aufmerksam; sie stellen letztlich auch die Frage, inwieweit wir überhaupt von einem relevanten eigenständigen biologischen Geschlecht sprechen können.

Und solcherart historisch-anthropologische Studien stehen auch in einem notwendigen Kontrast zu vereinfachenden, oft diskriminierenden Modellen, etwa über Mann und Frau im Singular, die u. a. von der Soziobiologie als einer aktuell prominenten Strömung der biologischen Anthropologie vertreten werden. Wir erinnern uns: Die Soziobiologie führt menschliche Verhaltensweisen sowie soziale, politische und auch ökonomische Organisationsformen auf einen biogenetischen Imperativ zurück, der da lautet: Jedes Individuum strebe für sich einen maximalen Fortpflanzungserfolg an. Für das Sexualverhalten der Geschlechter wird daraus u. a. abgeleitet: „Der Mann" neige grundsätzlich zu einer Promiskuität, „die Frau" dagegen sei mehr monogam orientiert; dieses ergebe sich v. a. aus der unterschiedlichen sexualbiologischen Beschaffenheit der Geschlechter – hier die (angeblich) immer zeugungsfähigen männlichen, dort die nur zeitweise gebärfähigen weiblichen Sexualorgane. Bezüglich der Sicherung einer maximalen Nachkommenschaft wird dann zusätzlich noch hervorgehoben, dass aufgrund dieser biologischen Differenzen Frauen eher auf einer qualitativen Ebene agieren würden, nämlich stark in die Erziehung ihrer Kinder investieren würden, während Männer eher eine quantitative Strategie verfolgen würden... (Vogel & Sommer 1992).

Mit Hans Süssmuth meine ich, dass die Ergebnisse der Historischen Anthropologie dazu beitragen können, „sich ideologiekritisch gegen stereotype Vorstellungen von vorgegebenen und konstanten Merkmalen menschlicher Antriebe, Einstellungen und Verhaltensweisen abzugrenzen". (1984, 88) Historische Anthropologie verstehe ich dabei u. a. als ein konstruktives Gegenkonzept zu deterministischen, insbesondere biologistischen Orientierungsmodellen, die derzeit wieder verstärkt, vor allem in popularisierter Form, angeboten werden. In biologistischen Modellen wird ja eine Natur konstruiert, die menschliche Wahrnehmungen und Verhaltensweisen ausschließlich an den Faden (scheinbar unveränderbarer) stammesgeschichtlicher und genetischer Dispositionen hängt, die männliche und weibliche Verhaltensweisen, Sexualität, Umgang mit Fremden usw. zu biologisch determinierten Bereichen erklärt. Die Historische Anthropologie stellt dem ein Konzept von Mensch und Kultur gegenüber, das die

Lern-, Entscheidungs- und Handlungsfähigkeiten von Menschen ins Zentrum rückt; sie weist zudem auf die soziale und kulturelle Eigenlogik von Lebenswelten und damit auf die Vielfalt menschlicher Wahrnehmungs-, Deutungs- und Handlungsweisen und Elementarerfahrungen hin. Oft als anthropologische Konstanten gedachte Bereiche, wie etwa Sexualität, Geschlecht, Familie, Zeugung, Geburt, Tod, Lebensphasen, Körper oder Krankheit, werden historisiert und relativiert.

6.   Reflexive Historische Anthropologie

Abschließend möchte ich es nicht versäumen, noch auf eine radikale Konsequenz hinzuweisen, die mit dem historisch-anthropologischen Zugang (und dem kulturwissenschaftlichen) verbunden sein kann bzw. soll – auf eine reflexive Konsequenz, die immer die eigene Praxis als WissenschaftlerIn selbst zum Reflexionsgegenstand macht (ausführlicher: Dressel 1999). Erinnern wir uns: Historische Anthropologie geht grundsätzlich davon aus, dass Kultur das anthropologische Muss zur Deutung ist; alle Menschen haben grundsätzlich nur über Deutungen Zugang zur Welt, zur Wirklichkeit, zu sich selbst und zu anderen Menschen. Kultur bzw. Deutungen sind nicht beliebig und individuell, sondern die Bedeutungen, die Dingen, Menschen, Naturräumen usw. gegeben werden, müssen jeweils von konkreten Personen bzw. Individuen und sozialen Gruppen ausgehandelt werden. Bzw.: Sie sind immer auch das Resultat von Machtverhältnissen, ökonomischen Bedingungen usw. in einer konkreten Gesellschaft, Gemeinschaft oder Gruppe. Das trifft natürlich auch auf die Wissenschaften, nicht zuletzt auf die Historische Anthropologie selbst, zu. Auch WissenschaftlerInnen produzieren nicht eine objektive Wahrheit, sondern immer nur Deutungsmodelle in einem jeweils konkreten gesellschaftlichen Kontext. Wissenschaft ist immer eine soziokulturelle Praxis (zum Überblick: Felt u.a. 1995).

Dieter Lenzen hat einmal von einer historisch-anthropologischen „radikalen Historizität" gesprochen (Lenzen 1989). Diese erschöpft sich weder in der Historisierung des jeweiligen Forschungsgegenstands noch in einer Geschichte der Anthropologien, sondern sie versucht vielmehr, beide Bemühungen zusammenzuführen. Das heißt: Historische Anthropologie, konsequent betrieben, muss mit einer positivistischen Forschungseinstellung brechen, die wie von einem Feldherrnhügel aus Geschichte, Kultur und Gesellschaft objektiv zu beschreiben und analysieren gedenkt. Als Forschender ist man vielmehr Teil des Geschehens; sowohl die Wissenschaft praktizierende Person als auch die wissenschaftlichen Instrumentarien, mit der man den Forschungsgegenstand zu erheben und interpretieren versucht, sind Teile einer Geschichte, Gesellschaft und Kultur. Anders formuliert: Historische Anthropologie sollte stets versuchen, jene Faktoren außerhalb des engen (schriftlichen) Wissenschaftsdiskurses zu reflektieren, die die eigene Wissenschaftspraxis mitbeeinflussen. Unter die zu reflektierende Wissenschaftspraxis fasse ich sowohl kognitive als auch institutionelle Elemente (Weingart 1976, 9): also einerseits die Vorannahmen, Instrumentarien und Ergebnisse der historisch-anthropologischen Wissensproduktion – deren Themenschwerpunkte, bevorzugte methodologischen Grundannahmen, methodische Vorlieben, die Präferenzen bzgl. der wissenschaftlichen Diskurszusammenhänge, auf die man sich bezieht. Andererseits ist auch die Struktur des historisch-anthropologischen Wissenschaftsbetriebs mit all seinen Hierarchien, Zwängen, Freiräumen, Regeln, Strategien und sozialen Beziehungen Teil der Wissenschaftspraxis.

Das Programm einer Reflexiven Historischen Anthropologie mag ambitioniert klingen, wie schaut es hinsichtlich seiner Umsetzung aus? Am meisten fortgeschritten scheint mir die Einlösung einer Reflexivität, die den gesellschaftlichen Charakter des eigenen wissenschaftlichen Tuns thematisiert, im methodischen Bereich zu sein. Dies verdanken wir den sozial- und kulturanthropologischen Diskussionen. Und das ist kein Zufall, stößt man doch in jeglicher Form von Feldforschung (einem der beliebtesten Erhebungsverfahren anthropologischer Forschungspraxis) irgendwann einmal auf die eigene Perspektivität – auf die eigene Art des Denkens als WissenschaftlerIn, auf eigene Emotionen (Malinowski 1986) und auch eigene körperliche Reaktionen (Schlehe 1996), die im unmittelbaren Kontakt mit den Forschungs"objekten" ausgelöst werden, usw. Und damit stößt man auf die Differenz, auf die kulturelle Differenz, die stets zwischen Forschenden und Beforschten existiert, und deren jeweilige konkrete Qualität immer das, was wir von den Beforschten erfahren (die sich stets ein Bild von uns machen) und wahrnehmen (weil auch wir uns ein Bild vom Gegenüber machen) strukturiert (besonders gut reflektiert: Nadig 1989) – seien es Forschungen in geographisch fremden Kulturen oder auch solche „zu Hause", in welchen soziokulturellen Milieus auch immer (Lindner 1981, Jeggle 1984). (Nur als Nebensatz: Natürlich kann es nicht nur Formen der Differenz, sondern immer auch Formen der Nähe zwischen Forschenden und Beforschten geben, aber wie auch immer, beides – Nähe und Distanz bzw. Differenz – ist reflexionsbedürftig.)

Bezüglich einer historisch-anthropologischen Praxis sind solcherart Methoden, innerhalb deren es zu unmittelbaren Interaktionen zwischen ForscherInnen und Beforschten kommt, zumindest dort relevant, wo in einem zeitgeschichtlichen Rahmen geforscht wird – beispielsweise mittels lebensgeschichtlichen bzw. biographischen Interviews. Die Lebensgeschichte, die uns von InterviewpartnerInnen erzählt wird, ist stets auch von unseren Fragen, von unseren Verhaltensweisen im Interview insgesamt wie auch vom Ort, an dem es geführt wird, abhängig (Sieder 1994). Bezüglich Analysen, deren Untersuchungsgegenstände im Zeitgeschichtlichen oder auch im Gegenwärtigen liegen und darüber hinaus auch noch in Feldforschungen beforscht werden, ist diese methodische Reflexion, die Reflexion der eigenen Rolle, der Interaktion zwischen mir und den anderen, der gesellschaftlichen Strukturierungen dieser Rollen, Interaktionen, Übertragungen und Gegenübertragungen, und die Einbeziehung dieser Reflexionsleistungen in die weitere methodische Praxis wie auch in die Interpretationsverfahren mittlerweile fast unumgänglich. Hat man doch stets mit den Reaktionen derer, die wir da beforscht haben, zu rechnen (Gottowik 1997). Anders schaut es jedoch beim Gros historisch-anthropologischer Forschungen aus; da sind nämlich jene, die man beforscht, schon lange tot. Dennoch, auch hier sind die jahrzehntelangen ethnologischen Reflexionen nicht ohne Wirkung geblieben. Zwei Beispiele: Wenn Barbara Duden über Körperwahrnehmungen von Frauen im 18. Jahrhundert arbeitet, dann problematisiert sie stets die Differenz zwischen ihrem eigenen, durch die Schulmedizin der vergangenen hundertfünfzig Jahre geprägten Körperbild und jenen der untersuchten Frauen (Duden 1992). Oder: Wenn Carlo Ginzburg die Weltvorstellungen „einfacher Leute" im norditalienischen Friaul des 15. Jahrhunderts zu rekonstruieren versucht, dann problematisiert er stets auch eine Differenz, die auch die seine ist, nämlich jenen zwischen den damaligen Verfassern der Quellen – den Inquisitoren – und eben den „einfachen Leuten", die aufgrund ihrer religiösen „Abweichungen" in die Hände der Inquisitoren geraten waren (Ginzburg 1992 & 1999).

Nun ist die Methodenreflexion – auch als reflexive, also die eigene Rolle der ForscherInnen berücksichtigende Anstrengung – nur ein Teil der Wissenschaftspraxis. Ohne auch nur im geringsten die vorher sehr kurz skizzierten Praktiken entwerten zu wollen – der gesellschaftlich strukturierte Deutungscharakter alles wissenschaftlichen, auch historisch-anthropologischen Wissens wird damit ebenso wenig ausreichend offen gelegt wie auch die konkreten Machtstrukturen im Wissenschaftsbetrieb, die jede wissenschaftliche Wissensproduktion zur Voraussetzung hat. Gefordert wäre eigentlich eine konsequente Erforschung der eigenen Wissenschaftspraxis: eine „Kulturanthropologie der Kulturanthropologie" (Schiffauer 1996), eine „Reflexive Anthropologie" (Bourdieu & Wacquant 1996) oder eben auch eine „Reflexive Historische Anthropologie" als Historische Anthropologie der Historischen Anthropologie (Dressel & Rathmayr 1999). Von wenigen Ausnahmen einmal abgesehen (z.B. Hasenjürgen 1996) sind dies bislang mehr programmatische Appelle denn konkrete Praxis.

Deshalb sei mir abschließend erlaubt, die bisherigen Versuche für eine Reflexive Historische Anthropologie am Beispiel der Praxis meines eigenen institutionellen Arbeitsbereichs, des Programmbereichs Historische Anthropologie am Wiener IFF, in einigen Worten zu skizzieren. Wir bevorzugen dabei einen biographischen reflexiven Zugang, der Biographie als etwas versteht, über das sich gesellschaftliche Strukturen und Transformationsprozesse in einer spezifischen Weise vermitteln und dann auch wieder über die Handlungen der historisch-anthropologischen AkteurInnen die eigene Wissenschaftspraxis mit-strukturieren. Auf zumindest drei Ebenen haben wir diesen Ansatz versucht, zu realisieren:

Erstens in Forschungsprojekten: Derzeit läuft eine Pilotstudie, im Zuge deren historisch-anthropologisch orientierte WissenschaftlerInnen in Wien und Berlin lebensgeschichtlich interviewt werden. Über die Interviews wollen wir erheben, wie sich spezifische gesellschaftliche Strukturen und Ereignisse jeweils biographisch vermittelt haben und inwiefern sie darüber auch die historisch-anthropologische Wissenschaftspraxis strukturieren. Geplant ist eine Ausweitung des Projekts auf historisch-anthropologisch bzw. kulturwissenschaftlich orientierte WissenschaftlerInnen in verschiedenen europäischen Staaten.

Zweitens in der Lehre: Zwischen Oktober 1996 und Juni 1998 haben wir ein Graduiertenkolleg Historische Anthropologie in Wien und Graz ausgerichtet, an dem ca. zwanzig DissertantInnen aus verschiedenen sozial- und geisteswissenschaftlichen Disziplinen erfolgreich teilgenommen haben. Ein Grundprinzip in vielen Kollegveranstaltungen war es, dass sowohl „Lehrende" als auch „Lernende" – ich setzte beide Begriffe bewusst unter Anführungsstriche –, dass also beide Gruppen versuchten, ihre thematischen, theoretischen, methodischen Präferenzen in der eigenen Forschung mit der eigenen biographischen Erfahrung in Beziehung zu setzen. Am ambitioniertesten waren in diesem Zusammenhang eine Ringvorlesung in Wien und ein Workshop in Graz. Zu beiden Veranstaltungen wurden Sozial-, Kultur- und GeisteswissenschaftlerInnen als ReferentInnen eingeladen, die mehr oder weniger einer Historischen Anthropologie nahestehen. Die Vortragenden aus den Disziplinen Geschichte, Volkskunde, Ethnologie, Erziehungswissenschaften, Sinologie, Japanologie, Afrikanistik, Romanistik und Soziologie sollten über die eigenen wissenschaftlichen Zugangsweisen berichten – und zwar im Zusammenhang mit lebensgeschichtlichen Erfahrungen und gesellschaftlichen, bspw. politischen und ökonomischen Strukturen und Prozessen (Dressel & Rathmayr 1999).

Drittens im wissenschaftlichen Austausch, dazu ein Beispiel: Ca. zehn MitarbeiterInnen unseres Arbeitsbereichs nehmen jährlich an einem sog. Winter Balkan Meeting im bulgarischen Bansko teil. Den hier stattfindenden Austausch zwischen österreichischen und bulgarischen KollegInnen, die gemeinsame Diskussion um spezifische historisch-anthropologische Themenfelder implizieren immer auch eine biographische Reflexion – nämlich insoweit, als gerade hier sichtbar wird, dass ein sich unterscheidender historischer, politischer, kultureller, sozialer und ökonomischer Hintergrund auch verschiedene Fragestellungen, Interessen und auch Darstellungsweisen bezüglich eines wissenschaftlichen Themas bedingen können. Und: Dass jede wissenschaftliche Kommunikation, gerade jene zwischen West- und Südosteuropa, immer durch Machtstrukturen schon vorstrukturiert ist (Todorova 1999; Niedermüller 1999). Irritationen eigener Selbstverständlichkeiten halte ich für eine der wichtigsten Aufgaben und Ziele der Reflexiven Historischen Anthropologie.

Warum nun das Ganze, warum diese reflexive Schleife, der man unterstellen könnte, dass sie letztlich nur mehr auf eine Auflösung der eigenen Wissenschaft hinauslaufen würde? Der Prozess der eigenen Dekonstruktion geht aber stets mit einem der permanenten Rekonstruktion einher. In einigen Punkten möchte ich das erläutern:

Erstens kann die Reflexion der eigenen Wissenschaftspraxis dahingehend verstärkt sensibilisieren, dass Wissenschaft und Gesellschaft keine Gegensätze sind, dass wir allesamt auch eine jeweils spezifisch gesellschaftlich geprägte Identität haben und auch damit zusammenhängende Deutungsformen von Welt, Wirklichkeit, Gesellschaft und Kultur sowie diesbezügliche Interessen. Und das ist legitim, weil unabänderlich. Das heißt aber auch, dass historisch-anthropologisches Wissen immer als gesellschaftliches Wissen zu begreifen ist. Dabei sollten sich Möglichkeitsräume eröffnen, dieses Wissen in diversen Formen in gesellschaftlichen Bereichen außerhalb des eigenen engen Wissenschaftsbetriebs zu vermitteln bzw. zur Diskussion zu stellen bzw. anzuwenden. Über eine gesellschaftlich „angewandte" Historische Anthropologie könnten Historische AnthropologInnen biographische Erfahrungen gewinnen, die wiederum für die historisch-anthropologische Forschungspraxis fruchtbar gemacht werden sollten.

Daher und zweitens kann man über eine dezidiert biographische Selbstreflexion die Forschungspraxis erweitern. Neben vielem anderen kann man dabei u. a. auf Wissenspotentiale stoßen, die biographische Potentiale sind, die aber aufgrund der Regeln und Machtverhältnisse (zwischen Männern und Frauen, zwischen verschiedenen Generationen, zwischen „West"- und „OsteuropäerInnen", zwischen denen, die lauter und jenen, die leiser sind, usw.) im Wissenschaftsbetrieb bislang nicht zum Tragen gekommen sind.

Drittens – und damit zusammenhängend – kann sich über eine Reflexive Historische Anthropologie auch die Wissenschaftsorganisation (zumindest jene, in der man unmittelbar mitgestalten kann) selbst verändern. Das Aufdecken von unausgesprochenen Regeln und Machtverhältnissen im Betrieb, die einer Erweiterung der Forschungspraxis zuwiderlaufen, sollte dazu anregen, Formen der wissenschaftlichen Zusammenarbeit zu kreieren und zu gestalten, in denen die Potentiale und verschiedenen Kompetenzen aller Beteiligten zum Tragen kommen können – quasi: über eine Reflexivität die historisch-anthropologische Wissenschaftspraxis bzw. -kultur pluralisieren.

Viertens schließlich und resümierend wird mit diesem Unternehmen ein wissenschaftlicher Diskurs initiiert, in dem die Theorie und empirische Forschung von Wissenschaft stets auch mit der Didaktik, Organisation und gesellschaftlichen Orientierung von Wissenschaft zusammengedacht wird. Dass eine solche Reflexion öffentlich und unter Anwendung eigener wissenschaftlicher Instrumentarien geführt wird, ist eine Grundvoraussetzung dafür, dass sich die Struktur wie auch die Inhalte von Wissenschaften – und nicht nur solche der eigenen – mehr demokratisieren. Und ein solches Vorhaben scheint mir gerade jetzt und hier (u. a. in Österreich) von hohem Wert zu sein.

Literatur- und Medienverzeichnis

Ariès, Philippe: *Geschichte der Kindheit*. München u.a. (Hanser) 1975.

Ariès, Philippe: *Geschichte des Todes. 2. Aufl*. München (Hanser) 1980.

Ariès, Philippe & Duby, Georges (Hg.): *Geschichte des privaten Lebens. 5 Bd*. Frankfurt a.M. (Fischer) 1989-1994.

Beck, Rainer: *Unterfinning. Ländliche Welt vor Anbruch der Moderne*. München (Beck) 1993.

Behnken, Imbke & du Bois- Reymond, Manuela & Zinnecker, Jürgen: *Stadtgeschichte als Kindheitsgeschichte. Lebensräume von Großstadtkindern in Deutschland und Holland um 1900*. Opladen (Leske + Budrich) 1989.

Berg, Eberhard & Fuchs, Martin (Hg.): *Kultur, soziale Praxis, Text. Die Krise der ethnographischen Repräsentation*. Frankfurt a.M. 1993.

Bietenhard, Benedikt: *Langnau im 18. Jahrhundert. Die Biografie einer ländlichen Kirchgemeinde im bernischen Ancien Régime*. Thun (Deutsch) 1988.

Böhme, Gernot: *Vorlesung. Das Fremde*. In: Böhme, Gernot (Hg.): Anthropologie in pragmatischer Hinsicht. Darmstädter Vorlesungen. Frankfurt a. M. (Suhrkamp) 1985, S. 221-236.

Böhme, Gernot: *Vorlesung. Historische Anthropologie*. In: Böhme, Gernot: Anthropologie in pragmatischer Hinsicht. Darmstädter Vorlesungen. Frankfurt a. M. (Suhrkamp) 1985, S. 251-265.

Borst, Arno: *Lebensformen im Mittelalter, 14. Aufl*. Frankfurt a.M. u.a. 1995.

Bourdieu, Pierre: *Entwurf einer Theorie der Praxis auf der ethnologischen Grundlage der kabylischen Gesellschaft*. Frankfurt a.M. (Suhrkamp) 1979. (Suhrkamp-Taschenbuch Wissenschaft. 291) (Originalausg.: Esquisse d'une théorie de la pratique, précédé de trois études d'ethnologie kabyle)

Bourdieu, Pierre & Loic J. D. Wacquant: *Reflexive Anthropologie*. Frankfurt a.M. (Suhrkamp) 1996.

Burguière, André: *Der Begriff der Mentalitäten bei Marc Bloch und Lucien Febvre: zwei Auffassungen, zwei Wege.* In: Raulff, Ulrich (Hg.): Mentalitäten-Geschichte. Zur historischen Rekonstruktion geistiger Prozesse. Berlin (Wagenbach) 1987, S. 33-49. (Wagenbachs Taschenbücherei. 152)

Burguière, André: *Historische Anthropologie.* In: Le Goff, Jacques & Chartier, Roger & Revel, Jacques (Hg.): Die Rückeroberung des historischen Denkens. Grundlagen der Neuen Geschichtswissenschaft. Frankfurt a. M. (Fischer) 1994, S. 62-102.

Cassirer, Ernst: *Versuch über den Menschen. Einführung in die Philosophie der Kultur. 2.Aufl.* Frankfurt a.M. (Fischer) 1990. (Originalausg.: An essay on man. 1944)

Chvojka, Erhard & van Dülmen, Richard & Jung, Vera (Hg.): *Neue Blicke. Historische Anthropologie in der Praxis.* Wien u.a. (Böhlau) 1997.

Clifford, James & Marcus, George E. (Hg.): *Writing Culture. The Poetics and Politics of Ethnography.* Berkeley u.a. (Univ. of California Press) 1986.

Daniel, Ute: *Kultur und Gesellschaft. Überlegungen zum Gegenstandsbereich der Sozialgeschichte.* In: Geschichte und Gesellschaft, 19 (1993), S. 69-99.

Dawkins, Richard: *Das egoistische Gen.* Berlin u.a. (Springer) 1978. (Originalausg.: The selfish gene. New York 1976)

Dekker, Rudolf & van de Pol, Lotte: *Frauen in Männerkleidern. Weibliche Transvestiten und ihre Geschichte.* Berlin (Wagenbach) 1990.

Delumeaux, Jean: *Angst im Abendland. Die Geschichte kollektiver Ängste im Europa des 14. bis 18. Jahrhunderts, 2 Bände.* Reinbek b.H. (Rowohlt) 1989.

Deutsches Institut für Fernstudien an der Universität Tübingen (Hg.): *Funkkolleg. Der Mensch. Anthropologie heute, 30 Studieneinheiten.* Tübingen (DIFF) 1992/93.

Dinzelbacher, Peter (Hg.): *Europäische Mentalitätsgeschichte. Hauptthemen in Einzeldarstellungen.* Stuttgart (Kröner) 1993.

Dressel, Gert: *Historische Anthropologie. Eine Einführung.* Wien u.a. (Böhlau) 1996.

Dressel, Gert: *Reflexive Historische Anthropologie als eine konsequente Historische Anthropologie. Oder: Warum auch wir uns zu unseren Forschungsobjekten machen sollten.* In: Dressel, Gert & Rathmayr, Bernhard (Hg.): Mensch – Gesellschaft – Wissenschaft. Versuche einer Reflexiven Historischen Anthropologie. Innsbruck (Studia-Univ.-Verl.) 1999, S. 245-276.

Dressel, Gert & Rathmayr, Bernhard (Hg.): *Mensch – Gesellschaft – Wissenschaft. Versuche einer Reflexiven Historischen Anthropologie.* Innsbruck (Studia Universitätsverl.) 1999.

Duby, Georges & Perrot, Michelle (Hg.): *Geschichte der Frauen. 5 Bd.* Frankfurt a.M. 1993-95.

Duden, Barbara: *Die groben Netze der Historiker. Interview mit Barbara Duden.* In: ÖZG. Österreichische Zeitschrift für Geschichtswissenschaften, 3 (1992), S. 355-366.

Dülmen, Richard van: *Historische Anthropologie. Entwicklung, Probleme, Aufgaben.* Köln u.a. (Böhlau) 2000.

Dülmen, Richard van: *Historische Kulturforschung zur Frühen Neuzeit. Entwicklungen – Probleme – Aufgaben.* In: Geschichte und Gesellschaft, 21 (1995), S. 403-429.

Elias, Norbert: *Über den Prozess der Zivilisation. Soziogenetische und Psychogenetische Untersuchungen. 2 Bände.* Frankfurt a.M. 1976.

Felt, Ulrike & Nowotny, Helga & Taschwer, Klaus: *Wissenschaftsforschung. Eine Einführung.* Frankfurt a.M. u.a. (Campus) 1995.

Garin, Eugenio (Hg.): *Der Mensch der Renaissance.* Frankfurt a.M. (Fischer) 1996. (Fischer-Taschenbücher. 12605)

Gebauer, Gunter: *Anthropologie*. In: Pieper, Annemarie (Hg.): Philosophische Disziplinen. Ein Handbuch. Leipzig (Reclam) 1998b (Reclam-Bibliothek. 1643), S. 11-34.

Gebauer, Gunter: *Überlegungen zur Anthropologie. Eine Einführung*. In: Gebauer, Gunter (Hg.): Anthropologie, Leipzig (Reclam) 1998a (Reclam-Bibliothek. 1637), S. 7-21.

Gebauer, Gunter & Kamper, Dietmar & Lenzen, Dieter & Mattenklott, Gert & Wulf, Christoph & Wünsche, Konrad (Hg.): *Historische Anthropologie. Zum Problem der Humanwissenschaften heute oder Versuche einer Neubegründung*. Reinbek b.H. (Rowohlt) 1989.

Geertz, Clifford: *Dichte Beschreibung. Beiträge zum Verstehen kultureller Systeme*. Frankfurt a.M. (Suhrkamp) 1983.

Gehlen, Arnold: *Der Mensch. Seine Natur und seine Stellung in der Welt. 12. Aufl.* Wiesbaden (Akad. Verl.-Ges. Athenaion) 1978.

Gehlen, Arnold: *Philosophische Anthropologie und Handlungslehre*. Frankfurt a.M. (Klostermann) 1983. (Gehlen, Arnold: Gesamtausgabe. 4)

Giddens, Anthony: *Die Konstitution der Gesellschaft. Grundzüge einer Theorie der Strukturierung*. Frankfurt a.M. (Campus) 1988.

Ginzburg, Carlo: *Der Inquisitor als Anthropologe*. In: Habermas, Rebekka u.a. (Hg.): Das Schwein des Häuptlings. Beiträge zur Historischen Anthropologie. Berlin (Wagenbach) 1992, S. 42-55.

Ginzburg, Carlo: *Der Käse und die Würmer. Die Welt eines Müllers um 1600*. Frankfurt a.M. (Syndikat) 1983. (Taschenbücher Syndikat, EVA. 10)

Ginzburg, Carlo: *Holzaugen. Über Nähe und Distanz*. Berlin (Wagenbach) 1999.

Gottowik, Volker: *Die Wirklichkeit des Erfundenen. Anmerkungen zu einer Kontroverse zwischen Ethnograph und Ethnographierten*. In: Historische Anthropologie, 5 (1997), S. 293-301.

Groh, Dieter: *Anthropologische Dimensionen der Geschichte*. Frankfurt a.M. (Suhrkamp) 1992. (Suhrkamp-Taschenbuch Wissenschaft. 992)

Groh, Dieter & Zürn, Martin: *Der lange Schatten der Gesellschaftsgeschichte. Zur Problematik einer Konzeption*. In: ÖZG. Österreichische Zeitschrift für Geschichtswissenschaften, 6 (1995), S. 569-596.

Habermas, Rebekka: *Geschlechtergeschichte und anthropology of gender. Geschichte einer Begegnung*. In: Historische Anthropologie, 1 (1993), S. 485-509.

Habermas, Rebekka & Minkmar, Niels (Hg.): *Das Schwein des Häuptlings. Sechs Aufsätze zur historischen Anthropologie*. Berlin (Wagenbach) 1992.

Hardtwig, Wolfgang & Wehler, Hans-Ulrich (Hg.): *Kulturgeschichte Heute*. Göttingen (Vandenhoeck & Ruprecht) 1996. (Geschichte und Gesellschaft : Sonderheft. 16)

Harris, Marvin: *Kulturanthropologie. Ein Lehrbuch*. Frankfurt a.M. u.a. (Campus) 1989.

Hasenjürgen, Brigitte: *Soziale Macht im Wissenschaftsspiel. SozialwissenschaftlerInnen und Frauenforscherinnen an der Hochschule*. Münster (Westfälisches Dampfboot) 1996.

Huizinga, Johan: *Herbst des Mittelalters. Studien über Lebens- und Geistesformen des 14. und 15. Jahrhunderts in Frankreich und in den Niederlanden*. Stuttgart (Kröner) 1987. (Originalausg.: Herfsttij der middeleeuwen. Haarlem 1941)

Jeggle, Utz (Hg.): *Feldforschung. Qualitative Methoden in der Kulturanalyse*. Tübingen (Verein für Volkskunde) 1984.

Kamper, Dietmar & Wulf, Christoph (Hg.): *Anthropologie nach dem Tode des Menschen. Vervollkommnung und Unverbesserlichkeit*. Frankfurt a.M. (Suhrkamp) 1994. (Edition Suhrkamp ; 1906 = N.F. 906)

Kattmann, Ullrich: *Biologische Unterwanderung? Genetik als Rechtfertigung völkischer Ideologie.* In: Seidler, Horst u.a. (Hg.): Rassen und Minderheiten. Wien (Literas-Univ.-Verl.) 1983, S. 21-34.

Kriedte, Peter: *Eine Stadt am seidenen Faden. Haushalt, Hausindustrie und soziale Bewegung in Krefeld in der Mitte des 19. Jahrhunderts.* Göttingen (Vandenhoeck & Ruprecht) 1991.

Kulturwissenschaften. Wien 1999 (Beiträge zur Historischen Sozialkunde. Sonderheft)

Le Goff, Jacques (Hg.): *Der Mensch des Mittelalters.* 2. korr. Aufl. Frankfurt a.M. u.a. (Campus u.a.) 1990.

Le Roy Ladurie, Emmanuel: *Montaillou. Ein Dorf vor dem Inquisitator.* Frankfurt a.M. u.a. (Propylaeen) 1980.

Lenzen, Dieter: *Melancholie, Fiktion und Historizität. Historiographische Optionen im Rahmen einer Historischen Anthropologie.* In: Gebauer, Gunter u.a.: Historische Anthropologie. Zum Problem der Humanwissenschaften heute oder Versuche einer Neubegründung, Reinbek b. Hamburg (Rowohlt) 1989 (Rowohlts Enzyklopädie. 486), S. 13-48.

Lepenies, Wolf: *Geschichte und Anthropologie.* In: Geschichte und Gesellschaft, 1 (1975), S. 325-343.

Lévi-Strauss, Claude: *Strukturale Anthropologie.* Frankfurt a.M. (Suhrkamp) 1991.

Lindner, Rolf: *Die Angst des Forschers vor dem Feld.* In: Zeitschrift für Volkskunde, 77 (1981), S. 51-66.

Lüdtke, Alf (Hg.): *Alltagsgeschichte. Zur Rekonstruktion historischer Erfahrungen und Lebensweisen.* Frankfurt a.M. u.a. 1989.

Lutter, Christina & Reisenleitner, Markus: *Cultural Studies. Eine Einführung.* Wien (Turia & Kant) 1998. (Cultural studies. 0)

Malinowski, Bronislaw: *Ein Tagebuch im strikten Sinn des Wortes. Neuguinea 1914-1918.* Frankfurt a.M. (Syndikat) 1986.

Marschall, Wolfgang (Hg.): *Klassiker der Kulturanthropologie. Von Montaigne bis Margaret Mead.* München (Beck) 1990.

Martin, Jochen: *Der Wandel des Beständigen. Überlegungen zu einer historischen Anthropologie.* In: Freiburger Universitätsblätter, 1994, 126, S. 35-46.

Martin, Jochen & Nitschke, August (Hg.): *Zur Sozialgeschichte der Kindheit.* Freiburg i.B. (Alber) 1986. (Veröffentlichungen des Instituts für Historische Anthropologie; 4: Kindheit, Jugend, Familie. 2)

Martin, Jochen & Zoepffel, Renate (Hg.): *Aufgaben, Rollen und Räume von Frau und Mann, 2 Bd.* Freiburg i.B. (Alber) 1989. (Veröffentlichungen des Instituts für Historische Anthropologie; 5: Kindheit, Jugend, Familie. 3)

Mead, Margaret: *Jugend und Sexualität in primitiven Gesellschaften. Bd. 1. Kindheit und Jugend in Samoa.* München 1970. (Originalausg.: From the South Seas. New York 1928) (Dtv. 4032 : Wissenschaft)

Medick, Hans: *Mikro-Historie.* In: Schulze, Winfried (Hg.): Sozialgeschichte, Alltagsgeschichte, Mikro-Historie. Göttingen (Vandenhoeck & Ruprecht) 1994, S. 40-53.

Medick, Hans: *Missionare im Ruderboot? Ethnologische Erkenntnisweisen als Herausforderung an die Sozialgeschichte.* In: Lüdtke, Alf (Hg.): Alltagsgeschichte. Zur Rekonstruktion historischer Erfahrungen und Lebensweisen, Frankfurt a. M. (Campus) 1989, S. 48-84.

Medick, Hans: *Weben und Überleben in Laichingen 1650-1900. Lokalgeschichte als Allgemeine Geschichte.* Göttingen (Vandenhoeck & Ruprecht) 1996. (Veröffentlichungen des Max-Planck-Instituts für Geschichte. 126)

Meier, Heinrich (Hg.): *Die Herausforderung der Evolutionsbiologie. Orig.-Ausg.* München u.a. (Piper) 1988. (Veröffentlichungen der Carl-Friedrich-von-Siemens-Stiftung. 1)

Mitterauer, Michael: *Ahnen und Heilige. Namensgebung in der europäischen Geschichte.* München (Beck) 1993.

Mitterauer, Michael: *Historische Anthropologie. Ein Paradigmenwechsel.* In: Luthar, Oto u.a.: Pot na grmado. Histori¹cni seminar. Pot na grmado. Der Weg auf den Scheiterhaufen. The road to pile. Ljubljana (Znanstvenoraziskovalni Center SAZU)1994, S. 57-70.

Mitterauer, Michael: *Sozialgeschichte der Jugend.* Frankfurt a.M. (Suhrkamp) 1986.

Mitterauer, Michael u.a. (Hg.): *Damit es nicht verlorengeht.* Wien u.a. (Böhlau) 1983-2000.

Müller-Hill, Benno: *Tödliche Wissenschaft. Die Aussonderung von Juden, Zigeunern und Geisteskranken 1933-1945.* Reinbek b.H. (Rowohlt) 1984.

Nadig, Maya: *Die verborgene Kultur der Frau. Ethnopsychoanalytische Gespräche mit Bäuerinnen in Mexiko.* Frankfurt a.M. (Fischer) 1989.

Niedermüller, Peter: *Ethnographie Osteuropas. Wissen, Repräsentation, Imagination. Thesen und Überlegungen.* In: Köstlin, Konrad & Nikitsch, Herbert (Hg.): Ethnographisches Wissen. Zu einer Kulturtechnik der Moderne, Wien (Selbstverl. d. Inst.) 1999, S. 42-67.

Nipperdey, Thomas: *Bemerkungen zum Problem einer historischen Anthropologie.* In: Oldemeyer, Ernst (Hg.): Die Philosophie und die Wissenschaften. Festschrift für Simon Moser, Meisenheim (Hain) 1967, S. 350-370.

Rathmayr, Bernhard: *Anthropologie. In:* Hierdeis, Helmwart & Hug, Theo (Hg.): Taschenbuch der Pädagogik. 4. überarb. Aufl. Baltmannsweiler (schneider) 1996, S. 50-68.

Sabean, David: *Property, Production and Familiy in Neckarhausen 1700 to 1870.* Cambridge (Cambridge Univ. Press) 1990.

Schein, Gerlinde & Strasser, Sabine (Hg.): *Intersexions. Feministische Anthropologie zu Geschlecht, Kultur und Sexualität.* Wien u.a. (Melina-Verl.) 1997. (Reihe Frauenforschung. 34)

Schiffauer, Werner: *Die Angst vor der Differenz. Zu neuen Strömungen in der Kulturanthropologie.* In: Zeitschrift für Volkskunde, 92 (1996), S. 20-31.

Schlehe, Judith: *Die Leibhaftigkeit in der ethnologischen Feldforschung.* In: Historische Anthropologie, 4 (1996), S. 451-460.

Schlumbohm, Jürgen: *Lebensläufe, Familien, Höfe. Die Bauern und Eigentumslosen des Osnabrücker Kirchspiels Belm in protoindustrieller Zeit, 1650-1860.* Göttingen (Vandenhoeck & Ruprecht) 1994. (Veröffentlichungen des Max-Planck-Instituts für Geschichte. 110)

Sieder, Reinhard: *Anmerkungen zur sozialwissenschaftlichen Feldforschung.* In: Linhart, Sepp & Pilz, Erich & Sieder, Reinhard (Hg.): Sozialwissenschaftliche Methoden in der Ostasienforschung. Wien (Inst. für Japanologie, Univ. Wien) 1994, S. 165-181.

Sieder, Reinhard: *Sozialgeschichte auf dem Weg zu einer historischen Kulturwissenschaft? In:* Geschichte und Gesellschaft, 20 (1994), S. 445-468.

Sokoll, Thomas: *Kulturanthropologie und Historische Sozialwissenschaft.* In: Mergel, Thomas & Welskopp, Thomas (Hg.): Geschichte zwischen Kultur und Gesellschaft. Beiträge zur Theoriedebatte. München (Beck)1997, S. 233-272.

Süssmuth, Hans (Hg.): *Historische Anthropologie. Der Mensch in der Geschichte.* Göttingen (Vandenhoeck & Ruprecht) 1984.

Thompson, Edward P.: *Plebeische Kultur und moralische Ökonomie. Aufsätze zur englischen Sozialgeschichte des 18. und 19. Jahrhunderts.* Frankfurt a.M. u.a. (Ullstein) 1980. (Ullstein-Buch. 35046 : Ullstein-Materialien)

Todorova, Maria: *Die Erfindung des Balkan. Europas bequeme Vorurteil.* Darmstadt (Wiss.-Buchges) 1999.

Vernant, Jean-Pierre (Hg.): *Der Mensch der griechischen Antike.* Frankfurt a.M. (Fischer) 1996. (Fischer-Taschenbücher. 12602 : Fischer-Geschichte)

Vogel, Christian & Sommer, Volker: *Drum prüfe, wer sich ewig bindet. Mann und Frau.* In: Deutsches Institut für Fernstudien an der Universität Tübingen (DIFF) (Hg.): Funkkolleg. Der Mensch. Anthropologie heute. Studieneinheit 8. Hemsbach (Beltz) 1992/93.

Vovelle, Michelle (Hg.): *Der Mensch der Aufklärung.* Frankfurt a.M. u.a. (Campus) 1996.

Weingart, Peter: *Wissensproduktion und soziale Struktur.* Frankfurt a.M. (Suhrkamp) 1976.

Weingart, Peter & Kroll, Jürgen & Bayertz, Kurt: *Rasse, Blut und Gene. Geschichte der Eugenik und Rassenhygiene in Deutschland.* Frankfurt a.M. (Suhrkamp) 1988.

Wulf, Christoph (Hg.): *Vom Menschen. Handbuch Historische Anthropologie:* Weinheim u.a. (Beltz) 1997.

Siegfried Jäger

Diskurs und Wissen

Methodologische Aspekte einer Kritischen Diskurs- und Dispositivanalyse

1. Vorbemerkung

Im Zentrum einer an Michel Foucaults Diskurstheorie orientierten Kritischen Diskursanalyse (KDA) steht die Frage, was (jeweils gültiges) Wissen überhaupt ist, wie jeweils gültiges Wissen zustandekommt, wie es weitergegeben wird, welche Funktion es für die Konstituierung von Subjekten und die Gestaltung von Gesellschaft hat und welche Auswirkungen dieses Wissen für die gesamte gesellschaftliche Entwicklung hat.[1] „Wissen" meint hier alle Arten von Bewusstseinsinhalten bzw. von Bedeutungen, mit denen jeweils historische Menschen die sie umgebende Wirklichkeit deuten und gestalten. Dieses „Wissen" beziehen die Menschen aus den jeweiligen diskursiven Zusammenhängen, in die sie hineingeboren sind und in die verstrickt sie leben. Diskursanalyse, erweitert zur Dispositivanalyse, zielt darauf ab, das (jeweils gültige) Wissen der Diskurse bzw. der Dispositive zu ermitteln, den konkret jeweiligen Zusammenhang von Wissen/Macht zu erkunden und einer Kritik zu unterziehen. Diskursanalyse bezieht sich sowohl auf Alltagswissen, das über Medien, alltägliche Kommunikation, Schule und Familie etc. vermittelt wird, wie auch auf dasjenige (jeweils gültige) Wissen, das durch die Wissenschaften produziert wird.

Insofern zielt die folgende Darstellung ins Zentrum der Fragestellung: Wie kommt Wissenschaft zu Wissen? Dabei liegt der Schwerpunkt im Folgenden auf Wissen der Humanwissenschaften, wobei Transfers auf die Naturwissenschaften durchaus möglich wären, hier aber zurückgestellt werden.

Ich werde in diesem Beitrag erstens eine knappe Skizze des diskurstheoretisch/methodologischen Hintergrundes für eine Kritische Diskursanalyse entwerfen[2], in einem zweiten Schritt werde ich skizzieren, was ein Dispositiv ist, also das Zusammenspiel diskursiver Praxen (= Sprechen und Denken auf der Grundlage von Wissen), nichtdiskursiver Praxen (= Handeln auf der Grundlage von Wissen) und „Sichtbarkeiten"

---

[1] Zur Abgrenzung gegenüber anderen diskurstheoretischen Ansätzen vgl. Jäger 1996.

[2] Zu den Methoden Kritischer Diskursanalyse vgl. meinen Beitrag im 2. Band. Eine ausführliche Darstellung (mit Anwendungsbeispielen) enthält meine „Kritische Diskursanalyse" (Jäger 1993), die 1999 in überarbeiteter und erweiterter Auflage erschienen ist (Jäger 1999). Die KDA ist Grundlage einer Reihe von Projekten, die seit 1990 im Duisburger Institut für Sprach- und Sozialforschung durchgeführt wurden; vgl. dazu etwa Jäger 1992, M. Jäger 1996, Cleve 1997, M. Jäger & S. Jäger & Ruth & Schulte-Holtey & Wichert 1997, Jäger & Kretschmer u.a. 1998, M. Jäger & Cleve & Ruth & Jäger 1998 u.a.

bzw. „Vergegenständlichungen" (von Wissen durch Handeln/Tätigkeit) diskutieren. Dispositive kann man sich insofern auch als eine Art „Gesamtkunstwerke" vorstellen, die – vielfältig miteinander verzahnt und verwoben – ein gesamtgesellschaftliches Dispositiv ausmachen.

2. Diskurstheorie

Den für eine kulturwissenschaftliche Orientierung von Diskursanalyse wohl fruchtbarsten Ansatz im Gefolge Michel Foucaults haben der Bochum/Dortmunder Literatur- und Kulturwissenschaftler Jürgen Link und sein Team entwickelt. Ihnen wie mir geht es vor allem um die Analyse aktueller Diskurse und ihrer Macht-Wirkung, um das Sichtbarmachen ihrer (sprachlichen und ikonographischen) Wirkungsmittel, insbesondere um die Kollektivsymbolik, die zur Vernetzung der verschiedenen Diskursstränge beiträgt, und insgesamt um die Funktion von Diskursen als herrschaftslegitimierenden und -sichernden Techniken in der bürgerlich-kapitalistischen modernen Industriegesellschaft.[3]

Die knappeste Definition von Diskurs bei Link lautet: Diskurs ist „eine institutionell verfestigte Redeweise, insofern eine solche Redeweise schon Handeln bestimmt und verfestigt und also auch schon Macht ausübt" (Link 1983, 60).

Diese Definition von Diskurs kann weiter veranschaulicht werden, wenn man Diskurs „als Fluß von Wissen bzw. sozialen Wissensvorräten durch die Zeit" begreift (vgl. Jäger 1993 und 1999), der individuelles und kollektives Handeln und Gestalten bestimmt, wodurch er Macht ausübt. Insofern kann man Diskurse auch als Materialitäten sui generis verstehen.[4]

Damit ist zugleich gesagt, dass Diskurse nicht als Ausdruck gesellschaftlicher Praxis von Interesse sind, sondern weil sie bestimmten Zwecken dienen: Machtwirkungen auszuüben. Dies tun sie, weil sie institutionalisiert und geregelt sind, weil sie an Handlungen angekoppelt sind.[5]

Die (herrschenden) Diskurse können kritisiert und problematisiert werden; dies geschieht, indem sie analysiert werden, ihre Widersprüche und ihr Verschweigen bzw. die Grenzen der durch sie abgesteckten Sag- und Machbarkeitsfelder aufgezeigt wer-

---

[3] Vgl. dazu einführend Link 1982

[4] Bublitz begründet dies wie folgt: „Gegenstände der Erkenntnis und des Wissens, kurz, der symbolischen Ordnung einer Gesellschaft, sind [...] nicht prädiskursiv vorhanden, es geht auch nicht um die rein sprachliche Benennung von Gegenständen oder Dingen, sondern Diskurse bringen ihre Gegenstände [...] kategorial durch Aussagen bis in die Regulierung von institutionellen Praktiken hinein hervor; darin liegt die Materialität von Diskursen. Materialisierung bedeutet nicht Hervorbringung von Materie, vielmehr ist hiermit die soziokulturelle Materialisierung von Gegenständen im Sinne eines Machteffekts gemeint." (Bublitz 1999, 103)

[5] „... der Begriff Macht (wird) gebraucht, der viele einzelne, definierbare und definierte Mechanismen abdeckt, die in der Lage scheinen, Verhalten oder Diskurse zu induzieren." (Foucault 1992, 32)

den, die Mittel deutlich gemacht werden, durch die die Akzeptanz nur zeitweilig gültiger Wahrheiten herbeigeführt werden soll – von angeblichen Wahrheiten also, die als rational, vernünftig oder gar als über allen Zweifel erhaben dargestellt werden sollen.

Dabei muss sich der kritisierende Wissenschaftler darüber klar sein, dass er mit seiner Kritik nicht außerhalb der Diskurse steht, da er sonst sein Konzept Diskursanalyse selbst in Frage stellt. Er kann – neben anderen kritischen Aspekten, die Diskursanalyse bereits als solche enthält – sich auf Werte und Normen, Gesetze und Rechte berufen; er darf dabei aber niemals vergessen, dass auch diese diskursiv-historisch begründet sind und dass sich seine eventuelle Parteinahme nicht auf Wahrheit berufen kann, sondern eine Position darstellt, die ebenfalls Resultat eines diskursiven Prozesses ist. Mit dieser Position kann er sich in die diskursiven Kämpfe hineinbegeben und seine Position verteidigen oder auch modifizieren.

Der bereits angesprochene Zusammenhang von Diskurs und Macht ist allerdings sehr komplex, denn: „Machtwirkungen übt eine diskursive Praxis in mehrfacher Hinsicht aus. Wenn eine diskursive Formation sich als ein begrenztes 'positives' Feld von Aussagen-Häufungen beschreiben läßt", so verteidigen Link/Link-Heer diese Kopplung, „so gilt umgekehrt, daß mögliche andere Aussagen, Fragestellungen, Blickrichtungen, Problematiken usw. dadurch ausgeschlossen sind. Solche, sich bereits notwendig aus der Struktur eines Spezialdiskurses ergebenden Ausschließungen (die ganz und gar nicht als manipulative Intentionen irgendeines Subjekts oder auch Intersubjekts mißdeutet werden dürfen!), können institutionell verstärkt werden." (Link/Link-Heer 1990, 90) Es gibt also auch so etwas wie Macht über die Diskurse, etwa in Gestalt leichten Zugangs zu den Medien, unbeschränkter Verfügung über Ressourcen etc.

Was Link/Link-Heer hier zu wissenschaftlichen Diskursen sagen, gilt m.E. jedoch für alle Diskurse, also z.B. auch für den Alltags-, den Erziehungs-, den Politiker- und Mediendiskurs.

Diskursanalyse erfasst das jeweils Sagbare in seiner qualitativen Bandbreite und in seinen Häufungen bzw. alle Aussagen, die in einer bestimmten Gesellschaft zu einer bestimmten Zeit geäußert werden (können), aber auch die Strategien, mit denen das Feld des Sagbaren ausgeweitet oder auch eingeengt wird, etwa Verleugnungsstrategien, Relativierungsstrategien, Enttabuisierungsstrategien etc. Der Aufweis der Begrenzung oder Entgrenzung des Sagbaren stellt demnach einen weiteren kritischen Aspekt von Diskursanalyse dar.

Das Auftreten solcher Strategien verweist auf Aussagen, die zu einem bestimmten Zeitpunkt in einer bestimmten Gesellschaft noch nicht oder nicht mehr sagbar sind, da es besonderer „Tricks" bedarf, wenn man sie doch äußern will, ohne negativ sanktioniert zu werden. Das Sagbarkeitsfeld kann durch direkte Verbote und Einschränkungen, Anspielungen, Implikate, explizite Tabuisierungen aber auch durch Konventionen, Verinnerlichungen, Bewusstseinsregulierungen etc. eingeengt oder auch zu überschreiten versucht werden. Der Diskurs als ganzer ist die regulierende Instanz; er formiert Bewusstsein.

Insofern als Diskurs als „Fluß von >Wissen< bzw. sozialen Wissensvorräten durch die Zeit"[6] funktioniert, schafft er die Vorgaben für die Subjektbildung und die Strukturierung und Gestaltung von Gesellschaften.

Die verschiedenen Diskurse sind eng miteinander verflochten und miteinander verschränkt; sie bilden in dieser Verschränktheit ein „diskursives Gewimmel", das zugleich im „Wuchern der Diskurse" resultiert und das Diskursanalyse zu entwirren hat. Ein wichtiges Bindemittel der Diskurse stellt die Kollektivsymbolik dar. Kollektivsymbole sind „kulturelle Stereotypen (häufig `Topoi´ genannt), die kollektiv tradiert und benutzt werden." (Drews/Gerhard/Link 1985, 265).

Mit dem Vorrat an Kollektivsymbolen, die alle Mitglieder einer Gesellschaft kennen, steht das Repertoire an Bildern zur Verfügung, mit dem wir uns ein Gesamtbild von der gesellschaftlichen Wirklichkeit bzw. der politischen Landschaft der Gesellschaft machen, mit dem wir diese deuten und – insbesondere durch die Medien – gedeutet bekommen.[7]

Die wichtigsten Verkettungsregeln, durch die dieser Zusammenhang hergestellt wird, sind Katachresen oder Bildbrüche. Diese funktionieren in der Weise, dass sie Zusammenhänge zwischen Aussagen und Erfahrungsbereichen stiften, Widersprüche überbrücken, Plausibilitäten und Akzeptanzen erzeugen etc. und die Macht der Diskurse verstärken. Im Beispiel: „Die Lokomotive des Fortschritts kann durch Fluten von Einwanderern gebremst werden, so daß unser Land ins Abseits gerät." Die Analyse der Kollektivsymbolik inklusive Katachresen stellt demnach ein weiteres kritisches Moment der Diskursanalyse dar.

Zur Frage der Macht der Diskurse hat Foucault einmal gesagt:

„Es ist das Problem, das fast alle meine Bücher bestimmt: wie ist in den abendländischen Gesellschaften die Produktion von Diskursen, die (zumindest für eine bestimmte Zeit) mit einem Wahrheitswert geladen sind, an die unterschiedlichen Machtmechanismen und -institutionen gebunden?" (Foucault 1983, 8)

Zur weiteren Verdeutlichung der Macht/Wissensproblematik ist es erforderlich, erstens, dass ich mich etwas genauer mit dem Verhältnis von Diskurs und gesellschaftlicher Wirklichkeit auseinandersetze, zum zweiten aber, dass ich mich – in Verbindung damit – genauer frage, wie in dieser gesellschaftlichen Wirklichkeit Macht verankert ist, wer sie ausübt, über wen sie und wodurch sie ausgeübt wird usw.

Deutlich dürfte bereits geworden sein, dass sich in den Diskursen gesellschaftliche Wirklichkeit nicht einfach widerspiegelt, sondern dass die Diskurse gegenüber der Wirklichkeit ein „Eigenleben" führen, obwohl sie Wirklichkeit prägen und gestalten, ja, gesellschaftliche Wirklichkeit zuerst ermöglichen. Sie stellen selbst Materialitäten sui generis dar. Sie sind nicht etwa wesenhaft passive Medien einer In-Formation durch Realität und nicht Materialitäten zweiten Grades, nicht „weniger materiell" als die echte Realität. Diskurse sind vielmehr vollgültige Materialitäten ersten Grades unter den anderen (vgl. dazu Link 1992).

Das bedeutet auch, dass Diskurse Realität determinieren, natürlich immer nur über die dazwischentretenden tätigen Subjekte in ihren gesellschaftlichen Kontexten als (Ko-)Produzenten und (Mit-)Agenten der Diskurse und der Veränderung von Wirklichkeit.

---

[6] Vgl. Jäger 1993, 1999.

[7] Vgl. dazu besonders Link 1982, Drews/Gerhard/Link 1985, Link/Link-Heer 1990, *Becker/ Gerhard/Link 1997.

Diese tätigen Subjekte vollziehen diskursive und nichtdiskursive Praxen. Sie können dies, weil sie als in die Diskurse Verstrickte über Wissen verfügen.

So gesehen, ist der Diskurs auch nicht auf verzerrte Wirklichkeitssicht oder notwendig falsche Ideologie zu reduzieren – wie dies beim Konzept „Ideologiekritik" orthodox marxistischer Ansätze häufig zu beobachten ist. Er stellt eine eigene Wirklichkeit dar, die gegenüber der „wirklichen Wirklichkeit" keineswegs nur Schall und Rauch, Verzerrung und Lüge ist, sondern eigene Materialität hat und sich aus den vergangenen und (anderen) aktuellen Diskursen „speist".[8]

Diese Charakterisierung der Diskurse als materiell bedeutet zugleich, dass Diskurstheorie eine strikt materialistische Theorie darstellt. Man kann Diskurse auch als gesellschaftliche Produktionsmittel auffassen. Sie sind also keineswegs „bloße Ideologie"; sie produzieren Subjekte und – vermittelt über diese, als „Bevölkerung" gedacht – gesellschaftliche Wirklichkeiten.

Es geht bei der Diskursanalyse folglich auch nicht (nur) um Deutungen von etwas bereits Vorhandenem, also nicht (nur) um die Analyse einer Bedeutungszuweisung post festum, sondern um die Analyse der Produktion von Wirklichkeit, die durch die Diskurse – vermittelt über die tätigen Menschen – geleistet wird.

Wer aber, einfach gefragt, macht die Diskurse? Welchen Status haben sie?

Das Individuum macht den Diskurs nicht, eher ist das Umgekehrte der Fall. Der Diskurs ist überindividuell. Alle Menschen stricken zwar am Diskurs mit, aber kein Einzelner und keine einzelne Gruppe bestimmt den Diskurs oder hat genau das gewollt, was letztlich dabei herauskommt. In der Regel haben sich Diskurse als Resultate historischer Prozesse herausgebildet und verselbständigt. Sie transportieren ein Mehr an Wissen, als den einzelnen Subjekten bewusst ist. Will man also das Wissen einer Gesellschaft (z.B. zu bestimmten Themenkomplexen) ermitteln, ist seine Entstehungsgeschichte bzw. seine Genese zu rekonstruieren. Versuche dazu hat Foucault mehrfach angestellt, nicht nur mit Blick auf die Wissenschaften, denn er hat immer auch ihr „Umfeld", die Institutionen, den Alltag (z.B. des Gefängnisses, des Krankenhauses) mit einbezogen.

Eine solche Herangehensweise mag manchem gegen den Strich gehen, der die Einzigartigkeit des Individuums vor Augen hat. Auch ist zu bedenken, dass es deshalb nicht leicht ist, diesen Gedanken nachzuvollziehen, weil wir gelernt haben, dass Sprache als solche Wirklichkeit nicht verändert, was ja auch richtig ist. In Gegnerschaft zu solchen idealistischen oder gar sprach-magischen Vorstellungen neigen wir aber vielleicht zu stark dazu, die Idee der Materialität der Diskurse zu solchen idealistischen Entwürfen zu rechnen. Wenn wir jedoch menschliches Sprechen (und menschliche Tätigkeit generell) als Tätigkeit im Rahmen gesellschaftlicher Tätigkeit begreifen, als eingebunden in den historischen Diskurs, nach dessen Maßgabe Gesellschaften ihre Praxis organisieren, und wirkliche Wirklichkeit in Auseinandersetzung mit dem

---

[8] Vgl. dazu auch Link 1995, der die formierende, konstituierende Kraft der Diskurse unterstreicht und den Diskurs (mit Foucault) als „materielles Produktionsinstrument" begreift, mit dem auf geregelte Weise (soziale) Gegenstände (wie z.B „Wahnsinn", „Sex", „Normalität" usw.) wie auch die ihnen entsprechenden Subjektivitäten produziert werden (ebd., 744).

„Rohstoff" der Wirklichkeit (Materie) entstanden und entstehend begreifen, dürfte sich die Vorstellung leichter einstellen, dass Diskurse ebenso Macht ausüben, wie Macht durch das Einwirken mit Werkzeugen und Gegenständen auf Wirklichkeit ausgeübt wird, wobei man dieses Einwirken auch sofort als diskursive Praxis bezeichnen kann.

3.   Diskurs, Wissen, Macht, Gesellschaft, Subjekt

Diskurse üben als „Träger" von (jeweils gültigem) „Wissen" Macht aus; sie sind selbst ein Machtfaktor, indem sie geeignet sind, Verhalten und (andere) Diskurse zu induzieren. Sie tragen damit zur Strukturierung von Machtverhältnissen in einer Gesellschaft bei.

In seinem Vortrag „Was ist Kritik?" erläutert Foucault sein Verständnis des Verhältnisses von Wissen und Macht folgendermaßen: „Offensichtlich haben diese beiden Begriffe nur eine methodologische Funktion: mit ihnen sollen nicht allgemeine Wirklichkeitsprinzipien ausfindig gemacht werden, es soll gewissermaßen die Analysefront, es soll der relevante Elementtyp fixiert werden... Jene beiden Worte sollen auch in jedem Moment der Analyse einen bestimmten Inhalt, ein bestimmtes Wissenselement, einen bestimmten Machtmechanismus präzis bezeichnen können; niemals darf sich die Ansicht einschleichen, daß ein Wissen oder eine Macht existiert – oder gar das Wissen oder die Macht, welche selbst agieren würde. Wissen und Macht – das ist nur ein Analyseraster. Und dieser Raster ist nicht aus zwei einander fremden Kategorien zusammengesetzt – dem Wissen einerseits und der Macht andererseits (...). Denn nichts kann als Wissenselement auftreten, wenn es nicht mit einem System spezifischer Regeln und Zwänge konform geht – etwa mit dem System eines bestimmten wissenschaftlichen Diskurses in einer bestimmten Epoche, und wenn es nicht andererseits, gerade weil es wissenschaftlich oder rational oder einfach plausibel ist, zu Nötigungen oder Anreizungen fähig ist. Umgekehrt kann nichts als Machtmechanismus funktionieren, wenn es sich nicht in Prozeduren und Mittel-Zweckbeziehungen entfaltet, welche in Wissenssystemen fundiert sind. Es geht also nicht darum, zu beschreiben, was Wissen ist und was Macht ist und wie das eine das andere unterdrückt oder mißbraucht, sondern es geht darum, einen Nexus von Macht-Wissen zu charakterisieren, mit dem sich die Akzeptabilität eines Systems – sei es das System der Geisteskrankheit, der Strafjustiz, der Delinquenz, der Sexualität usw. – erfassen läßt." (Foucault 1992, 32f)

An anderer Stelle führt er aus:

„Unter Macht, scheint mir, ist zunächst zu verstehen: die Vielfältigkeit von Kraftverhältnissen, die ein Gebiet bevölkern und organisieren; das Spiel, das in unaufhörlichen Kämpfen und Auseinandersetzungen diese Kraftverhältnisse verwandelt, verstärkt, verkehrt; die Stützen, die diese Kraftverhältnisse aneinander finden, indem sie sich zu Systemen verketten – oder die Verschiebungen und Widersprüche, die sie gegeneinander isolieren; und schließlich die Strategien, in denen sie zur Wirkung gelangen und deren große Linien und institutionelle Kristallisierungen sich in den Staatsapparaten, in der Gesetzgebung und in den gesellschaftlichen Hegemonien verkörpern. Die Möglichkeitsbedingungen der Macht oder zumindest der Gesichtspunkt, der ihr Wirken bis in die 'periphersten' Verzweigungen erkennbar macht und in ihren Mechanismen einen Erkenntnisraster für das gesellschaftliche Feld liefert, liegt nicht in der Existenz eines ursprünglichen Mittelpunkts, nicht in einer Sonne der Souveränität, von der abgeleitete oder niedere Formen ausstrahlen; sondern in dem bebenden Sockel der Kraftverhältnisse, die durch ihre Ungleichheit unablässig Machtzustände erzeugen, die immer lokal und instabil sind. Allgegenwart der Macht: nicht weil sie das Privileg hat, unter ihrer unerschütterlichen Einheit alles zu versammeln, sondern weil sie sich in jedem Augenblick und an jedem Punkt – oder vielmehr in jeder Beziehung zwischen Punkt und Punkt – erzeugt. Nicht weil sie alles umfaßt, sondern weil sie von überall kommt, ist die Macht überall. Und 'die' Macht mit ihrer Beständigkeit, Wiederholung, Trägheit und Selbsterzeugung ist nur der Gesamteffekt all dieser Beweglichkeiten, die Verkettung, die sich auf die Beweglichkeiten stützt und sie wiederum festzumachen sucht. [...] die Macht ist nicht eine Institution, ist nicht eine Mächtigkeit einiger Mächtiger. Die Macht ist der Name, den man einer komplexen strategischen Situation in einer Gesellschaft gibt. [...] Die Macht kommt von unten, d.h. sie beruht nicht auf der allgemeinen Matrix einer globalen Zweiteilung, die Beherrscher und Beherrschte einander entgegensetzt und von oben nach unten auf immer beschränktere Gruppen und bis in die letzten Tiefen des Gesellschaftskörpers ausstrahlt. Man muß eher davon ausgehen, daß die vielfältigen Kraftverhältnisse, die sich in den Produktionsapparaten, in den Familien, in den einzelnen Gruppen und Institutionen ausbilden und auswirken, als Basis für weitreichende und den gesamten Gesellschaftskörper durchlaufende Spaltungen dienen. Diese bilden dann eine große Kraftlinie, die die lokalen Konfrontationen durchkreuzt und verbindet – aber umgekehrt bei diesen auch Neuverteilungen, Angleichungen, Homogenisierungen, Serialisierungen und Konvergenzen herbeiführen kann. Die großen Herrschaftssysteme sind Hegemonie-Effekte, die auf der Intensität all jeder Konfrontationen aufruhen."

Und er fährt fort:

„Wo es Macht gibt, gibt es Widerstand. Und doch oder gerade deswegen liegt der Widerstand niemals außerhalb der Macht..." (Foucault 1983, 113-118)

Hier wird deutlich, wie wir uns das Verhältnis von Macht und Diskurs vorstellen können. Macht wird diskursiv transportiert und durchgesetzt. Dabei ist davon auszugehen, dass „die Welt des Diskurses [...] nicht zweigeteilt (ist) zwischen dem zugelassenen und dem ausgeschlossenen oder dem herrschenden und dem beherrschten Diskurs. [...] Die Diskurse ebensowenig wie das Schweigen sind ein für allemal der Macht unterworfen oder gegen sie gerichtet. Es handelt sich um ein komplexes und wechselhaftes Spiel, in dem der Diskurs gleichzeitig Machtinstrument und -effekt sein kann, aber auch Hindernis, Gegenlager, Widerstandspunkt und Ausgangspunkt für eine entgegengesetzte Strategie. Der Diskurs befördert und produziert Macht; er verstärkt sie, aber er unterminiert sie auch, er setzt sie aufs Spiel, macht sie zerbrechlich und aufhaltsam." (ebd. 122)

Welche Rolle spielt in diesem diskursiven Zusammenspiel nun aber das Individuum bzw. das Subjekt? Foucault argumentiert hier völlig eindeutig:

„Man muß sich vom konstituierenden Subjekt, vom Subjekt selbst befreien, d.h. zu einer Geschichtsanalyse gelangen, die die Konstitution des Subjekts im geschichtlichen Zusammenhang zu klären vermag. Und genau das würde ich Genealogie nennen, d.h. eine Form der Geschichte, die von der Konstitution von Wissen, von Diskursen, von Gegenstandsfeldern usw. berichtet, ohne sich auf ein Subjekt beziehen zu müssen, das das Feld der Ereignisse transzendiert und es mit seiner leeren Identität die ganze Geschichte hindurch besetzt." (Foucault 1978b, 32)

Foucault bzw. seine Diskurstheorie leugnet nicht, wie ihm oft zum Vorwurf gemacht worden ist, das Subjekt. Er will zu einer Geschichtsanalyse gelangen, die die Konstitution des Subjekts im geschichtlichen Zusammenhang, im sozio-historischen Kontext, also in synchroner und diachroner Perspektive zu klären vermag. Das ist nicht gegen das Subjekt gerichtet, sondern allein gegen Subjektivismus und gegen Individualismus.

Das tätige Individuum ist also voll dabei, wenn es um die Realisierung von Machtbe-ziehungen (Praxis) geht. Es denkt, plant, konstruiert, interagiert und fabriziert. Und als solches hat es auch das Problem, zu bestehen, d.h. sich durchzusetzen, seinen Ort in der Gesellschaft zu finden. Es tut dies aber im Rahmen eines wuchernden Netzes diskursiver Beziehungen und Auseinandersetzungen, im Rahmen „lebendiger Dis-kurse" insofern, als sie diese zum Leben bringen und sie, in diese verstrickt, leben und zu ihrer Veränderung beitragen.

Das Spektrum des Sagbaren und die Formen, in denen es auftritt, erfasst Diskursana-lyse vollständig in seiner qualitativen Bandbreite, so dass sie zu einem oder mehreren Diskurssträngen allgemeingültige Aussagen machen kann.[9] Es treten jedoch dadurch quantitative Aspekte hinzu, dass auch Aussagen über Häufungen und Trends möglich sind. Diese können von Wichtigkeit sein, wenn es um die Feststellung z.B. themati-scher Schwerpunkte innerhalb eines Diskursstrangs geht.

Ich fasse diesen ersten Teil in einer These zusammen: Diskurse üben Macht aus, da sie Wissen transportieren, das kollektives und individuelles Bewusstsein speist. Die-ses zustande kommende Wissen ist die Grundlage für individuelles und kollektives Handeln und die Gestaltung von Wirklichkeit.

4.   Vom Diskurs zum Dispositiv

4.1   Das Konzept des Dispositivs

Vorbemerkung

Da Wissen die Grundlage für Handeln und die Gestaltung von Wirklichkeit ist, bietet es sich an, nicht nur diskursive Praxen zu analysieren, sondern auch nicht-diskursive Praxen und sogenannte Sichtbarkeiten/Vergegenständlichungen und das Verhältnis dieser Elemente zueinander. Dieses Zusammenspiel nenne ich mit Foucault *Disposi-tiv*. Zur genaueren Erläuterung dieses Zusammenspiels muss ich etwas weiter ausho-len:

Wir Menschen und nur wir Menschen weisen in Gegenwart und Geschichte der Wirk-lichkeit Bedeutung zu. Damit erschaffen wir Wirklichkeit in gewisser Weise – im Gu-ten wie im Bösen. Damit ist selbstverständlich nicht die Welt der natürlichen Dinge gemeint, die materielle Seite der Wirklichkeit. Sie stellt nur den Rohstoff dar, den sich der gestaltende Mensch zu Nutze macht.

Nicht die Wirklichkeit spiegelt sich im Bewusstsein, sondern das Bewusstsein bezieht sich auf die Wirklichkeit, und zwar insofern, als die Diskurse die Applikationsvorga-ben bzw. das Wissen für die Gestaltung von Wirklichkeit bereitstellen und darüber hi-naus die weiteren Realitätsvorgaben: Entzieht sich der Diskurs der „auf seinem Rü-cken" geformten Wirklichkeit, genauer: entziehen sich die Menschen aus was für Gründen auch immer einem Diskurs, dessen Bedeutungs-Geber und Zuweiser sie ja sind, wird der ihm entsprechende Wirklichkeitsbereich im wahrsten Sinne des Wortes

---

[9]   Zum Problem der Vollständigkeit und damit zur Verallgemeinerbarkeit der Aussagen von Diskursanalysen vgl. meinen Beitrag im 2. Band.

bedeutungslos und fällt in den Naturzustand zurück. Ändert sich das in ihm enthaltene Wissen, bekommt er andere Bedeutungen zugewiesen, wird er zu einem anderen Gegenstand, was etwa geschieht, wenn ein Bettler eine bedeutungslos gewordene Zentralbank als Wochenendhaus nutzt oder wenn ein Stahlwerk oder ein Atomkraftwerk in einen Freizeitpark umgewandelt wird. Hier findet dann Bedeutungs-Entzug statt, die dem betreffenden Gegenstand den angestammten Sinn-Boden unter den Füßen entzieht bzw. diesen modifiziert, indem es ihm eine oder mehrere andere Bedeutungen zuweist.

In Foucaults „Archäologie des Wissens" heißt es, dass Diskurse „als Praktiken zu behandeln (sind), die systematisch die Gegenstände bilden, von denen sie sprechen" (Foucault 1988, 74). Gleichwohl sieht Foucault auch nicht-diskursive gesellschaftliche Praxen, die bei der Bildung von Objekten/Sichtbarkeiten eine Rolle spielen. Zugleich betont er die Wichtigkeit von „diskursiven Verhältnissen". Er vermutet sie „irgendwie an der Grenze des Diskurses: sie bieten ihm (= dem Diskurs, S.J.) die Gegenstände, über die er (= der Diskurs, S.J.) reden kann, oder vielmehr ... sie (= die diskursiven Verhältnisse, S.J.) bestimmen das Bündel von Beziehungen, die der Diskurs bewirken muß, um von diesen oder jenen Gegenständen reden, sie behandeln, sie benennen, sie analysieren, sie klassifizieren, sie erklären zu können" (1988, 70). Damit umkreist Foucault das Problem des Verhältnisses von Diskurs und Wirklichkeit, m.E. ohne es schon restlos zu lösen. Es bleibt hier unklar, was er eigentlich unter „Gegenständen" versteht. Zu vermuten ist, daß damit keine „Sichtbarkeiten", sondern eher Themen, Theorien, Aussagen gemeint sind, also rein diskursive „Gegenstände".

Am schönsten wird dieses Umkreisen meines Erachtens sichtbar in seinem Versuch zu bestimmen, was er unter „Dispositiv" versteht. In der Interview- und Vortragssammlung „Dispositive der Macht" (Foucault 1978a) definiert er „Dispositiv" kühn zunächst folgendermaßen:

„Was ich unter diesem Titel (nämlich unter Dispositiv, S.J.) festzumachen versuche, ist erstens ein entschieden heterogenes Ensemble, das Diskurse, Institutionen, architekturale Einrichtungen, reglementierende Entscheidungen, Gesetze, administrative Maßnahmen, wissenschaftliche Aussagen, philosophische, moralische oder philanthropische Lehrsätze, kurz: Gesagtes ebensowohl wie Ungesagtes umfaßt. Soweit die Elemente des Dispositivs. Das Dispositiv selbst ist das Netz, das zwischen diesen Elementen geknüpft werden kann." (ebd. 119f) Foucault fährt differenzierend fort: „... es gibt zwischen diesen Elementen, ob diskursiv oder nicht, ein Spiel von Positionswechseln und Funktionsveränderungen, die ihrerseits wiederum sehr unterschiedlich sein können." (ebd. 120) Er sagt ferner, er verstehe „unter Dispositiv eine Art von – sagen wir – Formation, deren Hauptfunktion zu einem gegebenen historischen Zeitpunkt darin bestanden hat, auf einen Notstand (urgence) zu antworten. Das Dispositiv hat also eine vorwiegend strategische Funktion." (ebd.) Und einige Seiten später sagt er dann, nachdem er in dieser Eingangsdefinition eindeutig zwischen diskursiv und nicht-diskursiv unterschieden hatte: „... für das, was ich mit dem Dispositiv will, ist es kaum von Bedeutung, zu sagen: das hier ist diskursiv und das nicht." (Foucault 1978a, 125)

Foucault ist hier in einer gewissen Verlegenheit. Die drei Psychoanalytiker, mit denen er sich hier unterhält, haben ihn in die Enge getrieben. Man merkt geradezu, wie ihn seine Gesprächspartner nerven. Er wird ungeduldig, geradezu unwirsch.

Das wird noch deutlicher spürbar, wenn er dann fortfährt: „Vergleicht man etwa das architektonische Programm der Ecole Militaire von Gabriel mit der Konstruktion der

Ecole Militaire selbst: Was ist da diskursiv, was institutionell? Mich interessiert dabei nur, ob nicht das Gebäude dem Programm entspricht. Aber ich glaube nicht, daß es dafür von großer Bedeutung wäre, diese Abgrenzung vorzunehmen, alldieweil mein Problem kein linguistisches ist." (ebd. 125)

Diese Aussage ist für jemanden, der sich nicht auf die strukturalistische de Saussuresche Linguistik stützen möchte, einfach wunderbar: Foucault befreit sich bzw. uns von einer Linguistik, die sich nicht auf Denken und Bewusstsein stützt; er ordnet die Sprache und damit auch die Linguistik dem Denken unter und macht sie damit im Grunde zu einer Abteilung der Kulturwissenschaften, deren Gegenstand die Bedingungen und Resultate menschlich-sinnlicher Tätigkeit sind – sinnlich deshalb, weil sie jeweils Denken und Bewusstsein zur Voraussetzung hat.

Foucault war nach seinen archäologischen Bemühungen, die Entwicklung des Wissens ganz materialistisch zu rekonstruieren, zu der Überzeugung gekommen, dass nicht die Rede/der Text/der Diskurs allein die Welt bewegt, und er fand oder besser: erfand das Dispositiv, um damit seine historische und aktuelle Wirklichkeit angemessener deuten zu können. Und bei dieser von ihm vorgenommenen Bestimmung von Dispositiv stellt sich die Frage nach dem Zusammenhang von Diskurs und Dispositiv bzw. Diskurs und Wirklichkeit ganz intensiv.

Foucault sieht hier eindeutig ein Nebeneinander von Diskurs und Wirklichkeit bzw. Gegenständen; sie sind Elemente des Dispositivs, welches das Netz ist, das zwischen diesen Elementen aufgehängt ist bzw. sie verbindet. Foucault weiß aber nicht zu sagen, in welchem ganz konkreten bzw. um es noch weiter zuzuspitzen, in welchem empirischen Verhältnis Diskurse und Dinge bzw. Ereignisse/Wirklichkeit zueinander stehen. Ihn interessierte zwar – wie er sagt – die „Natur der Verbindung", „die zwischen diesen heterogenen Elementen sich herstellen kann". Er sieht zwischen diesen Elementen, „ob diskursiv oder nicht, ein Spiel von Positionswechseln und Funktionsveränderungen, die" – wie er sagt – „ihrerseits wiederum sehr unterschiedlich sein können" (1978a, 120). Er sieht zudem das Dispositiv als eine Art „Formation, deren Hauptfunktion zu einem gegeben historischen Zeitpunkt darin bestanden hat, auf einen Notstand (urgence) zu antworten". Und er erkennt: Damit habe das Dispositiv „eine vorwiegend strategische Funktion" (ebd.). Ein solcher Notstand könne etwa in der Resorption einer freigesetzten Volksmasse, die einer kapitalistischen Gesellschaft lästig werden musste, bestehen etc.

Foucault will zeigen, wie er sagt, „daß das, was ich Dispositive nenne, ein sehr viel allgemeinerer Fall der Episteme ist. Oder eher, daß die Episteme, im Unterschied zum Dispositiv im Allgemeinen, das seinerseits diskursiv und nichtdiskursiv ist, und dessen Elemente sehr viel heterogener sind, ein spezifisch diskursives Dispositiv ist." (123) Hier geht es also nicht nur um das gesagte und aufgeschriebene Wissen, sondern um den ganzen Apparat darum herum, durch den etwas durchgesetzt wird. Episteme sind danach nur der diskursive Anteil im Wissenschaftsapparat, zu dem auch die Geräte und Kaffeemaschinen gehören, die die Wissenschaftler am Leben erhalten etc. Was genau gemeint ist, ist ja schön in „Überwachen und Strafen" illustriert, worauf ich hier nur verweisen will (Foucault 1989).

Sichtbar wird hier aber: Foucault geht von einem Dualismus zwischen Diskurs und Wirklichkeit aus.

Ich meine: Foucault sah nicht, dass die Diskurse und die Welt der Gegenständlichkeiten bzw. Wirklichkeiten substantiell miteinander vermittelt sind und nicht unabhängig voneinander existieren. Im Dispositiv sind unterschiedliche Elemente versammelt, die zwar miteinander verknüpft sind, wie er sagt, und diese Verknüpfung mache das Dispositiv erst aus (vgl. dazu auch Deleuze 1992 und Balke 1998).

Ich habe den Eindruck, dass Foucault das Zustandekommen von Dispositiven so sieht: Es tritt ein Notstand auf: Ein vorhandenes Dispositiv wird prekär. Aufgrund dessen entsteht Handlungsbedarf, und der Sozius oder die hegemonialen Kräfte, die damit konfrontiert sind, sammeln die Elemente zusammen, die sie bekommen können, um diesem Notstand zu begegnen, also Reden, Menschen, Messer, Kanonen, Institutionen etc., um die entstandenen Lecks – den Notstand – wieder abzudichten, wie Deleuze sagt (vgl. Deleuze 1992 und Balke 1998).

Was diese Elemente verknüpft ist nichts anderes, als dass sie einem gemeinsamen Zweck dienen, den momentanen oder permanenten Notstand abzuwehren. Ein wie auch immer geartetes „inneres Band", das sie verknüpfen würde, wird in Foucaults Verständnis von Dispositiv jedoch ansonsten nicht sichtbar.

Doch dieses Band existiert in Form der menschlich-sinnlichen Tätigkeit oder Arbeit, die Subjekt und Objekt, die sozialen Welten und die gegenständlichen Wirklichkeiten miteinander vermittelt, also durch nichtdiskursive Praxen, die in Foucaults Dispositiv-Definition zumindest nicht explizit vorkommen. Indem ich hier auf die sinnliche Tätigkeit rekurriere, ziehe ich mein zweites theoretisches Bein nach: die sich auf Marx berufende und von Wygotzki und besonders A.N. Leontjew entwickelte Tätigkeitstheorie, die ich für den hier bedeutsamen Zusammenhang im Kern illustrieren möchte[10]: Dabei ist es jedoch notwendig, diesen im Kern ideologiekritischen Ansatz auf diskurstheoretische Füße zu stellen.

Wir Menschen sind offenbar generell in der Lage, „Dingen" Bedeutungen zuzuweisen; mit anderen Worten, die Wirklichkeit für uns bedeutend zu machen; mehr noch, indem wir Dingen Bedeutungen zuweisen, machen wir sie erst für uns zu Dingen. Ich kann z.B. einem Brett, das ich im Wald finde, die Bedeutung Tisch zuweisen und dann darauf mein Brot schneiden und meinen Becher daraufstellen.

Ein Ding, dem ich keine Bedeutung zuweise, ist für mich kein Ding; ja, es ist für mich völlig diffus, unsichtbar oder sogar nicht existent; ich sehe es nicht einmal, weil ich es übersehe. Ich sehe den Vogel nicht, den der Förster sieht (Förstersyndrom). Ich sehe vielleicht einen roten Fleck. Und was sage ich dazu, wenn ich ihn sehe: Das ist ein roter Fleck. Und in der Tat: Das ist für mich die Bedeutung des roten Flecks, dass ich ihm die Bedeutung roter Fleck zuweisen kann. Ob er eine Blume ist, ein Vogel oder der Haarschopf von Lothar Matthäus, der hier spazierengeht, weil er sich im letzten

---

[10] Der Bezug Leontjews auf Marx wird bereits deutlich, wenn man sich noch einmal die erste Feuerbachthese vergegenwärtigt, in der Marx einfordert, „daß der Gegenstand, die Wirklichkeit, Sinnlichkeit (nicht nur) unter der Form des Objekts oder der Anschauung gefaßt wird; (sondern) als sinnlich menschliche Tätigkeit, Praxis, ... subjektiv" (MEW 3, 5).

Bundesligaspiel verletzt hat und deshalb heute nicht trainieren kann, das ist für mich nicht sichtbar, nicht gegeben, außerhalb meiner Reichweite. Natürlich kann mir ein Freund sagen, sieh mal, das ist doch der Haarschopf von Lothar Matthäus, und der ist Deutscher Fußballmeister. Und dann kann ich sagen: Ja, o.k., den kenne ich; oder auch: Nein, das war sicher nur ein Vogel oder eine Blume.

Damit will ich sagen: Alle bedeutende Wirklichkeit ist deshalb für uns vorhanden, weil wir sie bedeutend machen[11] oder auch weil sie von unseren Vorfahren oder unseren Nachbarn Bedeutung erhalten, zugewiesen bekommen hat, die für uns noch wichtig ist. Das ist wie König Midas mit seinem Gold: Alles, was er anfasste, wurde zu Gold. So ist alles, dem wir Bedeutung zuweisen, für uns auf eine bestimmte Weise wirklich, weil und wenn und wie es für uns bedeutend ist.

Elegant drückte Ernesto Laclau diesen Zusammenhang aus, als er schrieb: „Unter dem >Diskursiven< verstehe ich nichts, was sich im engen Sinne auf Texte bezieht, sondern das Ensemble der Phänomene gesellschaftlicher Sinnproduktion, das eine Gesellschaft als solche begründet. Hier geht es nicht darum, das Diskursive als eine Ebene oder eine Dimension des Sozialen aufzufassen, sondern als gleichbedeutend mit dem Sozialen als solchem [...] Folglich steht nicht das Nicht-Diskursive dem Diskursiven gegenüber, als handelte es sich um zwei verschiedene Ebenen, denn es gibt nichts Gesellschaftliches, das außerhalb des Diskursiven bestimmt ist. Die Geschichte und die Gesellschaft sind also ein unabgeschlossener Text." (Laclau 1981, 176)

Es stellt sich aber die Frage: Warum, wann und unter welchen Bedingungen und wie weise ich den „Dingen" welche Bedeutung zu, wie also die „Lücke" zwischen Diskurs und Wirklichkeit geschlossen wird? Mit Leontjews Tätigkeitstheorie geschieht dies dann, wenn ich aus einem bestimmten Bedürfnis ein Motiv ableite und infolgedessen ein bestimmtes Ziel zu erreichen versuche, wozu man Handlungen und Operationen und Rohmaterial verwendet, oder anders: indem man arbeitet. Die so erschaffenen Produkte können Gebrauchsgegenstände sein, aber auch neue Gedanken und Pläne, aus denen wiederum neue sinnliche Tätigkeiten erwachsen können mit neuen Produkten usw. usw. Der Psychologe Foucault kannte die materialistisch-psychologische Tätigkeitstheorie der frühen 30er Jahre sonderbarerweise nicht oder er lehnte sie möglicherweise ab, da sie ihm zu subjektbezogen erschien. Interessant ist dieser Ansatz jedoch weil diese Theorie die Vermittlung zwischen Subjekt und Objekt, Gesellschaft und objektiver Wirklichkeit durch die sinnliche Tätigkeit thematisiert. Er übersah, dass zur Wirklichkeit auch die Folgen bzw. „Materialisationen durch Arbeit" vergangener Rede bzw. vorangegangener Diskurse gehören, also die konkreten Vergegenständlichungen von Gedankenkomplexen. Diese werden von den tätigen Menschen in ihren nicht-diskursiven Praxen umgesetzt, mittels derer sie die Häuser und Bänke und auch Banken bauten und einrichteten, und die im Übrigen – wie gezeigt – wiederum nur so lange Bestand haben, wie sie in Diskurse eingebettet sind und bleiben. Die Institution Bank etwa als Teil des Kapitaldispositivs hört auf, diese Funktion wahrzunehmen, wenn sie nicht mehr diskursiv gestützt ist: Sie wird bedeutungslos, zu nichts reduziert außer zu rein „natürlicher" Materie (die allerdings, wenn man sie so

---

[11] Jurt referiert Castoriadis. Für ihn seien „Die gesellschaftlichen Dinge [...] das, was sie sind, nur aufgrund von Bedeutungen." (Jurt 1999, 11)

benennt, bereits wieder bedeutungsvoll wird) oder zu anderer Gegenständlichkeit „umdiskursiviert", also einer anderen Bedeutung zugeführt. In den Banken wohnen dann etwa die Bettler und machen sie zu Asylen.[12]

Das sieht auch Foucault und schreibt: „Nicht die Gegenstände bleiben konstant, noch der Bereich, den sie bilden, und nicht einmal ihr Punkt des Auftauchens oder ihre Charakterisierungsweise, sondern das Inbeziehungsetzen der Oberflächen, wo sie erscheinen, sich abgrenzen, analysiert werden und sich spezifizieren können." (1988, 71) Im Klartext: Ändert sich der Diskurs, ändert der Gegenstand nicht nur seine Bedeutung, sondern er wird quasi zu einem anderen Gegenstand, er verliert seine bisherige Identität.

Das kann als Bruch erfolgen, aber auch als ein sich lang hinziehender Prozess, in dem sich unmerklich, aber letztlich doch gründlich alles ändert.

Vehement sträubt sich Foucault dagegen, wie er sagt, die „Gegenstände ohne Beziehung zum Grund der Dinge (zu) definieren" (ebd., 72). Und er sagt wenig später, dass es ihm darauf ankomme, Diskurse „als Praktiken zu behandeln, die systematisch die Gegenstände bilden, von denen sie sprechen" (ebd., 74).

Doch an dieser Stelle kommt er m.E. deshalb nicht weiter, weil er die Vermittlung zwischen Subjekt und Objekt, Gesellschaft und Diskurs nicht als über Arbeit/Tätigkeit bzw. nichtdiskursive Praxen vollzogen begreift. Die diskursiven Praxen bleiben für ihn doch verbal, streng von den nicht-diskursiven Praxen getrennt, und er bleibt der Trennung zwischen geistiger Tätigkeit und (ungeistiger?) körperlicher Arbeit verhaftet, in dieser Hinsicht eben auch ein Kind seiner Zeit bzw. seiner Herkunft, in der die Bürger die Kopfarbeit verabsolutierten und die Handarbeit für völlig ungeistig hielten. Er weiß zwar, dass die Zeichen zu mehr dienen als zur Bezeichnung der Sachen, und er sieht: „Dieses mehr (sic!) macht sie irreduzibel auf das Sprechen und die Sprache." (1988, 74) Und dieses Mehr möchte er ans Licht bringen und beschreiben (ebd.) – was ihm allerdings m.E. nicht restlos gelingt. Dieses Mehr ist ihm nicht wirklich greifbar. M.E. handelt es sich um das Wissen, das der Umsetzung von sonstigem und verbal zu artikulierendem Wissen in Gegenstände dient: Wissen über Statik, Materialbeschaffenheit, Werkzeugwissen, Routinewissen, das als abgestorbene geistige Handlungen in jede Arbeit einfließt, aber verbal nicht oder doch nur selten artikuliert wird und vielfach vielleicht auch nicht artikulierbar ist. Ich denke hier z.B. an das Wissen eines Schmelzers am Hochofen, der sieht, wann der Stahl fertig ist oder welche Zutat ihm noch fehlt, aber nicht sagen kann, wieso das der Fall ist. In gewisser Weise handelt es sich hierbei um verselbständigtes Wissen.

Man könnte also sagen: Die Wirklichkeit ist bedeutungsvoll, sie existiert in der Form, in der sie existiert, nur insofern, als ihr von den Menschen, die alle in die (sozio-historischen) Diskurse verstrickt und durch diese konstituiert sind, Bedeutung zugewiesen worden ist und weiter zugewiesen wird. Ist Letzteres nicht mehr der Fall, ändern sich

---

[12] Foucault spricht in der „Archäologie des Wissens" von Beziehungen, die im Gegenstand (selbst) nicht präsent sind. Ich meine, das sind die Diskurse, die die Gegenstände gleichsam von außen, durch den bedeutungsvollen Bezug der Menschen auf sie am Leben halten. (Foucault 1988, 68)

die Gegenstände, sie ändern oder verlieren auch ihre Bedeutung. Sie lässt sich dann allenfalls nachträglich rekonstruieren – als ehemalige Bedeutung, die sich mit anderen Bedeutungen verschränkt hat oder die aufgehört hat, am Leben zu sein. Selbst wenn man den Sternenhimmel betrachtet und darin bestimmte Sternbilder sieht, so ist dies die Folge eines Diskurses. Man sieht diese Sternbilder nur, weil man gelernt hat, sie zu sehen und möglicherweise zu vermuten gelernt hat, dass es irgendwo einen Gott gibt oder auch keinen.

Bedeutungszuweisung ist nun aber nicht unverbindliche symbolische Handlung, sondern bedeutet Belebung des Vorgefundenen, Neu-Gestaltung und Veränderung. Betrachtet man unter dieser Voraussetzung etwa die mit der Darstellung von Einwanderern gern verwendete Kollektivsymbolik, dann wird man einsehen: Die Ausländer werden von vielen Menschen, die gelernt haben, entsprechende Bedeutungszuweisungen vorzunehmen, wirklich als Fluten empfunden, die man abwehren muss, gegen die man Dämme errichten muss, oder gar als Läuse und Schweine, die man zerquetschen oder schlachten darf.

Ewald Waldenfels (Waldenfels 1991) bestätigt im Übrigen die Kritik an Foucault, die durch diesen selbst inspiriert ist, in manchen Punkten, wenn er schreibt: Es „ist unklar, wie (bei Foucault, S.J.) die Grenze zwischen diskursiven und nicht diskursiven Praktiken gezogen und wie sie überbrückt wird, ja, es bleibt unklar, ob sie überhaupt gezogen werden muß. Ich denke, Foucault hat sich selber in eine gewisse Sackgasse manövriert, indem er die Ordnungsformation der Geschichte in seiner Theorie zunächst als Wissensordnungen (Epistemai), dann als Redeordnungen (Discours) konzipiert hat, anstatt von einer Ordnung auszugehen, die sich auf die verschiedenen Verhaltensregister des Menschen verteilt, auf sein Reden und Tun (!), aber auch auf seinen Blick, auf seine Leibessitten, seine erotischen Beziehungen, seine technischen Hantierungen, seine ökonomischen und politischen Entscheidungen, seine künstlerischen und religiösen Ausdrucksformen und anderes mehr. Es ist nicht einzusehen, warum irgendein Bereich von der Funktionalität verschont sein soll, die Foucault einseitig von der Aussage her entwickelt." (Waldenfels 1991, 291) Und Waldenfels merkt zusätzlich an, dass Foucault an manchen Stellen selbst diese Grenzen überschritten hat, und fährt fort: „... in der Archäologie des Wissens (wird) erwähnt der Diskurs des Malers, dessen >Sagen< sich wortlos vollzieht. Erwähnt wird der politische Diskurs, der sich mit den Äußerungsformen der Politik befaßt, etwa mit der Funktion des Revolutionären, das sich weder auf eine revolutionäre Lage noch auf ein Revolutionsbewußtsein zurückführen läßt. [...]. Foucault (hat) es vorgezogen, auch hier zu basteln ..." (ebd. 291f)

Das sollte uns ermutigen, mit Foucaults Werkzeugkiste unter dem Arm, in der sich theoretische und praktische Instrumente befinden, weiterzubasteln und einige seiner Ideen weiterzudenken oder auch erst zu Ende zu denken.[13] Das habe ich in diesem Text versucht, erstens indem ich den bei Foucault zu stark im Verbalen verfangenen Diskursbegriff, der auch durch den des Dispositivs nicht ersetzt wird, sondern ihm einverleibt wird, eine Stufe „zurückverlagert" habe – nämlich in den Ort des menschlichen Denkens und Wissens hinein, ins Bewusstsein. Dort befinden sich die Denkin-

---

[13] Für eine genauere Darstellung dieser „Werkzeugkiste" vgl. meinen Beitrag im 2. Band.

halte (inklusive Affekte, Sehweisen etc.), die die Basis für die Gestaltung der Wirklichkeit durch Arbeit liefern. Damit habe ich zweitens die Tätigkeitstheorie für die Diskurstheorie fruchtbar gemacht, eine Theorie, die darauf verweist, wie die Subjekte und die Gegenstände der Wirklichkeit untereinander und miteinander vermittelt sind. Foucault hat in erster Linie den Diskurs gesehen, der irgendwie mit der Wirklichkeit, wodurch er auch gelegentlich in die Nähe konstruktivistischen Denkens gerät, vermittelt ist. In Auseinandersetzung mit Leontjew habe ich das als dasjenige Bindeglied bestimmen können, das die Diskurse mit der Wirklichkeit in Verbindung bringt. Das tun die Subjekte in der Summe ihrer Tätigkeiten, die von keinem einzelnen und von keiner Gruppe so geplant sind, wie sie dann letztlich wirksam werden. Es ist dennoch menschliches Bewusst- und Körper(power)sein (Krafthaben), das hier wirksam wird und gestaltet. Und alles, was menschliches Bewusstsein ist, ist diskursiv, also durch Wissen, konstituiert. Die Subjekte sind es im Übrigen auch, die verselbständigtes Wissen immer wieder ins Spiel bringen. Auch dieses Wissen wird tradiert in den diskursiven und nicht-diskursiven Praxen und Sichtbarkeiten, und es ist im Prinzip rekonstruierbar, einholbar.

Die hiermit andiskutierte Problemlage möchte ich nun knapp zusammenfassen und auf den Punkt bringen:

Ich habe den Eindruck, dass die Schwierigkeiten bei der Bestimmung des Dispositivs mit der mangelnden Bestimmung der Vermittlung von Diskurs (Sagbarem/Gesagten), nicht-diskursiven Praxen (Tätigkeiten) und Sichtbarkeiten (Produkten/Gegenständen) zu tun haben. Wenn ich mit Leontjew u.a. diese Sichtbarkeiten als Vergegenständlichungen/Tätigkeiten von Wissen (Diskurs) begreife und die nicht-diskursiven Praxen als tätiges Umsetzen von Wissen, ist dieser Zusammenhang hergestellt, und das könnte wahrscheinlich viele Probleme lösen.

Die Soziologin Hannelore Bublitz diskutiert dieses Problem ausführlich in ihrem kürzlich erschienenen Buch über „Foucaults Archäologie des Unbewußten" (Bublitz 1999, 82-115), wobei sie insbesondere auch die Funktion der Dispositivnetze für die moderne Subjektbildung unterstreicht. Sie konstatiert: „Obwohl Foucault also einerseits Nichtdiskursives dem Diskursiven [...] gegenüberstellt, vertritt er die These, daß es >keinen Gegensatz zwischen dem, was getan, und dem, was gesagt wird< gibt." (Foucault 1976, 118) Er gehe vielmehr davon aus, „daß die gesamte ´zivilisierte´ abendländische Gesellschaft, jenes >komplexe Netz aus unterschiedlichen Elementen – Mauern, Raum, Institutionen, Regeln, Diskursen< als >Fabrik zur Herstellung unterworfener Subjekte< erscheint." (Bublitz 1999, 90)

Zusammenfassend kann gesagt werden, dass Diskursanalyse und Dispositivanalyse als Wissenschaft dadurch zu ihrem Wissen kommen, dass man Dispositive kritisch analysiert.

Zu beantworten bleibt die Frage, wie und ob man Diskurse und Dispositive überhaupt analysieren kann.[14]

---

[14] Ich verweise dazu auf meinen Beitrag im 2. Band dieser Reihe.

Literatur- und Medienverzeichnis

Balke, Friedrich: *Was zu denken zwingt. Gilles Deleuze, Felix Guattari und das Außen der Philosophie.* In: Jurt, Joseph (Hg.): Zeitgenössische Französische Denker. Eine Bilanz. Freiburg i.B. (Rombach Litterae) 1998, S. 187-210.

Becker, Frank & Gerhard, Ute & Link, Jürgen: *Moderne Kollektivsymbolik. Ein diskurstheoretisch orientierter Forschungsbericht mit Auswahlbibliographie.* In: Internationales Archiv für Sozialgeschichte der deutschen Literatur (IASL), 22. Bd. (1997), 1. Heft, S. 70-154.

Bublitz, Hannelore: *Foucaults Archäologie des kulturellen Unbewussten. Zum Wissensarchiv und Wissensbegehren moderner Gesellschaften.* Frankfurt a.m. u.a. (Campus) 1999.

Cleve, Gabriele: *Völkisches Denken im Alltag.* In: Disselnkötter, Andreas u.a. (Hg.): Evidenzen im Fluss. Demokratieverlust in Deutschland. Modell D – Geschlechter – Rassismus – PC. Duisburg (DISSS) 1997, S. 244-260.

Deleuze, Gilles: *Foucault.* Frankfurt a.M. (Suhrkamp) 1992. (Suhrkamp-Taschenbuch Wissenschaft. 1023) (Originalausg.: Foucault, 1986)

Disselnkötter, Andreas & Jäger, Siegfried & Kellershohn, Helmut & Slobodzian, Susanne (Hg.): *Evidenzen im Fluss. Demokratieverluste in Deutschland.* Duisburg (DISS) 1997.

Drews, Axel & Gerhard, Ute & Link, Jürgen: *Moderne Kollektivsymbolik. Eine diskurstheoretisch orientierte Einführung mit Auswahlbibliographie.* In: Internationales Archiv für Sozialgeschichte der deutschen Literatur (IASL) (Hg.): 1. Sonderheft Forschungsreferate. Tübingen 1985, S. 256-375.

Foucault, Michel: *Archäologie des Wissens, 3. Aufl.* Frankfurt a.M. (Suhrkamp) 1988.

Foucault, Michel: *Der Wille zum Wissen. Sexualität und Wahrheit. Bd. 1.* Frankfurt a.M. (Suhrkamp) 1983.

Foucault, Michel: *Diskurs und Wahrheit. Berkeley-Vorlesungen 1983.* Berlin (Merve-Verl.) 1996.

Foucault, Michel: *Überwachen und Strafen. Die Geburt des Gefängnisses, 8. Aufl.* Frankfurt a.M. (Suhrkamp) 1989.

Foucault, Michel: *Wahrheit und Macht.* In: Foucault, Michel (Hg.): Dispositive der Macht. Über Sexualität, Wissen und Wahrheit. Berlin (Merve-Verl.) 1978, S. 21-54.

Foucault, Michel: *Was ist Kritik?* Berlin (Merve-Verl.) 1992. (Originalausg.: Qu'est-ce que la critique? 1990, Vortrag und Diskussion von 1978) (Internationaler Merve-Diskurs. 167)

Jäger, Margret: *Fatale Effekte. Die Kritik am Patriarchat im Einwanderungsdiskurs.* Duisburg (Duisburger Inst. für Sprach- und Sozialforschung) 1996.

Jäger, Margret & Cleve, Gabriele & Ruth, Ina & Jäger, Siegfried: *Von deutschen Einzeltätern und ausländischen Banden.* Duisburg (Duisburger Inst. für Sprach- und Sozialforschung) 1998.

Jäger, Margret & Jäger, Siegfried & Ruth, Ina & Schulte-Holtey, Ernst & Wichert, Frank (Hg.): *Biomacht und Medien. Wege in die Biogesellschaft.* Duisburg (Duisburger Inst. für Sprach- und Sozialforschung) 1997.

Jäger, Siegfried: *BrandSätze. Rassismus im Alltag. 4. Aufl.* Duisburg (Duisburger Inst. für Sprach- und Sozialforschung) 1996.

Jäger, Siegfried: *Diskurstheorien.* In: Hierdeis, Helmwart & Hug, Theo (Hg.): Taschenbuch der Pädagogik. 4. überarb. Aufl. Baltmannsweiler (schneider) 1996, S. 238-249.

Jäger, Siegfried: *Kritische Diskursanalyse. Eine Einführung. 2. überarb. u. erw. Aufl.* Duisburg (Duisburger Inst. für Sprach- und Sozialforschung) 1999.

Jäger, Siegfried & Kretschmer, Dirk & Cleve, Gabriele & Griese, Birgit & Jäger, Margret & Kellershohn, Helmut & Krüger, Coerw & Wichert, Frank: *Der Spuk ist nicht vorbei. Völkisch-nationalistische Ideologeme im öffentlichen Diskurs der Gegenwart.* Duisburg (Duisburger Inst. für Sprach- und Sozialforschung) 1998.

Jurt, Joseph (Hg.): *Von Michel Serres bis Julia Kristeva.* Freiburg i.B. (Rombach Litterae) 1999.

Laclau, Ernesto: *Politik und Ideologie im Marxismus. Kapitalismus-Faschismus-Populismus.* Berlin (Argument Verl.) 1981.

Link, Jürgen: *Die Analyse der symbolischen Komponenten realer Ereignisse. Ein Beitrag der Diskurstheorie zur Analyse neorassistischer Äußerungen.* In: Jäger, Siegfried & Januschek, Franz (Hg.): Der Diskurs des Rassismus. Oldenburg (Red. OBST) 1992 (Osnabrücker Beiträge zur Sprachtheorie. 46), S. 37-52.

Link, Jürgen: *Diskurstheorie.* In: Haug, Wolfgang Fritz (Hg.): Historisch-kritisches Wörterbuch des Marxismus, Bd.2. Hamburg (Argument) 1995, S. 744-748.

Link, Jürgen: *Kollektivsymbolik und Mediendiskurse.* In: kultuRRevolution 1 (1982), S. 6-21.

Link, Jürgen: *Was ist und was bringt Diskurstaktik.* In: kultuRRevolution 2 (1983), S. 6o-66.

Link, Jürgen & Link-Heer, Ursula: *Diskurs/Interdiskurs und Literaturanalyse.* In: Zeitschrift für Linguistik und Literaturwissenschaft (LiLi), 77 (1990), S. 88-99.

Marx, Karl & Engels, Friedrich: *Die deutsche Ideologie*MEW 3 .

Teubert, Wolfgang: *Zum politisch gesellschaftlichen Diskurs im Postsozialismus.* Mannheim (Manuskr.) 1997.

Waldenfes, Bernhard: *Michel Foucault. Ordnung in Diskursen.* In: Ewald, Francois & Waldenfels, Bernhard (Hg.): Spiele der Wahrheit. Michel Foucaults Denken, Frankfurt a.M. (Suhrkamp) 1991, S. 277-297.

Heinz Moser

Einführung in die Praxisforschung

Die Verbindung zwischen Forschung und einer professionalisierten Praxis der Erziehung (Schul-, Sozialpädagogik etc.) ist für die Erziehungswissenschaft immer schon ein zentraler Diskussionsgegenstand gewesen. Denn die pädagogische Problematik bezieht sich auf eine Praxis, welche von der Wissenschaft Orientierung und Anleitung erwartet, sich gleichzeitig aber gerne auch von akademischen Erwartungen distanziert und die Unverwechselbarkeit der Praxis und ihrer Probleme betont. Jedenfalls stellt sich die Frage, inwieweit sich die ganzheitlichen Probleme einer alltäglichen Handlungspraxis durch segmentierte Theorien und Konstrukte wissenschaftlichen Handelns informieren lassen. Von Seiten der Praxis kann man dann hören: „Was bringt und all dieses theoretische Gelabere... ", während es von Seiten der Wissenschaft zurückschallt: „Die picken doch nur das heraus, was ihnen in den Kram passt; es ist, wie wenn man Perlen vor die Säue wirft."

Wie prekär dieser Zwiespalt sein kann, belegen Erfahrungen aus der jüngeren Wissenschaftsgeschichte, insbesondere aus der Geschichte der Aktionsforschung, welche in den siebziger Jahren des letzten Jahrhunderts gegen die damalige empirisch-analytische Forschung angetreten war, um den Praxisbezug von Forschung einzuklagen, und welche dazu eigene methodische Vorschläge formulierte (Haag 1972, Moser 1975). Vorausgegangen war die sogenannte realistische Wende der Erziehungswissenschaft, nämlich der Versuch, eine Forschungslogik der Hypothesenprüfung in die Erziehungswissenschaft einzuführen. Erziehungswissenschaft werde, so Heinrich Roth (1966), mehr als die Pädagogik dies je tat und tun konnte, das, was Bildungsideale und Erziehungsziele geheißen habe, auf angemessene und nachkontrollierbare Wissensformen und Verhaltensweisen hin umzusetzen. Die Vertreter dieses neuen Paradigmas der Forschung betonten dabei stark, dass Forschung wertfrei sei und in der Überprüfung von Hypothesen ihren Zweck habe. Darüber hinaus gebe es keinen direkten Weg vom Sein zum Sollen. Wissenschaftlich sei es deshalb illegitim, Empfehlungen zum praktischen Handeln zu formulieren. Die Erziehungswissenschaft als „nomothetische", das heißt an allgemeinen Aussagen orientierte Wissenschaft schien sich damit von den praktischen Bezügen des pädagogischen Feldes zu verabschieden.

Demgegenüber bestand die damalige Aktionsforschung auf einer engen Verbindung von Forschung und Praxis: Wissenschaft und Handeln waren danach über ein zirkuläres Modell des Handelns aufeinander zu beziehen. Theorie sollte Praxis informieren, welche ihrerseits wiederum auf Theorie zurückwirkte. Auf diesem Weg dachte man, dass sich beide Teile befruchteten. Es schien also möglich, eine Wissenschaft zu konzipieren, welche im Dienst der Praxis stand und daraus wiederum ihre eigene Theorieentwicklung anleitete. Das Forschungsziel bestand danach nicht ausschließlich darin, „soziologische theoretische Aussagen zu überprüfen oder zu gewinnen, sondern darin, gleichzeitig praktisch verändernd in gesellschaftliche Zusammenhänge einzugreifen" (Klüver/Krüger 1972, 76). Ein Beispiel war damals das Projekt Politische Bildung in Zürich (POBI). Hier arbeiteten Studierende aus der Universität zusammen mit Lehrkräften aus der Volksschule sozialkundliche Materialien für den Unterricht aus. Gedacht war dies einerseits als Beitrag zur Veränderung von Schule und Unterricht, während die praktischen Erfahrungen aus den Schulen wiederum in die Erarbeitung der Materialien als Korrektiv einfließen sollten.

Dem Wertfreiheitspostulat der empirischen Forschung wurde durch die Aktionsforschung ein „Positivismusverdacht" entgegengesetzt. Man argumentierte nämlich damit, dass die empirisch-analytische Forschung ebenfalls bereits ein Werturteil setze, wenn sie die gegebene Realität als solche (positiv) voraussetze. Wertfreiheit sei daher selbst ein Vorurteil, das sich letztlich einem „technischen Interesse" des wissenschaftlichen Handelns verdanke. Akzeptiere man jedoch, dass Forschung letztlich auf einem Wertefundament beruht, so sei es Aufgabe der Wissenschaft, sich in den Dienst der Aufklärung zu stellen, also Realität mittels Forschung kritisch zu reflektieren und Verbesserungsmöglichkeiten aufzuzeigen. Es ist leicht aufzuzeigen, wie diese Position mit einer kritischen Theorie der Gesellschaft und insbesondere mit den Überlegungen von Jürgen Habermas zu „Technik und Wissenschaft als Ideologie'" (1968) zusammenhängt, wie sie nach 1968 in der Universität und bei Intellektuellen stark vertreten wurden.

1.   Die Problematik des Aktionsforschungsansatzes

Die Entwicklung in der Sozial- und Erziehungswissenschaft belegt indessen, wie die Konzepte einer aufklärerischen Aktionsforschung nach einem steilen Anstieg in den frühen siebziger Jahren schnell ihren Zenit überschritten. Die Gründe dafür sind eng mit der Schnittstellenproblematik zwischen Theorie und Praxis verbunden:

Im Zentrum des Interesses der damaligen Aktionsforscher und Aktionsforscherinnen stand die Intention, Praxis mit wissenschaftlichen Mitteln zu verändern. Dies lag nicht zuletzt am Zeitgeist der 68-er Bewegung, die – ausgehend von Frankreich – die Studierenden der Universitäten aus dem Elfenbeinturm selbstbezogener Theorie hinaus in das „wirkliche Leben" führen wollte. Neugier und Lust an neuen Erfahrungen schienen aber nicht immer kompatibel mit den Interessen eines reflexiv-distanzierten Wissenschaftsbetriebs. Jedenfalls wurde sehr bald die Wissenschaftlichkeit der Projektberichte, welche Aktionsforscher/innen lieferten, kritisiert. Man bezweifelte generell, ob es möglich sei, gleichzeitig Praxisinteressen und wissenschaftliche Akribie zu vereinen. Klaus Hurrelmann (1977) kam in seinem Fazit zur Aktionsforschung zum Schluss, dass sich die meisten der damaligen Projekte höchstens als naiver Empirismus beschreiben ließen, Datensammlung finde in primitivster Form statt, ohne Rückgriff auf vorhandene theoretische Wissensbestände und Forschungsinstrumente.

Der Verdacht von Seiten der etablierten Wissenschaft wurde dadurch genährt, dass die Forschungsberichte von Aktionsforscher/innen meist stark reportagehafte Elemente enthielten. Auf der einen Seite war es nicht möglich, mit Zufallsstichproben im Sinne der quantitativen Forschung zu arbeiten (denn der Gegenstand der Aktionsforschung, zum Beispiel eine einzelne Schule, war dazu zu klein). Gleichzeitig fehlte aber auch eine methodologische Grundlage, um mit systematisch angelegten qualitativen Methodendesigns zu arbeiten. Dazu kam drittens eine Haltung, die oft glaubte, die Anschaulichkeit der beschriebenen Prozesse habe eine genügende Überzeugungskraft. In manchen Fällen war deshalb der Verdacht nicht von der Hand zu weisen, dass sich Projekte nur deshalb auf die Methode der Aktionsforschung bezogen, um ihre pragmatische Alltagsarbeit wissenschaftlich zu legitimieren. Dementsprechend gering war denn auch der Erkenntnisgewinn.

Kritik kam jedoch auch von Seiten der Praxis: Gerade die Lehrkräfte, denen das ganze Unternehmen der Aktionsforschung zugute kommen sollte, empfanden ihre Partner/innen aus den Universitäten oft als wenig kooperativ. Auf der einen Seite wollten letztere zwar bewusst zusammen mit Lehrkräften Forschung betreiben, in Wirklichkeit bestimmten sie aber die Forschungsagenda weitgehend selbst. Gstettner (1976) hat in diesem Zusammenhang den Begriff des Heimvorteils der Wissenschaftler geprägt, den diese ausnützten. Das Dilemma, welches hier zum Ausdruck kommt, liegt nicht zuletzt im damaligen Begriff einer emanzipatorischen Wissenschaft. Im Sinne der Kooperation mit Lehrkräften wollte man auf der einen Seite mit ihnen zusammen einen kritischen Unterricht gestalten. Die Ziele und Inhalte, welche für diese Emanzipation bestimmend waren, gaben die theoretischen Konstrukte und Überlegungen der Forschenden indessen bereits vor.

Dazu kommt, dass das reformfreudige Klima der siebziger Jahre rasch vorbei ging und damit auch die Notwendigkeit, innovative Projekte wissenschaftlich zu begleiten.

Aus den Erfahrungen dieser ersten Phase der Aktionsforschung in den siebziger Jahren lassen sich meines Erachtens eine Reihe von Folgerungen zum Verhältnis von Wissenschaft und Praxis ziehen. Insbesondere scheint es nicht möglich, die Ziele und Intentionen der Wissenschaft linear auf die Praxis zu übertragen, wie umgekehrt auch die Anliegen der Praxis oft von der Wissenschaft weder begriffen noch aufgenommen wurden. Und offensichtlich genügt der blauäugige Verweis auf die gegenseitige Kommunikation nicht; denn gerade in der Aktionsforschung hatten sich beide Seiten bemüht, miteinander ins Gespräch zu kommen – um sich nur umso gründlicher misszuverstehen.

Es genügt deshalb nicht, Phasen des theoretischen und praktischen Handelns einfach hintereinander zu schalten und auf diese Weise zu verknüpfen, um die Schnittstellenproblematik zu lösen – wie dies die Aktionsforschung versprach. Aus diesem Grund habe ich in späteren Arbeiten den Begriff der Aktionsforschung aufgegeben und mich stärker an Konzepten der Praxisforschung orientiert. Dies ist nicht einfach ein rhetorischer Kniff, vielmehr soll damit die Frage nach der Schnittstelle zwischen Theorie und Praxis nochmals neu aufgerollt werden.

2.   Die Differenz zwischen Forschung und Praxis

Ausgangspunkt der folgenden Überlegungen ist die Kritik, welche die empirisch-analytische Forschung – vertreten durch die in diesem Bereich damals wichtigste Position, den von Karl R. Popper begründeten „Kritischen Rationalismus" – gegenüber der Aktionsforschung erhoben hatte. Insbesondere kritisierten deren Protagonisten den Versuch, Ergebnisse wissenschaftlichen Handelns direkt praxiswirksam werden zu lassen. Zwar sah auch der Kritische Rationalismus die Möglichkeit, Erklärungswissen prognostisch für praktisches Handeln fruchtbar zu machen. Dies unterscheidet sich aber wesentlich davon, Empfehlungen für das „richtige" Handeln zu formulieren, weil letztere mit Normen und Wertungen verbunden sind. Eine Prognose beschreibt dagegen nur, was aufgrund bestimmter Randbedingungen der Fall sein *könnte*, ob jedoch das prognostizierte Ereignis – weil erwünscht – bewusst anzusteuern ist, ist keine Frage der Wissenschaft und liegt außerhalb ihres Bereichs. Forderungen dieser Art gehören aus der Sicht des kritischen Rationalismus nicht zu einem Forschungs- bzw. Technologieprogramm (Eichner/Schmitt 1974, 149).

Dieser Auffassung trat die Frankfurter Schule entgegen, welche die „Kritische Theorie" der Sozialwissenschaften begründet hatte. Sie machte – meines Erachtens zu Recht – darauf aufmerksam, dass der technologische Begriff, welcher der empirisch-analytischen Wissenschaft zugrunde liege, seinerseits schon eine Wertung (bzw. ein „technisches Interesse") voraussetze (Habermas 1968). Wissenschaft kann also nicht betrieben werden, ohne dass bereits eine bestimmte gesellschaftliche Position eingenommen wird. Allerdings wurde diese Position von der Aktionsforschung in einem sehr spezifischen Sinn aufgenommen: Waren normative Wertungen ohnehin schon Teil von Wissenschaft, dann ging es vor allem darum, diese explizit zu machen und das Handeln an bestimmten Normen zu orientieren. Wissenschaft sollte also parteilich sein und bestimmte gesellschaftliche Entwicklungen aktiv befördern.

Wenig Verständnis hatte man dagegen für die Fragestellung, ob das Moment der Betonung von Distanz und Differenz zwischen Forschung und Praxis nicht auch seinen guten Grund hat. Selbst Jürgen Habermas, die große theoretische Bezugsfigur der damaligen Aktionsforschungsliteratur, hat an dieser Stelle zur Vorsicht gemahnt. Er kritisiert am Modell des action research unmissverständlich, dass eine unkontrollierte Veränderung des Feldes mit der gleichzeitigen Erhebung von Daten im Feld unvereinbar sei (Habermas 1971, 18).

Systemtheoretische Überlegungen haben in den letzten Jahren deutlich gemacht, wie jedes System sich von seiner Umwelt abgrenzt und aus seiner internen Perspektive heraus operiert. Wissenschaft beobachtet damit die Welt auf ihre besondere Weise, weil sie eben Wissenschaft ist und damit ihren Gegenstand unter dem Code „wahr/falsch" konstruiert. Es geht hier also nicht um bestimmte inhaltliche Setzungen, welche das System Wissenschaft macht, sondern um deren systembildende Perspektive. Wissenschaft kann gar nicht anders, als in diesem Sinne Realität perspektivisch zu beschreiben. Kommunikationen, die nicht mehr der Unterscheidung wahr/falsch folgen, gehören nicht mehr dem Wissenschaftssystem an (Bora 1997, 229). Ähnlich ist es mit (professionellen) Praxissystemen. Ich habe ihre spezifische Art und Weise, die Welt zu betrachten mit der Leitdifferenz „brauchbar/unbrauchbar" gekennzeichnet (Moser 1975, 70-75). Dies ist ihre Art und Weise, an Informationen anzuschließen und Wissen zu selektieren.

Die unterschiedlichen Perspektiven verdeutlicht das folgende Beispiel: Vom praxisorientierten Standpunkt eines Schulteams kann eine Selbstevaluation sinnvoll sein, welche mittels Fragebogen bei den Schülern und Schülerinnen Arbeitsschwierigkeiten beim letzten Umweltprojekt der Schule thematisiert. Auf diese Weise können Empfehlungen und Anregungen zu einer – brauchbarkeitsorientierten – Verbesserung der Praxis resultieren. Eine wissenschaftliche Untersuchung würde sich dagegen stärker darum bemühen, Konstrukte aus dem Fachdiskurs über projektorientiertes Arbeiten aufzugreifen, um diese zu überprüfen und gegebenenfalls weiter zu differenzieren. So könnte man zum Beispiel Überlegungen zum eigenständigen Lernen in den Mittelpunkt eines solchen Forschungsprojektes stellen und daraus Folgerungen für die Strukturierung von Unterrichtsprojekten ziehen.

In dieser unterschiedlichen Sichtweise liegt nun aber auch das Problem der Schnittstelle: Praxissysteme haben sozusagen kein „Gehör" für die Dimensionen wahr/falsch oder missverstehen Angebote der Wissenschaft als Beiträge zu einem „brauchbaren Wissen". Wissenschaftler sprechen dann davon, dass die Praxis offensichtlich nicht fähig sei, ihre Argumente zu verstehen und daraus unsinnige Folgerungen zöge. Praktiker suchen umgekehrt für ihre alltäglichen Aufgaben in wissenschaftlichen Theorien das Moment der Brauchbarkeit und sind frustriert, wenn sie nicht fündig werden. Sie erwarten einfache Antworten und erhalten im besten Fall allgemeine Aussagen, die an die verschiedensten Vorbehalte gebunden sind.

Auf dem Hintergrund systemtheoretischer Überlegungen erscheint es indessen unmöglich, einfach die Regeln des Wissenschaftsspiels zu ändern, um wissenschaftliches Handeln stärker an Problemen der Praxis zu orientieren. Entweder würde dadurch die Leitdifferenz verändert und damit die Systemleistung selbst in Frage gestellt, oder man überspringt die Problematik, was – ähnlich, wie wenn man bei der Installation eines Programms auf dem Computer auf eine Fehlermeldung mit „skip" reagiert – gravierende Folgeprobleme nach sich zieht. Die Aktionsforschung versuchte das Zweite: Man beanspruchte die Wissenschaftlichkeit nach wie vor, hoffte aber die Schnittstellenproblematik gleichsam auszuhebeln; aus der unmittelbaren Verknüpfung von Theorie und Praxis resultierten denn auch die oben beschriebenen Folgeprobleme, welche letztlich belegen, dass die zugrunde liegende Problematik nach wie vor ungelöst war.

3.   Revival der Aktionsforschung in den neunziger Jahren

Interessant ist in diesem Zusammenhang, dass in den neunziger Jahren aus dem angelsächsischen Raum eine neue Form des action research als Lehrerforschung importiert wurde (vgl. Altrichter 1990). Diese nahm ihren Ausgangspunkt ebenfalls an der ungelöst gebliebenen Schnittstellenproblematik der früheren Aktions- und Handlungsforschung. Ihre Konsequenz war es aber, nun noch verstärkt zu fordern, dass ihr Fokus in der Praxis selbst liegen sollte. Altrichter/Posch (1998, 13) schließen dabei an John Elliott an, der als kürzeste und einfachste Definition formuliert hatte: „Aktionsforschung ist die systematische Untersuchung beruflicher Situationen, die von Lehrerinnen und Lehrern selbst durchgeführt wird, in der Absicht, diese zu verbessern" (Elliott 1981, 1). Damit wird eine Forschung von Praktiker/innen konzipiert, welche ihre Praxis selbst erforschen und dabei höchstens durch außenstehende „kritische Freunde" unterstützt werden. Ziel ist aber dennoch explizit: die „Weiterentwicklung der erziehungswissenschaftlichen Forschung" (Altrichter/Posch 1998, 330).

Damit wird die erste der oben genannten Alternativen favorisiert, nämlich Systemleistungen neu zu definieren und der an Universitäten etablierten Wissenschaft eine neue Form institutionalisierter Forschung entgegenzusetzen, die in der Praxis selbst ihren Ort hat, um Praktiker anzuleiten, das Feld der Schule zu reflektieren und auf eigene Faust zu „verbessern". Allerdings entsteht damit jedoch ein Legitimationsproblem im Verhältnis zu den Wissenschaftsinstitutionen, welche mit einer Form der Wissensgenerierung konfrontiert sind, die sich von der eigenen unterscheidet und dennoch das Prädikat der „Wissenschaftlichkeit" für sich beansprucht. Jedenfalls zeigt sich in Gesprächen mit etablierten Vertretern der Erziehungswissenschaft, dass diese sich zumeist von dieser Form einer „Micky-Maus-Forschung" distanzieren und sie dem Bereich vorwissenschaftlicher Erfahrung zuordnen, sie also aus dem wissenschaftlichen System externalisieren.

4. Das Konzept der Praxisforschung

M.E. führt kein Weg an der Tatsache vorbei, dass Wissenschaft und (professionalisierte) Praxis sich als autopoietische Systeme je unabhängig voneinander entwickeln und letztlich inkommensurabel sind. Der Weg von Theorie zur Praxis bzw. umgekehrt kann weder logisch noch verfahrensmäßig überbrückt werden, weil die jeweiligen Systeme gegeneinander operationell geschlossen sind. Wesentlich ist allerdings, dass wir damit nicht behaupten, es gebe keine Anschlüsse bzw. das jeweilig erarbeitete Wissen müsse für die je andere Seite gänzlich unverständlich und belanglos bleiben. Indessen sind diese „zwei Welten" nicht einfach total getrennt. Sie sprechen gewissermaßen verschiedene Sprachen innerhalb einer gemeinsamen Sprache.

Selbstverständlich ist es damit möglich, dass zum Beispiel die Praxis auf Theorieangebote reagiert bzw. dass Probleme der Praxis zu wissenschaftlichen Anschlussaktivitäten führen. Allerdings werden die Informationen des Fremdsystems nach Maßgabe des eigenen operationellen Prozessierens aufgenommen und verarbeitet. Kommunikationsanschlüsse können dabei in zweifacher Hinsicht vorausgesetzt werden:

Einmal sind schon faktisch vielfältige Anschlüsse im Medium der Sprache gegeben. Themen der Wissenschaft werden immer wieder auch in der Praxis diskutiert (von der Begabungsdiskussion bis hin zu Problemen der Bildungsökonomie), auch wenn der jeweilige Zugriff und die Diskussionsperspektiven unterschiedlich bleiben. Aber auch von Praktiker/innen werden wissenschaftliche Argumente oft zur Unterstützung ihrer eigenen Position hinzugezogen. Dies hängt damit zusammen, dass ein Kommunikationsereignis an verschiedene Diskurse anschließen kann. Nach Bora können soziale Systeme „ein Kommunikationsereignis (Mehrsystemereignis) gemeinsam haben. Denn alle sozialen Systeme operieren im Medium Sinn, alle benutzen Kommunikationen als Elemente und die Kommunikation jedes Subsystems ist zugleich allgemeine gesellschaftliche Kommunikation." (Bora 1997, 231)

Zweitens hat nicht allein die Wissenschaft eine Option auf die systematische Beobachtung von sozialer Realität. Zunehmend gibt es eine entsprechende Professionalisierung innerhalb der Praxissysteme, welche für ihr rationales Handeln systematischer Frühwarn- und Beobachtungsverfahren bedürfen. Dabei beziehen sich beide Systeme auf eine schon aus physiologischen Gründen endliche Anzahl von operativen Verfahrensweisen, die auf analogen Prozessen beruhen. Wenn ich z.B. im Rahmen von Selbstevaluation ein Geschehen beobachte, kann ich dies im Rahmen eines Interviews oder eines Beobachtungsprotokolls tun; ich kann beobachtete Ereignisse auszählen etc. Ich tue also letztlich nichts anderes, als was auch Wissenschaftler/innen tun – wobei allerdings in der Folge unterschiedliche Beobachtungsansprüche ins Spiel kommen. Das heißt, der jeweilige Systemcode kann zu unterschiedlichen prozessualen Regeln und Anforderungen führen. Eine Soft-Analyse ist im Rahmen der Selbstevaluation genügend methodisch abgesichert, um brauchbares Wissen im Praxissystem zu erzeugen; als Beobachtungsverfahren im Rahmen wissenschaftlichen Arbeitens erschien es jedoch problematisch, mit einem Verfahren zu arbeiten, das analytisch nicht besser abgesichert ist.

So operieren alle Systeme mit Prozeduren der Beobachtung, die gegenseitig nicht unbekannt sind. Dies ermöglicht immer wieder auch gegenseitige Anschlüsse. So kann es durchaus Fälle geben, wo Reflexionswissen der Praxis aus wissenschaftlicher Sicht aufgenommen und weiterverarbeitet wird. Und auch die Forschung kann Praxis durchaus informieren, wobei sie dieses aber aus ihrer eigenen Perspektive tut.

Vom Standpunkt einer Praxisforschung aus bedeutet das beschriebene fragile Verhältnis nun gerade nicht das Missglücken einer fruchtbaren Beziehung zwischen Theorie und Praxis. Vielmehr haben wir hier eigentlich nur beschrieben, was der Fall ist, wenn Wissenschaft und (professionelle) Praxis zueinander kommen. Es kann nicht die Aufgabe einer praxisorientierten Forschung sein, der Praxis die Verantwortung für ihr Handeln abzunehmen, indem sie diese mit dem Prädikat der Wissenschaftlichkeit auszeichnet. Praxis macht sich also in dieser Auffassung nicht vom Wissenschaftssystem abhängig: Sie hat dessen Prämissen und Resultate nicht einfach zu übernehmen; vielmehr bleibt sie frei, nach ihren eigenen Maßstäben manches zu übernehmen und anderes nicht. Weder kann Forschung das Praxissystem usurpieren noch die Praxis der Forschung klare Anweisungen darüber geben, was für sie nützliche Erkenntnis ist.

Doch die Differenz ist nur eine Seite der beschriebenen Beziehung. Denn gleichzeitig beziehen sich beide Diskurse auf denselben Gegenstand, nämlich Schule, Erziehung etc. Beide Systeme informieren sich gegenseitig darüber, auf welche Weise sie diesen betrachten bzw. welche Interpretationen sie daran anlegen. Die Praxis erhält damit die Möglichkeit, ihr eigenes Handeln dadurch zu überprüfen, dass sie mit Gesichtspunkten einer anders perspektivierten Außenwahrnehmung konfrontiert wird. Dieser „fremde Blick" kann nun aber geeignet sein, blinde Flecken zu identifizieren, welche in der Routine des eigenen Alltags gar nicht mehr wahrgenommen werden. Allerdings muss dabei die Bereitschaft vorausgesetzt werden, die jeweiligen Impulse der anderen Seite aufzunehmen und nach Maßgabe der eigenen Intentionen zu verarbeiten. In diesem Sinne kann denn auch voneinander „gelernt" werden – also nicht im Sinne gezielter Instruktion, sondern in der selbstreferentiell organisierten Verarbeitung der von außen herangetragenen Impulse. Dies macht meines Erachtens gerade die Fruchtbarkeit eines externen Kommentars aus, nämlich ähnliche Fragestellungen aus unterschiedlicher Perspektive aufzugreifen und sich dabei gegenseitig als eine Art von distanziertem „Echo" zu benutzen.

5.   Methoden und Verfahren der Praxisforschung

Wie können wir nun aber aufgrund des bisher Gesagten Prozeduren der Praxisforschung beschreiben? Dabei scheint uns nicht mehr möglich, von einer Korrespondenztheorie der Wahrheit auszugehen. Denn „Wahrheit" ist in dieser Auffassung selbst eine prozedurale Regel und nicht ein Kriterium dafür, dass die Welt als solche in ihrer Sachhaltigkeit zutage tritt; vielmehr bleibt diese in ihrem Wesen immer unbegriffene Umwelt, die aus einer bestimmten Perspektive heraus – hier der „wissenschaftlichen" – beobachtet und angeeignet wird. Dennoch bedeutet dies nicht bloße Beliebigkeit, wo von der Seite des beobachtenden Subjekts alles gleich wahrscheinlich ist und jede Konstruktion gleichermaßen Berechtigung hat. Letztlich muss es möglich sein, theoretische Aussagen nach dem Grad ihrer Informiertheit zu ordnen (als mehr oder weniger „wahr"). Nach Bora (1997, 229) ist „Sachhaltigkeit" unter diesen Setzungen nicht zu verstehen als quasi gegenständlicher Maßstab für Wahrheit, sondern als Stoppregel in Rekonstruktionsverfahren. Diese bestehe in der Konsistenz und Komplexität der rekonstruktiv gewonnen Strukturhypothesen.

In einem ähnlichen Sinn gehen wir davon aus, dass es Kriterien für die Forschung gibt, welche über relativistische Positionen hinausreichen. Zwar werden die Forschenden als Beobachterinnen und Beobachter keinen direkten Zugang zu den Phänomenen gewinnen. Sie sind in ihren Beobachtungen (der zweiten Ordnung) ihrerseits auf Texte und Wahrnehmungen verwiesen, die selbst wiederum Beobachtungen enthalten. So erforschen wir zum Beispiel im Unterricht das Verhalten von Lehrkräften, in welches die Tatsache eingeht, dass sie selbst ihre Schüler und Schülerinnen laufend beobachten.

Wenn wir in diesem Rahmen (Wahrheits-)Kriterien für die Qualität unserer Forschungsarbeit benötigen und Forschung im hier dargestellten Sinn operativ zu verstehen ist, so beziehen sich diese insbesondere auf die Konsistenz des Forschungshandelns, nämlich auf das systematische Vorgehen, auf die durch Regeln definierte methodische Kontrolle und auf die Kohärenz der aus den Daten gezogenen Schlüsse.

Das mag sich noch reichlich abstrakt anhören; im Folgenden sollen nun aber wesentliche Elemente einer Methodologie der Praxisforschung beschrieben werden, die sich an den eben dargestellten Gesichtspunkten orientieren. Insbesondere sind folgende Aspekte für eine Konkretisierung der Forschungskonzeption zentral:
*   die dichte Beschreibung;
*   die Triangulation;
*   der Gegensatz: quantitativ-qualitativ;
*   der abduktive Schluss;
*   die Sättigung;
*   das Member Checking

5.1   Die dichte Beschreibung

Das erste Ziel der Forschung besteht in einer *dichten Beschreibung* (thick description) des jeweiligen Gegenstandsbereichs, auf welchen sich die Auswertungen und Interpretationen beziehen. Ein reiches und vielfältiges Datenmaterial ist notwendig, wenn differenzierte Theorieentwicklung möglich sein soll. Der Begriff der dichten Beschreibung geht dabei auf die amerikanische Ethnographie zurück; sie bezeichnet bei Geertz (1973) die schriftliche Repräsentation einer Kultur. Die Forschenden schreiben sich – indem sie Dinge, die vorfallen, systematisch festhalten – in einen sozialen Diskurs ein, der mehr ist als eine Sammlung einzelner unverbundener Fakten.

Letztlich entsteht durch die Beobachtungen der Forschenden ein ganzes Geflecht von Beziehungen, welche den jeweiligen Gegenstandsbereich „überziehen". Die dabei erfolgte Konstruktion des Gegenstandes durch die Datensammlung bestimmt indessen die Bildung und Prüfung von Theorien nicht auf einseitige Weise, da ein reichhaltiges Datenmaterial umgekehrt immer auch die Entwicklung von Theorien beeinflusst: Theoretische Konstrukte müssen aufgrund neuer Daten differenziert und modifiziert werden bzw. sie verlangen, dass zu ihrer Absicherung weitere ganz neue Daten erhoben werden müssen (sogenanntes theoretisches Sampling: Moser 1999, 27).

5.2   Die Triangulation

Wichtig in diesem Zusammenhang ist das Prinzip der *Triangulation*, welches besagt, dass Praxisforschung meist mehrere Methoden und Forschungsinstrumente im Sinne eines Methoden-Mix miteinander kombiniert. Triangulation bedeutet dabei, dass derselbe Gegenstand von verschiedenen Seiten beleuchtet wird. Dies verstärkt die Überzeugungskraft der Forschungsergebnisse, weil diese durch den Einbezug unterschiedlicher Datenquellen, welche dieselben Schlüsse unterstützen, besser abgestützt erscheinen. Wie Michael Patton (2000) in einem Beitrag zur Mailing-Liste QUALRS-L verdeutlicht hat, ist dies indessen nur eine Seite der Triangulation. Vielmehr gehen wir davon aus, dass unterschiedliche Methoden auch einen je spezifischen Zugang zu ihren Gegenständen bedeuten. Durch die Triangulation kommen damit zusätzliche Nuancen ins Spiel, es werden Lücken ausgefüllt, und es kann die Kohärenz der bisherigen Auswertung im Lichte der neuen Ergebnisse abgeschätzt werden.

5.3   Der Gegensatz: quantitativ-qualitativ

Im Rahmen von triangulativen Verfahren werden häufig *quantitative und qualitative Methoden* miteinander kombiniert. Das heißt zum Beispiel, dass die Einstellung von Lehrkräften zu bestimmten Unterrichtsverfahren einerseits quantitativ erfasst wird, um repräsentative Aussagen für die gewählte Gruppe zu erhalten. Gleichzeitig können Strukturen und Haltungen, welche den Präferenzen für bestimmte Verfahren zugrunde liegen, über qualitative Tiefeninterviews weiter ausgearbeitet werden. Es ist also für das gesamte Forschungsprogramm ein gemeinsamer Fokus für die Triangulation gegeben; in diesem übergreifenden Rahmen sind die einzelnen Zugriffe auf diesen Gegenstand indessen weder beliebig noch austauschbar.

5.4   Der abduktive Schluss

Wissenschaft ist generell nicht direkt auf Wahrnehmungen ihrer Gegenstände bezogen, sondern auf sprachliche Aussagen darüber. Ihre Schlüsse und Wahrheitsansprüche beziehen sich deshalb auf aussagenlogische Verfahren. Nachdem die empirische Forschung sehr lange die *Deduktion* als Kern wissenschaftlichen Schließens bezeichnet hat, ist in den letzten Jahren mit der Methode der „Grounded theory" (Glaser & Strauss 1967) auch die *Induktion* wieder rehabilitiert worden. Von den Datenquellen kommen die Forschenden nach dieser Auffassung induktiv zur Entwicklung theoretischer Konstrukte. Dabei sollen theoretische Vorgaben möglichst zurückgestellt werden, um unmittelbar mit den Daten zu arbeiten. Diese Unterstellung scheint mir indessen in der Forschungspraxis kaum einzuhalten, weil das Vorwissen der Forschenden nicht auszuschalten ist.

M.E. ist auf dem aktuellen Diskussionsstand der Weg der *Abduktion* in den Vordergrund zu stellen, nach Eberhard das „durch eine Beobachtung angelegte Auffinden oder Erwähnen eines allgemeinen Begriffes bzw. Satzes, durch den jene Beobachtung eingeordnet bzw. erklärt werden kann" (Eberhard 1999, 123). Die Abduktion führe zu Schlussfolgerungen, die logisch illegitim sind, aber als einzige der Erkenntnisformen neue Informationen liefern.

Nach dem Internet-Lexikon der Methoden der empirischen Sozialforschung geht es bei der Abduktion um hypothetisches Schließen: Der abduktive Schluss sucht zu einer gegebenen Beobachtung eine mögliche allgemeine Gesetzmäßigkeit, die diese Beobachtung erklären könnte. Ein Beispiel dazu wäre:

Beobachtung: „Cäsar ist sterblich."

Denkbare Erklärung: „Alle Menschen sind sterblich."

Hypothetische Schlussfolgerung: „Cäsar ist ein Mensch (und deshalb sterblich)." (vgl. dazu: Ludwig-Mayerhofer 2000).

Konkret gleicht die Arbeit des Forschers im Rahmen einer abduktiven Konzeption der Forschung derjenigen eines Detektivs (zur Metapher des Privat Eye im Rahmen ethnographischer Forschung auch: Denzin 1997, 163-198). Dieser steht vor einem Rätsel, das gelöst werden muss. Dazu stützt er sich auf ein reiches Datenmaterial (die „dichte Beschreibung" seines Gegenstandes), welches triangulativ gewonnen wurde. Wie der Detektiv des Kriminalromans geht er nun verschiedenen Spuren nach, landet in Sackgassen, muss im Verlauf des Prozesses immer wieder neue Informationen sammeln – um am Schluss eine Lösung zu finden, in welche alle Teile seines Puzzles hineinpassen. Oft wird von Theoretikern der Abduktion dabei auch betont, dass diese Lösung – die hypothetische Schlussfolgerung – wie ein Gedankenblitz erscheine (vgl. Moser 2000).

5.5   Die Sättigung

In diesem Zusammenhang wird man zum Punkt einer *Sättigung* gelangen: Das heißt, wenn neue Daten gesammelt werden, ziehen sie keine wesentliche Weiterentwicklung der entwickelten theoretischen Konstruktion mehr nach sich, sondern stützen diese bzw. differenzieren lediglich noch Nuancen und Einzelheiten aus. Im Sinne einer Stoppregel werden wir nun die Auswertung unserer Forschungsdaten abbrechen, da die für unser Forschungsvorhaben angestrebte maximale Kohärenz erreicht ist. Das Prinzip der „Sättigung" kann sich dabei ebenfalls nicht auf die Phänomene berufen, also auf deren vollständige Erfassung. Vielmehr bezieht sich die Stoppregel auf unsere Beobachtungsaussagen: Erscheinen uns die aus der dichten Beschreibung des Forschungsgegenstandes gewonnenen theoretischen Konstrukte genügend konsistent, so halten wir uns dafür berechtigt, das Ergebnis für so weit abgesichert zu betrachten, dass der Abbruch gerechtfertigt ist.

5.6   Das Member Checking

Es stellt sich in diesem Zusammenhang die Frage, welches die Funktion der von Forschungsprozessen betroffenen Personen ist, die im Konzept der Aktionsforschung als gleichberechtigte „Forschungssubjekte" galten. Im Rahmen der Praxisforschung erscheint es mir problematisch und unrealistisch, Praktiker quasi automatisch zu „Mitforscher/innen" zu erheben. Schon von ihrem Interesse her sind für sie, wie wir weiter oben ausgeführt haben, Brauchbarkeitsaspekte und nicht solche der Wahrheit maßgebend. Dennoch ist es für praxisorientiertes Forschen unverzichtbar, dass die erarbeiteten Resultate für diese Praxis Anschlussmöglichkeiten bieten und sich nicht verselbständigen.

Aus diesem Grund erscheint es mir zwingend notwendig, dass in der Praxisforschung Aspekte des *Member Checks* bzw. der Rückgabe der Forschungsresultate an die Betroffenen zum Ablauf von Forschungsprojekten gehören. Die Resultate werden ihnen also zurückgegeben und aus der Perspektive der an der Forschung Beteiligten gespiegelt. Ziel ist es dabei allerdings nicht, dass die Praxis nun der Forschung sagen könnte, wie sich die Sachverhalte „in Wirklichkeit" darstellen. Im Zentrum steht vielmehr die Möglichkeit für die Forschenden zu beobachten, wie ihre Ergebnisse in der Praxis aufgenommen werden. Zur Gewährleistung der Anschlussfähigkeit der Ergebnisse kann dies auf der einen Seite helfen, Ergebnisse und Resultate so zu fassen, dass die Praxis eher bereit ist, sie aufzunehmen und daran anzuschließen.

Allerdings geht es beim Member Check nicht nur um ein didaktisches Problem. Wenn bestimmte Ergebnisse von der Praxis angezweifelt werden, bedeutet dies auf der anderen Seite, dass die Forschenden nochmals über die Bücher gehen müssen:
- Es kann sein, dass durch die Reaktionen der Praxis die Kohärenz des theoretischen Ansatzes in Frage gestellt wird und dass also neue Regeln und Gesetzmäßigkeiten gesucht werden müssen, um das Datenmaterial zu interpretieren.
- Praktiker/innen provozieren ganz neue Interpretationen der Daten, die auf der Seite der Forschenden bisher übersehene Anschlüsse nahelegen.
- Liegt ein Auftrag aus der Praxis vor, kann eine solche Diskussion zeigen, dass dieser in der Sicht der Auftraggeber nicht erfüllt wurde. Es müsste dann diskutiert werden, welche zusätzliche Arbeit noch zu leisten ist.

Ist es nicht möglich, zu einem Konsens zu kommen, hat es sich bewährt, die Auffassung der Praktiker/innen als Anhang zum Forschungsbericht aufzunehmen. Ihre Perspektive wird damit dokumentiert, ohne dass dadurch die unterschiedlichen Systemperspektiven verwischt werden. Und es wird offen gelassen, welche Position letztlich recht behält.

Wir haben in diesem zweiten Teil unseres Aufsatzes versucht, einige Grundlagen für ein methodisches Konzept der Praxisforschung darzustellen, welche die Schnittstelle zwischen Theorie und Praxis als Kernproblem miteinbezieht. Dabei haben wir klar an den wissenschaftlichen Ansprüchen der Praxisforschung festgehalten. Denn es erscheint uns wichtig, dass Praxisforschung nicht einfach eine kurzatmige Auftragsforschung darstellt, die sich um theoretische Ansprüche nicht schert. Unseres Erachtens kann sie sich im Rahmen des Wissenschaftssystems nur dann behaupten, wenn sie die

Verbindung zu den theoretischen Diskursen ihrer Fachgebiete nicht vernachlässigt und professionelle Erkenntnisarbeit leistet.

Praxisnähe ist dabei keineswegs ein defizitärer Modus – indem es sich, wie manche Wissenschaftler/innen behaupten, bei der Praxisforschung nur um eine Billigversion von Wissenschaft handelt. Vielmehr sind wir überzeugt, dass ein enger Bezug zur Praxis eine Gewähr dafür bietet, Forschung auf dem Hintergrund einer sehr dichten Beschreibung ihres Gegenstandes betreiben zu können – was wiederum nur vorteilhaft für die Erarbeitung gehaltvoller Schlüsse sein kann.

Literatur- und Medienverzeichnis

Bora, Alfons: *Sachhaltigkeit versus Verfahren? In:* Tilmann Sutter (Hg.): Beobachtung verstehen, Verstehen beobachten. Opladen (Westdt. Verl.) 1997, S. 228-252.

Denzin, Norman K.: *Interpretative Ethnography. Ethnographic Practices for the 21st Century.* Thouusand Oaks u.a. (Sage) 1997.

Eberhard, Kurt: *Einführung in die Erkenntnis- und Wissenschaftstheorie. 2. Aufl.* Stuttgart u.a. (Kohlhammer) 1999. (Kohlhammer-Urban-Taschenbücher. 386)

Eichner, Klaus & Schmidt, Peter: *Aktionsforschung. Eine neue Methode.* In: Soziale Welt, 1974, S. 145-168.

Geertz, Clifford: *The Interpretation of Culture. Selected Essays.* New York (Basic Books) 1973.

Glaser, Barney G. & Strauss, Anselm L: *The Discovery of Grounded Theory. Strategies for Qualitative Research.* Hawthorne, NY (de Gruyter) 1967.

Gstettner, Peter: *Handlungsforschung unter dem Anspruch diskursiver Verständigung.* In: Zeitschrift für Pädagogik 22 (1976) 3, S. 321-333.

Haag, Fritz (Hg.): *Aktionsforschung. Forschungsstrategien, Forschungsfelder und Forschungspläne.* München (Juventa-Verl.) 1972.

Habermas, Jürgen: *Technik und Wissenschaft als Ideologie.* Frankfurt a.M. (Suhrkamp) 1968.

Habermas, Jürgen: *Theorie und Praxis.* Frankfurt a.M. 1971.

Hurrelmann, Klaus: *Kritische Überlegungen zur Entwicklung der Bildungsforschung.* In: Erziehung, 4 (1997), S. 58-62.

Ludwig-Mayerhofer, Wolfgang: *ILMES – Internet-Lexikon der Methoden der empirischen Sozialforschung.* (URL http://www.lrz-muenchen.de/~wlm/ilm_a1.htm [Stand 2000-03-25])

Moser, Heinz: *Aktionsforschung als kritische Theorie der Sozialwissenschaften.* München (Kösel) 1975.

Moser, Heinz: *Grundlagen der Praxisforschung.* Freiburg i.B. (Lambertus) 1995.

Moser, Heinz: *Instrumentenkoffer für die Praxisforschung. 2. Aufl.* Freiburg i.B. (Lambertus) 1999.

Moser, Heinz: *Neue Wege pädagogischer Forschung.* Zürich (Im Erscheinen) 2000.

Patton, Michael: *Triangulation. Beitrag zur Mailing-List QUALRS-L vom 23.3.2000.*

Roth, Heinrich: *Erziehungswissenschaft zwischen Psychologie und Soziologie.* In: Zeitschrift für Pädagogik, 1966, 6. Beiheft, S. 74-84.

Ralf Bohnsack

Dokumentarische Methode

Theorie und Praxis wissenssoziologischer Interpretation

In den zwanziger Jahren des vergangenen Jahrhunderts hat Karl Mannheim mit seinem Entwurf der „Dokumentarischen Methode der Interpretation" die erste umfassende Begründung der Beobachterhaltung in den Sozialwissenschaften vorgelegt, die den Ansprüchen einer erkenntnistheoretischen Fundierung auch heute noch standzuhalten vermag (vgl. Mannheim 1964a). Allerdings sind die eigentlich methodologisch relevanten Texte (so vor allem Mannheim 1980 u. 1952b) bisher kaum in größerem Umfang rezipiert worden, eher schon diejenigen zum Ideologie- und zum Generationenbegriff (1952a u. 1964b). Bedeutung und Tragweite der von Mannheim ausgearbeiteten Methodologie erschließen sich erst unter Einbeziehung aller seiner Arbeiten, vor allem der vor seiner Zwangsemigration (1933) verfassten.

Die Entwicklung der dokumentarischen Methode war Anfang der 30er Jahre in Frankfurt auch mit der Initiierung einer Forschungspraxis im Kontext von Seminaren verbunden. Gemeinsam mit seinem damaligen Assistenten Norbert Elias hat Mannheim in einem Kreis von Student(inn)en und Doktorand(inn)en das betrieben, was wir heute eine Forschungswerkstatt nennen würden[1].

1. Beobachterhaltung und genetische Analyseeinstellung

Die Beobachterhaltung, wie Mannheim sie als erster in einer heute noch aktuellen Weise zu begründen vermochte, basiert wesentlich auf einer spezifischen Analyseeinstellung, die er als „genetische" oder „soziogenetische Einstellung" bezeichnet hat (vgl. Mannheim 1980, 85). In dieser Analyseeinstellung wird die Frage nach dem faktischen Wahrheitsgehalt oder der normativen Richtigkeit kultureller oder gesellschaftlicher Tatsachen „in Klammern gesetzt" (a.a.O., 66). Eine derartige „Einklammerung des Geltungscharakters" (a.a.O., 88) objektivistischer Voronnahmen ermöglicht den Wechsel von der Frage, was kulturelle oder gesellschaftliche Tatsachen sind, zur Frage danach, wie diese hergestellt werden, also zur Frage nach den sozialen Prozessen der Herstellung dessen, was als kulturelle oder gesellschaftliche Tatsache gilt: „Nicht das ‚Was' eines objektiven Sinnes, sondern das ‚Daß' und das ‚Wie' wird von dominierender Wichtigkeit" (Mannheim 1964a, 134).

---

[1] Genaueres zu dieser überwiegend von Frauen besuchten Forschungswerkstatt findet sich in Honegger (1990).

Diese von Mannheim als genetische Einstellung charakterisierte analytische Haltung stellt eine wesentliche Komponente der dokumentarischen Methode dar. Mannheim hat hiermit das vorweggenommen und zum Teil auch mit beeinflusst, was heute zum Kern der konstruktivistischen Analyse gehört. Die „Welt selbst" oder „die Realität", also das „Was" bleibt unbeobachtbar. Beobachtbar sind lediglich die Prozesse der Herstellung von „Welt" und „Realität", also das „Wie". Niklas Luhmann formuliert dort, wo er die Analyseeinstellung des wissenschaftlichen Beobachters charakterisiert: „Die Was-Fragen verwandeln sich in Wie-Fragen" (Luhmann 1990, 95).

Der sozialwissenschaftliche Konstruktivismus ist in jener Variante, wie sie uns in der Ethnomethodologie begegnet, wesentlich durch Karl Mannheim beeinflusst worden. Harold Garfinkel, der Begründer der Ethnomethodologie, ist bereits Ende der 50er/ Anfang der 60er Jahre einem methodologischen Programm gefolgt, welches dem skizzierten Wechsel der Analyseeinstellung vom „Was" zum „Wie" verpflichtet ist und in dessen Zentrum die „dokumentarische Methode" steht. Garfinkel (1967a, VII) erscheint „die objektive Realität der sozialen Tatsachen als eine fortlaufende Durchführung (‚accomplishment') der aufeinander abgestimmten Aktivitäten des täglichen Lebens", also als ein fortlaufender Prozess der Herstellung der gesellschaftlichen Realität.

Damit hatte Garfinkel der phänomenologischen Soziologie von Alfred Schütz, die neben der Wissenssoziologie von Mannheim als die andere Wurzel der Ethnomethodologie gelten kann, eine entscheidende methodologische Wendung gegeben. Das Handlungsmodell von Schütz (1974 u. 1971) kann als eine der avanciertesten Weiterentwicklungen des Weberschen Postulats der subjektiven Sinninterpretation (Weber 1976) angesehen werden. Nach Schütz ist die Handlungsfähigkeit der Subjekte darin fundiert, dass sie zweckrationale Handlungsentwürfe („Um-zu-Motive") typenhaft konstruieren und ihr Handeln daran orientieren. In dieser – und nur in dieser – Hinsicht wird also in der phänomenologischen Soziologie der Wirklichkeit der Charakter der Konstruiertheit zuerkannt. Die mit der interaktiven Verständigung, d.h. der Erfassung des „subjektiv gemeinten Sinns", verbundenen Komplikationen der Beobachtung und des Fremdverstehens und der daraus resultierende grundlegende Konstruktcharakter von Motiven und Sinnzuschreibungen (sowie auch deren Abhängigkeit vom Standort des alltäglichen und wissenschaftlichen Interpreten) wurden bei Schütz und in seiner Nachfolge auch bei Berger/Luckmann (1969) aus der handlungstheoretischen und epistemologischen Betrachtung weitgehend ausgeklammert.[2] Hierin liegt einer der entscheidenden Unterschiede zu Garfinkel und zu den Ethnomethodologen im Allgemeinen (vgl. u.a. Blum/McHugh 1971), die aufweisen konnten, dass die alltägliche interaktive Verständigung auf (wechselseitigen) Motivkonstrukti-

---

2 Eine interaktive Verständigung soll in diesem Sinne relativ unproblematisch dadurch gewährleistet werden, dass die Beteiligten einander wechselseitig beobachten und auf der Basis einer Perspektivenübernahme, einer „Reziprozität der Perspektiven" (vgl. Schütz 1971), die Motive und Handlungsentwürfe, also die Konstruktionen der anderen, in ihrer Typenhaftigkeit zu erfassen in der Lage sind. – Bei Knorr-Cetina (1989, 89) heißt es mit Bezug auf die phänomenologische Soziologie von Berger/Luckmann, diese sei „epistemologisch skrupellos".

onen, -zuschreibungen oder -unterstellungen basiert und somit einen prekären Charakter hat. Garfinkel (1973, 205) spricht mit Bezug auf jegliche alltägliche Verständigung von einer „Vortäuschung (oder Unterstellung von) Übereinstimmung" („pretence of agreement").

Diese methodologische Wende der Ethnomethodologie ging einher mit einem veränderten Verständnis der wissenschaftlichen Analyseeinstellung bzw. Beobachterhaltung. Im Sinne von Schütz und in seiner Nachfolge auch der phänomenologischen „Wissenssoziologie" von Berger/Luckmann (1969) sowie der in dieser Tradition stehenden „wissenssoziologischen Hermeneutik" (vgl. Hitzler/Reichertz/ Schröer 1999) unterscheidet sich der sozialwissenschaftliche vom alltäglichen Beobachter lediglich durch einen höheren Grad der Formalisierung und Systematisierung. Die analytische Einstellung der Phänomenologischen Soziologie bleibt ansonsten derjenigen des Common Sense verhaftet und somit auf denselben Gegenstand gerichtet, nämlich auf den subjektiv gemeinten Sinn[3], der nach Art (zweckrationaler) „Motive" verstanden wird (zu den sich hieraus ergebenden methodologischen Problemen siehe auch Kap. 7). Demgegenüber ist die Analyseeinstellung des wissenschaftlichen Beobachters im Sinne der Ethnomethodologie auf einen ganz anderen Gegenstand gerichtet, nämlich auf das Wie, also auf die Logik oder den modus operandi der Prozesse der Herstellung von Sinnzuschreibungen und Motivunterstellungen. Während die Phänomenologische Soziologie sich – in der Begrifflichkeit von Luhmann (1990, 86) – auf dem Niveau von „Beobachtungen erster Ordnung" bewegt, handelt es sich bei der Ethnomethodologie und der Mannheimschen Wissenssoziologie um ein „Beobachten von Beobachtungen", also um „Beobachtungen zweiter Ordnung" (ebenda)[4]. Für die ethnomethodologische Analyseeinstellung bedeutet dies, dass – wie es bei Garfinkel (1967f, 272) heißt – „eine Haltung der ‚offiziellen Neutralität‘ (‚official neutrality‘) jenem Glauben (‚belief‘) gegenüber eingenommen wird, daß die Objekte der Welt so sind, wie sie erscheinen". Damit orientiert sich Garfinkel an der mit der genetischen Analyseeinstellung bei Mannheim einhergehenden „Einklammerung des Geltungscharakters" gegenüber den in den alltäglichen Sinnzuschreibungen und Motivunterstellungen implizierten Ansprüchen auf faktische Wahrheit und normative Richtigkeit.

---

[3] Nach Soeffner (1991, 267), als Vertreter einer phänomenologischen Wissenssoziologie, führt die Analyse „über die Konstruktion eines begrifflich reinen Typus von dem oder den als Typus gedachten Handelnden und dem von ihnen subjektiv gemeinten Sinn". – Vgl. auch die Ausführungen von Schütz (1971, 80) zum wissenschaftlichen Beobachter. Für eine kritische Auseinandersetzung mit der phänomenologischen Wissenssoziologie siehe auch Meuser 1999.

[4] Auch wenn Schütz (1971) die Konstruktionen des Sozialwissenschaftlers als solche „zweiten Grades" bezeichnet, bewegen sie sich doch immer noch auf dem Niveau von „Beobachtungen erster Ordnung".

2. Kommunikative Verständigung: die interpretative und definitorische Herstellung sozialer Realität

Im Sinne der Ethnomethodologie ist dieser Prozess der Herstellung von Wirklichkeit allerdings grundlegend ein interpretativer. Deren Analyse zielt auf die interpretativen Verfahren („interpretative procedures") der Herstellung von Realität.

Gegenstand der ethnomethodologischen Analyse und Kritik waren u. a. die Prozesse der interpretativen und definitorischen Herstellung von Wirklichkeit in den Entscheidungsprozessen bürokratischer Organisationen und staatlicher Kontrollinstanzen (vgl. Cicourel 1968 u. Garfinkel 1967b) – vor allem hinsichtlich der hierin implizierten Konstruktion von Motiven, Biographien und auch Milieus (so z.B. die Biographie- und Milieukonstruktionen von Richtern und Polizeibeamten; vgl. u.a. Garfinkel 1976 u. Cicourel 1968). Aufgewiesen werden konnte aber auch der Konstruktcharakter von Motivunterstellungen und entsprechende Biographie- und Milieukonstruktionen in der Handlungs- und Entscheidungspraxis sozialwissenschaftlicher Forschung (vgl. Garfinkel 1967c und Cicourel 1970). Und es zeigte sich, dass auch die sozialwissenschaftliche Forschung dem Niveau des Common-Sense, dem Niveau der Alltagsbeobachtungen als Beobachtungen „erster Ordnung", verhaftet geblieben ist.

Diese Analysen ließen die Architektur der „Methoden" der Alltagsbeobachtungen, die „Ethno-Methoden" sichtbar werden. Die ethnomethodologische Analyse der interpretativen Herstellung von Wirklichkeit ist allerdings bei dieser – im weitesten Sinne zu verstehenden – Methoden-Kritik, also bei einer De-Konstruktion der interpretativen und definitorischen Herstellung gesellschaftlicher Tatsachen durch die bürokratischen und sozialwissenschaftlichen Verfahren, stehengeblieben. Eine positive Bestimmung sozialwissenschaftlicher Beobachtung, d.h. eine positive Bestimmung von Methoden der Biographie-, Milieu- und Kulturanalyse hat die Ethnomethodologie selbst noch nicht zu leisten vermocht.

3. Konjunktive und kommunikative Verständigung: zur Doppelstruktur alltäglicher Sinngehalte

Um einen methodologisch gesicherten Zugang zu den biographie- und milieuspezifischen Erfahrungsräumen zu eröffnen, ist es zunächst notwendig, deren Doppelstruktur zu beachten. Dazu gilt es, die interpretative oder kommunikative Herstellung von Lebenswelten und Erfahrungsräumen, die sich im Modus von Motivunterstellungen nach Art der (Fremd-)Definition des subjektiv gemeinten Sinns auf der Ebene der Verständigung über eine Handlungspraxis vollzieht, von deren handlungspraktischer und erlebnismäßiger Herstellung selbst zu unterscheiden, aus der der Eigensinn dieser Wirklichkeiten resultiert. Auf diesen Eigensinn hat Mannheim mit dem Begriff des „konjunktiven Erfahrungsraums" Bezug genommen. Auf der Grundlage dieser Unterscheidung können diese beiden Sinnebenen dann in ihrem Bezug auf- und in ihrer Auseinandersetzung miteinander rekonstruiert werden.

Wenn wir Karl Mannheim folgen, so weist jede Bezeichnung, jede Äußerung grundlegend eine Doppelstruktur ihrer Bedeutung auf. Bezeichnungen und Äußerungen haben einerseits eine öffentliche und anderseits eine nicht-öffentliche Bedeutung. Letztere gewinnt nur innerhalb von Gruppen oder Milieus ihre spezifische Signifikanz. Im Feld der Kunstinterpretation (1964a) wie auch in der allgemeinen Handlungstheorie (1980) hat Mannheim zwei grundlegend unterschiedliche Arten des sinnhaften Zugangs zu sprachlichen Äußerungen und allgemeiner: zu geistigen Gebilden herausgearbeitet. Diese haben einerseits einen „objektiven" oder auch kommunikativen und andererseits einen konjunktiven Sinngehalt. Bezogen auf sprachliche Begrifflichkeiten bedeutet dies beispielsweise, dass uns allen – unabhängig von Milieuzugehörigkeit und existentieller Bindung – der Begriff der „Familie" als „Allgemeinbegriff" (Mannheim 1980, 220) in seiner kommunikativ-generalisierenden Bedeutung zugänglich ist. Dieser vermag auf der Grundlage von Rollenerwartungen und z.B. durch rechtliche Definitionen oder auch religiöse Traditionen eine Verallgemeinerbarkeit als Institution über milieuspezifische und kulturelle Grenzen hinweg zu entfalten. Eine darüber hinausgehende und z. T. völlig andere Bedeutung erhält der Begriff „Familie" für diejenigen, die Gemeinsamkeiten einer konkreten familialen Alltagspraxis miteinander teilen. In dieser Hinsicht gewinnt die „Familie" den Charakter eines konjunktiven Erfahrungsraums.

Um dies noch an einem weiteren Beispiel zu veranschaulichen, so kann die Äußerung „Wie geht es denn heute?" im Kontext der Institution oder der Rollenbeziehung von Arzt und Patient von diesen in kommunikativer Weise als formelle Einleitung der Anamnese, der Erhebung der Krankengeschichte des Patienten, interpretiert werden. Die Äußerung ist – wie die Ethnomethodologen (vgl. Garfinkel/Sacks 1976) in Anknüpfung an Peirce (1970) sagen – „indexikal". Sie ist lediglich Indikator für ein mit dieser Äußerung verbundenes Wissen oder Orientierungsschema. Je näher allerdings Arzt und Patient einander kennen, also durch biographische Gemeinsamkeiten und möglicherweise Freundschaft, d.h. durch konjunktive Erfahrungen miteinander verbunden sind, desto mehr gewinnt diese Äußerung innerhalb dieses Orientierungsrahmens eine zusätzliche, möglicherweise aber auch ganz andere Bedeutung. So weiß der Patient z.B., dass sein Freund, der Arzt, auf den Stand des Ehescheidungsverfahrens des Patienten anspielt und antwortet mit einer dahingehenden Erzählung der jüngsten Entwicklung. Also auch in dieser – zweiten – Hinsicht, nämlich im Hinblick auf ihre konjunktive Bedeutung, ist die Äußerung „indexikal".

4. Konjunktive Verständigung: die handlungspraktische und erlebnismäßige Herstellung sozialer Realität

Im Unterschied zur kommunikativen Bedeutungsdimension, die in generalisierenden Wissensbeständen zum Beispiel über die „Familie" fundiert ist, ist die konjunktive Ebene in einem Wissen fundiert, welches aus der Existenz innerhalb der Familie, in der familialen Handlungspraxis resultiert. Wie Mannheim am Beispiel der antiken griechischen polis erläutert, „existiert man in der daseienden polis nicht durch Begriffsbildung, sondern indem man in jenen geistigen Beziehungen steht, die die polis-Existenz ausmachen" (Mannheim 1980, 248). Da die Begriffe der Familie und der polis beide Bedeutungsdimensionen – die kommunikative und die konjunktive – aufweisen, „entsteht dadurch als Ergebnis faktisch eine Doppeltheit der Verhaltensweisen in jedem einzelnen, sowohl gegenüber Begriffen als auch Realitäten" (Mannheim 1980, 296).

Jenes in der gelebten Praxis angeeignete und diese Praxis zugleich orientierende Wissen, welches den Orientierungsrahmen[5] bzw. Habitus bildet, ist ein „atheoretisches Wissen" (Mannheim 1964a, 100) oder – wie der Wissenschaftstheoretiker Polanyi (1985, S. 14) es genannt hat – ein „implizites" oder „stillschweigendes" Wissen („tacit knowledge"). Diejenigen, die über Gemeinsamkeiten im Bereich des atheoretischen Wissens verfügen, teilen Gemeinsamkeiten des Erlebens, der „Erlebnisschichtung" (vgl. Mannheim 1964b, 536) im Sinne eines „kollektiven Gedächtnisses" (Halbwachs 1985) miteinander. In Bereichen, in denen die Akteure über derartige existentielle Bindungen des gemeinsamen Erlebens verfügen, ist ein (un-mittelbares) Verstehen untereinander möglich. Wir sprechen mit Bezug auf diese Bereiche von „konjunktiven Erfahrungsräumen" (vgl. Mannheim 1980, u. a. 230, 231). Je nach Art oder Typus der Gemeinsamkeiten lassen sich u. a. generations-, geschlechts-, bildungs- und entwicklungstypische Erfahrungsräume unterscheiden. So sind generationstypische Erfahrungsräume in Gemeinsamkeiten des Erlebens, d.h. der gemeinsam gelebten Handlungspraxis zeitgeschichtlicher Entwicklungs- und Krisenverläufe (z.B. der Phase des Wiederaufbaus nach dem Zweiten Weltkrieg) fundiert, geschlechtstypische Erfahrungsräume in Gemeinsamkeiten der gelebten Handlungspraxis im Bereich geschlechtsspezifischer sozialisatorischer Interaktionen und des Erlebens von (Fremd-)Definitionen. Bildungstypische Erfahrungsräume konstituieren sich auf der Grundlage des gemeinsamen Er-Lebens der Wissensvermittlung in öffentlichen Institutionen und der entsprechenden institutionalisierten Ablaufmuster. Entwicklungstypische Erfahrungsräume sind in Gemeinsamkeiten des Er-Lebens lebenszyklischer Phasen und Übergänge fundiert (so z.B. der Phase des Übergangs von der schulischen Ausbildung in den Arbeitsalltag).[6]

Konjunktive Erfahrungsräume und das für sie charakteristische unmittelbare Verstehen bilden sich also dort heraus, wo eine gemeinsam er- bzw. gelebte Handlungspraxis nicht nur internalisiert, sondern inkorporiert, d.h. in das Wie, in den modus operandi der körperlichen und auch sprachlichen Praktiken eingeschrieben wird. Erfahrungen in diesem Sinne sind somit keineswegs auf das Kognitive reduziert, sondern erscheinen in wissenssoziologischer Analyseeinstellung zugleich als das Produkt einer handlungspraktischen und erlebnismäßigen (d.h. in der Erinnerung einer selbst gelebten Praxis fundierten) Herstellung gesellschaftlicher Realität wie auch als deren Voraussetzung. Deren genetische Analyse, die dokumentarische Interpretation also, zielt auf die Prozessstruktur dieses Herstellungsprozesses, also auf den dieser Handlungspraxis als habitualisierter und inkorporierter Praxis zugrunde liegenden modus operandi oder Habitus.

---

[5] Zur genaueren Unterscheidung der Begriffe Orientierungsmuster, -rahmen und -schema siehe Bohnsack 1997.

[6] Zu den Konsequenzen für den Interpretationsschritt der „Typenbildung" s. Kap. 9.4.

Hier zeigen sich Parallelen zur Kultursoziologie von Bourdieu und deren genetischer Interpretation, mit der Bourdieu (vgl. vor allem 1974, 127, 128) an den Kunsthistoriker Panofsky anknüpft. Unserer an Mannheim anschließenden Unterscheidung zwischen der Interpretation kommunikativer und der (dokumentarischen) Interpretation konjunktiver Sinngehalte, auf die ich im nächsten Kapitel noch genauer eingehen werde, entspricht bei Panofsky (1964 u. 1975) das Verhältnis von „ikonographischer" und „ikonologischer" Interpretation. Mit letzterer bezieht sich Panofsky (1964, 115) auf seinen Zeitgenossen Mannheim und dessen Kategorie des „Dokumentsinns". Träger des Dokumentsinns und somit Gegenstand ikonologischer Interpretation ist der Habitus. Bourdieu (1982) analysiert die Genese des Habitus dann allerdings wesentlich im Medium der Distinktion. Demgegenüber vollzieht sich unsere Analyse der Habitusgenese im Sinne der dokumentarischen Methode primär in der Rekonstruktion der in konjunktiven Erfahrungen fundierten habituellen Übereinstimmung, also im Medium der Konjunktion.

5.   Verstehen – Interpretation – dokumentarische Interpretation

Die unserer alltäglichen Handlungspraxis und deren fortlaufenden Herstellungsprozessen zugrunde liegende Prozessstruktur und das atheoretische oder inkorporierte Wissen um diese Prozessstruktur lassen sich auch am Beispiel der handlungspraktischen Herstellung nicht-sozialer oder materieller Objekte veranschaulichen: So ist ein „Knoten" als materielles Objekt das Produkt komplexer habitualisierter Herstellungsprozesse, die erhebliche Fingerfertigkeit erfordern (vgl. Mannheim 1980, 73, 74).[7] Diese Fingerfertigkeit basiert auf einem atheoretischen oder inkorporierten Wissen um die „generative Formel" (Bourdieu 1982, 332), den modus operandi der Herstellung des Knotens. Einen Knoten zu „verstehen" setzt den erlebnismäßigen Nachvollzug (des modus operandi) seines Herstellungsprozesses, setzt „Mimesis" voraus (Gebauer/Wulf 1998). Dies erscheint vergleichsweise einfach im Unterschied zur „begrifflich-theoretischen Explikation" dieses Herstellungsprozesses, d.h. im Unterschied zu seiner „Interpretation". Unter einem „schlichten Verstehen" will Mannheim (1980, 272) „das geistige, vorreflexive Erfassen der Gebilde verstehen, unter Interpretation dagegen die stets auf diesen Erfassungen beruhende, aber sie niemals erschöpfende theoretisch-reflexive Explikation des Verstandenen". Im Fall des Knotens würde eine Interpretation im Sinne einer genetischen oder dokumentarischen Interpretation sich um die begrifflich-theoretische Explikation seines Herstellungsprozesses und dessen modus operandi bemühen.

Vom intuitiven Erfassen, dem Verstehen des Gebildes „Knoten" auf der einen und der genetischen oder dokumentarischen Interpretation auf der anderen Seite ist dann noch einmal der immanente oder objektive Sinngehalt eines Knotens zu unterscheiden: Ich

---

[7] Es zeigen sich hier Parallelen zur Praxisphilosophie Heideggers: „Dieses Seiende ist nicht Gegenstand eines theoretischen ‚Welt'-Erkennens, es ist das Gebrauchte, Hergestellte u. dgl." (Heidegger 1986, 67).

knüpfe einen Knoten, um ein Seil zu reparieren. Oder an einem anderen Beispiel von Mannheim (1964a) erläutert: Ich überreiche eine Gabe, um zu helfen. Im Unterschied zur genetischen oder dokumentarischen Interpretation gerät bei der Interpretation des objektiven oder immanenten Sinngehalts nicht der handlungspraktische Vollzug der Gabe oder des Knotens in den Blick, sondern dessen zweckrationale Bedeutung. Der immanente Sinngehalt basiert auf einer Zuschreibung oder Unterstellung von Motiven, von „Um-zu-Motiven" im Sinne von Alfred Schütz (1974), die als geistige Entwürfe vom (körperlichen) Handeln getrennt und somit an ihm nicht beobachtbar sind. Diese sind Gegenstand der kommunikativen Verständigung. Demgegenüber basiert eine konjunktive Verständigung, ein unmittelbares Verstehen auf Gemeinsamkeiten einer (nicht unbedingt gemeinsam, aber strukturidentisch) gelebten Praxis, auf habituellen Übereinstimmungen und Gemeinsamkeiten der Erlebnisschichtung.

Während ein unmittelbares Verstehen also lediglich innerhalb konjunktiver Erfahrungsräume möglich ist, setzt – im Unterschied dazu – eine Verständigung zwischen unterschiedlichen Erfahrungsräumen und über deren Grenzen hinweg ein (wechselseitiges) Interpretieren voraus. Die Verständigung über die Grenzen der Erfahrungsräume hinweg ist an eine kommunikative Verständigung über eine Handlungspraxis bzw. unterschiedliche Praxen gebunden. Diese Art der Verständigung hat – wie oben dargelegt – den Charakter einer interpretativen und definitorischen Herstellung von Wirklichkeit auf der Basis wechselseitiger Motivunterstellungen. Demgegenüber ist die dokumentarische Interpretation als genetische Interpretation sowohl auf die Prozessstruktur, also das „Wie" der kommunikativen, wie auch auf den modus operandi, also das „Wie" der handlungspraktischen Herstellungsprozesse, gerichtet.

6.   Das Verhältnis der praxeologischen Wissenssoziologie zu anderen Varianten des Konstruktivismus

Auf die De-Konstruktion der Prozesse der kommunikativen und interpretativen Herstellung von Wirklichkeit blieb – wie dargelegt – die ethnomethodologische Analyse weitgehend beschränkt. Jene Varianten des Konstruktivismus, wie sie uns in den gegenstandsbezogenen Analysen unterschiedlicher sozialwissenschaftlicher Forschungsbereiche – wie u. a. der Gender-, der Migrations- und der Devianz-Forschung – begegnen[8], sind ebenfalls überwiegend auf dieser Analyseebene verblieben. Eine derartige De-Konstruktion ist auch eine notwendige, allerdings keine hinreichende Voraussetzung für den hier gewählten rekonstruktiven Zugang einer praxeologisch fundierten Wissenssoziologie, der in dieser Hinsicht in der Tradition der Ethnomethodologie steht (vgl Bohnsack 1983). Nur auf diese Weise gelingt es, die eigene Analyse von objektivistischen Vorannahmen, d.h. vor allem von den im Common-Sense implizierten Motivunterstellungen freizuhalten. Der gegenstandbezogen-empirische Konstruktivismus wendet sich in seinen De-Konstruktionen entweder (in Anknüpfung an

---

[8]   Karin Knorr-Cetina (1989) spricht mit Bezug auf diese Varianten vom „empirischen Programm des Konstruktivismus" und unterscheidet dieses vom „Sozialkonstruktivismus bei Berger und Luckmann" sowie vom „erkenntnistheoretischen" Konstruktivismus.

die empirischen Analyse der Ethnomethodologie) den interaktiv-situativen oder organisatorischen Prozessen der Definition von Wirklichkeit zu oder (in Anknüpfung an
die Diskurstheorien u. a. von Foucault) den gesellschaftlich-öffentlichen und zumeist
medial vermittelten Wirklichkeitsdefinitionen. Diese Engführung der Argumentati-
onsfiguren in der konstruktivistischen Analyse findet sich in strukturidentischer
Weise in den oben erwähnten Forschungsbereichen.[9]

Dabei bleibt die habitualisierte, von den Selbst-Interpretationen und (Selbst-)Darstel-
lungen der Akteure zu unterscheidende Handlungspraxis mit ihrem hand-
lungsleitenden und atheoretischen Erfahrungswissen aus der Analyse ausgeklammert.
Aber erst die Rekonstruktion dieses handlungspraktischen Erfahrungswissens ermöglicht es, einzuschätzen, welche „Wirklichkeitskonstruktionen" als inkorporierte derart
in der habitualisierten Praxis verankert und in sie eingeschrieben sind, dass sie eine
Kontinuität des vorreflexiven Routinehandelns, d.h. eine Existenzweise zu sichern
oder auch zu erzwingen vermögen und somit strukturelle Bedeutung haben. Letztendlich ist jede soziale Kategorisierung, die geschlechtliche, also das „doing gender"
ebenso wie z.B. auch die Kategorisierung „Jugend", das „doing youth" sozusagen, in
ihrer Doppelstruktur zu beleuchten: als Existenzweise wie zugleich als Darstellungs-
und Verständigungsmodus.[10]

7. Dokumentarische Interpretation als Rekonstruktion der grundlegend interaktiven Sinnkonstitution

Sozialwissenschaftliche Analysen, die der Komplexität der neueren erkenntnistheoretischen Diskussion Rechnung tragen, gehen also davon aus, dass nicht die „Welt
selbst" oder „die Realität" beobachtbar ist, sondern lediglich die Prozesse der Herstellung von Welt und Realität. Dies bedeutet u. a., dass Motive und Handlungs-
intentionen bzw. -erwartungen der direkten Beobachtung unzugänglich sind. Wenn
wir die Bedeutung einer Äußerung oder Handlung auf dem Wege von Annahmen über
die mit ihr seitens der Sprecher verbundenen Absicht, d.h auf dem Wege über den
subjektiv gemeinten Sinn zu erschließen suchen (vgl. dazu auch Kap.1), so sind wir
auf Vermutungen oder Unterstellungen, auf die „Introspektion", angewiesen. Es sei
denn, die Erforschten selbst geben Auskunft über ihre Motive. Damit würde sich der
Gegenstand unserer Analyse jedoch verschieben, da wir dann die Selbstbeob-
achtungen der Erforschten und ihre Theorie über eigenes Handeln, nicht aber dieses
Handeln selbst in der Weise den Blick nehmen, wie es sich u. a. in Beschreibungen

---

[9] Gemeint sind die Migrationsforschung (vgl. zur Kritik Bohnsack/Nohl 1998 sowie Nohl
2000), die Devianz- (zur Kritik: Bohnsack 2000b) sowie die Genderforschung (kritisch dazu:
Meuser 2000).

[10] Im Bereich einer Analyse jugendlicher Musikstile haben wir dieser Doppelstruktur mit der
Unterscheidung von *kommunikativ-generalisierenden* Stilen bzw. intendierten Ausdruckssti-
len auf der einen und den *habitualisierten* Stilen auf der anderen Seite Rechnung getragen:
vgl. Bohnsack et al. 1995 u. Schäffer 1996; für den Bereich der Jugend- und zugleich
Geschlechterforschung vgl. Breitenbach 2000.

und Erzählungen der Erforschten „dokumentiert". In diesem – also im erkenntnislogi-
schen – Sinne ist die in dokumentarischer Interpretation erschließbare Bedeutung einer Handlung dem von Seiten der Handelnden mit ihr verbundenen subjektiv gemeinten Sinn vorgeordnet. Dies gilt aber auch im soziologischen Sinne: „Was ‚X bedeutet' liegt sowohl soziologisch als auch logisch vor dem, was ‚S meint'" (Giddens
1984, 108). Dies hatte auch George Herbert Mead im Sinn, wenn er betonte, dass „der
gesellschaftliche Prozeß zeitlich und logisch vor dem bewußten Individuum besteht,
das sich in ihm entwickelt" (Mead 1968, 230). Die subjektiven Intentionen und Motive bilden sich erst in dem sozialen Prozess, dem „social act" als der Relation zwischen der Geste von ego und der Reaktion von alter auf diese Geste, durch die letztere
ihre Signifikanz erhält.

Dieser vorreflexive soziale oder gesellschaftliche Prozess, in dem sich eine fundamentale Sozialität sui generis konstituiert und der bei Mead selbst eher eine Re-
sidualkategorie darstellt, korrespondiert mit der Kategorie des konjunktiven Erfahrungsraums bei Mannheim. Als vorreflexiver oder atheoretischer Sinnzusammenhang
ist dieser „zunächst nicht etwas zu Denkendes, sondern ein durch verschiedene Individuen in ihrem Zusammenspiel zu Vollziehendes" (Mannheim 1980, 232). Das bedeutet auch, dass ein direkter und somit valider methodischer Zugang zu diesem Sinnzusammenhang an die Beobachtung eines derartigen „Zusammenspiels" von Individuen, also die Beobachtung von Interaktionsszenerien, Zeremonien oder Diskursen
gebunden ist. Diese erschließen sich allerdings nicht nur der direkten Beobachtung,
sondern auch einer genetischen oder dokumentarischen Interpretation der seitens der
Erforschten erbrachten Beschreibungen und Erzählungen dieser Szenerien und Diskurse.

8. Dokumentarische Methode als sequenzielle und komparative Analyse

Wenn (im Sinne von Mead) eine Geste oder Äußerung ihre Signifikanz oder Bedeutung im Kontext der Reaktionen der anderen Beteiligten erhält, so konstituiert sich
also in der Relation von (empirisch beobachtbarer) Äußerung und (empirisch beobachtbarer) Reaktion eine (implizite) Regelhaftigkeit, die es dann zu erschließen bzw.
zu explizieren gilt, wenn die Signifikanz der Äußerung herausgearbeitet werden soll.
Die Rekonstruktion dieser Regelhaftigkeit vollzieht sich grundlegend derart, dass der
Interpret nach alternativen Reaktionen sucht, die nicht nur als sinnvolle Reaktionen
(auf die erste Äußerung) gelten können, sondern auch Homologien zur empirisch gegebenen Reaktion aufweisen. Es geht darum, dass der Interpret nach funktionalen
Äquivalenten sucht zu der Art und Weise, wie, d.h. in welchem Rahmen das mit der
ersten (empirisch gegebenen) Äußerung gesetzte Thema durch die (empirisch gegebene) Reaktion bearbeitet wird. Der Interpret bildet auf diese Weise eine „Klasse"
oder Reihe von Reaktionen, die homolog sind, also derselben „Regel" zuzuordnen
sind, um diese Regel dann zur Explikation zu bringen (mehr dazu in Kap. 9.3)[11].

Die Frage nach der Bedeutung oder auch dem Orientierungsgehalt einer Äußerung
kann nun präziser gefasst werden als die Frage nach der Regel, durch welche die

Klasse all jener Reaktionen konstituiert wird, die Homologien zur empirisch gegebenen Reaktion aufweisen. In der Interpretation geht es also darum, zumindest einige Äußerungen oder Handlungen aus dieser Klasse gleichsam gedankenexperimentell durchzuspielen, um auf diesem Wege die in diesen Äußerungen implizierte Regelhaftigkeit, also das in ihnen implizierte Orientierungsmuster (die Proposition dieser Äußerung) identifizieren und zur Explikation bringen zu können. Es wird also eine dem Interpreten bisher unbekannte (den Erforschten jedoch implizit verfügbare) Regel zur Explikation gebracht und in diesem Sinne generiert. Dieser Weg der Erkenntnis- bzw. Regelgenerierung entspricht der logischen Schlussform der „Abduktion" im Sinne von Charles S. Peirce, indem ausgehend von der Beobachtung eines (überraschenden) Phänomens („Resultat") nach einer Regel gefahndet wird, die dieses zu plausibilisieren, d.h. den „Fall" zu interpretieren vermag (vgl. dazu Peirce 1967 sowie Reichertz 1994).

Diese Art der Sequenzanalyse im Sinne der dokumentarischen Methode unterscheidet sich von derjenigen der objektiven Hermeneutik. Dort entwirft der Interpret – ausgehend von einer empirisch beobachtbaren (ersten) Äußerung, aber unter systematischer Nichtbeachtung und idealerweise auch in Unkenntnis der empirisch gegebenen nachfolgenden Äußerungen oder Reaktionen – gedankenexperimentell potentielle, von ihm selbst für sinnvoll gehaltene derartige Äußerungen oder Reaktionen (vgl. Oevermann et al. 1979). Dabei muss der Interpret also bereits von einer ihm (intuitiv) bereits bekannten und verallgemeinerbaren Regelhaftigkeit ausgehen. Vor dieser gedankenexperimentell entworfenen „Kontrastfolie der ‚objektiven Möglichkeiten'„ (Oevermann 1988; 248) erscheint dann die Fallstruktur in ihrer Besonderheit. Diese Verfahrensweise, bei der von einer bekannten Regel auf den „Fall" geschlossen wird, entspricht der (qualitativen) Induktion im Sinne von Peirce.[12]

Hier wird erkennbar, dass die objektive Hermeneutik nicht unterscheidet zwischen kommunikativen, d.h. verallgemeinerbaren kulturellen Wissensbeständen, über die (wie jeder andere) auch der Interpret verfügt, auf der einen Seite und den konjunktiven oder milieuspezifischen Wissensbeständen als dem handlungspraktischen Erfahrungswissen auf der anderen Seite, dessen andersartige Regelhaftigkeit dem Interpreten so ohne weiteres nicht verfügbar ist. Diese andersartige Regel- oder Sinnhaftigkeit gilt es – im Sinne der Wissenssoziologie – auf der Grundlage des impliziten Wissens der Erforschten erst zu rekonstruieren. Dies entspricht der methodischen Fremdheitshaltung, wie wir sie nicht nur in der Wissenssoziologie, sondern auch in der Tradition der Chicagoer Schule und der Ethnographie finden.

Die Regel- oder Sinnhaftigkeit ist den Erforschten zwar – implizit oder atheoretisch – wissensmäßig verfügbar. Sie selbst vermögen diese dokumentarische Sinnebene aber – je tiefer diese in ihrer habitualisierten, routinemäßigen Handlungspraxis verankert sind – umso weniger zu explizieren. Davon zu unterscheiden sind die „latenten Sinn-

---

[11] Dieser Weg entspricht auch demjenigen, wie er von Harvey Sacks (1995, 538), dem Begründer der Konversationsanalyse, dort methodologisch skizziert wird, wo er auf semantisch-inhaltliche Analysen eingeht.

[12] Siehe dazu auch die dahingehende Kritik von Reichertz (1994, 147) an der objektiven Hermeneutik, die für sich selbst in Anspruch nimmt, abduktiv zu schließen.

strukturen" der objektiven Hermeneutik, die jenseits des Wissens der Erforschten angesiedelt und nur dem Interpreten verfügbar sind. Demgegenüber gehen die wissenssoziologischen Forscher/innen nicht davon aus, dass sie mehr wissen als die Erforschten, sondern davon, dass die Erforschten selbst nicht wissen, was sie da eigentlich alles wissen.

9. Forschungspraktische Arbeitsschritte der dokumentarischen Methode: formulierende und reflektierende Interpretation, Typenbildung

Der für die dokumentarische Methode konstitutiven (Leit-)Differenz von kommunikativem bzw. immanentem Sinngehalt auf der einen und konjunktivem bzw. dokumentarischem Sinngehalt auf der anderen Seite entspricht in der Forschungspraxis die Differenzierung von formulierender und reflektierender Interpretation.

9.1 Formulierende Interpretation

Der Übergang von der formulierenden (immanenten) zur reflektierenden (dokumentarischen) Interpretation markiert den Übergang von den Was- zu den Wie-Fragen. Es gilt das, was thematisch wird und als solches Gegenstand der formulierenden Interpretation ist, von dem zu unterscheiden, wie ein Thema, d.h. in welchem Rahmen oder nach welchem modus operandi es behandelt wird, was sich in dem Gesagten über die Gruppe oder das Individuum dokumentiert. Grundgerüst der formulierenden Interpretation ist die thematische Gliederung, die Entschlüsselung der thematischen Struktur der Texte.

9.2 Reflektierende Interpretation

In reflektierender Interpretation, d.h. im Zuge der Explikation einer Regel, eines Orientierungsrahmens oder -musters wird nach Reaktionen gesucht, die nicht nur als thematisch sinnvoll erscheinen, sondern die auch homolog oder funktional äquivalent zu der empirisch gegebenen Reaktion sind. Somit ist die dokumentarische Methode bereits auf dieser elementaren Ebene der Sequenzanalyse eine empirisch fundierte komparative Analyse. Diese ist jedoch nicht erschöpfend charakterisiert, wenn wir sie als Suche nach Homologien oder Gemeinsamkeiten fassen. Denn diese Suche nach Gemeinsamkeiten, d.h. nach homologen, funktional äquivalenten, d.h. zur selben Klasse gehörigen Reaktionen setzt immer auch einen Vergleichshorizont nicht dazugehöriger, kontrastierender, d.h. zu anderen Klassen gehörender Reaktionen voraus, einen Vergleichshorizont, der implizit bleibt: „Alles Beobachten ist Benutzen einer Unterscheidung zur Bezeichnung der einen (und nicht der anderen) Seite. Die Unterscheidung fungiert dabei unbeobachtet" (Luhmann 1992, 91). Dieser „blinde Fleck" (vgl. a.a.O., 85) ist das, was die Standortgebundenheit oder auch Seinsverbundenheit des Interpreten im Sinne von Mannheim (1952b, 227) ausmacht. Sie kann in begrenztem Umfang derart einer methodischen Kontrolle zugeführt werden, dass empirisch überprüfbare Vergleichshorizonte in Form eines Fallvergleichs dagegengehalten werden (Wie wird dasselbe Thema in anderen Gruppen, d.h. innerhalb eines anderen Orientierungsrahmens bearbeitet?). Dies hat die methodologische Konsequenz, dass der Fallvergleich möglichst frühzeitig in die Analyse einbezogen werden sollte. Die reflektierenden Interpretation und die Typenbildung werden im Folgenden am Forschungsbeispiel einer Gruppendiskussion demonstriert[13], welches einer neueren Untersuchung über Jugendliche türkischer Herkunft entstammt.[14]

9.2.1 Reflektierende Interpretation einer Passage am Textbeispiel

```
 1   Dm:   Ja stell mal paar Fragen; auch du ja,
 2   Y2:                      L Vielleicht was ihr so macht zu Hause, in
 3         der Familie,
 4   Hm:              L Schlafen;
 5   Dm:                      L Wir sind also wir eh bei uns is so also ich kann
 6         jetzt auch für mich nur reden also; bei mir ist es so (.) zum Beispiel auch
 7         wenn ich nicht oft zu Hause bin so, (.) ich denk immer an die Familie so. Es
 8         is nicht so daß ich so sage (.) lan so Scheiß Familie oder dies das das geht
 9         mich nichts an oder so. So bei manchen Deutschen ist ja so weil die von
10         andren Kultur kom-men aber (.) bei mir ist so wenn ich von Arbeit komme
11         dann geh ich nach Hause essen, meine Mutter hat schon Essen gemacht und
12         so, dann guck ich bißchen Fernsehen, (1) dann redet sie und so und so und
13         so; dann hör ich zu, dann geh ich wieder raus auf die Straße so; rumhängen.
14         Dann komm ich so abends um zehn oder so wieder nach Hause, (.) dann re-
15         det sie wieder so also da unterhalten wir uns so bißchen, und dann (.) geh
16         ich wieder schlafen so. (1) So aber man erledigt auch so Wochenende so
17         einkaufen oder wenn man irgendwelchen Amt hat und sowas so. (3) Man re-
18         det nich so über Vergnügen und so Spaß und so, nur was so anfällt muß man
19         bißchen erledigen. (4)
20   Am:                       L Das is auch so ganz anders was zu Hause zum Bei-
21         spiel abläuft oder so; also (.) man ist zu Hause ganz anders als man draußen
22         ist oder so. Weil man muß
23   Dm:                   L Jaa
24   ?m:                    LMhm
25   Fm:                      L Draußen.
26   Dm:                            L Ja zu Hause die die haben von gar nichts ne
27         Ahnung so; die denken so mein Sohn geht jetz bißchen raus,
28   Am:              L Ja.
29   Dm:   schnappt sein frische Luft und kommt so (.) eh Reisessen
30   Am:                         L (Lachen)
31   Dm:   steht wieder vorm Tisch so, würklich jetz; die denken so
32   ?m:                       L (Lachen)
33   Dm:   die die ham noch so alte Denkweise so (.)
```

---

[13] Für die formulierende Interpretation war dies aus Platzgründen hier nicht möglich; siehe hierzu aber das Interpretationsbeispiel auf der CD-ROM zum Beitrag von Bohnsack/Schäffer in Band 2 dieses Kompendiums sowie z.B. Bohnsack 989, Bohnsack et al 1995 u. Nentwig-Gesemann 1999. Für Forschungsbeispiele zur Auswertung von narrativen Interviews und zugleich Beobachtungsprotokollen siehe: Bohnsack et al. 1995; Schäffer 1996.

[14] Das Erkenntnisinteresse dieses Projekts zielt auf Orientierungsprobleme in der Adoleszenz-phase in unterschiedlichen Milieus unter Bedingungen der Migration (vgl. dazu allgemein: Bohnsack/Nohl 1998 und zum Kontext des hier wiedergegebenen Transkriptauszugs aus der Diskussion mit der Gruppe „Katze": Nohl 2000, Kap. 4.3.). Für die Transkriptionsregeln siehe die oben erwähnte CD-ROM sowie Bohnsack 2000a.

01-03 Gemeinsame Initiierung einer Frage durch Dm und Y2

Y2, die Diskussionsleiterin, reagiert auf die direktive Äußerung von Dm, indem sie sich diese dadurch in kooperativer Weise quasi zu eigen macht, dass sie seine Aufforderung und ihre eigene Äußerung syntaktisch zusammenzieht, sodass dadurch eine vollständige Frage entsteht: „Ich stelle mal die Frage, was ihr so zu Hause macht."

04 Proposition durch Hm:

In der Äußerung von Hm (bzw. in der Relation von Frage und Antwort) dokumentieren sich folgende Orientierungsmuster (deren Darstellung bezeichnen wir als „Propositionen")[15]: Zum einen kommt hier zum Ausdruck, dass die Beziehung zur Familie eine wenig kommunikative und somit distanzierte ist. Wobei hier noch nicht geklärt werden kann, ob dies eher auf das Rekreationsbedürfnis von Hm oder eine soziale Grenzziehung zurückzuführen ist (denn funktional äquivalent zu „schlafen" können hier unterschiedlichen Reihen oder „Klassen" von Äußerungen sein: Zu der einen Klasse gehören Äußerungen wie „sich ausruhen", „sich erholen" etc., zu der anderen Äußerungen wie „alleine sein wollen", „sich zurückziehen" etc.). Es bedarf also zur genaueren Klärung der Interpretation des weiteren Diskursverlaufs. Zum anderen dokumentiert sich in dieser knappest möglichen Reaktion aber auch eine geringe Bereitschaft, den Forschern Auskünfte über diese Sphäre zu geben und somit auch eine gewisse Grenzziehung ihnen gegenüber.

05-19 Differenzierung der Proposition (05-19) und Elaboration dieser Differenzierung im Modus der Beschreibung (10-19) durch Dm:

In der Reaktion von Dm auf die Proposition von Hm wird deren konjunktive, also gruppenspezifische Bedeutung zunehmend präzisiert: Die Distanz gegenüber der Familie beruht zwar auf einer sozialen Grenzziehung, aber nicht auf mangelndem Respekt („Scheiß Familie"; 08) und auch nicht auf Gleichgültigkeit oder Nachlässigkeit (Dm „denkt immer" daran; 07). Da dies „manchen Deutschen" (09) unterstellt wird, kommt zugleich auch ihnen gegenüber eine Grenzziehung zum Ausdruck.

In der Beschreibung (10-19), mit der Dm gleichsam noch einmal auf seine eigene Proposition reagiert, wird diese, also die familienbezogene Grenzziehung, nun von Dm in einer interaktiven Szenerie kontextuiert und auf diese Weise präzisiert. Hierin dokumentiert sich:

• die Kommunikation mit der Mutter ist eine einseitige
• weder die Redebeiträge noch die anderen Aktivitäten der Beteiligten sind (reziprok) aufeinander bezogen, stehen vielmehr beziehungslos nebeneinander (z.B: „dann redet sie ... dann hör ich zu"; 12-13)
• lediglich die notwendigen pragmatischen Erledigungen, nicht (biographisch relevante) Orientierungen werden verhandelt.

20-33 Anschlusspropositionen durch Am und Dm:

Die Unvermitteltheit und fehlende Reziprozität der Perspektiven von Eltern und Kindern (bzw. Söhnen) wird nun dahingehend präzisiert, dass sie mit einer strikten Trennung zweier Sphären in Verbindung gebracht wird: der inneren („zu Hause") und der

---

[15] Den Begriff der „Proposition" verwende ich in Anlehnung an Garfinkel 1961 („propositions").

äußeren („draußen"). Diese Sphärendifferenz beruht auf unterschiedlichen Seins- oder Existenzweisen bzw. Identitäten („man ist zu Hause ganz anders"; 21). Die Genese der Sphärendifferenz ist in der „Denkweise" der älteren Generation (33) zu suchen.

9.2.2 Reflektierende Interpretation und fallinterne komparative Analyse

Während auf der Ebene der passagenbezogenen Interpretation ein (implizites) Orientierungsmuster (hier: dasjenige der Sphärendifferenz) zur begrifflichen Explikation gebracht wird, geht es auf der nächsten Ebene, derjenigen der fallinternen komparativen Analyse unterschiedlicher Passagen, um die fallbezogene Generalisierung des Orientierungsmusters. Ein Orientierungsmuster ist dann von genereller Bedeutung für den Fall, d.h. für die Gruppe oder das Individuum, wenn es in unterschiedlichen Situationen der Alltagspraxis Relevanz gewinnt, genauer: wenn es als modus operandi oder generative Formel der Produktion und Reproduktion unterschiedlicher interaktiver Szenerien zugrundeliegt. Das bedeutet, dass unterschiedliche Themenbereiche einer Gruppendiskussion oder eines Interviews immer wieder innerhalb desselben Orientierungsrahmens, d.h. in homologer Weise, bearbeitet werden. So dokumentiert sich – in unserem Beispiel – das Problem der Sphärendifferenz u. a. auch dort, wo das Verhältnis zu den Freundinnen oder zur Polizei thematisiert wird. Im letzteren Fall wird z.B. eine strikte Grenze gezogen zwischen dem eigenen Verhalten in der inneren Sphäre (Familie, Verwandtschaft, ethnische Community), welches nach deren moralischen Kriterien beurteilt wird, und dem (konflikthaften) Verhältnis zur Polizei (in der äußeren Sphäre), welches sich durch eine moralisch vollkommen neutrale (amoralische) Haltung auszeichnet. Darüber hinaus dokumentiert sich nicht nur im Gegenstandsbereich des Diskurses die generative Formel der Sphärendifferenz. Vielmehr ist auch die zwischen den Jugendlichen und den (als Angehörige der äußeren Sphäre identifizierten) Forschern sich entfaltende Performativität des Diskurses selbst durch eine Grenzziehung im Sinne dieser generativen Formel strukturiert (wie sich dies in der in oben interpretierten Sequenz bereits andeutet (vgl. 04) und durch die komparative Analyse mit anderen Passagen bestätigt und erhärtet werden kann).

9.3 Typenbildung

In Übereinstimmung mit der Bildung des Idealtypus bei Max Weber (1976, 4), für den das idealtypische Verstehen ein „erklärendes Verstehen" ist, wird im Zuge der Typenbildung die Soziogenese der bereits identifizierten Orientierung, also die Genese des generativen Musters, rekonstruiert. Dabei geht die Typenbildung der Frage nach, für was eine Orientierung typisch ist. Wenn ich sage, eine von mir beobachtete Orientierung sei „typisch dörflich", so ist damit gesagt, dass deren Genese im dörflichen Erfahrungsraum zu suchen ist. Die Rekonstruktion der Soziogenese ist also mit der Identifikation von Erfahrungsräumen verbunden.[16.]

---

[16] Zur Forschungspraxis der Typenbildung siehe auch Bohnsack 1989.

9.3.1 Typenbildung und Soziogenese

Im Zuge der Typenbildung wird eine Orientierung in ihrer funktionalen Beziehung[17] zur (kollektiven oder individuellen) Erlebnisschichtung, d.h. zur Sozialisationsgeschichte oder biographischen Entwicklung, zum „existentiellen Hintergrund" (Mannheim 1980, 276) herausgearbeitet. Die Gruppendiskussionen geben erste Hinweise auf die Genese des generativen Musters der Sphärendifferenz: Sie ist u. a. im tradierten Habitus des Respekts gegenüber den Eltern (vor allem dem Vater) zu suchen; der Respekt gebietet es, Probleme der außerfamilialen (öffentlichen) Sphäre aus der innerfamilialen Verständigung herauszuhalten. Die Rekonstruktion der Sozialisationsgeschichte ist aber vor allem Aufgabe der biographischen Interviews. Deren Interpretation zeigt, dass die Jugendlichen schon in der Zeit des Kindergartens bei der Vermittlung zwischen Familie und Institution auf sich allein gestellt waren (vgl. dazu: Bohnsack/Nohl 2000 sowie Nohl 2000).

9.3.2 Die Multidimensionalität der Typenbildung

In einem weiteren Schritt der Typenbildung geht es nun darum, jene spezifische Dimension der Erlebnisschichtung oder Erfahrungsdimension zu identifizieren, innerhalb derer die Genese des Orientierungsmusters zu suchen ist. Diese Dimensionen sind es, die wir als konjunktive Erfahrungsräume bezeichnen. Was unser Forschungsbeispiel anbetrifft, so ließ die Analyse der Genese des Orientierungsmusters der Sphärendifferenz bereits vermuten, dass es sich um ein migrationstypisches Problem handelt. Dies gilt es im Zuge der komparativen Analyse zu validieren. Voraussetzung für die Identifikation des migrationsspezifischen Erfahrungsraums ist nicht allein dessen Abgrenzung von demjenigen der Einheimischen (dazu wurden nicht nur einheimische Jugendliche aus Deutschland, sondern auch solche aus Ankara in die komparative Analyse einbezogen; vgl. Nohl 2000). Vielmehr galt es auch die Bedeutung anderer Erfahrungsräume oder Dimensionen für dieses Orientierungsmuster zu überprüfen. Dies geschah in komparativer Analyse, indem kontrolliert wurde, ob die Orientierungsfigur der Sphärendifferenz in Gruppen unterschiedlichen Geschlechts, Alters und unterschiedlicher (Bildungs-)Milieuzugehörigkeit, also durch milieu- und entwicklungsspezifische Variationen oder Modifikationen hindurch, d.h. in der Überlagerung durch andere Dimensionen oder Erfahrungsräume, auf einer abstrakten Ebene als Gemeinsamkeit identifizierbar blieb. Zugleich wurden in den kontrastierenden Arten und Wegen der Bewältigung dieser allen Jugendlichen türkischer Herkunft (der zweiten Generation) gemeinsamen Problematik aber auch milieu-, geschlechts- und entwicklungsphasen-typische Unterschiede sichtbar (vgl. dazu Bohnsack/Nohl 1998 sowie Nohl 2000).

Dieses Prinzip des Kontrasts in der Gemeinsamkeit bzw. der Gemeinsamkeit im Kontrast stellt – und hier zeigen sich Parallelen zum „Theoretischen Sampling" bei Glaser/Strauss (1969) – die Grundstruktur der Typenbildung dar. Durch sie wird die gesamte Typologie zusammengehalten. Das Niveau der Validität und Generalisierung der einzelnen Typik ist davon abhängig, inwieweit sie von anderen auch möglichen Typiken unterscheidbar ist, inwieweit Kontingenzen sichtbar gemacht und (begrün-

---

[17] Mannheim (1980, 71-73) spricht hier vom „Erfassen der Funktionalität".

det) ausgeschlossen werden können, wie vielfältig also, d.h. multidimensional der Fall innerhalb einer ganzen Typologie verortet werden kann.

Literatur- und Medienverzeichnis

Berger, Peter L. & Luckmann, Thomas: *Die gesellschaftliche Konstruktion der Wirklichkeit. Eine Theorie der Wissenssoziologie.* Frankfurt a.M. (Fischer) 1969. (Originalausg.: The Social Construction of Reality. New York 1966)

Blum, Alan J. & McHugh, Peter: *The Social Ascription of Motives.* In: American Sociological Review, 36 (1971), No. 1, S. 98-109.

Bohnsack, Ralf: *Alltagsinterpretation und soziologische Rekonstruktion.* Opladen (Westdt. Verl.) 1983.

Bohnsack, Ralf: *Generation, Milieu und Geschlecht. Ergebnisse aus Gruppendiskussionen mit Jugendlichen.* Opladen (Leske + Budrich) 1989.

Bohnsack, Ralf: *Jugendliche als Täter und Opfer. Das Fehlen der Jugend in der Forschung zur Jugendkriminalität.* In: Sander, Uwe & Vollbrecht, Ralf (Hg.): Handbuch der Jugend des 20. Jahrhunderts. Ein Überblick über 100 Jahre Jugend in Deutschland. Neuwied (Luchterhand) 2000b.

Bohnsack, Ralf: *Orientierungsmuster. Ein Grundbegriff qualitativer Sozialforschung.* In: Schmidt, Folker (Hg.): Methodische Probleme der empirischen Erziehungswissenschaft. Baltmannsweiler (Schneider) 1997, S. 49-61.

Bohnsack, Ralf: *Rekonstruktive Sozialforschung. Einführung in Methodologie und Praxis qualitativer Forschung. 4. Aufl.* Opladen (Leske + Budrich) 2000a.

Bohnsack, Ralf & Nohl, Arnd-Michael: *Adoleszenz und Migration. Empirische Zugänge einer praxeologisch fundierten Wissenssoziologiel.* In: Bohnsack, Ralf & Marotzki, Winfried (Hg.): Biographieforschung und Kulturanalyse. Transdisziplinäre Zugänge qualitativer Forschung. Opladen (Leske + Budrich) 1998, S. 260-282.

Bohnsack, Ralf & Nohl, Arnd-Michael: *Jugendkulturen und Aktionismus.* In: Zinnecker, Jürgen & Merkens, Hans (Hg.): Jahrbuch Jugendforschung. Folge 1. Opladen (Leske und Budrich) 2000.

Bohnsack, Ralf. & Loos, Peter & Schäffer, Burkhard & Städtler, Klaus & Wild, Bodo: *Die Suche nach Gemeinsamkeit und die Gewalt der Gruppe. Hooligans, Musikgruppen und andere Jugendcliquen.* Opladen (Leske + Budrich) 1995.

Bourdieu, Pierre: *Die feinen Unterschiede. Kritik der gesellschaftlichen Urteilskraft.* Frankfurt a.M. (Suhrkamp) 1982.

Bourdieu, Pierre: *Entwurf einer Theorie der Praxis auf der ethnologischen Grundlage der kabylischen Gesellschaft.* Frankfurt a.M. (Suhrkamp) 1976. (Originalausg.: Esquisse d'une théorie de la pratique, précédé de trois études d'ethnologie kabyle)

Bourdieu, Pierre: *Zur Soziologie der symbolischen Formen.* Frankfurt a.M. (Suhrkamp) 1974.

Breitenbach, Eva: *Mädchenfreundschaften in der Adoleszenz. Eine fallrekonstruktive Untersuchung von Gleichaltrigengruppen.* Opladen (Leske + Budrich) 2000.

Cicourel, Aaron V.: *Methode und Messung in der Soziologie.* Frankfurt a.M. (Suhrkamp) 1970. (Originalausg.: Method and Measurement in Sociology. Glencoe 1964)

Cicourel, Aaron V.: *The Social Organization of Juvenile Justice.* London u.a. (Heinemann) 1968.

Garfinkel, Harold: *Aspects of Common-Sense Knowledge of Social Structures.* In: Transactions of the Fourth World Congress of Sociology, 4 (1961), S. 51-65.

Garfinkel, Harold: *Bedingungen für den Erfolg von Degradierungszeremonien.* In: Lüdersen, Klaus & Fritz Sack (Hg.): Seminar Abweichendes Verhalten III. Zur gesellschaftlichen Reaktion auf Kriminalität. Frankfurt a. M. (Suhrkamp) 1976, S. 31-40 Gruppendynamik, 1974, 2, S. 77-83. (Original: Conditions of Successful Degradation Ceremonies. In: Manis, Jerome G. & Meltzer, Bernard N. (Hg.): Symbolic Interaction. Boston 1967, S. 205-212)

Garfinkel, Harold: *Das Alltagswissen über soziale und innerhalb sozialer Strukturen.* In: Arbeitsgruppe Bielefelder Soziologen (Hg.): Alltagswissen, Interaktion und gesellschaftliche Wirklichkeit. Reinbek b. Hamburg (Rowohlt) 1973, S. 189-260.

Garfinkel, Harold: *Preface.* In: Garfinkel, Harold: Studies in Ethnomethodology. Englewood Cliffs (Prentice Hall) 1967a, S. 7-19.

Garfinkel, Harold: *Some Rules of Correct Decisions that Jurors respect.* In: Garfinkel, Harold: Studies in Ethnomethodology. Englewood Cliffs (Prentice-Hall) 1967, S. 104-115.

Garfinkel, Harold: *Studies in Ethnomethodology.* Englewood Cliffs (Prentice-Hall) 1967.

Garfinkel, Harold.: *The Rational Properties of Scientific and Common Sense Activities.* In: Garfinkel, Harold: Studies in Ethnomethodology. Englewood Cliffs (Prentice-Hall) 1967, S. 262-283.

Garfinkel, Harold. & Sacks, Harvey: *Über formale Strukturen praktischer Handlungen.* In: Sack, Fritz & Schenkein, Jim (Hg.): Ethnomethodologie. Beiträge zu einer Soziologie des Alltagshandelns. Frankfurt a. M. (Suhrkamp) 1976, S. 130-176. (Originalausg.: On formal structures of practical actions. In: McKinney, John C. & Tyriakian, Edward A. (Hg.): Theoretical Sociology. New York 1970, S. 337-366)

Gebauer, Gunter & Wulf, Christoph: *Spiel – Ritual – Geste. Mimetisches Handeln in der sozialen Welt.* Reinbek b.H. (Rowohlt) 1998.

Giddens, Anthony: *Interpretative Soziologie.* Frankfurt a.M. u.a. (Campus) 1984.

Glaser, Barney G. & Strauss, Anselm L: *The Discovery of Grounded Theory.* Hawthorne, NY (de Gruyter) 1969.

Halbwachs, Maurice: *Das kollektive Gedächtnis.* Frankfurt a.M. (Fischer) 1985. (Fischer-Taschenbücher. 7359 : Fischer-Wissenschaft)

Heidegger, Martin: *Sein und Zeit.* 16. Aufl. Tübingen (Niemeyer) 1986.

Hitzler, Ronald & Reichertz, Jo & Schröer, Norbert (Hg.): *Hermeneutische Wissenssoziologie. Standpunkte zur Theorie der Interpretation.* Konstanz (Univ.-Verl.) 1999.

Honegger, Claudia: *Das Pathos des Konkreten. Die ersten Soziologinnen im Frankfurt der Weimarer Republik.* In: Frankfurter Rundschau, 14.04. (1990), S. ZB 2.

Knorr-Cetina, Karin: *Spielarten des Konstruktivismus. Einige Notizen und Anmerkungen.* In: Soziale Welt, 40 (1989), 1/2 Über Soziologie. Jubiläumsheft zum 40. Jg., S. 87-96.

Luhmann, Niklas: *Die Wissenschaft der Gesellschaft.* Frankfurt a.M. (Suhrkamp) 1990.

Mannheim, Karl: *Beiträge zur Theorie der Weltanschauungsinterpretation.* In: Mannheim, Karl: Wissenssoziolgie. Neuwied (Luchterhand) 1964a, S. 91-154. (urspr. in: Jahrbuch für Kunstgeschichte XV, 4, S. 1921-1922)

Mannheim, Karl: *Das Problem der Generationen.* In: Mannheim, Karl: Wissenssoziologie. Neuwied (Luchterhand) 1964b, S. 509-565. (urspr. in: Kölner Vierteljahreshefte für Soziologie, 7 [1928], 2)

Mannheim, Karl: *Ideologie und Utopie.* Frankfurt a.M. (Schulte-Bulmke) 1952a.

Mannheim, Karl: *Strukturen des Denkens.* Frankfurt a.M. (Suhrkamp) 1980. (Urspr. unveröff. Manuskripte 1922-1925)

Mannheim, Karl: *Wissenssoziologie.* In: Mannheim, Karl: Ideologie und Utopie. Frankfurt a.
M. (Schulte-Bulmke) 1952b. (urspr. in: Vierkandt, Alfred (Hg.): Handwörterbüch der Soziologie. Stuttgart (Enke) 1931, S. 227-267)

Mead, George Herbert: *Geist, Identität und Gesellschaft. Aus der Sicht des Sozialbehaviorismus.* Frankfurt a.M. (Suhrkamp) 1968. (Originalausg.: Mind, Self and Society. Chicago
1934)

Meuser, Michael: *Perspektiven einer Soziologie der Männlichkeit.* In: Doris Janshen (Hg.):
Blickwechsel. Der neue Dialog zwischen Frauen- und Männerforschung. Frankfurt u.a.
(Campus) 2000.

Meuser, Michael: *Subjektive Perspektiven, habituelle Dispositionen und konjunktive Erfahrun-
gen. Wissenssoziologie zwischen Schütz, Bourdieu und Mannheim.* In: Hitzler, Ronald &
Reichertz, Jo & Schröer, Norbert (Hg.): Hermeneutische Wissenssoziologie. Konstanz
(Univ.-Verl.) 1999.

Nentwig-Gesemann, Iris: *Krippenerziehung in der DDR. Alltagspraxis und Orientierungen von
Erzieherinnen im Wandel.* Opladen (Leske + Budrich) 1999.

Nohl, Arnd-Michael: *Migrationslagerung und Differenzerfahrung. Vergleichende Milieurekon-
struktionen zu Jugendlichen aus einheimischen und eingewanderten Familien in Berlin und
Ankara.* (Zugl.: Berlin, Univ., Diss., 2000)

Oevermann, Ulrich: *Eine exemplarische Fallrekonstruktion zum Typus der versozialwissen-
schaftlichten Identitätsformation.* In: Brose, Hans-Georg & Hildenbrand, Bruno (Hg.): Vom
Ende des Individuums zur Individualität ohne Ende. Opladen (Leske+Budrich) 1988, S. 243-
286.

Oevermann, Ulrich & Allert, Tilman & Konau, Elisabeth & Krambeck, Jürgen: *Die Methodolo-
gie einer objektiven Hermeneutik und ihre allgemeine forschungslogische Bedeutung in den
Sozialwissenschaften.* In: Soeffner, Hans-Georg: Interpretative Verfahren in den Sozial- und
Textwissenschaften. Stuttgart (Metzler) 1979, S. 352-433.

Panofsky, Erwin: *Ikonographie und Ikonologie. Eine Einführung in die Kunst der Renaissance.*
In: Panofsky, Erwin: Sinn und Deutung in der bildenden Kunst. Köln (Du Mont) 1975, S.
36-67. (Originalausg.: Meaning in the Visual Arts. New York 1955)

Panofsky, Erwin: *Zum Problem der Beschreibung und Inhaltsdeutung von Werken der Bildenden Kunst.* In: Panofsky, Erwin: Aufsätze zu Grundfragen der Kunstwissenschaft, Berlin
(Spieß) 1964, S. 85-97. (Urspr. in: Logos, 21 (1932), S. 103-119)

Peirce, Charles Sanders: *Schriften zum Pragmatismus und Pragmatizismus.* Frankfurt a.M.
(Suhrkamp) 1967.

Polanyi, Michael: *Implizites Wissen.* Frankfurt a.M. (Suhrkamp) 1985. (Originalausg.: The Tacit Dimension. Garden City. New York)

Reichertz, Jo: *Von Gipfeln und Tälern. Bemerkungen zu einigen Gefahren, die den objektiven
Hermeneuten erwarten.* In: Garz, Detlef & Kraimer, Klaus (Hg.): Die Welt als Text. Frankfurt a. M. (Suhrkamp) 1994.

Sacks, Harvey: *Lecture 2. Adpacency pairs. Distribution in Conversation. A single instance of a
Q-A pair.* In: Sacks, Harvey: Lectures on Conversation. Vol. II. Oxford UK u.a. (Blackwell)
1995.

Schäffer, Burkhard: *Die Band. Stil und ästhetische Praxis im Jugendalter.* Opladen (Leske +
Budrich) 1996.

Schütz, Alfred: *Der sinnhafte Aufbau der sozialen Welt. Eine Einleitung in die verstehende Soziologie.* Frankfurt a.M. (Suhrkamp) 1974.

Schütz, Alfred: *Gesammelte Aufsätze, Bd. 1. Das Problem der sozialen Wirklichkeit.* Den Haag (Nijhoff) 1971. (Original: Collected papers, Vol 1, The Problem of Social Reality. Den Haag 1962)

Soeffner, Hans-Georg: *Verstehende Soziologie und sozialwissenschaftliche Hermeneutik. Die Rekonstruktion der gesellschaftlichen Wirklichkeit.* In: Berliner Journal für Soziologie, 2 (1991), S. 263-269.

Weber, Max: *Wirtschaft und Gesellschaft.* Tübingen (Mohr) 1976.

Martina Kaller-Dietrich

Gibt es eine historische Methode? – Vom Umgang mit Geschichte/n

1.   Einleitung

„Jeder gibt heute zu, dass es eine Art Krise der Geschichtswissenschaft gibt. Doch letztlich fahren die Historiker in den Akademien einfach mit dem, was sie bislang taten, fort. Für sie bedeutet diese Krise hauptsächlich, dass von ihnen Dinge verlangt werden, die sie nicht tun wollen." (White 1998, 251-252) Das jedenfalls meint Hayden White, der den wissenschaftlichen Anspruch der Geschichte direkt ablehnt (White 1973, XII und 427) und das Selbstverständnis der HistorikerInnenzunft in den siebziger Jahren wieder einmal ins Wanken brachte. Er schließt mit seinem Urteil über die vermeintliche Wissenschaftlichkeit der Geschichte an eine lange Tradition von KritikerInnen des Historismus an.

Der Historismus als Begriff wurde von Friedrich Nietzsche in den „Unzeitgemäßen Betrachtungen" (Nietzsche 1999) polemisch verwendet. Als Paradigma der Forschung hatte der Historismus im 19. Jahrhundert der Geschichte eine disziplinäre, akademische Rolle im modernen Wissenschaftskanon zurechtgelegt, indem er einerseits die historische Bedingtheit aller politischen und kulturellen Erscheinungen betonte und andererseits jede Art überzeitlichen, absoluten Sinns in der Geschichte leugnete. Die wissenschaftlichen Prinzipien des Fachs Geschichte wurden in der Folge über die Eckpfeiler des lebenspraktischen Bedürfnisse nach historischer Daseinsorientierung in Verbindung mit einer empirisch erschließbaren Objektivität bestimmt. Daran anknüpfend meinen Friedrich Jäger und Jörn Rüsen, dass die Geschichtswissenschaft „ihre Fähigkeit zu ‚objektiven' Antworten dadurch gewinnt, dass sie die Vergangenheit empirisch betrachtet, d.h. sie nimmt sie als Auskunftsinstanz für historische Fragen nur insofern in Anspruch, als sie empirisch gegeben ist, als sie in der Form von Tatsachenaussagen zur Sprache gebracht werden können, die auf Erfahrung beruhen (mit Erfahrung begründet und kritisiert werden)." (Jaeger & Rüsen 1992, 42) Die Ansprüche des Begründens und Kritisierens, mit denen Erfahrungen in der Vergangenheit objektiviert werden sollten, führen zur Frage der Methoden des historischen Forschens und ihrer Darstellung.

Heute herrscht weitgehende Übereinstimmung, dass die sogenannte historische Methode ihrem Wesen nach „ein experimenteller *indirekter* Erkenntnisprozess, das heißt eine Kenntnisnahme vermittels einer anderen Einstellung/ Geisteshaltung" (Simiand 1994, 168) ist. Die Einstellung beziehungsweise Geisteshaltung unterscheidet sich stets von jener, die zu einem Zeitpunkt in der Vergangenheit, als die referenten Daten erstellt wurden, intendiert oder explizit begründet war. Daraus versteht sich der Anspruch der Geschichtsschreibung (Historiografie), demzufolge die historische Erkenntnis niemals definitiv erfolgt und Geschichte immer wieder neu erzählt oder geschrieben werden muss. Es erklärt sich, dass es nicht eine historische Methode, etwa die Historik des Historismus, für alle Fälle und Zeiten geben kann.

Ein sehr eingeschränktes, positivistisches Wissenschaftsverständnis geht davon aus, dass methodische Forschung mit stringenten Begriffen arbeitet, die Verifikation und Falsifikation ermöglichen. Es herrscht mittlerweile Konsens, dass bei einer solchen Vorgehensweise vor allem Artefakte geschaffen werden, die mit der Lebenswirklichkeit von handelnden, fühlenden, denkenden Personen – wenn überhaupt – nur noch am Rand zu tun haben. Paradigmatische Begriffe strukturieren das Denken und das methodische Vorgehen der Forschung und damit auch die erwarteten Ergebnisse. Vor dieser Feststellung ist auch die Geschichtswissenschaft von der viel zitierten „Krise der Wissenschaften" fundamental betroffen. Gründete die Suche der Geschichte nach ihrer Wissenschaftlichkeit doch gerade auf einem Methodenkanon und Interpretationsverfahren, die paradigmatisch auf eine objektive Plausibilität ihrer Aussagen über die Ereignisse, Epochen, Prozesse und Strukturen und eine historisch erkennbare Wahrheit gerichtet waren. Die Überzeugung, dass es eine Ordnung der Welt gibt, die sich erkennen ließe und dass Wissenschaft darin bestünde, die Dinge in eine schöne Ordnung zu bringen, eröffnete im 18. Jahrhundert auch für die sich konstituierende Geschichtswissenschaft ein gigantisches Forschungsunternehmen. Heute müssen sich Wissenschaftler aller Fachbereiche die Frage stellen, worin ihre Überzeugungen bestehen, die in die wissenschaftliche Praxis und damit die Methode einfließen. Worauf fußt die Annahme, dass es überhaupt eine „Ordnung" gibt und was ist an dieser Ordnung schön? Sind es nicht vielmehr die außerwissenschaftlichen Ordnungsvisionen, welche die Einstellung zum Forschungsgegenstand prägen?

Unter dem Eindruck der französischen Schule der *Annales*, der Ethnic Studies, der feministischen Geschichtswissenschaft und der Diskussion um die Neubestimmung der historischen Kulturwissenschaften führte das postmoderne Misstrauen gegenüber den „großen Erzählungen" im Gegensatz zum Prinzip der „schönen Ordnung" zur intensiven Beschäftigung mit den vieldimensionalen und unverregelten „Geschichten". Wie lassen sich Mentalitäten oder Wirklichkeitskonstruktionen der Vergangenheit verstehen? (Middell & Sammler 1994) Wie sieht Geschichte aus, in der etwa Sklaven die Subjekte sind? (Davis 1966) Was geschieht, wenn Frauen ihre Geschichte finden? (Lerner 1995) Wie lässt sich Kultur verstehen, wenn sie nicht im Sinne Herders mit Volk gleichgesetzt wird? (Lutter & Reisenleitner 1998) Gibt es etwas, das all diese Geschichten zusammenhält oder will Geschichte grundsätzlich plural verstanden werden? Wie lässt sich dann Geschichte erzählen oder schreiben? Diese Fragen werfen eine grundsätzlichere Frage auf: nämlich, ob das Geschichtenerforschen und -erzählen überhaupt Wissenschaft oder partikuläre sinn- und orientierungsstiftende Darstellungskunst ist.

Ich beginne diesen Artikel mit einem Ausflug in einen literarischen Text, der sich mit den Möglichkeiten des Geschichtenerzählens befasst. Anschließend zeichne ich die methodischen und paradigmatischen Angebote der historisierenden Geschichtswissenschaft kurz nach und stelle aktuelle Perspektiven dazu vor. Ich beanspruche mit meinem Ausblick auf die Möglichkeiten des Geschichten-Erzählens für das Orientierungswissen nicht, das konjunkturelle Schwanken, welches die Historiografie zu allen Zeiten mehr oder weniger bewegte, aufzuhalten. Vielmehr setze ich mich der unsicheren Bewegung an den Grenzen nur heftig genug aus, um Fragen und Widersprüche auszulösen, statt Antworten zu geben.

2.   Das wilde Erzählen

„Ich schreibe eine Geschichte der Welt" verkündet Claudia, Heldin in Penelope Livelys Roman „Moon Tiger". „Mich selbst will ich ins Auge fassen, in meinem Kontext: alles und nichts. Die Geschichte der Welt, wie Claudia sie sieht: Fakten und Erfindungen, Mythen und Offenkundiges, Bilder und Belege. (...) Eine Menge Leute würden es als typisch hinstellen, dass ich von vornherein mein Leben mit der Geschichte der Welt verbinde. Sollen sie. (...) Die Frage ist nur: Soll es eine lineare Geschichte sein oder nicht? Ich fand immer, dass eine kaleidoskopische Sicht eine interessante Häresie sein könnte. Bei jedem Schütteln des Kaleidoskops abwarten, was sich dabei ergibt." (Lively1997, 5-6)

Für die gelernte Historikerin Penelope Lively ist die von der Geschichtswissenschaft vollzogene organisatorische Trennung in Vergangenheit, Gegenwart und Zukunft und folglich eine Chronologie nicht relevant. Für die Schriftstellerin geschieht alles gleichzeitig. Die Heldin der Erzählung ist aus einer Myriade, einer unzählbar großen Menge von Heldinnen zusammengesetzt. Genauso erscheint Geschichte als eine Myriade – eine unzählbar große Menge von Geschichten, die erzählt, komponiert, konstruiert, angeeignet und verworfen werden. Die Geschichten schöpft sie aus einer unbegrenzt vorstellbaren, kollektiven Erinnerung. Das gesamte Wissen kann per Knopfdruck abgerufen werden, wenn Erzählungen rekonstruiert und konstruiert werden, meint die Autorin. Doch wissen wir heute, dass Gedächtnis und Erinnerung aufgrund ihrer spezifischen, emotional geprägten und multipel überlagerten kognitiven Funktionen nur bedingt als Garanten für eine Rekonstruktion von Wirklichkeit angesehen werden können. Lively beschreibt ihren Zugang zum kollektiven historischen Wissen im Vergleich mit den Möglichkeiten der weltweit miteinander vernetzten Datensysteme:

„Die Maschinen der neuen Technologien beruhen, so wie ich es verstanden habe, im Grunde auf dem gleichen Prinzip: Das gesamte Wissen ist gespeichert und kann mit einem Knopfdruck abgerufen werden. In der Theorie klingt das nach mehr Effizienz. Einige meiner Knöpfe funktionieren nicht, für andere brauche ich Passwörter, Codes, nach dem Zufallsprinzip wirkende Aufsperrmechanismen. Die kollektive Vergangenheit liefert diese merkwürdigerweise. Sie ist Allgemeingut, aber gleichzeitig auch zutiefst privater Besitz. Jeder sieht sie auf seine Weise." (Lively 1997, 7)

Lively spricht als Literatin mehrere methodische Fragen der aktuellen Debatte um eine moderne Geschichtswissenschaft an: In den Punkten eins und zwei geht es um die Darstellungsweise von Geschichte. Der dritte Punkt reflektiert auf die Methode der historischen Forschung, die allerdings nie unabhängig von der Darstellung verstanden werden kann.

1   Die Autorin von „Moon Tiger" bevorzugt einen grundsätzlich pluralen Erzählbegriff und nimmt an, dass es immer viele Geschichten und nicht die eine Geschichte gibt. Sie findet sich im Verein mit jenen HistorikerInnen, welche die Multiperspektivität von Geschichte gegen monolithische Vorstellungen einer Geschichte verteidigen, die als Entwicklung hin zu einer „moralischen Überlegenheit" kon-

struiert wird. Lively stellt auch den Zeitbegriff, die Chronologie und damit das Entwicklungsdenken in den historischen Disziplinen in Frage. Bestätigt wird sie darin unter anderen von Eric R. Wolf, der das Entwicklungsdenken in der Geschichtswissenschaft folgendermaßen kritisiert: „Erstens, weil sie die Geschichte als eine Traumkarriere der Moral darstellt, als historisches Etappenrennen, bei dem jeder Teilnehmer die Fackel der Freiheit an den nachfolgenden Stafettenläufer übergibt. Geschichte verwandelt sich damit in eine märchenhafte Legende, die vom Siegeszug des Guten, von der Überwindung der Bösen durch die Tugendhaften handelt. Nicht selten wird daraus eine Geschichte, bei der die Sieger allein schon durch ihren Sieg beweisen, das sie die Tugendhaften und Guten sind." Zweitens aber suggeriert diese Auffassung von Geschichte als Sieg der Moral, dass historische Subjekte im Falle ihrer Durchsetzung so etwas wie die „auserwählten Werkzeuge der Geschichte" wären. Aber, „dann ist jedes Einzelglied des historischen Stammbaums oder jeder Träger der Stafette, lediglich ein Vorbote der endgültigen Idealgestalt – und nicht etwa ein Produkt vielfältiger sozialer und kultureller Prozesse, die zu einer bestimmten Zeit und an einem bestimmten Ort abgelaufen sind" (Wolf 1986, 20).

2 Lively weist die Vorstellung zurück, dass Erkenntnisse über die Vergangenheit notwendigerweise rationalen Kriterien der Objektivität und Intersubjektivität genügen müssten. Sie insistiert, dass Geschichte immer eine Perspektive hat, nämlich die persönliche Sichtweise der Erzählerin oder des Erzählers. Darin knüpft sie an ein Verständnis von Geschichte an, das es unabhängig von der akademischen Diskussion um eine Geschichtswissenschaft gab und gibt. Egon Friedell etwa ging in den zwanziger Jahren des 20. Jahrhunderts davon aus, als er festhielt: „Alles, was wir von der Vergangenheit aussagen, sagen wir von uns selbst aus. Wir können nie von etwas anderem reden, etwas anderes erkennen als uns selbst. Aber indem wir uns in die Vergangenheit versenken, entdecken wir neue Möglichkeiten unseres Ichs, erweitern wir die Grenzen unseres Selbstbewusstseins, machen wir neue, obschon gänzlich subjektive Erlebnisse. Dies ist der Wert und Zweck alles Geschichtsstudiums." (Friedell 1979, 20)

3 Den Zugriff auf die Vergangenheit, also die Methode, wie historische Erkenntnis „gemacht" wird, stellt sich die Autorin von „Moon Tiger" vor wie ein Panoptikum am Bildschirm, aus dem sie sich bedienen kann wie im Supermarkt. Gegen einen solchen Umgang mit Geschichte würde sich die professionelle Geschichtswissenschaft verwehren. Hat sie sich doch in den letzten zweihundert Jahren im modernen Wissenschaftskanon gerade mit dem Argument institutionell etabliert, Methoden entwickelt zu haben, mit denen sie in der Lage ist, Ankerplätze der Orientierung zu schaffen in den Katarakten der Vergangenheit. Darauf will ich im Folgenden näher eingehen.

3. Das verregelte Interpretieren

Der wissenschaftliche Umgang mit den Erzählungen beruht im Gegensatz zum literarischen oder „wilden Erzählen" darauf, die Vergangenheit zunächst zu distanzieren, um sie anschließend zu rekonstruieren. Diese Vorgehensweise prägt das historische Denken und die historische Forschung, die ihrerseits eine Geschichte hat. Das Kriterium von Wissenschaftlichkeit mit dem Anspruch des Geschichte(n)-Erzählens zu verbinden, geht von der Annahme aus, dass sich die Vergangenheit erforschen und sich aus diesen Forschungen eine „objektive Wahrheit" rekonstruieren ließe.

„Die Weise, wie wir die Vergangenheit distanzieren und dann versuchen, sie wieder hervorzuholen, ist ein einzigartiger Mechanismus westlichen Denkens", meint Hayden White, um fortzufahren: „Auf diesem Mechanismus basiert das historische Denken und die Idee der Forschung. Für einen Menschen im antiken Rom lebten die Vorfahren mitten im eigenen Haus. Es war keine Sache der historischen Recherche, herauszufinden, wer der eigene Großvater war, oder was er während der Nazi-Zeit getan hat." (White 1998, 254)

Zu verkünden, dass es eine Wirklichkeit gibt, die der Wahrheit entspricht, die sich ihrerseits erkennen ließe, war die vorherrschende Auffassung neuzeitlicher Wissenschaft. Die Forderung, dieser Wahrheit ans Licht zu verhelfen, prägte auch die Diskussion um die Möglichkeiten der geschichtswissenschaftlichen Erkenntnis und ihrer Methoden. Es lag nahe, die historischen Methoden in Anlehnung an die Naturwissenschaften zu konstruieren. „Die Methodologie, die die nomothetische Sozialwissenschaft übernahm", gibt Immanuel Wallerstein zu bedenken, „ahmte die Grundprinzipien ihrer gesellschaftlich erfolgreichen Vorgänger, also der Naturwissenschaften nach: systematische und präzise empirische Untersuchung, dann die Induktion, die zu Theorien führte. Je eleganter die Theorie, desto fortgeschrittener die Wissenschaft. Die praktischen Anwendungen würden natürlich folgen." (Wallerstein 1995, 303)

Die Naturwissenschaften nahmen einen objektiv auffindbaren Forschungsgegenstand an, dessen Funktion sie durch präzise Messungen und wiederholbare Experimente objektiv zu beweisen antraten. Objektiv bedeutet hier zweierlei:

1 wurde „Natur" verstanden als etwas, das unabhängig von Erkenntnissubjekten existiert und

2 dass sich diese vom Menschen unabhängige Natur mit entsprechenden Instrumenten, u.a. Objektiven, immer detaillierter auffinden ließe.

Genau genommen basiert diese Betrachtungsweise, die mit Descartes die moderne Wissenschaftlichkeit prägte, auf der Vorstellung, dass „da draußen" eine Welt, die völlig unabhängig ist von „dem hier drinnen", dem menschlichen Denken, Forschen und Darstellen, existiert (Berman 1985, 68-143). In Analogie zur kartesianischen Setzung der Natur als der Welt „da draußen" begegnete auch die Geschichtswissenschaft ihrem Gegenstand, der Geschichte, als einem von den ErzählerInnen oder HistorikerInnen getrennten Objekt. Die Historiker folgten damit der szientistischen Überzeugung, dass es eine Wirklichkeit, eine reale Welt gibt, die den Gesetzmäßigkeiten der Natur unterliegt und deren Geschichte der wissenschaftlichen Erkenntnis zugänglich sei.

Die Vorstellung von der objektiven Natur erodierte in den ersten Dekaden des 20. Jahrhunderts nicht nur vor der skeptischen philosophischen Prüfung, sondern gerade in der naturwissenschaftlichen Disziplin Physik. Erwin Schrödinger und Werner Heisenberg erklärten, dass es keinen naturwissenschaftlichen Beweis für eine bestehende Ordnung gibt. Albert Einstein brach mit der modernen Vorstellung, dass Theorien bestimmte Beobachtungen leiten. Vielmehr seien es die Beobachtungen, welche Theorien hervorbringen. Damit müssen wir vom Ende der neuzeitlichen Wirklichkeitskon-

struktionen ausgehen. Die Fragen von Methode und ihrer Begründungen stellen sich
neu. Die Krise der Wissenschaften begleitet die Herausforderung einer Neuorientierung der Geschichtswissenschaft. Denn die Legitimität und die gesellschaftliche Geltung geschichtswissenschaftlicher Erkenntnis als einer notwendigen Form wissen-
schaftlich-rationaler Weltorientierung gilt nicht mehr unbestritten.

Für den Historismus des 19. Jahrhunderts galt, noch, dass es eine Geschichte gäbe, die
unter strikter Anwendung methodischer Verregelung erkannt werden könne. Es be-
durfte demnach eines wissenschaftlichen Instrumentariums, einer Konvention, die
über den Wert von Dokumenten aus der Vergangenheit ebenso richtete wie über deren
Behandlung. Konvention kann in diesem Sinne durchaus mit Methode gleichgesetzt
werden.

Methoden wurden also festgelegt, um nichts Geringeres zu erreichen als die Welt
„richtig zu erkennen". Meinte Methode ursprünglich ein bestimmtes, regelgeleitetes
Vorgehen, wird der Begriff der Methode seit dem 17. Jahrhundert als „der Weg auf ein
Ziel hin" *(Kluge [22]1989)* verstanden. Als Ziel der Geschichtswissenschaft galt, rational begründete, historische Erkenntnisse festzuschreiben. Worauf sich die historische
Erkenntnis allerdings stützt und woran sich die geschichtswissenschaftliche Methode
orientiert, sind nicht „Beobachtungen" im wissenschaftlichen Sinn des Wortes, sondern „Aufzeichnungen von Sachverhalten, die nicht aufgrund bekannter und genau
definierter Methoden erfolgten und im allgemeinen auch zu anderen als rein wissenschaftlichen Zwecken angefertigt wurden" (Simiand 1994, 169).

Um aus einer historischen Quelle einen legitimen Tatsachenbegriff zu gewinnen, be-
durfte es der Festschreibung einer Methode, die zu kritischen Vorkehrungen anleitet
und einen bestimmten Erkenntnismechanismus vorgibt.

Im Historismus wurden entsprechende formale Kriterien für eine eigene geschichtswissenschaftliche Methode festgelegt. Der Erfolg rationaler Erkenntnis wurde an die
folgenden drei Ebenen der historischen Forschung geknüpft: Heuristik, Kritik und Interpretation. Heuristik meint die methodische Abklärung dessen, was gewusst werden
will (Intention) und was gewusst werden kann (Faktibilität). Heuristik bindet den Ertrag an den motivierten und ausgeführten Forschungsprozess, an die „richtige historische Frage". Es gilt, innovative Fragen zu formulieren und gleichzeitig dem Orientierungsbedürfnis der jeweiligen Gegenwart damit zu entsprechen. Richtiges Fragen berücksichtigt weiters die Quellenlage. Der Fundus historischer Quellen reicht von
schriftlichen Überlieferungen jeder Art über Realien, z.B. Gebrauchsgegenständen
oder Bildmaterial, bis zu Monumenten der Erinnerungskultur.

Die historische Methode geht vom Überrestcharakter sämtlicher Quellen aus, allerdings geben alle Überreste auch Aufschluss über die Personen, die sie hinterlassen haben, und über den Sinn, der ihr Handeln mit diesen Dokumenten, Artefakten oder Monumenten bestimmte. Die Kritik bezieht sich auf die Quelle. Überprüft muss eine
Quelle in vieler Hinsicht werden:

1. wird die Echtheit und damit der Aussagewert einer Quelle bestimmt,

2. muss der Informationsgehalt einer Quelle geprüft werden,

3. muss eine Forschungsoperation erfolgen, die aus der Quelle Informationen filtert,
   die nicht ihrer Intention entsprechen wie z.B. Geburtenraten, Einkommensverhält-

nisse etc. Dazu dienen heute die quantitativen und qualitativen Methoden der Sozialwissenschaft, die in der geschichtswissenschaftlichen Forschung angewendet werden (Botz 1988). Die Geschichtswissenschaft des 19. Jahrhunderts hatte für ihre Fragestellungen eine Reihe von Hilfswissenschaften durchregelt, wie etwa die Diplomatik (erschließt den Informationsgehalt von Urkunden), die Paläographie (Lesbarmachen von Schriften), die Genealogie (Klärung von Abstammungsverhältnissen), aber auch die Chronologie, die Datierungsfragen systematisiert. Neben der historischen Geographie ließen sich heute im Prinzip alle Wissenschaften als Hilfswissenschaften der Geschichtswissenschaft erklären, sofern sie in ihren Forschungen die historische Erfahrung tangieren. So kann etwa die chemische Analyse eines Schriftstücks oder eines Artefakts Aufschluss über dessen Gebrauch, Lagerung und eventuell auch Alter geben und damit zur Quellenkritik beitragen.

Die eigentliche Aufgabe der HistorikerIn besteht allerdings in der Interpretation der Quellen, wobei diese sich auf Sekundärliteratur sowie andere Forschungsergebnisse stützt und sich auf die zeitliche Verortung der Aussagen richtet. In Rückbindung auf die Fragestellung ist bei der Interpretation die narrative Kompetenz der ForscherIn gefordert. Für den Anspruch der Objektivität der wissenschaftlichen Erkenntnis birgt aber die Interpretation, also das Geschichte(n)-Erzählen, unlösbare Fragen. Die neueren historischen Forschungen reagieren darauf u.a. mit der Forderung der Kritik nicht nur der Quellen, sondern der übernommenen wie eigenen Forschungsergebnisse. Die Geschichtswissenschaft ist aufgrund ihrer eigenen Forderungen an sich ein guter Nährboden dafür, denn: „Für die Geschichte der Geschichtswissenschaft und in der Geschichte der Philosophie ist die Reflexion auf die Methode, mit der geschichtliche Ereignisse, Epochen, Prozesse, Strukturen zu erfassen sind, von Anfang an ein durchgehendes Thema." (Dölle 1980, 59) Die Bewertung dessen, was als historisches Ereignis, als Epoche, Prozess oder Struktur gilt, führt demnach zu den außer-wissenschaftlichen Vorentscheidungen, den Voraussetzungen der forschenden InterpretInnen von Geschichte zurück.

Die Theodizee, ein Plan der Vorsehung in der Weltgeschichte, wies der aufgeklärten Geschichtswissenschaft von Kant über Hegel, Marx, Engels und Droysen den Weg. Immanuel Kant ging von „einer allgemeinen Geschichte" aus, deren Subjekte und Referenten Individuen sind, die „in weltbürgerlicher Absicht" „einen regelmäßigen Gang derselben entdecken" könnten (Kant 1980, 21). Die Vorstellung, dass „die Vergangenheit unabhängig vom erkennenden Subjekt Strukturen besitzt" (Wehler 1973, 32), prägt auch die Praxis von HistorikerInnen, die sich wie Hans Ulrich Wehler im 20. Jahrhundert auf den Spuren von Max Weber der Wirtschafts- und Sozialgeschichte zuwandten. Sie gehen von einem von Ereignissen und deren Wahrnehmung unabhängigen Verlauf der Geschichte aus und folgen damit dem berühmten Satz von Auguste Comte, der im fünften Band seines „Cours de philosophie positive, Leçon 52" 1855 von einer „l'histoire sans noms d'hommes, ou même sans noms de peuples" sprach (Berger 1995, 182).

Methodisch heben die historischen Sozialwissenschaften bereits die fakultativen Grenzen zwischen Ökonomie, Soziologie, Kulturanthropologie und Politikwissenschaften auf und verpflichteten sich einer „in ihren Themenfeldern hochspezialisierten, insgesamt aber integrierten Historischen Sozialwissenschaft, die interpretiert, systematisiert und qualifiziert, die erzählt *und* erklärt" (Sieder 1990, 48).

4.   Brüchige Regeln – Neue Perspektiven

Nach 1946 war es französischen Historikern in der Nachfolge von Marc Bloch und Lucien Fevre um die Zeitschrift „Annales. Economies – Sociétés – Civilisations" auf prominente Weise gelungen, die politische Ereignisgeschichte zugunsten der Wirtschafts- und Sozialgeschichte sowie einer Geschichte der Tiefendimensionen oder Strukturen geschichtlichen Wandels zu etablieren (Schmale 2000). Neben mentalitätsgeschichtlichen Fragen lenkten Historiker wie Fernand Braudel die Aufmerksamkeit ihrer Forschungen auch auf die materielle Kultur und damit den Alltag von Menschen in der Vergangenheit. Damit kritisierten sie die Geschichtsschreibung, die zwar von den Schlachtfeldern berichtet, es aber verschmäht, von den gepflügten Feldern zu sprechen, denen die Menschen ihre Existenz verdanken. Fokussiert wurden explizit erstmals Fragen des Alltags und der ökologischen Bedingungen menschlicher Existenz in der Vergangenheit. Von dieser Perspektive ausgehend wies Braudel auf die Vielfältigkeit des historischen Zeitbegriffs (Ereignisse, Konjunkturzyklen und longue durée) hin und verpflichtete sich bei seinen Aussagen gegenüber einer Gegenwart, die „gleichzeitig aus dem Gestern, dem Vorgestern und dem Einst" (Braudel 1977, 60) stammt. Erst mit der Einbeziehung eines vielschichtigen Zeitbegriffs in das historische Forschen könne die Geschichte „mit den hundert Gesichtern" (Braudel 1977, 50) verstanden werden.

Damit begegnete die Schule der Annales einer eingeschränkten Logik der Ereignis- und Epochengeschichte und öffnete das Feld möglicher Methoden in der Geschichtswissenschaft ebenso radikal, wie es vom Historismus eingeschränkt worden war. Weiters setzte diese Richtung in der Geschichtswissenschaft voraus, worauf auch das postmoderne Wissenschaftsverständnis explizit verzichtet: Die Annales verweigerten ihre Interpretationen und die erschlossene Vielfalt historischen Geschehens an ein neues Einheitskonzept, eine eigene Theorie historischen und sozialen Wandels, zu binden und damit einer eigenständigen Methodologie zu verpflichten. Diese Art von Geschichtswissenschaft nahm also nicht mehr für sich in Anspruch, eine gesetzesmäßige Logik menschlicher Entwicklung von der historischen Forschung abzuleiten, die zu präzisen Handlungsanleitungen in der Gegenwart führt, wie es der Historismus ebenso wie der historische Materialismus eingefordert und expliziert hatten.

Die Geschichtswissenschaften hatten also gut zwei Jahrzehnte damit verbracht, ihre eigene wissenschaftliche Begründung zu untergraben, als die postmoderne Philosophie die Reste teleologischer Erkenntnis in Frage stellte. Jean-François Lyotard veröffentlichte 1979 seine Schrift „La Condition postmoderne" (dt. Das postmoderne Wissen 1986) – das auch in der Reflexion über Geschichte und ihre Methoden wohl meistrezipierte Buch der Postmoderne. Die Moderne verhallt für Lyotard im „Ende der Meta-Erzählungen". War die Moderne durch die Herrschaft der Meta-Erzählungen charakterisiert, die jeweils eine Leitidee vorgaben, die alle Wissensanstrengungen und Lebenspraktiken einer Zeit bündelte, stellt die Post- oder Nach-Moderne diese

Praxis bloß, indem sie die Voraussetzungen prüft, denn außerwissenschaftliche Wert-
maßstäbe oder Ordnungsvisionen prägten die Ziele der verschiedenen Meta-Erzählungen. Sie galten der Emanzipation der Menschheit in der Aufklärung, einer Teleologie
des Geistes im Idealismus, der Hermeneutik als Sinn des Historismus, der Beglü-
ckung aller Menschen durch Reichtum im Kapitalismus, der Befreiung der Menschheit zur Autonomie im Marxismus etc.

Lyotards Befund liest sich im Kontext der wissenschaftstheoretischen Umbrüche des
20. Jahrhundert wie die Zusammenfassung dessen, was die Physik in den ersten Dekaden desselben Jahrhunderts bereits anerkannte, nämlich, dass es keinen wissenschaftlichen Gegenstand geben kann, der unabhängig von seiner Beforschung existiert.
Dass wir uns vermutlich eine nicht weniger willkürliche und ebenso ideale Vorstellung von der Geschichte und den Möglichkeiten der historischen Erkenntnis gemacht
haben, wie es auch die Literatin Penelope Lively tut.

In Anbetracht der noch unabsehbaren kognitiven Möglichkeiten vernetzter Denk- und
Wissenssysteme können wir am Ende des 20. Jahrhundert mit Peter Sloterdijk ernüchtert feststellen:

„Wer später lebt, weiß es auch nicht besser – mit diesem Fazit endet das historische Experiment, das die Wahrheit dazu zwingen wollte, sich im Laufe der Zeit immer mehr ‚herauszustel-
len‘. Was im Laufe des Experiments wirklich sich herausgestellt hat, ist gerade dies, dass das
spätere Wissen nicht mit Sicherheit das bessere ist" (Sloterdijk [2]1994, 263).

Dies war immer schon der vorläufige Ausgangspunkt des Interesses an der Vergangenheit und der Suche nach Methoden, diese herauszufinden und zu vermitteln. Es bedarf also der Geschichten, die immer wieder neu erzählt werden müssen. Ob sich so
etwas wie ein „Kollektivsingular" Geschichte geben kann, „der die Summe aller Ein-
zelgeschichten bündelt" und damit im historischen Denken jenen „erhöhten Abstraktionsgrad" ausmacht, der das Konzept von Geschichte mit dem Begriff der Weltgeschichte vermittelt und „die Bedingungen möglicher Erfahrung von Geschichte und
die Bedingungen ihrer möglichen Erkenntnis unter denselben Begriff subsumiert"
(Koselleck 1980, 318f), wie es Reinhart Koselleck in Aussicht stellt, bleibt für jede
Generation akademischer und nicht-akademischer HistorikerInnen stets aufs Neue zu
klären. Jedenfalls sollte nicht vergessen werden, dass Geschichte niemals im Singular
existieren kann und deshalb auch nur von „den Geschichten" gesprochen werden
sollte, was Braudel so formulierte:

„Für mich ist Geschichte die Summe aller möglichen Geschichten – eine Sammlung von
Fächern und Gesichtspunkten von gestern, heute und morgen. Der einzige Irrtum wäre meines
Erachtens, eine dieser Geschichten unter Ausschluss der anderen zu wählen. Das war und das
wäre der historisierende Fehler" (Braudel 1977, 59).

Die jüngste Richtung in der Geschichtswissenschaft, die „Historische Anthropologie", durchschreitet Teilfächer und Fachdisziplinen. Dies ist vermutlich nicht ohne die
genannten konzeptuellen Umorientierungen der geschichtswissenschaftlichen Forschung zu erklären. Im Mittelpunkt ihres Interesses stehen „nicht mehr die vom
menschlichen Handeln abgehobenen strukturellen Prozesse, sondern die Lebensge-
wohnheiten der Subjekte, ihre Lebenserfahrungen und der ‚Eigensinn‘ der unterschiedlichen sozialen Gruppen" (Dülmen, Chvjoka, Jung 1997, 7). Damit wendet sich
eine junge ForscherInnen-Generation den Detail- oder Mikrogeschichten zu. Als

Quellen dienen ihnen Gerichtsakten, gerichtsmedizinische Gutachten, literarische Bilder, Autobiographien, Briefe, Tagebücher und ähnliche Aufzeichnungen sowie Interviews, welche einen Einblick in die Vorstellungs- und Wahrnehmungsgeschichte der Menschen vergangener Zeiten freigeben. Methodisch verpflichtet sich die Historische Anthropologie, ihre zentralen Quellen mit allem vorhandenen anderen Material zu kombinieren. Die sich daraus ergebenden Widersprüche dekonstruieren auf anschauliche Weise den Mythos vom unaufhaltsamen Aufstieg der Moderne, welche die Tradition hinter sich lässt. Es zeigt sich beim Blick auf die „kleinen Erzählungen", dass sich je nach Ort und sozialer Gruppe die jeweilige Moderne ebenso ändert wie sich auch Traditionen ändern. Damit orientiert sich die neuere historische Forschung weder am normativen Wertekanon der bürgerlichen Welt (Historismus) noch an einem fortschreitenden historischen Prozess (historischer Materialismus) und geht im besten Sinne praktisch an die Herausforderung der Multiperspektivität im Umgang mit den Geschichten heran, indem sie „Sinnkonstruktionen vergangener Zeiten und früherer Generationen in die Sprache der Gegenwart übersetzt" (Dülmen, Chvojka, Jung 1997, 10).

Solche Rekonstruktionen von Sinn und die Wiedergabe derselben als Geschichten waren immer schon die Voraussetzung, um sozialwissenschaftliche Theorien auf dem Hintergrund empirischer Interpretationen zu prüfen und gegebenenfalls zu verwerfen. Allerdings entscheidet sich die Frage nach der Darstellung solcher Geschichten, also dem Geschichten-Erzählen oder der Historiografie, nicht alleine an der Theoriediskussion. Denn auch Theorien und davon abgeleitete Paradigmen der Forschung erweisen sich nur relativ zu ihrem Gegenstand als sinnvoll. Geschichten richten sich aber nicht nur an die Geschichtswissenschaft, sondern an ZuhörerInnen. Ihre Sinnstiftung verläuft zwar ebenso singulär wie kollektiv, jedoch allemal plural. Mit dieser Einsicht schließe ich mich Albert Wirz an, der sich mit Themen der sogenannten Außereuropäischen Geschichte befasst, und erinnere an die multiplen Geschichten und ihre Vermittlungsformen: „Paradox ist, dass dieses Vorgehen (der multiplen Geschichten) in vielem an die Darstellungskunst von Geschichtenerzählern in oralen Kulturen erinnert, die ihrerseits Geschichte neben Geschichten setzen und auf Zweifel mit neuen Geschichten antworten, anstatt, wie wir das gewohnt sind, sich auf Debatten über die richtige Interpretation einzulassen." (Wirz 1997, 166)

Literatur- und Medienverzeichnis

Berger, Siegfried: *Comte Auguste*. In: Lutz, Bernd (Hg): Metzler Philosophen Lexikon. Von den Vorsokratikern bis zu den Neuen Philosophen. 2. Aufl. Stuttgart u.a. (Metzler) 1995, S. 180-183.

Berman, Morris: *Wiederverzauberung der Welt. Am Ende des Newtonschen Zeitalters*. Reinbek b.H. (Rowohlt) 1985. (Originalausg.: Reenchantment of the world, Cornell Univ. Press, 1981)

Botz, Gerhard (Hg): *Qualität und Quantität. Zur Praxis der Methoden der historischen Sozialwissenschaft*. Frankfurt a.M. (Campus) 1988. (Studien zur historischen Sozialwissenschaft. 10)

Braudel, Fernand: *Geschichte und Sozialwissenschaften. Die longue durée.* In: Honegger, Claudia (Hg): Schrift und Materie der Geschichte. Vorschläge zur systematischen Aneignung historischer Prozesse. Frankfurt a.m. (Suhrkamp) 1977 (Edition Suhrkamp. 814), S. 47-85.

Davis, David Brion: *The problem of slavery in western culture.* Ithaca u.a. (Cornell Univ. Press) 1966.

Dölle, Renate: *Einleitung II.* In: Oelmüller, Willi & Dölle, Ruth & Piepmeier, Rainer (Hg.): Philosophische Arbeitsbücher. Bd. 4. Diskurs. Geschichte. Paderborn u.a. (UTB) 1980 (Philosophische Arbeitsbücher. 4) (Uni-Taschenbücher. 1007 : Philosophie, Geschichte), S. 51-88.

Dülmen, Richard von & Chvojka, Erhard & Jung, Vera (Hg.): *Neue Blicke. Historische Anthropologie in der Praxis.* Wien u.a. (Böhlau) 1997.

Fridell, Egon: *Kulturgeschichte der Neuzeit. Die Krisis der europäischen Seele von der schwarzen Pest bis zum Zweiten Weltkrieg.* München (Beck) 1979. (Originalausg.: München 1927 – 1931. 5 Bd.)

Jaeger, Friedrich & Rüsen, Jörn: *Geschichte des Historismus. Eine Einführung.* München (Beck) 1992.

Kant, Immanuel: *Idee zu einer allgemeinen Geschichte in weltbürgerlicher Absicht.* In: Riedel, Manfred (Hg): Schriften zur Geschichtsphilosophie. Stuttgart (Reclam) 1980 (Universal-Bibliothek 9694 [3]), S. 21-39. (Originalausg. In: Berliner Monatsschrift, November-Heft 1784, 385-411)

Kluge, Friedrich: *Etymologisches Wörterbuch der deutschen Sprache. 22. Aufl.* Berlin u.a. (de Gruyter) 1989.

Kosellek, Reinhard: *Über die Verfügbarkeit von Geschichte.* In: Oelmüller, Willi & Dölle, Ruth & Piepmeier, Rainer (Hg): Philosophische Arbeitsbücher. Bd. 4. Diskurs: Geschichte. Paderborn u.a. (UTB) 1980 (Philosophische Arbeitsbücher. 4) (Uni-Taschenbücher. 1007 : Philosophie, Geschichte), S. 318-330.

Lerner, Gerda: *Frauen finden ihre Vergangenheit. Grundlagen der Frauengeschichte.* Frankfurt a.M. (Campus) 1995. (Originalausg.: The majority finds its past. Oxford 1979)

Lively, Penelope: *Moon Tiger.* München (dtv) 1997.

Lutter, Christina & Reisenleitner, Markus (Hg.): *Cultural studies. Eine Einführung.* Wien (Turia & Kant) 1998. (Cultural studies. 0)

Lyotard, Jean-François: *Das postmoderne Wissen.* Wien (Passagen) 1986.

Nietzsche, Friedrich: *Unzeitgemässe Betrachtungen.* München (Goldmann) 1999.

Schmale, Wolfgang: *Mentalitätsgeschichte. Historiographische Wenden.* In: Völker-Rasor, Anette (Hg): Geschichte Lehrbuch. Frühe Neuzeit. München (Oldenbourg) 2000, S. 167-182.

Sieder, Reinhard: *Was heißt Sozialgeschichte. Brüche und Kontinuitäten in der Aneignung des Sozialen.* In: Österreichische Zeitschrift für Geschichtswissenschaft, 1 (1990), 1, S. 25-48.

Simiand, François: *Historische Methode und Sozialwissenschaft.* In: Middell, Matthias & Sammler, Steffen (Hg): Alles Gewordene hat Geschichte. Die Schule der Annales in ihren Texten 1929-1992. Leipzig (Reclam) 1994, S.168-232.

Sloterdijk, Peter: *Nach der Geschichte.* In: Welsch, Wolfgang (Hg): Wege aus der Moderne. Schlüsseltexte der Postmoderne Diskussion. 2. Aufl. Berlin (Akademie-Verl.) 1994, S. 204-214.

Wallerstein, Immanuel: *Die Sozialwissenschaft kaputtdenken. Die Grenzen der Paradigmen des 19. Jahrhunderts.* Weinheim (Beltz u.a.) 1995.

Wehler, Hans Ulrich: *Geschichte als historische Sozialwissenschaft.* Frankfurt a.M. (Suhrkamp) 1973. (Edition Suhrkamp. 650)

White, Hayden: *Ich glaube nicht, daß eine Theorie wie meine dazu da ist, angewandt zu werden. Ein Gespräch zwischen Hayden White und Judith Huber.* In: Österreichische Zeitschrift für Geschichtswissenschaft, 9 (1998), 2, S. 246-268.

White, Hayden: *Metahistory. The Historical Imagination in Nineteenth-Century Europe.* Baltimore (John Hopkins Univ. Press) 1973.

Wirz, Albert: *Das Bild vom anderen. Möglichkeiten und Grenzen interkulturellen Verstehens.* In: Brocker, Manfred & Nau, Heino (Hg): Ethnozentrismus. Möglichkeiten und Grenzen des interkulturellen Dialogs. Darmstadt (Primus) 1997, S. 153-169.

Wolf, Eric R.: *Die Völker ohne Geschichte. Europa und die andere Welt seit 1400.* Frankfurt a.M. u.a. (Campus) 1986.

Inter- und transdisziplinäre Perspektiven

Hans Lenk

Methodologisches zur Interdisziplinarität und Einheit der Wissenschaften

I.

Es ist weithin bekannt, dass die drängenden Fragen der Zeit sich heute nicht mehr in sauberer fachlicher Abtrennung oder disziplinärer Verpackung stellen, sondern interdisziplinär nur zu bearbeiten sind. So sind etwa die ökologischen Fragen nicht nur naturwissenschaftliche Probleme, aber natürlich auch nicht *nur* geistes- oder sozialwissenschaftliche oder kulturelle Probleme. Sondern wie bei allen unseren komplexen und übergreifenden, auch natürlich auch die Nationengrenzen übergreifenden Problemzusammenhängen können wir eine innere Wirkungsverflechtung und eine Vermaschung der entsprechenden Bereiche feststellen. Wir brauchen mehr und mehr abstraktere fachübergreifende Methoden, Disziplinen und Erfassungstechniken, sozusagen generalisierte operationale Techniken, um diese Probleme überhaupt präzisieren und auch behandeln zu können. Das heißt, es gilt in gewisser Weise eine abstraktere und methodologische Sicht einzunehmen, die ich im zweiten Teil zu diskutieren versuchen werde. Das gilt übrigens auch für die Geisteswissenschaften – und auch für die Germanistik. Es ist deutlich, dass in den letzten Jahren die Informationsverarbeitungsverfahren, die elektronische Datenverarbeitung und andere Techniken in den Geisteswissenschaften erheblich zugenommen haben und immer mehr Relevanz gewinnen. Es geht um Informationen, genauer: um *gedeutete* Informationen oder Interpretationen bzw. um Ergebnisse von Interpretationen. Man könnte von „*Interpretaten*" sprechen oder von „*Interpretationskonstrukten*", die gleichsam zu einem neuen höherstufigen „Rohstoff" der Wissenschaften, in diesem Falle der Geisteswissenschaften und der entsprechenden angegliederten Informationsverarbeitungsdisziplinen, geworden sind.

Zumal die Information und ihre Handhabung sind in den letzten Jahrzehnten dem systematischen technischen Zugriff zugänglich geworden. Man kann geradezu diagnostizieren, wie ich es bereits 1970 getan habe, dass die Informationsverarbeitung systematisiert wurde und dass das technisch-wissenschaftliche Zeitalter sich zu einem "informations- und systemtechnologischen Zeitalter" – oder kurz zum „systemtechnologischen Zeitalter" – gewandelt hat. Das gilt natürlich sowohl für die Produktionsautomatisierung und die Einbettung in Systeme wie für systemhafte operationale Abläufe generell. Hier kann man von einem Trend zu einer umfassenden Systemtechnik sprechen. Das gilt aber natürlich auch für die repräsentationalen, also für die Darstellungen in Informationsdisziplinen, Informationssystemen; auch hier sprechen wir von Informationsverbundsystemen, die immer mehr Bedeutung gewinnen. Der Einsatz des Computers ist hierfür natürlich auf allen Gebieten der wissenschaftlichen Darstellung, aber auch der Produktions- und Verfahrenssteuerung und -kontrolle einschlägig. Alle diese Trends sind Gesichtspunkte einer umfassenden Informations- und Systemrationalisierung in den hochindustrialisierten Gesellschaften. Die Informations- und Systemtechnologien übergreifen die Grenzen einzelner Disziplinen. Man kann sozusagen von einer *systemtechnologischen* oder sogar *systemtechnogenen Interdisziplinarität* sprechen. Die scharfe Abtrennung in Disziplinen ist eigentlich nicht mehr in diesem Sinne haltbar – und zwar schon aus operationalen methodologischen und quasimethodentechnischen Gründen nicht. Das führt natürlich auch zu entsprechenden Herausforderungen einerseits der wissenschaftlichen Methodologen, andererseits natürlich auch der Sozialphilosophen und Moralphilosophen. Wir alle kennen die Probleme, die sich mit den Dokumentationssystemen, der Zugänglichkeiten von Daten, der Kombinierbarkeit von Daten in Hinsicht auf Datenschutzfragen, Datenschutzgesetze usw. ergeben. Man kann fast befürchten, dass wir so etwas wie eine Computerokratie erleben werden; die Auffassung, dass dieses das unaufhaltsame Schicksal der industriellen Massengesellschaften im systemtechnologischen Zeitalter sei, ist weit verbreitet. Heutzutage gilt das natürlich ganz besonders und wird bedeutsam durch neue weltumspannende Informationssysteme, wie beispielsweise das Internet, World Wide Web und die direkten Zugriffsmöglichkeiten allerorten, die dann aber auch die Frage der ethischen Verantwortbarkeit für die darin enthaltenen oder eingespeisten und oft gar nicht mehr zuordenbaren Daten aufwerfen. Die humane Verantwortung auch für die Folgen und Entwicklungen in verwickelten Informationssystemen kann weder ethisch noch rechtlich von einem Einzelnen getragen werden. Diese Fragen sind durchaus noch sehr offen und man kann sich hierfür durchaus noch keine Lösung vorstellen, wie eine operationalisierbare, eine greifbare und handhabbare Ethik bzw. Rechtsprechung oder Legislative bezüglich der weltweiten Informationssysteme aussehen wird.

Die wichtigsten Probleme stellen sich heute nicht mehr in einer schubladenartigen Auftrennung der Fächer, und insofern können natürlich auch die einzelnen Disziplinen nicht mehr unabhängig voneinander operieren, sondern sie alle müssen die interdisziplinäre Herausforderung aufnehmen. Das gilt zumal natürlich auch für die Geisteswissenschaften. Die Systemzusammenhänge im systemtechnologischen Zeitalter erfordern eine Anwendung von abstrakteren Verfahren und Verallgemeinerungen sowie von formalen und funktionalen Gesichtspunkten der Darstellungsweisen: Es wird immer wichtiger, eine fachübergreifende Erfassung, d.h. also eine Beschreibung und auch einen praktischen handelnden Umgang mit Gegenständen, Verfahren, Systemen, zu entwickeln, der nun „interdisziplinär" im echten Sinne genannt werden kann. Es gilt also eine praxisnahe und wirklichkeitsangemessene Methodologie, aber auch eine Erkenntnistheorie, Epistemologie zu entwickeln, die diese Herausforderung annehmen kann und die interdisziplinäre Verfassung und Verflechtung der Problembereiche angemessen berücksichtigt.

Dabei ist es wichtig zu beachten, dass es in der Tat Tendenzen zu einer Verselbständigung der Systemoperationen und Systeme selbst, der Systemtechnokratie bzw. der Computerokratie gibt, die natürlich auch nur durch eine überfachliche Abstimmung, Sicherung, Kontrolle der vielfältigen Einflussgrößen und Gesichtspunkte, die über die fachspezialistische Einseitigkeit hinausgeht, aufgenommen werden kann. Demzufolge brauchen wir außer der Teamzusammenarbeit unterschiedlicher Fachspezialisten und Experten aus unterschiedlichen Fakultäten auch *Generalisten*, die abstraktere Methodologien, methodische und operationale Ansätze beherrschen und in verschiedenen Gebieten anwenden können. Das gilt ferner auch für die „Spezialisten für das Allgemeine", die *Universalisten*, die übergreifende Ziel- und Wertprobleme und die wissenschaftstheoretischen und methodologischen Grundlagen der entsprechenden Disziplinen mitbehandeln können.

Diese interdisziplinäre Verfassung und Verflechtung der Probleme stellt sich in dem Kreuzungsbereich vieler klassischer Einzelfächer dar. Es handelt sich aber um überfachliche oder nur transdisziplinär zu erfassende Fragenkomplexe, also um die Notwendigkeit, interdisziplinäre und gar supradisziplinäre Ansätze zu entwickeln. Die klassischen Einzelwissenschaften sind bei diesen bereichsübergreifenden Problemen häufig überfordert. Die Vielfalt der disziplinären Perspektiven und die Widersprüchlichkeiten der Expertenurteile aus einzelwissenschaftlicher Sicht führen zu wichtigen organisatorischen und methodologischen Problemen für die Anwendung der wissenschaftlichen Ansätze, der Expertisen und Resultate, die nun über die Einzelwissenschaften hinausgehen, die sich also der klassischen Schubfächereinteilung entziehen. Hier gibt es eine Reihe von Beispielen auch von neuen Forschungsbereichen, die sich von vornherein in gewisser Weise interdisziplinär angelegt haben bzw. verstehen: einerseits beispielsweise – ganz aktuell – die Umweltforschung, oder man denke an die Wissenschaftsforschung, Wissenschaftswissenschaft (oder „Science of science"), die Peter Weingart eine „multidisziplinäre Aggregatwissenschaft" genannt hat, bei der weniger die Methode als der Gegenstand, eben der Problembereich, der Untersuchung zugrunde liegt. Die Teilforschungsbereiche beispielsweise dieser Wissenschaftsforschung sind etwa Wissenschaftsgeschichte, Wissenschaftssoziologie, Wissenschaftsökonomie, Wissenschaftspsychologie, Organisationswissenschaft, Planungswissenschaft, Teile der Politikwissenschaft und natürlich Wissenschaftstheorie, Methodologie, also Philosophie der Wissenschaft. Es gibt hier offensichtlich *noch keine* direkte Möglichkeit, eine *wirkliche interdisziplinäre Theorie* zu entwickeln, deshalb „Aggregatwissenschaft". Wie kann man nun unterschiedliche Disziplinen und unterschiedliche Arten der Disziplinarität voneinander unterscheiden? (Vgl. die folgende Übersicht)

Unterscheidung der Disziplinen nach ihren/m/r
- Gegenständen und Bereichen
- Methoden(arsenalen)
- Erkenntnisinteressen (Habermas)
- „Theorien und deren systematischen und historischen Zusammenhängen" (L. Krüger 1987)
- Theorie-Praxis-Verhältnis
- Substantivität *versus* Operationalität *versus* Formalität der Theorien (Bunge)
- Systemholismus *versus* Bereichsspezifik
- Apriori-Analytik, Methodenformalität *versus* Empirik
- Erklärungs- und Systematisierungsmustern (beschreibend *versus* erklärend, historisierend *versus* systematisierend)
- Kognitivität und Normativität (deskriptive *versus* normative Disziplinen)
- Fiktionalität und Sekundärrealität (soziale „Geltung") *versus* Primärrealität („Imprägnation")

Die Disziplinen werden herkömmlich 1. nach Gegenständen und Bereichen voneinander unterschieden oder 2. nach ihren Methoden oder Methodenkombinationen, Arsenalen, 3. nach „Erkenntnisinteressen" (Habermas), was immer das im einzelnen genauer heißen mag. 4. sind auch die Theorien und deren systematische und historische Zusammenhänge entscheidend und unterscheidend für die Disziplinen. Diese Zusammenstellung bis hier ist von Lorenz Krüger (1973, 111 ff.), dem leider verstorbenen Wissenschaftstheoretiker. Wichtig sind aber auch noch die folgenden Punkte: 5. die unterschiedlichen Bezüge zu Theoriepraxis in den unterschiedlichen Wissenschaften; man denke beispielsweise an komplexe Systemtheorien in der Mathematik und der Umweltforschung. 6. ist hervorzuheben – was ich für besonders wichtig halte und was bisher nicht genügend berücksichtigt worden ist – der Unterschied zwischen inhaltlichen, den sog. „substantiven Theorien" (Bunge 1967), und „operativen Theorien", die eher Verfahren betreffen. Substantive Theorien wären beispielsweise die Gravitationstheorien nach Newton oder Einstein in der Physik, operative Theorien wären beispielsweise die Informationstheorie, die mathematische Spieltheorie oder generell formale Verfahren, analytische Instrumente, die in verschiedenen Wissenschaften angewendet werden können. Offensichtlich sind operative Theorien in der interdisziplinären Forschung besonders sinnvoll verwendbar; die formalen Theorien sind dabei natürlich diejenigen, die nur formale idealsprachliche Konzepte erarbeiten, wie beispielsweise mathematische Theorien. Ein 7. Gesichtspunkt wäre der Punkt „Systemholismus gegenüber Bereichsspezifik". Systemorientierte Wissenschaften achten auf Gesamtzusammenhänge, auf „holistische" Problemstellungen im Gegensatz zu bereichsspezifischen Einzeluntersuchungen. 8. Ein Unterschied, der auch für die Trennung zwischen Disziplinen wichtig ist, ist die Apriori-Analytik, die Methodologie apriorischer (also von der Erfahrung bereits vorausgesetzter) Art, z.B. formale Methoden gegenüber empirischem, beschreibendem, beobachtendem Vorgehen. (Beispiele liegen auf der Hand, sagen wir einmal in der Logik einerseits und der Paläontologie andererseits.) 9. ist zumal in den Geisteswissenschaften dann bedeutsam und bekannt die Unterscheidung zwischen „erklärenden" und eher „historisierenden" Theorien. Es handelt sich um Erklärungs- und Systematisierungsmuster, also systematisierend oder theoretisch-begrifflich verallgemeinernde erklärenden Theorien auf der einen Seite gegenüber eher beschreibenden und historischen Ansätzen. 10. gibt es den Unterschied zwischen kognitiven und normativen Disziplinen. Kognitiv-deskriptive Disziplinen sind natürlich die Naturwissenschaften, während beispielsweise die Rechtswissenschaft als eine normative Disziplin aufgefasst werden kann. 11. Fiktionalität und soziale Geltung, also sekundäre Existenz von „Gegenständen", gegenüber einer Primärrealität, die in den Naturwissenschaften unterstellt wird. Ich komme darauf im zweiten Teil noch zurück. Ich nenne den Beitrag, den die Natur oder die Welt an sich ausüben, der einen begrenzenden Einfluss auf die durchaus aktive Theoriebildung hat, die Wirkung der *Imprägnationen* im Gegensatz oder Unterschied zu rein fiktiv *produzierten Interpretationen im engeren Sinne*.

Das alles sind also Gesichtspunkte, die zur Unterscheidung der Disziplinen Anlass geben, die aber dann auch zu verschiedenen Typen der Interdisziplinarität führen.

Ich habe in der folgenden Übersicht zehn unterschiedliche Typen der Interdisziplinarität aufgeführt:

- *Typen der Interdisziplinarität*
- Interdisziplinäre Projektkooperation
- Bidisziplinäres bzw. interdisziplinäres Forschungsfeld
- Multidisziplinäre Aggregatwissenschaft (Sammeldisziplin) Weingart
- (echte) Interdisziplin (Bidisziplin)
- Multidisziplin (multidisziplinäre theoretische Integration)
- Generalisierte interdisziplinäre Systemtheorie(n) („Allgemeine Systemtheorie") V. Bertalanffy
- Mathematische Theorien abstrakter und komplexer dynamischer Systeme („Chaostheorie")
- Supradisziplinäre angewandte Struktur- und Operationsdisziplinen („Operations Research")
- Methodologisch-metatheoretische Supradisziplinen (Wissenschaftstheorie, Wissenschaftswissenschaft)
- Philosophisch-methodologisch-erkenntnistheoretische Metadisziplin („methodologischer Schemainterpretationismus")

Zunächst 1. die einfache bloße Projektkooperation interdisziplinärer Art; man denke z.B. an die ursprüngliche Entwicklung in der Stadtplanung, wo beispielsweise Experten ganz unterschiedlicher Ausrichtungen mitwirken bzw. eine Rolle spielen. Ich habe das bei der Neuplanung eines Teils der Innenstadt von Karlsruhe (des sog. „Dörfle") z. T. miterlebt. Dann gibt es 2. eine bidisziplinäre oder interdisziplinäre Verortung eines Forschungsfeldes oder 3. eine entsprechende multidisziplinäre Zusammenwirkung von Forschungsvorhaben, beispielsweise in der Umweltforschung, die jetzt eine Art von Sammeldisziplin geworden ist, evtl. 4. eine multidisziplinäre Aggregatwissenschaft (nach Weingart) im Unterschied zu 5. einer spezifischen echten Interdisziplin, wie beispielsweise der Molekularbiologie oder der Biochemie oder besser vielleicht noch der physikalischen Chemie, um eine traditionelle Interdisziplin zu nennen. Dann gibt es 6. die generalisierten interdisziplinären Systemtheorien, wie etwa die seit den 30er Jahren existierende Allgemeine Systemtheorie nach Ludwig von Bertalanffy. 7. sind die abstrakten rein formalen mathematischen Theorien der komplexen dynamischen Systeme anzuführen, die insbesondere in den letzten Jahren besondere Aufmerksamkeit erlangt haben, z.B. die sogenannten Theorien des deterministischen Chaos und die darüber hinaus auch erst zu entwickelnden probabilistischen Chaostheorien, die bisher praktisch noch nicht existieren. (Die Anwendung der Chaostheorie auf die Sozial- und Geisteswissenschaften steht also noch aus, denn es handelt sich hier nicht um deterministische Theorien.) 8. wäre zu nennen eine supradisziplinäre angewandte Struktur- und Operationswissenschaft bzw. eine Disziplin, wie sie etwa in den Verfahrenswissenschaften der Ökonomie in Gestalt des Operations Research schon lange betrieben wird. 9. gibt es dann methodologisch metatheoretische Supradisziplinen, durchaus auch solche traditioneller Art wie die Wissenschaftstheorie und die erwähnte Wissenschaftswissenschaft, der Wissenschaftsforschung. 10. wäre schließlich noch zu erwähnen und zu entwickeln eine philosophisch-methodologische oder metatheoretische Erörterung der entsprechenden Systemzusammenhänge bzw.

der betreffenden Disziplinen unter einem gewissen Gesichtspunkt, nämlich dem methodologischen Interpretationismus, den ich im zweiten Teil diskutieren werde.

Soweit also zunächst ein Überblick über zehn verschiedene Aspekte oder Möglichkeiten, Typen von Interdisziplinarität aufzustellen und nach gewissen Gesichtspunkten der Schärfe oder Stärke des Zusammenhangs zu unterscheiden. Bloße Sammeldisziplinen, die lose ein Forschungsfeld abdecken, sind etwas völlig anderes als eine exakte Interdisziplin wie die physikalische Chemie oder als eine mathematische operative Theorie wie die deterministische Chaostheorie. Hier muss man also meines Erachtens deutliche methodologische Unterscheidungen einführen.

Für alle diese Gesichtspunkte gilt aber, dass Wissenschaftler, wenn sie sich dieses interdisziplinären Vorgehens befleißigen, so etwas wie eine Zweitkompetenz in der betreffenden oder wenigstens einer entsprechenden Nachbarwissenschaft brauchen. Hermann Lübbe sprach einmal von „Mitführkompetenz" in einer anderen Wissenschaft, so ist es z.B. ganz klar, dass ein Wissenschaftstheoretiker, der sich systematisch mit Methodenfragen der Biologie befassen will, auch den Stand der Biologie einigermaßen übersehen muss; er muss zwar nicht ein produktiver Forscher in der Biologie sein, aber doch in der Lage sein, den derzeitigen Entwicklungsstand der Biologie zu beurteilen. Eine solche Mitführ- oder Zweitkompetenz müsste natürlich auch dann für die Ausbildungsgänge gefordert werden. Diese Ausbildung von „Mehrseitigkeiten" und Vielfachkompetenzen erfordert einerseits das Eingehen auf unterschiedliche Wissenschaften – das ist für den Einzelnen natürlich nur begrenzt möglich –, andererseits aber auch die Entwicklung gerade der allgemeineren generellen Systemkompetenzen, die schon erwähnt worden sind, insbesondere der abstrakteren und formaleren Methoden der Generalisten und eben auch der Fähigkeit der Universalisten, über die spezifischen Fachorientierungen hinaus beispielsweise übergreifende Wert- und Normensysteme diskutieren, erforschen zu können. Die relativ beste Lösung, die man sich vorstellen kann, ist natürlich nicht diejenige, die nun dem enzyklopädischen Gehirn des Universalisten entspringt, sondern eben eine Gemeinschaftsschöpfung in Teamarbeit durch Wissenschaftler unterschiedlicher Provenienz, insbesondere soweit es unterschiedliche Disziplinen betrifft, die in einem Forschungsbereich relevant sind.

Heinz Heckhausen (1987, 135) hat einmal gesagt, dass in den Geisteswissenschaften sowieso im Wesentlichen intradisziplinär geforscht werde, weil eben alles historisiert werde und man im Grunde eigentlich immer nur unterschiedliche Textgrundlagen habe, aber die Forschungsmethode eigentlich einheitlich dieselbe sei. Ich denke, dass das heutzutage nicht mehr gilt. Was allerdings gilt, je stärker Kontexte, historische Traditionen usw. in Ansätze eingehen, desto stärker wird natürlich auch dieser Gesichtspunkt der Beteiligung unterschiedlicher Disziplinen relevant werden. Es wird heutzutage in den Geistes- und Sozialwissenschaften ein besonders hoher Anspruch an interdisziplinäre Forschung und Lehre gestellt. Ich selber versuche in Karlsruhe seit fast drei Jahrzehnten in interdisziplinären Seminaren immer eine Zusammenarbeit mit den Fachexperten der entsprechenden Disziplinen durchzuführen. Meine Erfahrungen zeigen, dass interdisziplinäre Lehre – insbesondere an Technischen Universitäten – auf die Praxisnähe, die Problemorientierung und die Projektnähe achten muss; es ist am besten, im Rahmen eines praktischen Forschungsprojekts oder eines begrenzten thematischen Operationsfeldes interdisziplinäre Veranstaltungen zusammen mit Experten der entsprechenden anderen Fächer und Fakultäten anzubieten. Das heißt also, die Zusammenarbeit muss eigentlich, wenn sie sinnvoll betrieben werden soll, auf Dauer gestellt werden und auch in fortwährender Konfrontation und Kommunikation projektbezogen und problemorientiert ausgefächert werden. Dies setzt bei den Beteiligten eine Art von Mitkompetenz voraus, zumindest eine Art von Bereitschaft, die Fachsprache der anderen Disziplin wenigstens verstehen zu lernen und sich damit vertraut zu machen. Man unterstellt dabei auch, dass es so etwas wie eine gemeinsame Basis der Methoden und Zugangsweisen, der Methodologie der Wissenschaften, also der Wissenschaftstheorie, gibt und auch, wie ich darüber hinaus sagen möchte, der „Methodologie des Handelns", des handelnden Forschens. Das impliziert per se, dass es interfakultative und interdisziplinäre Ansätze und evtl. Institute gibt, die möglichst praxisnah solche Gesichtspunkte einbringen.

II.

Die Geisteswissenschaften, die sich als „verstehende Wissenschaften" verstehen, setz(t)en sich herkömmlich in einen gewissen Gegensatz zu den beschreibenden und erklärenden Wissenschaften; und es gab und gibt natürlich die Behauptungen, dass sich die Methoden dieser Wissenschaftsarten völlig unterscheiden würden: Z. B. wurde behauptet, dass der Geisteswissenschaftler nur „versteht", aber nichts „erklärt" und dass umgekehrt der Naturwissenschaftler nur „erklärt", aber nichts „versteht". Schon diese ironisch wirkende Gegenüberstellung zeigt, dass das nicht ganz richtig sein kann.

Der Separatismus der Methoden kulminiert in dieser Entgegensetzung von „Verstehen" und „Erklären" und wurde geradezu zu einer Zweikulturen-Trennung und der entsprechenden These im Anschluss an C. P. Snow (1967) zugespitzt. Diese wurde begeistert von den Profilneurotikern beider Seiten aufgenommen, obwohl Snow eigentlich gar nicht die „naturwissenschaftliche" und die „geisteswissenschaftliche" Kultur einander entgegensetzte, sondern die naturwissenschaftliche und die *literarische* – und das ist ein ganz anderer Gegensatz, jedenfalls kein Gegensatz von *Wissenschafts*arten. Das aber ist meistens in dieser Diskussion nicht beachtet worden. In der Tat war es gängige Meinung geworden, dass die Intellektuellen und besonders die literarisch Gebildeten den ihnen fremden Naturwissenschaften feindlich gegenüberstünden; man hielt sie für geborene Maschinenstürmer. Umgekehrt wurde kolportiert, die Naturwissenschaftler seien weitgehend literarisch-kulturelle Barbaren. Die Frage des Grenzgängers Snow etwa nach der Kenntnis des Zweiten Hauptsatzes der Thermodynamik wurde von Geisteswissenschaftlern oder Literaten ebenso kühl und verächtlich aufgenommen wie vielfach von Naturwissenschaftlern jene nach deren Shakespeare-Lektüre. Snow gibt eine Reihe von Illustrationen aus den angelsächsischen Ländern, aber man kann natürlich auch aus dem deutschen Sprachbereich entsprechende Erfahrungen anfügen. Das sind in gewissem Sinne oft wiederholte und kolportierte, aber weitgehend auch vergangene Entgegensetzungen, die seitdem bzw. mit der Computerausbreitung und dem steigenden Methodenbewusstsein auf beiden Seiten viel flexibler und dynamischer geworden sind.

Diese Einteilungen sind natürlich – so ergab sich – viel zu grob. Sie sind auch schon deswegen zu grobschlächtig, weil sie immer von vornherein zu sehr nur eben auf diese Entgegensetzung abhoben. Die Mathematik, die ja eigentlich eine reine Geisteswissenschaft ist, und die Logik passten in diese Dichotomie ohnehin nie so ganz hinein. Die Linguistik und die Sozialwissenschaften waren auch weder reine Natur- noch reine Geisteswissenschaften. Ein notorisches Exempel des Nichtpassens stellt die Psychologie dar, die sich immer mit ihren zwei verschiedenen Zweigen der quasi naturwissenschaftlich-experimentellen bzw. rein verhaltensorientierten und der humanistischen und praktischen sowie personenorientierten (heute auch der kognitiven) Psychologie zwischen diesen Polen befand. Manche versuchen ja sogar die Sozialwissenschaften als *dritte* Kultur in diesem Sinne zu etablieren, wie Lepenies und Zimmerli. Es gab also immer wieder Zwischenphänomene, Mischlingsdisziplinen, Sonderfälle, die zu Schwierigkeiten für die universale Polarität führten. Insbesondere gab es und gibt es in den Geisteswissenschaften auch formale Disziplinen, wie beispielsweise die Logik (auch die symbolische Logik ist ja eine Geisteswissenschaft) oder eben auch die Mathematik und die Linguistik. Auch in den Naturwissenschaften gab und gibt es zudem natürlich ebenso *historische* Disziplinen wie in den Geisteswissenschaften, z.B. die Paläontologie, die Kosmologie usw.

Der methodologische Separatismus zwischen Erklären und Verstehen im Sinne disparater und voneinander zu trennender kennzeichnender Verfahrensweisen von unterschiedlichen Wissenschaftskulturen ist offensichtlich falsch, überholt, eine ideologische, weil interessengeleitete Übertreibung oder Verzerrung. Das traditionelle Entweder-Oder muss also durch ein Sowohl-als-Auch, und zwar in einer proportionierten, abgewogenen Beziehung, ersetzt werden. Der Separatismus führt(e) zu leicht zum Dogmatismus; und jeder Dogmatismus ist eigentlich in gewissem Sinne ein Abbruch der Analyse in Hinsicht auf die interessanten Fragen, gleichsam ein Abbruch der dringend benötigten interdisziplinären „diplomatischen Beziehungen"! Deswegen sollte man sich eigentlich nicht auf den Dogmatismus zurückziehen. Zwar kann die provokative und polemische Formulierung manchmal natürlich auch zur Weiterentwicklung beitragen: Der Neopositivismus etwa hat das sicherlich für die Erkenntnistheorie und die Wissenschaftstheorie geleistet. Solche Herausforderungen sind zu ihrer Zeit heuristisch und motivational sehr fruchtbar gewesen, bleiben aber steril und unfruchtbar, wenn es zu einem dogmatischen Sich-Verhärten auf beiden Seiten kommt und jeweils eine unfruchtbare Selbsteinschränkung, Selbstbeschränkung, ein Denken mit Zäunen und Scheuklappen eintritt. Es kann sich bei den Wissenschaften, wie auch übrigens auch in der Alltagserkenntnis, nur darum handeln, abgewogene Elemente und Momente *beider* methodologischen Traditionen zu übernehmen und fortzuführen und gerade die fruchtbaren Wechselbeziehungen, ja, sogar die Grenzüberschreitungen und Dogmenübertretungen zu nutzen. Das war natürlich den größten Theoretikern der Methodologie – etwa Max Weber – durchaus klar.

III.

Im Folgenden möchte ich versuchen, diese unfruchtbare Dichotomisierung auf einer höheren methodologischen Metastufe zu überbrücken – und zwar in gewissem Sinne durch eine neue Art von (Meta-)Theoriebildung methodologischer Art. Genauer: Ich glaube mit einem methodologischen Interpretationismus oder Interpretationskonstruktionismus doch eine methodenbezogene, wenn auch abstraktere Brücke zwischen den Wissenschaftskulturen entwickeln zu können, eine Metabrücke sozusagen, die in der Lage ist, auf einem abstrakteren höheren Niveau dennoch gewisse Einheitsgesichtspunkte herzustellen. Der methodologische und hypothetisch-pragmatistische quasitranszedal(istisch)e Interpretationismus, den ich in den letzten zwei Jahrzehnten eigentlich in allgemein-erkenntnistheoretischer Absicht zu entwickeln versucht habe (vgl. Verf. 1978, 1991, 1993a, b, 1995a, b), hat natürlich Weiterungen und Auswirkungen – insbesondere auf das Problem der Einheit der unterschiedlichen Wissenschaften und ihrer speziellen und spezifischen Ausprägungen. Die Idee dieses Interpretationismus geht von Vorläufern wie von einem hypothetisch und konstruktivistisch umgedeuteten Ansatz in der theoretischen Philosophie Kants, aber auch von Peirce' Zeichenphilosophie und Cassirers Symbolphilosophie – und besonders vom späten Nietzsche aus. Z. B. zeigt sich im Nachlass Nietzsches – der ja eine Art von umfassendem pragmatischem Perspektivismus und Interpretationismus auch methodologischer Art vertreten hat, wenn auch leider nur in verstreuten Aphorismen andeutet – so etwas wie eine umfassende Grundlegung zu einer Methodologie des Deutens, des Interpretierens, des konstruktiven Schemabildens. Diesen Gedanken kann man weiterentwickeln. Alles Erfassen – sowohl Erkennen wie Handeln – steht unter Schemata und Interpretationen, ist interpretationsimprägniert; das gilt nicht für bewusste Interpretationskonstrukte, sondern auch für unterbewusste Schematisierungen (Imprägnationen) von Wahrnehmungen. Die Deutungsabhängigkeit bezieht sich nicht nur beispielsweise auf Textinterpretationen oder die Hermeneutik in dem Sinne, wie sie die Universalhermeneutiker oder die Texthermeneutiker verstehen. Bei diesem methodologischen Interpretationismus, den man auch einen Konstitutions- und Konstruktionsinterpretationismus oder einen Konstruktinterpretationismus nennen kann, handelt es sich um eine methodologische und pragmatische Erkenntnistheorie, die ernst macht mit der schemainterpretatorischen Geformtheit aller unserer Erfassungen, die wir mittels unserer symbolischen Repräsentationen sprachlicher Art oder auch anderer Schematisierungen konstruktiver oder darstellender sowie selbst auch unterbewusster musterbildender und -aktivierender Art entwickeln und notwendig immer benutzen bzw. aktivieren müssen. Es handelt sich also um einen konstruktiv-konstitutionalistischen Interpretationismus methodologischer Provenienz, den man vielleicht zu einem quasi-transzendentalen im Sinne Kants – aber „liberalisiert" und hypothetizistisch modifiziert – erweitern könnte, aber man kann sich natürlich auch auf den methodologischen Teil beschränken. Der Hauptgedanke ist, dass wir keinen von unseren Konstruktinterpretationen i. w. S. oder von Schemabildungen unabhängigen Zugang zur Welt haben, weder im Erkennen noch im Handeln. Handeln und Erkennen werden von mir also zusammen als eine Einheit gesehen: Jedes Erkennen ist auch im gewissen Sinne ein Handeln und jedes Handeln ist auch von Interpretationsformen gebildet, geprägt, strukturiert, geformt – wie alles Erkennen auch. Ich spreche deswegen vom

„Erfassen" und meine damit sowohl das passive (oder traditionell fehlerhaft so verstandene) Wahrnehmen, Rezipieren und das Erkennen im engeren Sinne wie auch das Handeln. Alles, was wir erfassen können, geschieht unter der Bildung, relativen Stabilisierung, (Re-)Aktivierung und Anwendung von bestimmten, auf neuronalen Verknüpfungen basierenden Schemata, die wir verwenden, aktivieren, auslösen; denn der Mensch ist eben das perspektiv(ist)isch und flexibel interpretierende Wesen, wie Nietzsche sinngemäß sagt, oder das symbolische Wesen, wie Cassirer sagt, das symbolisch deutende Wesen. Er ist das bewusst und symbolisch-konstruktiv schematisierende Tier. Ich meine sogar, dass man weiterzugehen hat und den Menschen anthropologisch dadurch charakterisieren kann, dass er im Gegensatz zu den Primaten, die durchaus auch Symbole verwenden können und im gewissen Sinne deuten, ja, sogar schlussfolgern können, den Menschen als das Wesen verstehen kann, das seine eigenen Deutungen wieder auf höherer Metastufe objektivieren, zum Gegenstand machen und deuten kann. Deswegen spreche ich vom Menschen nicht nur als dem philosophierenden oder symbolischen Wesen (das zugleich auch das *normative* verantwortliche ist), sondern als dem *meta*interpretierenden oder *meta*symbolischen Wesen (vgl. Verf. 1995c).

Bei diesem methodologischen Interpretationskonstruktionismus wird als „Interpretation" (oder „Schemainterpretation", wie ich (1995a) jetzt lieber sage, um Missverständnisse zu vermeiden) allgemein das Auslösen und Auswählen wie auch das primäre Ausbilden oder sogar biologisch-genetisch angelegte, aber interaktiv dann auszuprägende Konstituieren und Aktivieren (samt Reaktivieren) von Schemata aufgefasst. Der Entwurf liefert also eine noch sehr allgemeine methodologische Deutung von (Schema-)Interpretationsprozessen, die sich natürlich untergliedern lassen – z.B. in verschiedene Typen von interpretatorisch-schematisierenden Aktivitäten.

Auf der linken Seite des Diagramms finden wir mehr unterbewusst projizierende gegenstandsbildende Aktivitäten, wie etwa das Stabilisieren eines Schemas zur Mustererkennung, dann in der Mitte eher konstruierende, entwerfende, zuordnende oder bewusst projizierende Tätigkeiten, die so etwas wie die Ausbildung von entworfenen Schemata darstellen. Das Entwerfen, das darin mehr oder minder schon bewusste Formieren, Identifizieren, Vergleichen, Darstellen, Auswählen – alles das gehört bereits zu den bewussten Aktivitäten, die insofern i. e. S. „konstruierend" sind. Rechts sind *re*konstruierende Aktivitäten aufgezeigt, welche die neuerliche Aktivierung einer schon einmal vorgenommenen konstruktiven interpretatorischen Aktivität bedeuten, also ein Wiederholen, ein wiederholtes Konstruieren durchführen. Dies ist natürlich beim Wiedererkennen von Bekanntem der Fall, etwa beim Lesen eines Textes. Die Textinterpretation, das Lesen, ist ein spezieller Fall von rekonstruierender schematisierend-interpretatorischer Aktivität, in der man mittels Schemata und durch bzw. in Schemata versucht, gewisse Konstanzen, Formen, Strukturen, Gestalten in Hinsicht auf bereits Vertrautes „festzumachen", wiederzuerkennen, durch Beziehen auf Bekanntes zu stabilisieren, gleichsam in einen vorhandenen Verständniszusammenhang, in einen Kontext, einzubetten. Das Textinterpretieren, das meistens als eine Art von allgemeiner Mustergestalt in der Hermeneutik geradezu als Prototyp des Interpretierens oder Deutens aufgefasst wird und von vielen, insbesondere von den philosophischen *Universal*hermeneutikern, auch als eine Art von Modell zum Weltverstehen generell aufgefasst wird, ist in diesem Sinne rekonstruktiv.

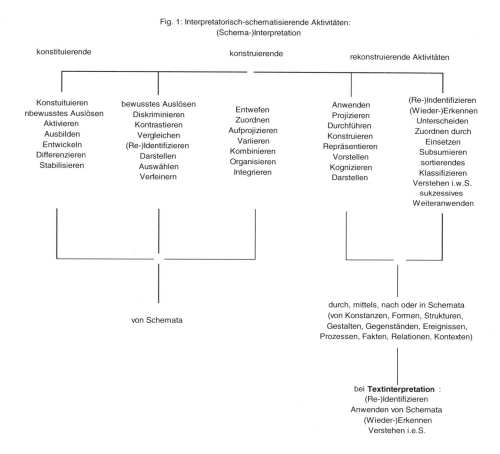

Fig. 1: Interpretatorisch-schematisierende Aktivitäten:
(Schema-)Interpretation

konstituierende

konstruierende

rekonstruierende Aktivitäten

| Konstuituieren
nbewusstes Auslösen
Aktivieren
Ausbilden
Entwickeln
Differenzieren
Stabilisieren | bewusstes Auslösen
Diskriminieren
Kontrastieren
Vergleichen
(Re-)Identifizieren
Darstellen
Auswählen
Verfeinern | Entwefen
Zuordnen
Aufprojizieren
Variieren
Kombinieren
Organisieren
Integrieren | Anwenden
Projizieren
Durchführen
Konstruieren
Repräsentieren
Vorstellen
Kognizieren
Darstellen | (Re-)Indentifizieren
(Wieder-)Erkennen
Unterscheiden
Zuordnen durch
Einsetzen
Subsumieren
sortierendes
Klassifizieren
Verstehen i.w.S.
sukzessives
Weiteranwenden |

von Schemata

durch, mittels, nach oder in Schemata
(von Konstanzen, Formen, Strukturen,
Gestalten, Gegenständen, Ereignissen,
Prozessen, Fakten, Relationen, Kontexten)

bei **Textinterpretation** :
(Re-)Identifizieren
Anwenden von Schemata
(Wieder-)Erkennen
Verstehen i.e.S.

Man muss also zunächst unterscheiden zwischen *konstituierenden* und unterbewusst schematisierenden Tätigkeiten, die stärker auf der linken Seite des Diagramms (Fig. 1) angegeben sind, ferner den *konstruktiven im engeren Sinne*, also den *bewusst* konstruierenden und rekonstruierenden – im traditionellen Sinne beispielsweise des Rekonstruktionsbegriffs in der Wissenschaftstheorie. Man sieht beispielsweise, dass das Textinterpretieren der Hermeneutiker (rechts unten im Diagramm) eigentlich nur ein Spezialfall ist. Es ist wichtig, dass diese Art des Zugangs zu Konstruktinterpretationen generell eine Bedingung dafür darstellt, dass wir überhaupt in schematisierten, irgendwie strukturierten und/oder konstruierten Formen handeln und erkennen, auch z.B. werten können usw. Auch die Realität als ganze, soweit wir sie erfassen können, ist eben nur als Interpretationskonstrukt konzipierbar oder detailliert in Formen solcher Konstrukte erfassbar. Sie ist in diesem Sinne bereits als überhaupt erfassbare interpretationsabhängig. Das bedeutet nicht, dass sie nicht unabhängig davon in gewisser, etwa alltagsnaiver oder ontologisch-realistischer Auffassung (= Interpretation!) existieren könnte, aber erkenntnistheoretisch gesehen ist das keine Bezugnahme *de re*, sondern stets eine „*de interpretatione*" (G. Abel), sie ist stets interpretationsimprägniert i. w. S. Somit wäre es Ergebnis einer *Interpretation* zu sagen: Es gibt eine von uns unabhängige Realität, die allen Erkenntnisprozessen entzogen ist: Selbst das Ding an sich bei Kant ist so gesehen natürlich selber wieder (nur als) ein Konstruktmodell (fassbar), nämlich auf erkenntnistheoretischer höherer Ebene. Ich komme auf diese Stufungen zurück.

Die Welt und alle Gegenstände sind in diesem Sinne nur interpretationsgebunden zu erfassen. (Bei Realwahrnehmungen von Dingen, Veränderungen, Kontrasten usw. spreche ich neuerdings von „Imprägnationen", um den naiv-theoretischen oder im realistischen Interpretationsmodell verstandenen „Beitrag" der „Realität" auf das Erkennen und Erfassen hervorzuheben.) Alles Weltgeschehen ist nur als interpretables und somit nur in Interpretationen fassbar. Man könnte fast sagen, die Grenzen der Interpretation sind die Grenzen der von ihr beziehungsweise von uns erfassten oder der für uns und von uns erfassbaren, von uns in diesem Sinne konstituierten Welt. Und umgekehrt: Die Grenzen der Welt sind durch die Grenzen des interpretierenden Erfassens (mit)bestimmt. Das kann man naheliegenderweise auf einen transzendentalen Interpretationismus zuspitzen. Man geht so ähnlich vor wie Kant, nur in flexiblerer Weise. Man gibt keine allgemeinen Kategorien mehr in seinem Sinne notwendig vor, also etwa „reine Verstandesformen", die für jedes vernünftige Wesen dieselben sein müssten. Doch das Konzept lässt sich in ähnlichem Sinne wie bei Kant mit einem empirischen Realismus verbinden; deswegen spreche ich gerne von einer realistischen Interpretation im Sinne des methodologischen Interpretationismus, aber jede solche Interpretation ist ihrerseits dann natürlich eine erkenntnistheoretische und auf höherer methodologischer Stufe eben wieder als *Interpretation* zu verstehen. Auch die realistische Hypothese ist auf höherer Stufe eine interpretatorische, metainterpretativ geprägte Erfassung. Überhaupt gilt: Selbst wenn wir die Welt als unabhängig von uns nur *meinen*, so können wir das nicht interpretationsfrei tun. Wir können beim Erfassen nicht *nicht* interpretieren, nicht *nicht* schematisieren. Wir können zwar der Meinung sein – und müssen das meiner Ansicht nach auch, sprechen doch praktische und gute Gründe dafür –, dass die Welt unabhängig von uns existiert. Wir können ja nicht mit dem Kopf durch die Wand gehen; da schlagen wir uns halt den Kopf auf. Aber die Erfassung und deren Weisen, die Erfassbarkeit, sind auch in diesem Zusammenhang stets interpretationsabhängig. Das Modell dieses realistischen Interpretierens oder dieser pragmatisch-realistischen Deutung ist natürlich ein erkenntnistheoretisches Konstruktmodell bzw. eine Art von (Meta-)Interpretation. Es ist klar, dass die verschiedenen Areale und Bereiche der Wissenschaft, die unter Umständen wieder zu einem vereinheitlichten Gesichtspunkt zusammenzudenken, zusammenzuschnüren oder gar zu integrieren sind, natürlich von dieser Perspektive aus in einer solchen interpretatorischen Erkenntniseinheit und Verfahrensabstraktion verstanden werden können und müssen.

Ich denke aber, dass man heutzutage auch aufgrund der Fortschritte der Neurobiologie und Neuropsychologie hier gute Chancen hat, zumindest zu einer plausiblen Verständnismöglichkeit beizutragen. Man kann sicherlich nicht behaupten, dass man die Schemabildungen schon direkt erklären könne, aber man hat doch eine Reihe von Techniken nicht-invasiver Art entwickelt, wie die Positronen-Emissions-Tomographie, die magnetische Kernspinresonanztomographie oder gar die Magnetoenzephalographie, die uns in die Lage versetzen, sogar die Areale im Gehirn bei unterschiedlichen Tätigkeiten kognitiver und performativer Art in Echtzeit hinsichtlich der Intensität ihrer Aktivierung zu kontrollieren. Man kann also den unterbewusst ablaufenden schematisierenden Strukturierungen nachforschen und tut es heute auch vermehrt. Es scheint so zu sein, dass bestimmte Neuronenassemblies oder -ensembles in hirnlichen neuronalen Netzwerken sich relativ schnell zusammenschalten bzw. bilden, sich stabilisieren können und auch durch häufiger wiederholte *Re*aktivierung verstärkt werden können. Auf diese Weise deutet sich eine relativ vereinheitlichte Auffassung einer solchen Schemabildung und -etablierung und relativen -stabilisierung an. Es gibt eine mittlerweile berühmte Hypothese von Christoph von der Malsburg aus den 80er Jahren, der entgegen früheren Meinungen gemeint hat, man könne sehr schnell Neuronenassemblies in dieser Weise flexibel bilden und für eine gewisse Zeit durch synchrones Einschwingen stabilisieren. Das ist inzwischen empirisch gezeigt und bestätigt worden. In der Tat ist bestätigt worden, was von der Malsburg gefordert hatte, dass man diese Neuronenassemblies geradezu blitzartig, jedenfalls sehr schnell aufbauen kann – und auch, dass sie eine gewisse relative Stabilität aufweisen im Zusammenhang mit einer Grundschwingungsrate von etwa 40 Hertz bzw. 35-70 Hertz. Die modifizierende Sonderstabilisierung erfolgt dann in Abweichung von den sonstigen Grundfeuerungsraten. Man hat auf diese Weise die Möglichkeit, das parallele Sich-Einschwingen und kohärente Oszillieren eines sich bildenden Netzwerkes modellhaft nachzuvollziehen bzw. als plausibel zu verstehen. Das stabilisierende Schematisieren besteht darin, dass die Neuronen sich auf eine gemeinsame Schwingungsrate einschwingen, eben „kohärent" zu schwingen beginnen. Es können sogar verschiedene Neuronenmengen in unterschiedlichen Netzwerken gleichzeitig aktiv sein: Das sogenannte Bindungsproblem des Zusammenführens von verschiedenen Neuronenaktivierungen aus ganz verschiedenen Arealen (z.B. Kombination von Farb- und Formwahrnehmungen) kann auf diese Weise prinzipiell gelöst werden (vgl. Engel – König – Singer 1993).

Eine generelle Schlussfolgerung für die Schemabildung und Schemaanwendung wäre in der Tat, dass hier ganz deutlich ist, dass das *erste* Aktivieren und Etablieren von solchen Neuronenassemblies im Grunde *der gleiche* (oder ein gleichartiger) Prozess ist wie das *Re*aktivieren. Das bedeutet, dass eigentlich die *Wieder*anwendung, *Wieder*erkennung von Schemata, etwa einer Gegenstandswahrnehmung, dieselbe prozessuale Verfassung hat oder dieselbe Struktur aufweist wie das Konstituieren, das erste Bilden und Etablieren. Konstituieren und Rekonstituieren hängen also durch die Art und Weise, *wie* aktiviert wird, notwendig miteinander zusammen. Das neurologische Korrelat des Schematisierens und das Schemabilden und -aktivieren sind also interessante Begriffe, deren Untersuchung natürlich dazu führt, dass man von einem übergreifenden Verfahren oder Prozess sprechen kann, beispielsweise von der Etablierung und der Aktivierung-Reaktivierung von solchen Schemata.[1] Ich nenne das Bilden, Etablieren und Stabilisieren sowie Reaktivieren solcher Schemata *Schemainterpretie-*

ren. Die Schemainterpretationen sind in diesem Sinne einfach repräsentierende Aktivitäten, die wir mittels unseres Gehirns in Kontexten, etwa bei der Einbeziehung in das Routineverhalten unseres Organismus und beim sozialbezogenen eigenen Handeln zur Strukturierung und Stabilisierung der Neuronenassemblies, welche beispielsweise die Mustererkennung erlauben und tragen, z. T. quasi automatisch vornehmen. Entsprechendes gilt natürlich vermutlich für höhere Kognitionen. Das angeführte Schemaspektrum der interpretatorisch-schematisierenden Aktivitäten oder der Schemainterpretationen kann dann ausgedehnt werden: z.B. auf bewusste Strukturierungen, theoretische Unterscheidungen, aber auch auf sekundäres Strukturieren wie institutionelles „Handeln" usw.

Wir haben also als handelnde und erkennende Wesen die Fähigkeit zur hierarchischen Anordnung von interpretatorisch-schematisierenden Aktivitäten, die sich dann auch in den vorher erwähnten Schematisierungen neurobiologischer Provenienz zeigen. Wir haben somit die Möglichkeit, Schematisierungen wenigstens der Idee oder der Grundmöglichkeit nach als auf dynamische Neuronenassemblybildungen und -reaktivierungen sowie -stabilisierungen zurückgeführt verstehen zu können. Metaschematisierungen folgen dem gleichen Muster: Auch sie werden in Trägerprozessen relativ stabilisiert. Hier ist gleichsam eine Art von Brücke zwischen der Neurobiologie einerseits und der Psychologie bzw. Geisteswissenschaft andererseits wenigstens zu vermuten. Damit ist natürlich noch keineswegs die semantische Lücke zwischen einer quasiexternen naturwissenschaftlichen Beschreibung der Prozesse einerseits und dem inhaltlichen, dem intentionalen Verstehen andererseits geschlossen.

Es ist also generell eine zentrale Erkenntnis, dass das Schemainterpretieren unumgänglich ist, dass wir Mustererkennung und -anwendung im repräsentierenden mentalen Verarbeiten – und übrigens nicht nur im beschreibenden, kognitiv erfassenden, sondern auch im normativen, im handlungsnormierenden oder handlungsstrukturierenden Sinne – nicht umgehen können. Alles Erfassen und alles „Fassen" von etwas (wobei Erkennen und Handeln ineinander übergehen) ist in diesem Sinne schemainterpretationsgebunden oder im allgemeinen Verständnis interpretations*imprägniert* i.e.S.[2] Somit handelt es sich um eine Spezialform des interaktiven Interpretierens, des Schemainterpretierens; diese wäre dann „Imprägnieren" zu nennen: Ich spreche dann also von „Schemaimprägnieren" und meine damit den „Beitrag der Welt" in Zusammenhang mit den strukturierenden Verfahren, die wir selber in uns zum großen Teil unterbewusst vollziehen. Beides ist unlösbar ineinander geschachtelt.[3]

Der Grundsatz also, dass alle unsere Erkenntnisse und Erfassungen, sowohl im Handeln als auch im Erkennen, schemainterpretiert oder an Schemainterpretationen gebunden sind, muss somit erweitert werden – eben auf einen Grundsatz der „Schemainterpretationsgebundenheit und Schemaimprägnierung" oder schlicht: der Schemainterpretation und Schemaimprägnation bzw. des Schemainterpretierens und Schemaimprägnierens. Das, was ich über die Konstitution und Konstruktion i. e. S. und i.

---

[1] Die Schemata sind dabei zunächst durchaus noch mehrschichtig zu verstehen – als neuronale Strukturmuster, als erkenntnisformierende „patterns", als psychologische „Gestalt"-Bildungen wie auch als bedeutungshafte (semantische bzw. emotionale) Einheiten.

w. S. gesagt habe, über die zwei Stufen und das Spektrum des Überganges, ist natürlich im Wesentlichen hierher zu übertragen.

Schemainterpretieren umfasst abstrakter überhöhend natürlich auch gewisse Grundstrukturierungen bei den Spezialfällen des Interpretierens von Texten. Schemainterpretieren ist im gewissen Sinne immer verhaltens- und handlungsgebunden, also in Handlungszusammenhänge einzubetten, in Interaktion mit der Um- oder Außenwelt und prinzipiell geknüpft an Interventionen durch uns zu sehen. Das gilt generell, und es hat sich inzwischen ja auch empirisch gezeigt, sogar für Kognitionen. Eigentümlicherweise werden ja auch bei *bloßen* Kognitionen oder Vorstellungen die prä-motorischen oder sogar die supplementären motorischen Areale des Vorderhirns (bereits) immer mitinnerviert: Heutzutage gibt es eine Reihe von diesbezüglichen Untersuchungen, die kognitions- und erkenntnistheoretisch interessant sind. Man kann also in Analogie zu dem traditionellen Kantischen Satz aus dem Vorwort der *Kritik der reinen Vernunft* „Anschauung ohne Begriffe ist leer, Begriffe ohne Anschauung sind blind" formulieren: Schemainterpretationen ohne Interaktionen und Interventionen sind leer, und Interaktionen und Intervention ohne Schemadeutungen sind blind. Interpretation ist also abhängig von Interaktion und Intervention – und auch umgekehrt.

Es ist sinnvoll und für die widerspruchsfreie Konzeption, Begründung, Konstruktion und Anwendung der Schemainterpretationen und Interpretationskonstrukte nötig, dass man bei den Interpretationen Unterscheidungen nach Stufen vornimmt.

---

2   „Imprägnieren" ist ein besonders interessanter – und eigentlich mehrdeutiger – Ausdruck, der nunmehr i. e. S. und künftig speziell für eine bestimmte Variante vorbehalten werden soll und nicht nur für die bloße Beladenheit mit Musterformierungen. Man sollte entweder die Mehrdeutigkeit der Bedeutungsnuancen dieses Ausdrucks für die Zwecke der Detaillierung fruchtbar machen – oder „Imprägnieren", „Imprägniertheit", „Imprägnation(en)" für die spezielle Variante von engerer Bedeutung reservieren. Ein wichtiger Punkt ist dabei – und das ist bereits eine zu spezifizierende Weiterentwicklung unseres Ansatzes –, dass man neben dem Konstruktinterpretieren, dem Anwenden von Schemata generell, auch das Bilden und Anwenden, Aktivtwerden von Schemata einführen kann, die sich auf – lax und (naiv-)traditionell gesprochen – Welteinflüsse von außen beziehen. Ich hatte in der früheren Entwicklung dieses Ansatzes von der Analogie zur „Theorieimprägniertheit" gesprochen – in dem Sinne, wie die Wissenschaftstheoretiker im Anschluss an Hanson, Feyerabend, Kuhn u.a. von Theoriebeladenheit der Begriffe und Erfahrungen und Beobachtung reden – und die Interpretationsgeladenheit „Interpretationsimprägniertheit" genannt. Ich möchte hier und künftig aber eigentlich von „Imprägnieren" i. e. S., eben in einem spezielleren Verständnis, sprechen, nämlich in der Bedeutung, dass eine engere Variante von Imprägniertsein oder Imprägniertheit gemeint ist oder so genannt wird, wenn die Außenwelt oder „die Welt an sich", im Kantischen Sinne des „Dinges an sich", einen Beitrag zur Erkenntnis oder zur Erfassung liefert, z.B. wenn ein Wahrnehmungssignal (oder was immer sonst) auf (Sinnes-)Rezeptoren einwirkt. Natürlich geschieht das im erkenntnistheoretischen Modell selber interpretationsgeladen: „Imprägnieren" wäre also ein Begriff für die Einflüsse der alltagsnaiv oder in diesem Sinne „realistisch" gedeuteten hypostasierten Weltfaktoren auf die Interaktionsergebnisse dieser Wahrnehmungsvorgänge (die ja auch Verhaltens- und Reaktionsweisen darstellen).

Diese Abstufungen der Interpretationsebenenen (siehe Fig. 2), die schon mehrfach
veröffentlicht und diskutiert worden sind (zuletzt z.B. in *Schemaspiele*, 1995a) sollen
im Einzelnen hier nicht nochmals ausführlich kommentiert werden.

Fig. 2 (Ebenen) Stufen der Interpretation

IS_1 praktisch unveränderliche
   produktive **Urinterpretation**
   (primäre Konstitution bzw. Schematisierung)

IS_2 gewohnheits-, gleichförmigkeitsbildende
   Musterinterpretation
   (habituelle Form- und Schemakategorisierung
   und vorsprachliche Begriffsbildung)

IS_3 sozial etablierte, kulturell tradierte, übernomme
   konventionelle Begriffsbildung
   IS_{3a} vorsprachlich normierte Begriffsbildung und
      Interpretation durch soziale und kulturelle
      Normierungen
   IS_{3b} **repräsentierende sprachlich** bnormierte
      Begriffsbildung

IS4 anwendende, aneignende **bewusst** geformte
Einordnungsinterpretation
   (Klassifikation, Subsumierung, Beschreibung,
   Artenbildung und -einordnung; gezielte Begriffsbildung)

IS_5 erklärende, „verstehende" (i.e.S.) rechtfertigende,
   (theoretische) begründende Interpretation
   Rechtfertigungsinterpretation

IS_6 erkenntnistheoretische (methodologische)
   Metainterpretation der
   Interpretationskonstruktmethode

Die auf der ersten Stufe angeführten produktiven Urinterpretationen oder primären Interpretationen (Konstitutionen bzw. Schemainterpretationen) sind so zu verstehen,
dass wir gar nicht anders können als z.B. zwischen hell und dunkel zu unterscheiden.
Dabei sind keine konventionelle Freiheiten oder Freiräume für abweichende oder anders zu wählende Interpretationen oder Schematisierungen gegeben. Viele, aber kei-

---

[3] Kant hat beides noch voneinander gelöst. Er meinte noch, die sinnliche Wahrnehmung, das
sozusagen chaotische Mannigfaltige der Sinneswahrnehmung sei unabhängig vom erst strukturierenden Verstand. Der Verstand operiert erst auf dem sinnlichen Material. Herder schon
hat gesehen – und deswegen auch Kants Ansatz kritisiert –, dass in das Wahrnehmen selber
hinein schon „metaschematisiert" wird, wie er sagt; und das ist sicherlich auch richtig.

neswegs alle Imprägnationen sind primär. Wenn man das Schematisieren auf dieser Stufe auch „Konstruieren" nennt, ist es nur im uneigentlichen, weit(er)en Sinne so zu bezeichnen – eben, indem man das nicht bewusst noch auf Beschluss leistet und keine Alternativen hat. In schichtenaufsteigender Weise bzw. im Diagramm (Fig. 2) absteigender Repräsentation nimmt die Konventionalität oder Variierbarkeit der Schematisierungen, Interpretationen und der Interpretationskonstrukte (der Resultate der Interpretationen) dann zu. Gewohnheitsbildende oder gewohnheitsgesteuerte Musterinterpretationen, die an Habitualisierung oder an die Einführung von quasibegrifflichen oder ähnlichkeitsgestützten Kategorien oder vorsprachlichen Begriffsbildungen gebunden sind, sind in gewissem Sinne eher variabel als die praktisch unveränderlichen, unkorrigierbaren Primärschematisierungen. Aber noch variabler sind dann natürlich sozial-*konventionell* etablierte oder kulturell tradierte Begriffsbildungen, seien es solche vorsprachlicher Art (bei 3a), oder verbal (oder notational) repräsentierende *sprachlich* normierte Begriffsbildungen (3b). Die nachfolgenden Einordnungsinterpretationen sind bewusst durch Begriffsbildung, Klassenbildung, Gattungsbegriffe usw. geformt und zur Klassifikation, Subsumierung, Beschreibung, Artenbildung usw. gezielt einsetzbar. Diese Konzeptualisierungen umschreiben natürlich auch das, was zur theoretischen Grundlage in den Wissenschaften gehört. Das gilt insbesondere auch für die nächste Stufe: das erklärende Verstehen, das rechtfertigende und theoretische begründende Interpretieren – also für die Rechtfertigungsinterpretationen. Alles das – Rechtfertigen, Begründen, Argumentieren – kommt aber natürlich auch im Alltag vor. Es ist nicht nur spezifisch auf die Wissenschaften und ihre Methoden bezogen. Allein deswegen muss man schon feststellen, dass in der Tat auf dieser abstrakteren, höheren interpretationsmethodologischen Ebene so etwas wie eine *Einheitlichkeit* des Kognizierens, des Schemainterpretierens durchaus in den verschiedenen Bereichen vorkommt – gerade auch über die Grenzen von Natur-, Sozial-, Formal- und Geisteswissenschaften hinweg.

Die sechste Stufe, die natürlich für Philosophen und Erkenntnistheoretiker besonders interessant ist, ist diejenige der *Meta*interpretationen, d.h. der Interpretationen über (und von) Interpretationen, Interpretationskonstrukte(n). Auch dieses hier vorgestellte methodologisch-erkenntnistheoretische Modell der Interpretationskonstruktbildung selbst ist natürlich als ein Anwendungsmodell dieser zu verstehen. Die Methode der Bildung und die Meta-Unterscheidungen von Interpretationskonstrukten und deren Typen und Stufen (vgl. Fig. 1 u. 2) sind selber interpretativ geprägt, interpretationsbeladen. Um das darstellen zu können, benötigt man eine eigene Stufe. Im Grunde brauchte man noch weitere kumulativ höhere Stufen, um die Fähigkeiten des metainterpretierenden Wesens zu einem interpretatorischen Aufsteigen darstellen zu können. Das ist hier im Einzelnen nicht weiter auszuführen.

IV.

Abschließend möchte ich noch einmal auf das Problem der Zwei-Kulturen-Trennung – oder vielleicht sogar einer Mehr-Kulturen-Trennung – der Wissenschaften und die Frage nach der methodologischen Einheit der Wissenschaften zurückkommen. Wir haben eigentlich nicht nur die Geisteswissenschaften oder die Literatur (um beide einmal zusammenzunehmen) gegenüber den Formal-, Sozial- und Naturwissenschaften zu berücksichtigen, sondern wir haben auch Alltagserkenntnisse, Verhaltensschematisierungen sowie Handlungsprägungen, -normierungen und -deutungen zu beachten; wir haben die Kunst mit ihren vielartigen Interpretationsweisen. Und wir müssen natürlich auch Mischkombinationen der technisch-ökonomischen Welterfassung und der interventionsgeprägten Zugriffe sehen, die nicht in eine einzige dieser bisherigen Kategorien einzuordnen sind. Wir könnten also fast zu einer Sechs- oder Sieben-Kulturen-Stilisierung übergehen. Von einer strikten strukturellen Trennung ist in diesem Sinne gar nicht mehr zu reden, jedenfalls nicht in jenem absoluten Sinne, wie es die methodologischen Separatisten versucht haben.

Die Frage ist nun, ob der skizzierte methodologisch-interpretationistische Ansatz einiges dazu beitragen kann, hier so etwas wie eine Überbrückungsfunktion auszuüben oder wenigstens anzudeuten. Ich denke, das ist der Fall. *Erstens* handelt es sich auch bei den Naturwissenschaften, ähnlich wie bei den Sozialwissenschaften und in anderen methodologischen Zusammenhängen der Theoriebildungen selbst, z.B. in der Mathematik und den Formalwissenschaften, durchaus häufig um Konstruktbildungen. „Quarks" oder „Elektronen" sind zunächst theoretische Entitäten, die aufgrund theoretischer Begriffe und Gesetze postuliert und konstituiert und dann höchst indirekt nachgewiesen wurden. In ihrer Erfassung (theoretisch wie praktisch) sind sie abhängig von der Stellung, die ihre Begriffe im Rahmen der betreffenden Theorie(n) haben. „Gesetzesbündelbegriffe" nannte Putnam solche einmal früher. Sie sind also als begrifflich erfasste im Grunde Konstruktinterpretationsergebnisse, theoriegesteuerte Interpretationskonstrukte – ganz ähnlich wie generell die Schemainterpretationen und die Ergebnisse der interpretatorisch-schematisierenden Aktivitäten dann auch im Handeln und Erkennen, beim Umgang mit Symbolen oder symbolanalogen inneren („mentalen") Repräsentationen. Insofern bietet sich hier in der Tat eine Überbrückung methodologischer Art zwischen den Wissenschaften und auch zwischen diesen und den Alltagskonzeptualisierungen geradezu an.

Erkenntnistheoretisch gesprochen ist jedenfalls deutlich, dass mit dem Konzept der Schemainterpretation und Schemaimprägnation sowie der interpretatorisch-schematisierenden Aktivitäten ein recht genereller und abstrakter, aber ein pragmatisch und auch umfassend anwendbarer Ansatz gefunden ist, der sowohl die hypothetischen Theoriebildungen und Verwendungen der Naturwissenschaftler als auch die geisteswissenschaftlichen Deutungs- und Verstehenskonzepte oder Modellbildungen, die ja ihrerseits ebenfalls strukturierend sind, umfasst – einschließlich der Interpretationskonstrukte der Philosophen und Methodologen selber, aber natürlich auch der schematisierungsgebundenen und interpretationsbeladenen Alltagskonzeptualisierungen.

Natürlich kann man nicht leugnen, dass gewisse Unvereinbarkeiten zwischen den Interpretationsweisen auf den unteren Ebenen vorhanden sind. Aber unter dem Gesichtspunkt der grundsätzlichen Notwendigkeit und abstrakt-höherstufigen, methodologischen Übereinstimmungen und funktionalen Äquivalenzen von solchen Schematisierungen, Schemainterpretationen, Schemabildungen, Aktivierungen und mehr oder minder bewussten Anwendungen und Differenzierungen sind diese in der Tat nicht mehr als so unterschiedlich zu sehen, weil es funktionell gleichartige oder strukturgleiche bzw. ähnliche Strukturierungsweisen sind, die eine höherstufige methodologische Vereinheitlichung erlauben, ja erfordern. Es gelingt also, die erkenntnis- und handlungstragenden Strukturierungen durchaus unter einem solchen begrifflich-theoretischen Dach auf höherer abstrakter Ebene zu vereinen. Ich denke auch, dass unter dem entsprechenden Gesichtspunkt einer interpretationistisch-symbolistischen Anthropologie, einer Auffassung des Menschen als des z. T. bewusst schemataverwendenden, des symbolisch interpretierenden und des metainterpretierenden (oder metasymbolischen) Wesens in der Tat eine Einheit der Erkenntnis(formen) auf höherer Metastufe, nämlich auf jener der bestimmt-abstrakten interpretationistischen Formen, Regeln, Methoden, Erfordernisse und Ergebnisse wiederhergestellt wird. Das traditionelle Problem des methodologischen Separatismus, also der wissenschaftsmethodischen Trennung zwischen Natur- und Geisteswissenschaften bzw. auch etwa der Sozialwissenschaften als manchmal so genannter *dritter* Kultur, erweist sich wie das Problem der Einheitswissenschaft als ein Spezialproblem von untergeordneter Bedeutung, das eigentlich in die besonderen Differenzierungsaufgaben der *speziellen* Wissenschaftstheorie fällt, aber nicht Anlass sein kann, nun einen allgemeinen Graben und eine unüberbrückbare Kluft zwischen den Wissenschaften herzustellen bzw. zu behaupten. Je höher man in der Metastufe des Vergleichs, des methodologischen Vergleichens unter dem Gesichtspunkt der Schemainterpretationsgebundenheit der Erkenntnisse und der Handlungen aufsteigt, desto eher ist hier eine Überbrückung möglich, ja angezeigt bzw. realisierbar. Das traditionelle umstrittene Einheitsproblem der Wissenschaften ist also in diesem Sinne ein Perspektivenproblem der Metastufen der methodologischen Deutung, jedenfalls nach Auffassung des methodologischen Interpretationismus.

Literatur- und Medienverzeichnis

Abel, Günter: *Interpretationswelten. Gegenwartsphilosophie jenseits von Essentialismus und Relativismus.* Frankfurt a.M. (Suhrkamp) 1993. (Suhrkamp-Taschenbuch Wissenschaft. 1210)

Abel, Günter: *Nietzsche. Die Dynamik der Willen zur Macht und die ewige Wiederkehr.* Berlin u.a. (de Gruyter) 1984.

Bartlett, Frederic Charles: *Remembering. A study in experimental and social psychology.* Cambridge u.a. (Cambridge Univ. Press) 1972.

Bunge, Mario A.: *Scientific Research. Bd. I.: The search for system.* Berlin u. a. (Springer) 1967.

Carnap, Rudolf: *Foundations of logic and mathematics.* Chicago (Univ. of Chicago Pr.) 1963. (International encyclopedia of unified science. 1, 3 : Foundations of the unity of science)

Carnap, Rudolf: *The Unity of Sciences.* London (Kegan, Trench, Trubner) 1938.

Cassirer, Ernst: *Interpretation – Intervention – Interaktion.* Manuskript i. Dr.

Cassirer, Ernst: *Substanz- und Funktionsbegriff. Untersuchungen über die Grundfragen der Erkenntniskritik.* Darmstadt (Wiss. Buchges.) 1980. (Reprograf. Nachdr. d. 1. Aufl. Berlin 1910)

Cassirer, Ernst: *Versuch über den Menschen. Einführung in eine Philosophie der Kultur. 2.Aufl.* Frankfurt a.M. (Fischer) 1990. (Originalausg.: An essay on man. 1944)

Engel, A. K. & König, P. & Singer, W.: *Bildung repräsentationeller Zustände im Gehirn.* In: Spektrum der Wissenschaft, 9 (1993), S. 42-47.

Hebb, Donald O.: *The Organization of Behavior. A neuropsychological theory.* New York u.a. (Wiley u.a.) 1949.

Heckhausen, H.: *Interdisziplinäre Forschung zwischen Intra-, Multi- und Chimaren-Disziplinarität.* In: Kocka, Jürgen (Hg.): Interdisziplinarität. Praxis – Herausforderung – Ideologie. Frankfurt a.M. (Suhrkamp) 1987, S. 129-151.

Hilbert, David: *Grundlagen der Geometrie.* Leipzig (Teubner) 1900.

Kant, Immanuel: *Kritik der reinen Vernunft. Auflage B 1787.* Hamburg (Meiner) 1956. (Philosophische Bibliothek. 37a)

Kocka, Jürgen (Hg.): *Interdisziplinarität. Praxis – Herausforderung – Ideologie.* Frankfurt a.M. (Suhrkamp) 1987. (Suhrkamp-Taschenbuch Wissenschaft. 671)

Kreuzer, Helmut (Hg.): *Literarische und naturwissenschaftliche Intelligenz. Dialog über die zwei Kulturen.* Stuttgart (Klett) 1969.

Krüger, L.: *Einheit der Welt. Vielheit der Wissenschaft.* In: Kocka, Jürgen (Hg.): Interdisziplinarität. Praxis – Herausforderung – Ideologie. Frankfurt a.M. (Suhrkamp) 1987, S. 106-125.

Lenk, Hans: *Das metainterpretierende Wesen.* In: Allgemeine Zeitschrift für Philosophie, 20 (1995c), 1, S. 39-47.

Lenk, Hans: *Handlung als Interpretationskonstrukt.* In: Lenk, Hans (Hg.): Handlungstheorien interdisziplinär, Bd. II, 1. München (Fink) 1978, S. 279-350.

Lenk, Hans: *Interpretation und Realität.* Frankfurt a.M. (Suhrkamp) 1995b.

Lenk, Hans: *Interpretationskonstrukte. Zur Kritik der interpretatorischen Vernunft.* Frankfurt a.M. (Suhrkamp) 1993a.

Lenk, Hans: *Motive als Interpretationskonstrukte.* In: Lenk, Hans (Hg.): Zwischen Sozialpsychologie und Sozialphilosophie. Frankfurt a. M. (Suhrkamp) 1987, S. 183-206.

Lenk, Hans: *Philosophie und Interpretation.* Frankfurt a.M. (Suhrkamp) 1993b. (Suhrkamp-Taschenbuch Wissenschaft. 1060)

Lenk, Hans: *Pragmatische Philosophie.* Hamburg (Hoffmann & Campe) 1975. (Kritische Wissenschaft)

Lenk, Hans: *Schemaspiele. Über Schemainterpretationen und Interpretationskonstrukte.* Frankfurt a.M. (Suhrkamp) 1995a.

Lenk, Hans: *Strukturen im Umbruch.* In: Österreichisches College (Hg.): Europäisches Forum Alpbach 1981 des Österreichischen College. Generalthema: Strukturen im Umbruch. Wien 1983, S. 7-27.

Lenk, Hans: *Werte als Interpretationskonstrukte.* In: Hans Lenk: Zwischen Sozialpsychologie und Sozialphilosophie. Frankfurt a. M. (Suhrkamp) 1987 (Suhrkamp-Taschenbuch Wissenschaft. 708), S. 227-237.

Lenk, Hans: *Wissenschaftskulturentrennung und methodologische Wissenschaftseinheit im Blickwinkel des Interpretationismus.* In: Mainusch, Herbert & Toellner, Richard (Hg.): Einheit der Wissenschaft. Opladen (Westdt.-Verl.) 1993c, S. 195-225.

Lenk, Hans: *Zu einem methodologischen Interpretationskonstruktivismus.* In: Zeitschrift für allgemeine Wissenschaftstheorie,22 (1991), S. 283-302.

Lenk, Hans: *Zwischen Sozialpsychologie und Sozialphilosophie.* Frankfurt a.M. (Suhrkamp) 1987. (Suhrkamp-Taschenbuch Wissenschaft. 708)

Lenk, Hans: *Zwischen Wissenschaftstheorie und Sozialwissenschaft.* Frankfurt a.M. (Suhrkamp) 1987. (Suhrkamp-Taschenbuch Wissenschaft. 708)

Lenk, Hans & Kaleri, Ekaterini: *Philosophie und Interpretation. Vorlesungen zur Entwicklung konzeptionistischer Interpretationsansätze.* Frankfurt a.m. (Suhrkamp) 1993a. (Suhrkamp-Taschenbuch Wissenschaft. 1060)

Malsburg, Ch. von der: *Am I Thinking Assemblies? In:* Palm, Günther u.a. (Hg.): Brain Theory. Heidelberg u.a. (Springer) 1986, S. 161-176.

Roth, Gerhard.: *Kognition – die Entstehung von Bedeutung im Gehirn.* In: Krohn, Wolfgang u.a. (Hg.) : Emergenz. Die Entstehung von Ordnung, Organisation und Bedeutung. Frankfurt a.m. (Suhrkamp)1992 (Suhrkamp-Taschenbuch Wissenschaft. 984), S. 104-133. (Suhrkamp-Taschenbuch Wissenschaft. 984)

Rumelhart, David: *Schemata. The Building Blocks of Cognition.* In: Spiro, Rand J. u.a. (Hg.): Theoretical Issues in Reading Comprehension. Perspectives from cognitive psychology, linguistics, artificial intelligence, and education. Hillsdale, NJ (Erlbaum) 1980.

Singer, Wolf: *Hirnentwicklung und Umwelt.* In: Singer, Wolf (Hg.): Gehirn und Kognition. Heidelberg (Spektrum-d.-Wiss.-Verl.-Ges.) 1990, S. 50-65.

Singer, Wolf: *Zur Selbstorganisation kognitiver Strukturen.* In: Pöppel, Ernst (Hg.): Gehirn und Bewußtsein. Weinheim u.a. (VCH-Verl.-Ges.) 1989, S. 45-58.

Singer, Wolf (Hg.): *Gehirn und Kognition.* Heidelberg (Spektrum-d.-Wiss.-Verl.-Ges.) 1990.

Snow, Charles P.: *Die zwei Kulturen. Literarische und naturwissenschaftliche Intelligenz.* Stuttgart (Klett) 1967. (Original: The two Cultures and the scientific revolution. Cambridge 1960) (Versuche.10)

Stachowiak, Herbert: *Allgemeine Modelltheorie.* Wien (Springer) 1973.

Weingart, Peter: *Das Dilemma. Die Organisation von Interdisziplinarität.* In: Wirtschaft und Wissenschaft, 1974, 3, S. 22-28.

Franz Martin Wimmer

Polylogische Forschung

1. Die Ausgangsfrage

Gehen wir von einem traditionellen Begriff von „Philosophie" aus, der inhaltlich im Kern damit bestimmt werden kann, dass damit angestrebt wird, ontologische, erkenntnistheoretische oder ethische Grundfragen zu klären, und dessen formales Hauptmerkmal in der Ausbildung einer expliziten Begrifflichkeit oder Metasprache liegt, so können wir feststellen, dass ein derartiges Projekt in unterschiedlichen Formen in mehreren kulturell differenten alten Gesellschaften verfolgt worden ist. Einige davon – wie z.B. chinesische, indische, arabisch-islamische und griechische Traditionen – wirken noch in heutigen Gesellschaften in dem Sinn weiter, als darin unterschiedliche und zuweilen gegensätzliche weltbildliche Orientierungen wirksam sind. Zugleich ist im Prozess der Modernisierung und Globalisierung das Bedürfnis gegeben, Gemeinsamkeiten zu fördern beziehungsweise erst zu entwickeln. Die Ausgangsfrage für ein Philosophieren in dieser Situation besteht darin, dass nach den Bedingungen der Möglichkeit systematischer Philosophie unter der Voraussetzung differenter kultureller Prägungen zu fragen ist, welche auf jeder Ebene der Reflexion und Argumentation wirksam werden können.

2. Das Dilemma der Kulturalität für die Philosophie

Das *Dilemma der Kulturalität* liegt für die Philosophie darin, dass mehr zur Frage steht als nur eine Komplettierung der europäisch zentrierten Philosophiegeschichte durch außereuropäische Traditionen oder ein Vergleich mit diesen, wenn wir von einem interkulturell orientierten Philosophieren sprechen wollen. Die lateinische Vorsilbe „inter" zeigt eine gegenseitige Relation an, und der Hinweis darauf, dass hier das Adjektiv „interkulturell" zum Substantiv „Philosophie" dazukommt, mag genügen, um klarzustellen, dass nicht von einer „philosophischen" oder einer „philosophie-historischen" *Interkulturalität* die Rede ist, sondern schlicht von *Philosophie,* dergestalt allerdings, dass deren Begriffe, Fragen und Methoden stets zu reflektieren sind hinsichtlich der für jeden Argumentierenden ärgerlichen Tatsache, dass es nicht *eine* und nicht eine endgültig angemessene Sprache, Tradition und Denkform des Philosophierens gibt, sondern viele, und dass jede davon kultürlich ist, keine darunter schlechthin vernunftgemäß-natürlich.

Das Projekt des Philosophierens bestand und besteht darin, in grundlegenden Fragen zu verbindlichen Einsichten zu kommen und sie in angemessener Weise auszudrücken, sie kommunikabel zu machen. Damit ist jederzeit der Anspruch verknüpft, eine bis dahin geltende Denkweise, bisher angenommene Überzeugungen zu kritisieren und zu verändern. Auch wenn die neugewonnene Einsicht Altes neu begründet oder verstärkt, so liegt darin eine Veränderung. Stützt sich die neu gewonnene Einsicht auf Vernunft, so muss gezeigt werden können, dass das Selbstverständnis dieser Vernunft auch tatsächlich verbindlich ist, dass es nicht seinerseits eine kulturell tradierte Willkür enthält. Es ist nun eine in postkolonialen Diskursen verbreitete Haltung, in einer Kritik an europazentrierter Philosophie und Philosophiegeschichte den Vorwurf des Kulturzentrismus und damit verbundener Willkür zunächst gegen okzidentale Begrifflichkeiten und Systeme zu erheben, die sich als allgemeingültig ausgegeben haben, und diesem etwas Eigenes entgegenzusetzen. Für dieses Eigene kann konsequenterweise dann ein vergleichbarer Allgemeinheitsanspruch nicht mehr erhoben werden – man weist etwa darauf hin, dass Philosophieren immer in einem bestimmten kulturellen Kontext stehe und auch in seinem jeweiligen Bezug zu diesem Kontext zu beurteilen sei. Wird dies aber wörtlich genommen – und warum sollte man es nicht wörtlich nehmen? –, so ist Argumentation und letztlich auch nur gegenseitiges Interesse nicht mehr einzufordern. Doch gerade im Anspruch darauf, dass in Argumentation Erkenntnis stattfinden könne, hatte Philosophieren bestanden.

2.1 Relevante kulturelle Differenzen

Wir erleben gegenwärtig den Beginn einer globalen Menschheitskultur, die etwas Neues gegenüber allen vorangegangenen Kulturen darstellt, insofern letztere jeweils auf bestimmte ethnisch, sprachlich oder weltanschaulich abgegrenzte Populationen bzw. auf bestimmte Klimazonen und Regionen beschränkt waren. Es ist keine bloß akademische Frage, ob wir in dieser entstehenden Globalkultur eine bloße Ausweitung und Fortentwicklung der okzidentalen Kultur in schrittweiser Überwindung des Besonderen der anderen Kulturen sehen oder vielmehr etwas Neues, das aus dem Zusammengehen und dem Begegnen von vielen Traditionen entsteht. Im ersten Fall werden wir in dem Sachverhalt, dass kulturelle Prägungen unterschiedlicher Art in den modernen Gesellschaften weiterbestehen, lediglich eine Quelle für Konflikte sehen. Strategien der Schadensbegrenzung für den Fall des „Zusammenpralls von Kulturen" wären unter dieser Voraussetzung die vorrangige Aufgabe. Im zweiten Fall werden wir eher von einem „Konzert" als von einem „Kampf" der „Kulturen" sprechen.

Die Gestalt dieser globalen Kultur liegt in bezug auf viele Bereiche des Lebens noch nicht fest: Sie kann sich aus der Expansion und Adaptation einer hegemonialen Tradition ergeben; sie kann sich aber auch aus den geistigen und materiellen Quellen vieler Völker/Kulturen formen, welche sie bilden. Es wäre völlig illusorisch, hier von „allen" Völkern/Kulturen zu sprechen, die wir kennen. Wo immer in Diskussionen um Multikulturalität oder Interkulturalität zu hören ist, es komme darauf an, „alle Stimmen wahrzunehmen" oder Ähnliches, liegt eine gedankenlose Ausdrucksweise vor, die nicht beim Wort zu nehmen ist. Worauf es tatsächlich ankommt, ist nicht Allseitigkeit, sondern die jeweils sachlich begründete Entscheidung zwischen Einseitigkeit und Vielseitigkeit.

Die uns bekannten traditionalen Kulturen waren jeweils umfassende Regelsysteme, welche die Formen des Denkens wie des Wollens, des Fühlens und Handelns ihrer Mitglieder in einer solchen Weise bestimmten, dass deren Hervorbringungen jeweils durchgehend davon geprägt waren, ob es sich dabei um Werkzeuge, Siedlungsformen, Rechtsinstitute, Kommunikationsformen, Techniken der Naturbeherrschung oder Anschauungsweisen handelte. Wenn ich von „Regelsystemen" spreche, so ist damit weder ein essentialistisches noch ein rein statisches Verständnis von kulturellem Verhalten oder Handeln angesprochen. Es muss also weder von einem „Wesen" einer bestimmten (etwa: der „chinesischen", der „abendländischen" etc.) Kultur gesprochen werden, wenn wir Unterschiede zwischen bestimmten Regelsystemen wahrnehmen, noch ist damit gesagt, solche Systeme seien, einmal entwickelt, für alle Zeiten stabil.

Mit der „Kultur" (einer Gesellschaft, eines Volkes, eines Menschen) bezeichne ich allerdings etwas *intern Universelles,* die jeweilige Einheit der Form aller Lebensäußerungen einer Gruppe von Menschen, und wir grenzen sie von der anderen Kultur einer anderen Gruppe ab, welche wiederum für diese intern universell ist. Der Begriff der internen Universalität schließt den einer rezeptiven Kultur nicht aus. Vielmehr sind auch die jeweiligen Rezeptionsprozesse relativ dazu zu sehen, wie sie im Gefüge von Werten, Vorstellungen, Handlungsweisen usw. wirken, die den Menschen einer intern universellen Kultur gemeinsam sind. Das bedeutet aber auch, dass wir nicht von identischen Rezeptionsprozessen (etwa von Literatur, Kunst oder Philosophie) in der Gegenwart bei Menschen unterschiedlicher Regionen ausgehen können, insofern die globale Kultur eben nicht „intern", sondern erst in wichtigen Bereichen „extern universell", d.h. global ist.

So haben wir in der berichteten Menschheitsgeschichte eine Vielzahl von Kulturen zu unterscheiden, deren jede ihren Mitgliedern eine Ganzheit des Verhaltens, Denkens, Glaubens vermitteln konnte. Es ist hier aber auch daran zu erinnern, dass „Kultur" einen statischen ebenso wie einen dynamischen Sachverhalt bezeichnet. Im *statischen* Sinn bezeichnet der Begriff den Zustand einer bestimmten Gruppe oder Person, der für eine gewisse Zeit konstant bleibt. Es sind also Ergebnisse von Verhaltensweisen, die wir damit erfassen. Man könnte in Anlehnung an eine neuplatonische Unterscheidung, die in der Reflexion auf den Begriff der „Natur" getroffen wurde, von einer „cultura creata", also von einem Kultur*zustand* sprechen, der unter dem Aspekt des Gegebenseins betrachtet wird. Dieser Begriff ist zu unterscheiden von einer „cultura quae creat", also von einem Kultur*handeln,* das unter dem Aspekt des Einflussnehmens und Gestaltens erscheint, mithin aktiv oder *dynamisch* ist.

Wir können uns die beiden Aspekte an Wörtern des gewöhnlichen Sprachgebrauchs verdeutlichen. Im *statischen* Sinn sprechen wir etwa von einer „Pilzkultur", die sich in einem Biologielabor befindet, oder von einer „Schriftkultur", die aus historischen Daten erschlossen werden kann. Auch das Wort „Kulturgeschichte" verweist auf den statischen Aspekt. In diesen Fällen sprechen wir von etwas, das zu einer bestimmten Zeit so und so existiert oder existiert hat, was gleichsam für einen bestimmten Zeitpunkt als fertig erscheint. Den *dynamischen* Sinn des Wortes haben wir hingegen vor Augen, wenn wir von „Agrikultur" sprechen oder auch von „Kulturpolitik". Dann denken wir gewöhnlich an irgendwelche Aktivitäten, die bestimmte Zielsetzungen verfolgen und bestimmte Einflussnahmen auf bestehende Zustände darstellen. Das Verb „kultivieren" kann eben nicht nur in der Form „kultiviert" gebraucht werden, sondern auch im Indikativ der Gegenwart.

Wird der statische Aspekt bei der Beschreibung menschlicher Gesellschaften verabsolutiert, so führt dies zu Vorstellungen von „kulturellen Inseln", die reinlich getrennt voneinander existieren. Nach der erwähnten neuplatonischen Unterscheidung könnten wir sagen, dass die Idee einer „cultura creata quae non creat" die Vorstellung eines solchen rein statischen Zustands zum Ausdruck brächte: *Jede* mögliche Veränderung des Zustands würde in dieser Perspektive bereits einen Verlust oder eine Gefährdung darstellen. Tatsächlich müssen wir wohl sagen, dass die Unterscheidung verschiedener Lebensformen menschlicher Gesellschaften in dieser Hinsicht immer nur graduell getroffen werden kann: Es gibt ebensowenig rein statische, wie es rein dynamische Gesellschaftszustände oder „Kulturen" gibt.

Die Verabsolutierung des rein dynamischen Aspekts, eine „cultura non creata quae creat", stellt mithin ebenfalls nur einen logisch denkbaren Grenzwert dar. Es wäre dabei an ein Verhalten aus reiner Spontaneität zu denken, was streng genommen einer permanenten Neuschöpfung aller menschlichen Verhältnisse gleichkäme. Womit wir es in Wirklichkeit zu tun haben, könnte vielmehr die Formel „cultura creata quae creat" bezeichnen.

Der Begriff einer *internen Universalität* kann uns bei der Beantwortung der Frage leiten, welche Erbstücke der Geistesgeschichte der bisherigen regionalen Kulturen wir in einer globalen Menschheitskultur aufgehoben wissen wollen. Die zentrale Frage für die Philosophie ist, welche Werte und welche Menschenbilder die regional begrenzten Kulturen hervorgebracht haben, die zur Bewältigung der gegenwärtigen und absehbaren Menschheitsprobleme fruchtbar sind.

Zweifach steht Philosophie im Prozess der Herausbildung einer globalen Menschheitskultur: in kritischer Selbstreflexion auf ihre eigene Möglichkeit und als Reflexion auf das Geschehen selbst. In ersterer Hinsicht handelt es sich um eine kritische Auseinandersetzung der Philosophie mit den Vorurteilen und den Leistungen ihrer Vergangenheit in der okzidentalen wie in anderen Kulturtraditionen. In zweiter Hinsicht kann Philosophie analysierend und argumentierend zu problematischen Entwicklungen im Globalisierungsprozess Stellung nehmen. Wir befassen uns hier vorrangig mit dem erstgenannten Verhältnis. In dieser Hinsicht kommt dem Umstand entscheidende Bedeutung zu, dass philosophisches Denken, wenn es wahrgenommen werden soll, sich stets mit Hilfe von Symbolen ausdrücken muss, in erster Linie mit sprachlichen Mitteln – und dass diese sprachlich-symbolischen Mittel in einer solchen Weise unterschiedlich ausgebildet sind, dass die Unterschiede auch dispositionsbildend für das Denken selbst sein können.

2.2 Das Beispiel der Sprache

Kwasi Wiredu ist einer derjenigen PhilosophInnen aus dem modernen Afrika, der das *Dilemma der Kulturalität* nicht nur erfahren, sondern auch analysiert hat. Er spricht von der Notwendigkeit einer „begrifflichen Entkolonisierung", die darin gegeben sei, dass selbst so zentrale Begriffe wie „Truth, Knowledge, Reality, Self, Person, Space, Time, Life, Matter, Subjectivity" und zahlreiche andere für ihn, dessen Primärsprache das westafrikanische Akan ist, oft und in für die Philosophie systematisch wichtigen Zusammenhängen Konnotationen haben, welche bestimmte Thesen der europäischen philosophischen Tradition unformulierbar oder zumindest höchst unplausibel erscheinen lassen. Sein Vorschlag für die zentralen Termini der Philosophie lautet nun:

„Try to think them through in your own African language and, on the basis of the results, review the intelligibility of the associated problems or the plausibility of the apparent solutions that have tempted you when you have pondered them in some metropolitan language." (Wiredu 1995, S. 22)

Wiredus Vorschlag ist ernstzunehmen, doch führt er weit. Konsequenterweise dürfte das Verfahren nicht auf solche Sprachen begrenzt werden, deren Sprecher einem Kolonisierungsprozess unterworfen waren, sondern müsste bei *jeder* Sprache durchgeführt werden – und bestünde dann wohl in einer „Enthistorisierung" der philosophischen Terminologie. Zudem bliebe weiterhin das Problem, die so gewonnenen Einsichten wieder zu übersetzen, es sei denn, man zöge sich eben auf so etwas wie eine „ethnische" Philosophie zurück und ließe die jeweils anderen außerhalb des Diskurses. Sehen wir uns jedoch noch ein Beispiel an, das Wiredus Vorschlag deutlich macht. Er beruft sich auf Alexis Kagamé

„who pointed out that throughout the Bantu zone a remark like `I think, therefore I am' would be unintelligible for „the verb `to be' is always followed by an attribute or an adjunct of place: I am good, big etc., I am in such and such a place, etc. Thus the utterance `.. therefore, I am' would prompt the question `You are ... what ... where?"[1]

Dies ist nach Wiredu in Akan eben auch der Fall: Der Begriff der Existenz ist in dieser Sprache

„intrinsically spatial, in fact, locative; to exist is to be there, at some place. `Wo ho' is the Akan rendition of `exist'. Without the `ho', which means `there', in other words,`some place', all meaning is lost. `Wo', standing alone, does not in any way correspond to the existential sense of the verb `to be', which has no place in Akan syntax or semantics". (Wiredu 1997, S. 16)

Wenn man nun damit die cartesische Formulierung „cogito ergo sum" vergleicht, so zeigt sich schnell, dass das Akan eine wesentliche Intention dieser Formulierung unerwartbar macht. Descartes meinte alles Bezweifelbare, auch räumliche Existenzen bezweifeln, und dabei doch Gewissheit hinsichtlich seiner eigenen Existenz haben zu können. Das Ich des „cogito" existiert nach seiner Überzeugung jedenfalls, auch als nicht-räumliche, immaterielle Entität, und die (lateinische) Sprache lässt dies auch ausdrücken. Damit ist allerdings noch nichts weiter festgestellt als eine Verschiedenheit (Wiredu: „incongruity") des Akan vom Lateinischen oder auch von anderen indoeuropäischen Sprachen. Eine derartige Verschiedenheit sagt zwar nichts über die Sachgemäßheit der einen oder der anderen Sprache, sie ist aber auch nicht nebensächlich für die Möglichkeit des Philosophierens:

„There is, of course, nothing sacrosanct about the linguistic categories of Akan thought. But, given the prima facie incoherence of the Cartesian suggestion within the Akan conceptual framework, an Akan thinker who scrutinizes the matter in his or her own language must feel the need for infinitely more proof of intelligibility than if s/he contemplated it in English or some cognate language." (Wiredu 1997, S. 17)

Für jemanden, dessen Muttersprache Akan ist, wäre es natürlich dennoch möglich, von der Gültigkeit des cartesischen Arguments überzeugt zu werden – und dies, meint

---

[1] Vgl. Kagame, Alexis: *Empirical Apperception of Time and the Conception of History in Bantu Thought*. In: Ricoeur, Paul (Hg.): Cultures and Time. Paris (UNESCO) 1976, S. 95, zit. nach Wiredu 1997, S. 16

Wiredu, wäre keineswegs ein Aufgeben des Programms einer „conceptual decolonization", das ja nicht darauf abzielt, fremdes Gedankengut als solches abzuweisen. Allerdings gesteht er, dass Descartes' Argument ihn selbst nicht überzeugt. Das Entscheidende hier ist, dass eine sprachlich bedingte starke Unplausibilität bewusst wird, für oder gegen die dann argumentiert werden muss, und zwar unabhängig von den zunächst sprachlich bedingten Assoziationen oder Plausibilitäten. Wie auch immer das Ergebnis einer solchen Argumentation aussieht, eines will Wiredu festhalten:

„the implications of the Akan conception of existence for many notable doctrines of Western metaphysics and theology require the most rigorous examination." (Wiredu 1997, S. 17)

Ich sehe nur *eine* Möglichkeit, Wiredu in diesem Punkt zu widersprechen – eine allerdings höchst zweifelhafte Möglichkeit: indem man nämlich behaupten würde, Akan – und andere Sprachen – sei eben strukturell ungeeignet für philosophisches Denken. Die These wäre dann etwa: Es gibt einige Sprachen (vielleicht auch nur eine einzige), die geeignet sind, philosophische Begriffe und Thesen angemessen auszudrücken. Andere Sprachen seien dies nicht oder doch so lange nicht, bis sie vielleicht entsprechend angepasst wären. Diese These, so seltsam sie zunächst klingt, ist doch nicht ganz unbekannt. Die von Höllhuber zitierte Aussage eines Philosophieprofessors der Sorbonne: „Pour connaître la totalité de la philosophie, il est nécessaire de posséder toutes les langues, sauf toutefois l'espagnol" (Höllhuber 1967, S. 9)[2] bezieht sich nicht nur auf eine angenommene Randstellung der spanischen Philosophie und Wissenschaft, sondern auch auf Annahmen über Besonderheiten des Spanischen. Und dass mit „toutes les langues" in diesem Satz selbstverständlich nur wenige europäische gemeint sind, ergibt sich von selbst.

Die These klingt nicht nur seltsam – und ich erlaube mir hier, Heideggers einschlägige Formulierungen der These nicht zu zitieren –, sie setzt schlicht zu viel voraus: Nähme jemand sie ernst, so könnte sie nur begründet werden von jemand, der/die selbst in allen fraglichen Sprachen gleicherweise kompetent und philosophierend erfahren wäre (was natürlich eine unsinnige Vorstellung ist), oder wenn zumindest gewährleistet wäre, dass eine durchgehende und stets gegenseitige Kritik aller (und nicht nur einiger europäischer) Sprachen in Bezug auf die darin nahe liegenden philosophisch einschlägigen Plausibilitäten bereits geleistet ist. Dann allerdings wäre Wiredus Programm der „conceptual decolonization" bereits durchgeführt. Dem ist nicht so, weswegen wir uns seinen Vorschlag noch einmal ansehen können.

Viele Lehrsätze der abendländischen Metaphysik und Theologie, so lasen wir, fordern eine strenge Überprüfung heraus, wenn man von den Implikationen des Akan-Begriffs der Existenz ausgeht. Er führt Untersuchungen über die Erklärung der Existenz des Universums als Beispiel für eine Fragestellung an, die „a high regard among many Western metaphysicians" genießen.

---

[2] Zur Problematik selbst, insbesondere die Unterscheidung von „ser" und „estar" im Spanischen betreffend, vgl. die Dissertation von Ilse Schütz-Buenaventura (1996).

„However, a simple argument, inspired by the locative conception of existence embedded in the Akan language, would seem, quite radically, to subvert any such project: To have a location is to be in the universe. Therefore, if to exist means to be at some location, then to think of the existence of the universe is to dabble in sheer babble." (Wiredu 1997, S. 17)

Es klingt schlicht unsinnig in Akan, vom Universum auszusagen, dass es existiert und ebenso unsinnig wäre die Aussage, dass das Universum nicht existieren könnte. Dann macht es aber auch (in Akan) keinen Sinn, davon zu sprechen, das Universum sei so oder so zur Existenz gekommen, also etwa eine „creatio ex nihilo" anzunehmen. Eine derartige Vorstellung müsste vom Akan her fremd sein. Was Wiredu hier formuliert, ist ein Kriterium für die Unterscheidung sinnvoller von sinnlosen Aussagen, das seinerseits natürlich noch einmal zur Diskussion steht.

Was können PhilosophInnen von einer Entkolonialisierung philosophischer Begriffe erwarten, wie sie Wiredu vorschlägt?

„My own hope is that if this program is well enough and soon enough implemented, it will no longer be necessary to talk of the Akan or Yoruba or Luo concept of this or that, but simply of the concept of whatever is in question with a view to advancing philosophical suggestions that can be immediately evaluated on independent grounds.

Nor, is the process of decolonization without interest to non-African thinkers, for any enlargement of conceptual options is an instrumentality for the enlargement of the human mind everywhere." (Wiredu 1997, S. 21)

Übertragen auf europäische „Ethnien" könnte man sagen: Es kommt nicht an auf deutsche, französische oder englische Konzepte von diesem oder jenem, sondern nur auf den Begriff von dem, was gerade zur Frage steht, und zwar mit Blick darauf, philosophische Argumente zu provozieren, die unabhängig von den jeweiligen (deutschen, französischen, englischen usw.) Traditionen geprüft, also bewährt oder widerlegt werden können.

Es ist die Hoffnung eines Universalisten in der Philosophie, die hier zum Ausdruck kommt, nicht die eines Ethnophilosophen. Aber es ist zugleich eine Kritik am *voreiligen* Universalismus. Entscheidend für die Debatte innerhalb der akademischen Philosophie dürfte auf Dauer jedoch die Frage sein, ob in solchen interkulturell orientierten Diskursen, wie Wiredus Programm einen darstellt, ein „enlargement of conceptual options" oder nicht doch nur eine exotistische Abschweifung geschieht. Mit anderen Worten gefragt: Haben wir diese Argumente gegen Descartes, gegen die Sinnhaftigkeit metaphysischer Aussagen über die Existenz des Universums etc. nicht schon in Europa selbst gehört und gelesen? Brauchen wir tatsächlich die Kritik, die der Akan-Denker aus seinem sprachlich-kulturellen Hintergrund schöpft?

Ich habe Wiredus Vorschlag nur als Beispiel für eine Analyse des Dilemmas der Kulturbedingtheit im Philosophieren und für einen Lösungsvorschlag angeführt. Die Frage stellt sich allgemeiner: Brauchen okzidentale PhilosophInnen, etwa wenn sie sich Gedanken über ein globales Ethos oder über die Begründbarkeit von Menschenrechten machen, von der Sache her eine gegenseitig kritische Auseinandersetzung mit afrikanischem, chinesischem, indischem, lateinamerikanischem Denken wirklich? Es ist nicht unmöglich, dass alle Einwände und Überlegungen, die da kommen mögen, in der eigenen Tradition schon einmal gemacht, alle Differenzierungen schon einmal vorgeschlagen worden sind.

Es ist nicht unmöglich. Aber der Blick bloß in die eigene Denkgeschichte wird uns nicht lehren, ob es wirklich so ist. Wenn es *nicht* so ist, so entgeht uns als Philosophierenden etwas – der Sache nach. Wenn uns jedoch nichts inhaltlich wirklich Anderes begegnet, so hätte durch ernsthafte Auseinandersetzung unsere Tradition einen wichtigen Test bestanden. In jedem der beiden Fälle ist ein Gewinn, kein Verlust durch eine wirkliche Auseinandersetzung mit fremdkulturellen Denktraditionen zu erwarten. *Wie* eine solche ernsthafte Auseinandersetzung aussehen könnte, will ich mit dem Konzept des Polylogs skizzieren. Zuvor jedoch ist zu betonen, dass stets vom je Eigenen auszugehen ist, das mithin in jedem Stadium von Diskursen ein „Zentrum" darstellt.

2.3 Typen von Kulturzentrismen

Aus dem *Dilemma der Kulturalität* gibt es theoretisch jeweils mehrere Auswege, die als Formen von „Zentrismus" zu verstehen sind:

- „Expansiver Zentrismus" beruht auf der Idee, dass „die Wahrheit" über eine bestimmte Sache, das Optimum in einer bestimmten Lebensform irgendwo endgültig gegeben sei und darum verbreitet werden müsse. Diese Idee findet sich im Neuen Testament ebenso wie in den Thesen über die Notwendigkeit der Modernisierung und Zivilisierung der nicht-europäischen Menschheit im Gefolge der Aufklärung. Im Zentrum steht jeweils der wahre Glaube oder das Wissen, der objektive Fortschritt; an der Peripherie Heidentum und Aberglaube, Unwissenheit oder Rückständigkeit und Unterentwicklung. Die Anstrengung des Zentrums besteht in dieser Perspektive darin, sich stets weiter auszudehnen und so das jeweils Andere schließlich zu beseitigen. Dies ergibt die Vorstellung von einem monologischen Prozess im Sinn einer religiösen oder säkularen Heilsverkündigung.

- „Integrativer Zentrismus" geht von derselben Überzeugung einer objektiven Überlegenheit des Eigenen aus, wobei aber angenommen wird, dass dessen Attraktivität als solche bereits ausreicht, um alles Fremde anzuziehen und einzuverleiben. Diese Idee findet sich im klassischen Konfuzianismus ausgeführt, wo es um die Frage ging, wie „Herrschaft" zu erlangen sei. Die Anstrengung des Zentrums in diesem Fall besteht darin, die als richtig erkannte oder erfahrene Ordnung aufrechtzuerhalten bzw. immer wieder herzustellen. Auch dies ergibt einen monologischen Prozess – im Sinn des Angebots eines guten Lebens, zu dem allerdings ebensowenig Alternativen gedacht werden wie im Fall des expansiven Zentrismus.

- Als „separativen Zentrismus" kann man eine Haltung bezeichnen, in der angenommen oder sogar angestrebt wird, dass mehrere oder viele Überzeugungen von Wahrheit oder von der Optimalität des je Eigenen nebeneinander bestehen. Hier wird Vielheit und nicht Einheitlichkeit als das Grundlegende und auch als Ideal angenommen, allerdings so, als handle es sich bei kulturell bedingten Differenzen des Denkens um etwas Urwüchsiges oder Naturgegebenes.

- Eine vierte Auffassung könnte als „tentativer" oder „transitorischer Zentrismus" bezeichnet werden. Die jeweils eigene, aus begründeter Überzeugung vertretene Sichtweise, so wird angenommen, ist eine notwendige Voraussetzung dafür, die ebenso subjektiv begründete andere Überzeugung der anderen zu verstehen, nicht nur in ihrer Tatsächlichkeit, sondern auch in ihrer Berechtigung. Doch wird jederzeit sowohl das Eigene als auch das Andere als etwas Überholbares angesehen. Auch hier wird Vielheit als das Grundlegende gedacht, aber so, dass es sich bei dessen jeweiliger Gestalt um etwas möglicherweise Vorübergehendes handelt.

- Fünftens muss man allgemein unterscheiden, ob der jeweilige Zentrismus in einer holistischen oder in einer partiellen Weise verstanden wird. Nur im ersten Fall werden fremde Lebens- und Denkäußerungen in toto abgelehnt. In der Praxis dürfte dies zwar selten vorkommen, ist jedoch nicht auszuschließen. Der zweite Fall macht Übernahmen möglich, macht allerdings die Definition der diesbezüglichen Grenzen auch notwendig.

Jeder der angesprochenen Typen entwickelt bestimmte Strategien, um seine Überlegenheit über differierende Weltsichten zu begründen und ist in diesem Sinn zentristisch. In jedem Fall wird das Eigene und das Fremde unterschieden, aber nicht in jedem Fall wird zwischen ihnen eine Hierarchie in derselben Weise theoretisch angenommen.

In okzidentaler Denktradition ist uns der Typus eines *expansiven Zentrismus* vertraut. Er hat seine zentralen Merkmale in der Annahme einer einzigen Entwicklungslinie der menschlichen Geschichte und des Denkens, deren paradigmatische Inhalte und Formen okzidentalen Ursprungs seien oder, wie von Hegel angenommen, in einem einzigen, dem okzidentalen Entwicklungsgang definitiv entwickelt sind. Die Idee eines *integrativen Zentrismus* ist vor allem in chinesischen Traditionen leitend geworden, sowohl in der konfuzianischen, als auch im taoistischen Konzept des „Nicht-Eingreifens". Formal gesehen gehen beide Typen von der Voraussetzung einer definitiv erfassten Wahrheit oder Gültigkeit aus. Eine für den ersten Typus charakteristische These in Bezug auf „fremde" Denkweisen besagt, dass es sich bei diesen um Vorformen oder Entwicklungsstufen der eigenen Denk- und Lebensform handelt – Denkformen also, die mit Hilfe der einen, voll entwickelten Tradition explizierbar sind. Eine damit vergleichbare These des zweiten Typus würde besagen, dass jeder Vertreter einer fremden Denkform bei genügender Bekanntschaft mit der für allein gültig erachteten diese sich selbst aneignen wird. Beide Typen bestreiten, dass es das „Dilemma der Kulturalität" überhaupt gibt. Dies verhält sich anders beim dritten und vierten Typus.

Unter der Voraussetzung eines *separativen Zentrismus* gibt es die Möglichkeit, dass eigene und fremde Denkformen oder Kulturen als gleichsam inselhaft nebeneinander bestehend angenommen werden. Sehr deutlich hat dieser Gedanke seinen Ausdruck bei Oswald Spengler gefunden, wenn er sagt: „Für andere Menschen gibt es andere Wahrheiten. Für den Denker sind sie alle gültig oder keine." (Spengler 1975, Bd. 1, S. 34) In der Kultur- und Philosophiegeschichte finden wir diese Idee aber auch dort, wo von einem grundlegenden und unüberbrückbaren Unterschied zwischen „östlichem" und „westlichem Denken" die Rede ist: „... and never the twain shall meet." Was als „Ethnophilosophie" benannt worden ist, kann ebenfalls unter diesen Typus von Zentrismus subsumiert werden. In kulturvergleichenden Ansätzen der Philosophie findet sich die Auffassung dann, wenn etwa von einer „anderen Logik", einer „ganz anderen Hermeneutik" o. ä. die Rede ist und das Feststellen bzw. Festhalten der behaupteten Differenz zum Hauptzweck zu werden scheint. Für das Philosophieren wäre eine solche Auffassung in ihren Konsequenzen fatal, denn sie fordert streng genommen einen

Verzicht auf Argumentation und sieht als erreichbares Ziel höchstens ein „Verstehen" oder „Tolerieren" der anderen in dem Sinn, dass deren Ideen und Wertvorstellungen zwar nicht akzeptiert werden, dass darüber aber auch kein inhaltlich argumentierender Dialog als notwendig oder möglich erachtet wird.

Viel spricht dafür, die realen Differenzen zwischen kulturell tradierten Denkweisen so zu sehen, wie sie mit dem vierten Typus angesprochen sind. Dabei scheint mir der von Holenstein betonte Sachverhalt am wichtigsten, dass „die menschliche Fähigkeit zum Perspektivenwechsel" ebenso intra- wie interkulturell zu Verständigung und Kommunikation entscheidend ist (Holenstein 1988, S. 257). Wenn wir dabei immer noch von einem „Zentrismus", wenngleich von einem „tentativen" und möglicherweise „transitorischen" sprechen, so deshalb, weil der „Perspektivenwechsel", wenn er für das Philosophieren von Bedeutung sein soll, nicht willkürlich oder einer bloßen Mode folgend, sondern nur aus argumentierbaren Gründen geschieht. Der oder die Einzelne, wer immer argumentiert und möglicherweise aufgrund von Argumenten oder Einsichten zu einem anderen Denken übergeht, ist das jeweils verantwortliche „Zentrum". Und: Er oder sie macht sowohl das Beibehalten wie das Ändern von Urteilen von nichts anderem abhängig als von eigener Einsicht. Unter solchen Voraussetzungen zu philosophieren, erfordert Verfahrensweisen, die als „Polyloge" zu bezeichnen sind, sofern sie jederzeit von mehreren Perspektiven ausgehen können.

Philosophie als Disziplin, gesehen nach Mustern der (europäischen oder europäisch orientierten) Philosophiegeschichtsschreibung, wird oft ausschließlich als okzidentales Phänomen verstanden. Diese Einschätzung beschränkt sich keineswegs auf die ehemaligen Regionen der okzidentalen Kultur, sondern findet sich weltweit. In der gegenwärtigen Situation der Menschheit, in der die Kommunikation zwischen Völkern im Weltmaßstab nicht nur möglich, sondern notwendig wird, ist dies jedoch als eine unbefragte Voraussetzung anachronistisch. Neue Wege gegenseitigen Verstehens und gegenseitigen Überzeugens auf der Grundlage epistemischer Gleichrangigkeit sind zu entwickeln und zu praktizieren. Darauf beruht die Idee des *Polylogs*.

3. Das Modell des Polylogs

Nehmen wir an, es gebe nach gegenseitiger Information in einer Sachfrage der Philosophie die relevanten und miteinander nicht vereinbaren Positionen A, B, C und D. Es könnte sich beispielsweise um solche Fragen wie die Begründbarkeit von Menschenrechten, die Gültigkeit von Normen, die Argumentierbarkeit ontologischer Voraussetzungen o.ä. handeln. Derartig differente Positionen können intra- wie interkulturell feststellbar sein. Nehmen wir ferner an, es bestehe ein gemeinsames Interesse an der Klärung solcher Fragen. Zwischen VertreterInnen solcher differenter Positionen werden Prozesse in Gang kommen, die zum Ziel haben, eine der bisher vertretenen oder auch eine neu zu entwickelnde Position zur allgemeinen Anerkennung zu bringen. Derartige Prozesse können logisch als einseitige oder gegenseitige Beeinflussung gedacht werden. Von gegenseitiger Beeinflussung, die zu dem angegebenen Ziel führen kann, sprechen wir dann, wenn beide oder alle Seiten aktiv an der Herausbildung des Neuen beteiligt sind; bei einseitigen Beeinflussungen ist dies nicht der Fall. Unter dieser Annahme sehen wir, dass Beeinflussungsprozesse von dreierlei Art sein können, die mit den Wörtern „manipulieren", „überreden" und „überzeugen" zu bezeichnen sind, wovon nur der letzte Ausdruck ein derartiges Verfahren der Änderung von Urteilen meint, in dem alle am Verfahren beteiligten PartnerInnen bereit sind, ihre bisherigen Urteile in einer solchen Weise zu ändern, dass der ganze Prozess als „philosophisch" bezeichnet zu werden verdient, insofern Auffassungen ausschließlich nach Maßgabe eigener Einsicht entweder aufrechterhalten oder aber geändert werden. Die beiden erstgenannten sind einseitig, ihr Ergebnis ist nicht durch Urteilsleistungen der AdressatInnen eines Arguments bestimmt. Die Urteilsänderung aufgrund von Manipulation erfordert nicht einmal Zustimmung, diejenige aufgrund von Überredung erfordert zwar Zustimmung, nicht aber eigene Einsicht.

Wir können nun schematisch folgende Modelle von Beeinflussungsprozessen im genannten Fall des Bestehens von vier differenten Urteilen unterscheiden:

(a) Einseitig zentraler Einfluss: Monolog
Unter der Annahme, dass die Tradition „A" allen von ihr differierenden endgültig oder eindeutig überlegen ist, wird deren Verhältnis zu diesen anderen so gedacht, dass Beeinflussungen mit dem Ziel der Angleichung an A in Richtung auf B, C und D ausgehen, dass von diesen jedoch keinerlei relevante Rückwirkungen auf A erfolgen.

In diesem denkmöglichen Fall gibt es keine Dialoge und natürlich auch keinen Polylog zwischen A, B, C und D. Jede Tradition mit Ausnahme von A wird als „barbarisch" eingestuft, d.h. sie muss verändert, letztlich beseitigt und überwunden werden. Ziel ist also die Ausweitung der Tradition A und das Verschwinden von B, C und D. Im kulturtheoretischen Diskurs kann dies mit Ausdrücken wie „Zivilisierung", „Verwestlichung", „Kulturimperialismus", auch „Eurozentrismus" oder „Akkulturation" bezeichnet werden. B, C und D können einander ignorieren.

(b) Gegenseitiger teilweiser Einfluss: die Stufe der Dialoge
In der Realität kommt es beim Aufeinandertreffen von A, B, C und D auch dann zu Dialogen und gegenseitigen Beeinflussungen, wenn sie aufgrund von traditioneller Selbsteinschätzung theoretisch wegen der selbstverständlichen Überlegenheit der je eigenen Tradition gar nicht als notwendig oder, weil eine unüberschreitbare Verstehensgrenze zwischen dem Eigenen und dem Fremden gedacht wird, streng genommen als nicht möglich erachtet werden.

Solche Verfahren können wir als Prozesse einer selektiven Akkulturation verstehen. Für A sind einige andere Traditionen auf dieser Stufe nicht mehr „barbarisch", sondern „exotisch", und dasselbe gilt für B, C und D, jedoch nicht vollständig. Komparative Philosophie ist hier zunehmend etabliert.

(c) Gegenseitig vollständiger Einfluss: die Stufe des Polylogs
Für jede Tradition ist jede andere „exotisch" in dem Sinn, dass jede für jede andere fremd ist und keine von ihnen außer Frage steht: Darin liegt die konsequente Form des Polylogs und einer interkulturellen Philosophie.

In der menschlichen Wirklichkeit existiert diese Form gegenseitiger Beeinflussung unter Voraussetzung tatsächlicher Gleichrangigkeit und unter Infragestellung aller Grundbegriffe lediglich als programmatische oder praxis-regulierende Idee; dasselbe trifft allerdings ebenso für die erstgenannte Vorstellung eines einseitig zentralen Einflusses zu. Wenn also die Wirklichkeit sich stets als eine mehr oder weniger vielseitige Form der zweiten Stufe beschreiben lässt, so ist doch zu fragen, nach welchem der beiden Extreme hin eine Orientierung begründet werden kann. Das heißt: Es ist nach der Argumentierbarkeit, d.h. nach den logischen Voraussetzungen oder Vorannahmen des Modells eines nur einseitigen Einflusses bzw. desjenigen eines Polylogs zu fragen. In theoretischer Hinsicht scheint mir diese Frage unschwer zu beantworten zu sein: Solange die Möglichkeit relevanter, jedoch divergierender Traditionen hinsichtlich philosophischer Sachfragen besteht, ist das erste Modell einer bloß einseitigen Beeinflussung nicht zu rechtfertigen, das Modell des Polylogs jedoch sehr wohl.

Literatur- und Medienverzeichnis

Fornet-Betancourt, Raúl: *Lateinamerikanische Philosophie zwischen Inkulturation und Interkulturalität*. Frankfurt a.M. (IKO-Verl. für Interkulturelle Kommunikation) 1997.

Gesellschaft für Interkulturelle Philosophie e.V. (GIP): (URL: http://members.aol.com/GIPev/welcome.html [Stand 2000-02-26])

Holenstein, Elmar: *Kulturphilosophische Perspektiven*. Frankfurt a.M. (Suhrkamp) 1998.

Mall, Ram Adhar: *Philosophie im Vergleich der Kulturen. Interkulturelle Philosophie. Eine neue Orientierung*. Darmstadt (Wiss. Buchges.) 1995.

Moritz, Ralf & Rüstau, Hiltrud & Hoffmann, Gerd-Rüdiger (Hg.): *Wie und warum entstand Philosophie in verschiedenen Regionen der Erde?* Berlin (Akademie-Verl.) 1988.

Polylog: Forum für interkulturelles Philosophieren: (URL: http://www.polylog.org/index-de.htm [Stand: 2000-10-01])

Schneider, Notker u.a. (Hg.): *Einheit und Vielfalt. Das Verstehen der Kulturen*. Amsterdam (Rodopi) 1998.

Schütz-Buenaventura, Ilse: *Globalismus contra Existentia. Das Recht des ursprünglich Realen vor dem Machtanspruch der Bewusstseinsphilosophie. Die hispanoamerikanische Daseinssemantik*. Innsbruck (Diss.) 1996.

Senghaas, Dieter: *Zivilisierung wider Willen. Der Konflikt der Kulturen mit sich selbst*. Frankfurt a.M. (Suhrkamp) 1998.

Wiener Gesellschaft für interkulturelle Philosophie (WiGiP): (URL http://www.univie.ac.at/WIGIP [Stand 2000-05-01])

Wierlacher, Alois & Georg Stötzel (Hg.): *Blickwinkel. Kulturelle Optik und interkulturelle Gegenstandskonstitution*. München (iudicium) 1996.

Wimmer, Franz Martin: *Interkulturelle Philosophie. Theorie und Geschichte*. Wien (Passagen) 1990.

Wimmer, Franz Martin (Hg.): *Vier Fragen zur Philosophie in Afrika, Asien und Lateinamerika*. Wien (Passagen) 1988.

Wiredu, Kwasi: *The Need for Conceptual Decolonization in African Philosophy*. In: Heinz Kimmerle, Heinz & Wimmer, Franz Martin (Hg.): Philosophy and Democracy in Intercultural Perspective. Amsterdam (Rodopi) 1997, S. 11-24.

Wiredu, Kwasi: *The Need for conceptual Decolonization in African Philosophy*. In: Wiredu, Kwasi: Conceptual Decolonization in African Philosophy. Four Essays. Ibadan, Nigeria (Hope Publ.) 1995, S. 22-32.

Karl Leidlmair

Methodenfragen in der Technikphilosophie

1.   Historisches

Technikphilosophie ist eine relativ junge Forschungsdisziplin, deren historische Wurzeln sich auf den im 18. Jahrhundert abzeichnenden Wandel von der die Antike und das Mittelalter beherrschenden „Werkzeugtechnik" zur „Maschinentechnik" zurückverfolgen lassen. Allerdings kam es erst im 19. Jahrhundert zu einer philosophischen Reflexion über diesen Wandel (Kapp 1877).

Im Vergleich zur bloß handwerklichen Fertigkeit markiert die mechanisch-analytische Methode einen Meilenstein in der technologischen Entwicklung. Der Unterschied liegt im Folgenden: In der Werkzeugtechnik werden natürliche Ressourcen (Wasser, Luft, Feuer usw.) genutzt durch die Ausübung bestimmter handwerklicher Fertigkeiten. Während diese Fertigkeiten beim Werkzeuggebrauch jedoch implizit in den Tätigkeiten des Handwerkers enthalten sind (man denke an die Nutzung eines Hammers), werden sie bei der Maschinentechnik in einen *unabhängig* vom Menschen funktionierenden Mechanismus ausgelagert.

Dies erfolgt auf dem Wege, dass der Natur die ihr innewohnenden Gesetze im Sinne eines mathematischen (und somit beliebig wiederverwendbaren) Kalküls extrahiert werden, um dadurch die natürlichen Ressourcen unter Kontrolle zu bringen. Diese Vorgehensweise der neuzeitlichen Maschinentechnik ist eng verwoben mit der Entwicklung des naturwissenschaftlichen Experiments.

Letzteres zeichnet sich in erster Linie durch zwei Momente aus: durch das Operieren mit abstrakten mathematischen Formeln und durch die künstliche Isolierung des Untersuchungsgegenstandes. Man denke an die Fallgesetze Galileis. Dass zwei Körper unabhängig von ihrem spezifischen Gewicht mit gleicher Geschwindigkeit auf die Erde fallen, gilt nur unter abstrakten und kontrollierten Bedingungen.

Man erkennt dies deutlich, wenn man Galileis Gesetze mit der noch bei Aristoteles vorherrschenden Lehre vergleicht, wonach leichte Körper nach oben streben. Während in der aristotelischen Lehre der Körper noch teleologische, der griechischen Kultur und Weltbetrachtung entstammende Motive in die Umwelt projiziert werden, zeichnet sich die naturwissenschaftliche Methode dadurch aus, dass solche subjektiven und vorwissenschaftlichen Momente bei der Beobachtung der Naturphänomene ausgeklammert werden. Es war dieser in der westlich-abendländischen Kultur stattfindende Abstraktionsprozess (die Reduktion von Naturvorgängen auf ein abstraktes mathematisches Kalkül), der es zuallererst ermöglichte, die natürlichen Ressourcen nicht nur zu nutzen (wie dies noch in der handwerklichen Kunst der Fall war), sondern sie mit Hilfe der aus ihnen extrahierten Gesetzmäßigkeiten unter Kontrolle zu bringen. Das „Technische" besteht fortan nicht mehr im implizit gegebenen Können des Handwerkers, sondern in einem von ihm unabhängig funktionierenden Mechanismus. Die mechanische Maschine sei daher, wie das von Maarten Coolen (1992, 34) treffend bezeichnet wurde, „a physical representation of its design".

Dieses methodische Vorgehen hatte zwei Konsequenzen: Wie bereits erwähnt, ist das Ausblenden von vorwissenschaftlichen Alltagserfahrungen eng mit der Entwicklung der neuzeitlichen Mechanik und der industriellen Revolution verkoppelt. Nachdem dieser Abstraktionsprozess sich vorwiegend in der abendländischen Kultur vollzogen hat, konnte sich das westliche Denken als alles dominierender globaler Weltentwurf entfalten. Zum anderen wurde das „Technische" erst über die Objektivierung der beim Handwerker noch implizit angelegten Fertigkeiten zu einem eigenständigen Gegenstand philosophischer Reflexion.

Grundsätzlich lassen sich bei der Beurteilung der Technik und ihrer Folgen zwei gegensätzliche Standpunkte unterscheiden. Auf der einen Seite wird auf das zerstörerische Potential der Technik in ihrem ungebremsten Wachstum hingewiesen und eine Reglementierung der technischen Entwicklung gefordert. Auf der anderen Seite dagegen wird Technik als eine Befreiung des Menschen von den ihm durch die Natur auferlegten Zwängen empfunden. Ob allerdings Technik nur ein beliebig einsetzbares und wertneutrales Instrument darstellt oder sich dahingegen mit einer eigengesetzlichen Dynamik unkontrolliert entfaltet, kann nur geklärt werden, wenn Grenzen und Reichweite des Technikbegriffs abgesteckt werden. Im folgenden systematischen Entwurf werden drei Interpretationen von Technik unterschieden: die instrumentalistische Technikauffassung, technologischer Determinismus und Technik als heteronomer Prozess.

2. Ein systematischer Entwurf

2.1 Die instrumentalistische Technikauffassung

Dieser These zufolge obliegen Entscheidungen im Bereich technischer Entwicklungen ausschließlich der Kontrolle des Ingenieurwissenschaftlers. Technik sei nur ein Mittel zum Zweck, eine von rein wissenschaftsinternen Kriterien geleitete Methode. Mögen die Zielsetzungen technischer Entwicklungen einem gesellschaftlichen Entscheidungsprozess unterworfen sein, so seien deren Umsetzung ausschließlich dem Ingenieurwissenschaftler vorbehalten.

Zur Verdeutlichung denken wir an das folgende Beispiel. Aufgrund bestimmter politischer und ökonomischer Vorgaben können wir uns dazu entscheiden, ein bestimmtes Rohmaterial zur Energienutzung zu verwenden. Die spezielle Technologie, die zur Gewinnung dieses Materials eingesetzt wird, unterliege indes den Erkenntnissen, die aus den Technikwissenschaften gewonnen werden. Technik sei daher, prinzipiell gesehen, nichts anderes als ein Verfahren zur Energiegewinnung, zum Transport und zur Verarbeitung von Rohmaterialien. Vom Standpunkt der Sozial- und Geisteswissenschaften aus betrachtet sei die der Technik innewohnende Entscheidungslogik lediglich eine „blackbox", die aus den Überlegungen dieser Wissenschaften ausgeklammert werden kann. Damit seien technische Entscheidungen von *relativer Autonomie* (relativ im Hinblick auf die über gesellschaftliche Rahmenbedingungen vorgegebenen Zwecke).

Eines der geistesgeschichtlichen Motive für die instrumentalistische Technikauffassung ist die Etablierung der Technikphilosophie als wissenschaftliche Disziplin an den in den 20er Jahren in Deutschland gegründeten technischen Hochschulen. Die wesentliche Absicht war, der Technikforschung zu einer *eigenständigen* wissenschaftlichen Legitimierung zu verhelfen. Vorrangiges Ziel war die Abgrenzung der Technik von den (traditionell schon vorher bestehenden) Naturwissenschaften. Während erstere praxisorientiert sei, also an der Herstellung von Artefakten interessiert, gehe es den letzteren um einen rein theoretischen Erkenntnisgewinn. So stellt beispielsweise Rapp die *projektivo-pragmatische* Methode der Technik jener der *hypotheto-deduktiven* der Naturwissenschaften gegenüber (Rapp 1973, 127f. und auch in einem neueren Artikel 1996, 429).

Trotz der Erkenntnis, dass Natur- und Technikwissenschaften miteinander verzahnt sind – so bedient sich die Naturwissenschaft technischer Geräte und die Technik nutzt Erkenntnisse der Naturwissenschaft –, wird zumindest an den prinzipiell verschiedenen Zielsetzungen der beiden Forschungsdisziplinen festgehalten.

Dieses Vorhaben führt zu einer doppelten Abgrenzung: nämlich zum einen des Technischen vom Natürlichen und zum anderen des Technischen vom Gesellschaftlichen. In ihrem Bestreben, Technikwissenschaften als einen Bereich von zumindest relativer Autonomie zu etablieren, werden drei Problemfelder voneinander abgegrenzt: das Technische, das Natürliche und schließlich das Soziale.

Welche Schwierigkeiten diese begriffliche Abtrennung mit sich bringt, lässt sich an zwei Fallbeispielen aufzeigen: der Technikfolgenabschätzung und der Umweltethik.

2.1.1 Technikfolgenabschätzung

Bei der „Technikfolgenabschätzung" bzw. „technology assessment" geht es um die Beurteilung von Chancen bzw. Risiken neuer Technologien (Beispiele: globale Klimaerwärmung, Ozonloch usw.). Eine erste Institutionalisierung erfolgte 1972 in der Bildung des „Office of Technology Assessment", einer Beratungsinstitution des Kongresses der USA. Die wesentliche Einsicht der Technikfolgenabschätzung besteht darin, dass erstmalig die politische Dimension der technischen Entwicklung erkannt wurde, u.zw. in einem zweifachen Sinne: Auf der einen Seite wird untersucht, inwiefern politische (und v.a. auch militärische Interessen) die technischen Entwicklungen vorantreiben bzw. steuern können[1], und auf der anderen Seite werden Folgen und Risiken der technischen Entwicklung untersucht. Das Problem bei dieser Art von Fragestellung besteht darin, dass das Verhältnis von Technik und Gesellschaft immer nur von der Bedingungs- und Folgenseite her gesehen wird, die Technik selber dahingegen immer noch als ein relativ autonomer Bereich instrumenteller Rationalität angesehen wird (Kluge/Schmincke 1989, 24f).

---

[1] Die These, wonach der vom Ingenieurwissenschaftler vollzogene Forschungsprozess von externen Determinanten (Forschungspolitik etc.) bestimmt ist, wird als Finalisierungsthese bezeichnet (Rapp 1996, 427).

2.1.2   Umweltethik

Anliegen der Umweltethik ist es, ethische Konzepte vom zwischenmenschlichen Bereich auf die Biosphäre zu übertragen. Entstanden ist dieses Problemfeld durch die erst seit den 70er Jahren in gesellschaftlicher Breitenwirkung einsetzende Sensibilität für die durch die technische Entwicklung bedingte Bedrohung der Biosphäre.

Erkannt wurde dabei, dass die bei der industriellen Produktion zum Einsatz kommende Maschinentechnik (im Vergleich zur traditionellen Handwerktechnik) ein ungleich größeres Zerstörungspotential in sich trägt. Erst die neuen Technologien ermöglichen eine nachhaltige Schädigung der Biosphäre (man denke nur an die atomare Katastrophe von Tschernobyl, wodurch ganze Landschaften in der Nähe des Reaktorbereichs für Jahrhunderte unbewohnbar wurden).

Die Verletzung ethischer Normen erhält damit eine globale Dimension, die weit über die Grenzen der jeweils individuell davon Betroffenen hinausreicht. Dieses neue Szenario erfordert ein Umdenken in der Ethik. Es geht darum, für die Natur selbst einen eigenen sittlichen Kodex zu erstellen.

Ein zentrales Problem der ökologischen Ethik ist die Reichweite ihrer Fragestellung: Lassen sich der Natur Rechte um ihrer selbst willen zuschreiben oder geht es nur darum, unmittelbar menschliche Interessen bzw. die Interessen deren Nachfahren zu schützen? Diese Frage findet sich bereits in Kants *anthropozentrischer* Pflichtenethik. Er unterscheidet *unmittelbare* Pflichten gegenüber dem Menschen und *indirekte* Pflichten in Ansehung der Tiere. Anderen Lebewesen ist der Mensch nur insofern verpflichtet, als damit Pflichten gegenüber seinem Mitmenschen einbezogen sind.

Im Unterschied zu dieser anthropozentrischen Pflichtenethik wird umgekehrt beim *öko- bzw. physiozentrischen* Ansatz – beispielsweise bei Meyer-Abich – die Natur als quasi autonomer Vertragspartner behandelt.

Beide Positionen – sowohl anthropozentrisches als auch ökozentrisches Weltbild – gehen von einem bestimmten Denkmuster aus, wie es bereits am Beispiel der Technikfolgenabschätzung beschrieben wurde: dass nämlich gesellschaftliche Prozesse, Naturvorgänge und technologische Entwicklungen als prinzipiell abgrenzbare Bereiche betrachtet werden können.

Dies führt einerseits dazu, dass das Technische als wertfrei angesehen wird und im Bereich der autonomen Verantwortung (und Steuerung) des Ingenieurwissenschaftlers verbleibt. Ethikkommissionen – man denke an Beispiele aus der Gentechnologie – sollen Vorbedingungen bzw. Folgen der technologischen Entwicklung sittlich beurteilen, nicht jedoch den Prozess selber. Auf der anderen Seite wird die der instrumentellen Rationalität des Menschen unterworfene „Technosphäre" unvermittelt einer „Ökosphäre" gegenübergestellt, die sich scheinbar völlig der Kontrolle des Menschen entzieht. Diese Polarisierung führt schließlich zu dem Dilemma, dass Natur entweder nur insofern bewertet wird, als sie gesellschaftlich relevant ist, oder aber umgekehrt zu einem Eigenwert hochstilisiert wird.

2.2   Technik als autonomer Prozess

Technik entwickelt sich, einmal in Gang gebracht, mit einer eigengesetzlichen Dynamik, die sich komplett der Kontrolle des Einzelnen entzieht. Diese Betrachtungsweise wird auch als „technologischer Determinismus" bezeichnet. Unklar ist jedoch, was hier als eigentlicher Motor bzw. Triebkraft der technischen Entwicklung angesehen wird. Diese Frage hängt von bestimmten philosophischen Grundannahmen ab, die sehr verschieden sein können. So interpretiert beispielsweise Martin Heidegger das Wesen der Technik (im Unterschied zur konkreten technischen Umsetzung) als ein nicht rückgängig machbares und der Kontrolle gesellschaftlicher Entscheidungsprozesse entzogenes Seinsgeschick. Er bezeichnet dies als „Ge-stell" (Heidegger 1985 19f). Gemeint sind damit nicht die technischen Geräte, auch nicht der technische Produktionsprozess, sondern eine bestimmte ontologische Interpretation, die die technische Entwicklung zuallererst in Gang setzt: nämlich die Deutung alles Einzelnen als beliebig austauschbare Rechengröße. So ist beispielsweise das Kraftwerk in den Rheinstrom gestellt (Heidegger 1985, 15). Die Herkunft dieser Ontologie ortet Heidegger in einer bestimmten abendländischen Seinsgeschichte, die bereits bei Platon einsetzt und der wir uns nicht entziehen können.

Von ganz anderen Voraussetzungen wiederum geht beispielweise Hermann Schmidt aus, der ebenfalls die Technik in einem metaphysischen Sinne interpretiert. Die technische Entwicklung wird als autonomes, eigengesetzliches Geschehen gedeutet, das sich mit metaphysischer Notwendigkeit vollzieht. Universalhistorisch interpretiert, entpuppt sich die Technik als ein Naturprozess, der der sinnlichen Natur des Menschen entspringt. Zentraler Gedanke bei Schmidt ist der Regelkreis, den er in einem organismischen Sinne als Erscheinungsform des Lebens selber deutet – beginnend im Handlungskreis des Menschen (bereits der Handwerker erreicht sein Ziel durch Vergleich des Istzustands mit dem Sollzustand) und sich vollendend in den neuzeitlichen Automaten.

Wie die beiden Beispiele – Heidegger und Schmidt – deutlich zeigen, hängen derartige universalhistorische Betrachtungen der Technik jedoch von dem jeweiligen geschichtsmetaphysischen Entwurf ab, von dem die jeweiligen Autoren ausgehen. Ein weiteres Problem des technisch-deterministischen Ansatzes ist die Frage, ob hier nicht ein einseitiges Abhängigkeitsverhältnis überbetont wird und ob nicht stattdessen eher von einem wechselseitigen Interdependenzverhältnis zwischen menschlichen Entscheidungsprozessen und technischen Gegebenheiten auszugehen ist.

2.3   Technik als heteronomer Prozess

Im Unterschied zum instrumentalistischen Ansatz haben der letzteren Betrachtungsweise zufolge technische Entscheidungen nicht einmal in einem relativen Sinne Anspruch auf Autonomie. Das heißt, dass sie in ihrem Kern – also in ihrem ureigensten ingenieurwissenschaftlichen Bereich – von menschlichen Interessen und paradigmatischen Weltsichten geprägt sind. Betrachten wir hierzu das folgende Beispiel:

Kluge und Schmincke berichten in einer Studie über diese Kontroverse, ob Trinkwasserressourcen eher zentral oder dezentral verwaltet werden sollen (Kluge/Schmincke 1989, 38). Erstaunlich an dieser Kontroverse ist, dass die von den befragten Ingenieurwissenschaftlern vorgebrachten Argumente keineswegs technischen bzw. utilitaristischen Gesichtspunkten entsprangen. Argumentiert wurde stattdessen mit ideologischen Argumenten, beispielsweise mit der „Kreislaufvorstellung der Natur", also mit bestimmten, nicht ingenieurwissenschaftlichen Weltbildern (Kluge/Schmincke 1989, 36).

Freilich müssen diese Weltbilder nicht explizit sein. Sie bilden den unausgesprochenen Interpretationsrahmen, innerhalb dessen technische Entscheidungen getroffen werden. Als verinnerlichte paradigmatische Vorgaben sind sie indes der Kontrolle der politischen Entscheidungsträger entzogen und es stellt sich die Frage, inwiefern hier nicht doch ein unbewusstes Seinsgeschick (wie Heidegger meint) oder ein universalhistorisches Naturgeschehen (wie Schmidt behauptet) am Werke ist.

Aus dieser groben Systematisierung lässt sich das folgende vorläufige Resümee ziehen. Jeder Versuch das technische Geschehen in einem monokausalen Sinne zu interpretieren, scheint seine eigenen Fallstricke zu haben. Auf einen Nenner gebracht, heißt dies: Technik ist weder ein alleiniges Produkt des Menschen noch unterliegt sie seiner Kontrolle – weder des Einzelnen noch der Gesellschaft –, sie ist aber auch kein autonomes Geschehen, das sich mit Eigengesetzlichkeit entwickelt.

3. Grundsätzliche Kritik an den verschiedenen Zugängen

Die traditionelle Technikphilosophie in ihrem doppelten Abgrenzungsbemühen von Theorieorientierung in den Naturwissenschaften und deren praktische Umsetzung in der Technik, von sozialer Realität und deren technischer Vermittlung geht noch von einem klassischen Maschinenbegriff aus. Sie hat damit keine zureichenden begrifflichen Werkzeuge, um die im Informationszeitalter stattfindende *Entgrenzung* von Technik, Natur und Gesellschaft angemessen beschreiben zu können.

Diese Entgrenzung lässt sich an zwei Momenten aufzeigen: an der totalen Durchdringung aller Lebensbereiche durch den digitalen Code und am Konzept der informationsverarbeitenden Maschine.

3.1 Der digitale Code

Was darunter zu verstehen ist, lässt sich am folgenden Beispiel verdeutlichen: Über ein Computergraphikprogramm wird ein dreidimensionales Gebilde entwickelt – ein (Plastik-)Becher, -Würfel etc. Dieses dreidimensionale Gebilde lässt sich mittels des sogenannten 3D-Fax und einer automatisierten Werkhalle an jedem beliebigen Ort der Erde reproduzieren. Was hierbei freilich reproduziert wird, ist die *Struktur* des Gebildes – sein Code. Die Materie wird bei der Übertragung des Codes ausgespart. Diese neue Technologie wurde bei ihrer Einführung in den Medien unter dem Titel „beamen" angekündigt. Unter „beamen" versteht man in der Sprache der Science fiction – man denke nur an das Beispiel Raumschiff Enterprise – die Dematerialisierung eines realen Gegenstandes (im Extremfall handelt es sich hierbei um einen Menschen) an einem Ort und – nach Übertragung mit Lichtgeschwindigkeit – seine Rematerialisierung an einem anderen Ort. Die Pointe des 3D-Fax liegt indes nicht so sehr an seiner Technologie, sondern an seiner *Bezeichnung* als „beamen". Es wird hiermit nämlich unterstellt, dass das Reale am jeweils gebeamten Gegenstand – das, was er als Gegenstand *ist* – nichts anderes sei als strukturerhaltende Information – eben ein Code.

Ein wesentliches Merkmal des Codes ist, dass sowohl der konkrete Ort seiner Realisierung als auch der dabei verwendete Stoff austauschbar sind. Die Identität des 3D-Fax beruht einzig und allein auf der Berechenbarkeit der Formel. Hat man die Formel erfasst, so lassen sich beliebig viele Exemplare in verschiedenen materiellen Ausführungen herstellen. Dieses einfache Grundprinzip ist auch die maßgebliche Idee für das Konzept der Computersimulation. Indem alle wesentliche Information bereits im digitalen Code enthalten ist, wird die materielle Hülle nebensächlich. Ein Musikstück lässt sich daher auch ohne Informationsverlust in digitalisierter Form auf eine Compactdisc übertragen – das Gleiche gilt für Bild oder Text. Für die Rückumwandlung des digitalisierten Bildes oder Tons benötigt man lediglich ein dazu geeignetes Programm, also letztlich wiederum eine Rechenvorschrift, die den digitalen Code über Bildschirm und Lautsprecher eindeutig in Bild und Ton rückübersetzt.

Dieser Umstand führt letztlich dazu, dass der digitale Code scheinbar alle Lebensbereiche durchdringt und sie vollständig erfasst. Jedes inhaltliche Substrat unserer Kultur wird projiziert in eine abstrakte und strukturerhaltende Information.

3.2 Die informationsverarbeitende Maschine

Der Begriff des Technischen wurde durch die Einführung des Computers einem gewaltigen Wandel unterzogen. Dieser Wandel lässt sich gut nachvollziehen, wenn man die folgenden beiden Entwicklungsstadien des technologischen Fortschritts in Betracht zieht, nämlich die von Jos de Mul beschriebene Abgrenzung der mechanistischen Weltbetrachtung von jener des Informationszeitalters.

Die klassische mechanische Maschine – sei dies ein Staubsauger oder eine Dampfmaschine – ist (wie bereits weiter oben erwähnt) die physikalische Realisierung ihres Designs. Das Design ist das in der Maschine implizit eingebaute Konstruktionsprinzip. Es wird von der Maschine benötigt, um die ihr zugedachte Aufgabe zu lösen, ist jedoch nicht selber Gegenstand seiner eigenen Verarbeitung. Die Instruktionsanleitungen sind in den physikalischen Bauteilen der Maschine realisiert.

Im Unterschied dazu sind bei einer informationsverarbeitenden Maschine – einem Computer – die Instruktionsanweisungen selber Gegenstand ihrer eigenen Verarbeitung. Die theoretischen Grundlagen dafür hat bereits Alan Turing in seiner universellen Turing-Maschine geliefert. Das Konzept des Universalrechners erlaubt es, jedes spezielle Programm zu verarbeiten. Man kann dies auch so ausdrücken: Die informationsverarbeitende Maschine *ist* ihr Design, oder – um es in den Worten von Bammé (1983, 150f) auszudrücken – *ist* ihr Algorithmus. Dieser neue Maschinentyp – der Universalrechner – wurde von Bammé u.a. als transklassische Maschine bezeichnet.

Während bei der klassischen Maschine der Ingenieurwissenschaftler dem physikalischen Universum bestimmte Informationen – nämlich die Naturgesetze – abschaut, um mit ihrer Hilfe Materie und Energie unter Kontrolle zu bringen, sind bei der transklassischen Maschine diese Informationen *selber* Gegenstand der Kontrolle. Indem nun aber die Instruktionsanleitung zum Gegenstand der maschinellen Verarbeitung wird, verwischt sich der klassische Unterschied zwischen Interpretation eines Programms und seiner Ausführung, zwischen Repräsentation und Repräsentiertem, zwischen Subjekt und Objekt.

Am Ende dieser Entwicklung zeichnet sich die totale Verschränkung des binären Codes mit dem von ihm Codierten ab. Was ursprünglich nur als Mittel der Darstellung, als eine spezielle Kulturtechnik konzipiert war, wird als sein eigener Gegenstandsbereich erfahren. In der Auflösung der Grenzen von Gebrauchsanleitung zur Lösung einer Aufgabe und ihrer Realisierung wird der binäre Code introspektiv. Die Syntax scheint ihre eigene Semantik zu verschlucken und das Modell wird in seine Selbständigkeit entlassen.

Man darf bei diesen Überlegungen freilich nicht übersehen, dass es sich hier nur um eine Projektion handelt, bei der eine bestimmte Kulturtechnik, deren wir uns als Instrument zur Kommunikation und zum Austausch von Informationen bedienen, in die Strukturen des menschlichen Denkens hineingelesen wird. Erst die Gleichsetzung des Modells mit seinem Gegenstandsbereich konnte dazu führen, dass bisher dem Menschen vorbehaltene Eigenschaften in die von ihm erzeugten Artefakte projiziert wurden.

Aus dem Umstand, dass bei der transklassischen Maschine die in ihr enthaltene Information zum Gegenstand ihrer eigenen Kontrolle wird, ergeben sich weit tragende Konsequenzen. Die klassische Unterscheidung von Künstlichem und Natürlichem wird dadurch obsolet. Die in der klassischen Mechanik noch als objektiv feststellbare Tatsachen interpretierten Naturgesetze werden selber manipulierbar. Diesem Umstand wird in den neuen Wissenschaften wie beispielsweise *artificial life* oder *artificial physics* Rechnung getragen. Die Naturgesetze werden dem Universum nicht abgelesen, sondern erzeugt. Zugleich aber wird dieser Erzeugungsprozess selber von der transklassischen Maschine exekutiert und ist damit dem Zugriff eines sich noch autonom verstehenden Subjekts entzogen.

Beide Momente – die totale Auflösung und Dematerialisierung der Lebenswelt über ihre Verschlüsselung im digitalen Code sowie die Verschränkung des binären Codes mit dem von ihm Codierten über das Konzept der informationsverarbeitenden Maschine – führen *einerseits* zu einer Dezentrierung des ursprünglich autonom konzipierten Subjekts und *andererseits* zum Verschwinden einer vorgegebenen Fertigwelt – im buchstäblichen Sinne des Bodens, unter dem wir gewohnt sind zu stehen.

4. Forschungsperspektiven

Vor dem Hintergrund dieser neuen Entwicklungen im Bereich der Informations- und Kommunikationstechnologien ist zu fragen, welche Konsequenzen bzw. Entwicklungschancen sich daraus für die Technikphilosophie ergeben. Grundsätzlich ist hierzu zu sagen, dass aufgrund der oben skizzierten Verschränkung von Technik, Natur und Gesellschaft „technische Vermittlung" in einem zutiefst dialektischen Sinne zu interpretieren ist. Weder darf von einer vorgegebenen sozialen Realität ausgegangen werden, der nachträglich eine bestimmte Kulturtechnik von außen aufoktroyiert wird, noch aber können wir Technik weiterhin lediglich als verlängerten Arm, als Werkzeug einer bestimmten gesellschaftlichen Realität interpretieren. Der Umstand, dass über das Medium zugleich dessen Botschaft formiert wird, stellt die Technikphilosophie vor das Problem, dass eine Trennung von Mitteln zur Darstellung und Dargestelltem methodisch nicht mehr sauber durchgeführt werden kann und sich der Beobachter selbst als Teil des von ihm beschriebenen dialektischen Geschehens wiederfindet. Eine Beschreibung dieses Prozesses lässt sich daher auch nur innerhalb des Prozesses selber durchführen, an ihm teilnehmend und ihn gleichzeitig fortschreibend. Neue Forschungsansätze, die sich vor dem Hintergrund der beschriebenen Problemlage abzeichnen, lassen sich zwangsläufig nur von einer perspektivisch eingeschränkten Warte aus beschreiben. Es sind, soweit dies derzeit zu überblicken ist, deren drei: das Erkennen als selbstbezüglicher Prozess (radikaler Konstruktivismus), die Suche nach neuen Darstellungsmöglichkeiten für diese Selbstbezüglichkeit (transklassische Logik) und schließlich die Medientheorie.

4.1   Der radikale Konstruktivismus (Humberto Maturana und Francisco Varela)

Ausgangspunkt des radikalen Konstruktivismus ist die Kritik an der Repräsentationstheorie des Erkennens. Erkenntnis entsteht nicht dadurch, dass der Erkennende ein Abbild mit einer davon unabhängigen Wirklichkeit vergleicht, sondern ist dahingegen ein selbstbezüglicher Prozess. Wissen ist kein Entdecken von Wirklichkeit, sondern deren Hervorbringung. Dies geschieht dadurch, dass lebende Systeme mit ihrer Umgebung in eine „Geschichte struktureller Koppelungen" (Maturana 1987, 85) eingehen. Dieser Adaptionsprozess lässt sich aus zwei Perspektiven beschreiben. Vom Standpunkt des Nervensystems ist er lediglich als interne Korrelation zwischen Komponenten innerhalb des Organismus interpretierbar (Maturana 1987, 180). Dies wird als „operationale Geschlossenheit" des Nervensystems bezeichnet (Maturana 1987, 179). Andererseits lässt sich dieser Adaptionsprozess als Anpassung an ein *Milieu* nur von einem distanzierten Beobachterstandpunkt beschreiben. Maturana (1987, 148f) schreibt in diesem Zusammenhang von einer doppelten „logischen Buchhaltung". Die Reflexivität der Erkenntnis besteht darin, dass die „operationale Geschlossenheit" des Nervensystems und der externe Beobachter in ein und demselben Lebewesen realisiert sind. Die über den Interaktionsprozess mit der Umgebung wahrgenommenen „Gegenstände" sind nichts anderes als die rekursiv erzeugten Spiegelbilder der eigenen Interaktionen des Organismus. Dies führt zu der paradoxen Situation, dass die vom kognitiven Apparat als unabhängiger Bereich angesehene Gegenstandswelt zuallerst von ihm selber erzeugt werden muss (Maturana 1985, 40).

4.2   Transklassische Logik

Durch die Aufhebung des traditionellen Entweder-Oder von menschlicher Subjektivität und einer von ihr unabhängigen Wirklichkeit stellt sich die Frage, mit welchen Ausdrucksmitteln diese Form der Vermittlung überhaupt adäquat beschrieben werden kann. Ein Problem besteht darin, dass sich derart dialektische Prozesse nur schwer mit den Ausdrucksmöglichkeiten der klassischen Logik (die ja u.a. immer vom Satz des ausgeschlossenen Dritten ausgeht) erfassen lassen. Eine wesentliche Forderung an formalisierte Sprachen besteht in ihrer Widerspruchsfreiheit. Diese Widerspruchsfreiheit ist nur in Sprachen gegeben, in denen selbstbezügliche Aussagen verboten sind. Man denke an die bekannte Paradoxie des Lügners. Diese entsteht durch folgende Aussage: „Dieser Satz ist falsch." Paradox ist der Satz, da es sich um eine selbstreflexive Aussage handelt. Vermieden wird der Widerspruch dadurch, dass in formalisierten Sprachen (gemeint sind hier vor allem Leibnizsprachen; vgl. Frey 1966, 194) strikt zwischen Metasprache und Objektsprache unterschieden wird. Mit diesem Verdikt wird jedoch jede Artikulationsmöglichkeit dialektischer Prozesse und gleichermaßen jene selbstbezüglicher Strukturen von vornherein abgeschnitten.

In Anbetracht der sich über die digitale Revolution abzeichnenden Dialektisierung des Verhältnisses von Subjekt und Objekt bleibt eine Methode zur Beschreibung dieses Verhältnisses ein Forschungsdesiderat.

Erste Ansätze in dieser Richtung finden sich beispielsweise in Gotthard Günthers Kritik an der zweiwertigen Logik. Eines der Grundanliegen von Günther war sein Bemühen um die Entwicklung einer operationalen Logik der Dialektik, einer sogenannten transklassischen Logik. Gemeint ist eine Logik, die der Dialektik angemessen ist, gewissermaßen die Entwicklung eines „Hegelschen Kalküls" (Klagenfurt 1999, 11). Die grundlegende Idee dabei ist, die in jeder formalen Theorie stillschweigend angenommene Trennung von Metaebene und Objektebene zu unterlaufen und dergestalt selbstreflexive Strukturen einer formalen Darstellung zuführen zu können. Ob freilich eine derartige Operationalisierung überhaupt gelingen kann, ist eine offene Frage. Aber allein die kritische Reflexion über die klassische Logik ist bereits ein Schritt in die richtige Richtung.

4.3 Medientheorie

Der wesentliche Grundgedanke der Medientheorie besteht darin, dass unsere Erfahrungen und kognitive Strukturen durch bestimmte Kulturtechniken (z.B. Schrift, Druck usw.) geprägt sind. Hier liegt auch eine der vielversprechendsten Fortschreibungen der Technikphilosophie: Über das Einschreiben der Instruktionsanweisungen eines Computers in dessen eigenen Binärcode wird die transklassische Maschine zu ihrem eigenen Interpreten. Durch die technische Realisierung eines Universalrechners wird uns konkret vor Augen geführt, wie der formale Code seinen eigenen Inhalt determinieren kann. Es ist daher nicht weiter verwunderlich, wenn die Grundaussage der Medientheorie, wie sie in plakativer Form von Marshall McLuhan formuliert wurde – das Medium bestimmt die Botschaft – angesichts der sich rasant entwickelnden neuen Kommunikations- und Informationstechnologien wiederum an ungeahnter Aktualität gewinnt. Wie bei dieser Entwicklung in den nächsten Jahrzehnten unsere Erfahrungen und paradigmatischen Weltsichten aussehen werden, darüber lässt sich derzeit freilich nur spekulieren. Denn wir selber sind Teilnehmer eines Spiels, das von uns inszeniert wird und zugleich unseren Handlungsspielraum bestimmt.

Literatur- und Medienverzeichnis

Bammé, Arno & Feuerstein, Guenter & Genth, Renate: *Maschinen-Menschen, Mensch-Maschinen. Grundrisse einer sozialen Beziehung.* Reinbek b.H. (Rohwolt) 1983.

Coolen, Maarten: *De machine voorbij. Over het zelfbegrip van de mens in het tijdperk van de informatietechniek.* Amsterdam u.a. (Boom) 1992.

De Mul, J.: *The Informatization of the Worldview.* In: Information, Communication & Society, 2 (1999), 1, S. 604-629.

Frey, Gerhard: *Sind bewußtseinsanaloge Maschinen möglich?* In: Studium Generale, 19 (1966), 3, S. 191-200.

Günther, Gotthard: *Das Bewußtsein der Maschinen*. Krefeld u.a. (Agis-Verl.) 1957.

Havelock, Eric A.: *Preface to Plato*. Cambridge, Mass. (Belknap Press of Harvard Univ. Press) 1963. (A history of the Greek mind. 1)

Havelock, Eric A.: *The Muse Learns To Write. Reflections on Orality and Literacy from Antiquity to the Present*. New Haven (Yale Univ. Press) 1986.

Heidegger, Martin: *Die Frage nach der Technik*. In: Heidegger, Martin: Die Technik und die Kehre. Pfullingen (Neske) 1985 (Opuscula aus Wissenschaft und Dichtung. 1).

Heim, Michael: *The Metaphysics of Virtual Reality*. New York u.a. (Oxford Univ. Press) 1993.

Kant, Immanuel: *Kritik der praktischen Vernunft*. Berlin 1986.

Kapp, Ernst: *Grundlinien einer Philosophie der Technik. Zur Entstehungsgeschichte der Kultur aus neuen Gesichtspunkten*. Braunschweig (Westermann) 1877.

Klagenfurt, Kurt: *Technik – Logik – Technologie*. Klagenfurt (IFF – Inst. für Interdisziplinäre Forschung u. Fortbildung d. Univ. Innsbruck, Klagenfurt u. Wien) 1999.

Klagenfurt, Kurt: *Technologische Zivilisation und transklassische Logik*. Frankfurt a.M. 1995.

Kluge, Thomas & Schmincke, Bernhard: *Technikphilosophie, Technikgeschichte, Techniksoziologie und Technikfolgenanalyse. Sozial-ökologische Fragestellungen an den Forschungsgegenstand*. Frankfurt a.M. (IKO-Verl. für Interkulturelle Kommunikation) 1989.

Kluge, Thomas & Schramm, Engelbert: *Wassernöte: Eine Umwelt- und Sozialgeschichte des Trinkwassers*. Aachen (Alano) 1986.

Leidlmair, Karl: *From The Philosophy of Technology to a Theory of Media*. In: Advances in The Philosophy of Technology. (URL http://scholar.lib.vt.edu/ejournals/SPT/spt.html [Stand 2000-05-01])

Leidlmair, Karl: *Natur als Widerfahrnis*. In: Ethica. Wissenschaft und Verantwortung, 2 (1994), S. 253-265.

Maturana, Humberto Romesín: *Erkennen. Die Organisation und Verkörperung von Wirklichkeit*. Braunschweig u.a. (Vieweg) 1985.

Maturana, Humberto Romesín & Varela, Francisco: *Der Baum der Erkenntnis. Die biologischen Wurzeln des menschlichen Erkennens. 2. Aufl*. Bern u.a. (Scherz) 1987.

McLuhan, Marshall: *The Gutenberg Galaxy. The Making of Typographic Man*. New York (New American Library) 1969.

McLuhan, Marshall & Fiore, Quentin: *The Medium Is the Massage*. New York (Simon & Schuster) 1989. (A Touchstone book : Social science)

Meyer-Abich, Klaus M.: *Wege zum Frieden mit der Natur: Praktische Naturphilosophie für die Umweltpolitik*. München (Hanser) 1986.

Moser, Simon: *Kritik der traditionellen Technikphilosophie*. In: Lenk, Hans u.a. (Hg.): Techne Technik Technologie. Philosophische Perspektiven. Pullach (Verl. Dokumentation) 1973, S. 11-81.

Rapp, Friedrich: *Technik und Naturwissenschaften*. In: Ethik und Sozialwissenschaften, 1996, 2/3, S. 423-434.

Rapp, Friedrich: *Technik und Naturwissenschaften. Eine methodologische Untersuchung*. In: Lenk, Hans u.a. (Hg.): Techne Technik Technologie. Philosophische Perspektiven. Pullach (Verl. Dokumentation) 1973, S. 108-132.

Toulmin, Stephen: *Foresight and Understanding: An Enquiry into the Aims of Science*. London (Hutchinson) 1963.

Turing, Alan M.: *Intelligence Service. Schriften*. Berlin (Brinkmann & Bose) 1987.

Matthias Scharer

Wie kommen die TheologInnen zu ihrem Wissen?

Die Perspektive „Kommunikativer Theologie"

Meine Positionierung als katholischer Theologe an einer staatlichen Theologischen Fakultät mit dem Interesse an einer „Kommunikativen Theologie" (Scharer 1997; 1999) durchbricht exemplarisch die durch die Themenstellung möglicherweise suggerierte Annahme, man könne wissenschaftliche Methodenfragen im Hinblick auf ihre intersubjektive Argumentierfähigkeit unabhängig von der jeweiligen Person, ihrem Forschungsinteresse, aber auch ihrem Lebenskontext thematisieren. Eine unter den politisch und wirtschaftlich global Marginalisierten Lateinamerikas oder in einem indischen oder afrikanischen Kontext entwickelte Theologie wird mit anderen Methoden zu ihrem Wissen kommen als eine im Norden der Welt entstandene. Vor allem aber ist die Frage, wie TheologInnen zu ihrem Wissen kommen, untrennbar mit dem Gegenstand ihrer Erkenntnis, dem menschgewordenen Gott, verbunden. Die Geschichte der Theologie und ihr heutiger Stand zeigen deutlich, dass sich wissenschaftliche Verfahren nicht als quasi „neutrale" Werkzeuge der Wissensproduktion gegenüber dem Forschungsgegenstand darstellen lassen, sondern dass wissenschaftliche Verfahren durch Sinn-, Orientierungs- und Wahrheitsfragen entscheidend mitbestimmt sind; Fragen also, die im Zentrum des theologischen Diskurses stehen. In diesem Sinne wird – durchaus in kritischer Auseinandersetzung mit der die Inhaltsfragen neutralisierenden Konzeption dieser Reihe – in den folgenden Ausführungen der Zusammenhang von wissenschaftlicher theologischer Erkenntnis und deren Zustandekommen ausdrücklich transparent gehalten.

1.   Gott in allen Dingen

In den alten Räumen der Universität Innsbruck, die nun wieder von der Theologischen Fakultät genützt werden, gibt es den ehemaligen Senatssitzungssaal der Universität mit einem Deckenfresko, das den traditionellen Zusammenhang der Wissenschaften verdeutlichen will: An den vier Ecken des Raumes sind die Naturwissenschaften, die Medizin, die Rechtswissenschaften und die Theologie dargestellt; sie sind auf das „Buch der Natur" (mit sieben Siegeln) und auf das Lamm, das die Auferstehung und Wiederkunft Christi symbolisiert, ausgerichtet. Die Schöpfung und die ganze Heilsgeschichte, zentriert in Tod und Auferweckung Jesu, sind die unbefragte Mitte der Wissenschaften: Von der Schöpfung Gottes und von der Offenbarung Gottes in Jesus Christus her und auf ihn hin kommen die Wissenschaften zu ihrem Wissen. So gesehen tragen alle Wissenschaften mit den ihren Forschungsgegenständen je angemessenen Verfahren und nicht nur die Theologie zu theologisch relevanten Einsichten bei.

Dieses Wissenschaftsverständnis ist von der Voraussetzung bestimmt, dass es keine Erkenntnis des Menschen neben oder außerhalb der Erkenntnis Gottes, seiner Schöpfung und seiner Offenbarung in Jesus Christus gibt. Der Geist Gottes (Hl. Geist) ist der letztendliche Ermöglicher aller menschlicher Erkenntnis. TheologInnen kommen in Kooperation mit den anderen Wissenschaften zu ihrem Wissen, indem sie sich vom Geist Gottes zur wahren Erkenntnis Gottes, der Welt und des Menschen leiten lassen. Die vernunftgeleiteten (naturwissenschaftlichen, rechtswissenschaftlichen, philosophischen und theologischen) Verfahren, die sie dabei anwenden, können – wenn sie dem Forschungsgegenstand angemessen sind – der Wahrheit des einen und dreieinen Gottes nicht widersprechen. Gott in allen Dingen erkennen und damit Welt und Mensch in ihrer eigentlichen Bestimmung verstehen, ist das Ziel allen wissenschaftlichen Tuns.

So ideologisch verdächtig eine solche Perspektive aufgeklärten WissenschaftlerInnen auch erscheinen mag, so sehr erhebt sich dennoch die Frage, ob das eigentliche Problem dieses Paradigmas in der Perspektive selbst oder in deren Artikulation im Wissenschaftsbetrieb liegt, indem z.B. die „neuen" Wissenschaften zur „ancilla" der Theologie degradiert wurden. Bis heute sind in allen wissenschaftlichen Disziplinen WissenschaftlerInnen vertreten, die aus ihrem – heute nur mehr für den persönlichen Bereich als gültig angesehenen – Glaubensbewusstsein heraus implizit für die Anschauung offen sind, dass sie in ihrer natur- oder kulturwissenschaftlichen Forschung das Unsagbare erahnen, ohne ihm eine unmittelbare Geltung für ihren wissenschaftlichen Erkenntnisprozess zu geben. Die asymmetrische Kommunikation zwischen den „modernen" Wissenschaften und der Theologie bzw. den Kirchen, die bisweilen indoktrinatorische Züge angenommen hat und dem, wie christliche Kirchen und TheologInnen aufgrund ihrer Einsicht in die Gott-Mensch-Kommunikation kommunikativ handeln müssten, zuwider gelaufen ist, mag ein nicht unwesentlicher Grund für die Tabuisierung der Wahrheitsfrage im modernen Wissenschaftsbetrieb sein.

2.   Wissenschaft und Glaube

Die Plausibilität des eingangs beschriebenen Bildes ist also längst zerbrochen, ja sie scheint sich in das Gegenteil verkehrt zu haben: Die Wissenschaften haben sich in Abgrenzung von den christlichen Kirchen und „deren" Theologien und in der Verdrängung der Religion aus dem Bereich der gesellschaftlichen und wissenschaftlichen Öffentlichkeit die Eigenständigkeit des Denkens und Forschens erkämpft.

2.1   Das neue Verhältnis

Nach einer dramatischen Geschichte von Verurteilungen, Abwertungen und Abgrenzungen haben die christlichen Kirchen und mit ihnen die Theologie zu einer neuen Verhältnisbestimmung von Wissenschaft und Glaube gefunden. Als klassischer Text für das Verhältnis von autonomer Erforschung der „irdischen Dinge" und dem Gottesglauben, mit dem es die Theologie zu tun hat, kann Artikel 36 der Pastoralkonstitution „Gaudium et spes" des Zweiten Vatikanischen Konzils gelten:

Wenn wir unter Autonomie der irdischen Dinge verstehen, daß die geschaffenen Dinge und auch die Gesellschaften über eigene Gesetze und Werte verfügen, die vom Menschen schrittweise zu erkennen, zu gebrauchen und zu gestalten sind, dann ist es durchaus berechtigt, diese (Autonomie) zu fordern: dies wird nicht nur von den Menschen unserer Zeit gefordert, sondern entspricht auch dem Willen des Schöpfers. Aufgrund ihres Geschaffenseins selbst nämlich werden alle Dinge mit einer eigenen Beständigkeit, Wahrheit, Gutheit sowie mit eigenen Gesetzen und (eigenen) Ordnungen ausgestattet, die der Mensch unter Anerkennung der den einzelnen Wissenschaften und Techniken eigenen Methoden achten muß. Deshalb wird die methodische Forschung in allen Disziplinen, wenn sie in einer wirklich wissenschaftlichen Weise und gemäß den Normen der Sittlichkeit vorgeht, niemals dem Glauben wahrhaft widerstreiten, weil die profanen Dinge und die Dinge des Glaubens sich von demselben Gott herleiten... Ja wer bescheiden und ausdauernd die Geheimnisse der Dinge zu erforschen versucht, wird, auch wenn er sich dessen nicht bewusst ist, gleichsam an der Hand Gottes geführt, der alle Dinge trägt und macht, daß sie das sind, was sie sind. Deshalb sind gewisse Geisteshaltungen zu bedauern, die einst selbst unter Christen wegen eines unzulänglichen Verständnisses für die legitime Autonomie der Wissenschaft vorkamen und durch die dadurch entfachten Streitigkeiten und Auseinandersetzungen in der Mentalität vieler die Überzeugung schufen, daß Glauben und Wissenschaft einander entgegengesetzt seien (Denzinger [37]1991, Nr. 4336).

2.2 Narren der Wissenschaft?

Die Autonomisierung der Forschung, ihre Zentrierung auf die naturwissenschaftlich-technischen Paradigmen des Zerlegens und Erklärens, die Privatisierung der Religion und der Tausch der alten Abhängigkeit der Wissenschaften vom kirchlichen Einfluss mit neuen Abhängigkeiten innerhalb der von Markt und Medien gesteuerten Informationsgesellschaft haben die Theologie in eine Nebenrolle verwiesen. In einer „Bildungsgesellschaft", die weitgehend der Nützlichkeits- und schnellen Anwendungspragmatik von Wissen verfallen ist, geraten TheologInnen zunehmend in die Rolle der „unnützen Knechte", ja der „Narren" im Wissenschaftsbetrieb. Möglicherweise erweist sich aber gerade die bewusste Übernahme einer solchen Rolle in der Form eines absichtslosen und damit vom wissenschaftlichen Machtgefüge und seinem Sponsoring so wenig wie möglich korrumpierten, kritischen Dienstes der Theologie im Konzert der Wissenschaften, sowohl von ihrem biblischen Selbstverständnis her als auch im Hinblick auf die Zukunftsfähigkeit von Wissenschaft als befreiend-erlösender Beitrag in der Erklärung von Wirklichkeit und im Verstehen der Sinnzusammenhänge, dem sich keine dem Menschen würdige Wissenschaft entschlagen kann.

2.3 Die Gotteshypothese

So beeinflusst der moderne Kontext, in den die wissenschaftliche Theologie – zumindest im Norden der Welt und im jüdisch-christlichen Kontext – hineingestellt ist, die Frage, wie TheologInnen zu ihrem Wissen kommen, erheblich. Mit der Forderung des Zweiten Vatikanums, „die methodische Forschung in allen Disziplinen"... „in einer wirklich wissenschaftlichen Weise" und gemäß den – nicht näher definierten – „sittlichen Normen" zu betreiben, partizipieren TheologInnen an den geltenden wissenschaftlichen Standards der scientific community. Zusammen mit anderen Kulturwissenschaften leisten sie gemäß W. Pannenbergs wissenschaftstheoretischer Grundlegung einen wesentlichen Beitrag zur Überwindung der klassischen Trennung von gesetzmäßiger naturwissenschaftlicher Erklärung und hermeneutischem geisteswissenschaftlichem Verstehen in Form eines „systemtheoretischen anstelle eines nomologischen Erklärungsbegriffes" (Pannenberg 1973, 141). Mit einem solchen erweiterten Verstehensbegriff wird es möglich, das Einzelne in ein Ganzes einzuordnen und somit Sinneinheiten in immer größere Kontexte zu integrieren und dabei bis zur „letztumfassenden Bedeutungstotalität" vorzugreifen (Schwager u.a. 1996, 322): „Wegen der Abhängigkeit jeder Einzelbedeutung von dieser Sinntotalität wird letztere in jedem einzelnen Bedeutungserlebnis implizit mitbeansprucht" (Pannenberg 1973, 216). Die Frage nach der Wahrheit fällt dann mit der „alle Erfahrung umfassende(n) Sinntotalität in ihrer inneren Kohärenz zusammen" (Pannenberg 1973, 219). Doch auch wenn jede einzelne Bedeutungserfahrung eine Sinntotalität impliziert, heißt das noch lange nicht, dass die Wirklichkeit einen umfassenden, tragenden Gesamtsinn in sich tragen müsse. Schließlich gibt es auch die Erfahrung von Sinnlosigkeit. Die Frage nach einer umfassenden Sinntotalität im Sinne der Wahrheit ist für W. Panneberg identisch mit der Gottesfrage. Die Gotteshypothese im Sinne der Annahme einer alles bestimmenden Wirklichkeit muss sich an den eigenen Implikationen messen lassen und in der menschlichen Erfahrung bewähren. Die Wirklichkeit, die alle erfahrbare Wirklichkeit und damit auch den Menschen bestimmt, kann ihm nur widerfahren und an menschlichen Zeugnissen solchen Widerfahrens indirekt, nie direkt, innerhalb von Zeit und Geschichte ablesbar sein. Eine eindeutige Manifestation Gottes ist erst vom Ende der Geschichte her möglich, wie sie Jesus u.a. in der Ankündigung der anbrechenden Gottesherrschaft hoffend antizipiert hat. Die Bestätigung dieser Hoffnung durch Gott selber, die sich in der Auferweckung Jesu manifestiert, aber in der Geschichte durch die Integration der stets neuen Erfahrungen in die zentrale christliche Perspektive bewähren muss, kann wissenschaftlich nur als Hypothese eingebracht werden.

2.4   Prophetisch-kritische Vernunft

Im Gebrauch wissenschaftlich qualifizierter, vorwiegend hermeneutischer Verfahren können TheologInnen nicht in der Sicherung wissenschaftlicher Methodologien zur Erklärung von Detailanalysen des Faktischen oder dem Verstehen von Einzelnem stehen bleiben. Der übergreifende Sinnhorizont, nach dem die Theologie in ihrer Verwiesenheit auf Religion und Gottesglauben immer zu fragen hat, lässt sie die entscheidenden Sinn-, Orientierungs- und Zukunftsfragen für das (Über-)Leben von Welt und Mensch stellen; Fragen, welche bei der zunehmenden Spezialisierung und Profilierung in der wissenschaftlichen Detailforschung nicht mehr ausreichend in den Blick kommen. Damit wirken TheologInnen mit ihren Erkenntnissen potentiell dem Misstrauen entgegen, das immer mehr Menschen gegenüber den modernen Wissenschaften wegen ihrer mangelnden Orientierungsleistung haben. Wie ein Stachel im Fleisch der wissenschaftlichen Spezialisierung erweist sich die Gottesfrage als Herausforderung, den Wahrheitsanspruch der Wissenschaften nicht im geschlossenen Horizont des „Vorletzten" zu begraben, sondern das wissenschaftliche Denken auf einen „offenen Horizont" hin aufzubrechen, der die ganze Erfahrungswirklichkeit des Menschen, einschließlich seiner religiösen, einschließt; ja über sie hinaus greifend, die mögliche Zukunft von Mensch und Welt antizipierend, ihren Beitrag zu einer rational begründeten Hoffnung leistet.

Ähnlich wie in einem frühchristlichen Text die Existenz der ChristInnen in der Welt als volle Partizipation an der menschlichen Wirklichkeit bei gleichzeitiger Relativierung derselben aufgrund ihres Hoffnungspotentials begriffen wird, kommen die TheologInnen in der Teilhabe am Wissenschaftsdiskurs bei gleichzeitiger kritischer Sichtung seiner Methoden und Ergebnisse auf den je größeren Horizont hin, zu ihrem die Fragen nach dem „Ganzen" stellenden Wissen.

Die Christen nämlich sind weder durch Heimat
noch durch Sprache noch durch Sitten
von den übrigen Menschen unterschieden.
Denn sie bewohnen weder irgendwo eigene Städte
noch verwenden sie eine eigene Sprache
noch führen sie ein absonderliches Leben.
...
Sie bewohnen ihr jeweiliges Vaterland,
aber nur wie fremde Ansässige;
sie erfüllen alle Aufgaben eines Bürgers
und erdulden alle Lasten wie Fremde;
jede Fremde ist für sie Vaterland
und jede Heimat ist für sie Fremde....

Sie lieben alle
und werden von allen verfolgt.
Sie werden verkannt und verurteilt,
sie werden getötet und dadurch gewinnen sie das Leben.
(Der Brief an Diognet, Übers. 1982, 19f)

3. Theologie im Wandel

Wie TheologInnen zu ihrem Wissen kommen, unterliegt freilich einem geschichtlichen Wandel (vgl. u.a. Wiedenhofer 2000, Sp. 1435-1444). Zunächst ist zu bedenken, dass der Begriff Theologie kein genuin christlicher ist. Von der griechischen Wortbedeutung her ist Theo-logie „Rede von Gott". Nach welchen Kriterien diese „Rede" von Gott geschieht, ist schon im hellenistischen Kontext höchst unterschiedlich. Es sind zumindest drei Weisen unterscheidbar: eine mythisch-poetische Theologie, die ihre „Methode" im Narrativen und in der philosophischen Überprüfung der Göttererzählungen findet; eine natürliche bzw. philosophische Theologie, die in der Form strikt philosophischen Redens vom Göttlichen (Aristoteles) geschieht; schließlich eine politisch-staatliche Theologie in der Gestalt des öffentlichen Götterkultes.

Aus diesem Hintergrund heraus wird verständlich, dass das Christentum dem hellenistisch ausdifferenzierten Theologieverständnis zunächst zögernd gegenübersteht. Nach einer eingeschränkten Rezeption des Begriffes als „Gotteslehre" in Unterscheidung zur „heilsgeschichtlichen Offenbarung Gottes" im 4./5. Jh. wird Theologie seit der 2. Hälfte des 12. Jh. zur Bezeichnung der sich von der Philosophie ablösenden Glaubenswissenschaft neben die alten Begriffe „sacra doctrina", „doctrina fidei" usw. gestellt. Erst im Spätmittelalter setzt sich der Begriff endgültig durch; er wird auch von den Reformatoren übernommen und teilweise mit neuem Inhalt gefüllt. In der Neuzeit unterscheidet sich die Theologie vor allem von der Religionsphilosophie und von der Religionswissenschaft; gleichzeitig wird immer deutlicher zwischen Theologie und kirchlicher Lehre unterschieden.

Die mittelalterliche Theologie etabliert sich im Westen als „Glaubenswissenschaft" im Unterschied zu den Ostkirchen, deren Theologie bis heute stärker spirituell, liturgisch und pastoral orientiert bleibt. Auf dem Hintergrund der Auseinandersetzung um das Verhältnis von Philosophie und Theologie sucht insbesondere Thomas v. Aquin nach der wechselseitigen Verwiesenheit der beiden, im Mittelalter bereits klar getrennten Disziplinen: „Gott muss sowohl im Licht der Vernunft als auch im Licht der Offenbarung bedacht werden" (Wiedenhofer 2000, Sp. 1437). Die sogenannte scholastische Theologie als dominante Theologie des Mittelalters mit ihrer Tendenz zur Rationalisierung, Intellektualisierung und Formalisierung des Glaubensverständnisses wird von mehr biblisch oder mehr praktisch orientierten theologischen Ansätzen begleitet.

Die christliche Theologie der Neuzeit ist im Westen wesentlich durch die Kirchenspaltungen des 16. Jh. und durch die moderne Kultur geprägt. Die reformatorische Bewegung richtet sich gegen die scholastische Theologie und greift auf biblische, patristische und mystische Wurzeln zurück. In der reformatorischen Theologie geht es um die Unterscheidung von Gesetz und Evangelium, von Philosophie und Theologie. Die Kreuzestheologie steht bei M. Luther im Zentrum. Demgegenüber ist die gegenreformatorische katholische Theologie als Kontroverstheologie vor allem antiprotestantisch, scholastisch und seit der Mitte des 19. Jh. neuscholastisch bestimmt; letztere Ausrichtung versteht sich nicht nur als Kritik am Protestantismus, sondern auch an der Moderne.

Die Herausforderung der neuzeitlichen Theologie ist die eines vor der kritischen Vernunft verantworteten Glaubens. Die Kontroverse kommt ausdrücklich in der religionskritischen Haltung der „Meister des Zweifels" zu Wort, drückt sich in agnostischen Geisteshaltungen vieler, vor allem auch wissenschaftlich tätiger Menschen aus und findet neuerdings bei jenen postmodernen Polytheisten, die sich ihre Religion nach eigenen Vorstellungen als eine Art „religiöser Bricolage" „basteln" (vgl. u.a. Gabriel 1996, 47-63), einen neuen und zugleich der Geschichte des Christentums auch wiederum bekannten Ausdruck; denn die polytheistische Herausforderung besteht für die christliche Theologie von Anfang an. In den biblischen Ursprungszeugnissen des Ersten und Zweiten Testamentes und seit den ersten Jahrhunderten des Christentums inmitten einer nichtchristlichen Umgebung steht die Theologie in Auseinandersetzungen mit den pluralen weltanschaulichen und religiösen Vorstellungen seiner Umwelt. Bereits ihre frühe Phase in der sogenannten Väterzeit ist durch Angriffe von außen bestimmt. Richtigstellungen gegenüber den Verleumdungen durch eine polytheistische Umwelt, rechtliche, historische und philosophische Argumentationen werden notwendig, um das Christentum vor Missverständnissen zu schützen und ihm ein authentisches Profil zu verleihen. Darauf folgend muss die Identitätskrise in Auseinandersetzung mit der Gnosis bestanden werden. Seit der 2. Hälfte des 4. Jh. bildet sich in den christologischen Auseinandersetzungen um die christlichen Grunderfahrungen (Menschwerdung Gottes in Jesus Christus) ein systematisches Wissen und Verstehen des Glaubens als „intellectus fidei" heraus.

In der Frage, wie TheologInnen zur richtigen, d.h. wahren Gottesrede kommen, spielt die „Irrtumsgeschichte" als „(menschlich gesehen) unvermeidliche Wachstumskrise der dogmengeschichtlichen Entfaltung und des Wachstums des christlich-kirchlichen Glaubensbewusstseins selbst" (Rahner 1972, 200-208) eine wichtige Rolle.

4. Theologie in und aus Kommunikation

Gott als ungeteilte und unteilbare, transzendente Wirklichkeit ist nicht unmittelbar empirisch bzw. phänomenologisch zugänglich. Allein aus einem naturwissenschaft-lich-technischen Erklärungszusammenhang heraus oder mit einem kulturwissen-schaftlichen Verstehensparadigma betrachtet, wissen TheologInnen nicht mehr als SprachwissenschaftlerInnen über Texte oder ReligionswissenschaftlerInnen und Kul-turanthropologInnen über Riten und Gebräuche in unterschiedlichen Kulturen. Gleichzeitig ist das historisch-kritische, vergleichende, interpretierende usw. Wissen von den religiösen Zeugnissen der Menschheit, einschließlich der jüdisch-christlichen und kirchlichen Glaubensquellen, für die Theologie unverzichtbar. Dasselbe gilt auch für das wissenschaftliche Verstehen religiöser Phänomene heutiger Menschen und Gesellschaften, innerhalb und außerhalb der christlichen Kirchen, wie es etwa die Re-ligionsphänomenologie oder die Religionssoziologie betreibt.

4.1 Erkenntnis aus Identifikation und Kommunikation

Können TheologInnen mit ihrer notwendigen sprachwissenschaftlichen, kultur- und gesellschaftswissenschaftlichen methodischen Qualifikation allein das Wesentliche von dem verstehen, worum es in der „Kommunikation Gottes mit den Menschen", speziell in der Menschwerdung Gottes in Jesus Christus als zentraler Befreiungs-/Er-lösungstat, die allen Menschen und Kulturen gilt, geht? Wie also kann der „harte Kern" der christlichen Gotteshypothese in seiner narrativ-symbolischen Gestalt wis-senschaftlich zugänglich werden? Nur von innen her, also in einer Reflexion auf das (Sprach-)Handeln von Menschen, die mit Identifikation einhergeht und die großen Bedeutungszusammenhänge der Gott-Mensch-Kommunikation offen legt, erschließt sich der Glaubenstext. Die Form der Erschließung ist aber wiederum an den Gegen-stand der Erkenntnis rückgebunden. Analog dem christlichen Gottesverständnis vom einen und dreieinen Gott, der in sich die „Kommunikationsgestalt" schlechthin dar-stellt (vgl. Nitsche 1999) und von seinem Wesen her auf Kommunikation mit Welt und Menschen in einer Weise ausgerichtet ist, dass diese im Bund, in der Schöpfung und in Jesus Christus ihren menschlich letztverbindlichen Ausdruck findet, bleibt der Kommunikationsbegriff nicht beliebig. Theologische Erkenntnis kann niemals isoliert von den anderen, den Vertrauten und den Fremden, sondern immer nur eingebunden in die konkrete Kommunikationsgemeinschaft von Kirchen, in denen sich die „Gnade" von „Communio" angesichts bleibender Fremdheit ereignen kann, gesche-hen. TheologInnen kommen nicht in der kirchlich und gesellschaftlich isolierten Stu-dierstube, am PC oder in der Bibliothek (allein) zu ihrem Wissen, sondern wesentlich in der Partizipation an den Freudens-, Leidens- und Konfliktgeschichten konkreter

Menschen, wie sie sich in christlichen Gemeinden und Gemeinschaften in der gläu-
big-kritischen Auseinandersetzung mit dem Evangelium realisieren. Die Communio
der Suchenden/Glaubenden in ihrem Lebens-/Glaubenszeugnis, in ihrem Dienst aneinander und an der Gesellschaft und zentral in ihrer Feier, ist unabdingbare theologische Erkenntnisquelle.

Die Wahrheit der Gottesrede, der sich TheologInnen immer wieder neu anzunähern
suchen, liegt also nicht in einer ideologischen Behauptung bestimmter weltanschauli-
cher Positionen gegenüber anderen; sie lässt sich auch nicht allein aus dem kritischen
Verstehen der Glaubenstexte ermitteln. Theologie als umfassendes Kommunikations-
verstehen gründet auf Kommunikation; einer Kommunikation, die sich nicht davon
abbringen lässt, auch angesichts der Fiktion einer scheinbar grenzenlosen Kommunikation im global village, jenes Widerfahren in den wissenschaftlichen Diskurs einzubringen, dessen der Mensch gnadenhaft inne werden kann, wenn er sich dem Ge-
schenk möglicher Wandlung nicht verschließt. Das theologische Fragen nach der
Wahrheit des Menschen aus der Perspektive des jüdisch-christlichen Gottes bewegt
sich demnach in hermeneutischer Hinsicht zwischen dem Verstehen auf Grund eines
gemeinsamen Horizontes und der gleichzeitigen Herausforderung, sich auf einen
Kommunikationsprozess hin zu öffnen, in dem Sprecher und Hörer – zumindest zunächst – keinen gemeinsamen Horizont mehr zu haben scheinen; einer Erfahrung, die
Menschen nicht nur angesichts des „fremden" Gottes, sondern intersubjektiv auch in
der interkulturellen Begegnung mit dem Fremden machen können (vgl. u.a. Schreiter
1992, hier: 53). Das Andere und Fremde, ja der ganz Andere ist als „Kommunikationspartner" in einer Begegnung zu denken, die Mensch und Welt auf einen Horizont
hin aufbricht, der empirische Grenzen obsolet werden lässt. Ausdrücklich kann diese
Horizonterweiterung im rituellen „Spiel" der Liturgie widerfahren, in dem Vergangenheit, Gegenwart und Zukunft des Menschen in eins fallen, also die „Realpräsenz"
der Geschichte Gottes mit den Menschen als Heilsgeschichte erfahrbar wird (vgl. u.a.
Scharer/Niewiadomski 1999). Sie ist aber auch in anderen „kommunikativen Handlungen" von Menschen, in denen das Wirken des Geistes Gottes aufleuchtet, wie dem
Zeugnis des Lebens oder dem Dienst aneinander, sichtbar.

Wie sich zwar brüchig, aber doch greifbar Spuren dieses umfassenden Kommunikati-
onsgeschehens konkret zeigen können und zur unmittelbaren, kommunikationsrele-
vanten theologischen Einsicht führen, sei an einem Beispiel verdeutlicht.

Folgendes ist der Fall: Im Innsbrucker Bahnhofsviertel feiert eine Gruppe von Katho-
likInnen Gottesdienst. Die Eucharistiefeier hat längst begonnen, als eine deutlich als
Prostituierte erkennbare Frau den Gottesdienstraum betritt. Sie scheint leicht alkoholi-
siert zu sein und ruft laut in den Raum hinein: „Bekomme ich da auch etwas?" Offensichtlich meint sie mit „etwas" das eucharistische Brot. Der Priester, welcher der Eucharistie vorsteht, ist im Moment sprachlos, sagt aber nach einigem Zögern: „Ja
schon", sichtlich in der geheimen Hoffnung, dass die Frau noch vor der Kommunion
die Feier wieder verlassen wird. Sie bleibt aber, nimmt das eucharistische Brot, bricht
die Hostie in zwei Teile, konsumiert einen Teil, steckt den anderen in die Hosentasche
und verlässt den Gottesdienstraum. Nachforschungen ergeben, dass sie mit der geteil-
ten Hostie geradewegs zum Bahnhof ging, wo eine Schwester der Bahnhofsmission,

die ihr öfters geholfen hatte, ihren Dienst versah. Sie brachte ihr die geteilte Hostie mit den Worten: „Schau, was ich dir mitgebracht habe, du isst ‚das' doch so gerne!"

Soziologisch betrachtet geht es in dieser Szene um das Dilemma einer Gruppe von Menschen, die sich zum Zweck ritueller Handlungen, die ihr Selbstverständnis ausdrücken, getroffen haben und dabei von einer „Nichteingeweihten" empfindlich gestört werden. Will man verstehen, warum sie auf diese Störung in der beschriebenen Weise reagieren, kann man zunächst gruppensoziologische Theorien zu Rate ziehen. Nach menschlicher Einsicht wird es, je weltanschaulich aufgeladener die rituelle Handlung vollzogen wird und je existentieller sie die Gruppenidentität verkörpert, um so wahrscheinlicher zum Ausschluss der Fremden kommen, die als gewaltsame Störung des gottesdienstlichen Vollzuges erscheinen muss. Dass ein solches Ausschlusshandeln eine hohe Plausibilität hat, kann man an vielen Beispielen von Ausschlussmechanismen traditioneller Religionen erkennen; schließlich fällt Jesus einem solchen zum Opfer. Nicht weniger exklusiv gebärden sich auch neue „Religionen", wenn es um die Frage geht, wer „in" und wer „out" ist: Die globale Selektion von Markt und Medien, die sich auch im nördlichen Wissenschaftsbetrieb kaum reflektiert widerspiegelt, produziert nicht nur den Ausschluss einzelner, sondern ein unübersehbares Heer an ausgeschlossenen Opfern.

Was ermöglicht es der Gottesdienstgemeinde im Innsbrucker Bahnhofsviertel, zwar zögernd, aber schließlich doch, eine Fremde nicht auszuschließen, und was ermöglicht der Frau ein spontanes, implizit theologisch angemessenes Handeln? Die Szene erinnert nicht unwesentlich an jene Erzählungen vom Essen und Trinken Jesu, wie sie uns im Neuen Testament überliefert werden. Der Eindruck, dass Jesus alle willkommen sind und selbst „Zöllner und Sünder", also Menschen ohne moralische Reputation, mit ihm essen und trinken, muss so unverwechselbar zum Jesusbild der frühen ZeugInnen gehört haben, dass es sich wider alle geschichtlich verständlichen Harmonisierungs- und Rechtfertigungstendenzen des Christentums bis in die neutestamentlichen Ursprungszeugnisse hinein durchgehalten hat. Damit ist dem Christentum, in einer ständigen kritischen Auseinandersetzung zwischen Ursprungszeugnissen, Tradition und aktuellen Fragestellungen im Hinblick auf den gesellschaftlichen und kirchlichen Umgang mit dem Anderen und Fremden prophetisch eingestiftet, dass jeglicher Ausschluss von Menschen dem in Jesus Christus menschgewordenen „Wort Gottes" zuwider läuft. Eine solche theologische Erkenntnis, in unserem Fall mehr implizit als explizit, in und aus der zentralen Feier der Kirche gewonnen, markiert weitere theologische Erkenntnisschritte.

4.2 Theologie aus kontextueller Aufmerksamkeit und authentischer Berührbarkeit

In der Betroffenheit der Gemeinde von der Situation und Frage dieser Frau und in der Sensibilität der Frau für die Tiefenbedeutung der Eucharistie zeigt sich exemplarisch, was Kontextualisierung der Theologie im Hinblick auf die wissenschaftliche Gottesrede bedeuten kann. Wie wir an unserem Fall sehen können, geht es bei der Wahrnehmung des theologischen Kontextes nicht um subjektiv und intersubjektiv distanzierende Lebensweltanalysen, sondern um die authentische Berührbarkeit von den Freuden und Hoffnungen und der Trauer und Angst der Menschen von heute (vgl. Gaudium et spes 1) als Quelle theologischen Wissens. Die Sympathie (= das Mitleiden) des biblischen Gottes mit den jeweiligen Schwierigkeiten und Chancen von Mensch und Gesellschaft stimuliert zwar die Einbeziehung von human- und gesellschaftswissenschaftlichen Methoden zur Analyse der Lebenswelt, um besser zu erkennen, was jeweils der Fall ist. Doch das theologische „Sehen" konfrontiert mit der Wahrheitsfrage auf einer Ebene, auf der es nicht mehr nur um die verifizierbaren oder falsifizierbaren einzelnen Versatzstücke des Menschen, sondern um das Ganze der menschlichen Wirklichkeit im Hinblick auf die Zukunftsfähigkeit von Mensch und Gesellschaft in der einen Welt für alle geht. Wenn sich die Kirche gemäß dem Selbstverständnis des Zweiten Vatikanums als „Sakrament", d.h. „Zeichen und Werkzeug für die innigste Vereinigung mit Gott wie für die Einheit der Menschheit" (LG 1) versteht, dann kommt christliche Theologie in der kontextuellen Aufmerksamkeit und authentischen Berührbarkeit zu jenen theologischen Erkenntnissen, die ihr der Geist Gottes in seiner Anwesenheit in der Welt – auch außerhalb kirchlicher Verkündi-gung – zu erkennen aufgibt.

4.3   Theologie aus Schuldfähigkeit

In einem solchen Erkenntnisprozess kann eine in lebendiger Beziehung zur Geschichte der Kirchen stehende Theologie deren alte Lasten, wie die konfessionelle Spaltung der Christenheit, einen noch immer unzureichend aufgearbeiteten Antijudaismus, eine kulturignorante Missionierung, wie sie u.a. in Lateinamerika betrieben wurde oder ein – konfessionell unterschiedlich gewichtetes – vorurteilsgeladenes Verhältnis zu Frauen nicht einfach abschütteln. Keine Theologie steht als „reine" Vertreterin eines Wahrheitsanspruches da, der ihre eigene Involviertheit in die Schuldgeschichte der Menschheit tabuisiert. Die Selbstaufklärung und Schuldfähigkeit der Theologie gerade auch als kritische Wissenschaft erhält ihren Impuls für die historische Aufarbeitung ihres eigenen Versagens aus dem Vertrauen heraus, dass im Angesicht des lebendigen, dem Menschen liebevoll zugewandten Gottes keine Sünde zu groß und kein Versagen zu wirkmächtig ist, als dass es vor der aufgeklärten Vernunft verschleiert werden müsste.

4.4   Theologie aus geschenkter Wandlung

Wider alle kirchenrechtliche und sakramententheologische Einsicht von der Würdigkeit der Empfänger der Eucharistie stammelt jener der Eucharistie vorstehende Priester, von dem ich oben erzählt habe, sichtlich nicht ohne schlechtes Gewissen: „Bei uns bekommst du etwas zu essen." Für den Vorsteher und für die Gemeinde ist das eucharistische Brot nicht „irgendetwas Essbares". In der Gestalt des heiligen Brotes, das die feiernde Gemeinde zusammen isst, und im Kelch, aus dem sie trinkt, wird die ganze Geschichte Gottes mit den Menschen, zentral der im Todesschicksal Jesu anwesende Gott, real präsent. Dass Gott im Kreuz gegenwärtig sein soll, ist weder für das Erleben von Menschen heute, noch für die frühe Kirche selbstverständlich: In der hebräischen Bibel gilt: „Von Gott verflucht ist ein Gehenkter" (Dtn 5,1). Deshalb ist das Schicksal Jesu, das in der Eucharistiefeier im Kontext des Lebens der Gemeinde Gestalt gewinnt, menschlich gesehen „Torheit" (1 Kor 1,18), für die ChristInnen aber „Gottes Kraft" (1 Kor 1,18). „Denn sooft ihr von diesem Brot esst und aus dem Kelch trinkt, verkündet ihr den Tod des Herrn, bis er kommt" (1 Kor 11,26).

Indem der Priester der Frau zwar zögernd, aber dennoch die Eucharistie reicht und auch die feiernde Gemeinde wider alle Logik gesellschaftlicher Konventionen, „was sich gehört und was sich nicht gehört", und ohne protestierend den „Saal" zu verlassen, die menschliche und theologische Provokation annimmt, wird eine theologische Erkenntnis einsichtig, die sich zentral auf die Gott-Mensch-Kommunikation bezieht. Selbst ein rituell ausgeprägtes Kommunikationshandeln kann um eines konkreten Menschen willen durchbrochen werden, weil sich der Priester und die Gemeinde vom innersten Geheimnis der Feier her zu einer neuen Einsicht wandeln lassen.

5. Theologie aus Unterscheidung

Christliche Theologie kann gegenwärtig nur im Kontext pluraler religiöser Erfahrungen betrieben werden. Es ist offensichtlich, dass das religiöse Feld angesichts eines funktionalen Religionsverständnisses immer unschärfer wird und sich neue gesellschaftliche Institutionen herausbilden, die als Art „Oberreligionen" das Leben von immer mehr Menschen bestimmen. Sie übernehmen Funktionen, welche traditionell zu den ureigensten Domänen der Religion gehören. Markt und Medien als pseudoreligiöse Phänomene dominieren die ethische und weltanschauliche Orientierung, die Sinnfrage, ja werden zum Lebens- und Sterbehorizont von zunehmend mehr Menschen, sodass es um deren Freiheit willen zur Auseinandersetzung zwischen den neuen Göttern und dem einen und dreieinen Gott der Bibel und kirchlichen Tradition kommen muss. Damit ist unter völlig veränderten Zeitumständen für die Theologie eine ähnliche Situation wie die frühkirchliche im hellenistischen Kontext gegeben.

Wenn Weltanschauungen einander gegenüberstehen, dann ist die Versuchung zum ideologischen Kampf besonders groß: Die von der jeweils anderen Seite als ideologisch fixiert Betrachteten sollen im Kampf der besseren Argumente überzeugt werden. Am Beispiel der biblischen Gestalt des Propheten Elija, der sich mit den Priestern der falschen Götter einen erbitterten Kampf liefert, ja das Gottesurteil über sie heraufbeschwört (vgl. 1 Kön 18), kann man jene theologische Depression erahnen, die Menschen trotz eines vordergründigen ideologischen Sieges befallen kann. Als Flüchtling vor der Königin, die ihn verfolgt, sitzt er in der Wüste unter dem Ginsterstrauch und wünscht sich den Tod (vgl. 1 Kön 19,4). Einzig der Bote Gottes kann ihn zum Weitergehen ermutigen, um schließlich im Zerbrechen der alten Theophanien, in denen sich Gott im Sturm, im Feuer oder in anderen Naturgewalten gezeigt hatte, in eine neue, unbegreifliche Gottesahnung hineinverwandelt zu werden, die im sanften, leisen Säuseln des Windes ihren metaphorischen Ausdruck findet.

Wie können Menschen Gott und Götzen unterscheiden? Der Apostel Paulus bringt im ersten Kapitel des Römerbriefes seine theologische Überzeugung zum Ausdruck, dass das, was man von Gott erkennen kann, auch offenbar und der menschlichen Vernunft zugänglich ist. Dabei ist die Frage nach der Wahrheit zuinnerst mit der der Gerechtigkeit verbunden. Durch Ungerechtigkeit wird Wahrheit niedergehalten; die Herrlichkeit Gottes kann nicht zum Durchbruch kommen. Menschen „vertauschen" sie mit vergänglichen Bildern:

„Der Zorn Gottes wird vom Himmel herab offenbart wider alle Gottlosigkeit und Ungerechtigkeit der Menschen, die die Wahrheit durch Ungerechtigkeit niederhalten. Denn was man von
Gott erkennen kann, ist ihnen offenbar; Gott hat es ihnen offenbart. Seit Erschaffung der Welt
wird seine unsichtbare Wirklichkeit an den Werken der Schöpfung mit der Vernunft wahrgenommen, seine ewige Macht und Gottheit. Daher sind sie unentschuldbar. Denn sie haben Gott
erkannt, ihn aber nicht als Gott geehrt und ihm nicht gedankt. Sie verfielen in ihrem Denken der
Nichtigkeit, und ihr unverständiges Herz wurde verfinstert. Sie behaupteten, weise zu sein, und
wurden zu Toren. Sie vertauschten die Herrlichkeit des unvergänglichen Gottes mit Bildern, die
einen vergänglichen Menschen und fliegende, vierfüßige und kriechende Tiere darstellen."
(Röm 1,18-23)

Zu jeder Zeit kommen TheologInnen in einer jeweils neuen Auseinandersetzung um
die Wahrheit Gottes und damit auch des Menschen und der Welt, also durch Unterscheidung dessen, woran Menschen ihr Herz hängen und das sie zu ihrem Gott machen, zu ihrem Wissen. Die wissenschaftliche Auseinandersetzung um den wahren
Gott in der Form von Argumentationen ist im Vertrauen darauf sinnvoll, dass allen
Menschen, nicht zuletzt auch in den intersubjektiv nachvollziehbaren Einsichten der
Wissenschaften, eine Ahnung von der Erkenntnismöglichkeit dessen zugänglich wird,
der – wie Paulus sagt – „an der Schöpfung mit der Vernunft erkennbar" ist und gleichzeitig der Jenseitige bleibt. Sucht man nach einer zusammenfassenden Kurzformel dafür, wie TheologInnen zu ihrem Wissen kommen, dann kann man von einem intersubjektiv nachvollziehbaren Verstehen und Antizipieren von kommunikativen Handlungen sprechen, die der menschlichen Wirklichkeit den Himmel offen halten und die
„Herrlichkeit des unvergänglichen Gottes" nicht mit Bildern vergänglicher Wirklichkeiten vertauschen.

Literatur- und Medienverzeichnis

Denzinger, Heinrich: *Enchiridion symbolorum, definitionum et declarationum de rebus fidei et
morum. Kompendium der Glabensbekenntnisse und krichlichen Lehrentscheidungen.* Freiburg i. Br. u.a. (Herder) 1991.

Gabriel, Karl: *Wandel des Religiösen im Umbruch der Moderne.* In: Tzscheetzsch, Werner &
Ziebertz, Hans-Georg(Hg.): Religionsstile Jugendlicher und moderne Lebenswelt. München
(Don-Bosco-Verl.) 1996, S. 47-63.

Lorenz, Bernd: *Der Brief an Diognet. Übersetzung und Einführung von Lorenz, Bernd.* Einsie-
deln (Johannes-Verl.) 1982. (Christliche Meister. 18)

Nitsche, Bernhard: *Die Analogie zwischen dem trinitarischen Gottesbild und der communialen
Struktur von Kirche. Desiderat eines Forschungsprogrammes zur Communio-Ekklesiologie.*
In: Hilberath, Bernd Jochen (Hg.): Communio – Ideal oder Zerrbild von Kommunikation?
Freiburg u.a. (Herder) 1999, S. 81-114.

Pannenberg, Wolfhart: *Wissenschaftstheorie und Theologie.* Frankfurt a.M. (Suhrkamp) 1973.

Rahner, Karl: *Häresiegeschichte.* In: Rahner, Karl (Hg.): Herders Theologisches Taschenlexi-
kon. Bd. 3. Genugtuung bis Islam. Freiburg (Herder)1972, S. 200-208. (Herderbücherei.
453)

Scharer, Matthias: *Kommunikation managen. Communio praktizieren. Leiten und kommunizieren in Schule und Gemeinde als theologische Herausforderung.* In: RPB, 39 (1997), S. 43-
63.

Scharer, Matthias & Niewiadomski, Józef: *Faszinierendes Geheimnis. Neue Zugänge zur Eucharistie in Familie, Schule und Gemeinde.* Innsbruck u.a. (Tyrolia-Verl.) 1999.

Scharer, Matthias,: *Kommunikative Theologie. Ein Beitrag zur Qualitätsentwicklung theologischer Lehre.* In: Körtner, Ulrich & Schelander, Robert (Hg.): GottesVorstellungen. Die Frage nach Gott in religiösen Bildungsprozessen. Gottfried Adam zum 60. Geburtstag. Wien 1999, S. 437-451.

Schreiter, Robert J.: *Abschied vom Gott der Europäer. Zur Entwicklung regionaler Theologie.* Salzburg (Pustet) 1992.

Schwager, Raymund & Niewiadomski Józef u.a.: *Dramatische Theologie als Forschungsprogramm.* In: Zeitschrift für katholische Theologie, 118 (1996), S. 317-344.

Wiedenhofer, Siegfried: *Theologie.* In: NLTHK 9, Freiburg 2000. (Sp. 1435 – 1444 mit weiteren Literaturverweisen)

AutorInnen

Blaumeiser Heinz, Dipl.-Phys., Lehrbeauftragter für Geschichte, Erwachsenenbildung und Methodologie an den Universitäten Wien und Innsbruck.

Bohnsack Ralf, DDr., Prof. am Fachbereich Erziehungswissenschaft und Psychologie an der Freien Universität Berlin.

Bonß Wolfgang, Dipl.-Soz., Dr., Prof. für Allgemeine Soziologie an der Universität der Bundeswehr München.

Denz Hermann, Dr., Ao. Prof. am Institut für Soziologie der Universität Innsbruck.

Dressel Gert, Dr., Leiter des Programmbereichs Historische Anthropologie an der Abteilung Raum und Ökonomie des Instituts für Interdisziplinäre Forschung und Fortbildung in Wien.

Fleischer Eva, Dr., Lehrbeauftragte an den Universitäten Klagenfurt und Innsbruck sowie an den Akademien für Sozialarbeit in Innsbruck und Salzburg.

Flick Uwe, Dr., Prof. für Methoden der Empirischen Pflegeforschung an der Alice Salomon Fachhochschule Berlin und Priv.-Doz. am Institut für Sozialwissenschaften der Technischen Universität Berlin.

Garz Detlef, Dr., Prof. für Allgemeine Pädagogik an der Universität Oldenburg. Visiting Scholar Harvard und Stanford University.

Heinze Thomas, Dr., Prof., Initiator und Leiter der Weiterbildenden Studiengänge KulturManagement/Kulturtourismus & EventManagement/MuseumsManagement an der FernUniversität Hagen.

Hug Theo, Dr., Ao. Prof. am Institut für Erziehungswissenschaften der Universität Innsbruck.

Jäger Siegfried, Dr., Prof. für Linguistik an der Universität/Gesamthochschule Duisburg, Leiter des Duisburger Instituts für Sprach- und Sozialforschung.

Kaller-Dietrich Martina, Dr., Ao. Prof. für Geschichte der Neuzeit an der Universität Wien.

Kappler Ekkehard, Dipl.-Kfm, Dr., Dr. h.c., Prof. für Betriebswirtschaftslehre an der Universität Innsbruck, Unternehmensberater.

Krambrock Ursula, Dr., FernUniversität Hagen, Forschungsprojekt zu Erziehungsberatung und frühpädagogischer Prävention.

Leidlmair Karl, Dr., Ao. Prof. am Institut für Psychologie der Universität Innsbruck.

Lenk Hans, Dr., Dr. h.c. mult., Prof. für Philosophie an der Universität Karlsruhe und ehrenamtlich Dekan der Europäischen Fakultät für Bodenordnung.

Mayer Horst, Dr., Leitung der gesamten Fernstudien am Studienzentrum Bregenz; Hochschullehrer an der FH Vorarlberg.

Moser Heinz, Dr., apl. Prof. an der Westfälischen Wilhelms-Universität, Münster und wissenschaftlicher Mitarbeiter am Pestalozzianum Zürich.

Nussbaumer Josef, Dr., Ao. Prof. am Institut für Wirtschaftstheorie, -politik und -geschichte der Universität Innsbruck.

Paffrath F. Hartmut, Dr., Dr., apl. Prof. an der Philosophischen Fakultät I der Universität Augsburg.

Rusch Gebhard, Dr., Priv.-Doz., Akademischer Rat am Institut für Empirische Literatur- und Medienforschung der Universität Siegen.

Scharer Matthias, Dr., Prof. für Katechetik und Religionspädagogik an der Theologischen Fakultät der Universität Innsbruck.

Schülein Johann August, Prof. für Soziologie am Institut für Allgemeine Soziologie und Wirtschaftssoziologie der Wirtschaftsuniversität Wien.

Spangenberg Peter M., Dr., Priv.-Doz., Lehrtätigkeit an den Universitäten Bochum, Essen, Köln, Mannheim, Münster und Siegen.

Wägenbaur Thomas, M.A., Ph.D., Dr., freier Wissenschaftspublizist und Arbeit an der Habilitationsschrift, Universität Tübingen.

Wagner Ulrich, Dr., Doz. für Pädagogik und Psychologie der Pestalozzi-Stiftung Hannover.

Weber Stefan, Dr., Lehrbeauftragter an den Universitäten Salzburg und Klagenfurt.

Wimmer Franz Martin, Dr., Ao. Prof. für Philosophie an der Universität Wien.

Ziegler Meinrad, Dr., Univ.-Doz. am Institut für Soziologie der Universität Linz.

Personenregister

Sachregister

Taschenbuch der Pädagogik

Herausgegeben von Helmwart Hierdeis und Theo Hug

5., korr. Auflage in 4 Bänden. 1997. 1616 Seiten. Kt. ISBN 3871167576. FPr. DM 98,—

Die Pädagogik hat sich in den letzten 20 Jahren erheblich weiterentwickelt. Im Zuge der gesellschaftlichen Veränderungen sind neue Fragestellungen, Praxisfelder und Forschungsansätze entstanden. Viele ältere Vorstellungen sind brüchig geworden, andere wurden ausdifferenziert und wiederum andere gewinnen erst in jüngster Zeit auf breiter Basis an Bedeutung.

In einer solchen Situation steigt der Bedarf an verständlichem Orientierungswissen, ein Bedarf, dem das Taschenbuch der Pädagogik in besonderer Weise entgegenkommt. Dieses Nachschlagewerk ist soeben in der fünften, korrigierten Ausgabe erschienen. Das Konzept der Herausgeber, *Helmwart Hierdeis* und *Theo Hug*, ist überzeugend: Ausgehend von der bewährten Strukturierung der früheren Auflagen in Grundbegriffe, Bereichspädagogiken, pädagogische Institutionen, Didaktiken der zentralen Unterrichtsfächer, wurden einerseits zeitgenössische Entwicklungen in die vertrauten Stichworte eingearbeitet. Andererseits wurde eine Reihe von neuen Stichworten aufgenommen, die den Stand der Dinge in den Bereichen Umweltpädagogik, Neue Medien und feministische Pädagogik widerspiegeln. Darüber hinaus werden auch die gegenwärtigen konzeptionellen und forschungsmethodischen Entwicklungen der Erziehungswissenschaft angemessen berücksichtigt.

Alle Stichworte enthalten kurze Begriffsklärungen, ausführliche historische und systematische Argumentationen und weiterführende Literaturhinweise. Wer also nur kurz ein Wort nachschlagen will, kommt genauso auf seine Kosten, wie derjenige, der an gehaltvollen Reflexionsanregungen interessiert ist. Die gezielte Suche nach Inhalten wird durch ein elaboriertes Personen- und Sachregister erleichtert.

Die vier Bände enthalten auf 1616 Seiten 127 Abhandlungen von „Alltag" bis „Wirtschaftspädagogik". Aufgrund der verständlichen Sprache ist das Taschenbuch der Pädagogik für alle pädagogisch Interessierten und professionell Tätigen lesenswert. Egal, ob Sie

- sich auf eine pädagogische Praxis vorbereiten und einen Überblick verschaffen wollen,
- studieren und solide Informationen brauchen,
- in einem pädagogischen Beruf tätig sind und Ihr Wissen aktualisieren wollen,
- als Dozent(in) ein gediegenes Handbuch brauchen,
- in der Aus- und Weiterbildung von Theoretikern und Praktikern engagiert sind,
- in Fragen der Erziehung und Bildung kompetent sein wollen,
- einfach auf die Reflexion des pädagogischen Alltags neugierig sind
- oder ob Sie sich einige zentrale Problemkreise der Erziehungswissenschaft erschließen wollen,

mit dem **Taschenbuch der Pädagogik** haben Sie auf jeden Fall ein preiswertes Nachschlagewerk zur Hand, das Sie nicht im Stich lassen wird. Dafür haben 114 kompetente AutorInnen aus Österreich, Deutschland, der Schweiz und den Niederlanden zusammen mit den Herausgebern und dem Layout- und LektorInnenteam mehr als zwei Jahre lang gearbeitet.

 Schneider Verlag Hohengehren
Wilhelmstr. 13; D-73666 Baltmannsweiler

CD-ROM der Pädagogik

Herausgegeben von Helmwart Hierdeis und Theo Hug

1996. 1 CD mit 25-seitigem Beiheft. ISBN 3871167940. FPr. DM 130,—

Das **Taschenbuch der Pädagogik** erscheint im Oktober 1996 in einer buchkompatiblen CD-ROM—Version. Der zusätzliche Gebrauchwert der CD-ROM der Pädagogik besteht vor allem in zeitgemäßen elektronischen Verwendungsmöglichkeiten des Nachschlagewerkes. Hinzu kommen deutsch und englischsprachige Abstracts aller Beiträge sowie ergänzende Bild- und Grafikdarstellungen. Zu den digitalen Besonderheiten zählen insbesondere

● flexible elektronische Recherchemöglichkeiten und Ausgabevarianten (Cutout und Notiz-funktion),

● verschiedene Suchvarianten (Volltextsuche, Schlagwortrecherche, trunkierte Suche, Suche in den Abstracts),

● Hyperlinkfunktionen (1 : n) und Hypertextnavigation,

● bequemes Exzerpieren sowie Einbinden von Zitaten in Ihre Texte,

● Demonstration von Möglichkeiten der eigenständigen, kreativen Erstellung und Weiterbe-arbeitung von Hyperlinks.

Die Vollversion der CD-ROM der Pädagogik enthält zudem eine übersichtliche Bedienungsan-leitung und kontextsensitive Hilfefunktionen. Sie ist konzipiert für Geräte mit dem Betriebssy-stem DOS 3–6.x und Windows 3.x oder Windows '95. Für MAC- und Unix-Geräte werden ein-geschränkte Verwendungsmöglichkeiten geboten. Lassen Sie sich überraschen. Es erwartet Sie kein multimediales Spielzeug, sondern ein zuverlässiges, multifunktionelles Werkzeug.

Technologiekritik und Medienpädagogik

Zur Theorie und Praxis kritisch-reflexiver Medienkommunikation. Hrsg. von Theo Hug. 1998. IV, 264 Seiten. Kt. ISBN 3896760628. FPr. DM 29,80

Die Medienpädagogik befindet sich angesichts der aktuellen computertechnologischen und kulturellen Entwicklungen in einem komplexen Spannungsfeld theoretischer und praktischer Herausforderungen und neu zu formulierender Zuständigkeiten. Sie ist einerseits zur Bereit-stellung von Orientierungsangeboten und Reflexionshilfen für praktisch-pädagogische Zwe-cke und andererseits zur differenzierten Auseinandersetzung mit medienkritischen und sozial-wissenschaftlichen Denkangeboten aufgerufen. Gleichzeitig hat sie – in Abgrenzung von der allgemeinen Medienfröhlichkeit – neue Chancen der Professionalisierung sowie der kritisch-reflexiven Technologiegestaltung.

Der vorliegende Band bietet unterschiedliche Zugänge und vielfältige Anregungen zu dieser Thematik:

● Der erste Teil behandelt konstruktivistische Denkangebote (Ernst von Glasersfeld, Siegfried J. Schmidt), ethische Fragen in der Informationsgesellschaft (Hans-Martin Schönherr-Mann) und anthropologische Dimensionen (Karin Covi, Bernhard Rathmayr, Paul Rainald Merkert).

● Der zweite Teil stellt erziehungs- und sozialwissenschaftliche Fragen der Technologiekritik (Klaus Niedermair, Mona Singer, F. Hartmut Paffrath, Andreas Ströhl), der Wissensentwick-lung (Ingrid Volkmer, Theo Hug), der medienpädagogischen Professionalisierung (Kai-Uwe Hugger) und schließlich der 'Unterwanderung' hegomonialer Kritik (Josef Wallmannsber-ger) zur Diskussion.

● Im dritten Teil stehen pragmatisch motivierte Anregungen und Perspektiven der Medienpäd-agogik in bezug auf Internet, Multimedia, Hypertext, CD-ROM, Kognitive Werkzeuge sowie AV-Medien im Vordergrund (Anton Reiter, Georg Pleger, Helmar Oberlechner).

 Schneider Verlag Hohengehren
Wilhelmstr. 13; D-73666 Baltmannsweiler